济南年鉴

JINAN YEARBOOK

(2022)

中共济南市委党史研究院
（济南市地方史志研究院）编

方志出版社

图书在版编目（CIP）数据

济南年鉴. 2022 / 中共济南市委党史研究院（济南市地方史志研究院）编. —北京 : 方志出版社, 2022.12
ISBN 978-7-5144-5342-3

Ⅰ. ①济… Ⅱ. ①中… Ⅲ. ①济南－2022－年鉴
Ⅳ. ①Z525.21

中国版本图书馆CIP数据核字（2022）第257416号

责任编辑：高孟君
责任校对：刘玉霞
责任印制：梅中英
出 版 者：方志出版社
地　　址：北京市朝阳区潘家园东里 9 号（国家方志馆4层）
邮　　编：100021
网　　址：http://www.zgfzcb.cn
发　　行：方志出版社图书营销中心（010-67110500）
印　　刷：山东黄氏印务有限公司
开　　本：889毫米×1194毫米　1/16
印　　张：26.5
字　　数：745千字
版　　次：2022年12月第1版
印　　次：2022年12月第1次印刷
定　　价：298.00元

编辑说明

一、《济南年鉴》坚持以马克思列宁主义、毛泽东思想、邓小平理论、“三个代表”重要思想、科学发展观、习近平新时代中国特色社会主义思想为指导，坚持辩证唯物主义和历史唯物主义的立场、观点和方法，全面、系统地记载济南市政治、经济、文化、社会、生态文明建设诸方面的基本面貌和发展变化情况，为各行各业提供咨询服务，为续修地方志储备资料，为读者了解济南、研究济南提供帮助。

二、《济南年鉴》采用分类编辑法，主体内容划分为类目、分目、条目3个层次。卷首设置反映济南风光、各行各业发展成就和活动的彩页，正文后设置综合性主题索引。《济南年鉴（2022）》系创刊以来的第三十四卷。为更好地反映全市基本情况，全书框架结构与往年相比，栏目名称、排列顺序、所辖分目均有调整。调整后，正文设31个类目：（1）特载；（2）大事记；（3）济南概貌；（4）中国共产党济南市委员会；（5）济南市人民代表大会；（6）济南市人民政府；（7）中国人民政治协商会议济南市委员会；（8）纪检监察；（9）民主党派；（10）群众团体；（11）外事·台港澳事务；（12）法治；（13）军事；（14）宏观经济管理；（15）经济监督管理；（16）经济开发园区；（17）工业·信息产业；（18）农业；（19）商贸服务业；（20）财税·金融；（21）交通·邮电；（22）城乡建设·生态环境保护；（23）教育；（24）科学技术；（25）文化·旅游；（26）医疗健康；（27）体育；（28）社会生活；（29）区县；（30）人物；（31）附录。

三、《济南年鉴（2022）》主要记述2021年度济南市行政区域内的大事要闻，卷首彩页个别图片适当突破年度界限；对首次在本年鉴中记载的行业、事业或工作，简要回溯其历史情况。

四、本年鉴的条目由济南市市直各部门、各县区和有关的中央、省驻济单位负责撰写，均经过各自单位负责人的审阅。为示负责，作者署名于条目或分目之后的括号内，单位审稿人员列名单于卷首。主要数据以统计公报为准，因个别供稿单位统计口径不同等原因，有的数据在不同条目中不尽一致，使用时请注意出处。

中共济南市委党的文献编审委员会
（济南市地方史志编纂委员会）

主　任　陈　阳

副主任　李旭东　高　冰　史宏捷

成　员　李开森　虞　凯　王发棠　程　锦　李冠伟
丁国春　孙夕良

《济南年鉴（2022）》编审委员会

主　审　陈　阳

主　编　史宏捷

副主编　李贞锋　牛继兴　李作顺
李尚明　亓玉胜　毕泗国　纪福道

编　委　解　慧　张云雷　郭建群　曹　智
丁爱军　李洪德　亓军华

《济南年鉴（2022）》编辑部

编辑部主任　王　炜

编辑部副主任　张　阳

编　　　辑　（以姓氏笔画为序）
王　炜　谷　雪　张　阳　魏添乐

彩页设计　王　炜　张　阳

撰稿单位审稿人员

（以姓氏笔画为序）

丁林桥	丁保国	弓瑞民	马　利	马怀明	王　伟	王化峰
王发棠	王志军	王志刚	王利民	王国富	亓子明	石　玮
叶　霖	田　明	冯　毅	毕于义	毕泗柏	吕灿华	吕春明
朱玉明	乔　森	任广锋	任骁瑞	庄云锋	刘航英	刘雅涵
米文芃	许　伟	许多兵	许国华	许荣利	孙　远	孙　杰
孙夕良	孙义洪	孙君涛	苏本宽	杜洪波	李　艳	李　莉
李　涛	李本海	李传宝	李茂鑫	李明强	李经发	李敬德
杨永斌	杨庆绪	杨志利	何桂昌	陈小兵	汪　鹏	张　济
张　勇	张　涛	张　喆	张　鹏	张　熙	张文臣	张令军
张华松	张守强	张国松	武善欣	范立山	范育兵	林　军
周　瑛	周晓冬	孟兆军	赵　宁	赵子龙	赵玉海	赵寿娟
昝圣煜	姜秀志	秦国芬	耿　杰	贾玉东	党文庆	徐　佳
郭世金	展宝贞	黄延仁	曹　青	崔曰仑	扈书乘	韩振国
虞　凯	管圣喜	燕　军				

迈向“黄河时代” （王啸 摄）

2022年4月7日，省委常委、市委书记刘强（前中）到浪潮集团调研　　（张一　摄）

2022年6月12日，市委副书记、市长于海田（前右）到济阳区调研农业生产情况　　（张一　摄）

2022年7月1日，市人大常委会主任韩金峰（前中）率队到平阴县调研。图为在济南玫德集团科德智能制造项目调研

（市人大办公厅　供稿）

2021年3月25日，市政协主席雷杰（前中）带队赴莱芜区就加强水污染防治工作开展协商式监督

（市政协办公厅　供稿）

2022年7月29日，市委副书记杨峰（前中）到伊莱特核电深海工程高端装备科创产业园调研

（市委办公厅　供稿）

至2021年，趵突泉保持18年持续喷涌　　（市水务局　供稿）

2022年4月9—12日，中国共产党济南市第十二次代表大会在济南举行　　（陈长礼　摄）

2021年5月14日，市委、市政府召开济南市创建全国文明典范城市动员大会　　（市委宣传部　供稿）

2021年3月3日，济南市党史学习教育动员大会在龙奥大厦召开　　（市委宣传部　供稿）

2021 年 6 月 29 日，中共山东早期历史纪念馆在山东济南开馆　　（市委党史研究院　供稿）

为进一步巩固党史学习教育成果，推进党史学习教育常态化长效化，“喜迎二十大 奋进新征程”——中国共产党历次全国代表大会专题图片展于2022年9月27日在龙奥大厦举行 （市委党史研究院 供稿）

2021年6月25日，“百年风华与济南跨越”庆祝中国共产党成立100周年理论研讨会在舜耕山庄举办

（市委宣传部 供稿）

2021年4月20日，共青团济南市委联合市委宣传部、市教育局、市关工委、市学联、市少工委在山东建团纪念馆（济南育英中学）举行“传承红色旗帜 献礼百年华诞”济南市青少年党团队三旗传递活动启动仪式

（团市委　供稿）

2021年5月30日，市妇联联合市委宣传部、市文明办举办“童心向党 礼赞百年”庆“六一”文艺演出

（市妇联　供稿）

2021年6月23日，济南市市直机关庆祝中国共产党成立100周年表彰会在山东会堂召开　（市委市直机关工委　供稿）

2021年9月24日，市总工会举办“把一切献给党·劳动创造幸福”全国职工党史学习教育读书活动

（市总工会　供稿）

2021年4月16—18日，由外交部指导，中国开发性金融促进会、济南市政府主办的2021亚信金融峰会在山东济南举办。图为与会驻华使节考察中国（山东）自由贸易试验区济南片区　　（市委宣传部　供稿）

2021年9月9—11日，以“减少粮食损失浪费，促进世界粮食安全”为主题的国际粮食减损大会在济南召开
（市外办　供稿）

2021年9月23—24日，第四届中国企业论坛在济南山东大厦举办　　（市国资委　供稿）

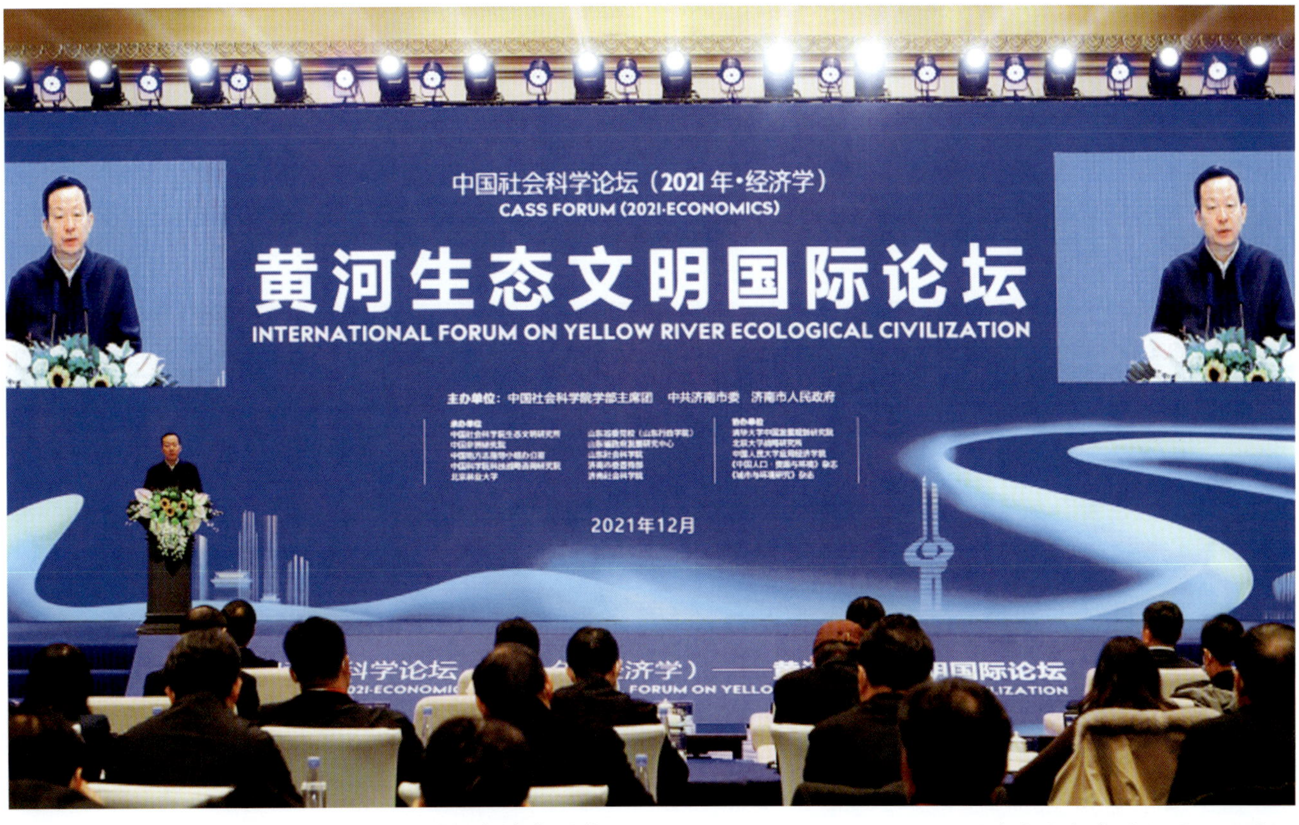

2021年12月17日，黄河生态文明国际论坛在济南开幕　　（济南出版有限公司　供稿）

2021年5月26日，省委、省政府在济南新旧动能转换起步区召开起步区建设动员大会

（济南新旧动能转换起步区　供稿）

已具备交付使用条件的大桥安置西区 （郭昊 摄）

建设中的济南黄河国际会展中心 （郭昊 摄）

2021年8月19日，济南新旧动能转换起步区党工委、管委会挂牌活动在济南市民服务中心举行

（济南新旧动能转换起步区　供稿）

济南绿色建设国际产业园　　（郭昊　摄）

山东黄河数字经济产业园　　（郭昊　摄）

建设中的中科新经济科创园片区　　（郭昊　摄）

2021年11月，济南中欧班列（齐鲁号）开行数量突破600列　　（刘彪　摄）

2021年4月1日，山东省质子临床研究中心启用　　（市医学科学中心　供稿）

2021年12月20日，第十三届“影响济南”经济人物评选暨第三届“影响济南”科技人物评选颁奖活动举办

（市科协　供稿）

2021年9月7日，济南精准医学产业园（一期）正式启用　（市医学科学中心　供稿）

2021年4月，山东产业技术研究院主持研发的齐鲁卫星成功发射　（山东产业技术研究院　供稿）

2021年，新一代山河超级计算平台在国家超级计算济南中心建成并投入使用　（国家超级计算济南中心　供稿）

2021年4月28日，“与时代一起奔流”——新黄河客户端上线仪式举行，是全国首个省市一体化新媒体平台

（济南日报报业集团　供稿）

2021年7月15—19日，第三十届全国图书交易博览会在济南举办　（济南出版有限公司　供稿）

济南黄河文化馆鹊华楼 （肖东庆　摄）

凤凰大桥郊野公园 （李燕芳　摄）

"四好农村路"建设助力乡村振兴　　（市交通局　供稿）

2021年11月27日，华山片区回迁安置工作全部完成，片区2.58万人入住新居　　（房龙飞　摄）

2021年5月22日，济南市“垃圾分类进万家”暨“垃圾分类十百千模范创建”活动启动仪式举行　　（夏琨　摄）

济南公交集团开通爱心志愿服务乡村振兴果农专线　　（济南公交集团　供稿）

市民排队有序接种新冠肺炎疫苗　　（市卫健委　供稿）

2021年6月16日，2021济南红色登山节在长清大峰山启动　　（市体育局　供稿）

平阴黄河防汛应急道路　　（王庆刚　摄）

目 录

特 载

大 事 记

济南概貌

中国共产党济南市委员会

济南市人民代表大会

济南市人民政府

中国人民政治协商会议
济南市委员会

纪检监察

民主党派

群众团体

外事 · 台港澳事务

法　治

军 事

宏观经济管理

经济监督管理

经济开发园区

工业·信息产业

农 业

商贸服务业

财税·金融

交通·邮电

城乡建设·生态环境保护

教 育

科学技术

文化·旅游

医疗健康

体　育

社会生活

区 县

人 物

附 录

CONTENTS

Jinan Municipal Government

Jinan Municipal Committee of the Chinese People's Political Consultative Conference

Discipline Inspection and Supervision

Democratic Parties

Mass Organizations

Foreign Affairs and Hong Kong, Macao and Taiwan Affairs

Rule of Law

Military Affairs

Macroeconomic Management

Economic Administration and Supervision

Economic Development Zones

Industry and Information Industry

Agriculture

Commerce and Service

Revenue,Tax and Finance

Transportation, Post and Telecommunication

Urban and Rural Construction, Environment Protection

Education

Science and Technology

Culture and Tourism

Health Care

Sports

Social Life

Districts and Counties

Figures

Appendix

牢记嘱托　砥砺奋进
勇当“三个走在前”排头兵
奋力开创新时代社会主义现代化强省会建设新局面

——在中国共产党济南市第十二次代表大会上的报告

（2022 年 4 月 9 日）

中共山东省委常委、济南市委书记　刘　强

同志们：

现在，我代表中国共产党济南市第十一届委员会向大会作报告。

中国共产党济南市第十二次代表大会，是在开启全面建设社会主义现代化国家、向第二个百年奋斗目标进军新征程的重大历史节点上，召开的一次十分重要的会议。大会主题是：高举习近平新时代中国特色社会主义思想伟大旗帜，深入贯彻落实习近平总书记对山东、对济南工作的重要指示要求，牢记嘱托、砥砺奋进，勇当“三个走在前”排头兵，奋力开创新时代社会主义现代化强省会建设新局面！

一、五年拼搏奋斗，省会现代化建设取得新的历史性成就

习近平总书记对山东、对济南情深似海、厚望如山，党的十九大以来两次亲临山东、亲临济南视察，作出一系列重要指示要求，2018 年亲自为山东擘画了“走在前列、全面开创”的宏伟蓝图，2021 年又赋予山东“努力在服务和融入新发展格局上走在前、在增强经济社会发展创新力上走在前、在推动黄河流域生态保护和高质量发展上走在前，不断改善人民生活、促进共同富裕，开创新时代社会主义现代化强省建设新局面”的光荣使命，为济南建设发展提供了根本遵循，注入了强大动力。五年来，我们用心领悟、系统把握习近平总书记对山东、对济南工作的重要指示要求，坚持一切发展思路依此来谋划，一切发展布局依此来展开，一切发展举措依此来制定，一切发展成效依此来衡量，把坚定拥护“两个确立”、坚决做到“两个维护”落实到每一项具体工作中，推动济南发展迈上新的台阶，交出了一份厚重提气的高质量答卷。

五年来，我们始终坚持服从服务国家发展大局，抢抓国家战略叠加赋能的历史性机遇，奋力推动黄河重大国家战略在济南落地起势。坚决扛起深化落实黄河重大国家战略的历史使命，制定出台黄河流域生态保护和高质量发展规划，济南国际生态港等 285 个省市重点项目加快建设，百里生态风貌带魅力初显，黄河济南段“十三五”防洪工程全面完工，2021 年经受住了新中国成立以来最严重秋汛考验；济南新旧动能转换起步区获批建设，规划体系日益完善、高端产业项目加快导入，18家世界500强企业相继落户，济南大踏步迈向“黄河时代”。

五年来，我们始终坚持以经济建设为中心不动摇，全力推动发展质量变革、效率变革、动力变革，综合实力实现大幅跃升。地区生产总值五年跨越5个千亿大关，2021年达到11432.2亿元、位次提升至全国城市第18位，一般公共预算收入达到1007.6亿元、年均增长8.7%，形成了年GDP增量、财政收入“双千亿”结构。坚定不移实施“工业强市”战略，山东重工绿色智造产业城、比亚迪新能源、吉利智慧整车工厂等一批重大项目落地建设，智能制造与高端装备等四大主导产业规模突破1.3万亿元。信息技术服务产业集群入选全国首批战略性新兴产业集群，全省首个8英寸高功率芯片顺利通线，高新技术企业超过4000家，“四新”经济、数字经济占比分别达到37.7%、45%。

五年来，我们始终坚持把发展的基点放在创新上，举全市之力谋创新、抓创新、强创新，全面塑造创新驱动发展新优势。齐鲁科创大走廊、中科院济南科创城等高能级平台集聚效应日益凸显，15家“中科系”院所落地布局，山东产研院、高研院、未来网络研究院等58家省级新型研发机构陆续成立，电磁驱动等一批重大科学设施相继落地，量子信息科学国家实验室济南基地、3家省实验室加快建设，全国首个科创金融改革试验区获批设立，济南在全国创新型城市排名中居第14位，济南高新区首次跻身全国高新区综合排名前十。

五年来，我们始终坚持把深化改革开放作为关键一招，推动改革开放走实走深、多点突破，省会各项事业焕发出新的生机活力。党政机构、人民团体、事业单位改革顺利完成，国资国企、开发区体制机制等改革深入实施，在副省级以上城市中第一个全面放开落户限制，年均净增户籍人口10万人以上，济南迈入特大城市行列。营商环境持续优化，“拿地即开工”、成立全国省会城市首个市级企业服务中心等创新举措得到国务院大督查通报表扬，改革热度指数排名省会城市第1位，营商环境评价进入全国前十。对外开放能级持续提升，自贸试验区、综合保税区、跨境电商综试区等高端平台先后落地，使领馆实现零的突破，欧亚班列开行数量全省第一，进出口总额五年增长138.5%。

五年来，我们始终坚持区域协调发展，下大气力优化完善空间格局、功能品质，城市综合承载力得到显著提升。圆满完成济南莱芜行政区划调整、济阳撤县设区。“东强、西兴、南美、北起、中优”城市发展新格局加快构建，中央商务区、国际医学科学中心、长清大学城、汉峪金谷等重点片区加速崛起，明府城、老商埠、明水古城等承载历史记忆的保护利用项目有序推进。老旧小区改造惠及居民43万户，高快一体路网基本成型，一批跨黄桥隧建成通车，轨道交通从无到有、迈入换乘时代。乡村振兴纵深推进，农村人居环境整治、美丽乡村示范样板建设成效显著，城乡发展更加均衡、更趋协调。

五年来，我们始终坚持以人民为中心的发展思想，在不断增进民生福祉上持续用力，人民群众获得感幸福感安全感不断增强。全力应对世纪疫情的历史大考，疫情防控形势平稳有序。民生支出比重达到79.8%，居民人均可支配收入增速持续高于GDP增速，1006个贫困村摘帽退出、21.13万建档立卡贫困群众实现稳定脱贫，33.9万黄河滩区居民圆了安居梦，如期实现全面小康目标。5年新增城镇就业91.3万人，新建、改扩建中小学幼儿园635所，在全国率先实现“零择校”“零择班”，医疗服务满意度居副省级以上城市第4位，建成养老设施3536处，各项社会事业取得全面进步。全国文明城市勇夺年度测评“四连冠”，“12345”市民服务热线标准化引领全国，平安济南、法治济南建设深入推进，安全生产形势稳定向好，事故起数、死亡人数均大幅下降，扫黑除恶专项斗争成果持续巩固，济南成为全国唯一连续11年命案全破的省会城市和毒情形势最轻的重点城市。新时代的新济南，越来越有“温度”。

五年来，我们始终坚持绿水青山就是金山银山理念，以壮士断腕意志打好污染防治攻坚战，生态文明建设取得显著成效。全面打赢蓝天、碧水、净土三大保卫战，空气质量优良天数比率达到62.7%，空气质量综合指数排名退出后20；国控河流断面水质100%

达标、好Ⅲ类水体达到100%，重点泉群连续18年保持喷涌。狠抓“大棚房”和违建别墅问题清查整治，持续开展南部山区违法违章建筑专项整治，连续打响打赢雪野湖、佛慧山、千佛山、大明湖周边违建整治“四场战役”，建成“千园之城”，“推窗见绿、出门入园”成为市民生活新常态。

五年来，我们始终坚持抓好党建就是最大政绩，坚定不移推进全面从严治党，党的领导更加坚强有力。深入开展“两学一做”学习教育、“不忘初心、牢记使命”主题教育、党史学习教育，连续3年在习近平总书记视察山东、视察济南的周年节点开展“牢记总书记嘱托 奋力走在前列”系列活动，广大党员干部历史自信、理想信念更加坚定。打造干部“育选管用”全链条机制，圆满完成区县、镇领导班子和村（社区）“两委”换届，济南被中组部确定为全国“新时代新担当新作为先进典型”。纵深推进党风廉政建设和反腐败斗争，持之以恒纠治“四风”，扎实开展政法队伍教育整顿，严肃查处一批严重违纪违法案件，党风政风持续向好。党管武装坚强有力，国防动员和后备力量建设稳步发展，双拥工作取得新成效。支持人大结合实际创造性做好立法、监督等工作，支持政协广泛实施民主监督、协商议政，推动爱国统一战线积极开展创新实践，全市上下团结奋进的斗志更高、干劲更足、氛围更浓。

同志们！五年砥砺前行，成就鼓舞人心。这些成绩的取得，根本在于习近平总书记作为党中央的核心、全党的核心掌舵领航，在于习近平新时代中国特色社会主义思想的科学指引，是党中央和省委坚强领导的结果，是全市广大党员干部群众团结拼搏的结果，是社会各界大力支持的结果。在此，我代表市第十一届委员会，向全市广大党员干部群众，向各民主党派、工商联、无党派人士、各人民团体，向离退休老同志，向中央驻济单位、省直部门、驻济部队和武警官兵，向所有关心支持济南发展的海内外朋友们，致以崇高敬意和衷心感谢！

回顾过去五年的实践，我们深刻体会到，做好济南工作，必须坚定拥护“两个确立”、坚决做到“两个维护”，时刻向习近平总书记看齐，确保总书记有号令、党中央有部署，济南见行动、出实效；必须围绕国家大局谋划发展，坚持从全局谋划一域、以一域服务全局，用好用足国家战略赋能，在服从服务国家战略中实现跨越提升；必须完整准确全面贯彻新发展理念，统筹发展和安全，推动发展加快从“量的积累”向“质的飞跃”转变，塑强济南发展体量优势、质量优势、竞争优势；必须始终把人民群众放在心中最高位置，全力以赴解民忧、纾民困、暖民心，扎实推进共同富裕，让济南发展与群众向往同频共振、相得益彰；必须做到恪尽职守、担当实干，把取得的成绩当作事业新的起跑线，以“功成不必在我”的精神境界和“功成必定有我”的历史担当，不断把济南发展推向新高度、新水平；必须纵深推进全面从严治党，把严的要求贯穿管党治党全过程，充分发挥各级党组织战斗堡垒和广大党员先锋模范作用，为省会高质量发展提供坚强保证。

同时，我们也清醒认识到面临的困难和挑战：制约济南高质量发展的结构性问题还比较突出，工业经济、县域经济、开放型经济、民营经济发展还不够充分；自主创新能力亟待提升，产业链供应链韧性和竞争力还需增强，绿色低碳转型任务艰巨繁重；城乡基本公共服务均等化水平亟待提高，促进共同富裕任重道远；防范化解重大风险的任务仍然较重，安全生产、信访维稳等领域还存在风险隐患；干部队伍能力素质有待进一步提升，反腐败斗争形势依然严峻复杂。对此，我们要坚持问题导向，采取有力措施认真加以解决。

二、牢记殷殷嘱托，锚定建设新时代社会主义现代化强省会奋勇前进

昨天的奋斗成就了今天的业绩，今天的奋斗必将创造明天的荣光。党团结带领全国人民，已经踏上了实现第二个百年奋斗目标新的赶考之路。济南作为省会，走好新的赶考路，最重要、最关键、最根本的，就是牢记习近平总书记殷殷嘱托，以责无旁贷的担当、坚定坚决的行动，勇当“三个走在前”排头兵，开创新时代社会主义现代化强省会建设新局面。

勇当排头兵，开创新局面，是济南未来五年乃至更长一个时期的发展主题，必须以“走在前”的境界格局、思路理念、标准追求，推动济南发展充分展现引领性、率先性、创新性，更好发挥引领示范作用，

率先建成比较成熟、定型、系统的社会主义现代化样板。这是济南立足全局、服务大局的使命担当。在深入践行新发展理念、加速构建新发展格局、坚定落实高质量发展要求、全面实施黄河重大国家战略的大背景下，济南的战略地位更加凸显，责任使命更加艰巨，我们必须强化战略意识、大局意识、争先意识，以“排头兵”“领跑者”的进取姿态，努力增强对全省、对黄河流域的集聚、辐射、带动能力，引领推动济南都市圈、山东半岛城市群、黄河流域乃至北方地区高质量发展，坚定肩负起中心城市的责任与使命。这是济南应对变局、赢得未来的战略抉择。当前，世界百年变局和世纪疫情交织，国际环境更趋复杂严峻，但我国发展仍处于重要战略机遇期。抢抓机遇、趋利避害，在变化变局中育先机开新局，是应对风险挑战的有效办法，也是赢得主动的战略抉择。我们必须准确识变、科学应变、主动求变，坚定办好自己的事情，创造更多率先、示范、一流的成果，以自身的“确定性”应对外部的“不确定性”。这是济南乘势而上、再创辉煌的迫切需要。经过多年蓄势聚能，济南具备了万亿体量的经济优势、千万规模的人口优势、门类齐全的产业优势、院所富集的科教优势、山清水秀的生态优势和四通八达的区位交通优势，叠加众多“国家级”战略平台的强势赋能，我们完全有条件、有底气，在更高站位上谋划济南的发展，在时代大势中明确济南的方位：在新发展格局中，打造国内大循环的战略节点、国内国际双循环的战略枢纽；在国家重大区域发展战略布局中，打造链接京津冀协同发展和长三角一体化发展的核心节点、引领黄河流域生态保护和高质量发展的核心增长极；在新时代社会主义现代化强省建设大局中，打造加快新旧动能转换的龙头、引领山东半岛城市群发展的龙头。这是新时代济南新的历史方位，也是济南应当具有的历史担当。

今后五年，全市工作总的要求是：高举习近平新时代中国特色社会主义思想伟大旗帜，深入贯彻党的十九大、十九届历次全会和二十大精神，全面落实习近平总书记对山东、对济南工作的重要指示要求，统筹推进“五位一体”总体布局、协调推进“四个全面”战略布局，立足新发展阶段，完整准确全面贯彻新发展理念，主动服务和融入新发展格局，坚持稳中求进工作总基调，坚持以人民为中心的发展思想，坚持统筹发展和安全，扎实推动共同富裕，深化落实黄河流域生态保护和高质量发展战略，创造性贯彻落实省委“六个一”发展思路、“六个更加注重”策略方法、“十二个着力”重点任务，牢牢把握新时代特大城市发展和治理规律，当好“三个走在前”排头兵，在绿色低碳高质量发展上作示范，在全国副省级城市中争一流，加速向国家中心城市迈进，奋力开创新时代社会主义现代化强省会建设新局面。具体目标是：

——加快建设动能充沛、实力跃升的现代化强省会。新动能新经济塑成优势，战略性新兴产业成长为发展主动力，打造一批世界级、国家级产业集群。地区生产总值力争达到1.8万亿元，常住人口达到1000万以上，省会首位度大幅提升，国家中心城市建设取得突破性进展。到2035年，全面建成全国重要的区域经济中心、科创中心、金融中心、贸易中心、文化中心，基本实现现代化。

——加快建设创新涌动、富有活力的现代化强省会。综合性国家科学中心建设实现重大突破，高效创新体系基本形成，高新技术企业实现倍增，高新技术产业产值比重达到60%，研究与试验发展经费投入占比达到3.4%，成为区域性创新高地和人才集聚高地。重点领域和关键环节改革取得新突破，要素市场化配置机制更加健全，营商环境建设走在全国前列，黄河流域对外开放门户地位进一步凸显，国际知名度显著提升。

——加快建设功能完备、品质一流的现代化强省会。城市发展新格局基本塑成，新一轮城市更新全面完成，城镇化率达到78%以上，起步区成形起势，城乡区域发展更加协调均衡。新型智慧城市建设成效显著，现代化基础设施体系更加完善，国际性综合交通枢纽城市加快建设。高水平建成全国文明典范城市，城市文化品牌传播力明显提升，打造成为黄河历史文化标志性城市、国际知名文化旅游目的地。

——加快建设人民幸福、共同富裕的现代化强省会。居民收入和经济增长基本同步，乡村振兴战略全面推进，城乡居民收入差距持续缩小，多层次社会保障体系更加完善，率先实现基本公共服务均等化、普惠化、便捷化，人的全面发展、全市人民共同富裕取得更为明显的实质性进展，群众幸福指数大幅提升。

——加快建设绿色低碳、生态宜居的现代化强省会。全域绿色生态系统加速构建，碳达峰行动扎实推进，节约资源和保护环境的生产方式、生活方式、空间格局加快形成。“山泉湖河城”独特风貌更加彰显，重点泉群持续喷涌，空气质量优良天数超过65%，国家节水典范城市基本建成，济南天更蓝、水更清、地更绿、生态更优美。

——加快建设治理高效、平安和谐的现代化强省会。全面从严治党引领保障作用充分发挥，民主法治更加健全，平安济南、法治济南、诚信济南建设高水平推进，城市治理现代化水平全面提升，城市更具韧性、更为安全、更加包容友善，基本形成共建共治共享的社会治理格局。

蓝图已经绘就，目标催人奋进。只要我们坚定不移沿着习近平总书记指引的方向奋勇前进，保持定力不懈怠，咬定目标加油干，就一定能在新的赶考路上交出高分答卷，谱写新时代社会主义现代化强省会建设更加绚丽的华章。

三、勇担时代使命，奋力推动济南各项事业走在前开新局

站在新的历史起点上，我们要担负起勇当排头兵、开创新局面的时代重任，必须深刻领会和把握“三个走在前”的丰富内涵和实践要求，找准支撑点、关键点、发力点，真抓实干、久久为功，一张蓝图绘到底，推动各项工作实现新的更大突破。

（一）大力实施创新驱动发展战略，加快创建综合性国家科学中心。创新是“走在前”的核心动力和最大势能。要坚持“四个面向”，围绕创建综合性国家科学中心目标，打造高能级创新平台，促进创新链产业链融合发展，凸显济南在国家创新布局中的战略位势。培育战略科技“国家队”。推动量子信息科学国家实验室济南基地承担更多战略任务、省实验室纳入国家实验室体系，争取一批重大科学基础设施、国家重点实验室落户济南，建设济南央企研发中心集聚地。加强与中国科学院、清华大学等高校院所合作，聚焦服务器、基础软件、新能源新材料、集成电路、量子等优势领域，集中突破一批“卡脖子”技术，构建济南科技创新“非对称优势”。打造科技创新“强载体”。突出空间集聚、学科集群、要素集中，规划建设“齐鲁科学城”，构建“产研院创新圈、超算中心创新圈、中科院济南科创城创新圈、山东大学创新圈”四圈联动格局。统筹优化区域创新布局，济南高新区加快打造创新驱动发展示范区、世界一流高科技园区，起步区突出应用基础与硬科技研究、开展未来产业场景化先导应用，国际医学科学中心重点打造全国一流的医疗健康创新发展高地，长清大学城、章丘大学城、空天信息大学聚焦深化院校间合作、产学研融合，构筑布局合理、协同发展、全国领先的科技创新矩阵。提升成果转化“加速度”。深入推进济南国家科技成果转移转化示范区建设，建立完善“学校侧”与“企业侧”合作机制，建设“校区、园区、街区、社区”四区融合创新综合体。强化企业创新主体地位，支持行业龙头企业牵头组建创新联合体，实施“科技型中小微企业—高新技术企业—创新型领军企业”梯度培育计划，确保未来五年高新技术企业数量突破8000家。构筑创新创业“生态圈”。深化科技创新体制机制改革，深入实施“军令状”“赛马制”“揭榜挂帅”等机制，加强知识产权保护，畅通科研人员技术创富、技术造富制度通道。高水平建设科创金融改革试验区，打造全流程创新生态链。加快人才管理改革试验区建设，完善高精尖缺人才培养引进机制，提升驻济高校毕业生留济率，持续推进顶尖人才、一流科技领军人才、青年人才队伍建设，让更多“千里马”在济南创业奔腾。

（二）纵深推进新旧动能转换，加快构建现代产业体系。高端高质高效的现代产业体系是实现“三个走在前”的信心之源、底气所在。要坚持“工业强市”战略不动摇，加强产业生态创新，提升产业发展层次，构建以数字经济为引领、先进制造业为重点、现代服务业为支撑的现代产业体系。加快先进制造业高质量发展。深入开展产业基础再造、卓越产业链打造、传统产业升级、未来产业培育、自主品牌建设五大行动，推动四大主导产业集聚发展、特色优势产业创新发展，新培育3～5个国家先进制造业集群，到2026年工业增加值占地区生产总值比重达到30%，先进制造业达到万亿级规模，建设基础稳固、动能强劲的工业强市。促进现代服务业提质增效。牢牢把握扩大内

需这一战略基点，提升传统消费能级、加快新型消费发展、补齐农村消费短板，激发释放市场潜力，创建国际消费中心城市。推动现代物流、现代金融、科技服务、工业设计等生产性服务业向专业化和价值链高端延伸，促进现代商贸、医养健康、物业管理、家政服务等生活性服务业向高品质和多样化升级，打造国家级现代服务经济中心。推动经济社会数字化转型。推进数字新基建，建成开通国家级互联网骨干直联点，实现高质量5G网络全覆盖，拓展确定性网络应用场景。推进数字产业化、产业数字化，做大做强中国算谷、超算产业园、空天信息产业园和山东能源互联网产业集聚区，实施“上云用数赋智”行动，打造国家工业互联网示范高地。建设新型智慧城市，建强用好“城市大脑”，提升数字政府、数字社会建设水平。强化产业发展载体支撑。实施“领航企业”培育行动，壮大百亿企业方阵，培育5家以上千亿级企业。着力提升园区综合承载力和经济带动力，推动园区总量指标前移、效益指标进位、速度指标争先。支持各区县立足比较优势，打造2～3个特色产业集群，到2026年各区县经济规模大幅提升进位，努力培育3000亿级“实力强区”，形成“百花齐放”县域经济发展新格局。

（三）聚焦引领带动区域协调发展，加快提升综合发展能级。把握发展要素向中心城市和城市群集聚的趋势规律，聚焦建设国家中心城市，发挥济南比较优势，加快提升济南的国际国内影响力、区域经济带动力、高端资源要素集聚力、开放门户枢纽辐射力。强化在黄河重大国家战略中的示范引领作用。牢牢把握“四项原则”“五项重点任务”，全面做好黄河长治久安、生态环境保护、水资源节约集约利用、促进区域协调发展等重点工作，与沿黄城市携手推进“一字型”大通道建设，引导创新链、产业链、要素链跨区域联动，畅通黄河流域经济循环，带动沿黄地区加快绿色低碳高质量发展。积极促进区域重大战略协调联动，用好“京沪会客厅”等载体平台，承接北京非首都功能疏解，深化与长三角地区对接合作，完善区域间产业转移利益共享机制。引领山东半岛城市群更好发挥龙头作用。深入落实“强省会”战略，扩大经济、贸易、人文和资源辐射半径，积极推动与胶济沿线的淄博、潍坊、青岛等城市一体构建高水平协同发展的连绵城市带，打造济青科创智造廊带，引领山东半岛城市群做大做强。推动现代化济南都市圈崛起成势。以“一小时通勤圈”为半径，编制实施济南都市圈发展规划。以推进济淄、济泰、济德同城化为突破口，积极推进重点干线铁路和城际铁路建设，形成一体化发展体制机制，打造国内领先的现代化都市圈，促进济青都市圈高水平协作联动发展。汇全省之智、举全市之力加快济南新旧动能转换起步区建设。起步区建设寄托着济南“千年一跨、拥河发展”的历史梦想，承载着省会高质量发展跨越赶超的历史使命，事关济南未来发展的历史高度。要聚焦“四个新”目标定位和“五个着力”重点任务，编制实施“1+4+16+N”规划体系，构建“一纵一横两核五组团”功能布局，打造“3+1”产业体系，创新完善管理体制和运行机制，加快引进建设一批大项目好项目，强力推动跨黄通道建设，超前布局5G、工业互联网等新型基础设施，建设黄河流域生态保护和高质量发展引领示范区。打造黄河流域对外开放门户。建好用好自贸试验区济南片区、综保区等开放平台，加快申建国家临空经济示范区，高水平建设中欧（济南）绿色制造产业园、海峡两岸新旧动能转换产业合作区、济南“侨梦苑”、国际招商产业园、济南国际贸易中心。深化与共建“一带一路”国家和地区、RCEP成员国合作，积极参与山东中日韩地方经贸合作示范区创建，加快济南国际陆港、中欧班列集结中心建设，聚力引进世界500强、行业领军企业和产业链引擎性项目，实现高质量引进来和高水平走出去。

（四）着力提升城市功能品质，塑强综合承载能力。建设高品质城市，是实现“三个走在前”的重要承载和空间展现。要以提升城市综合承载力为目标，以塑优城市空间形态为牵引，以推进新型城镇化为抓手，推动城市精明增长、内涵式发展。加快推动形成“东强、西兴、南美、北起、中优”城市发展新格局。东部要坚持科技赋能、产业兴城，加快中央商务区奥体片区、济南高新区中心区、齐鲁科创大走廊、龙山国际创新城等重点片区建设，打造全国战略性新兴产业发展高地、黄河流域先进制造业中心和区域创新成果转化基地。西部要坚持筑城兴业、品质聚人，加快建设国际医学科学中心、央企总部城、西部科教产业城、中央活力区，提升西客站片区门户枢纽功能，打造文旅健康产业融合发展区。南部要坚持生态优先、绿色发展，建立完善统筹“大南部山区”生态保护体制机制，保护好城市“绿肺”和泉城“水塔”，争创国家级“两山”实践创新基地。北部要坚持三生共荣、完善功能，加强济阳、商河与起步区对接融合，加快人口和产业导入，塑造绿色智慧现代的未来新城。中部要坚持业态迭代、内涵提升，加快实施明府城、老商埠、上新街、洪家楼等片区保护建设，丰富展览文创、时尚消费、艺术活动、数字经济等功能业态，打造彰显泉城特色和文化底蕴的高品质城区。构建更加畅通的综合立体交通网。以创建国际性综合交通枢纽城市为目标，着力构建“一轴二廊三通道”综合交通主骨架，建设“米字型”高铁网和“二环一联十六射”高速网，加快济南机场二期改扩建、小清河复航、济南港、济郑高铁济南段、济莱高铁等重大项目建设，积极推动济南至济宁、莱芜至临沂等高铁工程，推动“四网融合”轨道交通网覆盖全部区县。实施新型城镇化攻坚行动。按照智慧化、绿色化、均衡化、双向化要求，深入推进以人为核心的新型城镇化建设。有序实施城市更新行动，加快老旧小区改造，分类推进“历史城区、二环以内、中心城区、市域其他建成区”四大圈层更新，完善一刻钟便民生活圈。以国家、省城乡融合发展试验区建设为抓手，加强基础设施“七网”建设，推动基础设施、生产要素、公共服务向远郊区县延伸，提升以县城为重要载体的新型城镇化水平，常住人口城镇化率年均提高 1 个百分点以上。

（五）全面推进乡村振兴，聚力打造乡村振兴齐鲁样板省会标杆。坚持农业农村优先发展，统筹推进“五个振兴”，努力绘就农业高质高效、乡村宜居宜业、农民富裕富足的乡村振兴新画卷。坚决扛牢粮食安全政治责任。落实粮食安全党政同责，坚持藏粮于地、藏粮于技，稳步提升粮食综合生产能力。严守耕地保护红线，扎实开展高标准农田建设，深入推进“菜篮子”工程，实现重要农产品稳产保供。种子是农业的“芯片”，要充分发挥济南在种质资源、育种技术体系、种业经济等方面优势，大力实施种业振兴行动，打造“中国北方种业之都”，为端牢中国饭碗作出济南贡献。加快提升农业质量效益和竞争力。促进农村一、二、三产业融合发展，实施特色产业提振工程，大力发展智慧农业和高效设施农业，持续放大“泉水人家”品牌效应，争创国家农业现代化示范区。大力实施乡村建设行动。准确把握乡村建设时度效，合理优化村庄布局，提升乡村规划建设水平。深入实施农村人居环境整治提升五年行动、农村基础设施网建设行动，大力推进数字乡村建设，深化美丽乡村示范创建，让农村“望得见山、看得见水、记得住乡愁”。促进农民持续增收致富。巩固拓展脱贫攻坚成果，确保返贫和新致贫动态清零。加快衔接乡村振兴集中推进区建设，大力发展现代富民产业，实施高素质农民培育计划，鼓励支持大学生、技术人员、退役军人等返乡创业，选准配强村级“带头人”，让农业成为创业创富的平台，让农民成为有吸引力的职业。

（六）坚定不移推进全面深化改革，持续增强经济社会发展动力活力。当好“三个走在前”排头兵，必须以改革开路、用改革破题。要坚持系统集成、协同高效，以市场化改革为重点，推动改革与发展深度融合、高效联动。充分激发市场主体活力。持续深化国资国企改革，推动 21 家市属国有企业做大做活做专，支持有条件的企业整体或核心业务上市，培育更多资产过千亿企业。坚决破除民营企业发展壁垒，落实减税降费政策，全力支持民营经济健康发展，引导民营经济聚焦实业、做精主业，厚植民营经济创新创业创富的丰沃土壤。积极争取国家要素市场化配置综合改革试点，深化“标准地”供应改革，加强土地储备市级统筹，加快培育数据要素市场，率先在劳动力、资本、技术等领域取得突破。弘扬新时代企业家精神，加强企业家队伍建设。统筹推进财税金融改革。深化财税制度改革，推动预算绩效管理提质增效，健全政府债务管理机制。深化地方金融监管改革，完善政府投融资评价考核机制，加强风险监测预警。大力培育供应链金融、数字金融、普惠金融、科创金融，引导金融服务实体经济和社会发展。优化完善企业上市挂牌扶持政策，五年内上市企业总数超过 100 家。着力深化农村综合改革。坚持农村基本经营制度，稳步推进“三变”改革，稳慎实施宅基地改革试点，鼓励支持各类要素有序流向农业农村。打造一流营商环境。深化“放管服”改革，深入推进政务服务标准化规范化便利化建设，发挥企业服务中心作用，推进惠企政策“免申即享”；坚持“有求必应、无事不扰”，大力构建亲清政商关系，当好服务企业发展的“店小二”；完善社会信用体系，健全外商投资促进、保护和服务体系，提高贸易便利化和投资自由化水平，打造全国营商环境标杆城市。

（七）推动文化繁荣兴盛，全面提升城市软实力。文化是城市精神的传承与根脉，提升城市软实力是增强城市综合实力、核心竞争力的必由路径。强省会是综合实力强，综合实力强不仅仅是硬实力还有软实力，硬实力让城市强大，软实力让城市伟大，两手都要抓，两手都要硬。城市既要有筋骨肉，又要有精气神，居民既要富口袋，又要富脑袋。一个城市只有拥有了强大的软实力，才有发展的后劲，软实力强大与否，体现为人心向背。济南是国家历史文化名城，浸润着黄河文化的滋养，龙山文化、齐鲁文化、红色文化等多种文化在这里交融荟萃，让文化自信、文化力量、文化特征充分彰显，是我们的重大责任。要围绕举旗帜、聚民心、育新人、兴文化、展形象，坚持“两个结合”，不断提升城市文化品位，增强人民精神力量。增强先进文化引领力。常态化开展理想信念教育，挖掘用好济南红色资源，加强和改进新时代思想政治工作，繁荣发展哲学社会科学，让党的创新理论走进千家万户、深入人心。加强意识形态阵地建设和管理，做强“新黄河”等新媒体平台，唱响主旋律、传播正能量。把城市软实力提升与文明城市创建有机结合起来，积极创建全国文明典范城市，充分发挥新时代文明实践中心、所、站作用，推动社会主义核心价值观融入日常；广泛开展志愿服务活动，常态化选树身边好人、最美人物、道德模范、时代楷模等先进典型，让文明新风吹遍大街小巷、滋润百姓心田。释放优秀传统文化新活力。加强历史文化名城保护，推动龙山文化、大舜文化、儒家文化、二安文化等优秀传统文化创造性转化、创新性发展，加强非物质文化遗产保护传承，打造一批体现中华文明、具有泉城特色的文化地标，加快推动“泉·城文化景观”申遗，让世界了解济南的泉之美、城之美、人之美。深入挖掘阐发黄河文化丰富内涵和时代价值，系统保护黄河文化遗址，高标准规划建设黄河国家文化公园、齐长城国家文化公园，高标准建设国家文化出口基地，让黄河文化在新时代熠熠生辉。提升公共文化供给凝聚力。实施公共文化效能提升工程，规划建设黄河文化博物馆、市博物馆新馆、市党史方志馆、市档案馆新馆、市科技馆等文化设施，拓展提升文化驿站、泉城书房等公共文化空间，创作更多体现时代精神、地域魅力的精品力作，构建泉城市民共有共享的精神家园。激活现代文旅产业发展力。推动文化与旅游、科技、金融、体育深度融合，大力发展时尚经济，做强文化创意、演艺会展、文体赛事、影视动漫等文化业态，高标准谋划推动济南埠村、五峰山等国际综合旅游度假区建设，塑造具有泉城特色的新时代城市品牌，打造国际知名文化旅游目的地。

（八）倾力创造高品质生活，推动共同富裕取得更为明显的实质性进展。实现“三个走在前”，最终要体现在不断改善人民生活、促进共同富裕上。要牢固树立发展为民的价值导向、民生优先的行动指向，制定促进共同富裕的政策、制度、机制，让泉城人民过上更有品质的幸福生活。让人民群众生活更加殷实富足。强化就业优先政策，拓展高校毕业生、退役军人、农民工等重点群体就业渠道，推动实现更加充分更高质量就业。实施扩大中等收入群体计划，提高低收入群体增收能力，多渠道增加城乡居民财产性收入。大力发展慈善等社会公益事业，鼓励高收入群体和企业更多回报社会。让基本公共服务更为优质均衡。落实立德树人根本任务，提升学前教育普及普惠水平，推进义务教育优质均衡发展，深化义务教育“双减”，促进高中教育多样特色发展，加快职业教育高地建设，努力让每一个孩子身心健康、全面发展。加快康养济南建设，推动优质医疗资源加快发展、均衡布局，创建国家中医（肿瘤）医学中心、国家区域医疗中心、国家中医药综合改革试验区，建设公共卫生“六大中心”，提升基层医疗卫生服务水平，深化医保支付方式改革，保障群众医疗健康、守护群众生命安全。完善全民健身公共服务体系，提升群众体质。让民生保障底线兜得更牢更实。深入实施全民参保计划，积极推进灵活就业人员和新就业形态群体参保，推动社保扩面、应保尽保。健全分层分类的社会救助体系和社会福利制度，加强对独居老人、留守儿童、残疾人等群体的关爱服务保障，确保兜底保障不漏一户、不落一人。让城市人口与发展更趋协调。高度重视解决“一老一小”问题，健全多层次养老服务体系，推进公共环境无障碍和适老化改造，大力发展普惠托育服务，完善“三孩”生育政策配套措施。坚持房住不炒，完善住房保障体系，让新老市民都住有宜居、安居乐业。加快建设青年发展友好型城市，提升人力资本水平，落实基本公共服务同等待遇，吸引更多外来人口融入济南、书写梦想、成就事业。

（九）坚持生态优先绿色发展，不断厚植高质量发展的生态底色。泉水是济南的根与魂，赋予了济南有别于其他任何城市的独特气质与魅力。“山泉湖河城”浑然一体的城市风貌、生态优势，是济南最靓丽的城市名片，也是核心竞争力的重要体现。要深入贯彻习近平生态文明思想，坚定走生态优先、绿色发展之路，夯实现代化强省会生态本底。有序实施碳排放达峰行动。坚持双控倒逼、先立后破，协同推进降碳、减污、扩绿、增长，实施新一轮“四减四增”行动，坚决遏制“两高”项目盲目发展，非化石能源消费占比提高到7%以上，争创碳中和示范城市。推进生活垃圾分类，加快建设“无废城市”，打造慢行交通，倡导绿色出行。持续开展国土绿化行动，提升生态碳汇能力。持续抓好水资源节约集约利用。以最严格的标准落实“四水四定”，加快现代水网规划建设，实施重点水库连通工程，积极推进太平、白云等水库建设，提升重点行业水资源利用效能，创建国家节水典范城市。加强泉水保护利用，在城市规划中充分尊重泉水、在城市建设中充分珍爱泉水、在城市管理中充分呵护泉水，强化泉域保护区管控，加快“泉道”建设，深化泉水直饮工程，打造更多亲泉、赏泉、品泉空间，让大自然的馈赠真正成为全市人民的共有、共享、共乐。深入打好污染防治攻坚战。强化多污染物协同控制和区域协同治理，打好重污染天气消除、臭氧污染防治、柴油货车污染治理标志性战役，让“蓝天常驻”；持续推进黄河“清废行动”，深入实施“两个清零、一个提标”重点工程，深化黑臭水体治理，改造雨污合流管网，实施河道有水工程，推进美丽幸福河湖建设，让“绿水长清”；强化农业面源污染治理，有效管控农用地和建设用地土壤污染风险，让“黄土复净”。扎实推进生态保护修复治理。强化国土空间规划和用途管控，全面落实“三线一单”，推进生态廊道与节点建设，强化森林资源管护、河湖系统保护，加强滩区生态综合整治和湿地系统保护修复，持续提升生态系统质量和稳定性。严格落实河长制、湖长制、林长制、田长制，建立生态产品价值实现机制，完善重点生态功能区生态补偿机制，筑牢高质量发展绿色屏障，努力绘就现代版“鹊华秋色图”。

（十）大力加强民主法治建设，努力走出特大城市现代化治理新路子。深入贯彻习近平法治思想，坚持党的领导、人民当家作主、依法治国有机统一，自觉践行总体国家安全观，加强制度创新和治理能力建设，不断提升社会治理现代化水平。坚定不移发展全过程人民民主。支持人大、政协依法、依章程履行职能，不断扩大人民有序政治参与，持续擦亮“商量”协商民主品牌。巩固和发展最广泛的爱国统一战线，积极促进政党关系、民族关系、宗教关系、阶层关系、海内外同胞关系和谐。深化军地协作，推动军民融合发展，争创全国双拥模范城“十连冠”。用心用情做好老干部工作，加强工会、共青团、妇联等群团组织建设。坚定不移深化法治济南建设。坚持法治济南、法治政府、法治社会一体建设，强化重点领域、新兴领域立法，深化司法体制综合配套改革，健全公共法律服务供给体系，深入开展“八五”普法，加强执法司法权运行制约监督，争创全国法治政府建设示范市，让人民群众切实感受到公平正义就在身边。坚定不移推进平安济南建设。统筹推进市域社会治理现代化，创造性践行新时代“枫桥经验”，建好用好“一站式”矛盾纠纷调解中心，切实维护好群众合法权益。深入开展基层平安创建活动，常态化开展扫黑除恶斗争，严密防范和依法惩治各类违法犯罪活动，创建全国社会治安防控体系建设示范城市。坚定不移维护重点领域安全。坚决维护政治安全，严密防范和坚决打击敌对势力渗透、破坏、颠覆、分裂和暴力恐怖活动。坚决维护经济领域安全，统筹抓好金融、房地产、政府债务、产业链供应链等领域风险防范化解，守住不发生系统性和区域性风险的底线。完善城市安全常态化管控和应急管理体系，从严从细抓好疫情防控、生态安全、安全生产、防灾救灾、食品药品监管等工作，建立政府部门、社区、物业、企业等多方参与的公共事件应急联动机制，切实把省会安全防线守得更牢、筑得更实。

四、从严管党治党，筑牢新时代社会主义现代化强省会建设根本保证

深入贯彻新时代党的建设总要求，大力弘扬伟大建党精神，勇于自我革命，将全面从严治党不断向纵深推进，以高质量党建引领保障高质量发展。

（一）始终把党的政治建设摆在首位，坚决做到“两个维护”。坚持旗帜鲜明讲政治，深刻领悟“两个确立”的决定性意义和实践要求，始终胸怀“两个大局”、牢记“国之大者”，不断提高政治判断力、政治领悟力、政治执行力，以实际行动增强“四个意识”、坚定“四个自信”、做到“两个维护”。健全加强党的全面领导的制度体系，充分发挥党总揽全局、协调各方作用，把党的领导贯穿各项工作全过程各方面。建立健全保障“两个维护”落实机制，把习近平总书记每一件指示批示都作为政治要件，经常性对标对表，在重要节点开展“回头看”，确保总书记重要指示要求在济南落地生根。严肃党内政治生活，严明政治纪律和政治规矩，严格执行民主集中制，发展积极健康党内政治文化，使广大党员干部的政治立场更加坚定、政治品格更加纯粹、政治能力更加过硬。

（二）着力加强理论武装，切实把牢思想之舵。坚持把学思践悟习近平新时代中国特色社会主义思想作为首要任务，落实好“第一议题”制度，完善理论学习中心组等学习制度，分层分类分级强化教育培训，不断提高运用党的创新理论分析解决实际问题的能力。巩固拓展党史学习教育成果，自觉践行共产党人精神谱系，健全“不忘初心、牢记使命”长效机制，教育引导党员干部永远爱党为党、以身许党报党，切实把对党忠诚体现在本职岗位、落实到日常言行。

（三）加强组织体系建设，打造坚强战斗堡垒。认真贯彻执行地方党委和党组工作条例，把全市各级党委（党组）建设成为坚决听从党中央指挥、管理严格、监督有力、班子团结、风气纯正的坚强组织。坚持党管武装，推动国防动员和后备力量建设转型重塑。牢固树立大抓基层鲜明导向，持续深化城市基层党建示范市建设，统筹推进农村、社区、机关、国企、学校、非公企业、社会组织等各领域党建，常态化整顿软弱涣散党组织，推动基层党组织全面进步、全面过硬。严格发展党员标准程序，全面实施党支部评星定级、党员量化积分管理，引领广大党员发挥模范带头作用，做到关键时刻让党信得过、靠得住、能放心。

（四）统筹抓好育选管用，锻造过硬干部队伍。全面贯彻新时代党的组织路线，严格落实新时代好干部标准，持续实施新时代年轻干部选拔培养工程，深化完善从经济发展最前沿、项目建设主战场、重大斗争第一线选人用人机制，大力选拔忠诚干净担当的“闯将”“干将”。适应现代化强省会建设需求，全面加强干部思想淬炼、政治历练、实践锻炼、专业训练，不断增强各级干部贯彻新发展理念、服务构建新发展格局、推动高质量发展的能力水平。坚持严管和厚爱结合、激励与约束并重，加大容错纠错、澄清正名、关爱回访、重新使用等工作力度，旗帜鲜明为担当者担当、为实干者撑腰。坚持党管人才原则，提升人才政策含金量，营造最优人才发展生态，让济南成为各类英才的筑梦圆梦之地，彰显新时代“济南名士多”的海右盛景。

（五）深化正风肃纪反腐，营造风清气正政治生态。牢固树立正确政绩观，大力弘扬“严真细实快”工作作风，引导广大党员干部事争一流、唯旗是夺，踏石留印、抓铁有痕，推动各项部署高质高效落实。严格落实中央八项规定及其实施细则精神，持之以恒纠治形式主义、官僚主义顽疾，健全基层减负常态化机制，坚决防止“四风”问题反弹回潮。深化不敢腐、不能腐、不想腐一体推进，坚持无禁区、全覆盖、零容忍，紧盯“关键少数”和重点领域，重点查处政治问题和经济问题相互交织的腐败案件，加大隐形腐败、新型腐败治理力度，持续整治群众身边的腐败和不正之风。用好监督执纪“四种形态”，完善“四项监督”统筹衔接机制，推动党内监督与其他各类监督贯通协同，高质量推进新一届市委巡察全覆盖，加强新时代廉洁文化建设，推动实现干部清正、政府清廉、政治清明、社会清朗。

同志们，行而不辍、未来可期，笃志前行、虽远必达。今天的济南，正处于加快发展、跨越发展的关键期、机遇期、黄金期，担当实干方能不负使命，

锐意进取才能赢得未来。让我们更加紧密地团结在以习近平同志为核心的党中央周围，高举旗帜、牢记嘱托，埋头苦干、勇毅前行，切实履行“三个走在前”光荣使命，为开创新时代社会主义现代化强省会建设新局面而不懈奋斗，以优异成绩迎接党的二十大胜利召开！

名词解释

1. 四大主导产业：大数据与新一代信息技术产业、智能制造与高端装备产业、精品钢与先进材料产业、生物医药与大健康产业。

2. “四个面向”：面向世界科技前沿、面向经济主战场、面向国家重大需求、面向人民生命健康。

3. “四项原则”：2021 年 10 月 22 日，习近平总书记在济南主持召开深入推动黄河流域生态保护和高质量发展座谈会，明确提出沿黄省区落实黄河重大国家战略“四项原则”，即：要坚持正确政绩观，准确把握保护和发展关系；要统筹发展和安全两件大事，提高风险防范和应对能力；要提高战略思维能力，把系统观念贯穿到生态保护和高质量发展全过程；要坚定走绿色低碳发展道路，推动流域经济发展质量变革、效率变革、动力变革。

4. “五项重点任务”：2021 年 10 月 22 日，习近平总书记在济南主持召开深入推动黄河流域生态保护和高质量发展座谈会，强调要抓好“五项重点任务”，即：加快构建抵御自然灾害防线；全方位贯彻“四水四定”原则；大力推动生态环境保护治理；加快构建国土空间保护利用新格局；在高质量发展上迈出坚实步伐。

5. “一字型”大通道：《黄河流域生态保护和高质量发展规划纲要》提出，加快形成以“一字型”“几字型”和“十字型”为主骨架的黄河流域现代化交通网络。“一字型”为济南经郑州至西安、兰州、西宁的东西向大通道。

6. “四个新”目标定位：国务院批复的《济南新旧动能转换起步区建设实施方案》指出，支持济南建设新旧动能转换起步区，形成黄河流域生态保护和高质量发展的新示范、山东新旧动能转换综合试验区的新引擎、高水平开放合作的新平台、绿色智慧宜居的新城区。

7. “五个着力”重点任务：国务院批复的《济南新旧动能转换起步区建设实施方案》指出，着力加快新旧动能转换，着力创新城市发展方式，着力保护生态环境，着力深化开放合作，着力完善体制机制。

8. “1+4+16+N”规划体系：“1”即国务院批复的《济南新旧动能转换起步区建设实施方案》；“4”即起步区发展规划、国土空间规划、生态保护规划和启动区控制性规划；“16”即节水型城市、蓝绿空间、产业发展等 16 个专项规划；“N”即根据发展时序和形势需要，适时启动编制园林绿化、夜景照明、未来社区等相关专业规划。

9. “一纵一横两核五组团”功能布局：国务院批复的《济南新旧动能转换起步区建设实施方案》指出，起步区逐步建设形成“一纵一横两核五组团”的空间布局。“一纵”是指起步区与大明湖、趵突泉等济南历史标志节点串联起来，形成泉城特色风貌轴；“一横”是指依托水系、林地等自然生态资源，形成黄河生态风貌带；“两核”是指建设城市科创区和临空经济区，带动起步区加快开发建设；“五组团”是指建设济南城市副中心、崔寨高新产业集聚区、桑梓店高端制造产业基地、孙耿太平绿色发展基地、临空产业集聚区。

10. “3+1”产业体系：以新一代信息技术、高端装备制造、新能源新材料等战略性新兴产业为主体，以高端会展、跨境电商、科技服务等现代服务业为支撑的起步区“3+1”产业体系。

11. “一轴二廊三通道”综合交通主骨架：“一轴”即京沪主轴；“二廊”即沿黄“一字型”大通道和青银通道；“三通道”即济南至冀南、皖北、苏北地区的 3 条区域通道。

12. “二环一联十六射”高速网：“二环”即济南绕城高速环线、济南绕城高速二环线；“一联”即济南联通省会经济圈城市的高速路网；“十六射”即济南向省内其他城市及外省辐射的放射线，共计 16 条。

13. “四网融合”轨道交通网：干线铁路、城际铁路、市域（郊）铁路、城市轨道交通融合发展的客运轨道交通网。

14. “三变”改革：资源变资产、资金变股金、农民变股东改革。

15.“两个结合”：把马克思主义基本原理同中国具体实际相结合、同中华优秀传统文化相结合。

16. 公共卫生“六大中心”：市疾病预防控制中心、市精神卫生中心、市急救指挥调度中心、市应急医疗储备保障中心、市急救创伤中心、省公共卫生临床中心。

17.“四减四增”行动：调整产业结构，减少过剩和落后产业，增加新的增长动能；调整能源结构，减少煤炭消费，增加清洁能源使用；调整运输结构，减少公路运输量，增加铁路运输量；调整农业投入结构，减少化肥农药使用量，增加有机肥使用量。

18.“四水四定”：以水定城、以水定地、以水定人、以水定产。

19.“两个清零、一个提标”：到2025年实现城市建成区雨污合流管网清零、黑臭水体清零、城市污水处理厂出水水质标准提升。

20.“三线一单”：生态保护红线、环境质量底线、资源利用上线和生态环境准入清单。

21. 监督执纪“四种形态”：经常开展批评和自我批评、约谈函询，让“红红脸、出出汗”成为常态；党纪轻处分、组织调整成为违纪处理的大多数；党纪重处分、重大职务调整的成为少数；严重违纪涉嫌违法立案审查的成为极少数。

22.“四项监督”：纪律监督、监察监督、派驻监督、巡视监督。

政府工作报告

——在济南市第十八届人民代表大会第一次会议上

（2022 年 4 月 19 日）

济南市代市长 于海田

各位代表：

现在，我代表市人民政府，向大会报告工作，请予审议，并请各位政协委员和其他列席人员提出意见。

一、过去五年及 2021 年工作回顾

过去的五年，是济南发展进程中极不平凡、极具历史意义的五年。习近平总书记两次视察山东、亲临济南，作出重要讲话和指示要求，充分体现了总书记和党中央对山东、对济南的深情关怀和殷切期望，为全市发展指明了前进方向、提供了根本遵循，令全市上下倍感振奋温暖，极大激发了泉城儿女干事创业的磅礴力量。五年来，我们牢记殷殷嘱托，坚持以习近平新时代中国特色社会主义思想为指导，坚决落实习近平总书记对山东、对济南工作的重要指示要求，按照省委、省政府决策部署，在市委坚强领导下，真抓实干、砥砺奋进，战胜各种困难考验，隆重举办庆祝建国 70 周年、建党 100 周年系列活动，如期实现全面小康目标，新时代社会主义现代化强省会建设迈出坚实步伐。

这五年，我们坚定不移落实重大国家战略，城市发展能级大幅跃升，综合实力显著增强。黄河流域生态保护和高质量发展战略深入推进，谋划实施 285 个省市重点项目，“万里黄河第一隧”济泺路隧道、黄河凤凰大桥建成通车，济南大踏步迈向“黄河时代”。黄河济南段“十三五”防洪工程全面完工，顺利通过新中国成立以来最严重秋汛考验，百里生态风貌带魅力初显，黄河生态文明国际论坛永久落户，节水典范城市建设进展顺利。济南新旧动能转换起步区建设全面起势，“1+4+16+N”规划体系加快完善，新能源乘用车核心零部件产业园等百余个项目落地建设，中科新经济科创园等重点产业园区集聚功能明显增强。“强省会”战略扎实推进，省会经济圈一体化发展取得实质性进展。全市常住人口达到 933.6 万人，跻身全国特大城市行列。地区生产总值突破万亿大关，一般公共预算收入突破千亿大关，位次分别提升至全国城市第 18 位和第 17 位。

这五年，我们坚定不移推动高质量发展，新旧动能转换加快推进，产业竞争力显著增强。创建综合性国家科学中心迈出坚实步伐，齐鲁科创大走廊等重大载体建设连线成片，电磁驱动等一批大科学装置相继落地，量子信息科学国家实验室济南基地获批建设，3 家省实验室挂牌落地。引进中科系院所 15 家，山东产研院、山东高研院引领的新型研发机构体系初步形成，高新技术企业突破 4000 家，全市人才总量达到 247 万人。工业强市战略成效显著，工业经济规模总量跨越提升，大数据与新一代信息技术、智能制造与高端装备、精品钢与先进材料、生物医药与大健康四大主导产业规模突破 1.3 万亿元，山东重工绿色智造产业城、吉利智慧新能源整车工厂、山钢新旧动能转换等一批重大项目落地见效，形成千亿级工业企业 2 家、百亿级企业 13 家，培育独角兽企业 6 家、国家级专精特新小巨人企业 35 家。坚决淘汰落后产能，清理整治散乱污企业 7651 家，东部老工业区搬迁改造基本完成，济钢钢铁产能全面关停、成功转型。战略性新兴产业加速壮大，超算中心、量子谷、算谷、未来网络研究院、国家金融业密码应用研究中心等高端平台积蓄成势，“齐鲁一号”“齐鲁四号”卫星成功发射，全省首个 8 英寸高功率芯片顺利通线，珅诺基药业国家原创中药一类新药获批上市。质量强市、标准立市战略深入推进。人工智能“双区”同建步伐加快，

数字经济占比达到45%，国家级互联网骨干直联点和“星火·链网”超级节点落地建设，全球首张确定性网络成功启动。服务业发展质效加快提升，信息技术服务产业集群入选全国首批战略性新兴产业集群，获批建设全国首个科创金融改革试验区，新增挂牌上市企业23家，支撑经济高质量发展的新动能愈加澎湃强劲。

这五年，我们坚定不移加强城市规划建设管理，发展空间加快拓展，综合承载力显著增强。圆满完成济南莱芜区划调整、济阳撤县设区。“东强西兴南美北起中优”城市发展新格局加快形成，济南高新区跻身全国前十，中央商务区、汉峪金谷、长清大学城、国际医学科学中心等重点片区崛起成势。现代化立体交通体系加快构建，国际机场旅客吞吐能力实现翻番，“米”字型高铁网初步成型，小清河复航工程顺利推进，“两横三纵”快速走廊闭环成网，轨道交通从无到有、迈入换乘时代。城市供热、供水“一张网”基本形成，市政设施保障能力持续提升。建成5G基站设施2.7万个，入选全国首批5G商用城市和千兆城市，连续4年获评“中国领军智慧城市”。城市有机更新扎实推进，明府城保护、老商埠振兴、特色街区打造取得积极成效，千年古城焕发新生。棚户区改造工作获得国家激励支持，新开工棚改安置房17万套，老旧小区改造惠及居民43万户。拆违拆临面积超过1亿平方米，城市净化、亮化、美化实现跨越式提升。城市家具一体化综合保洁模式全面推广，生活垃圾分类扎实推进。全体市民团结一心、接续奋斗，全国文明城市测评勇夺“四连冠”，泉城因文明更美丽，人民因城市更自豪！

这五年，我们坚定不移深化改革扩大开放，营商环境持续优化，发展动力活力显著增强。实施“十大系统集成改革”，改革热度指数位居省会城市第1位，营商环境评价进入全国前十。“放管服”改革不断深化，成功塑造“在泉城·全办成”品牌，“拿地即开工”、成立市级企业服务中心先后得到国务院大督查通报表扬，市场主体由57万户增至145万户。国企改革三年行动深入实施，企业战略性重组取得重大进展。百强民营企业培育行动扎实推进。创新实施规划、土地、财政、产业市级统筹，“要素跟着项目走”“亩产效益”评价改革成效显著。对外开放水平持续提升，山东自贸试验区济南片区创新活力加速迸发，新增注册企业3.2万家，“链上自贸”等一批改革创新成果在全国全省推广，成功获批国家文化出口基地。济南综保区、章锦综保区封关运行，欧亚班列累计开行超过1500列，进出口总额增长1.38倍。成功举办或承办国际粮食减损大会、亚信金融峰会、儒商大会、中国企业论坛、首届世界先进制造业大会等高端会议活动，领事机构实现零的突破，泉城国际知名度、美誉度、影响力持续提升。

这五年，我们坚定不移实施乡村振兴战略，脱贫攻坚战圆满收官，城乡融合发展水平显著提升。高标准完成脱贫攻坚任务，21.1万脱贫人口生活水平稳步提高，33.9万黄河滩区居民安居乐业，对口协作任务顺利完成。现代农业提质增效，建成高标准农田498万亩，实现粮食生产“十八连丰”，建设田园综合体19个，“泉水人家”品牌影响力持续扩大。扎实开展农村人居环境整治，高标准建成120个乡村振兴齐鲁样板村、310个市级以上美丽乡村示范村，涌现出三涧溪村等一批全国先进典型。国家城乡融合发展试验区建设扎实推进，全面完成承包地确权登记颁证和集体产权制度改革任务，农村集体经营性建设用地入市取得突破，集体经济5万元以下的村实现清零。在副省级以上城市中率先全面放开落户限制，常住人口城镇化率提高到74.2%。

这五年，我们坚定不移贯彻绿色发展理念，污染防治攻坚战取得积极成效，生态环境质量显著提升。聚力打赢蓝天、碧水、净土三大保卫战，$PM_{2.5}$年均浓度改善44.4%，空气质量综合指数排名退出后20。完成国家黑臭水体治理示范城市建设任务，在全省率先消除劣Ⅴ类水体，国控断面水质指数排名位居全省前列，重点泉群连续18年保持喷涌。土壤环境监测实现县级全覆盖。深入实施“四减四增”三年行动，单位地区生产总值能耗累计降低37.3%，碳排放强度累计下降率位居全省前列。狠抓“大棚房”和违建别墅问题清查整治，持续开展南部山区违法违章建筑专项整治，连续打响打赢雪野湖、佛慧山、千佛山、大明湖周边违建整治“四场战役”。国家森林城市、国家园林城市建设成果持续巩固，完成造林61.3万亩、山体绿化修复158座，建成“千园之城”，绿水如眸、青山如黛的泉城特色风貌更加彰显。

这五年，我们坚定不移践行以人民为中心的发展思想，民生保障稳步改善，人民群众获得感幸福感安全感显著提升。全力应对世纪疫情的历史大考，迅速打响疫情防控的人民战争、总体战、阻击战，从严从实从细抓好常态化疫情防控，妥善应对处置输入性疫情，全力做好疫苗接种等工作，有力守护了人民生命健康。新增城镇就业91.3万人，居民人均可支配收入增速持续高于生产总值增速。新建改扩建中小学、幼儿园635所，全面解决中小学校大班额问题。山东第一医科大学建成招生，新增各级各类医疗机构513所、床位1.35万张，医疗服务满意度居副省级以上城市第四位。积极推行药械带量采购、长护险试点等惠民举措，全面实现医保市级统筹和异地就医联网结算全覆盖。企业退休人员基本养老金待遇17连涨，建成各类养老设施3536处，人均期望寿命达到79.6岁。建设各类保障房26万套，住房租赁市场试点任务全面完成。增选玫瑰为市花，建成泉城书房38处，城子崖遗址入选全国“百年百大考古发现”，入围首批国家文化和旅游消费示范城市，当选“东亚文化之都”。全面建成15分钟健身圈。主城区实现15分钟便民商圈全覆盖。平安济南建设扎实推进，扫黑除恶专项斗争成果显著，信访积案化解工作成效明显，生产安全事故起数、死亡人数分别下降41.5%和43.1%，成为全国唯一连续11年命案全破的省会城市和毒情形势最轻的重点城市。“十三五”民兵调整改革任务高标准完成，征兵工作持续走在全省前列，国防动员和后备力量建设向上向好发展，退役军人服务保障水平不断提升，实现全国双拥模范城“九连冠”。民族宗教、档案史志、地震气象、人民防空、妇女儿童、红十字、残疾人、仲裁等各项事业都取得新进步。

这五年，我们坚定不移把党的领导贯穿始终，政府自身建设持续加强，行政效能和服务能力显著提升。推动全面从严治党走深走实，扎实开展“两学一做”学习教育、“不忘初心、牢记使命”主题教育和党史学习教育。主动接受人大法律监督和政协民主监督，累计办理市人大代表建议1754件、政协提案3211件。顺利完成新一轮政府机构、事业单位改革，政府部门制度体系更加健全，数字政府服务能力全国领先，“12345”热线标准化引领全国。严格依法行政，获批全省首批法治政府建设示范市。着力锻造过硬干部队伍，党员干部服务意识、担当精神、专业素养、落实能力不断增强。深入推进党风廉政建设，驰而不息纠治“四风”，风清气正的政治生态持续巩固。

各位代表！2021年是“十四五”开局之年，我们统筹推进疫情防控和经济社会发展，较好完成了十七届人大三次会议确定的目标任务。经济发展稳中有进，“六稳”“六保”各项举措落地见效，主要指标处于合理区间，实现地区生产总值11432.2亿元、增长7.2%，一般公共预算收入完成1007.6亿元、增长11.2%，社会消费品零售总额增长14.7%，固定资产投资增长11.5%。质量效益实现新提升，“四新”经济占比达到37.7%，先进制造业占制造业比重达到60%，高新技术产业产值增长7.6%、占规模以上工业产值比重54.7%，现代服务业增加值增长8.5%、占服务业增加值比重59.5%，本外币存贷款余额双双突破2.3万亿元，“四上”企业数量达到12001家。改革开放取得积极进展，制定出台改善营商环境“新十条”、民营经济高质量发展“30条”等改革举措，获批国家企业债券直通车城市，实际使用外资增长38.1%，进出口总额增长40.1%。城乡面貌进一步改观，丁太鲁片区等32个城市更新项目全面铺开，新一轮农村人居环境整治提升行动启动实施，空气质量优良天数比率达到62.7%，小清河辛丰庄断面水质首次达到优良等级，40余万件城市家具实现一体化保洁，建设各类公园122处。民生福祉持续增进，新增城镇就业17.8万人，城乡居民人均可支配收入分别增长7.7%和10.5%，义务教育“双减”工作扎实推进，取消职工大额医疗费报销封顶线，建设30所婴幼儿照护机构示范点，街道（镇）社会工作服务站实现全覆盖，22件民生实事圆满完成，民生支出占财政支出比重达到79.8%。

各位代表！上述成绩的取得，根本在于习近平总书记作为党中央的核心、全党的核心掌舵领航，在于习近平新时代中国特色社会主义思想科学指引，是省委、省政府和市委坚强领导的结果，是市人大、市政协和社会各界监督支持的结果，凝聚着全市人民的智慧心血和辛勤付出，承载着历届市委、市政府的接续奋斗和矢志追求。在此，我代表市人民政府，向全市人民和参与城市建设的劳动者，向各位人大代表、政协委员，向各民主党派、工商联、无党派人士、各人民团体，向离退休老同志，向中央、省在济单位和各类驻济机构，向驻济人民解放军、武警官兵、消防救援人员，向所有关心支持济南发展的港澳台同胞、海外侨胞和国际友人，表示衷心的感谢和崇高的敬意！

我们也清醒认识到，经济社会发展中还存在不少矛盾问题，主要是城市综合实力还不够强，科技创新能力、产业竞争力、辐射带动力还存在较大差距。制约高质量发展的结构性问题还比较突出，县域经济、民营经济、外向型经济依然存在短板弱项。城市治理还不够精细高效，安全韧性有待提升，生态环境保护依然任重道远。社会民生事业发展还不充分，教育、医疗、住房、养老等公共服务仍存在短板，实现共同富裕的基础还不坚实。政府部门完整准确全面贯彻新发展理念的能力还不够强，部分干部改革创新、狠抓落实的能力有待进一步增强。对此，我们一定采取有力措施，尽心竭力做好各项工作，决不辜负全市人民重托。

二、今后五年工作的总体要求和目标任务

未来五年，是济南加快发展、跨越发展的关键期、机遇期、黄金期。刚刚胜利闭幕的市第十二次党代会，准确把握我市发展面临的战略机遇和风险挑战，明确了新时代济南新的历史方位，描绘了未来发展蓝图，吹响了“勇当排头兵，开创新局面”的冲锋号角，必将对济南发展产生重大而深远的影响。

今后五年，政府工作的总体要求是：高举习近平新时代中国特色社会主义思想伟大旗帜，深入贯彻党的十九大、十九届历次全会和二十大精神，全面落实习近平总书记对山东、对济南工作的重要指示要求，统筹推进“五位一体”总体布局、协调推进“四个全面”战略布局，立足新发展阶段，完整准确全面贯彻新发展理念，主动服务和融入新发展格局，坚持稳中求进工作总基调，坚持以人民为中心的发展思想，坚持统筹发展和安全，扎实推动共同富裕，深化落实黄河流域生态保护和高质量发展战略，创造性贯彻落实省委“六个一”发展思路、“六个更加注重”策略方法、“十二个着力”重点任务，牢牢把握新时代特大城市发展和治理规律，当好“三个走在前”排头兵，在绿色低碳高质量发展上作示范，在全国副省级城市中争一流，加速向国家中心城市迈进，奋力开创新时代社会主义现代化强省会建设新局面。

面对新形势新使命新要求，我们要坚定必胜信心，勇于担当作为，坚持和加强党的全面领导，深入落实市第十二次党代会各项部署，坚定不移办好自己的事情，突出做好以下六个方面重点工作。

聚焦提升省会综合实力攻坚突破。着力推动省会高质量发展，纵深推进新旧动能转换，加快提升济南的国际国内影响力、区域经济带动力、高端资源要素集聚力、开放门户枢纽辐射力，强化在黄河重大国家战略中的示范引领作用。深入落实“强省会”战略，引领山东半岛城市群更好发挥龙头作用，推动现代化济南都市圈崛起成势。汇全省之智、举全市之力加快济南新旧动能转换起步区建设，打造黄河流域生态保护和高质量发展引领示范区。地区生产总值力争达到1.8万亿元，常住人口超过1000万人，省会首位度大幅提升，国家中心城市建设取得突破性进展。

聚焦打造创新发展高地攻坚突破。大力实施创新驱动发展战略，促进创新链产业链融合发展，凸显济南在国家创新布局中的战略地位。加快打造高能级创新平台，规划建设齐鲁科学城，推动大科学装置建设实现新突破，争取承担一批国家重大科技专项、“科技创新2030—重大项目”。高水平建设科创金融改革试验区，构建一流科技创新生态体系。坚定不移全面深化改革，打造全国营商环境标杆城市，成为吸引人、留住人、成就人的发展沃土。高新技术企业实现倍增，高新技术产业产值比重达到60%，全社会研发经费投入占比达到3.4%，成为区域性创新高地和人才集聚高地，综合性国家科学中心建设实现重大突破。

聚焦塑强产业竞争优势攻坚突破。坚持工业强市战略不动摇，加强产业生态创新，开展产业基础再造、卓越产业链打造、传统产业升级、未来产业培育、自主品牌建设五大行动，推动四大主导产业集聚发展、特色优势产业创新发展。促进现代服务业提质增效，打造国家级现代服务经济中心。加快经济社会数字化转型，推动数字产业化、产业数字化、城市数字化协同发展。强化产业发展载体支撑，实施“领航企业”培育行动，大力提升园区综合承载力和经济带

动力。新培育3～5个国家先进制造业集群，培植5家以上千亿级企业，先进制造业达到万亿级规模，工业增加值占比达到30%，“四新”经济占比达到46%，以数字经济为引领、先进制造业为重点、现代服务业为支撑的现代产业体系初步建立。

聚焦提升城市功能品质攻坚突破。积极推动城市精明增长、内涵式发展，优化城市空间形态，“东强西兴南美北起中优”城市发展新格局基本塑成。完善现代化基础设施体系，建设国际性综合交通枢纽城市，城市综合承载能力持续增强。实施新型城镇化攻坚行动，加快农业转移人口市民化，有序推进城市更新，常住人口城镇化率达到78%以上，城乡区域发展更加协调均衡。始终坚持“人民城市人民建、人民城市为人民”，加强城市全生命周期管理，城市治理现代化水平全面提升。高水平建成全国文明典范城市，城市文化品牌传播力明显增强，打造成为黄河历史文化标志性城市、国际知名文化旅游目的地。

聚焦推进绿色低碳发展攻坚突破。坚定走生态优先、绿色发展道路，有序实施碳达峰行动，非化石能源消费占比提高到7%以上，节约资源和保护环境的生产方式、生活方式、空间格局加快形成。深入打好污染防治攻坚战，空气质量优良天数比率超过65%，水环境质量稳定达标，土壤环境风险得到有效管控。以最严格标准落实“四水四定”，国家节水典范城市基本建成。扎实推进生态保护修复治理，重点泉群持续喷涌，“山泉湖河城”独特风貌更加彰显，山水林田湖草系统治理取得显著成效，济南天更蓝、水更清、地更绿、生态更优美。

聚焦推动实现共同富裕攻坚突破。持续提高人民生活品质，推动共同富裕取得更为明显的实质性进展。全面推进乡村振兴，巩固拓展脱贫攻坚成果，扎实有序做好乡村发展、乡村建设、乡村治理重点工作，乡村振兴齐鲁样板省会标杆示范效应日益凸显。推动实现更加充分更高质量就业，多措并举扩大中等收入群体，推动实现居民收入和经济增长基本同步，城乡居民收入差距持续缩小。加快完善覆盖全民的多层次社会保障体系，率先实现基本公共服务均等化、普惠化、便捷化。着力推动城市人口与发展更趋协调，高度重视解决“一老一小”问题，加快建设青年发展友好型城市，人的全面发展取得实质性进展。积极创建全国法治政府示范市，高水平推进平安济南、法治济南、诚信济南建设，人民群众获得感幸福感安全感更加充实、更有保障、更可持续。

各位代表！事业催人奋进，责任呼唤担当。只要我们始终保持迎难而上的勇气、只争朝夕的劲头，咬定目标、勇担使命，埋头苦干、善作善成，一张蓝图绘到底，越是艰险越向前，就一定能走好新时代赶考路，交出人民满意新答卷，创造济南发展新辉煌！

三、2022年政府工作建议

今年是党的二十大召开之年，也是新一届政府履行职责的第一年。做好政府工作，必须坚持以习近平新时代中国特色社会主义思想为指导，锚定“走在前列、全面开创”“三个走在前”，统筹疫情防控和经济社会发展，推动高质量发展，创造高品质生活，保持社会大局和谐稳定，在忠诚履职、开拓创新中推动各项工作提质增效、争先进位，以优异成绩迎接党的二十大胜利召开。

今年经济社会发展主要预期目标是：地区生产总值增长5.5%以上，一般公共预算收入增长8%左右，规模以上工业增加值增长6%以上，固定资产投资增长10%以上，社会消费品零售总额增长7%左右，居民人均可支配收入增长7%左右，居民消费价格涨幅3%左右，单位地区生产总值能耗下降率及主要污染物减排量达到省控目标。实际工作中，要充分发挥主观能动性，努力争取更好结果。

完成今年目标任务，要坚持稳字当头、稳中求进，把稳增长放在更加突出的位置，扎实做好“六稳”“六保”工作，用足用好国家稳增长各项政策，高效落实省“稳中求进”高质量发展政策清单，积极推出特色化纾困惠企政策措施，统筹财政资金保障支持实体经济发展，努力实现经济行稳致远。要慎终如始抓好常态化疫情防控，坚持“外防输入、内防反弹”总策略和“动态清零”总方针，完善突发疫情应急处置机制，做好核酸检测能力提升、集中隔离场所建设、分级分层分流医疗救治体系建设、疫情监测预警、疫苗接种、应急物资储备等工作，坚决守住不出现疫情规模性反弹底线，最大限度减少疫情对经济社会发展的影响。要着力增强经济社会发展创新力，深入实施“12项改革创新行动”，以改革创新的思维举措，谋划发展路径、破解发展难题、开创发展新局，努力实现各领域各环节改革创新的系统集成、协同高效，持续激活经济社会发展新动能。要加强经济运行监测分析，健全实时监测报告、定期分析研判等工作机制，加强重点企业、重点项目跟踪监测，项目化推进重点任务落实落细，挂图作战、跑表计时、跟踪督办，以月保季、以季保年，确保实现全年目标任务。要坚决守好安全发展底线，统筹发展和安全，强化红线意识、底线思维，着力防范化解粮食、能源、金融、产业链供应链、社会稳定、生态环境、安全生产等领域的风险，不断提高应对突发事件的能力，为经济社会发展筑牢安全屏障。重点抓好十个方面工作。

（一）聚力落实黄河重大国家战略，在高标准推进起步区建设上开新局

筑牢黄河安澜和生态保护屏障。加快推动“智慧生态黄河”建设，统筹实施黄河防洪减灾工程，系统排查安全隐患。推进齐济河、牧马河等河流综合治理，实施鹊山水库除险加固工程，完成18座小型水库除险加固。高标准建成黄河生态风貌带示范段，推进大汶河等主要河流沿线生态带建设。积极推进节水典范城市建设。

加快提升起步区功能。完善“1+4+16+N”规划体系，高标准推进启动区建设，精雕细琢新区建设“工笔画”，努力打造绿色智慧宜居的现代化新城典范。加快制定完善起步区管理体制的意见，积极推动起步区地方法规立法工作。加快5条续建和3条新建跨黄桥隧建设，建成黄河大道一期，积极推动国道改线改建。推进公共文化馆群、黄河体育中心、省实验中学鹊华校区等项目建设。实施堤顶道路拓宽贯通工程，推进大寺河、青宁沟绿色廊道建设，加快太平水库前期工作，统筹推进城市内涝治理工程。全面推广绿色建筑、装配式建筑，加快建设零碳智慧创新运营中心、零碳未来生活社区等项目，系统布局智慧能源设施和清洁能源体系。完善数字孪生城市底层架构，基本建成智慧城市运营管理中心。

推动起步区高端产业加速集聚。推进中科院轻型燃气轮机试验示范中心等创新载体建设，打造一批中试基地、众创空间和孵化器。加快国家电投黄河流域氢能产业基地等项目建设，推动新能源乘用车核心零部件、动力电池、高功率半导体项目尽快投产。积极创建国家级临空经济示范区，加快建设航材公共保税库、飞机服务基地等项目。推进6个总部类项目建设，高标准筹办黄河国际会展中心首展，加快打造高端总部基地。实施招商引资攻坚行动，加快引进一批先导性、带动性项目。

增强省会辐射带动能力。推动省会经济圈一体化发展，研究编制现代化济南都市圈发展规划。开工建设济滨高铁，加快德商高铁前期工作，实施经十路东延工程，探索枢纽场站一体化布局运营。扎实推进自贸试验区联动创新区建设，积极搭建优质资源开放共享服务平台，探索建立跨区域产业转移协调机制。完善多层次常态化协调推进机制，推动跨行政区利益共享和成本共担。全面取消经济圈内企业职工基本养老保险关系转移接续，加快推进社保卡“一卡通”。推动与淄博、潍坊、青岛等城市协同发展，引领山东半岛城市群做大做强。加强与沿黄城市的交流协作，促进创新链、产业链、供应链跨区域联动，共同奏响新时代“黄河大合唱”。

（二）聚力创建综合性国家科学中心，在提高科技创新能力上开新局

强化科技创新策源功能。大力支持大科学装置建设，加快推进电磁驱动、生态环境中心等项目。积极申报国家重点研发计划，参与实施省重大科技创新工程10项以上。加快国家实验室济南基地建设，支持3家省实验室向前沿领域发展，争取更多实验室入列全国重点实验室。积极推动校地融合发展，支持驻济高校建设高水平大学和高水平学科，加快筹建空天信息大学。

打造科技创新活力空间。积极推进齐鲁科学城规划建设，构建“产研院创新圈、超算中心创新圈、中科院济南科创城创新圈、山东大学创新圈”四圈联动格局，打造国家战略科技力量核心承载区。支持济南高新区提升综合实力和核心竞争力，推动与起步区联动发展，建设创新驱动发展示范区。加快国际医学科学中心国际化、高端化、特色化发展，打造全国一流的医疗健康创新发展高地。支持长清大学城提档升级，加快建设科教新高地、生态智慧城。新增省级以上研发机构20家，支持省级创新创业共同体加快发展，推

动新型研发机构创新发展，促进更多成果落地转化。加快建设黄河技术转移中心，发挥国家科技成果转移转化示范区辐射带动作用，技术合同成交额达到400亿元。争创国家知识产权强市建设示范城市。

构建以企业为主体的技术创新体系。加快科技企业梯次培育，加大首台套（首版次、首批次）应用支持力度，帮助企业用好增值税留抵退税、研发费用加计扣除等政策，新培育高新技术企业900家。完善财政稳定投入机制，鼓励引导社会资本投入，全社会研发经费投入占比达到2.67%。支持企业创建省级以上产业创新中心、技术创新中心、制造业创新中心等创新平台，鼓励企业、新型研发机构牵头组建创新联合体。实施科技体制改革攻坚行动，用好“揭榜挂帅”“包干制”“赛马制”等制度。

高水平建设科创金融改革试验区。推动驻济金融机构设立科技支行或科技金融专营机构，发展专业性科创保险经纪公司。加快私募基金集聚区建设，积极招引培育股权投资、天使投资、创业投资等基金业态。做大做强政府性融资担保机构，加大科技担保专属产品开发力度。推行金融辅导员制度，加强科技创新型企业上市培育指导。大力发展金融科技。

着力构筑人才高地。深化人才发展体制机制改革，优化提升泉城系列重点人才工程，加快建设规模宏大、结构合理的高素质人才队伍。打造青年友好型城市创建示范样板，提升“才聚泉城”名校行活动质效。积极推进济南人才管理改革试验区建设，探索组建人才发展集团，健全市场化人才服务体系。实施有利于人才潜心研究和创新的评价体系，建立更加开放便利的海外人才引进和服务管理机制。多途径破解人才住房难题，完善医疗、子女教育等配套政策，打造近悦远来的人才发展生态。

（三）聚力构建现代产业体系，在深入实施工业强市战略上开新局

提升制造业核心竞争力。积极创建国家制造业高质量发展试验区，打造智能经济强市，先进制造业占比达到60%以上。努力壮大制造业规模，加快山东重工绿色智造产业城、吉利智慧新能源整车工厂、山钢新旧动能转换、华熙生命健康产业园、齐鲁制药5000单元车间等重大项目建设，四大主导产业规模突破1.4万亿元。实施产业强基工程，支持企业参与国家产业基础再造工程，培育首台（套）重大技术装备和关键零部件30项。加快传统产业转型升级，深入推进“千项技改、千企转型”，技改投资增长10%以上。培育壮大战略性新兴产业，加快建设伊莱特核电深海产业园、智能传感器产业基地等项目，推进国家新能源汽车换电模式应用试点。积极发展现代都市工业。

打造现代服务业发展高地。建设区域性金融中心，大力发展产业金融，新增上市及过会企业10家左右。提升现代物流业发展水平，壮大国际物流、冷链物流、供应链物流、专业化物流等新业态，规模以上物流企业营业收入突破900亿元。培育发展大宗商品交易市场，加快大宗能源商品总部产业园、山东互联网中药材交易平台、山东钢铁交易中心等建设发展。提升工业设计产业发展水平，培育省级以上工业设计中心7家。做大做强人力资本产业，加强国家级人力资源服务产业园运营管理。大力发展律师服务、会计审计等高端商务服务业，做大做强检验检测等产业，加快建设国际会展名城。推动家政服务业提质扩容。推进“12345”热线“产学研政用”深度融合发展。积极推动制造服务业高质量发展，培育“两业融合”发展标杆引领典型5家。

加快建设数字先锋城市。大力实施数字经济引领战略，数字经济占比达到47%以上。做强信息技术服务国家级战略性新兴产业集群，争创首批国家软件名园，大力发展基础软件、工业软件，加速突破信息技术应用创新产业。深入推进人工智能“双区”同建，建设提升人工智能计算中心、人工智能岛、龙山人工智能谷等重大载体。聚焦中国算谷重大产业生态项目，加快算谷科技园、算谷产业园建设步伐。积极推进国家大数据产业示范基地、中国移动第三通信枢纽中心等项目，建成开通国家级互联网骨干直联点，加快建设“星火·链网”超级节点。做优做强浪潮云洲“双跨”平台，新建2个工业互联网标识解析二级节点，打造2家工业互联网园区，建设20个应用创新示范项目。支持未来网络研究院加快发展。推动上云企业突破6万家，培育“两化融合”贯标企业50家以上、智能制造试点示范项目30个以上。

实施未来产业孵化与加速计划。加快齐鲁空天信

息研究院、空天信息产业园建设，引进培育一批行业领军企业，积极开放应用示范场景，打造空天信息产业集群。做大量子信息产业，推动2030“量子通信与量子计算机”重大专项立项，建设超导量子器件平台，大力推动科技成果转移转化。推动氢能产业加快发展，完善制氢、储运设备、示范应用、氢燃料电池等产业链。聚力突破类脑智能、第六代移动通信、元宇宙等前沿领域，争创国家未来产业先导试验区。

培育产业发展生态。深入实施“链长制”，支持链主企业发挥保链稳链强链作用，积极推进产业链供应链贯通工程。实施企业梯度培育工程，培育市级以上专精特新、瞪羚、单项冠军、独角兽企业300家以上。持续抓好企业上规入库，多措并举稳住在库企业，净增“四上”企业1000家以上。建立完善政府引导基金体系，撬动各类社会投资支持产业发展。加强全产业链质量管理和标准体系建设，积极推广应用本地优势产品。发挥开发区发展主阵地作用，建设产城融合新型“产业社区”，开展“一号产业”培育行动，推动省级以上开发区争先进位。积极推进高端服务业集聚区建设，新培育1个省级现代服务业集聚示范区，打造特色产业楼宇10个以上，新认定总部企业12家以上。深入推进企地融合发展，促进与驻济央企省企资源共享、互利共赢。

（四）聚力落实扩大内需战略，在增强经济发展内生动力上开新局

持续扩大项目投资。健全重点项目推进工作机制，抓好500个市重点项目。加强项目策划包装，推动更多项目进入国家、省级盘子。高效用好专项债券，推进基础设施领域不动产投资信托基金（REITs）试点。强化要素服务保障，加强经营性用地全生命周期管理，高效处置批而未供和闲置土地，加快已批复“两规”一致性处理项目实施，严格落实工业用地保障红线。

加快“七网”建设。综合立体交通网，积极推进国际机场二期改扩建工程，完成小清河复航济南段航道和济南港主体工程，加快建设济郑高铁，建成黄东联络线、济莱高铁，推进新一批高速公路规划建设，建成济南至高青高速，开工轨道交通二期7、8、9号线和至济阳有轨电车项目，结合城市更新、新区开发统筹推进城市道路建设改造。现代物流网，加快济南国际陆港建设，提升董家铁路货运中心功能，推动商贸服务型国家物流枢纽、国家骨干冷链物流基地建设，完善城市物流配送网络、农村寄递物流体系。能源保障网，建成曹范LNG调峰储配站二期工程，大力推进陇东至山东特高压及其配套送出工程，加快省级储能示范项目建设，结合产业发展需求完善城市变配电设施。市政公用设施网，突出抓好“两个清零、一个提标”，实施中心城区5个雨污分流工程，加快长清、莱芜雨污合流管网改造，推进污水处理厂提标改造，深化城市供水、供热、燃气“一张网”建设，新建改造城市燃气管网598公里。现代水网，完成卧虎山至锦绣川水库连通主体工程，加快东部水源四库连通工程，启动雪野至大冶水库调水工程，积极推进马头山等大中型水库前期工作，建成玉清湖水库至鹊华水厂调水工程。新型基础设施网，推动重点区域5G网络深度覆盖，新建5G基站1万个，打造20个5G应用创新示范项目，新建充电桩1.7万个、加氢站3座，推进智慧城市基础设施与智能网联汽车协同发展试点城市建设。农村基础设施网，开展“四好农村路”提质增效专项行动，新改建农村公路110公里，完成200个村供水管网提升改造，实施乡村电气化提升工程，推进农村危房改造。

积极创建国际消费中心城市。提升泉城路、老商埠、印象济南等集聚区功能品质，打造一批夜间经济示范区，谋划推进商旅文融合特色街区建设，加快建设国际化地标商圈。做强首店首发经济，新引进高层次品牌首店50家以上。提升“泉城风尚”国际时装周影响力，支持展现城市记忆、人文情怀和国际元素的特色时尚消费发展。加快济南国际贸易中心、绿地全球商品贸易港建设，办好日本（山东）进口商品博览会。积极推广国际通用标准、规则、标志，增添城市“国际范儿”。

推动消费提质升级。推进家电更新消费试点，积极鼓励新能源汽车消费。大力培育知名餐饮品牌，加快全省非遗食品一条街规划建设。推动城区专业市场迭代升级，加快向高端化、品牌化、体验化转型。深化惠民消费季系列活动，开展城市商圈智慧化改造提升试点，建设改造18个一刻钟便民生活圈。实施新兴消费扩容行动，积极发展定制消费、共享消费、体

验消费等新模式，加快发展互联网健康医疗、在线文娱、智能体育、智能家居等新型消费，培育壮大新零售、医美消费、冰雪消费。加强县域商业体系建设，推动农村消费梯次升级。

提高新型城镇化发展质量。健全农户“三权”市场化退出机制，完善推广“一证保三权”模式，引导农业转移人口举家进城落户，城镇化率提高1个百分点左右。健全常住地提供基本公共服务制度，加强定向职业技能培训和职业教育。统筹配置城市公共资源，扩大面向新市民的优质资源供给，吸引外来人口来济创业定居。稳妥实施房地产调控长效机制，合理增加供地规模，支持发展长租房，筹集保障性租赁住房4万套（间），多元化满足新市民租房购房需求。高标准推进国家和省级城乡融合发展试验区建设，稳步推进“三变”改革，加快城乡产业协同发展平台建设，积极培育连城带乡富民产业。

大力发展县域经济。积极谋划中心城区至远郊区县以及远郊区县之间的轨道交通线路和快速通道，提升主城区至平阴、商河、莱芜、钢城客运公交服务保障能力。加快实施一批县城补短板强弱项重点项目，推动基础设施提质提标。大力培育发展压力容器、精细化工、特医食品、汽车零部件、粉末冶金、精密铸造、印刷包装等县域重点产业，提升县域产业园区。分类引导小城镇发展，打造一批卫星镇、专业功能镇、特色小镇。完善支持县域经济高质量发展政策体系，加大均衡性转移支付等财力下沉力度，健全争先进位激励机制，推动更多区县跻身全国百强区、百强县。

（五）聚力营造市场化法治化国际化营商环境，在深化改革扩大开放上开新局

深入推进“放管服”改革。认真贯彻《济南市优化营商环境条例》，着力优化“极简审批”济南模式，持续深化“一套标准管审批”，力争实现高频服务事项全省通办，加快建设无证明城市。集约建设政务云平台和数据中心，促进政务数据共享、流程优化和业务协同，拓展在线政务服务覆盖面。实施基层自助终端倍增计划，实现更多高频事项就近办、自助办。高标准建设全国社会信用体系建设示范区，依法依规推进企业信用风险分类管理。推进公共资源交易平台整合共享和功能拓展。

激发市场主体活力。坚持“两个毫不动摇”，引导支持国企民企共同发展，充分发挥国企“压舱石”和民企“生力军”作用。全面完成国企改革三年行动任务，完成混改项目15个，推动更多企业上市。民营企业和民营企业家是我们自己人，我们要不断健全支持民营经济发展的政策体系，引导金融机构加大对中小微企业的支持，完善企业和企业家权益司法保护机制，让企业吃下定心丸、安心谋发展。疫情影响下，很多企业面临经营困难，我们要充分发挥企业服务中心作用，统筹整合涉企服务资源，推动更多惠企政策免申即享、快速兑现，千方百计帮助市场主体克服疫情影响，尽快渡过难关、恢复元气。企业家是引领发展的中坚力量，我们要大力弘扬企业家精神，在全社会营造支持企业家干事创业的浓厚氛围，努力让企业家更有地位、更受尊重。

深化重点领域改革。推进要素市场化配置改革，创新落实“要素跟着项目走”“要素引着项目来”机制，加大土地储备市级统筹力度，支持土地收储市级平台做大做强。完善数据资源分类管理制度，高效整合共享全市政务大数据，培育发展数据要素市场。统筹推进“三医联动”改革，加快完善现代医院管理制度，推动公立医院高质量发展。深化预算管理制度改革，推动预算绩效管理提质增效，坚决遏制政府隐性债务增量。

增强开放平台支撑作用。制定自贸试验区深化改革创新方案，加快建设进口贸易促进创新示范区，落实好贸易投资便利化改革17条措施。持续提升综合保税区发展质效，推进5G智能终端产业园、保税物流园、太古飞机维修新厂等项目建设，大力发展保税研发、保税物流、再制造等业态。高标准建设中欧绿色制造产业园，推动更多欧洲绿色制造企业落户发展。打造欧亚班列济南集结中心，拓展班列运输网络和覆盖范围。提升海峡两岸新旧动能转换产业合作区、济南“侨梦苑”等载体功能。

加大招商引资力度。完善招商工作统筹推进机制，加强对重点招商项目全生命周期协调服务、督导考核。建强专业招商队伍，更好发挥部门产业招商机构作用，搭建境外招商网络体系。大力推进产业链招商，深入开展以商招商、主题招商、委托招商、以企招商、应用场景招商。实施资本招商创新工程，通过股

权投资、并购重组等方式参股控股企业、撬动资本、导入产业。精心组织重大专题招商活动，持续拓宽利用外资渠道。优化招商引资结构，努力提高制造业和日韩资占比。

推动对外贸易创新发展。深化与 RCEP 协定缔约方经贸合作，打造对日韩开放战略支点。实施外贸主体培育行动计划，新增进出口实绩企业 1000 家以上，进出口总额增长 15% 以上。加快跨境电商综合试验区建设，大力培育引进知名专业化跨境电商平台，建成海外仓 3 个，跨境电商进出口额突破 150 亿元。推进全面深化服务贸易创新发展试点。推动中国—加勒比发展中心挂牌运营。建设完善国际化服务设施，开展国际商业医疗保险结算试点。

（六）聚力增强城市综合承载功能，在健全现代化治理体系上开新局

加快构建“东强西兴南美北起中优”城市发展新格局。“东强”重点推进中央商务区、高新区中心区、唐冶孙村产城融合示范区、枢纽新城等重点片区建设，打造科创、智造走廊，推动莱芜、钢城建设黄河流域先进制造业中心。“西兴”重点加快国际医学科学中心建设，完善西客站片区功能业态，建设中央活力区，推动长清城区、平阴城区建设发展。“南美”重点加强生态环境保护和违建整治，推进森林康养、生态旅游、精品民宿等业态发展。“北起”重点在加快起步区建设的同时，推进济阳、商河与起步区对接融合，加速人口和产业集聚。“中优”重点实施明府城、上新街等片区保护开发，提升老商埠功能品质，推进小清河与黄河之间地区改造更新，加快集聚高端业态。

提升城市规划建设水平。完成市级国土空间总体规划编制，加快编制 25 个专项规划。加强重点区域、标志地段城市设计，美化建筑“第五立面”。统筹地上地下空间利用，推进 TOD 综合开发。加快城市有机更新，改造老旧小区 518 万平方米，新开工棚改安置房 7066 套。完成“新城建”试点年度任务。推动建筑业高质量发展，新增绿色建筑 900 万平方米以上。

以绣花功夫抓好城市管理。加快构建城市治理一体化格局，推广前置式“服务 + 执法”新机制。持续推进“三高”沿线环境综合整治，系统开展城市“微整形”“微治理”，着力解决电动自行车、共享单车停放乱等管理难题。深入推进交通拥堵治理，加强停车设施规划建设和规范管理。完善生活垃圾分类收集转运设施，建成投用厨余垃圾集中处理厂，提高无害化处理和资源化利用水平。推进新型智慧城市建设，建成城市大脑，构建城市基础信息管理平台，深化拓展提升智慧应用，建设智慧社区 100 个。扎实开展城市体检，有效破解群众反映强烈的“城市病”，让广大市民生活更方便更舒心更美好。

高水平建设平安济南。高标准创建市域社会治理现代化试点城市，深化信访积案和突出问题化解攻坚。加快创建社会治安防控体系建设示范城市，常态化开展扫黑除恶斗争，严厉打击整治电信网络诈骗和拐卖妇女儿童犯罪行为。健全金融风险监测评估预警体系，加大非法集资防范处置力度，银行贷款不良率保持在较低水平。积极推进城市安全风险综合监测预警工作体系建设，完善全链条应急管理体系，扎实开展安全生产专项整治三年行动，坚决遏制重特大事故。加强“食安济南”建设，守牢食品药品安全底线。

（七）聚力提升农业农村现代化水平，在全面推进乡村振兴上开新局

保障重要农产品供给。建成高标准农田 27.5 万亩，推广玉米大豆带状复合种植 5 万亩，粮食总产量达到 295 万吨。实施绿色仓储提升行动，抓好粮食储备库动态监管。制定粮食减损济南行动方案，建设万亩国际粮食增产减损示范区。继续实施“百园万亩亿斤”稳产提质增效行动。

大力发展现代农业。深入实施特色产业提振工程，抓好莱芜出口农产品、平阴玫瑰、商河温泉花卉等现代农业集成片区建设。推动农业适度规模化经营，新培育市级农业龙头企业 30 家。抓好 4 个种质资源高端平台建设，推动“核不育”育种、基因编辑技术加快产业化，支持齐鲁中科现代微生物技术研究院建设。持续推进农村一、二、三产业融合发展，因地制宜发展农产品加工、乡村休闲旅游、农村电商等产业，支持商河、平阴建设全国电子商务进农村综合示范县。支持济南农高区、莱芜农高区提档升级。加快建设济南智慧农业试验区。

扎实开展乡村建设行动。完成 129 个乡村振兴齐鲁样板村、39 个省级美丽乡村示范村建设任务，高标

准谋划推进历城港九片区美丽乡村建设。全面完成美丽宜居乡村安置区建设，确保年内搬迁入住。实施农村人居环境整治提升五年行动，健全农村改厕后续管护长效机制，新增生活污水治理村 800 个，新创建清洁村庄 1000 个。坚持农村的事情与农民商量着办，建立村民深度参与的乡村规划机制。推进农业农村数字化，抓好省级数字乡村试点。

全面巩固拓展脱贫攻坚成果。落实好 5 年过渡期政策，健全防返贫动态监测帮扶机制，强化产业和就业帮扶，确保不发生规模性返贫。支持济阳、长清建设衔接乡村振兴集中推进区，推进商河省级乡村振兴政策集成改革试点，加强黄河滩区居民迁建后续扶持。发展壮大农村集体经济。深化东西部扶贫协作、对口支援和济南临沂协作帮扶。

（八）聚力提升城市软实力，在扎实推进文化强市建设上开新局

加强泉城文化保护传承。深化黄河文化遗产系统保护，推进黄河国家文化公园、大辛庄考古遗址公园规划建设，打造齐长城国家文化公园。加快“济南泉·城文化景观”申遗，筹建泉水博物馆，做好“一泉一品”包装策划，推进泉水直饮工程，延伸观赏—体验—购物链条。高标准办好国际泉水节，实现泉水、美食、古城、时尚等元素融合互促。推动龙山文化、大舜文化、儒家文化、二安文化等优秀传统文化创造性转化、创新性发展。实施非遗活态传承工程，办好第七届中国非物质文化遗产博览会。加强革命文物保护，活化利用历史建筑、历史街区、工业遗产。举办 2022“东亚文化之都·济南活动年”系列活动，讲好新时代“济南故事”。

繁荣发展文化事业。创新实施文化惠民工程，新建泉城书房等新型公共文化空间 20 处以上，打造 15 分钟公共文化服务圈。加快规划建设黄河文化博物馆、城市规划馆等公共文化设施，统筹推进城乡基层公共文化设施建设。实施文艺作品质量提升工程，围绕喜迎二十大胜利召开等重大主题，推出更多精品力作。拓展新时代文明实践中心建设，争创全国文明典范城市。

促进文旅产业提档升级。推动沿黄城市文旅资源整合协作，推出黄河主题线路、打卡地和文创产品，打造济南黄河文化 IP。发展壮大文化创意、影视演艺、动漫游戏、电子竞技等产业，培育一批具有国际竞争力的文化企业。用好国家文化出口基地金字招牌，加大对济南原创、济南出品的支持力度。推动文体旅商融合发展，高标准规划建设埠村、五峰山等国际综合旅游度假区，开工建设丁太鲁黄河文旅城、稼轩文旅城，加快推进明水古城、宋风古城等项目，统筹策划一批研学游和工业旅游精品线路。大力发展数字文化产业，加快推进大众数字文化产业园、黄河 V 谷、5G 新媒体港等项目建设。

（九）聚力改善生态环境质量，在厚植绿色发展优势上开新局

有序推进碳达峰碳中和。科学编制碳达峰工作方案，加快构建“1+N+X”政策体系。严格落实能源消费总量和强度双控制度，持续推进低效落后产能淘汰改造。落实“四个区分”要求，严格执行“五个减量替代”，坚决遏制“两高”项目盲目发展。落实好国家鼓励可再生能源消费政策，大力发展风电装备、核电装备等新能源产业，推进整县（区）屋顶分布式光伏规模化开发试点。培育壮大生态环保产业集群，支持山东能源互联网产业集聚区建设。发挥好山东碳市场服务中心作用。

深入打好污染防治攻坚战。扎实推进中央和省环保督察发现问题整改，实施新一轮“四减四增”行动，严格落实“三线一单”生态环境分区管控机制。推进实施重污染天气消除、臭氧污染防治、柴油货车污染治理攻坚，推动“散乱污”企业动态清零，严格扬尘污染管控。继续实施城区河道有水工程，加快 11 条美丽幸福河湖规划建设，确保国省控断面水质稳定达标。强化土壤与地下水污染源系统防控，推进农业面源污染防治，严格受污染地块管控修复和安全利用。推进“无废城市”建设。

大力实施生态保护修复。加强重要生态功能区保护，推进自然保护地整合优化，加快废弃露天开采矿山恢复治理。有序实施千佛山、佛慧山等区域生态修复提升，完成造林 1 万亩、森林抚育 8 万亩。加快“公园城市”建设，新建各类公园 25 处，建设提升特色景观道路（街区）100 条（处），建成绿道 120 公里。

青山就是美丽，蓝天也是幸福。我们要自觉践行“两山”理念，通过不懈努力，打造良好生态环境，

让蓝天成为常态、绿色触手可及，让好山好水好风光融入泉城百姓的日常生活！

（十）聚力增进民生福祉，在全面夯实共同富裕基础上开新局

着力增加城乡居民收入。就业是民生之本，收入是民生之源。要坚持就业优先，解决好高校毕业生、退役军人等重点群体就业问题，全年新增城镇就业15万人以上。深入推进职业技能提升行动，健全灵活就业劳动用工和社保制度，创设城乡公益性岗位2.79万个。实施扩大中等收入群体计划，完善工资合理增长机制，增加城乡居民财产性收入，让老百姓腰包鼓起来、生活更红火。

健全多层次社会保障体系。实施养老托育拓展行动，加强城乡社区适老化改造，优化提升敬老院16处，鼓励发展农村互助式养老，加大兜底性、普惠性养老服务供给，鼓励社会资本建设运营专业养老机构，推进长期护理保险参保群体全覆盖，优化医养结合服务体系。完善三孩生育政策配套措施，建设20个婴幼儿托育服务机构示范点，争创全国婴幼儿照护服务示范城市，创建国家儿童友好型城市建设试点。推动企业职工基本养老保险全国统筹，建设多层次养老保险体系。居民医保人均财政补助标准提高30元，扎实开展中药材联盟采购全国试点，全面推进四级医保公共服务体系建设。完善特殊群体福利保障政策，提升残疾预防和康复服务水平。做好退役军人和其他优抚对象服务保障工作。深入推进“幸福家园”村社互助工程。社会保障牵动着千家万户的生活，我们要着力织密织牢保障网，确保兜住底、兜准底、兜好底，稳稳托住人民群众的幸福安康。

全面提升公共服务水平。推进学前教育优质普惠发展，落实好义务教育“双减”政策，新建改扩建中小学、幼儿园80所。推进国家产教融合试点城市建设，深化“双元制”人才培养模式改革。提升医疗卫生服务能力，加快公共卫生“六大中心”和疾控机构标准化建设，推进国家健康医疗大数据中心（北方）建设运营，实施泉城优势临床专科集群建设行动，支持创建国家区域医疗中心。加快广安门济南医院、鲁澳中医药科技园等项目建设，全域布局智慧中药房，打造国家中医药综合改革试验区，争创国家中医医学中心。广泛开展全民健身运动，培育知名赛事活动品牌，建设体育强市。扎实开展全民国防教育，深入实施军民融合发展战略，全力支持国防和军队建设，深化双拥共建，谱写新时代军政军民团结新篇章。

人民对美好生活的向往就是我们的奋斗目标。前期，我们面向全体市民广泛征集意见建议，聚焦群众急难愁盼问题，遴选确定了23件民生实事，提交本次会议审议。我们将切实履行好对人民群众的庄严承诺，狠抓落实不放松，用心用情用力办好每一件民生实事，让人民群众不断看到更多变化、得到更多实惠、感到更多温暖！

四、全面加强政府自身建设

踏上新征程，开创新局面，政府系统要勇于展现新气象、新境界、新作为，不断从党的百年奋斗重大成就和历史经验中汲取前进力量，加快建设人民满意的服务型政府，努力创造经得起实践、人民、历史检验的工作实绩。

我们要始终强化忠诚核心、紧跟核心的政治担当。坚持以习近平新时代中国特色社会主义思想为指导，深刻领会“两个确立”的决定性意义，始终胸怀“国之大者”，不断提高政治判断力、政治领悟力、政治执行力，增强“四个意识”、坚定“四个自信”、做到“两个维护”，始终在思想上政治上行动上同以习近平同志为核心的党中央保持高度一致。

我们要始终强化坚守初心、执政为民的宗旨意识。坚持把人民放在心中最高位置，走好新时代群众路线，坚持问需于民、问计于民、问效于民，从最困难的群体入手、从最突出的问题着眼、从最具体的工作抓起，真正把好事实事办到群众心坎上。持续推进政府职能转变，集中更多力量资源强化公共服务、市场监管、社会管理、环境保护，不断提升服务意识和服务水平。扎实推动惠民惠企政策应享尽享、落地见效，切实以政府的“辛苦指数”赢得群众的“幸福指数”、企业的“发展指数”。

我们要始终强化依法行政、依法办事的法治自觉。加快推动重点领域、新兴领域立法，认真贯彻实施地方性法规。加强重大行政决策事前论证和事后评估，推动重大行政决策、政府合同、重大涉法事务合法性审查全覆盖。全面推进行政权力依法规范公开运行，

优化行政处罚“四张清单”，推行涉企柔性执法、轻微违规“首次不罚”。全面开展“八五”普法，完善现代公共法律服务体系，深入推进法治政府建设。认真执行人大及其常委会决议决定，依法接受人大法律监督、工作监督，自觉接受政协民主监督，主动接受监察监督、司法监督、审计监督、统计监督、社会监督、舆论监督，办好人大代表建议和政协提案。支持政协依托“商量”平台更好发挥专门协商机构作用，支持工会、共青团、妇联等群团组织更好发挥桥梁纽带作用。

我们要始终强化求真务实、专业专注的能力作风。强化整体政府意识，健全完善权责明晰、执行有力、协同高效的行政管理体系。发扬“严真细实快”工作作风，深化推进落实创新，每项工作都要实行项目化闭环式管理，真正做到说了就算、定了就干、干就干好。加强和改进调查研究，完善政府系统调研工作体系。实施政府系统干部专业化能力提升行动，全面培养提升专业精神、专业思维、专业素养、数字化素养，更加善于运用市场的逻辑、发挥资本的作用。完善落实干部正向激励和容错纠错机制，激发广大干部干事创业热情，让实干担当成为政府的鲜明底色。

我们要始终强化遵章守纪、廉洁自律的底线意识。把抓好党建作为最大的政绩，坚决贯彻全面从严治党各项要求，层层压实主体责任。巩固拓展党史学习教育成果，建立常态化长效化制度机制。加强廉洁政府建设，纵深推进政府系统党风廉政建设和反腐败斗争，严肃查处群众身边腐败和不正之风，让勤政廉政成为每名政府工作人员的思想和行动自觉。锲而不舍落实中央八项规定及其实施细则精神，驰而不息纠“四风”树新风，力戒形式主义、官僚主义，杜绝装样子、搞花架子、盲目铺摊子。防止政策执行“一刀切”、层层加码，持续为基层减负松绑。坚持政府过紧日子，严控“三公”经费，把宝贵资金用在发展紧要处、民生急需上。

各位代表，实干铸就伟业，奋斗开创未来。让我们更加紧密地团结在以习近平同志为核心的党中央周围，在省委、省政府和市委的坚强领导下，牢记嘱托、埋头苦干，踔厉奋发、笃行不怠，切实履行“三个走在前”光荣使命，加快建设新时代社会主义现代化强省会，以优异成绩迎接党的二十大胜利召开！

名词解释

1.“1+4+16+N”规划体系：“1”即国务院批复的《济南新旧动能转换起步区建设实施方案》；“4”即起步区发展规划、国土空间规划、生态保护规划及启动区控制性规划；“16”即节水型城市、蓝绿空间、产业发展等16个专项规划；“N”即根据发展时序和形势需要，适时启动编制园林绿化、夜景照明、未来社区等相关专业规划。

2. 人工智能“双区”同建：即同步建设国家新一代人工智能创新发展试验区、国家人工智能创新应用先导区。

3.“东强西兴南美北起中优”城市发展新格局：2003年6月26日，省委常委会扩大会议确定了“东拓、西进、南控、北跨、中疏”的济南城市空间布局。为适应济南城市发展由空间拓展向高质量发展转型的内在需求，2020年7月23日，市委十一届十一次全会提出，加快构建“东强、西兴、南美、北起、中优”城市发展新格局。

4.“米”字型高铁网：即以济南为中心，京沪铁路通道与济青聊铁路通道构成东西、南北十字交叉框架，通过石济客专联系西北方向的石家庄以远，通过济郑高铁联系西南方向的郑州以远，通过济滨高铁联系东北方向的滨州，通过济莱高铁联系东南方向，使济南成为东西南北向的全国重要的路网性铁路枢纽。

5.“两横三纵”快速走廊：“两横”即二环南路高架路、北园高架路—工业北路高架路，“三纵”即二环东路高架路、二环西路高架路、顺河高架路。

6.“十大系统集成改革”：即系统推进战略平台、动能转换、创新驱动、要素赋能、营商环境、农业农村、社会治理、民生事业、生态文明、党建纪检十大集成改革。

7.“要素跟着项目走”：即土地、能耗、污染物排放总量替代指标、水资源、资金等要素优先保障重点项目的工作机制。

8.“链上自贸”：即“链上自贸”保税展示交易平台，指基于区块链、边缘计算、人工智能和一物一码等新技术，在自贸试验区济南片区建设的货物保税展示交易平台，实现“货物出区免担保、一物一码可追溯、展示商品可退回、交易消费才缴税”的保税监管新模式。

9.“四减四增”：即调整产业结构，减少过剩和落后产业，增加新的增长动能；调整能源结构，减少煤炭消费，增加清洁能源使用；调整运输结构，减少公路运输量，增加铁路运输量；调整农业投入结构，减少化肥农药使用量，增加有机肥使用量。

10.“千园之城”：即全市500平方米以上公园数量超过1000个。

11.“四新”经济：即新技术、新产业、新业态、新模式的经济形态。

12.“四上”企业：即规模以上工业企业、资质等级建筑业企业、限额以上批零住餐企业、国家重点服务业企业四类企业的统称。

13.“四水四定”：即以水定城、以水定地、以水定人、以水定产。

14.“12项改革创新行动”：即科技引领发展改革创新行动、人才队伍建设改革创新行动、重点区域突破改革创新行动、产业质效升级改革创新行动、数字经济发展改革创新行动、深化开放协作改革创新行动、重点要素保障改革创新行动、发展环境优化改革创新行动、生态环境提升改革创新行动、民生福祉改善改革创新行动、风险隐患防控改革创新行动、文化宣传引导改革创新行动。

15.“两规”一致性处理：即按照国土空间规划“一张图”要求，对现行土地利用总体规划和城市（镇）总体规划进行一致性处理，作为国土空间用途管制的依据。

16.“两个清零、一个提标”：即到2025年实现城市建成区雨污合流管网清零、黑臭水体清零、城市污水处理厂出水水质标准提升。

17.“一证保三权”模式：商河县推出的促进城乡融合发展的改革措施，即为自愿进城镇落户农民办理“农村集体经济组织成员转移备案证”，保障其在原村集体的宅基地使用权、土地承包经营权、集体收益分配权依法保持不变。

18.“三变”改革：即资源变股权、资金变股金、农民变股民改革。

19.“要素引着项目来”：即通过精准化差异化的要素供给，吸引项目落地。

20.“三医联动”改革：即医疗、医保、医药改革联动。

21.“第五立面”：即相对于建筑的前后左右四个立面而言，把屋顶看作建筑第五个重要立面。

22.“三高”沿线：即高架路、高速公路、高铁沿线。

23.“百园万亩亿斤”稳产提质增效行动：即自2021年开始，用3–5年时间，布局100个以上“菜篮子”保供园区，打造万亩以上的精品“菜篮子”基地，应急保供产能达到1亿斤以上。

24.“1+N+X”政策体系：“1”指全市碳达峰工作方案；“N”指重点领域和重点行业工作方案及保障方案，包括制定能源、工业、科技、城乡建设、交通运输等领域碳达峰工作方案，以及科技支撑、金融支持等保障方案；“X”指关于碳达峰碳中和的保障机制和配套方案。

25.“四个区分”：即区分“两高”与非“两高”、区分产业链上下游、区分新建与技改、区分不同时间节点。

26.“五个减量替代”：即新建“两高”项目，要在产能、煤耗、能耗、碳排放、污染物排放5个方面落实减量替代。

27.“三线一单”：即生态保护红线、环境质量底线、资源利用上线和生态环境准入清单。

28.“双元制”人才培养模式：即产教融合校企“双元”育人模式，校企共同研究制定人才培养方案、共同担负人才培养任务，按照企业对人才的要求组织教学和岗位培训，及时将新技术、新工艺、新规范纳入教学标准和教学内容。

29.公共卫生“六大中心”：即市疾病预防控制中心、市精神卫生中心、市急救指挥调度中心、市应急医疗储备保障中心、市急救创伤中心、省公共卫生临床中心。

30.行政处罚“四张清单”：即不予处罚清单、减轻处罚清单、从轻处罚清单和从重处罚清单。

栏目校对　王　炜

1月

4日 省委常委、市委书记孙立成调研“西兴”工作，强调要深入学习贯彻中共十九届五中全会精神，把握黄河流域生态保护和高质量发展重大国家战略重大机遇，实施强省会战略，加快谋划和推进“西兴”，发挥西部交通枢纽、高校园区和特色产业优势，打造商务会展、文化旅游、医养健康产业高地和产学研融合发展示范区，加速建设活力康养之城，确保“十四五”开好局、起好步。

5日 省委常委、市委书记孙立成到钢城区调研群众安全温暖过冬保障工作。

是日 中央商务区建设推进工作专题会议召开。

6日 全国人大常委会委员、财经委主任委员徐绍史率调研组到济南市，围绕“十四五”规划《纲要草案》初步审查、2021年计划初步审查，修改《全国人民代表大会常务委员会关于加强经济工作监督的决定》等内容开展调研。

8日 市委常委会召开会议，学习贯彻习近平总书记在中央农村工作会议和中央全面深化改革委员会第十七次会议上的重要讲话精神，研究全市贯彻落实意见。

10日 济南市举行首个“中国人民警察节”主题庆祝活动。

11—14日 中国人民政治协商会议第十四届济南市委员会第五次会议召开。会议通过政协第十四届济南市委员会第五次会议关于常务委员会工作报告的决议、政协第十四届济南市委员会第五次会议关于常务委员会提案工作报告的决议、政协第十四届济南市委员会提案委员会关于市政协十四届五次会议提案审查情况的报告、政协第十四届济南市委员会第五次会议政治决议，完成会议各项议程。

12—15日 济南市第十七届人民代表大会第三次会议召开。会议听取和审议济南市市长孙述涛所作的政府工作报告，表决通过《济南市国民经济和社会发展第十四个五年规划和二〇三五年远景目标纲要》，批准《关于济南市2020年国民经济和社会发展计划执行情况与2021年计划草案的报告》，完成会议各项议程。

14日 市委常委会召开会议，学习贯彻习近平总书记在1月7日中央政治局常委会会议上的重要讲话、对政法工作作出的重要指示精神，研究贯彻落实意见；研究部署全市安全风险隐患大排查大整治工作；听取市人大常委会、市政府、市政协党组，市纪委监委，市法院、市检察院党组2020年度工作情况汇报；听取市委常委和市人大常委会、市政协、市法院、市检察院党组书记关于履行全面从严治党责任情况的汇报，以及市委常委2020年度述职报告。

16日 全市安全生产工作专题会议召开。

19日 市委常委会召开会议，学习贯彻习近平总书记在省部级主要领导干部学习贯彻党的十九届五中全会精神专题研讨班开班式上的重要讲话精神，研究全市贯彻落实意见；听取关于落实“东强”战略有关工作情况的汇报，审议通过《城市发展新格局之“东强”——近期重点打造片区和项目策划》。

22日 全市疫情防控宣传工作视频会议召开。会议传达学习全市疫情防控工作视频会议精神，进一步强化贯彻落实全市疫情防控视频工作会议的各项决策部署，认识疫情防控工作的艰巨性和复杂性，进一步统一思想、凝神聚力，做好全市疫情防控宣传工作。

23日 省委常委、市委书记孙

立成到莱芜区，随机暗访检查安全生产工作。

26日 市委、市政府新闻发布会召开，根据市级生产总值统一核算结果，2020年全年济南生产总值为10140.91亿元，同比增长4.9%。济南经济总量首次突破万亿元大关，跨入“万亿俱乐部”。

2月

2日 省委常委、市委书记孙立成与出席省十三届人大五次会议的济南代表团代表一起审议省政府工作报告，审查《山东省国民经济和社会发展第十四个五年规划和二〇三五年远景目标纲要（草案）》。

5日 全市“东强”战略推进指挥部第一次全体会议召开。

是日 全市宣传部长会议召开。

6日 省委、省政府召开省会经济圈“一圈同城、共建共享”推进会议暨第二次联席会，总结2020年省会经济圈一体化发展工作情况，安排部署全年重点任务，签订共建共享合作协议，推动省会经济圈一体化高质量发展。

8日 市委、市政府召开疫情防控和安全稳定工作专题会议。

9日 2020年度市委常委会民主生活会暨省委巡视整改专题民主生活会召开。

10日 省委常委、市委书记孙立成到社区、企业走访慰问，察看疫情防控和安全生产工作。

19日 市委、市政府召开加快建设新时代现代化强省会动员大会。

24日 中共济南市纪委十一届六次全体会议召开。

25日 市委常委会召开会议，学习贯彻习近平总书记在会见探月工程嫦娥五号任务参研参试人员代表并参观月球样品和探月工程成果展览时的重要讲话精神，研究全市贯彻落实意见；研究省委第三巡视组巡视济南反馈意见整改、巩固深化“不忘初心、牢记使命”主题教育成果等工作。

是日 省委常委、市委书记孙立成会见日本通运株式会社常务执行董事兼东亚地区总裁、日通国际物流（中国）有限公司董事长杉山龙雄等人。

是月 市委常委杨峰、程德智、郑德雁、陈阳分别看望慰问全市部分生活困难党员、中华人民共和国成立前入党的老党员、生活困难群众、生活困难职工等，向他们送去党组织的关怀和新春祝福。

3月

3日 全市召开党史学习教育动员大会，学习贯彻习近平总书记在党史学习教育动员大会上的重要讲话精神，贯彻落实山东省党史学习教育动员大会部署要求，对全市开展党史学习教育进行部署。

是日 全市村（社区）“两委”换届工作动员部署会议召开。

4日 全市政法队伍教育整顿领导小组办公室第一次会议召开。

9日 省、市共建山东第一医科大学备忘录签约活动举行。

15日 市委全面深化改革委员会第六次会议审议通过《中共济南市委全面深化改革委员会2021年工作要点》等系列改革文件。

16日 省委常委、市委书记孙立成带队赴北京联系工作、考察招商。

是日 市委副书记、市长孙述涛到平阴县调研县域经济发展工作

17日 济南市政法队伍教育整顿第一次新闻发布会召开，通报全市政法队伍教育整顿总体部署安排和进展情况。

18日 全市重点项目集中开工活动举行，总投资1202.8亿元的132个重点项目集中开工。

19日 市委理论学习中心组举行集中学习研讨，贯彻落实习近平总书记在党史学习教育动员大会上的重要讲话精神，开展中国共产党历史和济南地方党史学习研讨。

是日 “选择历城·共赢未来”中日（历城）产业合作推介会暨自贸试验区历城区块项目签约会举行。

20日 第二届“影响济南”名企名牌百强榜评选颁奖活动举行，中国重汽、浪潮集团、齐鲁制药等100家名企名牌榜上有名。

是日 全市自然资源和规划工作暨作风建设年动员会议召开。

22日 市委副书记、市长孙述涛会见斯里兰卡驻华大使帕利塔·科霍纳等人。

25日 全市政法工作会议召开。

是日 全市编办主任会议召开。

26日 济南轨道交通2号线正式商业运营。

27日 党史学习教育中央宣讲团宣讲报告会在济南举行。

29日 全市乡村振兴工作推进

会议召开。

31日 全市政法队伍教育整顿廉政教育报告暨警示教育大会召开。

是月 济南市获得全省乡村振兴战略考核单项奖，所有指标均实现位次前移，16项指标位列全省第一。

4月

4日 省委常委、市委书记孙立成参观中共山东省委机关旧址，瞻仰王尽美、邓恩铭纪念广场，向革命先烈敬献鲜花并召开座谈会。

6日 市委常委会召开会议，学习贯彻习近平总书记在福建考察时的重要讲话、在3月30日中央政治局会议上的重要讲话、对革命文物工作作出的重要指示、在参加首都义务植树活动时的重要讲话精神，研究全市贯彻落实意见；听取关于省对济南市2020年度经济社会发展综合考核有关情况的汇报。

是日 省会经济圈“一圈同城交通先行”建设启动暨京台高速改扩建工程开工活动举行。

7—8日 中共中央政治局委员、全国人大常委会副委员长王晨到济南调研，强调要坚持以习近平新时代中国特色社会主义思想为指导，立足新发展阶段，完整、准确、全面贯彻新发展理念，把科技创新放在更加突出位置，加快推进发展方式转变，积极融入新发展格局，努力实现高质量发展。

9日 全市审计工作会议召开。

是日 全市安全生产攻坚年行动动员大会召开，印发《济南市安全生产攻坚年行动实施方案》。

11日 省委常委、市委书记孙立成调研文物工作，强调要高度重视和认真做好遗址发掘、文物保护工作，传承悠久历史、弘扬优秀文化、讲好济南故事，为打造“文化济南”、加快建设新时代现代化强省会提供有力支撑。

12日 济南中央商务区“建功十四五、建设强省会”百日会战暨决胜年度攻坚活动启动。

13日 全国人大常委会副委员长、民革中央主席万鄂湘率调研组到济南调研。

14日 省委书记刘家义等省领导到总体国家安全观济南市教育展馆参观。

16日 科技部部长王志刚一行到济南市调研氢能及碳中和科技创新情况。

17日 以“多元包容的亚信区域，开放务实的地方合作”为主题的2021亚信金融峰会济南—亚信国家地方合作圆桌会在山东大厦举行。

19日 民政部党组书记、部长李纪恒到济南，就贯彻落实中共十九届五中全会精神，做好2021年及“十四五”规划时期民政工作征求意见建议，结合中央党史学习教育要求开展调研，了解基层社区治理情况。

是日 以“应用驱动创新，融合智造未来”为主题的首届济南国家级人工智能创新应用先导区高端峰会暨黄河流域人工智能创新应用博览会开幕。《济南市人工智能产业地图》《济南市人工智能产业创新发展白皮书》发布。

20—21日 省委常委、市委书记孙立成率济南市党政代表团赴甘肃临夏回族自治州，开展济南临夏东西部协作工作。甘肃省委常委、统战部部长、省政协党组副书记马廷礼，临夏州委书记郭鹤立参加活动。

21日 全市建设一流营商环境大会召开。

22日 第二届世界内燃机大会在济南召开。

22—26日 市委理论学习中心组在市委党校举办专题读书班，学习贯彻习近平总书记在党史学习教育动员大会上的重要讲话精神和关于党的历史的重要论述。

28日 由省市一体化打造、济南日报报业集团主管主办的平台型新媒体旗舰——新黄河客户端上线仪式举行。

30日 济南市召开庆祝“五一”国际劳动节大会。

5月

5日 市委常委会在济南新旧动能转换起步区召开会议，学习贯彻国务院关于起步区建设实施方案批复精神，研究贯彻落实意见。

10日 2022年“东亚文化之都”终审活动在北京举行。5座候选城市进行最终角逐，济南以优异成绩顺利通过终审答辩。

14日 济南市创建全国文明典范城市动员大会召开，《济南市创建全国文明典范城市三年行动计划》正式向社会发布。

17日 “新机遇、新格局、新突破——深化鲁台合作推进会”

在济南举行。省委副书记、省长李干杰，中央台办、国务院台办副主任裴金佳，全国台企联会长李政宏出席并致辞。省和济南市领导张江汀、孙立成、汲斌昌、孙述涛参加有关活动。

是日　全国台企联第五届会员代表大会第三次会议在济南举办，全国台企联与山东省台港澳办签署战略合作协议。

18日　2021中国(济南)人力资本产业发展大会在济南开幕。

19日　2021华商企业科技创新合作交流会暨高层次人才走进济南“侨梦苑”活动在济南开幕。

20日　2021年职业教育活动周全国启动仪式暨全国职业院校技能大赛开幕式在山东济南举行。省委副书记、省长李干杰，教育部党组成员、副部长孙尧出席启动仪式。

21日　全市政法队伍教育整顿第二次座谈会召开，向各界代表通报政法队伍教育整顿进展情况，主动公开要整治的顽瘴痼疾和主要措施，听取社会各界代表对政法工作和政法队伍教育整顿的意见建议。

23日　济南市—武隆区东西部协作联席会议在舜耕山庄召开。省委常委、市委书记孙立成，重庆市武隆区委书记黄宗华，市委副书记边祥慧参加会议。

是日　全国人大常委会秘书长杨振武率调研组到济南调研地方人大工作开展情况。

24日　中共中央政治局委员、中央政法委书记郭声琨出席在济南召开的中央信访工作联席会议“治理重复信访、化解信访积案”经验交流暨工作推进会。

26日　省委、省政府在济南新旧动能转换起步区召开起步区建设动员大会。

27日　省委常委、市委书记孙立成在舜耕山庄会见荷兰驻华大使贺伟民一行。

27—30日　甘肃省临夏回族自治州党政代表团到济南对接东西部协作工作。28日上午，省委常委、市委书记孙立成在舜耕山庄会见临夏回族自治州委书记郭鹤立等人。市委副书记边祥慧参加相关活动。

28日　2021跨国公司(济南)高层对话会暨中日产业创新发展交流大会在济南喜来登酒店举行。

是日　省委常委、市委书记孙立成在龙奥大厦会见西班牙驻华大使拉法尔德斯卡亚等人。

6月

2日　山东重工(济南莱芜)大型工程机械制造基地项目举行开工启动活动。

5日　省委书记刘家义，省委副书记、省长李干杰到济南市检查高考准备工作。

6日　济南新旧动能转换起步区公共基础设施重点项目集中开工，25个项目总投资335亿元。

10日　中央统战部副部长、全国工商联党组书记徐乐江率调研组到济南，开展“工商联党组织领导和管理所属商会党建工作的体制机制”调研。

11日　省委常委、市委书记孙立成在舜耕山庄会见柬埔寨王国驻济南总领事山索峰等人。

16日　市委、市政府新闻发布会召开，对《济南市进一步改善营商环境十条措施》进行解读。

18日　齐鲁银行股份有限公司(简称“齐鲁银行”，股票代码601665)正式登陆主板。

21日　济南市文学艺术界联合会第六次代表大会开幕。

22日　2021年“中国500最具价值品牌”发布，济南地区9个品牌荣登“中国500最具价值品牌”榜单。

23日　“颂歌献给党”——济南市市直机关庆祝中国共产党成立100周年合唱展演在山东会堂举行。

28日　市委召开全市优秀共产党员、优秀党务工作者和先进基层党组织表彰大会。

7月

1日　济南市组织收听收看庆祝中国共产党成立100周年大会实况。

2日　市委常委会召开扩大会议，学习贯彻习近平总书记在庆祝中国共产党成立100周年大会上的重要讲话精神。

5日　市委召开习近平总书记“七一”重要讲话精神学习会。

5—6日　中共中央政治局常委、国务院副总理韩正先后在山东东营、济南调研。

8—10日　市委副书记边祥慧率济南市考察团赴甘肃临夏回族自治州，按照济南党政代表团赴临夏开展东西部协作工作时的安排部署，推动全年任务指标再落实，推动两地各领域协作交流再深化，全力构建东西部协作新格局。临夏州委书记郭鹤立参加活动。

14 日 市委理论学习中心组专题读书班在市委党校开班，学习贯彻习近平总书记“七一”重要讲话精神。

15 日 由国家新闻出版署、山东省政府、济南市政府主办的第三十届全国图书交易博览会在济南开幕。

18 日 市委、市政府召开研究起步区发展规划和国土空间规划专题会议，研究《济南新旧动能转换起步区发展规划》《济南新旧动能转换起步区国土空间规划》编制工作。

20 日 山东省举行 2021 年第三批重大项目集中开工活动，720 个重大项目集中开工建设。省委书记刘家义出席活动并宣布开工，省委副书记、省长李干杰讲话，省政协主席付志方出席。省委常委、市委书记孙立成出席开工活动并介绍济南项目情况。

20—21 日 国家金融业密码应用研究中心联合共建协议签约暨山东区块链研究院成果发布在济南举行。活动期间，省委书记刘家义听取国家金融业密码应用研究中心有关情况介绍，并参观山东区块链研究院成果展示区。

21 日 济南市召开防汛工作视频会议。

24 日 省委书记刘家义到济南市钢城区，深入企业、乡村、水利设施进行调研。

26 日 市国土空间规划委员会召开会议。

是日 山东省政府新闻办举行“全面小康奋进山东”主题系列新闻发布会济南专场。

27 日 市委常委会召开会议，审议通过《关于深入学习贯彻习近平总书记在庆祝中国共产党成立 100 周年大会上的重要讲话精神的意见》，研究上半年全市经济社会发展形势。

是日 全市法治政府建设示范创建推进会召开，学习贯彻习近平法治思想，贯彻落实中央全面依法治国工作会议、省委全面依法治省工作会议精神，部署全市法治政府建设示范创建工作。

29 日 全省疫情防控工作视频会议召开。济南市设立分会场收听收看全省会议实况，随后召开全市疫情防控工作视频会议。

8月

1 日 2021 年（第三十八届）全国医药工业信息年会暨 2020 年度中国医药产业百强榜单发布会在济南举行。全国政协副主席、农工党中央常务副主席何维作视频致辞；全国政协教科卫体委员会副主任、中国药学会理事长孙威泽，副省长凌文，省政协副主席赵家军，市委副书记、市长孙述涛出席活动并致辞。

2 日 全市区县、镇领导班子换届工作会议召开。

是日 为推动全市营商环境创新突破，济南市企业服务中心揭牌，这是省会城市首个市级企业服务中心。

4 日 济南新旧动能转换起步区领导干部会议召开。济南新旧动能转换起步区第二批重点项目集中开工活动举行。

是日 国务院联防联控机制全国新冠肺炎疫情防控工作电视电话会议、山东省委统筹疫情防控和经济运行工作指挥部（扩大）会议先后召开。济南市设分会场收听收看会议实况。会后，接续召开市疫情防控工作电视电话会议。

5 日 济南市乡村振兴工作推进会议召开。

9 日 世界透明质酸谷项目建设工作专题座谈会在舜耕山庄贵宾楼召开。

10 日 山东省政府、济南市政府与中国中医科学院、广安门医院通过视频连线方式举行战略合作签约活动。

13 日 “2021 对话山东——日本·山东产业合作交流会”在济南开幕。省委书记刘家义出席交流会主题研讨会并与日本贸易振兴机构理事长佐佐木伸彦举行会晤，省委副书记、省长李干杰致辞。

16 日 国际粮食减损大会济南市筹备工作小组召开会议。

是日 济南市政府、山东能源集团有限公司在龙奥大厦共同签署《济南市人民政府与山东能源集团有限公司战略合作协议》。

17 日 济南市生态环境保护大会召开。

是日 济南市创建全国文明典范城市工作推进会召开。

是日 济南市巩固拓展脱贫攻坚成果同乡村振兴有效衔接工作推进会议在龙奥大厦召开。

19 日 济南新旧动能转换起步区党工委管委会挂牌活动在市民服务中心举行。

是日 “省市一体企业先行”

省属企业泉城行系列活动启动仪式暨济南新旧动能转换起步区专题对接活动举行。

20日 省委、省政府在济南举行“对话商协会·齐鲁之约”活动，活动以“新格局·新动能·新机遇”为主题。省委书记刘家义出席活动并发表主旨演讲，省委副书记、省长李干杰主持。

25日 2021年山东省医改工作会议暨省医改领导小组（扩大）会议召开。济南市设立分会场收听收看全省会议实况，随后召开2021年济南市医改工作电视会议。

26日 中央第二生态环境保护督察组督察山东省动员会召开后，济南市接续召开迎接中央生态环境保护督察工作动员会议。

是日 济南市召开党外人士情况通报会，学习贯彻习近平总书记“七一”重要讲话精神，向党外人士通报全市经济社会发展情况，听取市级各民主党派、工商联和无党派人士代表的意见建议。

27日 济南市召开产业链“链长制”工作推进会议，听取产业链“链长制”工作进展情况汇报，研究解决有关问题及下步推进措施，加快推动重点领域建链、补链、强链、延链，加快构建核心技术可控、产业链安全高效、产业生态循环畅通的现代产业体系。

是日 “自贸赋能开放创新”自贸试验区济南片区联动创新项目集中签约活动在龙奥大厦举行。该次签约活动旨在聚焦重大国家战略，推动与云南昆明自贸片区、广东珠海·琴新区自贸片区协同合作，加强与区县、功能区在扩大开放、产业培育等领域的联动创新，探索培育新业态新模式，实现优势叠加、资源互补、共享共建，全力放大自贸溢出效应，加快打造对外开放新高地。

30日 第十二次中日韩文化部长会议以视频形式召开。会上，2022年“东亚文化之都”当选城市名单揭晓，济南市与温州市、日本大分县、韩国庆州市共同入选。

8月31日至9月1日 省委常委、市委书记孙立成率济南市党政代表团赴重庆市武隆区，贯彻落实习近平总书记关于深化东西部协作的重要指示精神，全面落实鲁渝协作第十六次联席会议部署要求，推动两地协作走深走实。

9月

1日 市国土空间规划委员会主任委员会召开第二次会议，研究审议《济南市2019—2030年中小学及幼儿园布局规划》和《济南市公益性公墓规划（2020—2035年）》。市委副书记、市长、市国土空间规划委员会主任孙述涛主持会议并讲话。

是日 济南市乡村建设行动重点工作推进专班第一次会议召开。市委副书记边祥慧出席会议并讲话。

3日 市委常委会召开会议，学习贯彻习近平总书记在中央民族工作会议上的重要讲话、在8月31日中央政治局会议上的重要讲话、在中央全面深化改革委员会第二十一次会议上的重要讲话精神，研究贯彻落实意见。

4日 全国政协副主席马飚率全国政协无党派人士界别委员考察团到济南千佛山兴国禅寺，就“秉承中华优秀文化传统，增强中华民族凝聚力”进行考察。省政协副主席于国安、市政协主席雷杰参加活动。

是日 黄河保护立法工作调研组到长平滩区护城堤、黄河长清孟李魏控导工程，了解依法治河管河、黄河滩区居民迁建、黄河生态保护等情况，听取黄河保护立法建议。中央依法治国办副主任、司法部党组书记、部长唐一军，水利部党组书记、部长李国英，省委副书记、省长李干杰参加调研。

是日 中央依法治国办副主任、司法部党组书记、部长唐一军率中央依法治国办专题调研组到济南市“12345”热线办调研了解畅通群众诉求、创新社会管理做法。省委常委、省委政法委书记、省委依法治省办主任林峰海和市委副书记、市长、市委全面依法治市委员会副主任孙述涛陪同调研。

5—10日 全国人大常委会副委员长吉炳轩率全国人大常委会调研组到山东，就加强种质资源保护和育种创新、加快构建新型农业经营体系推动小农户和现代农业发展有机衔接进行调研。调研组先后赴枣庄、临沂、济南开展调研。在济期间，到山东万兴食品有限公司、山东赢泰农牧科技有限公司、济南心正生态农业合作社、山东伟丽种苗有限公司进行调研。

6日 省委副书记、省长李干杰到济南市长清区、平阴县等地调研南水北调东线运行情况。

7日 省委常委、市委书记孙立成在舜耕山庄会见日本驻华大使垂秀夫等人。

是日 济南国际医学科学中心项目签约暨济南精准医学产业园（一期）启用活动在济南精准医学产业园举行。市政协主席、济南国际医学科学中心建设指挥部总指挥雷杰出席活动并致辞。

8日 省委副书记、省长李干杰到济南职业学院走访慰问，代表省委、省政府向全省广大教师和教育工作者致以节日祝贺和亲切问候，衷心感谢大家对教育事业的辛勤付出。

是日 2021济南·日本进口商品博览会在济南舜耕国际会展中心开幕。省委常委、市委书记孙立成，副省长汲斌昌，日本驻青岛总领事井川原贤，中国日本商会会长、住友商事东亚区总代表御子神大介等出席活动。

10日 国际粮食减损大会在济南开幕，国家主席习近平向大会致贺信。全国人大常委会副委员长吉炳轩出席开幕式，宣读习近平主席的贺信并致辞。农业农村部部长唐仁健、省委书记刘家义出席会议并致辞。省委副书记、省长李干杰，省委副书记杨东奇出席。省委常委、济南市委书记孙立成宣读《国际粮食减损大会济南倡议》。

14日 省委常委、市委书记孙立成带队赴杭州考察招商，签署合作协议，推进合作项目，进一步深化交流联系、拓展合作空间。

16日 省委常委、市委书记、市委统筹疫情防控和经济运行工作领导小组（指挥部）组长孙立成主持召开全市疫情防控工作调度会。

是日 以“生态黄河低碳发展”为主题的第二届黄河生态大会在济南开幕。全国工商联副主席谢经荣，生态环境部副部长、国家核安全局局长叶民出席并讲话，省委常委、常务副省长王书坚出席并致辞，市委副书记、市长孙述涛出席并宣读《黄河生态大会2021济南宣言》。

是日 以“庆祝建党百年、共享盛世文旅”为主题的第二届中国国际文化旅游博览会在山东国际会展中心拉开帷幕。省委常委、宣传部部长白玉刚，市委常委、宣传部部长杨峰参加活动。

18日 “外贸优品汇扮靓步行街”出口产品转内销系列活动（济南）暨“2021山东礼惠金秋消费季”启动仪式在济南泉城广场举行。商务部部长王文涛、省委书记刘家义出席活动并致辞，省委副书记、省长李干杰主持。

是日 商务部、山东省政府合作机制框架协议签约仪式在山东大厦举行。商务部部长王文涛，省委副书记、省长李干杰出席仪式并签约。

是日 商务部部长王文涛一行到济南新旧动能转换起步区和中央商务区考察。

23日 中国企业论坛企业家恳谈会在山东大厦举行。

是日 济南市政府与山东中油昆悦、中油兴隆能源有限责任公司签订框架合作协议，济南市市中区政府与山东中油昆悦、中油兴隆能源有限责任公司签订双区域总部落户合作协议。

24日 中国企业论坛主题论坛在山东会堂举行。来自海内外的各类企业、机构、商协会代表等通过线上线下方式参加论坛。省委书记刘家义出席论坛，省委副书记、省长李干杰发表主旨演讲。

是日 以“新阶段新格局新动能新山东”为主题的山东国企与央企民企签约仪式在济南举行。

25日 济南市计划生育协会第五次会员代表大会在舜耕会堂开幕。

28日 济南市统一战线暨民族团结进步表彰大会召开。

是日 第十届山东青年创新创业大赛颁奖暨泉城青年创新大会在济南新旧动能转换起步区举行。

29日 山东与世界50强连线暨深化与北美合作推进会在济南举行。

是日 济南黄河济泺路隧道通车活动举行。

是日 济南轨道交通6号线开工活动在济南火车站北广场举行。

30日 山东省、驻济部队暨济南市在英雄山革命烈士纪念塔广场举行烈士公祭活动，缅怀烈士功绩，弘扬英烈精神，向人民英雄致以崇高敬意和无限哀思。

10月

1日 省委书记李干杰，省委副书记、代省长周乃翔在济南调研节日期间保供稳价和应急值守工作，代表省委、省政府向全省广大人民群众致以节日祝贺，向在节日期间坚守工作岗位的广大干部职工表示诚挚问候。

是日 济南市召开国庆假期安全防范工作会议。

8日 省委常委、市委书记、济南新旧动能转换起步区党工委书记孙立成在起步区调研时强调，要以时不我待、只争朝夕的劲头，抢抓发展机遇，加快项目建设速度，确保早竣工、早投产、早见效，为起步区高质量发展注入新动能。

9日 市委常委会召开会议，学习贯彻习近平总书记在中央人才工作会议上的重要讲话、在中央政治局第三十三次集体学习时的重要讲话精神，研究贯彻落实意见；审议《济南市深化医疗保障机制改革的实施意见》。

10日 市委副书记、市长孙述涛在山东大厦会见出席海峡两岸新旧动能转换产业合作区建设推进会暨授牌仪式的新党前主席郁慕明、全国台企联会长李政宏等嘉宾。

11日 2021年度“济南工匠”选树命名活动正式启动。

12日 全国文明城市创建工作培训班在深圳开班。省委常委、市委书记孙立成出席开班式并作题为《创出一条路蝶变一座城》的发言，介绍济南市文明城市创建经验做法和显著成效。

是日 济南新旧动能转换起步区高质量发展对话会在龙奥大厦举办。

是日 济南市市中区中小学“双减”工作现场会暨课后服务项目清单发布会举行，会上市中教育正式发布全市首个课后服务项目清单，包括十大类100项内容。

是日 首届山东省“十强”产业人才供需对接会在济南开幕，发布千余家企业在研发、生产、经营、管理等方面的3500余个职位。

13日 省委常委、市委书记孙立成带队赴广州市走访广东省山东商会，联系在粤创业发展的山东企业家，了解企业家需求，倾听企业家心声，洽谈推进交流合作，欢迎广大企业家回家乡投资兴业发展。

是日 第四届中国歌剧节在济南开幕。

13—14日 省委党史学习教育第一巡回指导组到济南市调研指导“我为群众办实事”实践活动开展情况。

14日 济南市历下区和莱芜区房干村获评第五批国家生态文明建设示范区。

17日 首届健康中国促进行动暨年度指数发布大会发布《健康中国指数报告2021》，并公布“健康中国年度标志城市”推选结果，济南等17座城市上榜“健康中国年度标志城市”。

18日 第三届中国考古学大会公布“百年百大考古发现”，城子崖遗址跻身百年百大考古发现。

19日 市委常委会会议审议通过《济南市黄河流域生态保护和高质量发展规划》。

20日 济南新旧动能转换起步区召开成立以来的首届企业发展大会，发布首个支持企业发展的综合性政策——《济南新旧动能转换起步区关于促进企业发展的若干政策》。

23日 市委常委会召开扩大会议，学习贯彻习近平总书记在深入推动黄河流域生态保护和高质量发展座谈会上的重要讲话精神，研究贯彻落实意见；学习贯彻省委常委会扩大会议精神，研究前三季度全市经济社会发展形势及下一步工作措施。

24日 省委副书记、代省长周乃翔深入华电集团山东分公司、国家能源集团山东公司等能源企业，调研督导能源保供、采暖季供热准备等工作。

是日 “聚力能源互联·共创双碳时代”首届能源互联网产业峰会暨山东能源互联网产业研究创新基地揭牌活动在山东大厦举行。

是日 全省新冠肺炎疫情防控工作视频会议召开。济南市设立分会场收听收看会议实况，随后召开会议就贯彻落实全省会议精神作出部署。

27日 市委、市政府召开市属国有企业改革重组动员部署会议。

28日 “2021对话山东—德国·山东产业合作交流会”在济南开幕。

29日 国家发展改革委办公厅、人民银行办公厅正式公布全国第三批社会信用体系建设示范区名单，济南获评全国社会信用体系建设示范区。

11月

1日 由工业和信息化部、山东省政府共同主办的世界先进制造业大会在济南开幕，主题为“新动能·新生态·新格局”。工业和信息化部党组书记、部长视频致辞，省委副书记、省长周乃翔致辞并宣布大会开幕。大会上发布《世界先进制造业大会济南宣言》。

是日 省委常委、市委书记、市委统筹疫情防控和经济运行工作领导小组（指挥部）组长孙立成主持召开全市疫情防控工作调度会。

2日 《济南市人民政府 中国银行股份有限公司战略合作协议》在北京签署。省委常委、市委书记孙立成与中国银行党委书记、董事长刘连舸共同见证签约。

4日 市委副书记、市长孙述涛主持召开济南市国家级互联网骨干直联点建设推进专题会议。

5日 济南与跨国公司产业合作（上海）交流会暨济南交易分团签约活动在上海举行。

7日 济南市遭遇暴雪等极端雨雪天气，市委、市政府召开应对极端天气紧急视频会议，调度全市应对极端天气工作情况。

9日 市委、市政府召开学习贯彻习近平总书记为国家综合性消防救援队伍授旗训词精神座谈会。

是日 《济南市人民政府 华为技术有限公司深化战略合作协议》在舜耕山庄签署。省委常委、市委书记孙立成会见华为技术有限公司轮值董事长徐直军等人并共同见证协议签署。

10日 全市农业农村重点工作暨抓党建促乡村振兴推进会议召开。

11日 济南新旧动能转换起步区规划编制工作专题会召开。

13日 市委常委会召开扩大会议，传达学习中共十九届六中全会精神，研究贯彻落实意见；审议通过《中共济南市委关于深入学习宣传贯彻党的十九届六中全会精神的建议方案》。

14—17日 2021年全市重点项目建设观摩评议活动举行。

17日 2021年全市重点项目建设观摩评议活动总结评议会议召开。

19日 市委、市政府召开全市中医药大会。会上，宣读《关于对济南市中医药作出突出贡献人员进行表扬的通报》，并为突出贡献人员颁奖；公布“济南十大道地药材”“济南十大特色药材”名单。

22日 济南市各民主党派市委会新一届领导班子座谈会召开。

24日 学习贯彻中共十九届六中全会精神中央宣讲团成员、原中央党史研究室主任欧阳淞一行在济南宣讲六中全会精神。

25日 济南日报报道，近日国家发展改革委公布第三轮中欧区域政策合作中方案例地区名单，济南市成功入选。

29日 学习贯彻中共十九届六中全会精神省委宣讲团宣讲报告会在龙奥大厦举行。

30日 省委常委、市委书记孙立成在舜耕山庄会见白俄罗斯驻华大使尤里·先科一行。

12月

1日 济南市印发《支持打造农产品龙头企业的十条措施》。

2日 山东与世界500强连线暨深化与日韩合作推进会在济南举行。

是日 市委、市政府召开新闻发布会，介绍济南市科创金融改革试验区建设的有关情况。中国人民银行等八部委联合印发《山东省济南市建设科创金融改革试验区总体方案》，济南市获批全国首个科创金融改革试验区。

是日 济南革命烈士寻亲中心揭牌仪式在济南革命烈士陵园举行。

3日 黄河流域住房公积金高质量发展战略启动仪式在济南举行，沿黄8个省会（首府）线上签署战略合作协议。

是日 第六届中国青年志愿服务项目大赛暨2021年志愿服务济南交流会在北京和济南2个会场同时启动。

8日 济南市正式实施大货车“右转必停”交通管理措施。

9日 济南市生物医药产业链母基金与德福资本共同签署《济南德福三期股权投资基金合伙企业（有限合伙）有限合伙协议》。

10日 济南植物基因编辑公共技术平台启用活动在长清大学城举行。这是国内首个精准基因编辑研发平台。

是日 2021医学数据科学大会暨中华预防医学会健康保险专业委员会年会暨国家健康医疗大数据中心（北方）建设成果发布会在济南举行。

是日 市十七届人大常委会第二十四次会议审议通过《济南市优化营商环境条例》。

13日 全市领导干部党的十九届六中全会精神第一期专题学习班在市委党校开班。

14日 中央第二生态环境保护督察组督察山东省情况反馈会召开。会后，济南市召开会议部署中央环保督察反馈问题整改工作。

15日 省委副书记、省长周乃翔实地调研济郑高铁项目建设情况，并现场主持召开全省铁路规划建设专题会，听取有关情况汇报，研究部署下步重点任务。

16日 全市基层党建工作暨深化城市基层党建示范市建设推进会议召开。

是日 凯傲中国叉车一期项目投产暨美国德马泰克项目开工活动举行。

17日 黄河生态文明国际论坛在济南开幕，来自中国政府、非盟成员国以及国内外高等院校、科研院所、智库、企业等领域的200余人参加活动。全国人大常委会副委员长丁仲礼，中国社会科学院院长、党组书记谢伏瞻，省委副书记、省长周乃翔分别在北京和济南出席开幕式。

是日 省委人才工作会议召开。省委常委、市委书记孙立成在济南分会场出席会议，并以《重才聚才 以才兴城 当好全省新时代人才工作创新发展排头兵》为题作交流发言。

19日 清华大学党委书记陈旭到山东区块链研究院调研。

20日 第十三届“影响济南”经济人物评选暨第三届“影响济南”科技人物评选颁奖活动在龙奥大厦举行，共有116名优秀企业家、科技工作者分获“影响济南”经济人物、科技人物、创新人物、科创先锋、创业人物以及组委会特别奖。

是日 省委常委、市委书记孙立成在凯宾斯基酒店会见以色列驻华大使潘绮瑞等人。

21日 省委常委、市委书记孙立成主持召开研究科创金融改革试验区建设工作专题会，学习领会《山东省济南市建设科创金融改革试验区总体方案》，研究科创金融改革试验区建设重点事项，安排部署下一步工作任务。市委副书记、市长孙述涛出席会议。

22日 省委民族工作会议暨全省宗教工作会议召开。省委常委、市委书记孙立成在济南分会场出席会议，并以《筑牢基石凝心聚力推动新时代济南民族宗教工作创新开展》为题作交流发言。

是日 济南高新区管委会与比亚迪股份有限公司动力电池二期项目签约活动在遥墙国际机场举行。省委常委、市委书记孙立成和比亚迪集团董事长兼总裁王传福共同见证项目签约。

24日 市委统筹疫情防控和经济运行工作领导小组（指挥部）召开会议，贯彻落实中共中央、国务院部署要求，按照省委、省政府工作安排，部署疫情防控、经济运行、保供稳价、安全生产、社会稳定等工作。

27日 全国人大常委会副委员长、中华全国总工会主席王东明带队到济南送温暖并调研工会工作。王东明一行深入山东天岳先进科技股份有限公司调研，看望劳动模范和困难职工，向大家表示慰问并向全国广大职工群众致以节日的问候和良好的祝愿。

是日 济南市住房和城乡建设局公布首批5513间保障性租赁住房房源，其中现房1227间、装修待交付4286间，已取得泉城安居卡的新就业高校毕业生可登录“爱山东·泉城办”APP的“泉城安居”平台预约看房、租房。

是日 山东省政府网站发布《山东省人民政府关于表彰第八届山东省省长质量奖及提名奖获奖单位和个人的通报》。来自济南的华熙生物科技股份有限公司、中国重汽集团济南卡车股份有限公司高级技师刁统武获省长质量奖，济南二机床集团有限公司获省长质量奖提名奖。

29日 济南区域性综合贸易枢纽项目推介会暨集中签约活动举行。

30日 全市新冠肺炎疫情防控工作视频会议召开。会议就进一步加强元旦、春节期间疫情防控等工作，做好国务院联防联控机制工作督查组赴济南市督查各项准备进行专题动员部署。

（市委办公厅　市委党史研究院）

栏目编辑　王　炜

【位置 面积】 济南位于山东省中部，地理坐标为北纬 36.02°～37.54°、东经 116.21°～117.93°。济南是中国东部沿海经济文化大省——山东省的省会，全省政治、经济、文化、科技、教育和金融中心，重要的交通枢纽。四周与德州、滨州、淄博、泰安、聊城等市相邻。总面积 10244.45 平方千米。

（市自然资源和规划局）

【地形 地貌】 济南地处鲁中南低山丘陵与鲁西北冲积平原交接带，南依泰山，北跨黄河，地势南高北低，呈现由南向北依次为低山丘陵、山前冲积—洪积倾斜平原和黄河冲积平原的地貌形态。地层南老北新，南部以古生界石灰岩为主，北部以新生界松散堆积物为主。大地构造处于华北板块的华北坳陷区的济阳坳陷（Ⅰa）和鲁西隆起区之鲁中隆起（Ⅱa）的衔接地带。北部为济阳坳陷、淄博—茌平坳陷，南部为鲁中隆起，属向北倾斜的单斜构造。（市自然资源和规划局）

【土地资源】 截至 2021 年年底，济南市有耕地 342288.99 公顷，园地 102052.12 公顷，林地 247879.22 公顷，草地 27299.73 公顷，湿地 406.71 公顷，城镇村及工矿用地 189765.70 公顷，交通运输用地 19391.31 公顷，水域及水利设施用地 58956.14 公顷。

（市自然资源和规划局）

【矿产资源】 济南市矿产资源较为丰富，能源矿产（煤、石油、天然气、地热等）、金属矿产（铁、钴、铜、铝、金等）、非金属矿产（水泥用灰岩、熔剂用灰岩、冶金用白云岩、长石、化肥用蛇纹岩、耐火黏土、高岭土、饰面用花岗岩、建筑石料用灰岩、建筑用砂、砖瓦用黏土等）、水气矿产（矿泉水等）均有分布。

在全市赋存所有矿产资源中，地热、煤、铁、石油、天然气、耐火黏土以及山石资源（主要有石灰岩、白云岩、花岗岩等）储量较为丰富。地热资源主要分布于商河、济阳、历城、槐荫、章丘、长清、平阴等地；煤炭资源主要分布于济南城区以东的济东煤田和沿黄地区的黄河北煤田，另外在莱芜盆地南缘也有分布；铁矿主要分布于市区的东部和莱芜盆地中偏东部，其中莱芜区牛泉至张家洼一带是山东省富铁矿重要赋存区之一；石油、天然气资源主要分布于商河县，由北向南为商河油田、曲堤油田和玉皇庙油田；耐火黏土主要分布于章丘东部；山石资源储量丰富、分布较广，在济南市区南部、章丘区南部、长清区、莱芜区、钢城区及平阴县均有分布。

济南市已发现矿产 55 种，占全省已发现矿种的 37.16%。查明资源储量的矿产 32 种，其中能源矿产 4 种，为煤、石油、天然气、地热；金属矿产 5 种，为金、铁、银、钴和铜矿；非金属矿产 21 种，主要为耐火黏土、石灰岩（熔剂用灰岩、水泥用灰岩、建筑石料用灰岩）、白云岩（冶金用白云岩）、花岗岩（饰面用花岗岩、建筑用花岗岩）等；水气矿产 2 种，为矿泉水和地下水。查明各类矿产矿区（床、点）260 处，其中，能源矿产矿区 59 处：石油天然气 3 处、煤矿 22 处、地热 34 处；金属矿产矿区 61 处：铁矿 56 处、金矿 1 处、铜矿 4 处；非金属矿产矿区 100 处；水气矿产 40 处；按规模划分，大型矿区 40 处、中型矿区 81 处、小型矿区及小型以下规模 139 处。

（市自然资源和规划局）

【河流 湖泊】 济南市共有主要河流136条，分属黄河、淮河、海河三大水系，全市骨干河道总长2466千米。有水库406座。有省级河道6条，分别是黄河、小清河、徒骇河、德惠新河、大汶河及南水北调干线；市级河道15条，分别为巨野河、龙脊河、韩仓河、大辛河、大寺河、齐济河、北太平河、玉符河、临商河、土马河、北大沙河、汇河、瀛汶河、兴济河、陡沟河。有省级湖泊1处，芽庄湖；市级湖泊14处，分别是卧虎山水库、锦绣川水库、狼猫山水库、玉清湖水库、鹊山水库、雪野水库、乔店水库、大冶水库、杨家横水库、白云湖、东湖水库、大明湖、华山湖、济西湿地。在山区北麓有众多泉群出露，市区就有趵突泉、黑虎泉、五龙潭、珍珠泉四大泉群分布。

（市城乡水务局）

【年度气候】 2021年，济南市各季节平均气温均偏高；降水量春季偏少，其他各季偏多；日照时数春季偏多，其他各季节均偏少。全年全市平均降水量1039.3毫米，较常年多406.3毫米，偏多64%，为1951年有气象记录以来第二位多值；全市平均气温14.9℃，较常年偏高1.1℃，为1951年有气象记录以来第二位高值；全市平均日照时数2242.7小时，较常年少149.4小时（数据均来自济南市7个国家级气象观测站，下同）。年内主要出现暴雨、寒潮、降雪、大雾、沙尘、高温、大风、强对流、台风、连阴雨等灾害性或高影响性天气。

气温 2021年，全市平均气温14.9℃，为1951年有气象记录以

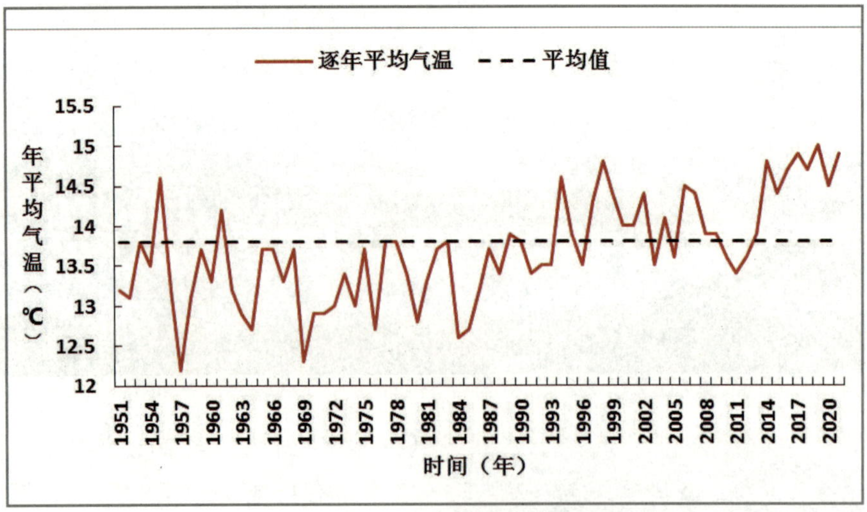

图1 1951—2021年济南市逐年平均气温图

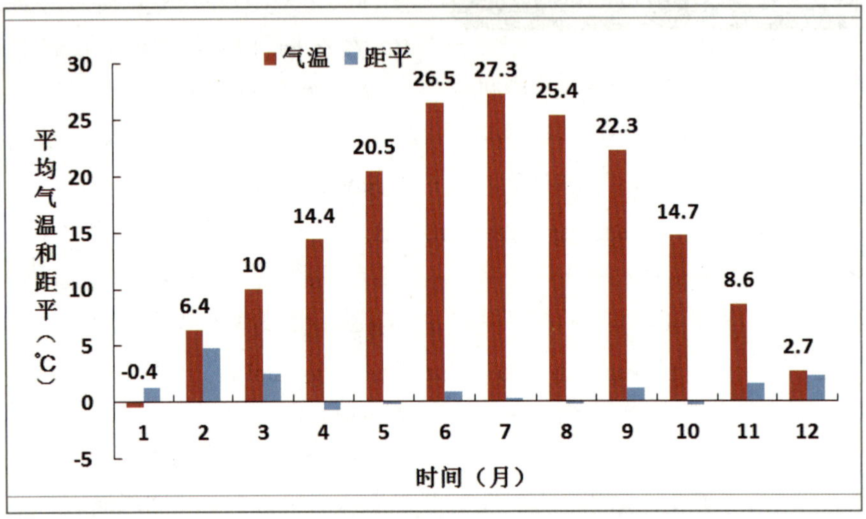

图2 2021年济南市各月平均气温和距平图

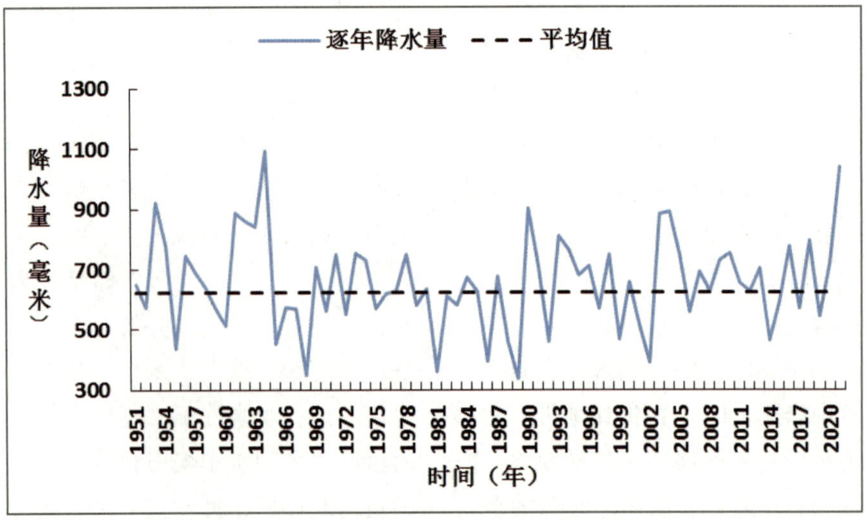

图3 1951—2021年济南市逐年降水量情况图

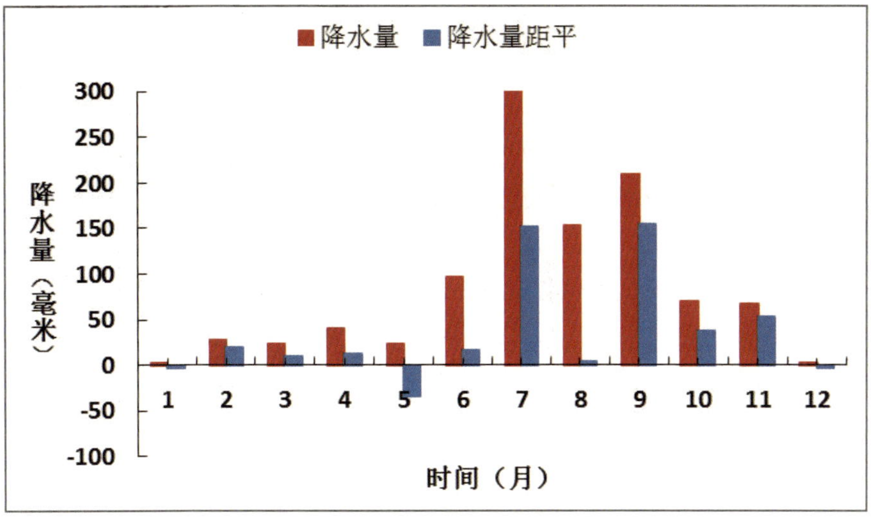

图 4　2021 年济南市各月降水量和距平图

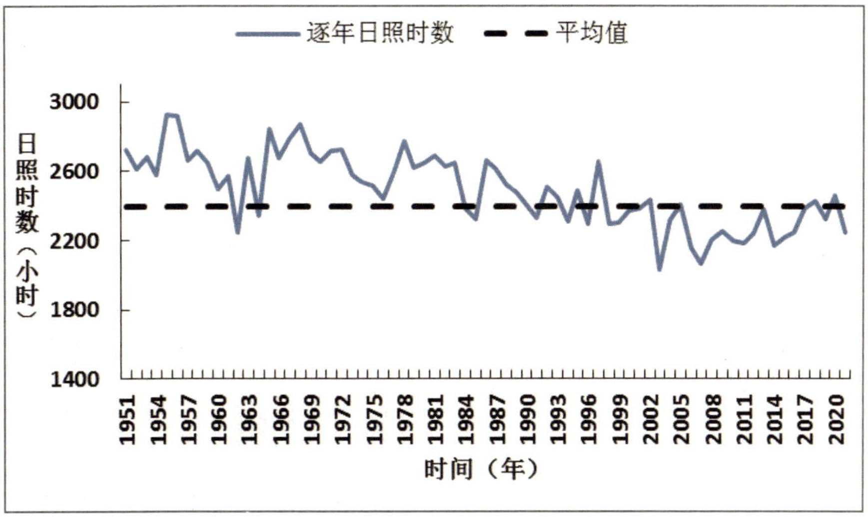

图 5　1951—2021 年济南市逐年日照时数情况图

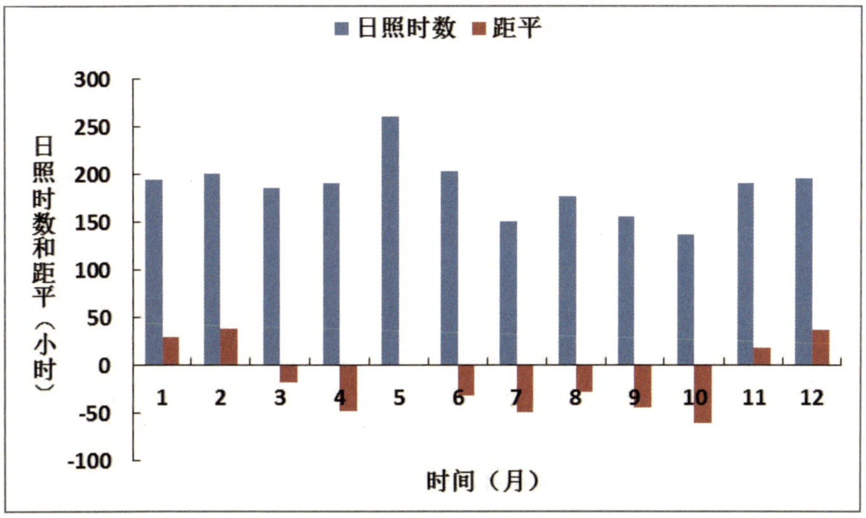

图 6　2021 年济南市各月日照时数和距平图

来第二位高值，较常年偏高 1.1℃，较 2020 年偏高 0.4℃。各地年平均气温在 14.0℃（商河）～ 15.6℃（市区）之间，各地均较常年偏高，其中济阳、莱芜较常年偏高 1.1℃。最冷月 1 月平均气温 -0.4℃，最热月 7 月平均气温 27.3℃。年极端最低气温 -22.7℃（商河），出现在 1 月 7 日早晨；年极端最高气温 39.1℃（商河），出现在 6 月 21 日白天。全年≥ 0℃的积温为 5526.2℃，为 1951 年有气象记录以来第三位高值，较常年多 337.8℃，较 2020 年多 124.7℃。全市寒冷日数（日最低气温≤ -10.0℃，下同）13 天，各地在 4 天（平阴）～ 12 天（商河）之间。全市炎热日数（日最高气温≥ 35.0℃，下同）22 天，各地在 3 天（章丘）～ 17 天（市区）之间，各地均未出现≥ 40℃的酷热天气。

降水　2021 年，全市平均降水量 1039.3 毫米，为 1951 年有气象记录以来第二位多值，较常年多 406.3 毫米，偏多 64%，较 2020 年多 320.9 毫米。各地年降水量在 973.2 毫米（长清）～ 1135.2 毫米（平阴）之间。各地均较常年偏多，其中商河较常年多 500.3 毫米，偏多 88.3%。

日照时数　2021 年，全市平均日照时数 2242.7 小时，较常年少 149.4 小时，较 2020 年少 216.2 小时。其中，长清、平阴均为建站有气象记录以来第二位少值。各地年日照时数在 1994.5 小时（平阴）～ 2410.0 小时（市区）之间，市区、章丘分别较常年多 63.9 小时、92.4 小时，其余各地均较常年偏少，长清较常年偏少 378.3 小时。

（王金霞）

【历史概况】 济南是国务院公布的历史文化名城。因地处古四渎之一“济水”（故道为今黄河所据）之南而得名。据考古发掘资料，远在9000年前的新石器时代早期，已有先民在此繁衍生息。距今4000—4500年前以磨光黑陶为特征的“龙山文化”，系因1928年首次发现于济南东郊龙山镇而被命名。夏代，龙山镇城子崖一带建有较大规模的城市。商周时代，济南为古谭国（东方方国，都城在今城子崖、平陵城一带）地。春秋战国时期，济南属齐国，称“泺”“鞍”“历下”等邑，为齐国西南边陲重镇。秦代，地属济北郡（郡治博阳，即今泰安）。西汉始置济南郡，郡治东平陵（今济南市章丘平陵城）。西汉文帝前元十六年（前164），设济南国，首府东平陵。汉景帝三年（前154），废济南国，复置济南郡。汉武帝时，济南郡辖东平陵、历城等14县，属青州刺史部。东汉建武十七年（41），济南郡复称济南国，辖14县，后改辖10县。魏晋南北朝时期，王朝屡屡更替，济南先后为三国魏、西晋、后赵、前燕、前秦、后燕、南燕、东晋、南朝宋、北魏、东魏、北齐、北周辖境，置郡置国，变化频繁。其间，济南郡治于西晋永嘉年间从平陵（即东平陵）迁至历城。从此，今济南市区成为历代郡国、州府的行政中心。南朝宋元嘉九年（432），在济南郡侨置冀州，济南为州、郡两级治所。北魏皇兴三年（469），改侨冀州为齐州，辖济南郡、东魏郡、太原郡等6郡、35县。隋开皇三年（583），撤郡并县，齐州仍治济南，辖历城等10县。大业三年（607），齐州改称齐郡。唐朝建立后，复称齐州，辖历城、章丘、长清等6县。唐天宝年间，齐州曾一度改称临淄郡、济南郡。五代时期，仍称齐州，先后为后梁、后唐、后晋、后汉、后周的辖境。北宋，齐州先后属京东路和京东东路。政和六年（1116），齐州升为济南府，辖历城、章丘、长清等5县。南宋建炎二年（1128）后，被金朝所据，仍为济南府，辖7县，属山东东路。其间，曾一度为原济南知府刘豫建立的伪齐辖境。元初，改为济南路，直隶于中央中书省。元至元二年（1265），辖棣州、滨州2州及历城、章丘、济阳、商河等11县。金元时期，济南先后为金山东东西路提刑司、元山东东西道肃政廉访司治所，是山东地区的监察中心。明初，复称济南府，辖泰安、德州、武定、滨州4州及历城、章丘、长清、济阳、商河等26县。明洪武九年（1376），山东最高行政机关承宣布政使司由青州迁至济南，济南成为山东省省会，全省政治、军事、经济、文化中心，全国重要的中心城市之一。清初，沿明朝建置。雍正二年（1724）、十二年（1734）调整区划，济南府改辖德州和历城、章丘、长清、济阳等1州、15县。

民国初期，撤销济南府，置岱北道，辖27县。1914年岱北道改称济南道，辖县未变。1925年，改辖历城、章丘、长清、济阳等10县。1929年7月，析历城县城厢及其四郊，正式设立济南市。时济南市面积175平方千米，人口40余万人。1948年9月，中国人民解放军华东野战军解放济南，设立济南特别市。1949年5月，复称济南市。1958年，历城县划归济南市。其后，章丘、长清县于1978年，平阴县于1985年，济阳、商河县于1990年陆续划归济南市管辖。1994年2月，济南市被正式确定为副省级城市。2016年12月，章丘撤市设区，济南市辖7个区、3个县。2018年9月，济阳撤县设区。2018年12月26日，国务院批复同意山东省调整济南市、莱芜市行政区划，撤销莱芜市，将其所辖区域划归济南市管辖；设立济南市莱芜区，以原莱芜市莱城区的行政区域为莱芜区的行政区域；设立济南市钢城区，以原莱芜市钢城区的行政区域为钢城区的行政区域。

（朱佩峰）

【行政区划】 2021年，济南市辖历下区、市中区、槐荫区、天桥区、历城区、长清区、章丘区、济阳区、莱芜区、钢城区、平阴县、商河县，共设10个区、2个县，132个街道、29个镇。

历下区（14个街道）：解放路街道、千佛山街道、趵突泉街道、泉城路街道、大明湖街道、东关街道、文化东路街道、建筑新村街道、甸柳新村街道、燕山街道、姚家街道、智远街道、龙洞街道、舜华路街道。

市中区（17个街道）：大观

园街道、杆石桥街道、四里村街道、魏家庄街道、二七新村街道、七里山街道、六里山街道、舜玉路街道、泺源街道、王官庄街道、舜耕街道、白马山街道、七贤街道、十六里河街道、兴隆街道、党家街道、陡沟街道。

槐荫区（16个街道）：振兴街街道、中大槐树街道、道德街街道、西市场街道、五里沟街道、营市街街道、青年公园街道、南辛庄街道、段店北路街道、张庄路街道、匡山街道、美里湖街道、兴福街道、玉清湖街道、腊山街道、吴家堡街道。

天桥区（15个街道）：无影山街道、天桥东街街道、工人新村北村街道、工人新村南村街道、堤口路街道、北坦街道、制锦市街道、宝华街街道、官扎营街道、纬北路街道、药山街道、北园街道、泺口街道、桑梓店街道、大桥街道。

历城区（21个街道）：山大路街道、洪家楼街道、东风街道、全福街道、荷花路街道、鲍山街道、唐冶街道、临港街道、华山街道、王舍人街道、郭店街道、港沟街道、仲宫街道、彩石街道、董家街道、柳埠街道、遥墙街道、巨野河街道、孙村街道、唐王街道、西营街道。

长清区（8个街道、2个镇）：文昌街道、崮云湖街道、平安街道、五峰山街道、归德街道、张夏街道、万德街道、孝里街道、马山镇、双泉镇。

章丘区（17个街道、1个镇）：明水街道、双山街道、枣园街道、龙山街道、埠村街道、圣井街道、普集街道、绣惠街道、相公庄街道、文祖街道、官庄街道、曹范街道、宁家埠街道、高官寨街道、白云湖街道、刁镇街道、黄河街道、垛庄镇。

济阳区（8个街道、2个镇）：济阳街道、济北街道、孙耿街道、回河街道、崔寨街道、太平街道、垛石街道、曲堤街道、仁风镇、新市镇。

莱芜区（8个街道，7个镇）：凤城街道、张家洼街道、高庄街道、鹏泉街道、口镇街道、羊里街道、方下街道、雪野街道、牛泉镇、苗山镇、大王庄镇、寨里镇、杨庄镇、茶业口镇、和庄镇。

钢城区（5个街道）：艾山街道、里辛街道、汶源街道、颜庄街道、辛庄街道。

平阴县（2个街道、6个镇）：榆山街道、锦水街道、东阿镇、孝直镇、孔村镇、洪范池镇、玫瑰镇、安城镇。

商河县（1个街道、11个镇）：许商街道、殷巷镇、怀仁镇、玉皇庙镇、龙桑寺镇、郑路镇、贾庄镇、白桥镇、孙集镇、韩庙镇、沙河镇、张坊镇。（赵丽平）

【人口】 2021年年末，常住人口933.61万人，比上年末增长1.02%。户籍人口816.6万人，增长1.22%。申报出生率8.2‰，申报死亡率5.5‰，人口自然增长率约2.8‰。常住人口城镇化率为74.21%，比上年末提高0.75个百分点。（市统计局）

【民族】 济南市共有55个民族，汉族、回族、蒙古族、藏族、苗族、维吾尔族、彝族、壮族、布依族、白族、朝鲜族、侗族、哈尼族、哈萨克族、满族、土家族、瑶族、达斡尔族、东乡族、高山族、景颇族、柯尔克孜族、拉祜族、纳西族、畲族、傣族、黎族、傈僳族、仫佬族、羌族、水族、土族、佤族、阿昌族、布朗族、毛南族、普米族、撒拉族、塔吉克族、锡伯族、仡佬族、保安族、德昂族、俄罗斯族、鄂温克族、京族、怒族、乌孜别克族、裕固族、独龙族、鄂伦春族、赫哲族、基诺族、珞巴族、门巴族。汉族人口占大多数，其他民族人数较少。

（市统计局）

【概况】 2021年，全市生产总值约11432.2亿元，比上年增长7.2%，两年平均增长6%。其中，第一产业增加值408.8亿元，增长7.1%，两年平均增长4.6%；第二产业增加值3964.1亿元，增长3.6%，两年平均增长5.3%；第三产业增加值7059.4亿元，增长9.2%，两年平均增长6.4%。三次产业构成比为3.6∶34.7∶61.7。

【经济运行稳中向好】 综合实力稳步提升。实现地区生产总值11432.2亿元，增长7.2%。完成一般公共预算收入1007.6亿元，突破千亿大关，增长11.2%，税收比重77.1%。规模以上工业增加值增长5.9%，两年平均增长9%，净增规模以上工业企业326家，总量突破2500家。服务业增加值增长9.2%，对经济增长贡献率达到79.1%，净增规模以上服务业企业331家，总量突破2200家。三大需求协同发力。固定资产投资增长11.5%，其中房地产开发投资、高技术服务业投资和民间投资分别增长12.9%、35%和24.9%。300个市级重点项目完成投资3400.8亿元，投资完成率113%。社会消费品零售总额5126.1亿元，增长14.7%，净增限额以上批零住餐企业951家。实现进出口总额1944.2亿元，增长40.1%。质量效益明显提升。“四新”经济增加值占比37.7%，万元地区生产总值能耗下降6.6%，先进制造业占制造业比重达到60%。新增高新技术企业1368家，高新技术产业产值占规模以上工业产值比重达到54.7%。金融机构本外币存款余额23437亿元，增长11.3%；贷款余额23313亿元，增长12.5%。就业物价保持稳定。新增城镇就业17.8万人，超额完成年度任务。城镇居民人均可支配收入57449元，增长7.7%；农村居民人均可支配收入22580元，增长10.5%。居民消费价格指数上涨1.5%，粮食总产293.1万吨，菜肉蛋奶供应充足。

【动能转换成效显著】 科技创新成果丰硕。合肥国家实验室济南基地获批建设，泉城、微生态生物医学、粒子科学与应用技术3家省实验室挂牌落地，与中科院大气物理研究所共建“碳中和北方中心”，落地“中科系”院所达15家。齐鲁一号、四号卫星成功发射，齐鲁空天信息研究院获批建设。国家超级计算济南中心通用超级计算平台高性能计算系统、云计算系统、智能计算系统上线稳定运行。技术合同项数12260项，技术合同交易额473.5亿元，居全省首位。新备案省级新型研发机构17家、省级院士工作站5家，省级以上重点实验室总数达109家，数量均居全省首位。新增国际、国家标准215项，标准化工作列全省质量评议首位。数字经济蓬勃发展。数字经济占地区生产总值比重达到45%，工业互联网、人工智能发展水平居全国第八位。信息技术服务产业集群获国务院督查激励，4家企业（项目）入选工信部大数据产业发展试点示范项目，8家企业入选工信部工业互联网平台创新领航应用案例，102个软件产业项目入选省第二批软件产业高质量发展重点项目，数量均居全省首位。累计建设5G基站设施2.7万余处，济南国家级互联网骨干直联点获批建设，成功入选全国首批“千兆城市”，国家“星火·链网”超级节点正式落地。先进制造势头强劲。大数据与新一代信息技术、智能制造与高端装备等四大主导产业崛起成势，规模总量达到1.3万亿元。济南市列先进制造业百强市全国第十五位、中国先进制造业晨星企业城市全国第五位。新培育独角兽企业2家、国家级专精特新小巨人企业28家、省级以上瞪羚企业112家。比亚迪半导体山东首个8英寸高功率芯片生产项目顺利通线，济南中车四方公司“济南造”首列地铁列车下线，凯傲叉车等重点项目建成投产，吉利智慧新能源整车等项目开工建设。服务业能级持续提升。建立服务业发展联席会议制度，出台支持初创企业、特色产业楼宇发展若干政策，新认定总部企业31家。获批全国首个科创金融改革试验区，国家金融业密码应用研究中心、中国农业银行总行绿色金融研究院等机构落户，新增上市及过会企业10家。获批国家级人力资源服务产业园，创新打造全国首个全域化、一体化、智慧化人才数据中心，获全国人才工作创新案例最佳案例奖。董家铁路货运中心海关监管场站投入运营，国家AAAAA级物流企业达17家。融创文旅城、华侨城欢乐荟、华谊兄弟电影城等文旅项目开业运营，文化尚品海外文化贸易中心等2个项目入选文旅部“一带一路”文旅产业国际合作重点项目。

【重大战略推进有力】 黄河重大国家战略落地起势。编制印发《济南市黄河流域生态保护和高质量发展规划》及黄河文化保护传承弘扬规划、黄河生态风貌带规划等专项规划，黄河生态文明国际论坛永久落户。成功应对36年来黄河最大秋汛，保障黄河安澜。《济南新旧动能转换起步区建设实施方案》获国家批复，“1+4+16+N”规划体系基本确立。济泺路隧道、凤凰大桥建成通车，京东智能电商运营中心投入使用，国际会展产业园会展中心具备办展能力，比亚迪动力电池等重点产业项目落地建设。起步区国际标准地招商产业园签约入驻法国电力等2个世界500强项目，光大照明智慧产业园项目投产。省会经济圈一体化发展扎实推进。济南机场二期改扩建工程取得国家预可研批复，机场北指廊建成投用，商河通用机场通航运营。济莱高铁、济郑高铁、黄东联络线3条高速铁路，济南至潍坊、济南至高青等5条高速公路建设加快推进，小清河济南港主城港区开工建设。经济圈7市实现异地就医住院费用直接结算和门诊费用异地联网结算，企业开办等公共服务实现全域通办，率先实施“济泰行政审批服务一体化”。城市发展新格局加快构建。济南高新区跻身国家高新区前十名。超算中心二期主体、山东高等技术研究院主体竣工，中央商务区路网及地下环路框架搭建完成，国金南区一期、金鼎中心即将投用。国际医学科学中心山东省肿瘤医院质子临床研究中心、济南精准医学产业园一期等项目正式启用，山东第一医科大学二期16个单体竣工交付，齐鲁中科现代微生物技术研究院、树兰医院项目主体完工。历下区历史文化街区入选国家历史文化保护与传承示范案例。市南部山区完成造林绿化1466.67公顷、森林抚育333.33公顷，获批全国森林康养基地试点。乡村振兴深入推进。建成乡村振兴齐鲁样板村120个，累计打造国家级、省级农村产业融合发展示范园、现代农业产业园等平台载体130余个，农民合作社、家庭农场、市级以上农业龙头企业等各类新型农业经营主体达1.8万余个，新认证“三品一标”农产品165个。4699个行政村实现10个快递品牌全部投递进村。印发实施《济南市国家城乡融合发展试验区实施方案》，历城区城乡融合发展中心、商河县“一证保三权”等4项典型经验在全省推广。推进巩固拓展脱贫攻坚成果同乡村振兴有效衔接，健全防止返贫监测帮扶机制，18万余名困难群众纳入救助保障范围。

【城乡环境优化提升】 环境质量明显改善。空气质量综合指数同比改善11.5%，6项主要污染物均实现改善，一级优天数同比增加96%，成功退出全国重点城市空气质量排名后20位。率先完成148个劣五类排污口溯源整治并纳入清单化管理，新增城市污水日处理能力12万吨，国省市控断面水质达标率、优良水体比例、饮用水水源地水质达标率均实现100%，小清河辛丰庄出境断面年均值水质首次达到地表水三类标准，水质指数全省第二。土壤环境监测实现县级全覆盖，完成土壤修复面积8.35公顷。城市品质稳步提升。轨道交通2号线开通运营，3号线二期、4号线一期、6号线开工建设。新增市政道路140千米，建成综合管廊8.2千米。新建海绵城市21平方千米，新增绿色建筑3189.6万平方米。推广应用新能源公交车898辆、新能源出租车1968辆，新增公共停车位2.7万个，新建充换电基础设施1.8万个。建成各类公园122个，500平方米以上的公园数量达到1086处，实现“千园之城”目标。打造特色景观道路（街区）100条（处）、“花海”景观20万平方米，完成造林5333.33公顷、森林抚育3333.33公顷，建设提升生态廊道91千米。城市治理更加优化。入选国家智慧城市基础设施与智能网联汽车协同发展试点城市、全国首批新能源汽车换电模式应用试点城市，连续4年获评“中国领军智慧城市”。曹范LNG调峰储配站一期工程建成投产，北郊热电厂等4处热源扩建项目加快推进。东湖水厂实现正式供水，新增日供水能力20万立方米。整治拆除户外广告和牌匾标识19954处，消减违法违章建筑2502处、155.7万平方米，无违建街道（镇）占比达到93.9%。农村环境持续改善。累计创建清洁村庄3128个，街镇城乡环卫一体化市场化运作率达到85%，生活垃圾无害化处理率保持100%。治理农村黑臭水体60处，641个村完成生活污水治理。改造提升农村公路1300千米、危桥12座。完成农村地区清洁取暖改造17.9万户。

【重点改革持续深入】 政务服务更加高效。成立省会城市首个市级企业服务中心，实现涉企服务“一口办理”，首批20项市级惠企政策实现“免申即享”。印发“在泉城·全办成”改革2.0版实施意见，持续深化“一网通办”，政务服务事项网上可办率达99.3%。持续优化“拿地即开工、建成即使用”济南模式，17个部门48个审批事项及评估评审、中介服务、市政公用服务等事项全部一体化在线运行。探索商事登记确认制，推出商事登记“即时审批”。营商环境持续改善。营商环境评价居全国第九位，连续两年全省第一，“登记财产”“知识产权创造保护和应用”“政府采购”“招标投标”“获得信贷”等14个领域获评优化营商环境“全国标杆”。改革热度指数排名省会城市首位，全国纳税人满意度调查位列副省级城市、省会城市第一。出台民营经济高质量发展30条政策措施，市场主体突破145万户。高标准推进人才管理改革试验区建设，人才吸引力指数居全国第八位。入选国家水利工程电子招投标监管试点，获评第三批全国社会信用体系建设示范区。资源配置加快优化。创新建立精准用地联合审查机制，为82个项目保障用地866.67公顷。推进城镇低效用地再开发，获省奖励用地指标77.47公顷，居全省首位。实施新一轮国有企业改革重组，完成混改项目25个。开展金融辅导和金融管家试点，为1386家企业发放贷款371.5亿元。获评“国家企业债券直通车城市”，发行企业债券57亿元。入选全国首批碳监测评估试点城市，在全省率先完成全国碳市场第一个履约周期足额清缴配额工作。农村改革加快推进。农村产权制度改革任务顺利完成，5828个村居完成集体经济组织登记赋码，土地规模经营化率达75.4%。出台集体建设用地管理办法，12宗集体经营性建设用地成功入市，成交面积41.4公顷。

【对外开放步伐加快】 双招双引成效显著。实际使用外资26.6亿美元，增长38.1%，引进市外投资2511.3亿元，增长21.6%。新设外商投资企业330家，增长62.6%，江森自控、新加坡丰树等一批世界500强和跨国公司优质项目落地。省级以上经济开发区签约项目466个，华润雪花啤酒、东方雨虹等409个制造业项目落地。开放载体持续升级。自贸试验区济南片区新增注册企业1.3万家，获评第二批国家文化出口基地，服务贸易领域5大国家级试点全部在济南市落地。综合保税区进出口额增长320.3%。中国（济南）跨境电商综合试验区综合服务平台上线，注册服务企业500家，新建跨境电商园区（集聚区）6个。新增外贸获权企业2316家、实绩企业1150家。开放通道更加畅通。中欧班列开行764列，增长41%，稳居全省第一。在全省首班开行“班列+跨境电商”“班列+冷链物流”专列。新开国际货运航线4条，国际货邮吞吐量6万吨，增长45.4%。推行“铁海E通”监管模式，济南至青岛国际铁海联运班列整列试运行成功。开放活动精彩纷呈。主办承办首届国际粮食减损大会、亚信金融峰会等重大涉外活动36场，举办世界内燃机大会、第三十届全国图书博览会等展会120场，国际认证展会达到17个，会展业发展综合指数列全国第六位，国际休闲食品饮料博览会永久落户。

【民生福祉更加殷实】 财政支出保障有力。一般公共预算支出中用于民生和社会重点事业支出占比79.8%。22件为民办实事完成。社会保障提升完善。城乡低保标准分别提高到904元/月、676元/月，居民养老保险基础养老金标准提高到160元/月。在全国率先实现生育保险医院端一站式结算，全省率先实现医保卡省内“一卡通行”全覆盖。创建托育机构示范点30所，有能力开展托育服务的机构达到718家。新建城乡社区养老服务设施1491处、长者助餐服务站点1491处。创新推行农民工“工长制”，实现农民工工资清欠动态清零。健康保障巩固提升。严格落实疫情常态化防控措施，稳妥应对国内多起本土突发疫情，累计接种疫苗2042.3万剂次、878.3万人。获评健康中国年度标志城市、健康中国行动创新模式试点城市。新创建省级区域中医医疗中心1家，省、市政府与中国中医科学院广安门医院签约共创国家中医（肿瘤）医学中心。市属7家医疗卫生建设项目封顶，建成社区医院16家。文化教育加快发展。开工新建改扩建中小学校、幼儿园97所，超额完成计划任务，推进义务教育“双减”工作，入选国家产教融合试点城市。新建提升基层综合性文化服务中心、泉城文化驿站等公共文化新型空间500处，建成开放泉城书房38家，当选“东亚文化之都”。建设社会足球场7处、健身步道66千米。消费环境不断优化。新引进各类商业品牌首店和连锁便利店205家。新培育柒坊巷、海那城等5个市级夜间经济聚集区，融汇老商埠被评为“全国夜间经济示范街”。入选全国首批一刻钟便民生活圈试点城市，新打造15分钟社区便民商圈60个，新建放心早餐连锁店40家。住房保障持续加强。全国首创“泉城安居信息平台”，筹集保障性租赁房源3.7万套（间）。新开工棚改安置房8940套、基本建成3.8

万套，超额完成年度任务。开工老旧小区改造624万平方米，惠及居民6.7万户，既有住宅增设电梯竣工211部。社会大局安定有序。查改各类安全隐患44.6万项，生产安全事故起数、死亡人数同比分别下降30.3%、41.7%，百亿元GDP死亡人数降至1.0以下。全市街面“两抢”零发案连续5年保持300天以上，成为全国唯一连续11年命案现案全破的省会城市。探索形成文明城市创建“济南模式”，被确定为全国文明典范城市创建首批试点城市。

（李忆杉）

中共济南市委员会及市委机构、事业单位、派出机构、临时机构

中国共产党济南市第十一届委员会

书　记　孙立成

副书记　孙述涛　边祥慧（女）

常　委　杨　峰　雷天太　程德智*　蒋晓光
王拥华（女）　王宏志　郑德雁*
李　鹏　陈　阳（女）　王京文
杨光忠

委　员（按姓氏笔画为序）
马玉星　马保岭　王　壮　王　毅
王宏志　王拥华（女）　王京文
王勤光　毛华铭　尹清忠　史同伟
边祥慧（女）　吕建涛　朱云生
朱玉明　刘　科　刘　勤（女）
刘艳秋（女）　刘程华　孙　斌
孙立成　孙述涛　孙战宇　李　杰
李　鹏　李光忠　李国祥　李国强
李季孝　杨　峰　杨光忠　吴兴金
吴德生　宋文娟（女）*　张曰良
张守强　张作平　张洪武　张爱云（女）
张慧青（女）　陈　阳（女）
陈　勇　武树华　郅　颂（女）
郑德雁*　赵玉海　赵居安　姜　涛
秦　蕾（女）　聂　军　贾玉良
倪志纯　徐春华　殷鲁谦　高淑贞（女）
曹殿军　蒋向波*　蒋晓光　韩　伟
韩永军　程德智*　傅金峰　焦卫星
靳　磊　雷　杰（女）　雷天太
翟　军

候补委员（按选举得票多少为序）
宋卫东　高立文　郅　良（女）

秘书长　蒋晓光

副秘书长　黄贵利　吴兴金*　郭志强*　何元清
隗乐军*　韩振国　任广锋　鞠正江*
相振谨　柏爱学（女）

市委机构

市委办公厅（市档案局）

主　任　黄贵利

副主任　柏爱学（女）*　赵　晖
吕英伟（兼市档案局局长）　张向东*

市委组织部（市公务员局）

部　长　陈　阳（女）

分管日常工作的副部长　马志勇

副部长　王　壮　张　强　李旭东*　苏本宽
高　山（兼市公务员局局长）*
宁延学　韩洪强　李开森

市委宣传部（市政府新闻办公室、市精神文明建设委员会办公室）

部　长　杨　峰

分管日常工作的副部长　周鸿雁（兼市精神文明建设委员会办公室主任）

副部长　展宝贞　卞　文

说明：组织机构名单由各相关单位提供，原则上刊登党组（党委）书记、副书记，行政正、副实职领导，纪工委书记（纪委书记），统计时间截至2021年年底。*表示2021年内离职。

刘　勤（女）（兼市政府新闻办公室主任）
赵善海　曹　湧（女）　虞　凯

市委统一战线工作部（市民族宗教事务局、市政府侨务办公室）

部　长　王拥华（女）
分管日常工作的副部长　王国顺
副部长　张　鹏　于　红（女，回族）（兼市民族宗教事务局局长）
张　勇
王云国（兼市政府侨务办公室主任）
徐艳芳（女）

市委政法委员会

书　记　雷天太
分管日常工作的副书记　李本海
副书记　姚怀祥　辛全龙　刘宪钊*　冯文进
孙德龙

市委政策研究室

主　任　任广锋
副主任　郭东法*　林博斌　常建法　鞠　浩
改革办专职副主任　谢金岭　孙　鹏

市委网络安全和信息化委员会办公室（市互联网信息办公室）

主　任　展宝贞
副主任　任晓策　韩　霞（女）　衣晓燕（女）
闫小虎

市委机构编制委员会办公室

主　任　张　强
副主任　付道磊　李秀美（女）　李　民
王发棠

市委台港澳工作办公室（市政府台港澳事务办公室）

主　任　薛兴海*　韩永军
副主任　孟昭友　赵子龙　徐　蓓（女）
叶　辉（女）

市委市直机关工作委员会

书　记　范立山
副书记　路建玲（女）　韩　青（女）
刘　义*　解胜利　赵卫星

市委巡察工作领导小组办公室

主　任　李敬德
副主任　李志勇　李春红（女）　张　霞（女）

巡察一组

组　长　苏　涛
副组长　徐苏东

巡察二组

组　长　李守海*　高　山
副组长　葛广明

巡察三组

组　长　李晓磊
副组长　董悦华

巡察四组

组　长　高立文
副组长　滕　伟

巡察五组

组　长　刘吉利
副组长　李红兵

巡察六组

组　长　张德萍（女，回族）
副组长　胡玉宣*　王新会

巡察七组

组　长　陈　敏
副组长　刘泽涛

市委老干部局

局　长　苏本宽
副局长　温洪军　李　智　仇东升　亢　文（女）
魏秋培（兼直属分局局长）

市委机要保密局[市委保密委员会办公室（市国家保密局）、市密码管理局]

局　长　尹红梅（女）
副局长　王　敏（女）[兼市委保密办（市国家保密局）主任局长]
田　明　李　涛（兼市密码管理局局长）

事业单位

市委党校（济南行政学院）、市社会主义学院

校　长　孙立成（兼）
分管日常工作的副校长（副院长）
扈书乘（兼市社会主义学院院长）

副校长（副院长） 扈书乘* 李庆铸 孔祥敏*
赵玉红（女） 孟庆忠

市档案馆

馆　长 禚建基

副馆长 张恒海* 裴　良* 祁莉红（女）
崔曰仑 李　伟 郭　屹

市委党史研究院（市地方史志研究院）

院　长 刘　浩

副院长 李贞锋 牛继兴 李作顺

济南日报报业集团（党委）（济南日报社）

董事长、党委书记、济南日报社社长 马　利（女）

总编辑、党委副书记、副董事长 张　楠

副总编辑 马　凯 单宝珠 樊祥钦* 谢鲁德
杜广才 宋文强

总经理 郑　凯

济南日报社副总编辑 张阿娜（女）

济南舜耕山庄（党委）

党委书记 何元清* 齐怀栋

总经理、党委副书记 李令红（女）（聘）

党委副书记 王　庆

副总经理 黑伟钰（回族）（聘）
张东升（聘） 牛志轶（聘）

市党员干部现代远程教育中心

副主任 王佚如（女）* 李星辰

济南老年人大学

校　长 温洪军

副校长 李晓钟 李　鹏 孙雪梅（女）
樊祥钦

派出机构

济南高新技术产业开发区工作委员会

书　记 王宏志

副书记 焦卫星

济南综合保税区工作委员会

书　记 王宏志

副书记 张维国* 刘艳秋（女）

中国（山东）自由贸易试验区济南片区工作委员会

书　记 王宏志

副书记 刘艳秋（女）

市南部山区工作委员会

书　记 文东河* 王　平

副书记 王　平*

济南新旧动能转换起步区工作委员会（2021年8月济南新旧动能转换先行区工作委员会更名为济南新旧动能转换起步区工作委员会，由市委派出机构调整为省委派出机构，委托济南市管理）

书　记 孙立成

副书记 边祥慧（女） 孙来斌

专职副书记 李国祥

济南国际医学科学中心工作委员会（2021年10月委托槐荫区管理）

书　记 陈西武* 李国强

副书记 张　济

济南长清大学城工作委员会（2021年10月设立，由长清区代管）

书　记 赵居安

副书记 李百全

莱芜高新技术产业开发区工作委员会（委托莱芜区管理）

书　记 朱云生

副书记 王喜东 周光学

临时机构

市行政区划调整协调办公室

主　任 郭志强* 谭　伟

副主任 李成革 刘祥军 郭　勇

市扶贫开发领导小组办公室（2021年7月撤销）

主　任 吴兴金*

副主任 吴金凯 赵俊明 狄杰友

济南市局以上单位党委（党组）

市人大常委会党组

书　记 殷鲁谦

副书记 谭延伟

市人民政府党组

书　记　孙述涛

副书记　郑德雁* 王宏志

政协济南市委员会党组

书　记　雷　杰（女）

副书记　张作平* 王拥华

市中级人民法院党组

书　记　张爱云（女）

副书记　李　杰

市人民检察院党组

书　记　鲍　峰

副书记　张守强　范　芸（女）*

市人大常委会机关党组

书　记　姜　涛

副书记　刘　民

市政协机关党组

书　记　倪志纯

副书记　高　斌

市政府办公厅党组

书　记　刘　科* 王品木

副书记　朱玉明

市发展和改革委员会党组

书　记　谢　堃

副书记　王　凌* 李冠伟

市教育局党组

书　记　王品木* 王　纮

副书记　陈爱民

市科学技术局党组

书　记　吕建涛* 陈西武

副书记　高冬梅（女）

市工业和信息化局党组

书　记　汲佩德

副书记　吕春明

市公安局党委

书　记　吴德生

副书记　王　健　徐春华

市民政局党组

书　记　孙义洪

市司法局党委

书　记　谢圣仁

副书记　周　瑛

市财政局党组

书　记　王勤光

副书记　林　军

市人力资源和社会保障局党组

书　记　王　壮

市自然资源和规划局党组

书　记　杨永斌* 吕　涛

副书记　牛长春

市生态环境局党组

书　记　侯翠荣（女）* 肖　红（女）

副书记　翟立哲

市住房和城乡建设局党组

书　记　陈　勇

副书记　何桂昌

市城市管理局党组

书　记　孙世会

副书记　何继文　韩　军

市城乡交通运输局党组

书　记　贾玉良* 曹殿军

副书记　张　明

市城乡水务局党组

书　记　李季孝

副书记　王传成

市农业农村局党组

书　记　曹　军

副书记　于兆刚

市园林和林业绿化局党组

书　记　王国富

市商务局党组

书　记　孙战宇

市文化和旅游局党组

书　记　郅　良（女）

副书记　苏　文（女）

市卫生健康委员会党组

书　记　马效恩

副书记　庞　涛　张志强　杨玉华（女）

市退役军人事务局党组

书　记　潘传利* 韩延才

副书记　韩延才*

市应急管理局党委

书　记　刘　动

副书记　刘　动* 周晓冬

市审计局党组

书　记　黄厚安

副书记　许荣利

市人民政府外事办公室党组

书　记　田　迎（女）

副书记　刘学东

市人民政府国有资产监督管理委员会党委

书　记　李旭东

副书记　董　黎

市市场监督管理局党组

书　记　刘永浩

副书记　许司东

市体育局党组

书　记　孔　杰

市统计局党组

书　记　苑子建* 程　伟

副书记　唐　军

市医疗保障局党组

书　记　李文秀（女）

市人民防空办公室党组

书　记　杨庆绪

副书记　安纪文

市人民政府研究室党组

书　记　丁林桥

副书记　潘大海

市地方金融监管局党组

书　记　冯　毅

副书记　冯　毅* 李尊富*

市投资促进局党组

书　记　张　军* 鞠正江

副书记　吴　涛

市行政审批服务局党组

书　记　孙常建* 赵寿娟（女）

副书记　张立明*

市信访局党组

书　记　韩振国

副书记　真炳恕*

市大数据局党组

书　记　张海灵

市口岸和物流办公室党组

书　记　孙志刚

市民营经济发展局党组

书　记　靳　磊* 孟学峰

副书记　闫一大

市总工会党组

书　记　雷天太* 王京文

副书记　傅金峰

市妇女联合会党组

书　记　刘　勤（女）

副书记　刘　霞（女）

市科学技术协会党组

书　记　张广勇

副书记　毕于义

市文学艺术界联合会党组

书　记　李经发

副书记　蒋济东

市归国华侨联合会党组

书　记　米文芃（女，回族）

市社会科学界联合会党组

书　记　石　玮

副书记　李晓华*

市残疾人联合会党组

书　记　孙君涛*

市工商业联合会党组

书　记　张　鹏

副书记　刁建国

市红十字会党组

书　记　白　龙（回族）* 武善欣

副书记　郭向芳（女）

中国国际贸易促进委员会济南市分会党组

书　记　翟旭东* 张　喆

市法学会党组

书　记　辛全龙

市机关事务服务中心党组

书　记　高　冰

市地震监测中心党组

书　记　王　欣

济南住房公积金中心党组

书　记　董宝珂* 杨永斌

副书记　任立新

市供销合作社党组

书　记　张国松

副书记　黄　波（女）

济南仲裁委员会办公室党组

书　记　王　伟

副书记　魏玉良

济南社会科学院党组

书　记　马军远

副书记　张华松

济南广播电视台党委

书　记　文东河

副书记　许　莉（女）*

济南公共资源交易中心党组（2021年1月设立）

书　记　董怀敏

济南职业学院党委

书　记　王春光

副书记　于显坤*　苏旭勇　石万鹏*　尹元华（女）

济南工程职业技术学院党委

书　记　张慧青（女）

副书记　杨长军　吴学军

济南幼儿师范高等专科学校党委

书　记　武善欣*　李海平

副书记　李海平*　刘海峰　成　刚

莱芜职业技术学院党委

书　记　董海燕

副书记　孔祥敏　毕玉海

济南监狱党委

书　记　卜海晶

市政府资金结算中心党组

书　记　林　军

市技师学院党委

书　记　王振群*　李冬利

副书记　杜喜亮　王　诚

莱芜技师学院党委

书　记　陶常青

副书记　高立峰　付　萍（女）

市中心医院党委

书　记　苏国海

济南护理职业学院党委

书　记　张振民

副书记　宋林杰*　石万鹏　刘传富

（市委组织部）

济南市第十七届人民代表大会常务委员会、专门委员会及所属工作部门

济南市第十七届人民代表大会常务委员会

主　　任　殷鲁谦

副 主 任　谭延伟　巩宪群（女）　李胜利

　　　　　刘程华　刘大坤

秘 书 长　姜　涛

副秘书长　刘　民　袁淑玲（女）　王永金

　　　　　袁　磊　段迎军　许国华

委　　员（按姓名笔画为序）

马志勇　马道佳（回族）　王永金

王永胜　王晓春（女）　王铁志

王　毅　印　东（女）　冯　雷

吕洪涛　刘　民　刘延才*　刘　杰（女）

刘海萍（女）　刘　勤（女）

刘德忠　孙法星　孙贵民

李全福（回族）　张海昕（女）

张淋生*　陈宁宁（女）　卓长立（女）

金宗义（回族）　房泽秋（女）

柳建增　赵　杰　秦　旭*　耿国凌

袁淑玲（女）　袁　磊　徐延明

高淑贞（女）　唐　忠　唐淑英（女）

黄晓广　鹿中华　崔瑞宁（女）

傅金峰　蔡　东　臧　浩

第十七届人民代表大会专门委员会

法制委员会
主任委员 谭延伟
副主任委员 赵 杰 唐淑英（女）
教育科学文化卫生委员会
主任委员 李胜利
副主任委员 孙法星
监察和司法委员会
主任委员 刘程华
副主任委员 王铁志 张海昕（女）
民族侨务外事委员会
主任委员 巩宪群（女）
副主任委员 金宗义 秦 旭 王金宗
城乡建设环境保护委员会
主任委员 李胜利
副主任委员 徐延明 鹿中华
财政经济委员会
主任委员 刘大坤
副主任委员 刘 杰（女） 唐 忠 王 毅 张淋生 崔瑞宁（女） 彭子钢
农业与农村委员会
主任委员 巩宪群（女）
副主任委员 孙贵民
社会建设委员会
主任委员 刘程华
副主任委员 刘延才* 诸葛利

市人大工作部门

办公厅
主 任 刘 民
副主任 李 雷 王益华 孙 伟 贾 文
研究室
主 任 袁 磊
副主任 于学农
人事代表工作室
主 任 吕洪涛
副主任 李 彬 孟宪永 杜 军
法制工作室
主 任 唐淑英（女）
副主任 张 瑞 赵之祥 何修冬
教育科学文化卫生工作室
主 任 孙法星
副主任 曹凤俊 吕 玲（女）
监察和司法工作室
主 任 张海昕（女）* 金丽霞（女）
副主任 金丽霞（女）* 王方涛
民族侨务外事工作室
主 任 王金宗
副主任 常 宁 刘德国
城乡建设环境保护工作室
主 任 鹿中华
副主任 李斌祥 刘正伟
财政经济工作室
主 任 彭子钢
副主任 杨荣峰* 杨桂钊 贺方金
预算工作室
主 任 崔瑞宁
副主任 朱贺之 王 平*
农业与农村工作室
主 任 孙贵民
副主任 马景海
社会建设工作室
主 任 诸葛利
代表资格审查委员会
主任委员 谭延伟
副主任委员 刘延才* 马志勇 吕洪涛

（田文懿）

济南市人民政府及工作机构、市属局级以上机关事业单位

济南市人民政府

市 长 孙述涛
副市长 郑德雁* 王宏志 吴德生 王京文*

王桂英（女） 孙 斌 尹清忠
吕 涛
秘书长 刘 科* 王品木
副秘书长 倪志纯* 朱玉明 侯翠荣（女）*
张 军* 刘艳秋 韩振国 吕廷祥
谭 伟* 张 蓉（女） 张启军（挂职）
李百全

市政府工作机构

市政府办公厅
主 任 朱玉明（兼）
副主任 李百全* 廖建宁 刘念成 吴 剑
车金星

发展和改革委员会
主 任 谢 堃
副主任 王 凌* 李冠伟 葛殿起* 管圣喜
张 倩 李光辉

教育局
局 长 王品木* 王 纮
副局长 陈爱民 任泽焕* 方 辉 王 纮*
刘绍辉 苏旭勇*

科学技术局（济南市外国专家局）
局 长 吕建涛（兼市外国专家局局长）*
陈西武（兼市外国专家局局长）
副局长 高冬梅（女） 刘德志 王 芳（女）
贾文涛 张 宾（兼市外国专家局副局长）

工业和信息化局
局 长 汲佩德
副局长 吕春明 杨福涛 朱 牧 黎 毅
王冲鹤（女）（挂职）

公安局
局 长 吴德生（兼）
政 委 王 健
副局长 徐春华 张 军 贾延昭 刘 刚
刘宜武 曹凤阳
副政委 郑 宏

民政局
局 长 孙义洪
副局长 成文元 苏 楠（女） 李越千
张鲁宁 郜银成

司法局
局 长 谢圣仁
副局长 周 瑛 朱恒卫* 皇甫庆森
李泰吉 陈其军 王春平

财政局
局 长 王勤光
副局长 张海波 车夕奇* 李玉诚 王传秋

人力资源和社会保障局
局 长 王 壮
副局长 窦进科* 王福君* 张维国 杨富基
姜秀志 王卫东

自然资源和规划局
局 长 吕 涛（兼）
副局长 牛长春 张 辉 付 英（女）
王秀波 刘 卫 王 科 林海铭

生态环境局
局 长 侯翠荣（女）* 肖 红（女）
副局长 翟立哲 秦立华 杜世勇 阴 浩
钱毅新 杨荣泉

住房和城乡建设局
局 长 陈 勇
副局长 何桂昌 吴 力 陈 红（女）
武兆军 张恒志 程学峰* 李 军

市城市管理局（市综合行政执法局）
局 长 孙世会（兼市综合行政执法局局长）
副局长 韩 军（兼市综合行政执法局副局长）
何继文* 黄爱民 宋道勇 秦国芬（女）
苏伯林* 曹 明（女） 许 强
王海泉 刘 真

城乡交通运输局
局 长 贾玉良* 曹殿军
副局长 张 明 罗卫东 张宝文 姚福林
姜春华 杨 勇 毛贤强 王兆杰（兼）

城乡水务局（泉水保护办公室）
局 长 李季孝（兼泉水保护办公室主任）
副局长 王传成 赵承忠 亓子明 朱丹彤
陈学峰（兼泉水保护办公室副主任）

农业农村局

局　长　曹　军

副局长　高继锋　谢天目 王洪忠* 王奉光　赵建民
　　　　周增禄　黄延仁　李新军

园林和林业绿化局

局　长　王国富

副局长　郑兆亮　杨　波　仇裕岭　高树金

商务局

局　长　孙战宇

副局长　王志刚　梁旭斌* 张　娟（女）
　　　　滕志超　胡吉忠* 李晓军　高德海

文化和旅游局

局　长　郅　良（女）（兼新闻出版广电局局长、文物局局长）

副局长　崔大庸　苏　文（女）
　　　　孙　亮（兼新闻出版广电局副局长）
　　　　郭象峥　孙　静（女）　魏晓林
　　　　于　茸（女）（兼文物局副局长）
　　　　闫险峰　任骁瑞

卫生健康委员会

主　任　马效恩

副主任　杨玉华（女）　张良华　侯廷成
　　　　米宽庆　胡　博　耿　杰　阮师漫（女）

退役军人事务局

局　长　潘传利* 韩延才

副局长　安玉成　林秀亭　韩延才* 任春雨
　　　　赵玉辉（女）

应急管理局

局　长　刘　动

副局长　刘　动* 周晓冬　刘慕平　王联华
　　　　张　磊　魏　强

市审计局

局　长　黄厚安*

副局长　许荣利　李传凤（女）　张传堂
　　　　于　洋* 吴冬梅（女）　刘　安

市政府外事办公室

主　任　田　迎（女）

副主任　李茂鑫　李　玉　李兴春　庞　龙
　　　　宫俊卿（女）

国有资产监督管理委员会

主　任　李旭东

副主任　董　黎　谢红兵　王志军　李　咏
　　　　张良通　周　蒨（女）　纪　军

市场监督管理局

局　长　王建森（兼市知识产权局局长）

副局长　许司东　杨先杰　孙建忠　邱　锐
　　　　李学忠　孙邦勇　刘金宏*
　　　　马怀明（兼市知识产权局副局长）
　　　　王玉强

体育局

局　长　孔　杰

副局长　刘　新　刘　岩（女）　吴志东*
　　　　张居忠

统计局

局　长　苑子建* 程　伟

副局长　张谨国* 谈友军　李士营　卜繁钢
　　　　孙夕良　张兴利

医疗保障局

局　长　李文秀（女）

副局长　徐配印　刘航英　彭　鑫

人民防空办公室

主　任　杨庆绪

副主任　安纪文　亓　峰　刘　洪　马成龙
　　　　秦润胜

市政府研究室

主　任　丁林桥

副主任　潘大海　徐龙义　刘庆需　杨同鲁

地方金融监管局（市金融工作办公室）

局　长（主　任）　冯　毅

副局长（副主任）　冯　毅* 李尊富　郦　弘
　　　　李洪伟　张新波

投资促进局

局　长　张　军* 鞠正江

副局长　吴　涛　党文庆　贺旭艳（女）

市行政审批服务局

局　长　刘　霞（女）

副局长　张立明* 石丽华（女）　马学凯（回族）
　　　　王全民　蔡廷秀　楚　波

信访局

局　长　韩振国

副局长　真炳恕* 杨学斌　刘玉志　董俊生
　　　　祝　辉

大数据局

局　长　张海灵

副局长　赵炳跃　刘大永　曹　青（女）

口岸和物流办公室

主　任　孙志刚

副主任　黄　杰* 杜红波　蒋友和　夏　庆
　　　　钟召波

民营经济发展局

局　长　靳　磊* 孟学峰

副局长　闫一大　高振刚　程文军（女）　李　琦

其他行政事业机构

机关事务服务中心

主　任　高　冰

副主任　张文臣　宋爱军（女）　牛世亮
　　　　费克迎　齐怀珠

地震监测中心

主　任　王　欣

副主任　张　勇* 郭世金　郑卫国

住房公积金中心

主　任　董宝珂* 杨永斌

副主任　吕德胜* 任立新　王　钟　张培礼
　　　　徐朝晖

供销合作社

理事会主任　张国松

监事会主任　黄　波（女）

理事会副主任　亓希山　刘景涛　齐玉鹏　张兰明

监事会副主任　马裕涛* 亓　明　王　健

仲裁委员会办公室

主　任　王　伟

副主任　魏玉良　刘昌国　朱志恒　谢　频
　　　　韩公胜

社会科学院

院　长　马军远

副院长　张华松　王国庆　张　伟

广播电视台

台　长　孙世会* 文东河

总编辑　许　莉（女）*

副台长　温　健　迟　蕾（女）　许　伟（女）
　　　　隗　铜

济南公共资源交易中心

主　任　董怀敏

副主任　牛连平　张　岩　李晶玉（女）

市政府资金结算中心

主　任　林　军

副主任　苗兴臣　潘荣庆　王　鲁　田　波

市中心医院

院　长　苏国海

副院长　汪运山　肖凌凤（女）　李　云
　　　　王树美（女）　张继国（挂职）

济南护理职业学院

院　长　宋林杰* 石万鹏

副院长　朱荣清　尹守峰　吕金凤（女）

国家税务总局济南市税务局

局　长　张　津

副局长　杨永军　王利民* 孔　静（女）
　　　　巫颐凯* 杨新华　丛　琳（女）* 牟　新

国家统计局济南调查队

队　长　高　宏（女）

副队长　刘传云（女）　乔　森　陈　鹏*

气象局

局　长　阎丽凤（女）

副局长　周　军　杨志利

黄河河务局

局　长　崔保卫

副局长　赵建勇　檀中原　宋振利　俞宪海

派出机构

济南高新技术产业开发区管委会

主　　任　王宏志（兼综合保税区管委会主任、自由贸易试验区管委会主任）

常务副主任　寇　梅（女）* 焦卫星

副　主　任　黄元俭* 张金龙* 刘艳秋（兼自由贸易试验区管委会常务副主任）
张维国（兼综合保税区管委会常务副主任）
李怀东　陈安彪　李　涛　李　昊
纪工委书记　刘金光

国家信息通信国际创新园服务中心

主　　任　王宏志（兼）
常务副主任　焦卫星* 李怀东
副　主　任　黄　涛*

莱芜高新区管委会

主　　任　王哲军* 王喜东
副　主　任　周光学　张鸣剑　王京才* 李传利*
刘　健　薛寒冰　王静媛（女）
纪工委书记　张帮新

南部山区管委会

主　　任　文东河* 王　平
副　主　任　王　平* 张子信　刘　亮　刘兆河
段谋夏
纪工委书记　关中秋* 崔智涛

济南新旧动能转换起步区管委会

主　　任　边祥慧（女）（兼）
副　主　任　孙来斌
主任助理　秦光强（兼社会事业部部长）
崔延涛（兼投资促进部部长）
张　勇（兼党群工作部部长）
崔　健（兼综合执法部部长）
纪工委书记　张亦农

济南国际医学科学中心管委会

主　　任　陈西武* 李国强
副　主　任　白　涛　张士东　李建华（蒙古族）
张　济　国　亮
纪工委书记　曹士亮

（各相关单位）

政协第十四届济南市委员会及工作部门

政协第十四届济南市委员会

主　　席　雷　杰（女）
副　主　席（按中共山东省委同意的顺序排列）
段青英（女）　崔大庸　金德岭*
刘梦海　张作平* 毕筱奇　李继民
王伯芝　王勤光
副厅级干部　董　杰　赵　涛* 吕凤华（女）
刘安庆　李兴实
秘　书　长　李光忠* 倪志纯
副秘书长　高　斌　李慎生* 傅志清* 朋　星*
贺　伟　毕玉平　刘　燕　孙　远
常务委员（按姓名笔画为序）
丁小玲（女）　丁保国　刁建国
于　虹（女）　万秀水* 马效恩
亓　飞　井润峰　王文生　王玉亮
王传秋　王建森　王品木　王钢城
王振华　王　萍（女）　王彩霞（女）
王翠香（女）　王国顺　叶　霖（女）
付修琍（女）　白秋生　白雪峰
毕秀玲（女）　毕占明　吕凤华（女）
吕廷祥　朱　明　朱爱莲（女）
刘作宗　刘　佳（女）　刘　新
刘　燕　刘　霞（女）　刘文忠
刘安庆　刘国华　刘俊敏　刘振伟
许　然　衣光军　阮师漫（女）
牟国营　孙君涛　孙　蓉（女）
孙宪军　孙晓雷　麦家荣　杨永辉
杨庆绪　杨晓刚　杨　捷（女）
李中赋　李　成　李季孝　李树忱
李轶锋　李慎生　李卫国　李长明
李　舟（女）　李兴实　李克军*
李秀芳（女）　李建国　李　洲
李娅丽（女）　李敬茂　李登杰
吴卫平　何文红（女）　时华勤（女）
佘静雯（女）　宋全成　宋　蔚（女）
张元玺　张成如　张华松　张红凤（女）
张怀成　张　泉　张炳荣　张家起
张　鹏　张殿岭　张端武　陆建林
陈　静（女）　陈传军　邵　莉（女）
林海铭　欧润光　武沛荣（女）
周　震　孟　坤　侯建国　段　林

段明曾　贺　伟　赵　涛*　耿国玉
袁大川　秦　莉（女）　徐冬梅（女）
徐征和　徐春华　徐　琳　徐　峰
高　斌　高振海　唐玉秋（女）
陶书同　黄淑玲（女）　黄　斌
崔　刚　盖守岭　梁志银（女）
董　杰　韩　平　韩吉书　温希军
傅志清　翟　君　潘荣庆　魏宗明
魏述东　魏秋培

市政协工作部门

办公厅

主　任　高　斌（兼）
副主任　段明曾　高　琳*　李志宏

研究室

主　任　李慎生（兼）*　孙　远（兼）
副主任　陈文忠　马思超

委员活动工作室

主　任　高肖玉（女）
副主任　李连军　宋军言　张伟超

提案委员会

主　任　乔　谦
副主任（按姓名笔画为序）
丁保国　朱传东　刘作宗　孙义洪
孙元文　郭志强　温希军

经济科技委员会

主　任　韩明东
副主任（按姓名笔画为序）
马　平　史同伟　任　民　孙晓雷
李会芹（女）　李会宝　李季孝
宋卫东　祝春华（女）　黄淑玲（女）
靖淑兰（女）

农业和农村委员会

主　任　翟宏国
副主任　王濯缨　于瑞民

人口资源环境委员会

主　任　张福俭
副主任（按姓名笔画为序）
吕灿华　朱茂丽（女）　华文俊（女）
刘　霞（女）　刘炳龙　孙　远*
张端武　郅　良（女）　高立文　蒋向波

社教卫体和法制委员会

主　任　张　岩（女）
副主任（按姓名笔画为序）
王化峰　王孟杰　王品木　刘　新
米俊伟　牟国营　郑志友　姜录臣
崔　刚　谢圣仁

港澳台侨和外事委员会

主　任　苏　峰（女）*　高　琳
副主任（按姓名笔画为序）
刘艳秋（女）　李中赋　李兆兵
李克军*　宋全成　张元玺　陈小莉（女）
梁志银（女）　程禹铭

文化文史和学习委员会

主　任　张玉峰*　翟旭东
副主任（按姓名笔画为序）
叶　霖（女）　刘　玲（女）
刘　浩　刘文忠　李　铭　张华松
岳绍红　高宝继　翟旭东*

（市政协办公厅）

中共济南市纪律检查委员会、济南市监察委员会及所属工作部门

中共济南市纪律检查委员会

书　记　程德智*　杨光忠
副书记　赵玉海　魏莉萍（女）　连峻峰*
常　委　满　斌　刘兆华　赵寿娟（女）*
阴法义　孙义俊
秘书长　刘兆华
委　员（按姓氏笔画为序）
于炳基　马志勇　王　欢（女）
王　健　王　琳　史宏捷　白承君
吕卫东　吕灿华　吕艳凤（女）
刘广东　刘友祯　刘玉志　刘吉利
刘兆华　刘海峰　齐怀栋　阴法义

孙义俊　苏　涛　李　强　李永实
李旭东　李晓磊　李敬德　杨　力
杨光忠　连峻峰*　张　霞（女）
张帮新　张家才　陈　敏　苗金祥
范　芸（女）　范立山　周光军
周鸿雁　郑玉岭　赵　博　赵玉海
赵寿娟（女）　赵洪芹（女）
唐　军　鹿海滨　董国瑞　程新民
谢圣仁　鉴守之　路建玲（女）
满　斌　魏志胜　魏莉萍（女）

济南市监察委员会

主　任　杨光忠
副主任　赵玉海　魏莉萍（女）　连峻峰*
委　员　满　斌（兼）　刘兆华（兼）
阴法义（兼）　史宏捷　王　欢（女）

市纪委监委工作部门

办公厅
主　任　刘广东
组织部
部　长　牛力强
宣传部
部　长　陈　鹰（女）
研究室
主　任　王树刚*
党风政风监督室
主　任　毕朝暾
信访室（挂市国家公职人员违法违纪举报中心牌子）
主　任　胡玉宣
案件监督管理室
主　任　位　健
第一监督检查室
主　任　吴云霞（女）
第二监督检查室
主　任　张家才
第三监督检查室
主　任　张庆英（女）
第四监督检查室
主　任　马　超
第五监督检查室
主　任　刘树明
第六监督检查室
主　任　乔希萍（女）
第七监督检查室
主　任　（空缺）
第八审查调查室
主　任　杨宏伟（女）
第九审查调查室
主　任　李　凯
第十审查调查室
主　任　黄建强
第十一审查调查室
主　任　祝　磊
第十二审查调查室
主　任　吕洪宾
第十三审查调查室
主　任　肖　敏
案件审理室（挂政策法规室牌子）
主　任　陈延喜
纪检监察干部监督室
主　任　马丽媛（女）

市纪委监委派驻纪检监察组

派驻第一纪检监察组
组　长　刘大海
派驻第二纪检监察组
组　长　李　雪（女）
派驻第三纪检监察组
组　长　王　勇
派驻第四纪检监察组
组　长　刘加星
派驻第五纪检监察组
组　长　刘友祯
派驻第六纪检监察组
组　长　郭尚兰（女）

派驻第七纪检监察组

组　长　李　强

派驻第八纪检监察组

组　长　李海燕

派驻第九纪检监察组

组　长　卢国栋

派驻第十纪检监察组

组　长　梁宗义

派驻第十一纪检监察组

组　长　王佚如

派驻第十二纪检监察组

组　长　王金岭

派驻第十三纪检监察组

组　长　杨　斌

派驻第十四纪检监察组

组　长　郑玉岭*

派驻第十五纪检监察组

组　长　于晓辰

派驻第十六纪检监察组

组　长　张贵芳（女）

派驻第十七纪检监察组

组　长　于维禄

驻市人大机关纪检监察组

组　长　王　旭

驻市政协机关纪检监察组

组　长　董国瑞

驻市中级人民法院纪检监察组

组　长　李　庆

驻市人民检察院纪检监察组

组　长　马国胜

驻市教育局纪检监察组

组　长　李永实

驻市公安局纪检监察组

组　长　吴　海

驻市生态环境局纪检监察组

组　长　王瑞云

驻市城乡交通运输局纪检监察组

组　长　高　峰

驻市审计局纪检监察组

组　长　曲学良

驻市国资委纪检监察组

组　长　芦　青

（陈　珊）

济南市中级人民法院

院　长　张爱云（女）

副院长　李　杰　张　生　宋　蔚（女）*
　　　　郑　玉（女）　毕于军　王　成　王洪伟

（市中级人民法院）

济南市人民检察院

检察长　宋文娟（女）*　鲍　峰

副检察长　张守强　范　芸（女）*　宋　蔚（女）
　　　　　张　生*　韩　清　衣光军*　陈艺英
　　　　　张江涛　韩秉林　唐骁鹏

民主党派

中国国民党革命委员会济南市第八届委员会（2021 年 11 月任期届满）

主任委员　王伯芝

副主任委员　衣光军　臧　浩　王东晨
　　　　　　唐玉秋（女）　姚虎明

秘书长　王化峰

中国国民党革命委员会济南市第九届委员会（2021 年 11 月选举产生）

主任委员　王伯芝

副主任委员　衣光军　姚虎明　王化峰（驻会）
　　　　　　李铁锋　齐加新（女）

秘书长　倪秀珍（女）

中国民主同盟济南市第十三届委员会（2021 年 11 月任期届满）

主任委员　崔大庸

副主任委员　李兴实　张怀成　印　东（女）
　　　　　　王钢城　张殿岭　张爱波（女）

秘 书 长 李会芹（女）

中国民主同盟济南市第十四届委员会（2021 年 11 月选举产生）

主任委员 巩宪群

副主任委员 李兴实 张爱波（女）
李会芹（女） 王振东
刘明翠（女） 邵 莉（女）

秘 书 长 昝圣煜

中国民主建国会济南市第十三届委员会（2021 年 11 月任期届满）

主任委员 王建森

副主任委员 刘 杰（女） 刘 燕 杜 岩
王传秋 王翠香（女）
杨 捷（女） 丁保国

秘 书 长 孙 罡

中国民主建国会济南市第十四届委员会（2021 年 11 月选举产生）

主任委员 王建森

副主任委员 王翠香（女） 丁保国 孙 罡
阮师漫（女） 韩慧健 王 亮

秘 书 长 姚 桢（女）

中国民主促进会济南市第十届委员会（2021 年 11 月任期届满）

主任委员 金德岭（回族）

副主任委员 陈学中 刘海萍（女） 徐 琳
潘荣庆 叶 霖（女）

秘 书 长 寇佃法

中国民主促进会济南市第十一届委员会（2021 年 11 月选举产生）

主任委员 潘荣庆

副主任委员 陈学中 徐 琳 叶 霖（女）
王洪新（女） 赵 华

秘 书 长 刘海萍（女）

中国农工民主党济南市第十一届委员会（2021 年 11 月任期届满）

主任委员 段青英（女）

副主任委员 段 林 时华勤（女）
孙 蓉（女） 逄曙光（女）
华文俊（女）

秘 书 长 林 霞（女）

中国农工民主党济南市第十二届委员会（2021 年 11 月选举产生）

主任委员 刘传勇

副主任委员 逄曙光（女） 林 霞（女）
李洪光 刘 斌

秘 书 长 汪 鹏

中国致公党济南市第六届委员会（2021 年 11 月任期届满）

主任委员 王桂英（女）

副主任委员 毕玉平 刘作宗 袁淑玲（女）
张元玺 张春清 赵 涛*

秘 书 长 张元玺（兼）

中国致公党济南市第七届委员会（2021 年 11 月选举产生）

主任委员 王桂英（女）

副主任委员 袁淑玲（女） 李 莉（女）
卢 林 李 明 方 浩

秘 书 长 李 莉（女）（兼）

九三学社济南市第十一届委员会（2021 年 11 月任期届满）

主任委员 刘梦海

副主任委员 牟国营 侯建国 付修琍（女）
王文生 董 杰

秘 书 长 赵 宁（女）

九三学社济南市第十二届委员会（2021 年 11 月选举产生）

主任委员 刘 霞（女）

副主任委员 付修琍（女） 王文生
赵 宁（女） 黄 刚 张 健

秘 书 长 翁向勇

（各民主党派）

群众团体

济南市总工会第十六届委员会

主 席 雷天太* 王京文

常务副主席 傅金峰

副 主 席 刘祖亭 于 虹（女）* 李兴家

戚淑斌　蒲玉全

共青团济南市第十六届委员会

书　记　黄晓广* 张　熙

副书记　孟云霞（女）　徐冬梅（女）

王　玺　孙　华

济南市妇女联合会第十四届执委会

主　席　刘　勤（女）

副主席　刘　霞（女）　刘雅涵（女）

王　萍（女）　刘瑞玲（女）（挂职）

济南市科学技术协会第九届委员会

主　席　衣光军

副主席　张广勇　毕于义　韩　平　胡　辉（女）

李　武

济南市文学艺术界联合会第五届委员会（2021 年 6 月任期届满）

主　席　张　望

副主席　李经发　蒋济东　刘艳丽（女）

济南市文学艺术界联合会第六届委员会（2021 年 6 月选举产生）

主　席　张　望

副主席　李经发　蒋济东　刘艳丽（女）　张鸿福

济南市归国华侨联合会第八届委员会（2021 年 5 月任期届满）

主　席　米文芃（女，回族）

副主席　何惠玲（女）

济南市归国华侨联合会第九届委员会（2021 年 5 月选举产生）

主　席　米文芃（女，回族）

副主席　孙洪成　王洪禹　刘作宗　董一鸣

阮师漫（女）　马　进

济南市社会科学界联合会第四届委员会

主　席　杨　峰（兼）

副主席　石　玮　李晓华* 陈居忠* 郭　涛

济南市残疾人联合会第七届执行理事会

理事长　孙君涛*

副理事长　程立杰　刘红卫（女）　曲国庆*

济南市工商联

主　　席　刘梦海

常务副主席　张　鹏

副主席　刁建国　靖淑兰（女）*　刘延国

韩光美（女）　黄庆涛　胡振宇

孟　坤　孔令磊　盖守岭　张成如

李　燕（女）　李茂年　于大卫

尚兴军　陆建林　林　擘　邢乐成

申作伟　张英正　孙　倩（女）

裴忠毅

秘书长　孙国栋

济南市红十字会

会　长　王桂英（女）（兼）

常务副会长　白　龙（回族）*　武善欣

副会长　郭向芳（女）　刘　鹏*

中国国际贸易促进委员会济南市分会（中国国际商会济南商会）

会　长　翟旭东* 张　喆

副会长　王　钟* 张　伟（女）　张　喆*

济南市台湾同胞联谊会第七届理事会

名誉会长　吴远潮

会　长　袁大川

副会长　张　玲（女，高山族）　聂爱华（女）

刘　栋　韩　晗（高山族）

高　雁（女）　叶　江

秘书长　徐　波

市法学会

会　长　雷天太（兼）

常务副会长　辛全龙

济南市计划生育协会

会　长　王桂英（女）（兼）

常务副会长　庞　涛

副会长　高振海　张令军

赵　莹（女）（兼秘书长）

（各相关单位）

部分企业集团

济南市城市投资集团有限公司

董事长　聂　军

总经理　武　伟

副总经理　高　烈　马　莹（女）　孙明达

白　冰（满族）

纪委书记　陶明礼

济南城市建设集团有限公司

董 事 长　张海平

总 经 理　史海成

副总经理　安玉坤　许为民　徐文东　林　华　孙培梁　张　建

纪委书记　刘学谦（女）

济南轨道交通集团有限公司

董 事 长　陈思斌

总 经 理　王伯芝

副总经理　潘　军　杨晓东　丁　强　徐勤伟　刘凤洲

纪委书记　哈月亭

济南金融控股集团

董 事 长　王玉柱

总 经 理　周纪平*　孔令伟

副总经理　童金根　孔令伟*　汤传海　韩　冰　王鲁豫

纪委书记　申世红

济南文旅发展集团有限公司

董 事 长　修春海*　陈国华

总 经 理　方连庆*　白　冰

副总经理　张广宇　齐怀栋*　潘大波　崔家新　王学军

纪委书记　朱爱华（女）

济南产业发展投资集团有限公司

董 事 长　史同伟

总 经 理　黄　蓓（女）

副总经理　王浩涛　王明波（回族）　张现成　孟　新　郑莹莹（女）

纪委书记　卢　刚

（各相关单位）

栏目编辑　张　阳

中国共产党济南市委员会

综　述

【全市党组织和党员概况】 2021年年底，济南市共有党组织37534个，其中党委1655个、党组598个、党总支2024个、党支部33257个。共有党员626787名。其中，预备党员18921名，占3.02%；女党员171362名，占27.34%；少数民族党员7388名，占1.18%。1921年7月至1949年9月入党的1256名，占0.20%；1949年10月至1966年4月入党的21282名，占3.40%；1966年5月至1976年10月入党的64895名，占10.35%；1976年11月至2002年10月入党的267020名，占42.60%；2002年11月以后入党的272334名，占43.45%。35岁及以下的108181名，占17.26%；36岁至55岁的237227名，占37.85%；56岁及以上的281379名，占44.89%。大专及以上文化程度的325459名，占51.93%；中专文化程度的60559名，占9.66%；高中（中技）文化程度的102194名，占16.30%；初中及以下文化程度的138575名，占22.11%。公有制单位在岗职工党员190550名，占30.40%；非公企业在岗职工党员57651名，占9.20%；社会组织在岗职工党员7711名，占1.23%；农牧渔民党员159380名，占25.43%；学生党员4813名，占0.77%；离退休党员169879名，占27.10%；其他党员36803名，占5.87%。

（张文广）

【强化理论武装】 坚持“第一议题”制度，习近平总书记每次发表重要讲话、作出重要指示批示，都第一时间跟进学习。2021年，市委常委会学习97篇、理论学习中心组集体学习研讨18次。围绕学习贯彻习近平总书记在深入推动黄河流域生态保护和高质量发展座谈会上的重要讲话精神和视察山东重要指示要求，召开常委会（扩大）会议，开展集中学习研讨，研究贯彻落实意见；中共十九届六中全会召开后，召开市委全会学习贯彻中共十九届六中全会精神，举办4期市委专题学习班培训市管干部2100余人，有效开展集中宣讲，持续兴起学习宣传贯彻热潮。（市委办公厅）

【党史学习教育】 成立市委党史学习教育领导小组，组织各级共举办理论中心组学习1050余次、专题学习班1635期，实现县处级以上领导干部培训全覆盖。在全社会开展以党史为重点的“四史”宣传教育，开展“中国梦·新时代·跟党走”等各类宣讲活动1.8万场，线上线下受众620余万人次；用活用好济南党史资源，中共山东早期历史纪念馆建成开馆，多角度立体化展现党的光辉历程、重大成就、宝贵经验。紧盯群众“急难愁盼”，压茬实施2批204项“庆百年华诞，办百件实事”市级层面民生项目，开展利民惠民具体行动820项，累计为民办实事16万余件，建立长效机制530余个。（市委办公厅）

【基层组织建设】 全面完成村（社区）“两委”换届工作，实现队伍年龄、学历、班子结构整体优化提升。强化农村基层党建，累计公开选聘3775名大学生任“乡村振兴工作专员”，556个软弱涣散村全部完成整顿转化。推进城市基层党建示范市建设三年行动，推进“泉城红色物业”建设，开展两新组织党建“示范引领、全域提升”行动，统筹推进机关、国企、高校等各领域党建，筑牢基层党组织坚强战斗堡垒。（市委办公厅）

【建强干部人才队伍】 严格执行“十严禁”换届纪律，做好区县、镇领导班子换届。加大干部培养选拔力度，精准开展专业干部配备、干部交流轮岗等“五项行动”；持续打造干部“选育管用”全链条机制，完成29批、689名市管干部调整。加快推进人才管理改革试验区建设，举办2021中国（济南）人力资本产业发展大会，全市人才总量突破247万人。（市委办公厅）

【优化城市功能布局】 统筹推进“东强、西兴、南美、北起、中优”，明府城、老商埠、上新街、泉道畅通等重点项目加快建设；中央商务区“山泉湖河城”5座超高层建筑拔地而起，引进各类高端企业500余家、世界500强企业17家；国际医学科学中心蓬勃发展，质子临床中心等项目启用运营，中科院微生物所、树兰（济南）国际医院等项目加快推进，科技部“一带一路”中医药联合实验室、中国中医科学院广安门济南医院等项目落地，城市发展正由空间拓展向高质量发展转型。（市委办公厅）

【推动实体经济发展】 聚焦新旧动能转换，实施工业强市战略，山东重工绿色智造产业城、比亚迪新能源、吉利智慧整车工厂等重点项目加快建设，8英寸高功率芯片顺利通线，集成电路全产业链生态初步形成，工业经济基础支撑地位持续稳固。全年净增规模以上工业企业326家，先进制造业占制造业比重达60%，数字经济规模占GDP比重达45%。济南人工智能和工业互联网发展水平均居全国第八位，入选国家首批“千兆城市”，获批建设国家级互联网骨干直联点。

（市委办公厅）

【推进乡村振兴】 出台推进巩固拓展脱贫攻坚成果同乡村振兴有效衔接的专门指导意见和资金管理办法，明确设立5年过渡期，严格落实“四个不摘”要求，织密织牢“防护网”，坚决守住脱贫成果。建成省级美丽乡村示范村38个，农村集体经营性建设用地入市取得突破，农村居民人均可支配收入突破2万元，与甘肃临夏东西部协作扎实推进，与重庆武隆协作成果持续提升。（市委办公厅）

【改善群众生活】 开展企业用工保障服务等行动，新增城镇就业17.8万人。义务教育“双减”工作扎实推进，新建改扩建中小学校、幼儿园97所，入选国家产教融合试点城市。打造健康济南，取消职工大额医疗费报销封顶线，实现住院、门诊跨省联网结算和省内个人账户“一卡通行”全覆盖；在全省率先实现新建小区养老服务设施配建率、达标率100%。新开工棚改安置房8940套，基本建成3.8万套；开工改造老旧小区624.38万平方米，惠及居民6.75万户；加快发展保障性租赁住房，多渠道筹集房源3.66万套。22件民生实事圆满完成，民生支出占财政支出比重达79.8%。

（市委办公厅）

【市委十一届十三次全会】 中国共产党济南市第十一届委员会第十三次全体会议于2021年6月26日举行。出席这次全会的有市委委员55人、候补市委委员2人。市纪委常委、市监委委员和有关方面负责人列席会议。全会由市委常委会主持。省委常委、市委书记孙立成讲话。

全会以习近平新时代中国特色社会主义思想为指导，深入贯彻落实黄河流域生态保护和高质量发展战略，认真学习贯彻《黄河流域生态保护和高质量发展规划纲要》，贯彻落实国务院批复的《济南新旧动能转换起步区建设实施方案》，落实省委、省政府起步区建设动员大会精神，听取和讨论孙立成受市委常委会委托所作的工作报告，审议通过《关于加快济南新旧动能转换起步区建设的意见》。

【市委十一届十四次全会】 中国共产党济南市第十一届委员会第十四次全体会议于2021年12月5日举行。出席这次全会的有市委委员58人、候补市委委员2人。市纪委常委、市监委委员和有关方面负责人列席会议。市第十一次党代会代表中的部分基层人员也列席会议。全会由市委常委会主持。省委常委、市委书记孙立成讲话。

全会以习近平新时代中国特色社会主义思想为指导，深入学习贯彻中共十九届六中全会精神，全面贯彻习近平总书记视察山东重要指示要求，认真落实省委十一届十四次全会精神，听取和讨论孙立成受市委常委会委托作的工作报告，审议通过《中共济南市委关于深入学习贯彻党的十九届六中全会精神的意见》。

【市委十一届十五次全会】 中国共产党济南市第十一届委员会第十五次全体会议于2021年12月23日举行。出席这次全会的有市委委员55人、候补市委委员3人。全会由市委常委会主持。省委常委、市委书记孙立成讲话。

会议以习近平新时代中国特色社会主义思想为指导，深入学习贯彻中共十九届六中全会精神，全面贯彻习近平总书记视察山东重要指示要求，审议通过《关于召开中国共产党济南市第十二次代表大会的决议》。全会决定，中国共产党济南市第十二次代表大会于2022年3月召开。

【贯彻落实黄河重大国家战略】 制定《实施黄河流域生态保护和高质量发展国家战略行动的意见》《济南市黄河流域生态保护和高质量发展规划》，加快打造黄河流域生态保护示范标杆和高质量发展核心增长极。全面落实国务院批复的《济南新旧动能转换起步区建设实施方案》，举全市之力加快起步区建设，“1+4+16+N”规划体系日益完善，黄河百里生态风貌带形成景观效果，黄河体育中心、省实验中学鹊华校区、黄河大道等设施建设加快推进，济南黄河济泺路隧道提前建成通车，起步区已入驻世界500强企业18家，签约项目102个，总投资近3000亿元。

【市委重要专题会议】 2021年，济南市委召开的重要专题会议有：市委经济工作会、安全生产工作专题会议、市委农村工作会议、市委全面依法治市工作会议、疫情防控和安全稳定工作专题会议、加快建设新时代现代化强省会动员大会、全市宗教工作督查整改巩固提升推进会、全市建设一流营商环境大会、全市垃圾分类工作动员会议、济南市庆祝“五一”国际劳动节大会、2021年职业教育活动周全国启动仪式暨全国职业院校技能大赛开幕式筹备工作会议、济南市创建全国文明典范城市动员大会、重点项目建设要素保障工作专题会议、全市科技创新工作现场会、习近平总书记“七一”重要讲话精神学习会、研究起步区发展规划和国土空间规划专题会议、全市防汛工作会议、全市法治政府建设示范创建推进会议、全市乡村振兴工作推进会议、研究交通拥堵综合治理工作专题会议、国际粮食减损大会济南市筹备工作会议、全市生态环境保护大会、济南市创建全国文明典范城市工作推进会、产业链“链长制”工作推进会议、全市优化营商环境工作推进会议、全市防洪防灾工作视频会议、全市信访维稳工作会议、济南市统一战线暨民族团结进步表彰大会、市属国有企业改革重组动员部署会议、应对极端天气紧急视频会议、全市农业农村重点工作暨抓党建促乡村振兴推进会议、全市服务业发展攻坚行动工作调度会议、2021年全市重点项目建设观摩评议活动总结评议会议、全市中医药大会、各民主党派市委会新一届领导班子座谈会、全市基层党建工作暨深化城市基层党建示范市建设推进会议、研究科创金融改革试验区建设工作专题会议、市委统筹疫情防控和经济运行工作领导小组（指挥部）会议。

【重要决策决定】 1月1日，市委办公厅、市政府办公厅印发《济南市人物档案管理办法》（济厅字〔2021〕1号），就济南市人物档案管理作出部署。

2月19日，市委、市政府印发《关于贯彻落实强省会战略的实施意见》（济发〔2021〕3号），就贯彻落实强省会战略作出部署。

3月2日，市委办公厅印发《贯彻落实〈关于巩固深化“不忘初心、牢记使命”主题教育成果的意见〉若干措施》（济办发〔2021〕1号），就巩固深化“不忘初心、牢记使命”主题教育成果作出部署。

3月9日，市委办公厅、市政府办公厅印发《关于做好全市村（社区）“两委”换届工作的意见》（济办发〔2021〕2号），就做好全市村（社区）“两委”换届作出部署。

4月29日，市委办公厅、市政府办公厅印发《济南市创建全国文明典范城市三年行动计划（2021年—2023年）》（济厅字〔2021〕3号），就创建全国文明典范城市三年行动计划作出部署。

5月22日，市委办公厅、市政府办公厅印发《加快省级以上经济开发区高质量发展行动方案》（济办发〔2021〕4号），就加快省级以上经济开发区高质量发展作出部署。

6月8日，市委办公厅、市政府办公厅印发《关于加快建设工业强市的若干政策措施》（济办发〔2021〕6号），就加快建设工业强市作出部署。

6月11日，市委、市政府印发《关于加快推动民营经济高质量发展的实施意见》《济南市进一步改善营商环境十条措施》（济发〔2021〕8号），就加快推动民营经济高质量发展和进一步改善营商环境作出部署。

6月30日，市委印发《关于加快济南新旧动能转换起步区建设的意见》（济发〔2021〕10号），就加快济南新旧动能转换起步区建设作出部署。

7月9日，市委办公厅、市政府办公厅印发《关于建设济南人才管理改革试验区的实施意见》（济办发〔2021〕7号），就建设济南人才管理改革试验区作出部署。

7月27日，市委办公厅、市政府办公厅印发《关于强化知识产权保护的实施方案》（济厅字〔2021〕4号），就强化知识产权保护作出部署。

9月28日，市委、市政府发布《关于表彰济南市统一战线、民族团结进步先进集体和先进个人的决定》（济委〔2021〕120号），表彰济南市统一战线、民族团结进步先进集体和先进个人。

10月19日，市委、市政府发布《关于深化医疗保障制度改革和实施方案》（济发〔2021〕15号），就深化医疗保障制度改革作出部署。

11月14日，市委发布《关于深入学习宣传贯彻党的十九届六中全会精神的方案》（济发电〔2021〕23号），对深入学习宣传贯彻中共十九届六中全会精神作出部署。

12月9日，市委发布《贯彻落实〈法治中国建设规划（2020—2025年）〉的实施意见》（济发〔2021〕19号），对贯彻落实《法治中国建设规划（2020—2025年）》作出部署。

（市委办公厅）

【概况】 2021年，市委组织部坚定践行新时代党的建设总要求和新时代党的组织路线，事业为上选干部配班子，持之以恒抓基层打基础，千方百计纳群贤聚英才，为加快新时代社会主义现代化强省会建设提供组织保证。全年累计获得省级集体荣誉8项、市级集体荣誉3项，18人（次）获得省、市级荣誉。

加强新时代党的创新理论武装和干部教育培训 实施“习近平新时代中国特色社会主义思想教育培训计划”，打造改革攻坚教学案例，优选45名理论宣传骨干举办专题研修班；组织开展学习贯彻中共十九届五中、六中全会精神专题教育培训和县处级以上干部“七一”重要讲话精神专题读书班，做到应训尽训。推进党史学习教育走深走实，组织开展“七一勋章”提名、全国和省市“两优一先”表彰对象推荐工作，向5.1万余名党员颁发“光荣在党50年”纪念章；开展“党旗在基层一线高高飘扬”活动，办实事解难题3.2万余件；持续提升大峰山党性教育基地、莱芜党性教育基地等，新打造山东省工委旧址等17个党性教育精品教学点；启动全市党性教育暨“我心向党，当好红色宣讲员”系列活动，建强党史专家、场馆讲解员、志愿宣讲员“三支队伍”。全面提速干部教育培训质效，提升干部的业务能力和综合素质。

锻造堪当重任的高素质干部队伍 做好区县、镇领导班子换届，成立换届工作专班，梳理重点任务，印发换届工作通知，压紧压实各级党委换届责任；严肃换届纪律，确保换届风清气正。实施强省会干部能力提升计划，精准开展专业干部配备、干部能上能下、市管年轻干部储备、干部超配整改、干部交流轮岗“五项行动”，完成“万名干部下基层”、赴甘肃临夏州和重庆武隆区挂职干部选派、第九批援藏干部人才中期轮换工作，召开全市选调生工作座谈会；服务保障济南新旧动能转换起步区建设，从省、市优选干部到起步区挂职。健全完善正向激励机制，坚持以实绩论英雄，凭实绩用干部，健全“事前事中事后”选人用人闭环体系，选拔使用敢担当、有激情、善攻坚、作风实、能成事的优秀干部。坚持考人与考事相结合，创新高质量发展综合绩效考核体系。落实关心关爱干部各项措施，开展“向组织说说心里话”，组织开展

2021年8月25日，中共济南市委理论学习中心组集体学习暨济南市优秀党课汇报展示活动在龙奥大厦举行 （市委组织部 供稿）

全市攻坚克难好干部、好团队评选表彰。全面加强公务员队伍建设，贯彻落实公务员法及配套法规，巩固职务与职级并行制度实施成果，加强日常教育管理，开展公务员先进典型选树，高质量完成2021年公务员考录工作。

推动基层党组织全面进步全面过硬 抓好村（社区）“两委”换届，坚持全覆盖指导、全过程从严，完成所有村、社区“两委”换届，队伍素质明显优化提升。持之以恒抓党建促乡村振兴，选聘大学生“乡村振兴工作专员”，80%的村实现“一村一名大学生”；实施“头雁导师”制度，优秀村党组织书记与新任书记结成帮带对子；高质量推进村党组织领办合作社，做优做强“乡村振兴党建联合体”，扶持实施区域性产业项目；高标准开展“乡村振兴大比武”，整顿转化软弱涣散村，推动实现晋位升级。深化城市基层党建示范市建设，优化建强网格党组织，配备专兼职网格员，推动社区问题由网格发现并解决；做实“家门口”服务，建设小区服务驿站，推行24小时不打烊服务，让党群服务“微阵地”成为城市街道“温暖地”；全面强化社区管理服务，制定红色物业建设标准，提升居民小区物业服务整体覆盖率。提高两新组织党组织覆盖率，组建产业链党委和党建联盟，建设新就业群体服务驿站；分级分类培育党建工作典型，首批省级两新组织党建工作示范点获评数量居全省首位。创新机关、国企、学校党组织建设，济南市“双报到”工作经验入选第三届全国党建创新成果“百优案例”，市属企业党组织标准化建设三年行动、打造中小学校“一校一品”党建品牌等工作取得明显成效。

加快打造近悦远来的人才聚集高地 推动人才政策体系改革创新，编制全市“十四五”人才发展规划，制定人才管理改革试验区建设实施意见，推出海外高层次人才快速认定等20余项创新举措；推进人才分类评价改革，完善以创新价值、能力、贡献为导向的人才评价体系；强化人才政策项目绩效评估，按照普惠型、个性化整合创新人才政策，变“人找政策”为“政策找人”。紧扣产业需求精准引才育才，抢抓机遇引进海外人才，举办第四届海外高层次人才创新创业大赛；聚焦四大主导产业和12条重点产业链，引进和支持泉城系列高层次创新创业人才；高水平举办优秀大学生就业创业“泉城行”训练营、2021届济南大学生毕业典礼等活动，组织引才专线，赴北大清华等20余所知名高校靶向引才，济南市成功创建国家级人力资源服务产业园。打造高能级科研创新平台，加快中科院济南科创城建设，引进“中科系”院所，集聚两院院士等高层次科研人才；推动山东产业技术研究院、山东高等技术研究院建设，打造山东区块链研究院等高端平台，推动量子信息国家实验室济南基地落地揭牌。全面优化人才服务环境，健全“绿色通道、窗口、专员、金卡”四位一体服务体系，落实高层次人才绿色通道服务待遇，发放人才服务金卡，设立人才子女“定点储备校”，筹集租赁型房源，推出首批人才公寓。

（郝 雨）

【构建“一核四翼”干部教育培训格局】 为适应新形势下干部教育的新任务新要求，济南市打造以学习贯彻习近平新时代中国特色社会主义思想为核心，理论武装、党性教育、专业培训、阵地载体四翼齐飞的“一核四翼”干部教育培训格局。

始终把学习贯彻习近平新时代中国特色社会主义思想作为干部教育头等大事，及时用党的创新理论夯实思想根基。完成党史学习教育、习近平总书记“七一”重要讲话精神、十九届六中全会精神专题轮训工作，实现1.6万余名市管领导干部“三轮培训”全覆盖。坚持把党性教育贯穿干部教育培训全过程，打造中共山东早期历史纪念馆、大峰山革命根据地纪念馆等首批17个济南市党性教育现场教学点。2021年，大峰山、莱芜、闯关东等党性教育场所共承接各类班次7000多个，培训学员34.9万余人次。设置黄河国家战略、强省会建设等10大专题班次，培训500人次，举办7期“泉城干部大学堂·空中课堂”。开发4个省级、45个市级“贯彻落实习近平新时代中国特色社会主义思想改革攻坚教学案例”和三涧溪等具有代表性、影响力的教学点，搭建“理论武装、专业培训、实践锻炼、考察评价、择优使用”五位一体的优秀年轻干部递进培训新模式，为长远发展积蓄后劲。

（王自力）

【举办全市党性教育系列活动暨“我心向党，当好红色宣讲员”启动仪式】 2021年6月23日，全市党性教育系列活动暨“我心向党，当好红色宣讲员”启动仪式在山东省工委旧址党性教育基地举行。在启动仪式上，为大峰山革命根据地纪念馆、中共山东早期历史纪念馆、闯关东展览馆、章丘三涧溪村乡村振兴展馆、莱芜战役纪念馆、山东省工委旧址展馆等首批17个“济南市党性教育现场教学点”授牌。（王自力）

【开展政治轮训】 坚持以政治建设为统领，深刻把握“政治性是干部教育培训的第一属性”的重要意义，根据中央决策部署和省委要求、市委安排，统筹疫情防控和专题学习班各项任务，开展党的十九届五中全会精神专题轮训、习近平总书记“七一”重要讲话精神学习教育培训、党的十九届六中全会精神专题轮训工作。全年共举办17期市委专题学习班，轮训市管干部6200余人次。指导各区县、市直各部门（单位）按照干部管理权限，分级分类组织专题学习班600余期，培训未参加市委专题学习班的市管领导干部和县处级领导干部4.9万余人次。

（王自力）

【完成“万名干部下基层”工作】 2021年7月，全省“万名干部下基层”济南市派50支乡村振兴服务队、38支民企高质量发展服务队、7支国企服务队，共计919名工作队员完成2年期服务任务，完成交接，返回各自派出单位。两年来，各服务队坚持以习近平新时代中国特色社会主义思想为指导，认真学习领会习近平总书记考察山东时的重要讲话和对山东工作的重要指示批示要求，坚决贯彻落实中央决策、省委部署和市委工作安排，深入村企一线，突出党建引领，扎实开展工作，在推进乡村振兴和企业高质量发展方面取得明显成效。

（孙　彬）

【推进援藏和东西部对口协作】 2021年，济南市坚持输血造血相结合，发挥全市产业优势、科教优势、人力优势，全面启动与甘肃省临夏州对口协作，持续推进与西藏自治区白朗县、重庆市武隆区对口帮扶工作。

启动援临新任务　根据中央和省统一部署，2021年4月，济南市和甘肃省临夏州建立东西部对口协作关系，助力临夏州巩固脱贫攻坚成果、推动乡村振兴。制定《临夏州促进东西部协作产业合作若干政策措施（试行）》和6个实施细则、21条支持措施，累计邀请和对接213家山东企业赴临夏州考察投资，与58家企业签订合作框架协议或备忘录，推动注册落地企业52家，32家企业投产运营，到位资金约2.24亿元，吸纳农村劳动力就业811人。加快产业园区建设，通过协作共建、单独兴建、改造提升等形式，编制完成各产业园区发展规划，总占地面积629.47公顷的9个现代产业园区开工建设。

加大民生帮扶　全年落实济南市对口协作帮扶资金6.67亿元，支持当地民生、教育、交通等基础设施建设。其中，援助白朗县0.68亿元、武隆区0.49亿元、临夏州5.5亿元。开展医疗援助，在白朗县卫生服务中心成立皮肤科，开展人乳头瘤病毒性皮肤病防治项目，普查学生7400余名，免费治疗患者1100余名；在武隆区开展“中医中药巴渝行”活动，吸引一批知名专家赴武隆开展义诊讲座系列活动，在武隆区中医院打造针灸康复特色专科，帮助成功创建二级甲等医院。借力社会爱心募捐，分别为白朗县、武隆区、临夏州募集社会捐赠710万元、748万元、6506.5万元，给当地学生、贫困户、医院患者等困难群众送上温暖、解决燃眉之急。

强化人才智力帮扶　加强干部人才培训，培训白朗县农牧民、教师、党政干部669人次，武隆区党政干部、技术人才948人次，组织临夏州贫困学生赴济南蓝翔技师学院进修专业技术161人次。加强双向交流挂职，选派优秀干部到当地挂职的同时，组织受援地区党政干部到济南市市直单位、区县挂职，跟岗学习城市管理、经济建设、乡村振兴等先进经验。全年分别向白朗县、武隆区、临夏州选派支医、支教、支农专业技术人才11人、104人、212人，促进乡镇卫生院业务规范化，提升基层义务教育质量，提高农牧民种养殖技术水平。

（赵恒宁）

【各级领导班子和干部队伍建设】坚持好干部标准和“实在实干实绩”选人用人导向，健全完善干部“育选管用”全链条机制，加大正向激励力度，打造忠诚干净担当的高素质干部队伍。着眼事业需要和人岗相适，高质量做好市管干部日常调整。坚持以工作创新推动工作提升，修订省管市管公务员职级晋升政策、参事选聘办法、市管干部选拔任用工作规程等“一揽子”文件，重新修订出版《干部工作政策文件选编（上下册）》。对市管班子、干部年度考核等次评定和结果运用进行修订完善，首次对市管正职实行单独评优，考核风向标更加明显。对全市干部身心健康状况进行摸底，建立工作台账，有针对性地做好帮扶救助工作。组织105名担当作为好干部参加疗休养，以组织温情激发干事热情。接续推选表彰全市“攻坚克难好干部”198名、“攻坚克难好团队”94个，激励各级干部在强省会建设中实干担当、聚力攻坚。开展“向组织说说心里话”，收集掌握447名市管干部意见诉求463条。正向激励相关案例，获2019—2020年度“山东组织工作创新奖”，入选“山东省组织工作教学案例”。

（刘吉凯）

【区县和镇领导班子换届】市委成立换届工作领导小组，全程领导、把关定向，发挥好主导作用。把党的领导、充分发扬民主和严格依法按章办事贯穿全过程，推动选举规范有序进行。打造风清气正换届环境，把“严”的主基调贯穿换届全过程。先后召开全市换届工作会议、换届业务培训会议、换届考察动员培训会议、加强换届风气监督工作会议，就换届考察政策程序、风气监督等作出具体安排。抽调156名干部组成12个换届考察组，对区县党委、人大、政府、政协领导班子和法检“两长”、纪委副书记换届人选进行推荐考察，研究提出换届人事安排初步建议，建立区县领导班子换届考察全过程纪实卷。把政治素质考察放在首位，对换届有关人选反复把脉会诊，加强综合分析研判，结合巡视巡察、年度综合考核、信访、审计等方面情况，多渠道、多层次、多角度听取各方面意见，对人选进行全面梳理、从严把关。坚持从事业需要出发，敢于打破隐性台阶大胆选用，注重向基层和重大斗争一线倾斜。换届后党政班子成员中有街镇党政正职经历的占57%，换届后领导班子平均年龄普遍下降、文化程度普遍提高。其中，党政班子中40岁左右干部达36名，四大班子成员具有大学以上学历的310名，占比达96.9%。

（刘吉凯）

【推进国有企业体制机制改革】结合市属国有企业改革重组，落实国有企业体制机制改革各项举措，研究制定班子优化及干部分流方案，在对改革重组后21家市管企业深入调研基础上，进一步选优配强市管企业正职，完成领导班子优化目标任务。会同市总工会、工业和信息化局、国资委等部门，开展泉城企业优秀人才推荐选拔活动，市委、市政府对评选出的突出贡献人才进行通报表扬，评选结果以新闻发布会形式面向社会公布，营造关心、尊重、褒扬、激励企业人才的浓厚氛围。

（李继瑞）

【健全完善年轻干部“育选管用”常态化和长效化机制】优化年轻干部储备　高质量完成2021年度选调生招录工作，面向985重点高校招录73名定向选调生，其中北京大学、清华大学毕业生28名。做好2022年选调生招录计划编制申报工作，统筹全市编制资源，拿出59个优质岗位面向北京大学、清华大学等国内外知名高校开展定向选调，为年轻干部队伍注入优质新生力量。创新开展事业单位引进优秀人才工作，优化面谈面试方式，精心组织定向选调生“一考双录”，39名双一流高校毕业生选聘到事业单位，发挥事业单位“蓄水池”作用。健全完善《优秀年轻干部及时发现、动态管理、持续培养办法》，定期开展专题调研，强化日常跟踪发现，突出在急难险重一线识别优秀年轻干部，及时更新优秀年轻干部台账。截至2021年年底，全市在册年轻干部2070人，同比增长12.4%。

年轻干部培养锻炼　在深化优秀年轻干部“理论武装、专业培训、实践锻炼、考察评价、择优使用”五位一体的递进培训模式的基础上，试行教学督导、评价反馈、跟班管理等培训制度，点名调训优秀年轻干部82人，择优选调16名优秀年轻干部参加省委中青班，形成一批优秀调研成果。近年来，选派700余名年轻干部担任“第一书记”、124名年轻干部上挂学习锻炼、27名年轻干部到新旧动能转换起步区挂职，组织900余名年轻干部参加“万名干部下基层”行动和“四进”攻坚工作组，1100余人次年轻干部深入疫情防控和复工复产一线，使年轻干部真正在急难险重任务中和关键吃劲岗位上接受历练摔打；先后交流年轻干部164名，市直机关和区县上下交流64人，市直机关17名“80后”副处长任街道办事处主任，让年轻干部在关键岗位历练中提升水平、丰富阅历、增长才干。

年轻干部监督管理　从政治品质、道德品行、履职能力和作风表现等多维度，对年轻干部全面从严监督管理，营造激励先进、宽容失败的良好氛围，通过评先树优，注重典型示范。建立年轻干部谈心谈话全覆盖制度，各级党委主要负责人每年专门安排时间与年轻干部谈心谈话，组织部门负责人与年轻干部谈心谈话实现全覆盖。建立成长导师制度，先后为1000余名年轻干部配备“成长导师”。

年轻干部选拔使用　通过设立5个一级指标和21个二级指标，进行量化赋分、综合评价，为年轻干部“打分评级”。对“敢担当、善作为、实绩优”的优秀年轻干部，在提拔干部时优先考虑、在职位空缺时优先补充、在重点岗位配备时优先使用，先后有30多名在班子中排名靠后的副职，被直接提拔为市管正职。推进优秀选调生进街镇领导班子，全市118名选调生走上街镇领导岗位，为完善基层领导班子结构补充鲜活力量。强化年轻干部配备督导，统筹推进年轻干部配备使用。2021年，37岁以下街镇党政正职新增13人，37岁以下区党政工作部门乡科级正职新增98人，32岁以下乡科级副职新增128人。压实各单位党委（党组）责任，实行干部调整方案预审把关，力促干部集中调整时年轻干部配备比例不低于30%。（王敬华）

【建党100周年“两优一先”评选表彰】　组织开展“七一勋章”提名和全国、全省“两优一先”表彰对象推荐工作，田象霞（女，济南市天桥区工人新村南村街道西区联合党委书记、西区社区党委书记）、亓民川（济南市莱芜区人民法院城西法庭庭长、一级法官）2名党员获评“全国优秀共产党员”，李新生（济南市历城第二中学党委书记、校长，济南市历城区教育和体育局党组书记、局长）获评“全国优秀党务工作者”，济南市人民政府办公厅市民服务热线办公室党支部、济南市槐荫区中大槐树街道裕园社区党委、济南市公安局网络警察支队党委3个党组织获评“全国先进基层党组织”。30名党员获评“山东省优秀共产党员”，18名党员获评“山东省优秀党务工作者”，45个党组织获评“山东省先进基层党组织”，受表彰数量在全国副省级城市和全省各地市位居前列。做好全市“两优一先”评选表彰工作，召开全市“两优一先”表彰大会，对全市150名优秀共产党员、100名优秀党务工作者、150个先进基层党组织进行集中表彰，在全市营造比学赶超、干事创业的浓厚氛围。（罗　莎）

【颁发“光荣在党50年”纪念章】　印发《关于做好“光荣在党50年”纪念章颁发工作的通知》，通过细查与严审相结合的方式，开展党龄50年及以上老党员摸底统计工作，为符合条件的5.1万余名老党员颁发纪念章，并通过组织老党员畅谈入党感想体会、在新发展党员入党宣誓仪式上领誓等形式，增强纪念章颁发工作的仪式感，提升老党员的政治荣誉感。（罗　莎）

【城市基层党建引领基层治理创新】　出台《关于全域提升省会城市基层党建工作质量的若干措施》，召开全市基层党建工作暨深化城市基层党建示范市建设推进会议。建立完善“街巷吹哨、部门报到”机制，出台推动街镇赋权增能7项措施，制定《济南市街道（镇）职责任务清单（试行）》，厘清区县部门和

2021 年 5 月 23 日，全省城市基层党建全域提升攻坚第二次推进会暨党建引领城市网格化治理工作会议在济南召开　（市委组织部　供稿）

街镇职责，推动街道抓党建、抓治理、抓服务。高质量完成社区“两委”换届，全市新建、调整城市社区 142 个，新录用社区专职工作者 1050 人，换届后城市社区“两委”平均年龄 37.4 岁、大专以上学历超过 90%。将党的工作和社区服务向小区、网格延伸，做实网格党组织 1.3 万个，配备网格员 4.2 万人、网格工作力量达 14 万人，建设网格（小区）驿站 1.5 万个，超过 60% 的社区问题从网格得到解决，社区服务治理精细化、精准化水平不断提升。出台红色物业示范社区和示范企业建设标准，印发年度重点任务清单和综合评价清单，编印《红色物业典型案例选编》，推动物业服务领域党的组织和工作有效覆盖，全市物业服务企业党组织覆盖率超过 85%，居民小区物业服务整体覆盖率达 98%，物业服务质量不断提升。2021 年 5 月 23 日，全省城市基层党建全域提升攻坚第二次推进会暨党建引领城市网格化治理工作会在济南召开。会后，累计接待外地学习考察人员 650 余人次。

（郑天阳）

【新领域新业态党建工作】 聚焦服务省会经济社会高质量发展，在 120 余个商务楼宇、产业园区、商圈市场等新建立区域性党组织或综合性党群服务中心，整合资源布局建设 450 多个新就业群体服务驿站和流动党员活动室，把党的工作和服务延伸到街巷路边。聚焦重点行业和十强产业，成立市、区县两级个体私营企业、养老、交通发展、金融、物流、生物医药等行业、产业链党委和党建联盟 95 个，依托各级党建示范点建立两新组织书记工作室 30 个、实训基地 24 个。推动两新组织党建“示范引领、全域提升”行动，市级拨付两新组织党建工作经费 1964.81 万元，强化 540 家党建工作示范点培育力度，推进两新组织建组织扩覆盖工作，党的有形覆盖和有效覆盖质量持续提升。2021 年 6 月，伊莱特能源装备股份有限公司、韩都衣舍电子商务集团股份有限公司、山东大智教育集团股份有限公司、山东英才学院、山东数字产业大厦 5 家单位被评为首批省级两新组织党建工作示范点。

（郑天阳）

【村（社区）“两委”换届】 成立市委书记任组长、20 个职能部门为成员的领导小组，出台实施意见和 16 个配套文件，明确 233 名区县领导包镇联村、1839 名街镇领导分片包村，2.3 万名各级干部投入换届工作，市换届办会同 22 家单位建立联动机制，抓好任务落实。开展 3 轮大规模人选走访调查活动，对 6.3 万余名参选人员逐一联审“过筛子”，选出“两委”成员 30627 人，村、社区党组织书记“一肩挑”比例分别达 96.4%、98.2%，班子成员平均年龄降低 9.8 岁，大专以上学历提高 22%，5271 名本科和 331 名博士硕士研究生进入班子。上下联动开展多轮下沉督导，市县换届办全部公开信访渠道，消除风险隐患 617 个，化解矛盾问题 376 个。市级公开发布“十严禁”、打击拉票贿选 2 个通告，印制 3 万张海报在所有村（社区）张贴公示，开展 2 轮 6.3 万人次明纪警示谈话，以“零容忍”态度严厉查处打击违纪违法行为。开展“换届回头看”，逐村（社区）评估人选质量、选风选纪、群众评价，市级在浙江大学举办 2 期示范培训班，带动各级累计培训 581 期、3 万人次。

（吴修直）

【抓党建促乡村振兴】 制定《关于抓党建促乡村振兴的若干措施》，

明确6个方面、20项重点任务。结合村“两委”换届工作，实施在外回引一批、择优留用一批、本土发掘一批、后备培养一批“四个一批”选配计划，建立头雁论坛、头雁导师、头雁实训基地“三位一体”常态化培训提升机制，出台《乡村振兴工作专员选聘管理办法》。做优做强138个“乡村振兴党建联合体”，扶持112个村实施46个连片发展项目，累计培育村党组织领办合作社3362家，平均增加集体年收入3.8万元，年集体收入5万元以下的村全部“清零”，10万元以上的村占91.1%，50万元以上的村超过1200个。倒排342个软弱涣散村，“一村一策”解决突出问题。选派1011名第一书记、580名“加强农村基层党组织建设”工作队队员开展驻村帮扶，持续推动资源力量下沉基层。以“村村到”方式开展“乡村振兴大比武”，深化“主题党日+阳光议事”“评星定级”“为民服务公开承诺”等载体，推动村党组织聚焦群众急难愁盼问题实施“开门第一事”1.4万件，党组织凝聚力战斗力明显增强。（吴修直）

【公务员队伍建设】 公务员法律法规监督检查工作落实 为迎接中组部部署开展的公务员法律法规实施情况监督检查，成立专项工作组，推进自查迎查和问题整改；召开全市范围专项部署会，压实各级各部门工作责任。采取“全面自查+专项检查”方式，督促区县、市直部门对照监督检查标准开展自查，对12个区县和部分市直部门开展专项检查。通过查找问题，分析原因，整改落实，推动各级各部门进一步增强公务员法治意识，牢固树立依法管理公务员理念，提高依法管理工作的能力和水平。

公务员考录 推进2021年度公务员考录，坚持考务组织和疫情防控“两个统筹”，完成2个批次420名新录用公务员入职手续；创新开展二次补录工作，确定42个计划开展补录；设置10个招录计划，继续开展面向本土优秀人才招录基层公务员工作。推进2022年度公务员考录，各级机关共设置404个职位、556个计划；2021年12月19日，组织2022年度公务员招考笔试，完成济南考区5万余名考生的考试任务，实现考务安全和疫情防控“双战双赢”。

巩固提升职务与职级并行工作成效 坚持党管干部原则，坚持好干部标准，围绕持续发挥职级的激励作用，在原则把握、实施程序等方面吃准吃透政策要求，研究化解问题难点，强化注重实绩、兼顾资历、择优晋升的导向，营造有为者有位、优秀者优先、实干者实惠的干事创业氛围。2021年，全市非市管干部共晋升四级调研员以上职级800余人，执法勤务序列四级高级警长以上职级900余人，警务技术序列警务技术四级主任以上职级近百人。（王 磊）

【人才管理改革试验区建设】 2021年7月，《关于建设济南人才管理改革试验区的实施意见》正式印发实施，依托济南新旧动能转换起步区和山东自由贸易试验区济南片区建设人才管理改革试验区，打造辐射沿黄、引领全省的人才改革创新先行示范区。2021年，推出海外人才快速认定、人才自主评价、全生命周期服务等20余项制度创新举措，超常规引进培育科技创新和产业发展急需人才和海外高层次人才。实施市级海外科技人才快速认定工作，第一批已认定10名高层次人才。深化人才评价制度改革，制定试验区高层次人才分类认定细则，推行试验区自行认定、专家举荐、行业推荐等方式自主认定高层次人才。建立全生命周期服务体系，针对人才不同阶段的差异化诉求，量身定制“清单+平台+专员”的稳定支持机制，构建“全领域、全链条、全流程”的人才服务格局。优化海外人才的出入境及居留服务，缩短试验区内投资类、创新创业类外籍人员符合办理永久居留初审受理时间由3个月缩短至20个工作日，为从事科研成果转化的外籍人才提供出入境便利，办理有效期5年以内的多次签证或居留许可。

（谭玉珺）

【干部管理监督】 制定出台《领导干部个人有关事项报告工作“四项机制”》《关于对市管领导干部进行提醒函询诫勉的实施办法》《关于对党员领导干部举报反映问题实行不良行为记录工作机制》。组织开展全市干部选拔任用“一报告两评议”工作，对“一报告两评议”排名靠后、存在问题的单位进行实地督导。对25个市直单位、市管企业开展选人用人专项检查，通过检查全面提高各单位选人用人整体水平。制定《干部监督工作协作联动机制》，强化与纪检监察、巡察、审计、信访等有关机构的协作配合，将35名干部列入2021—2022年度经济责任审计计划，打造信息沟通、线索移送、成果共享的工作机制。依托整改工作专班，系统化推动省委组织部选人用人专项检查整改落实工作，通过6轮集中调度、4次专题会议，推动17项问题得到全部整改，整改成效得到省委组织部充分认可，在全省加强干部选拔任用监督暨选人用人巡视检查问题整改推进会上交流经验。

（张浩祥）

【构建推动高质量发展综合绩效考核体系】 坚持以高质量发展主题主线，将全市经济社会发展综合考核升级为高质量发展综合绩效考核。出台《济南市2021年度高质量发展综合绩效考核办法》和《2021年度高质量发展综合绩效考核实施细则》，紧扣高质量发展、省综合考核、全市重点任务、改革创新、民意导向五个考核导向推动完善综合绩效考核体系。坚持优化创新、高效务实，不断完善考核方式方法。坚持差异化、动态化、多维度考核，更加注重分级分类、过程管理、优化考核加减分项，推动指标考核更加科学、公平、合理、精准。坚持问题导向、精准发力，推动短板弱项指标提升。定时定期对考核指标进行“全面体检”，分类梳理。实行“红黄牌”预警机制，紧盯排名落后指标，狠抓扣分事项向上沟通，咬紧定性指标薄弱环节，“对症”施策，做好整改提升。撰写的征文《构建推动高质量发展的综合考核体系研究报告》于2021年3月获2020年度全省组工调研征文一等奖、第一名的成绩，报送的课题《加强高质量发展绩效考核平时考核工作研究报告》获全省平时考核课题调研优秀等次。

（杜晓娇）

【推进党员教育高质量发展】 自下而上采取自评与抽查、定性评估与定量评估相结合的方式，开展《2019—2023全国党员教育培训工作规划》中期自查评估工作。全市先后举办各类党课比选活动38场，各级累计讲党课超过3万场，参与党员达100万人次。围绕建党100周年，组织策划制作28集党史学习教育系列片《红色影像》、150余部《我和我的支部》系列微视频，全年征集创作各类优秀党员教育片344部（集），《红色影像》获全省优秀党员教育电视片（党课）评比特别奖。开展农村和城市社区党员冬春集训，15个区县（功能区）党（工）委书记全部出席冬春集训开班式并讲授第一课，全年举办冬春集训班310期，培训基层党组织书记和党员9.8万人次。加大对全市各级党组织的调度力度，重点做好党组织和党员信息系统、灯塔大课堂、山东e支部、组织关系转接等系统的管理使用。印发《关于进一步加强街镇党校建设、做好党员教育培训工作的意见》，全市161个街镇全部挂牌成立基层党校。加强对全市先进基层党组织工作经验和优秀共产党员典型事迹的挖掘和宣传报道，全年组织制播《时代风采》党建电视栏目50期，泉城党建手机平台新开专栏15个，发布党建信息4000余篇、党员教育视频210部（集）。组织拍摄的南部山区第一书记李洪文事迹片在中央电视台国际频道（CCTV-4）《中国新闻》播出，198篇党建信息被共产党员网和“灯塔”学习平台采用。

（韩家国）

【概况】 2021年，市委编办围绕服务保障黄河重大国家战略，巩固和拓展党政机构改革成果，推进深化事业单位改革、职能运行监管和优化机构编制资源配置等重点工作，机构编制管理创新实现新突破，服务保障全市经济社会发展迈出新步伐。

【服务保障黄河重大国家战略】 创新新旧动能转换起步区管理体制和机构编制管理制度，设立济南新旧动能转换起步区党工委、管委会，作为省委、省政府派出机构，委托济南市管理，设置7个内设机构。设立济南经济发展研究中心、黄河流域生态保护促进中心和7个沿黄区县服务黄河战略的事业单位。完善“四不像”新型研发机构管理服务模式，27家机构经事业单位法人登记后相继落户济南。调整中央商务区、济南国际医学科学中心、长清大学城管理机构的机构编制事项，探索构建功能区“议事协调机构+党工委、管委会+平台公司”的管理制度。优化调整市委财经办、市委农办机构设置，加强市委对财经、农业农村工作的全面领导。调整完善全市乡村振兴工作机构和工作体系，助力打造乡村振兴齐鲁样板。全面加强疾病预防、安全生产监管、文物保护等领域工作力量。强化产业链“链长制”运行模式，加强金融、口岸物流等产业链牵头责任部门机构职能。持续优化开发区体制机制改革举措，健全完善“开发区吹哨、部门报到”制度，经验做法入选全省开发区改革典型案例并在全省推广。

【事业单位改革】 撤并整合“小散弱”单位，全市事业单位减少813个，精简超过35%，其中市本级减少410个，精简近60%。重新确定事业单位类别和经费来源渠道，不再保留公益三类、暂缓分类事业单位。调整优化事业单位布局结构，生态环保、农业农村、公共卫生、医保社保、社会治理等民生重点领域得到充实和强化。历史性完成全市2748个事业单位机构职能编制规定制定工作，组织事业单位制定或完善章程，选取43个单位试点制定政事权限清单。首次在事业单位“三定”方案和章程中专章专款明确党组织地位作用，全面加强党的领导，创新做法获评全国党建创新成果展示交流活动百优案例。完成2020年度事业单位绩效考核，推进2021年度考核工作。

【创新部门职能运行监管】 加强权责清单动态调整和监督检查，建立相关系统平台数据与权责清单动态衔接配合工作机制，分批次明确部门职责边界事项83项，消除“两不管”职能盲区。组织70个市直部门和12个区（县）、644个部门开展2019年党政机构改革以来部门职责履行等情况“回头看”，对部门“三定”规定执行情况、“三张清单”落实情况等进行跟踪评价，研究解决部门运行中遇到的新情况新问题。针对加盟费退费、网约车监管等群众集中反映的61件工单、77项问题，研究界定责任单位，督促相关部门落实，群众回访满意率达100%。巩固拓展规范“属地管理”成果，完成《济南市街道（镇）职责任务清单（试行）》编制工作，涵盖基层党建、城乡建设、经济发展、村（社区）建设、综合治理、公共服务、综合保障7个方面、184项职责任务。

【优化配置编制资源】 设立市和区县康养事业发展中心、市新时代文明实践服务中心、网格化服务管理中心。设立全国首个省会城市企业服务中心，实现惠企政策“一口办理”，相关做法获国务院通报表扬。将中小学教师编制由省定“三年一核”调整为“一年一核”，2021年核定全市中小学教职工编制59149名，统筹调剂1243名事业编制；为161个街镇增加事业编制2461名；下达用编进人计划3661名，优先满足民生领域和基层一线补充人员需求。对市级议事协调机构逐一提出保留、合并、撤销意见；改革后，市级议事协调机构由266个精减为238个，压减28个，减少10.5%。强化公安特巡警、网警、政治安全保卫等机构建设，整合组建市和区县社会治安综合治理服务中心，健全完善市县社区矫正机构、区（县）委依法治区（县）办机构设置。启用新版机构编制实名制管理系统，组织开展财政供养人员调研、第二次全国机构编制核查，按照机构清、编制清、领导职数清、实有人员清的“四清”要求，全面摸清底数，科学分析研判，为优化资源配置提供科学依据。

（朱咏涛）

【概况】 2021年，市委老干部局贯彻全国、全省老干部局长会议精神，落实市委关于做好离退休干部工作的相关要求，统筹推进疫情防控和全市老干部工作。持续推动解决老干部身边急难愁盼问题，“开展智能助老”“文化惠老”服务2个事项纳入市级层面民生项目，对市干休所进行自来水分户改造和老旧小区改造，帮扶救助特殊困难离休干部及遗属160余人，为316名离休干部提高医疗待遇。

【完善融合共享式党建活动阵地】 印发《关于做好机关事业单位离退休干部党组织与社区党组织融合共建工作的通知》，鼓励离退休干部党员到社区报到，就近参加社区党组织生活，发挥优势参与社区治理。在全市建立共享式离退休干部党员活动室170个，开展无固定活动场所的离退休干部党组织“清零”行动，实现全市1394个离退休干部党组织100%有“家”生活、有“地”活动。组织引导全市离退休干部开展党史学习教育，为

1300余个离退休干部党组织配发学习书籍，在“泉城老干部”微信公众号开辟“学党史、颂党恩、跟党走”专栏；开展庆祝中国共产党成立100周年党史党建系列知识竞赛活动，全市14134名离退休干部党员参加活动；开展“向党说句心里话”微心愿征集，收到作品260余件；550余个离退休干部党组织、1万余名离退休干部党员开展重温入党誓词活动，400余名离退休干部党组织书记和老党员开展“我来讲党课”活动。协调发放2021年全市离退休干部党组织工作经费和党组织书记工作补助292.76万元。全市52名（个）离退休干部党员、党组织书记、党组织受到省委组织部、省委老干部局、省离退休干部党工委通报表扬。

【文化养老工作】 推进老年教育平台载体建设，市老年大学中心校区二期建设工程于2022年6月底完工，建成后校区总面积达8.32万平方米；联合有关部门企事业单位开设8所分校，为社区老年人提供教学服务2万人次。加强老干部文化养老阵地建设，全市区域性“开放式”老干部活动室增加到35处；建立老干部“芳华剧场”99个，成立“文艺轻骑兵”队伍347支，成立老干部文体团队600余个。围绕庆祝中国共产党成立100周年，结合党史学习教育，在全市离退休干部中开展以“泉映银龄·百年礼赞”为主题的第八届“泉城乐”系列文体活动。联合济南广播电视台举办“泉映银龄·百年礼赞”全市离退休干部庆祝中国共产党成立100周年专场文艺演出，举办“庆百年·颂党恩”全市离退休干部庆祝中国共产党成立100周年书画摄影展，开展“红色经典诵读、红色精神宣讲、红色歌曲传唱”系列活动250余场次。全市离退休干部自发组织各类文艺演出1400余场次，参与人员3万余人次。

【“泉映银龄”志愿服务平台建设】 推进“泉映银龄”APP信息化平台建设，在全市范围内建设老干部志愿服务推进中心116个，成立老干部志愿服务队伍659支，注册登记老干部志愿者10871人。依托志愿服务平台阵地，累计开展助力乡村振兴、助力文明典范城市创建、助力疫情防控等主题志愿服务活动3100余场次，参与人员达10万余人次。在全市离退休干部中开展“我看建党百年新成就”专题调研。组织离退休干部开展红色宣讲“五进”（进机关、进社区、进学校、进农村、进企业）活动360余场次，直接受众8万余人次。发挥各级关工委组织的作用，在青少年中开展庆祝中国共产党成立100周年系列教育活动。

【服务保障工作】 按照疫情防控工作要求，在春节前以书面形式向离退休干部通报全市经济社会发展情况。在“七一”前对全市离休干部包括易地安置的离休干部普遍进行一次走访慰问。为符合条件的312名离休干部分批次提高医疗待遇，为不同时期参加革命工作的离休干部提高生活补贴标准。做好市属破产改制企业离休干部移交区县服务管理经费保障工作，加大对特殊困难离休干部及遗属的救助帮扶工作，做好移交济南市服务管理的军休干部政治生活待遇落实和易地安置离休干部待遇落实等工作。建立完善驻莱老干部信息数据库，对口服务驻莱老干部1596人（其中离休干部76人、退休干部1520人）实现全覆盖；打造“云赏芳华”智慧服务云平台，为驻莱老干部提供信息化、便利化服务。做好老干部来信来访工作，组织部分人员在本地进行康复休养。

（李磊磊）

【概况】 2021年，市委巡察机构严格落实《市委巡察工作规划（2017—2021年）》，突出“三个聚焦”监督重点，组织开展市委第九、十轮巡察工作，常规巡察市直部门单位12个，巡察“回头看”单位4个，机动巡察国有企业3个；配合省委巡视对全市法院、公安系统和涉粮问题开展上下联动，对停车管理领域开展专项巡察，共发现问题1152个，移交问题线索132件。截至年底，十一届市委十轮巡察工作覆盖128个市直部门单位党组织，对26个党组织开展巡察“回头看”，完成一届任期巡察全覆盖任务。

【发挥巡察综合监督作用】 加强与市纪委监委监督检查室和派驻机构协调协作，建立完善情况通报、线索研判、问题移交、成果运用等12

项工作制度，实现四项监督有机贯通。协调组织、宣传部门开展选人用人、意识形态工作专项检查，做好问题反馈。商请督查、审计、信访、热线办等12家部门（单位）通报被巡察单位情况，确保巡察有的放矢、精准发现问题。会同市审计局开展全市涉粮问题巡审联动，推动巡察监督和审计监督“无缝衔接”，双向印证重点关注的问题16个、问题线索10条，增强监督合力，提升联动质效。研究制定与市委保密办、市审计局、市信访局等3项协调协作制度，发挥巡察综合监督作用。

【巡察成果运用】 梳理完善巡察反馈、移交和整改工作流程，绘制流程图，制发反馈任务表、整改明白纸，指导巡察组和被巡察单位“按图索骥”。实行整改报告由纪检监察机关和组织部门主审、巡察机构协审的联审联评制度，系统梳理汇总第七、八、九轮巡察整改情况，督促整改问题1627个，整改完成率96.4%，推动完善制度1437项。推动市纪委监委机关牵头成立全市供销社系统巡察整改专项督导组，进行“对账式”巡诊复检，倒逼整改落实见效。持续深化成果运用，协调有关部门将被巡察党组织整改落实情况纳入经济社会发展综合考核，作为落实管党治党责任考核重要依据和业绩评定、奖励惩处、选拔任用的重要参考。

【指导督导区县巡察】 安排4个巡察指导督导组对12个区县巡察工作进行指导督导，按照跟进巡察办、

2021年3月5日，十一届市委第九轮巡察工作动员部署会召开　（市委巡察办　供稿）

巡察组“两条线”开展现场指导，提出意见建议187条，推动解决问题142个，督促健全制度132项，推动区县全面贯彻巡视工作方针和政治巡察要求。开展村（社区）巡察工作专题调研，指导区县巡察机构将村（社区）党组织作为巡察监督重点，实现对全市村（社区）巡察全覆盖。

【巡察信息化建设】 探索将巡察信息化纳入全市信息化工作大局，在市纪委监委网络管理中心加挂“济南市巡察数据管理中心”牌子，新增编制10人，以专业技术力量保障信息化运行。全面推广中央统建系统应用，录入网络平台数据4890条、巡察单机系统7806条，实现市、区县两级巡察机构信息系统应用全覆盖。依托全市纪委监委大数据监督平台，以中央“金纪三期”巡视巡察信息系统为基础框架，拓展延伸省级信息系统的纵向功能模块，设计开发济南市“一中心、两库、一支撑、三场景”巡察综合信息管理平台，引接市发展改革委、自然资源和规划局、卫生健康委、行政审批服务局等单位提供的外部数据资源近5000万条。

（张　芸）

【概况】 2021年，市委宣传部牢牢把握正确方向导向，全力服务中心大局，坚持守正创新，积极担当作为，各方面工作有力有效推进，为加快建设新时代社会主义现代化强省会提供坚强思想保证、强大精神力量、良好舆论氛围和有利文化条件。履行党史学习教育牵头责任，把学习宣传贯彻习近平新时代中国特色社会主义思想作为首要政治任务，组织集体学习18次，举办市委理论学习中心组、党史学习教育、十九届六中全会精神专题学习班3批次15期，集中轮训市管领导干部6000余人次。成立市委党史学

习教育领导小组及办公室，组建巡回指导组24个，对全市134家单位开展现场指导2000余次，举办专题学习班720余期，培训党员干部7.5万余人次，完成市级层面204项民生实事，主动办实事5.5万余件，建立办实事长效机制530余个，推动党史学习教育落实落地。开展理论宣传宣讲，创新开展“中国梦”系列百姓宣讲、“我为群众办实事”百场宣讲和基层党支部书记“百人千场”宣讲，开展各类宣讲2万余场次，线上线下受众600余万人次。推进“学习强国”APP推广使用，学员总数突破137万人，日均活跃度提升至50%，全年发稿1.8万余篇。举办“百年风华与济南跨越”建党100周年理论研讨会、黄河生态文明国际论坛，围绕“文化济南”等主题推出一批高质量研究成果。

（张　胜）

【组织开展党史学习教育】 强化组织领导　市委第一时间印发《关于在全市开展党史学习教育的实施方案》，2021年3月3日召开动员大会，对全市党史学习教育作出安排部署。组建领导小组办公室协调联络、实践活动、简报材料、宣传舆论4个小组，从全市抽调30余名骨干力量集中办公。抽调130名干部，组建24个巡回指导组，对134个单位（含区县、功能区）的党史学习教育开展情况进行巡回指导。组织召开市委党史学习教育领导小组会议3次，市委党史学习教育领导小组办公室会议3次，制定印发文件50余个。领导小组办公室下发工作提醒50余项、工作通知30余个，统计相关表格2000余份，调度有关数据100余次，有力保障全市党史学习教育工作有序开展。

抓实学习研讨　把习近平总书记在党史学习教育动员大会上的讲话、“七一”重要讲话、党的十九届六中全会精神等作为党史学习教育重要内容，发挥“关键少数”的带头示范作用，市委理论学习中心组组织专题学习7次，全市各级党委（党组）中心组开展专题学习研讨1050余次，各级领导干部深入基层开展党史专题宣讲3150余次，受众48万余人次。举办市委理论学习中心组专题读书班6期、专题学习班5期，党的十九届六中全会精神学习班4期，共培训市管干部5400余人次。各区县、市直部门单位举办理论学习中心组读书班520余期，培训各级领导干部近1.5万人次。全市举办习近平总书记“七一”重要讲话精神专题学习班、党的十九届六中全会精神学习班等共1100余期，培训各级干部11.3万余人次。

广泛宣传宣讲　组建市委党史学习教育宣讲专家库、学习贯彻党的十九届六中全会精神市委宣讲团、“中国梦·新时代·跟党走”百姓宣讲团，组织开展基层党组织书记“百人千场”宣讲活动，做好基层宣讲。发挥新时代文明实践中心等阵地作用，创新“行走中的党课”“方桌会”“大碗茶”“七色花宣讲小分队”等宣讲载体，做到宣讲全覆盖。全市共组建宣讲团队630余个，培训宣讲骨干4600余人次，累计开展党史学习教育宣讲1.8万余场次，受众人数620万余人次。全市各主要媒体刊发宣传稿件9149篇，省级媒体刊发济南市稿件9042篇，中央媒体刊发济南市稿件2892篇，营造浓厚的学习教育舆论氛围。开通济南党史学习教育官方网站，发起党史学习教育16市党报云行动，扩大党史学习教育的影响力。举办庆祝中国共产党成立100周年学术研讨会、“百年风华与济南跨越”——庆祝中国共产党成立100周年理论研讨会等活动，邀请

2021年11月29日，举办学习贯彻党的十九届六中全会精神省委宣讲团宣讲报告会

（市委宣传部　供稿）

专家学者研究探讨，推出一批深度的研究成果。

注重督促指导　紧盯9件重点工作和7个重点领域，把6类重点人群纳入巡回指导视线。精心指导召开专题组织生活会、专题民主生活会，并针对各单位特点进行点评分析。全市各级巡回指导组召开工作推进会1700余次，开展现场指导2000余次，列席旁听会议3900余次，调阅审阅资料14.7万余份，提升党史学习教育工作成色。加强农村党员、流动党员、“两新”组织党员、离退休党员及青少年群体的督促指导，确保党史学习教育全覆盖。

真正为民办事　把开展“我为群众办实事”实践活动作为检验党史学习教育工作成效的“试金石”，制定印发《“我为群众办实事”实践活动实施方案》《“我为群众办实事”实践活动有关工作安排》等文件，制定公布两批204项济南市“庆百年华诞，办百件实事”市级层面民生项目清单、区县级项目清单3059项，全市各级各部门单位共实施开展820项利民惠民的具体行动，推出460项政策措施，主动办实事16万余件，建立办实事长效机制530余个。（殷宏鹏）

【建党百年宣传教育】　把庆祝建党百年宣传作为贯穿全年的主题主线，制定全市庆祝活动工作方案，确定12项重大活动安排、200多项群众性主题宣传教育活动。举办“永远的旗帜”大型文艺演出；打造中共山东早期历史纪念馆，15万余人次到馆参观学习；举办“百年风华、初心如炬”大型主题展览，600多个团队10万多人次观展。实施建党100周年艺术精品创作，推出红色电影《血沃春华——济南“四五”烈士祭》、音乐剧《尽善尽美》、专题片《光影礼赞百年》等一批主旋律作品。挖掘济南红色资源，推出济南革命烈士陵园（济南战役纪念馆）等18家红色研学基地和30条红色研学线路，打造6条“行走中的党课”经典路线。在全社会开展四史宣传教育，组织开展“放歌新时代·颂歌献给党”系列文化活动、“百年经典、时代华章”优秀剧目展演、“红遍济南”红色资源采风创作等活动，开展系列志愿服务活动3000余场次，唱响爱党爱国爱社会主义的时代主旋律。（张　胜）

【学习宣传党的十九届六中全会精神】　组织收听收看中央宣讲团宣讲报告会，举办省委宣讲团宣讲报告会，4000余名党员干部在现场和通过视频观看。印发《济南市宣传党的十九届六中全会精神工作方案》《关于做好学习贯彻党的十九届六中全会精神宣讲工作的通知》，对学习宣传和宣讲工作作出部署。市级党员领导发挥示范表率作用，带头到所在党支部、单位或基层联系点、高校、企业等开展宣讲，同党员干部群众面对面互动交流，推动全会精神深入基层、深入群众、深入人心。（李晨晓）

【主流舆论宣传】　围绕习近平总书记重要指示要求、建党百年、全面建成小康社会、十九届六中全会等重大主题，开展“奋进新时代、启航新征程”重大主题宣传，参与央媒“纪录小康工程”“坐着高铁看中国”“《对话》栏目专访”等涉济重点项目宣传，做好重点项目集中开工、市委经济工作会议等全市重点工作宣传，组织新旧动能转换起步区新闻宣传，中央广播电视总台山东总站落户济南，对上发稿8000余篇，为强省会建设营造良好舆论氛围。强化舆论引导，稳妥做好环保督察、政法队伍教育整顿等热点敏感问题舆论引导，全市舆情平稳有序。制定加快推进媒体深度融合发展的实施意见，省市一体化打造新媒体平台“新黄河”，下载量达2680万次，全媒体用户量突破4000万次，设立北京等首批工作站，全国影响力初步显现。（张　胜）

【提升城市知名度美誉度】　围绕全市工作大局策划“贯彻落实强省会战略”“奋斗百年路、启航新征程”庆祝建党100周年等系列发布会，第一时间对“GDP过万亿”“十四五专项规划”等热点话题、政策文件进行深入解读、权威发布，首次举办市委新闻发布会，首次在国新办召开国际粮食减损大会新闻发布会，成功举办省新闻办“全面小康、奋进山东”主题系列新闻发布会济南专场，召开发布会120场，宣传济南强劲发展的良好态势。持续开展城市形象品牌打造，建立健全外宣工作领导体制和工作机制，制定《关于加强和改进我市对外宣传工作的若干措施》，开展对法国国际传播、城市品牌提升调研，组织策划国际粮食减损大会、亚信金融峰会、“2021大湾区主流媒体济南行”等宣传活动，推出《最好的济南》《选择济南 创赢未来》《第三

只眼看济南》等外宣产品，开设脸谱、推特社交媒体官方账号，总阅读量近500万人次，展示济南开放发展新形象。（张　胜）

【“文化济南”建设破题开局】 抓好省委巡视关于“文化济南”建设4个方面问题整改落实，加快推进《“文化济南”建设发展规划纲要》编制。健全文艺精品创作生产机制，抓好京剧电影《邓恩铭》、歌剧电影《沂蒙山》、电视剧《永恒的使命》等重点作品的创作生产。实施海右文学精品工程，首批推出长篇小说《大地之上》《泱泱》等5部作品。建立优秀传统文化传承发展工作协调机制、联席会议制度，系统推进“二安文化”传承工作，出版印刷《山东红色基因图谱》济南卷，黄河文化展览馆顺利竣工，城子崖遗址入选全国“百年百大考古发现”，成功当选“东亚文化之都”。落实在新旧动能转换中支持文化产业发展的专项规划、政策措施，主动做好重点文旅项目跟踪服务，推动高新区申报“国家文化和科技融合示范基地”，“济南出版产业集群”被确立为省“十强”产业“雁形阵”集群。举办第三十届全国图书交易博览会、第二届中国国际文旅博览会、第十三届中国舞蹈“荷花奖”民族民间舞评奖等文化会展活动，展会规模、活动设计、国际化水平、区域协作等实现新突破。（张　胜）

【意识形态工作】 抓好省委巡视意识形态专项整改，制定46项整改措施，建立健全16项制度机制，整改事项全部落实见效。落实意识形态工作责任制，提请市委常委会专题研究意识形态工作3次，出台《济南市党委（党组）意识形态工作责任制考核及问责措施（试行）》，组织召开市委意识形态和宣传思想工作领导小组会议、全市意识形态工作联席（扩大）会议，对部分区县、市直部门学习贯彻意识形态工作责任制实施办法和省委、市委工作措施情况进行抽查，推动责任制落实落地。建立涉意识形态舆情会商研判和应对处置工作机制，召开舆情会商研判会议20余次，开展意识形态领域风险排查4次，发放重点提醒5期，化解防范意识形态风险。加强巡察检查，把意识形态工作责任制督查纳入2021年度市委督查计划，对市委第九、第十轮巡察20家单位开展专项检查，增加意识形态考核在高质量发展综合绩效考核中的分值，推动意识形态工作有力开展。（张　胜）

【党委（党组）理论学习中心组学习】 制定《2021年市委理论学习中心组集体学习方案》，印发《全市各级党委（党组）理论学习中心组2021年理论学习安排意见》，围绕学习贯彻习近平新时代中国特色社会主义思想列出学习专题，提出学习要求。2021年，市委理论学习中心组共开展集体学习18次。举办市委理论学习中心组专题读书班6期、市委党史学习教育专题学习班5期、党的十九届六中全会精神专题学习班4期。（李晨晓）

【理论研究】 完成2020年度济南市哲学社会科学课题结项和2021年度立项工作，共立项年度课题135项。组织重大课题攻关，选择驻济高校和科研院所高水平专家牵头组成课题组，围绕推动形成“东强西兴南美北起中优”城市发展新格局、“文化济南”建设等6个课题开展研究，力争推出有理论深度、有对策建议的理论成果。举办“百年风华与济南跨越”庆祝中国共产党成立100周年理论研讨会，为全市党的创新理论宣传研究阐释提供有益借鉴，为推动济南经济社会高质量发展凝聚智慧和力量。

（李晨晓）

【基层理论宣讲】 旗帜鲜明抓好中共十九届六中全会精神宣讲，开展集中宣讲、互动交流58场，受众近万人；指导各系统、各区县开展好宣讲工作；创新从基层村（居）社区中推选党支部书记12名成立基层党组织书记宣讲团，深入基层开展宣讲680余场，受众6万余人次。成立市委党史学习教育宣讲专家库和习近平总书记“七一”重要讲话精神宣讲团，深入基层开展宣讲12800余场，受众410万人次。组织开展全市第九届百姓宣讲比赛和全市理论宣讲比赛，首次开展党史学习教育“我为群众办实事”百场宣讲进基层活动。持续抓好“学习强国”APP学习使用工作，有效提升全市学员总数及活跃度。

（孔　涛）

【发挥巡视巡察作用】 坚持立行立改，做好省委巡视专项整改，将巡视组反馈的5个方面问题，细化分解为14项整改任务，制定46项整改措施，及时调度整改进展情况，研究审议整改工作报告，建立健全制度机制16项，整改事项全部落实见效。加强意识形态巡察检查，抓好市委第八轮被巡察单位意识形态整改落实工作，对市委第九轮、第十轮被巡察部门、单位开展意识形态工作责任制专项检查，发现问题，推动整改。（范　非）

【庆祝中国共产党成立100周年系列活动】 根据中央、省委文件精神，制定印发《中共济南市委关于印发〈济南市庆祝中国共产党成立100周年活动工作方案〉〈济南市组织开展“永远跟党走”群众性主题宣传教育活动工作方案〉的通知》，组织收听收看庆祝大会、举办座谈会和理论研讨会、开展“七一勋章”提名和“两优一先”推荐评选表彰、举办文艺演出、举办主题展览、启用中共山东早期历史纪念馆、开展党史学习教育、推出文艺作品和出版物、组织颁发纪念章和开展走访慰问活动、开展群众性主题宣传教育活动、组织庆祝活动宣传报道、营造浓厚社会氛围12项重大庆祝活动和200多项群众性主题宣传教育活动。设计推出一批庆祝建党百年主题公益广告。主城区新建植物造景16处，栽植更换花卉345.35万盆，设计制作105处主题景观小品和园林造型，在全社会营造“党的盛典、人民的节日”浓厚社会氛围。（刘　冰）

【中共山东早期历史纪念馆建成开馆】 2021年4月15日，中共中央办公厅、国务院办公厅复函省委、省政府，同意建设中共山东早期历史纪念馆。济南市积极落实中央部署和省委工作要求，建成中共山东早期历史纪念馆。6月29日，省委书记刘家义，省委副书记、省长李干杰，省委副书记杨东奇等领导，到中共山东早期历史纪念馆参观，瞻仰中共山东省委机关旧址，对纪念馆建设表示非常满意，认为纪念馆展陈基础资料翔实、历史脉络清晰、影片制作震撼、讲解重点突出催人泪下，系统、生动地再现了中共山东早期党组织践行初心、勇担使命、不屈不挠抗争、发展壮大的历史，堪为齐鲁红色地标。纪念馆建成使用后，广大干部群众踊跃参观并给予高度好评。（张　敏）

2021年6月28日，济南市庆祝建党100周年主题展览开幕　（市委宣传部　供稿）

【举办“百年风华、初心如炬”——济南市庆祝中国共产党成立100周年主题展览】 2021年6月28日至7月21日，由市委主办，市委宣传部、济南日报报业集团、市委党史研究院、市档案馆承办的“百年风华、初心如炬——济南市庆祝中国共产党成立100周年主题展览”在舜耕国际会展中心举办，线下600多个团队10万多人次观展，线上关注达到800多万人次。（刘　冰）

【媒体融合发展】 制定印发《济南市加快推进媒体深度融合发展，建设“新媒体之都”实施意见》，推进全市媒体深度融合。推动中央广播电视总台山东总站落户济南，签署《8K超高清产业发展暨文化创意产业园项目备忘录》。强化业务指导培训，加强县级融媒体中心内容建设，做大做强县级融媒体中心。（霍　婧）

【新旧动能转换起步区新闻宣传】 以国务院正式批复《济南新旧动能转换起步区建设实施方案》重要节点为契机，制定《济南新旧动能转换起步区建设宣传工作方案》，围绕起步区的重要意义、重点内容、系列活动，开设“新时代、新济南、新起步”等专题专栏，精心制作专题片和宣传册，全面介绍济南市贯彻落实黄河流域生态保护和高质量发展重大国家战略、加快建设新旧动能转换起步区的生动实践，提升济南知名度和影响力。

（霍　婧）

【新闻发布工作】 全年共组织召开市委、市政府新闻发布会123场，新闻发布数量再创历史新高。多项新闻发布活动开创先河，重大主题系列新闻发布压茬推进，以人为本积极回应社会关切，新闻发布参与度影响力不断扩大。共有105个市直部门、区县、驻济单位、村（社区）和企业参加发布会，各部门单位主要领导出席75人次，分管领导出席365人次，提升了市委、市政府新闻发布会的权威性和影响力。

（王若峰　韩冰）

【加强国际传播能力】 在脸谱、推特2个社交媒体平台开设济南对外传播官方账号，重点发布济南文化、济南与世界、投资济南、济南智造、泉城故事等内容，对济南城市形象进行国际传播推广。制作《最好的济南》《选择济南、创赢未来》《企动泉城》等系列城市形象宣传片，编撰《济南杠赛来》《中国济南》《济南简史》《再照新济南》等图书画册，拍摄《第三只眼看济南》《你好，济南！——外国友人看泉城》等微视频，济南市委宣传部获得中国外文局“第三只眼看中国”国际短视频大赛组委会大奖，《俄罗斯女孩解读济南剪纸的秘密》获优秀作品奖。强化涉外媒体战略合作，2021年，各涉外媒体和海外媒体累计发布关于济南市新闻报道稿件2800余篇。组织策划第四届中国国际进口博览会、亚信金融峰会、跨国公司领导人青岛峰会、深化鲁台合作推进会、国际粮食减损大会、第四届中国企业论坛等活动的宣传报道。

（乔朝波）

【文艺精品创作】 加强对全市献礼建党百年文艺创作扶持力度，参与京剧电影《邓恩铭》、歌剧电影《沂蒙山》、戏曲电影《22万公里路》、电影《开国将帅》，专题片《光影礼赞百年》《济南红街巷》，电视剧《我们的小康时代》《永恒的使命》《大道薪火》，音乐剧《敬礼》《尽善尽美》、话剧《英雄山》、莱芜梆子《烽火绝恋》，广播剧《乡村变形记》等主旋律作品的创作生产。策划开展“红遍济南”庆祝建党100周年红色资源采风创作活动。“天下泉城”合唱团以世界排名第二、中国排名第一的优异表现，夺得世界合唱比赛含金量最高的成年合唱组线上赛优胜奖（Excellent），实现山东合唱艺术发展史上的新突破。

（支景阳）

【举办2021济南迷笛音乐节】 召开专题协调会，落实演出场地、公安、消防、卫生、电力、安保等各项保障工作，迷笛音乐节于2021年4月30日至5月2日在山东济南国际园博园举办，近70组乐队和音乐人带来风格各异的演出，吸引现场观众近10万人次。

（支景阳）

【推进黄河文化展览馆建设及展陈工作】 黄河文化展览馆展陈结构分为序厅、自然黄河、人文黄河、安澜黄河、精神黄河、幸福黄河、尾厅七大板块，内容囊括黄河流域的自然地理特征、水文地质变迁、历史文化传承、思想科技创新、治河理念发展、防洪技术更替、民族精神融合、红色文化传播、宏观战略部署、经济社会发展成果等，内容以山东、济南为布展视角的起点，辐射全国，链接世界。2021年10月，各项建设、展陈工作全部竣工，成为济南市传承保护黄河文化，全面展示黄河流域生态保护和高质量发展的窗口和平台。

（李银萍）

【推进文化产业发展】 对新引进的规模以上企业、全国30强文化企业给予落地奖励，对招商引资兴建的文化产业项目、园区进行资金奖补，对引进的新媒体企业进行房租补贴，共落实奖补71项、补贴资金4976.52万元。促成中国（山东）自贸试验区济南片区国家文化出口基地挂牌。利用文化出口基地平台优势，发挥赋能作用，降低文化企业出口融资成本；搭建文化贸易数字化平台，服务文化出口上下游企业；建成国内首个跨语言服务基地，为文化贸易产业全链条提供国际语言服务。2021年，前三季度全市规模以上文化企业营业收入同比增长27.63%。

（李军实）

【第二届中国国际文旅博览会】 2021年9月16—20日，以“庆祝建党百年、共享盛世文旅”为主题的第二届中国文化旅游博览会在山东国际会展中心举办。有17个国家驻国内相关文旅机构、22个省（区、市）和省内16个市的2670家展商参展，展品数量达50.7万件；426家投资机构到会洽谈，举办14场文旅项目和产品对接洽谈会，签署45个合作协议，现场签约重点文旅项目10个，总投资618.3

2021 年 7 月 15—19 日，第三十届全国图书交易博览会在山东国际会展中心举办

（张宏　摄）

亿元，比上届增长 13.1%；博览会交易总额达 4.4 亿元，比上届增长 20.2%，其中现场交易额 2.1 亿元，增长 10.5%。　　（厉晓伟）

【第三十届全国图书交易博览会】第三十届全国图书交易博览会于 2021 年 7 月 15—19 日在山东国际会展中心举办。本届书博会以“致敬建党百年、阅享盛世书香”为主题，设建党百年主题等 8 个展区，全国 32 个省（区、市）的 1600 余家出版发行单位参展，展位 5600 多个，展出图书 71 万余种，现场零售约 46.5 万册（套），零售、馆配、订货、线上销售交易额共 6.92 亿元，吸引读者 60 余万人次。

（张　宏）

【首届“新时代、新鲁菜”创新大赛】2021 年 9 月 16 日至 12 月 31 日，由中央广播电视总台山东总站策划，市委宣传部、市文化和旅游局参与组织的首届“新时代、新鲁菜”创新大赛举办。大赛是国内参与人数最多、参赛范围最广、影响面最大的美食赛事。济南市 100 余家餐饮企业的 135 道菜品参赛，其中 2 道菜品获评“十大创新鲁菜”、5 道菜品入选“20 款我最喜爱的新鲁菜”、30 道菜品入选“100 道最具价值新鲁菜”、50 道菜品入选央视编纂的《新鲁菜大典》。

（王建平）

【概况】 2021 年，济南市文明创建向更高层次迈进，入选全国文明典范城市创建试点城市，召开创建全国文明典范城市动员大会，出台《济南市创建全国文明典范城市三年行动计划》，推出五大工程、六大赋能行动，启用文明创建智慧平台，文明创建“济南模式”在全国推广。成立市新时代文明实践服务中心，建立市志愿服务工作协调小组、市新时代志愿服务发展中心（市志愿服务培训学院），启动“双创双树”典型培育推广行动，常态化开展志愿服务活动 5 万余场次。推进乡村文化振兴工作，召开全市新时代文明实践中心建设暨乡村文化振兴工作推进会，评选推荐乡村文化振兴典型案例 74 个。启动新一轮乡村文明行动，县级及以上文明达标村覆盖率达 92%。强化文明单位动态管理，实施修订版《济南市文明单位建设管理条例》，文明单位创建工作水平不断提高。组织开展第八届道德模范、“身边好人”等先进典型评选表彰，2 人获全国道德模范提名奖，5 人获全省道德模范称号，4 人荣登“中国好人榜”。齐鲁道德广场和济南好人馆建成启用。加强未成年人思想道德建设，开展“童心向党”教育实践活动，4 人获评全省“新时代好少年”，建成乡村复兴少年宫 26 座。

（张　胜）

【全市精神文明建设表彰大会】2021 年 1 月 27 日，全市精神文明建设表彰大会举行。会议学习贯彻全国、全省精神文明建设表彰大会精神，总结三年来全市精神文明建设的成功实践，表彰全国、全省、全市精神文明建设先进，研究部署全市精神文明建设工作。

（刘志斌）

【《济南市创建全国文明典范城市三年行动计划（2021 年—2023 年）》】2021 年 4 月 29 日，市委办公厅、市政府办公厅正式印发《济南市创建全国文明典范城市三年行动计划（2021 年—2023 年）》。根据行动计划，济南将按照一年抓提升、两年见成效、三年抓巩固的总体思路，实施强基铸魂工程、文明创建工作、文化繁荣工程、提质立品工程、民生幸福工程，开展“创城最美”赋能行动、“公益宣传”赋能行动、“智慧创建”赋能行动、“行业示范”赋能行动、“法治保障”赋能行动、“网络文明”赋能行动，到2023年年底，基本建成理想信念坚定、文明程度领先、经济高质发展、政治廉洁高效、文化繁荣厚重、社会和谐安定、生态文明良好、治理效能提升、群众高度认可、工作常态长效的全国文明典范城市。（刘志斌）

【市创建全国文明典范城市动员大会召开】 2021年5月14日，市委、市政府召开全市创建全国文明典范城市动员大会，学习贯彻习近平总书记关于精神文明建设的重要论述，落实黄河流域生态保护和高质量发展重大国家战略，坚持以人民为中心的发展思想，总结全国文明城市“三连冠”实践经验，安排部署全国文明典范城市创建工作，动员全市上下锚定新目标新定位，在新起点上建设更高水平的全国文明城市，以实际行动不断增强人民群众的获得感、幸福感、安全感，为加快新时代现代化强省会建设凝聚强大精神力量。（刘志斌）

【出台《济南市创建全国文明典范城市2021年度“十大攻坚行动”实施方案》】 为全面落实全国文明城市创建任务，围绕济南市创建重点难点，2021年8月23日，市创城办出台《济南市创建全国文明典范城市2021年度“十大攻坚行动”实施方案》，大力开展市容市貌净化美化绿化、交通秩序整治、道路设施提升、老旧小区和背街小巷改造、重点窗口行业服务提升、非法小广告清理、不文明行为整治等10项攻坚提升行动。（刘志斌）

【启动济南市文明单位创建智慧管理平台】 为实现文明单位创建常态化，推动文明单位积极创建全国文明典范城市工作，以“我爱泉城”市民文明行为激励回馈平台为基础，建立济南市文明单位创建智慧管理平台。截至2021年年底，平台入驻市级以上文明村镇、文明单位、文明社区（含2021年新增申报单位）3648个，占总数的122%，文明创建主体全部入驻平台，各级文明创建主体通过平台申报、上传创建材料，展示创建过程，将以往文明单位年底集中复查评选改为日常经常性创建，将管理工作抓在平时，破解了创建工作点多、量大、面广、测评任务繁重的难点。

（王丽丽）

【省市级文明村镇、文明单位、文明社区评选复查】 2021年10月9日，启动2021年度省、市级文明村镇、文明单位和文明社区评选复查工作。2021年度，新增省级文明村镇52个、省级文明单位91个、省级文明社区19个，新增市级文明村镇379个、市级文明单位162个、市级文明社区46个。复查合格省级文明村镇274个、省级文明单位787个、省级文明社区220个；复查合格市级文明村镇1072个、市级文明单位999个、市级文明社区276个。（王丽丽）

【推荐评选第三届省级和市级文明校园】 2021年是第三届省级、市级文明校园评选表彰年，市委宣传部制定《济南市中小学文明校园测评细则（2021年版）》，推动文明校园创建活动开展。遴选推荐中小学校参评第三届省级文明校园，山东省济南第十四中学等23所中小学校获评第三届省级文明校园。做好第三届市级文明校园评选表彰工作，山东省济南甸柳第一中学等100所中小学校获评第三届市级文明校园，不断扩大文明校园创建工作的覆盖面和影响力。（侯星亮）

【第八届道德模范评选表彰】 2021年是第八届道德模范评选年。5月下旬，市委宣传部、市文明办、市总工会、团市委、市妇联联合印发《关于评选表彰第八届全市道德模范的通知》，启动济南市第八届道德模范评选表彰工作，共推荐申报235人参加评选。王速成等59人当选第八届市级道德模范；在第八届全国、全省道德模范评选中，济南市田象霞、路兴路2人被评为全国道德模范提名奖，田象霞等5人获评全省道德模范、李爱萍等8人获全省道德模范提名奖。（梁　刚）

【家庭文明建设】 市委宣传部印发关于《进一步加强家庭家教家风建设的实施意见》，市文明委印发《济南市文明家庭激励与管理办法》，巩固文明家庭创建成果，加强文明家庭动态管理，健全文明家庭推选、关爱、管理机制。利用重要传统节日和时间节点，开展“传承文明家风、泉城家庭文明建设活动”进社区、进企业等系列活动，在市直机关组织“分享家风故事、传播文明风尚”文明家庭分享会，在市级媒体开设“泉城文明家庭微访谈”专栏，引导广大青年形成爱国爱家、相亲相爱的婚恋观、家庭观。建立文明家庭走访慰问机制，协调泉城义工新时代文明实践志愿服务队，对相关文明家庭进行定向一对一帮扶，做到进一步暖人心、聚民心、筑同心。（强　晶）

【新时代文明实践中心建设】 围绕同心防疫、春运暖程、温情社区等主题，集中组织开展35项“春暖泉城”文明实践活动重点项目。在全市开展新时代文明实践“双创双树”典型培育推广行动，推选出济南市历下区泉城路街道新时代文明实践所等20个“济南市新时代文明实践示范所”，济南市历下区甸柳新村街道第一社区新时代文明实践站等100个站为“济南市新时代文明实践示范站”，济南市历下区房泽秋敬老孝亲志愿服务项目等20个项目为“济南市新时代文明实践示范项目”，带动全市文明实践工作取得新成效。2021年10月，注册成立市新时代文明实践服务中心，加强对文明实践工作的统筹和指导，全面推进全市新时代文明实践中心建设工作。11月12—18日，举办我爱泉城文明公益基金成立暨济南市新时代文明实践志愿服务项目展示推介周活动，推动文明实践志愿服务项目发展。

（刘晓建　吕建华）

【概况】 2021年，中共济南市委网络安全和信息化委员会办公室（以下简称济南市委网信办）深化网络综合治理，筑牢网络安全屏障，统筹推进信息化建设，为新时代社会主义现代化强省会建设提供有力支撑和保障。获“全市建党100周年安保维稳工作先进集体”、全市“扫黄打非”工作先进集体等称号。（陈　亮）

【市委网络安全和信息化委员会第三次会议召开】 2021年8月16日，济南市委网络安全和信息化委员会召开第三次会议，贯彻习近平总书记关于网络强国的重要思想，传达落实省委网络安全和信息化委员会第三次会议精神，听取有关情况汇报，审议有关文件，研究部署下一步全市网络安全和信息化工作。省委常委、市委书记、市委网络安全和信息化委员会主任孙立成主持会议并讲话，市委副书记、市长、市委网络安全和信息化委员会副主任孙述涛出席会议。（陈　亮）

【省级数字乡村试点申报】 根据《关于开展山东省数字乡村试点工作的通知》文件要求，市委网信办在全市组织开展省级数字乡村试点申报工作。经研究，推荐历城区、钢城区、济南新旧动能转换先行区为山东省数字乡村试点候选县（市、区），推荐槐荫区吴家堡街道、长清区马山镇、莱芜区杨庄镇为山东省数字乡村试点候选乡镇（街道）。2021年4月，最终确定的省级数字乡村试点单位为历城区、槐荫区吴家堡街道、长清区马山镇和莱芜区杨庄镇。（郑　敏）

【济南市区块链产业协会成立大会】 2021年5月9日，济南市委网信办举办“加快推进省市一体化区块链技术创新应用行动启动仪式暨济南市区块链产业协会成立大会”。在会上，济南市区块链产业协会联合省会经济圈其他6地市——泰安、淄博、德州、滨州、聊城和东营的骨干企业，建立全国首家区域融合协同发展创新平台和产业载体“省会经济圈区块链产业创新发展联盟”。（郑　敏）

【“建党百年、初心之路”全国巡展济南站活动】 2021年6月7日，由中央网信办传播局、山东省委网信办指导，济南市委宣传部、市委组织部、市委网信办、市委党史研究院与澎湃新闻主办的“建党百年、初心之路”全国巡展济南站活动暨山东省活动启动仪式在泉城广场举行。（王　斌）

【组织开展互联网企业党建园区巡展宣讲活动】 2021年6月24日，结合党史学习教育，市委网信办组织开展互联网企业党建园区巡展宣讲活动，在高新区红领·云课堂举行活动启动仪式。该次园区巡展宣讲，由“永远跟党走”群众性主题宣传教育、“学党史、感党恩、跟党走”主题党日宣讲、“我为群众办实

事”实践活动、“三个一”等系列活动组成。（田宝明）

【市信息化专家咨询委员会第一次全体会议召开】 2021年7月31日，市委网信办组织召开济南市信息化专家咨询委员会第一次全体会议暨泉城信息化发展论坛。会议以“共谋泉城信息化发展，提升数字便民惠民水平”为主题，旨在交流思想、凝聚智慧，提升济南市信息化领域决策水平，推动济南市信息化事业高质量发展。会议审议并通过《济南市信息化专家咨询委员会章程》，市委常委、市委宣传部部长杨峰出席会议并向信息化专家委员颁发聘书。（郑　敏）

【建设网络举报和辟谣一体化工作机制】 市委网信办推进互联网违法与不良信息举报受理处置一体化机制建设，开通济南市及各区县举报受理电话，精准界定互联网违法和不良信息具体类别的内涵外延，为全市经济社会发展营造良好网络生态。印发《济南市网络辟谣联动工作机制》，与19个指导单位协同联动，确定网络谣言的8种分类，破解谣言真伪难辨、蛊惑性强、反复炒作的难题。2021年9月1日，“济南互联网联合辟谣平台”新版上线，引导网民不信谣、不传谣、不造谣，共同维护健康的网络环境和良好的社会秩序。（刘　欣）

【市“十四五”网络安全和信息化发展规划】 2021年11月，市委网信办完成济南市“十四五”网络安全和信息化发展规划编制工作。规划共分9个章节，从准确把握网信发展态势、总体要求、持续壮大网络空间正能量、推进网络综合治理、强化网络安全屏障、优化基础设施体系、激发数字经济发展活力、提升公共服务效能、保障措施等方面，为全市网信事业发展提供战略指引。（郑　敏）

【“黄河岸边是家乡——返故乡·看发展网络名人山东行”活动在济南启动】 2021年11月30日，由省委统战部、省委网信办主办的“黄河岸边是家乡——‘返故乡·看发展’网络名人山东行”活动在济南启动，30余名网络名人先后到济南市章丘龙山文化博物馆、章丘纪录小康展馆参观考察采风，聚焦黄河流域的文化传承和高质量发展的成功实践，进一步讲好济南故事，传递济南好声音。（李翔宇）

【2021年济南市互联网行业党建工作评先树优活动】 为营造争先争优的浓厚氛围，发挥示范创新引领作用，带动全市互联网行业党建整体提升，市委网信办、市互联网行业党委组织开展互联网行业党建工作评先树优活动，评选出全市互联网行业优秀共产党员、优秀党务工作者、优秀党组织书记、先进党组织和先进单位。2021年12月3日，在龙奥大厦举行2021年度全市互联网行业党建工作总结交流暨党建业务培训会。（田宝明）

统战工作

【概况】 2021年，中共济南市委统战部组织“盈商润济·党旗红”民企党建示范创建活动和“新智聚济·党旗红”示范创建活动，在各民主党派持续巩固“不忘合作初心，继续携手前进”主题教育活动成果，在民营经济人士中开展理想信念教育活动，在党外知识分子中开展“弘扬爱国奋斗精神、建功立业新时代”主题教育，在新的社会阶层人士中开展“新智聚济·筑梦行动”主题活动，在民族宗教界分别开展“讲好民族团结故事，汇集时代奋进力量”“爱党爱国爱社会主义”宣传教育活动，在侨界开展“强党建、促侨建”系列活动，团结引导党外人士坚定不移感党恩、听党话、跟党走。市委、市政府首次召开全市统一战线暨民族团结进步表彰大会，中央统战部、国侨办组织的全国“侨梦苑”建设现场推进会在济南举行。中央统战部副部长、全国工商联党组书记徐乐江，省委常委、统战部部长张江汀批示要求学习推广济南统战工作经验。

【助力经济社会发展】 创新实施全市统一战线同心助力强省会建设“凝聚共识强引导、建言献策助发展、助力民企优服务、乡村振兴聚合力、搭建平台促科创、团结和顺促和谐、以文化人增认同、争先创优提效能”八大行动，扛起助力发展使命职责。举办2021华商企业科技创新合作交流会暨高层次人才走进济南“侨梦苑”活动，签订7个项目，总投资额113亿元。组织山大校友泉城行——走进起步区活动和2021年华侨华人专业人士国情考察山东行暨走进济南“侨梦苑”活动，赴广州、深圳、澳门等地开展招商引资推介，开展驻济侨商助力县域经济发展区县行活动，引进一批大项目好项目和高端人才。实施“盈商润济·聚力”行动，举办省会经济圈商会合作发展联盟金融合作、人力资本论坛及推介活动，推进“省会民营企业家素质能力培养提升工程”。开展“访民企、结同心、办实事”活动，设立17个“亲清驿站”，走访企业400余家，帮助企业解决问题和困难。围绕落实黄河重大国家战略、强省会战略、起步区建设等全市重点工作，引导各民主党派、工商联和无党派人士深入基层调查研究，提出有价值、有分量的意见和建议。2021年，报送各类信息600多篇（条），其中51篇被市委、市政府主要领导批示。持续推进“共帮扶促振兴”助力行动，组织开展“统战成员对口支援”“千企兴千村”等活动，参与临夏州东西部协作工作，累计捐款捐物650余万元，采购临夏州特色产品100余万元，巩固拓展脱贫攻坚成果。

【政党协商工作】 组织举办各类协商活动91次，其中会议协商30次、书面协商61次，市委、市政府主要领导参加5次。指导协助市级民主党派组织完成换届工作，实现新老交替和政治交接。市委召开各民主党派市委会新一届领导班子座谈会，省委常委、市委书记孙立成出席会议并讲话，市委副书记、市长孙述涛主持会议，进一步夯实多党合作事业的基础。

【无党派人士和党外知识分子工作】 实施“凝心·六聚”工程，落实党员领导干部与党外知识分子联谊交友等制度，出台加强党外知识分子思想政治工作若干举措，召开党外知识分子工作阵地建设推进会，举办驻济高校发挥统战优势助力省会发展研修班，组织无党派人士联合调研，推进知联会、欧美同学会组织建设。

【新的社会阶层人士统战工作】 推进实践创新基地建设，3个基地分别被授予全省统战系统“精品工程项目”和“重点培育工程项目”。新建“新智聚济·联心驿站”3家，启动“新智聚济·‘网’眼看泉城”活动，话题阅读量达4598.6万人次，增强统战工作凝聚力、向心力和影响力。

【民族宗教工作】 实施乡村振兴示范民族村创建，开展“送政策、送健康、送文化下乡”等活动，2个民族村被列入省级乡村振兴示范民族村名单。实施民族工作“团结和融”工程，组织第二十一个民族团结进步宣传月活动，在济南中小学开展“讲好民族团结进步第一课”，抓好试点学校开展铸牢中华民族共同体意识主题教育实践活动，打造“铸牢中华民族共同体意识研究基地”。5个单位被评为山东省民族团结示范单位，1个区被确定为山东省铸牢中华民族共同体意识示范区试点，1个社区被评为第八批全国民族团结进步示范单位。学习宣传贯彻全国宗教工作会议精神，坚持宗教中国化方向，搭建“1+6+N”模式，成立“同心同行”大讲堂，引导宗教与社会主义社会相适应，经验做法被中央统战部推广。省委常委、市委书记孙立成在省委民族工作会议暨全省宗教工作会议上作典型发言。

【侨务工作】 实施“侨涌泉城”赋能工程，做大做强“侨梦苑”，协助市委、市政府出台“侨梦苑”发展15条措施，济南“侨梦苑”由“一区一园”拓展为“一区三园”，打造“侨梦苑”高水平对外开放平台。做好新时代海外统战工作，出台《济南市加强新时代海外统战工作的若干措施》，召开全市统战系统海外统战工作推进会，举办“百家侨社”外联平台负责人座谈会，做好与31个国家和地区的135家重点侨团联系对接，讲好济南故事，提高济南美誉度。

【党外代表人士队伍建设】 发现培养优秀人才，抓住换届有利时机，加大党外干部安排使用力度。市委提拔重用市管党外领导干部5名，在39个市政府工作部门中的14个部门配备党外干部，其中配备党外正职2名。

（杨　泉）

【概况】 2021年，市委政研室（改革办、财经办）共起草市委各类文稿1450余篇、400余万字。连续4年获评“全市经济社会发展综合考核先进单位”，连续9年蝉联“省级文明单位”称号，获评首批国家级节约型机关，获评济南市优化营商环境优秀单位，在2021年市直部门（单位）工作完成情况展示评议中位列第十名。市委决策研究中心（市委《济南通讯》编辑部）被中央政策研究室评为“学刊用刊调研工作先进集体”。

【综合文稿起草】 起草市委十一届十三次全会、市委十一届十四次全会、市委十一届十五次全会、市委经济工作会议、全市党史学习教育动员大会、全市建设一流营商环境大会、全市加快建设新时代现代化强省会动员大会、全市政法队伍教育整顿动员部署会议、新旧动能转换起步区建设动员大会、全市创建全国文明典范城市动员大会等重要会议文稿。起草市委、市政府有关文件。起草其他重要文稿。起草的有关文稿在《中国改革报》《大众日报》、省委《山东通讯》上刊发。

【调查研究】 围绕贯彻黄河重大国家战略、加快起步区建设、推进科技创新等中心工作和城市建设、农业农村、社会文化等热点难点问题，开展调查研究，完成调研报告70多篇，得到省市领导批示60余人次。关于加强燃气安全管理、培育新型农业经营主体、发展医美产业的调研等一批调研成果转化为推动高质量发展的有力举措，为市委决策提供重要参考和智力支撑。起草的相关调研报告被中央政研室《学习与研究》、人民网、省委《山东通讯》等刊用。

【深化改革】 落实省“七个求突破”112项改革任务，谋划推进市“十大系统集成改革”162项改革举措。研究制定济南市“十四五”全面深化改革实施规划、重点改革事项等，实施重点改革任务台账管理。研究制定济南市进一步改善营商环境十条措施、加强城市停车设施建设管理若干措施等，推动成立省会城市首个市级企业服务中心，为企业提供“一口办理”，得到国务院第八次大督查通报表扬。人民网、新华网、《中国改革报》等多次报道济南市改革经验做法，济南改革热度指数在31个省会城市中排名第一。

【财经工作】 修订完善有关工作细则，制定出台市委财经办年度工作要点，建立完善成员单位信息共享、会商研判等协调机制。跟踪研判全国宏观经济形势和济南市经济运行状况，定期组织开展全市经济运行分析，开展GDP前20强城市竞争对比分析。加强新旧动能转换、碳达峰碳中和等重点课题调研，编发《济南财经》16期、报送专报11篇，得到市领导批示25人次。牵头推进比亚迪新能源汽车及零部件产业园项目、动力电池项目和半导体项目落地建设，项目总投资超过360亿元，全部达产后年产值将达1000亿元。

【决策咨询信息服务】 加强信息资源整合应用，及时收集整理编辑报送各类信息资料。编辑《济南市市情数据》12期、《近期政研摘要》33期。市委决策研究中心（《济南通讯》编辑部）被评为全市党委信息工作先进单位。制定印发《第三届市委决策研究专家智库2021年度工作方案》。组织山东大学、山东社会科学院等专家学者，围绕中心工作开展课题研究，完成济南市实施碳达峰碳中和路径研究、济南市落实“黄河战略”建设特色优势现代产业体系研究等委托研究课题。

【《济南通讯》编辑出版】 宣传贯彻习近平新时代中国特色社会主义思想，宣传贯彻习近平总书记最新重要讲话精神和重要指示要求，宣传贯彻省委工作要求和市委工作安排。及时开设“学党史、悟思想、办实事、开新局”“庆祝中国共产党成立100周年”“学习贯彻习近平总书记‘七一’重要讲话精神”和“学习贯彻党的十九届六中全会精神”等专题专栏，做好新时代党的创新理论宣传阐释工作。宣传报道济南市改革发展稳定和党的建设各项工作的思路举措以及取得的丰硕成果，营造加快强省会建设的良好舆论氛围。全年共编辑出版《济南通讯》12期。

（刘立东　周文波　朱大鹏）

【概况】 2021年，全市机要保密战线不断提升履职能力，党和国家秘密绝对安全的屏障进一步巩固，党政指示政令绝对安全畅通的渠道进一步强化，围绕中心服务大局的能力进一步提升。在第三届全国网络保密检查监管技能大赛中，市委机要保密局总分列全国副省级城市第三名，获唯一最佳进步奖、优秀奖。

【加大保密工作力度】 先后将保密工作纳入全市高质量发展综合绩效考核、纳入领导班子和领导干部综合考核评价。结合进驻式保密检查的开展，将保密工作纳入市委巡察内容。将党的机要保密方针政策纳入市委理论学习中心组学习内容，增强领导干部履行责任制的积极性、主动性。联合上级保密部门制作《红色保密故事》、拍摄普法宣传短视频，运用融媒体传播优势，扩大宣传教育普及面。联合齐鲁工业大学等开展“保密进校园”活动，开展保密法、密码法进社区、进机关宣传教育活动，在全市营造“学保密、爱保密、会保密”的良好氛围。

【保密制度建设】 指导各级各部门制定、修订保密制度，细化保密管理流程，实现机关单位保密制度规范化。建成全国首个覆盖涉密、非涉密网络的保密监管一体化平台，做到“第一时间”发现报警、核查溯源、阻断信息扩散，实现保密监管关口前移。组织开展重点领域专项检查6次、进驻式检查30次，实现市、区两级保密自查自评全覆盖。编印机关单位保密工作职责、法规清单，全市领导干部保密工作责任告知书连续两年签订率100%。发挥案件查处“利剑”作用，实现保密案件查处“零容忍”。

【支持密码产业发展】 先后将密码产业发展情况纳入对区、县高质量发展综合考核，将济南密码应用与示范基地建设等3个项目纳入全省商用密码“十四五”发展规划，将密码应用纳入全市信息化项目评审前置条件，健全规范各区县密码管理局机构设置，为全市密码产业发展提供坚强保障。争取国家金融业密码应用研究中心、国家级信息设备适配基地落户济南，为产业发展提供技术支撑。以济南密码应用与创新示范基地为载体，引领带动上下游产业集聚，吸引6家企业进驻，基地研发的共识算法Dyno实现全面自主可控，处理性能达到世界领先水平。

（冯　溢）

【概况】 2021年，市委党校（济南行政学院）、市社会主义学院以建设更高水平区域性一流党校、推动党校事业内涵式高质量发展为目标，以党史学习教育为主线，统筹抓好疫情防控和干部教育培训工作。全年举办各类主体班次112期，参训学员1.5万人次；取得各类理论研究成果231项；济南（大峰山）党性教育基地接待6.5万余名党员干部参观学习。获全国党校系统第五届教学管理优秀奖，保持省级文明单位称号，获评全市模范机关建设工作先进单位。

2021年3月15日，市委党校（济南行政学院）、市社会主义学院2021年春季开学典礼举行

（市委党校　供稿）

2021 年 12 月 13—30 日，济南市领导干部党的十九届六中全会精神第二期专题学习班在市委党校（济南行政学院）举办（市委党校 供稿）

【党史学习教育】 在做好自身学习的基础上，发挥党校阵地优势，深化党史教育培训和理论研究。完成省委党史学习教育、学习习近平总书记“七一”重要讲话读书班，十九届六中全会精神专题学习班 6 期 746 人次的服务保障任务；承办市委党史学习教育、学习习近平总书记“七一”重要讲话读书班，十九届六中全会精神专题学习班 13 期，轮训学员 5800 余人次。在 1 个月及以上主体班次专门设置党史学习教育单元，新增以党史为重点的“四史”讲授式专题 9 堂，党史教育授课 356 个课时，组织教师深入基层开展党史宣讲 385 人次。举办全市党校（行政学院）系统“庆祝中国共产党成立 100 周年”理论研讨会等 7 项建党 100 周年系列主题活动。发表党史理论研究论文 76 篇，其中 19 篇在《学习时报》《大众日报》等党报党刊发表，党校学报刊登党史专题论文 20 余篇。

【教学培训】 把学习习近平新时代中国特色社会主义思想作为中心内容和首要任务，1 个月及以上主体班次党的理论教育和党性教育占总课时的 72.1%，习近平新时代中国特色社会主义思想占党的理论教育的 52.3%，党性教育占总课时的 26.5%。举办“实施创新驱动发展战略加快推进科创济南建设”“黄河流域生态保护和高质量发展”等 5 个专题研讨班和新旧动能转换专业能力提升专题研讨班；落实全市对口帮扶任务，联合重庆武隆区、甘肃临夏州举办 2 期专题培训班。完善“1+7+X”党性教育模式，设计新旧动能转换高质量发展 10 大特色主题线路，打造 32 个现场教学点。创立“微课堂 + 云直播”线上教学方式，建立线上教学云直播师资库，首次以线上方式云直播“中华文化大讲堂”，2500 余人同步收听收看。应对疫情发展形势，采取线上、面授两种教学方式，完成在职研究生班教学任务。1 堂课获评全国社院系统青年教师教学竞赛一等奖，1 堂课获评第四届全省党校（行政学院）系统精品课一等奖，1 堂课入选“习近平新时代中国特色社会主义思想宣讲”全省展示课程，2 堂课入选济南市 2021 年度优秀党课。

【科研咨询】 围绕省会一体化建设、黄河流域生态保护和高质量发展、先行区建设等课题开展理论研究，17 项决策咨询成果 20 次获省、市级领导签批，其中 9 项成果获省部级领导签批。培育国家级种子课题 5 项，立项各级课题 77 项，同比增加 20%。在《光明日报》《学习时报》《中国社会科学文摘》《中共天津市委党校学报》等权威报刊发表论文 19 篇，同比增加 20%。市委党校学报入选中国人文社会科学引文数据库（CHSSCD），刊发文章被《新华文摘》论点摘编。全年有 3 项科研成果获全国党校（行政学院）系统优秀成果奖、优秀决策咨询奖，1 项获全国社会主义学院“优秀论文”奖，9 项获全省党校（行政学院）系统优秀科研成果奖、优秀决策咨询奖，20 项获济南市社科优秀成果奖。

【扩面筑基】 贯彻落实中央有关决策部署和省委、市委工作要求，持续推进全市区县党校（行政学校）分类建设和党校教育全覆盖工作，2 所区县党校（行政学校）如期完成培训资源整合目标，6 所新校区主体工程竣工，1 所实现办学硬件快速提升和办学质量加速改善。强化党校事业一体化发展意识，加强对上协调和对下指导，在全省市级党校（行政学院）办学质量评估中名列前茅，并组织开启全市区县党校（行政学校）办学质量评估工作。与市委组织部联合印发《关于进一步加强镇（街道）党校建设做好党员教育培训工作的意见》，制定印发《中共济南市委党校（济南行政学院）分校工作办法（试行）》，进一步强化制度要求，在全市所有镇（街道）成立党校，并在市直部门和国有企业新设立市委党校分校20个。

（孙晓满）

【概况】 市委党史研究院（市地方史志研究院）坚持“党有所需、史有所为”工作理念，紧扣庆祝建党100周年和服务党史学习教育重大主题主线，积极履行“以史鉴今、资政育人”工作职责，在服务全市中心和发展大局中取得新成绩、做出新贡献。2021年，在全国有关培训和会议上介绍经验做法2次、发表国际论坛主旨演讲1次，受到各级领导批示表扬5次。

【打造中共山东早期历史纪念馆】 经省委决策，党中央批准，省市一体精心打造“齐鲁红色文化新地标”——中共山东早期历史纪念馆，献礼党的百年华诞。市委党史研究院以国家级重大课题研究为支撑，创新性运用和转化研究成果，完成展陈策划、大纲起草、设计布展、讲解员培训等分工任务。2021年6月29日开馆当天，省委领导班子集体参观时，给予高度评价。截至年底，中共山东早期历史纪念馆接待观众约15万人次，在全省、全市党史学习教育中发挥了重要阵地作用。

【发挥党史学习教育主力军作用】 党史学习教育开展以来，市委党史研究院作为承担党史学习教育任务最重、被抽调人数最多的单位之一，牵头负责市党史学习教育实施方案中明确重点学习任务5项，承担相应部门责任18项，在党史宣讲、协调联络、简报编报、新闻宣传和巡回指导等方面作出重要贡献。组织开展“庆祝百年华诞、续写红色家谱”主题党日活动、“我为群众办实事”实践活动等；参与制作并把关审定各类党史宣传微视频、专题片、电视片等上百集；组织、参与举办各类展览、新闻发布、媒体推介等活动50余场；深入各区县、机关等进行宣讲40余场次；院长刘浩撰写的《从济南共产党早期组织创建的初心 深刻领悟伟大建党精神的丰富内涵》，被作为全市开展党史学习教育的教材印发学习。7月中旬，中央党史和文献研究院在浙江红船干部学院举办学习习近平总书记“七一”重要讲话精神培训班，院长刘浩作为唯一副省级城市代表作典型发言，全面介绍济南市庆祝建党百年系列活动和开展党史学习教育的经验做法。

【做实黄河文化研究利用和资政文章】 围绕服务黄河流域生态保护和高质量发展重大国家战略在济南的实施，成立黄河历史文化资源研究利用工作专班，形成资政文章3篇、研究成果2个，向市委提交资政报告1份；在市委专题会议上提出建设黄河文化展览馆的建议被市委采纳，并全程指导济南黄河文化展览馆展陈大纲制定、馆内布展等工作；专题建立“黄河历史文化”资料库，利用多种媒介和形式，讲好黄河故事。

【宣传教育工作】 以理论文章、音视频等全媒体手段展现百年党史，与澎湃新闻联合主办“建党百年、初心之路”全国巡展济南站活动；在《济南日报》《济南时报》上发表《明理、增信、崇德、力行——写在全党党史学习教育开展之际》等理论文章6篇；与济南新闻综合广播联合推出大型党史学习教育融媒体节目《信仰的力量》；在“爱济南”客户端推出“爱济南·读党史——关于泉城的100个红色故事”有声播报特别节目；协助济南广播电视台新闻综合频道拍摄百集电视专题片《济南红色街巷》；接受《人民日报》、澎湃新闻、山东电视台等媒体采访、拍摄新闻、专题片17次。办好“中共济南历史网”“济南市情网”和“济南史志”微信公众号。与主流媒体合作，共同打造《风展红旗》（15集）等精品红色系列专题片；联合电视台举办《文化泉城》庆祝中国共产党成立100周年大型文化访谈节目《百年风华看济南》（50集）；监制出品影视影像制品《格物明史——山东革命文物展播》（3集）、《节日、铭记、传承》(3集)、《济南红色故事第二季》(2集)。会同公交集团、济南电视台将红色故事和沉浸式情景剧搬上公交荧幕，在全市260条公交线路3500辆公交车上循环展播红色题材的微党课、微视频，日均受众超过300万人次。

【庆祝建党百年系列活动】 联合承办“百年风华、初心如炬”济南市庆祝中国共产党成立100周年主题展览，在市美术馆举办“红色济南 艺术再现”手绘作品展。主办“初心如炬、光照千秋”王尽美、邓恩铭专题巡展和“纪念中国工农红军长征胜利85周年”图片展等。主办“百年风华与济南跨越——庆祝中国共产党成立100周年理论研讨会”“庆祝中国共产党成立100周年学术研讨会”等。组织举办五龙潭红色文化片区宣讲员选拔大赛、“红动泉城、我心向党”济南市第三届红色故事讲解大赛，讲好济南党史故事、传播传承红色精神。

【重大课题研究和党史精品编研】 编写完成《济南市党史史志工作规划(2021—2025年)》。开展重大课题研究，结项2020年度中央党史和文献研究院专项引导资金项目“济南共产党早期组织创建史资料征集及进一步研究”课题，形成《济南共产党早期组织创建史研究文集》等90余万字的综合类研究成果；组织申报2022年度中央党史和文献宣传专项引导资金项目，“习近平与济南——重要文献史料的征集与研究”课题入选课题库。组织编写《中共济南历史大事记(2013—2021)》、《中国共产党山东省济南市组织史资料(1921—2020)》、《中国共产党山东省莱芜市组织史资料(1926—2018)》、《山东红色基因图谱·济南卷》、《新时代现代化强省会建设实录》(第一辑)、《济南党史》期刊4期。《中国共产党历史山东省济南市历史(1949—1978)》、历史纪录片《邓恩铭》分获全国党史和文献部门优秀科研成果著作类特别奖、影视音像类一等奖；《红色印记——写给中(小)学生的济南党史》获市第三十六次社会科学优秀成果奖评选三等奖第一名。启动党的文献资料征编工作，《习近平同志关于“四史”论述摘编》《济南市重要文献选编》形成初稿。完成省委党史研究院交办的《改革开放以来历任书记口述史》资料征编工作。

【地方史和地方志鉴编纂】 联合高校专家力量，编修出版《济南简史》。推进年鉴编纂提质增效，《济南年鉴(2021)》出版，《济南年鉴(2020)》获第八届全国地方志优秀成果(年鉴类)一等奖。编纂出版《济南泉水诗全编》《济南历代旧志序跋汇辑》等书。接续实施济南名镇名村志文化工程，组织编写《镇村志编纂指导手册》；2021年，省委党史研究院推荐5部镇村志参评中国名镇名村志，济南市占3部(章丘《朱家峪村志》、平阴《东阿镇志》、商河《刘集村志》)。加强对部门志、行业志、专业志的编修指导，《济南市公安志》《图说济南百年工运》等出版。推进济南扶贫志编纂、脱贫攻坚口述史资料征集和脱贫攻坚数据库建设。编纂完成《济南市精准扶贫志》；“济南市脱贫攻坚口述史”资料征集，确定19个专题，收录资料200余万字，图片上千幅；负责济南市“记录小康工程”数据库资料审核，为启动“济南全面小康志编纂工程”奠定基础。完成省委党史研究院交办的《中共山东年鉴》《山东年鉴》济南部分资料报送工作。

【推进红色场馆建设】 统筹推进省暨济南市党史方志馆建设，精心指导总体国家安全观济南市教育展馆、历城红色文化中心、天桥区中共济南市委重建历史陈列馆、莱芜区山东省工委旧址党性教育基地、青运史馆、工运史馆等11处红色教育场馆建设，指导建设数量之多，为历年之最。做好革命遗址遗迹挖掘保护工作，对境域内229处红色纪念馆、遗址、旧址、纪念碑、烈士陵园等进行普查，为革命遗址分类保护提供依据。建立红色教育场馆联席会议制度，举办济南市首届红色文化场馆讲解员培训班，邀请中共一大纪念馆专家等对全市各红色文化场馆的讲解员进行培训。

[市委党史研究院
(市地方史志研究院)]

【概况】 2021年，市直机关工委和机关各级党组织按照“规范、创新、服务、保障”思路，坚持“一个统领”，开展“两项重点活动”，

落实“七项工作任务”，机关党建质量进一步提升、作用更好发挥。经验做法被新华社、人民网、《半月谈》等中央、省级媒体宣传报道60余次，“梯次创建，打造支部建设济南样板”“在事业单位改革中强化党的建设”等5个成果在全国党建评比中获“十佳”“百优”奖项，1个成果在全省获一等奖，多项工作被省委、市委领导批示肯定。市直机关工委获评全国节约型机关，获“新时代全国机关基层党建新成就”短视频作品征集活动优秀组织奖（全国获奖的唯一市级工委）等。

【党的政治建设】 扛起管党治党政治责任，坚持不懈用习近平新时代中国特色社会主义思想武装党员干部，第一时间组织学习习近平总书记发表的重要讲话、作出的重要指示批示，精心部署中共十九届六中全会精神学习，组建27人的市直机关宣讲团开展巡回宣讲，实现对直属党组织宣讲全覆盖。指导各单位党委（党组）中心组举办专题学习班366场次。开展党史学习教育，指导102个直属党组织制定工作方案，开展现场教育和专题辅导宣讲1800余场次；为4429名符合条件的党员颁发“光荣在党50年”纪念章。制定工委机关贯彻落实市委《贯彻落实〈党委（党组）意识形态工作责任制实施办法〉工作措施》的措施办法，联合市委宣传部举办意识形态工作专题培训班。加强“学习强国”APP管理使用，强化舆论宣传。

【基层党组织建设】 指导督促党组（党委）、机关党委（总支）、基层党支部分别制定落实机关党建责任清单、任务清单、整改清单“三级三张清单”，各直属党组织制定年度党建任务、整改清单4584张，整改措施6261项。制定《关于在市直机关推行党支部评星定级管理的实施方案》。加强党支部标准化规范化建设，开展支部梯次创建活动，评选命名“过硬党支部”456个、“示范党支部”80个。在全国率先联合组织、编制部门出台加强事业单位党组织和党务干部队伍建设的专门文件，指导直属党组织成立8个直属机关党委，对43个所属事业单位党组织予以备案。细化优化党建考核体系，召开6场述职评议会，组织102个直属党组织向工委现场述职，指导2500余个基层党支部向机关党委述职，实现述职评议考核全覆盖。指导56个直属党组织完成换届调整。举办350余人参加的党务、纪检、群团干部培训班，指导各直属党组织对2500余名党支部书记进行全覆盖培训。培训专兼职组织员80余名，发展新党员862名，接转党员组织关系19765人次。评选机关党建工作“十佳创新案例”“优秀创新案例”44个，推荐2个案例获评全国第三届党建创新成果展示交流“百优案例”，3个案例获评第一届“新时代全国机关基层党建新成就”短视频作品征集活动“百优作品”，其中党支部梯次创建入围“十佳作品”。丰富完善提升机关党建工作示范阵地，填补同类阵地建设空白，指导支持各单位打造提升党建阵地和党员活动室150余个。

【党风廉政和纪律作风建设】 牵头建立市直机关纪律作风配合协作联动联席会议，制定机关纪律作风问题清单，组织机关党员干部个人自查、单位自查和每月定期检查。从市直各部门抽调专职党务干部组成8个联合督导检查组，对党组织党员数量较多、年度考核中问题较多的8个部门（单位）进行为期3天

2021年3月29日，市委市直机关工委在龙奥大厦举办市直机关党史学习教育推进会暨首场宣讲报告会

（市委市直机关工委 供稿）

2021年6月23日，“颂歌献给党”——济南市市直机关庆祝中国共产党成立100周年合唱展演在山东会堂举行（市委市直机关工委 供稿）

的进驻式督导检查。聘请40名“两代表一委员”和市民代表组建党建监督员队伍，加强社会监督。在《机关党的工作》杂志上开辟《清廉园地》专栏，拍摄廉政动漫短片《晓廉说纪（二）》，精心制作3万册《知且行》廉政教育笔记本，绘制形成“济南市红色资源、廉政资源地图”，经验做法被新华网、齐鲁壹点、“爱济南”新闻客户端等宣传报道。

【“争做强省会建设先锋队”主题实践活动】 研究制定《关于在市直机关开展“争做强省会建设先锋队”主题实践活动的实施意见》和活动配档表。结合机关工作实际，部署推动主题学习宣传、深化公开承诺践诺、树立身边典型等7项重点工作。开展“争做强省会建设先锋队”劳动竞赛、“强省会建设先锋行、青春奉献勇担当”志愿服务月、“巾帼当先锋”健步行等活动。市直部门确定公开承诺事项326项，评选表扬2020年度承诺践诺优秀项目41个。开展强省会建设主题党日活动2200余次，现场办公、一线服务26000余次，为基层企业解决实际问题5100余个。

【模范机关建设】 针对模范机关建设工作中存在的领导力度不够、涵盖面不全、创新动力不足等问题，创新“13469”创建机制，即：强化“一个班子”，高规格加强组织领导；实施“三项措施”，高力度强化激励约束；制定“四个文件”，高水平构建创建体系；围绕“六个模范”，高质量推进工作落实；采取“九个步骤”，高标准组织考核评价，为推动机关党建高质量发展注入强大动力，为促进全市中心工作提供有力保障。

【省市机关联动“双报到”工作】 探索创新省市机关“四同四化”联动模式，有效整合省市机关资源力量，合力为社区群众办实事解难题；开展“双报到百优实事”网上展评活动，对评出100个优秀项目进行通报表扬并借助网上系统集中展示好经验好做法。省市机关党组织与社区签订共建项目1523个，到社区开展主题党日4200余次、志愿服务10万余人次，帮扶慰问困难群众4500余人次，为社区办实事6000余件，办实事直接投入资金500余万元，协调争取资金3200余万元，在省市机关形成“住在济南、热爱济南、建设济南”的浓厚氛围。

【“党建引领促发展，服务民企当先锋”活动】 发挥工委领导市直机关党的工作覆盖面广、号召力强的优势，突出以党建为引领，以主题党日+“三云（云讲堂、云平台、云展示）”为载体，通过发挥市直各部门机关党组织作用，联合到企业开展“主题党日”上门服务的方式为民营企业解决实际问题47件；通过云平台，帮助提出申请的57家企业中的51家获得首次贷款；200余家企业通过云讲堂了解政策、申请业务；50余家企业通过云展示实现线上宣传推介。

（张志伟）

栏目编辑 王 炜

济南市人民代表大会

综　述

【济南市第十七届人民代表大会】 济南市第十七届人民代表大会于2019年1月选举产生，有代表名额579名。市十七届人大三次会议实有代表574名。三次会议以来，2名市人大代表辞职，3名市人大代表调离。截至2021年12月底，市十七届人民代表大会实有代表569名。

（王会磊）

【代表工作】 做实做活主任接待代表日、常委会组成人员集中联系代表、固定联系代表三项制度，主任和各位副主任通过视察调研、走访座谈等形式开展主任接待代表日活动，常委会组成人员与固定联系的人大代表下沉到基层代表联络站接待人民群众，接待群众300多名，集中联系280余名市人大代表，收到群众反映问题300余件，所提问题梳理汇总经主任会议研究后逐一落实办理。组织驻济全国、省人大代表围绕“黄河流域生态保护和高质量发展”及全市经济社会发展成果开展年中专题调研和会前集中视察活动，形成调研报告。制定《市人大代表小组活动建议意见》，指导代表小组规范化、制度化、常态化开展活动，市人大代表小组共组织活动150余次。指导各区县开展跨区调研活动，形成专题调研报告12篇。加强代表联络站规范化建设和运行管理，全市共建立实体代表联络站1052个，5700多名各级人大代表全部进站，实现街道、乡镇建站全覆盖和代表进站全覆盖。全年组织代表进站联系群众活动7000余次，解决群众问题5000多件。按照《“12345”热线人大代表联络站工作制度》，组织代表小组、代表联络站负责人接听热线。加强代表履职平台大数据建设，构建“实体+网上+掌上”代表联系群众新途径。人大代表网络履职意识不断增强，人大代表履职管理系统和微信公众号功能更加完善。组织、推荐代表参加各类座谈会、听证议、执法检查、行风测评等社会活动560余人次。总结提炼十七届人大代表履职工作经验，制作印发《务实创新 不辱使命》“双联”提升纪实宣传画册及《履职尽责 不负人民》先进人大代表小组和优秀人大代表风采宣传画册。　（张　坤）

【代表建议办理】 市十七届人大

2021年9月16日，市人大社会建设委员会到槐荫区中大槐树街道裕园社区调研慈善社工和社区治理工作

（市民政局　供稿）

三次会议以来，代表们共提出建议342件（会期期间326件、闭会期间16件），经代表履职管理系统及时转交84个承办单位办理，共计451件次。代表建议均在法定期限内办理完毕并答复代表。从办理情况看，已被采纳、问题已经解决的448件次，占总数的99.3%；正在解决和列入计划准备解决的1件次，占总数的0.2%；因客观条件限制，暂时无法解决的2件次，占总数的0.5%，代表对建议办理态度满意率100%，对建议办理结果满意率99.8%。一批群众关心的热点和难点问题得到较好的解决和落实。依托代表履职平台及微信公众号，创新开展代表通过手机端对建议办理情况和办理态度进行双评价，真实反映代表意愿。在代表建议督办过程中，加强组织领导，突出督办重点，强化督促检查，通过一系列有效措施，不断推动代表建议办理工作深入开展。　（尹相华）

【济南市第十七届人民代表大会第三次会议】　1月12—15日，在山东会堂召开。会议应到代表562名，实到代表517名。会议听取和审议济南市人民政府工作报告；审查、批准济南市国民经济和社会发展第十四个五年规划和二〇三五年远景目标纲要；审议济南市人民政府关于济南市2020年国民经济和社会发展计划执行情况与2021年计划草案的报告，审查、批准济南市2020年国民经济和社会发展计划执行情况的报告与2021年计划；审议济南市人民政府关于济南市2020年预算执行情况和2021年预算草案的报告，审查济南市2020年预算执行情况的报告和2021年预算草案，批准济南市2020年市级预算执行情况的报告和2021年市级预算；听取和审议济南市人民代表大会常务委员会工作报告；听取和审议济南市中级人民法院工作报告；听取和审议济南市人民检察院工作报告；人事事项：选举鲍峰为济南市人民检察院检察长（须报经省人民检察院检察长提请省人大常务委员会批准）。

【市十七届人大常委会第十八次会议】　1月11日，在市人大常委会会议厅召开。会议听取审议关于济南市第十七届人民代表大会第三次会议筹备情况的报告；审议济南市第十七届人民代表大会第三次会议议程（草案）；审议济南市第十七届人民代表大会第三次会议主席团、秘书长名单（草案）；审议决定济南市第十七届人民代表大会第三次会议列席人员名单（草案）；审议济南市人大常委会工作报告稿；审议并表决济南市第十七届人民代表大会常务委员会关于接受段青英辞去山东省第十三届人民代表大会代表职务的决议（草案）；听取审议济南市第十七届人民代表大会常务委员会代表资格审查委员会关于个别代表的代表资格的报告（草案）；审议并表决通过市政府、市检察院提请的有关人事事项。

【市十七届人大常委会第十九次会议】　2月26日，在市人大常委会会议厅召开。会议听取审议市政府关于2020年法治政府建设工作情况的报告；听取审议市政府关于济南市2020年环境状况和环境保护目标完成情况的报告；审议《济南市客运出租汽车管理条例（草案修改稿）》；审议并表决通过市政府提请的有关人事事项；关于市政府批准的长岭山片区等17个片区控制性详细规划、九曲片区07街区等9个街区控制性详细规划和七里山片区控制性详细规划局部修改方案向会议备案。

【市十七届人大常委会第二十次会议】　4月20日，在市人大常委会会议厅召开。会议听取审议市政府关于“智造济南”工作推进情况的报告；听取审议市政府关于全市水资源管理情况的报告；听取审议市人大常委会执法检查组关于检查全市《济南市机动车和非道路移动机械排气污染防治条例》贯彻实施情况的报告；审议市政府关于提请增选玫瑰为济南市市花的议案；审议市政府关于提请审议《济南市物业管理条例（草案）》的议案；审议市政府关于提请审议《济南市养犬管理规定（草案）》的议案；审议并表决通过市政府、市法院、市检察院提请的有关人事事项。

【市十七届人大常委会第二十一次会议】　6月16—17日，在市人大常委会会议厅召开。会议听取审议市政府关于济南市黄河流域生态保护和高质量发展战略实施情况的报告并进行专题询问；听取审议市政府关于济南市2020年全市国有资产管理情况综合报告；听取审议市政府关于济南市2021年部分地方政府债券资金收支安排及市级预算调整方案的报告；听取审议市政府关于全市基本医疗保障工作情况的报告；听取审议市人大常委会执法检查组关于检查《济南市河道管理保护条例》实施情况的报告；审议《济南市文明养犬管理条例（草案修改稿）》；审议《济南市人民代表大会常务委员会关于废止〈济南市发展社区服务的若干规定〉等5件地方性法规的决定（草案）》；听取审议济南市第十七届人民代表大会常务委员会代表资格审查委员会关于个别代表的代表资格的报告（草案）；审议并表决通过市政府、市监察委、市法院、市检察院提请的有关人事事项；审议市人大常委会执法检查组关于检查全市《中华人民共和国固体废物污染环境防治法》贯彻实施情况的报告（书面）。

【市十七届人大常委会第二十二次会议】 8月16—17日，在市人大常委会会议厅召开。会议听取审议市政府关于全市“七五”普法决议执行情况的报告；听取审议市政府关于全市小区物业管理工作情况的报告并进行专题询问；听取审议市政府关于全市退役军人工作情况的报告；听取审议市监察委员会关于开展反腐败国际追逃追赃工作情况的报告；听取审议市中级人民法院关于民事诉讼程序繁简分流改革试点工作情况的报告；听取审议市政府关于上半年国民经济和社会发展计划执行情况的报告；听取审议市政府关于济南市2020年市级决算和2021年上半年预算执行情况的报告；听取审议市政府关于2020年度市级预算执行和其他财政收支情况的审计工作报告；听取审议市人大常委会执法检查组关于检查《济南市历史文化名城保护条例》实施情况的报告；审议市政府关于提请审议《济南市绿化条例（草案）》的议案；审议市政府关于提请审议《济南市公共场所控制吸烟条例（草案）》的议案；审议关于在全市开展第八个五年法治宣传教育的决议（草案）；审议并表决通过市政府、市法院、市检察院提请的有关人事事项；关于市政府批准的孙村片区等12个片区控制性详细规划、章锦片区03街区等19个街区控制性详细规划及英雄山片区控制性详细规划局部调整方案向会议备案。

【市十七届人大常委会第二十三次会议】 10月27日，在市人大常委会会议厅召开。会议传达学习习近平总书记在深入推动黄河流域生态保护和高质量发展座谈会上的重要讲话精神（书面）；传达学习中央人大工作会议精神（书面）；听取审议市政府关于全市疾控中心建设情况的报告；听取审议市政府关于城乡规划实施情况的报告；听取审议市政府关于中国（山东）自由贸易试验区济南片区建设推进情况的报告；听取审议市检察院关于全市检察机关适用认罪认罚从宽制度工作情况的报告；听取审议市政府关于济南市2021年新增政府债券资金收支安排及市级预算调整方案的报告；听取审议市人大常委会执法检查组关于检查《济南市生活垃圾减量与分类管理条例》实施情况的报告；审议市政府关于提请审议《济南市优化营商环境条例（草案）》的议案；审议《济南市物业管理条例（草案修改稿）》；审议《济南市绿化条例（草案修改稿）》；审议并表决通过市政府、市人大常委会主任会议、市检察院提请的有关人事事项；审议市政府关于全市名泉保护工作情况的报告（书面）；关于市政府批准的药山片区01街区等13个街区控制性详细规划成果向会议备案。

【市十七届人大常委会第二十四次会议】 12月10日，在市人大常委会会议厅召开。会议听取审议市政府关于市十七届人大三次会议以来代表建议办理情况的报告；审议市法院、市检察院、市人大常委会人事代表工作室关于市十七届人大三次会议以来代表建议办理情况的报告（书面）；书面印发市人大各有关专门委员会关于市十七届人大三次会议以来代表建议督办情况的报告；听取审议市政府关于济南市2020年度市级预算执行和其他财政收支审计查出问题整改情况的报告；听取审议市政府关于济南市2021年市级预算调整方案的报告；审议并表决济南市人民代表大会常务委员会关于批准济南市2021年市级预算调整方案的决议（草案）；审议《济南市优化营商环境条例（草案修改稿）》；听取审议关于2021年规范性文件备案审查工作情况的报告；听取审议关于济南市第十八届人民代表大会代表名额分配和选举问题的决定（草案）；听取审议济南市第十七届人民代表大会常务委员会代表资格审查委员会关于个别代表的代表资格的报告（草案）；审议并表决通过市政府、市法院、市检察院提请的有关人事事项；审议市政府关于济南高新区建设和发展情况的报告（书面）。

（张　丽）

【概况】 2021年，市人大常委会共任免政府组成人员、市人大常委会办事机构和工作机构工作人员、市监察委员会组成人员、市中级人民法院、市人民检察院工作人员93人次。

【人事任免名单】 1月11日，济南市第十七届人民代表大会常务委员会第十八次会议表决通过，决定任命：孙世会为济南市城市管理局局长。任命：鲍峰为济南市人民检察院副检察长、检察委员会委员、检察员。决定免去：王道忠的济南市城市管理局局长职务。决定：鲍峰为济南市人民检察院代理检察长。

2月20日，经市十七届人大常委会第四十五次主任会议研究，免去：杨荣峰的济南市人大常委会财政经济工作室副主任职务。

2月26日，济南市第十七届人民代表大会常务委员会第十九次会议表决通过，决定任命：肖红为济南市生态环境局局长。任命：尹金亮、郭鹏鲁、董丽娜、王雁如为济南高新技术产业开发区人民法院审判员。唐晓鹏为济南市人民检察院副检察长；宋希山、徐向宁为济南市人民检察院检察员。景科为长清区人民检察院检察长。决定免去：倪志纯的济南市人民政府办公厅主任职务；侯翠荣的济南市生态环境局局长职务。免去：朱雁、施红、刘彦亭、李亚超、李宏军的济南市中级人民法院审判员职务。景科的济南市人民检察院检察委员会委员、检察员职务；宋建军的济南高新技术产业开发区人民检察院副检察长、检察委员会委员、检察员职务。宋希山、徐向宁的济南市城郊地区人民检察院检察委员会委员、检察员职务。批准接受：王文辞去长清区人民检察院检察长职务。

4月20日，济南市第十七届人民代表大会常务委员会第二十次会议表决通过，决定任命：朱玉明为济南市人民政府办公厅主任；孙战宇为济南市商务局局长。任命：夏珍、肖寒、张海霞为济南高新技术产业开发区人民法院审判员；王文为济南市人民检察院检察员。免去：栾钧霞的济南市中级人民法院民事审判第五庭副庭长、审判员职务；李琴、李文实、魏薇、刘建平、李平公的济南市中级人民法院审判员职务；衣光军的济南市人民检察院副检察长、检察委员会委员、检察员职务。决定接受王京文辞去济南市人民政府副市长职务的请求，报济南市人民代表大会备案。决定接受张淋生辞去济南市第十七届人民代表大会常务委员会委员、济南市第十七届人民代表大会财政经济委员会副主任委员职务的请求，报济南市人民代表大会备案。

6月17日，济南市第十七届人民代表大会常务委员会第二十一次会议表决通过，决定任命：冯毅为济南市地方金融监督管理局局长。任命：杨光忠为济南市监察委员会副主任。决定：杨光忠为济南市监察委员会代理主任。免去：吴大平的济南市中级人民法院审判委员会委员、审判员职务；李现光的济南市中级人民法院审判员职务。决定接受程德智辞去济南市监察委员会主任职务的请求，报济南市人民代表大会备案。决定接受郑德雁辞去济南市人民政府副市长职务的请求，报济南市人民代表大会备案。

8月17日，济南市第十七届人民代表大会常务委员会第二十二次会议表决通过，决定任命：王宏志为济南市人民政府副市长；吕涛为济南市人民政府副市长，兼任济南市自然资源和规划局局长；鞠正江为济南市投资促进局局长。决定免去：刘科的济南市人民政府秘书长职务；吕建涛的济南市科学技术局局长职务；杨永斌的济南市自然资源和规划局局长职务；张军的济南市投资促进局局长职务；靳磊的济南市民营经济发展局局长职务。免去：李志忠的济南市中级人民法院民事审判第二庭庭长职务；张钊的济南高新技术产业开发区人民法院审判委员会委员、审判员、刑事审判庭庭长职务；闫玮的济南高新技术产业开发区人民检察院检察委员会委员、检察员职务。

10月18日，经市十七届人大常委会第五十九次主任会议研究，免去：王平的济南市人大常委会预算工作室副主任职务。

10月28日，济南市第十七届人民代表大会常务委员会第二十三次会议表决通过，决定任命：王品木为济南市人民政府秘书长；陈西武为济南市科学技术局局长；韩延才为济南市退役军人事务局局长；程伟为济南市统计局局长；孟学峰为济南市民营经济发展局局长。任命：白龙为济南市人大常委会教育科学文化卫生工作室主任；金丽霞为济南市人大常委会监察和司法工作室主任；段迎军为济南市人大常委会城乡建设环境保护工作室主任。决定免去：潘传利的济南市退役军人事务局局长职务；苑子建的济南市统计局局长职务。免去：段迎军的济南市人大常委会副秘书长职务；孙法星的济南市人大常委会教育科学文化卫生工作室主任职务；张海昕的济南市人大常委会监察和司法工作室主任职务；鹿中华的济南市人大常委会城乡建设环境保护工作室主任职务；范芸的济南市人民检察院副检察长职务；胡晓麟的济南市人民检察院检察委员会委员、检察员职务。决定接受秦旭辞去济南市第十七届人民代表大会常务委员会委员、济南市第十七届人民代表大会民族侨务外事委员会副主任委员职务的请求，报济南市人民代表大会备案。

12月10日，济南市第十七届人民代表大会常务委员会第二十四次会议表决通过，决定任命：王纮为济南市教育局局长；曹殿军为济南市城乡交通运输局局长；刘动为济南市应急管理局局长。任命：张生为济南市中级人民法院副院长、审判委员会委员、审判员；宋蔚为济南市人民检察院副检察长、检察委员会委员、检察员；薛辛伟、史守鹏为济南市人民检察院检察员。决定免去：王品木的济南市教育局局长职务；贾玉良的济南市城乡交通运输局局长职务。免去：宋蔚的济南市中级人民法院副院长、审判委员会委员、审判员职务；郭奉璞的济南市中级人民法院审判委员会委员、审判员职务；林玉君、乔东宁的济南市中级人民法院审判员职务；张生的济南市人民检察院副检察长、检察委员会委员、检察员职务；孙久明的济南市人民检察院检察委员会委员、检察员职务。高瑞昌的济南市人民检察院检察员职务。决定接受刘延才辞去济南市第十七届人民代表大会常务委员会委员、代表资格审查委员会副主任委员，济南市第十七届人民代表大会社会建设委员会副主任委员职务的请求。

（田文懿）

【《济南市机动车和非道路移动机械排气污染防治条例》贯彻实施情况执法检查】 4月6日，市人大常委会执法检查组召开全体会议，听取市政府关于条例实施情况汇报，针对法定职责落实、专项规划编制、机动车污染防治、非道路移动机械监管和行政执法等重点问题开展检查。4月20日，市十七届人大常委会第二十次会议听取审议执法检查报告。

（程 浩）

【《济南市河道管理保护条例》贯彻实施情况执法检查】 5月21日，市人大常委会执法检查组召开全体会议，听取市政府关于条例实施情况汇报，针对河道规划、治理、保护、利用等制度落实情况，河长制推进情况和执法、法律责任落实的情况进行重点检查，对河道防洪安全、泉水补给措施等重要方面进行深入检查。6月16日，市十七届人大常委会第二十一次会议听取审议执法检查报告。

（闫京山）

【《中华人民共和国固体废物污染环境防治法》贯彻实施情况执法检查】 受省人大常委会委托，6月3日，市人大常委会执法检查组采取实地检查与随机抽查相结合的方式，重点检查危险废物、医疗废物、厨余垃圾等领域污染防治制度和法律责任落实情况，并向省人大书面报告检查情况。6月16日，市十七届人大常委会第二十一次会议听取审议执法检查报告。

（程 浩）

【《济南市历史文化名城保护条例》贯彻实施情况执法检查】 8月6日，市人大常委会执法检查组召开全体会议，听取市政府关于条例实施情况汇报，围绕政府责任落实、法规制度执行、规划编制实施、保护措施落实、保护利用实效、依法监管情况等“六查六看”重点内容，到历下区、市中区、天桥区实地检查。8月16日，市十七届人大常委会第二十二次会议听取审议执法检查报告。

（程 浩）

【《济南市生活垃圾减量与分类管理条例》贯彻实施情况执法检查】 9月27日，市人大常委会执法检查组召开全体会议，听取市政府关于条例实施情况汇报，针对源头减量措施、法规制度落实、分类体系建设、激励约束机制、法规实施保障等重点问题，到历下区、市中区、槐荫区、高新区实地检查。10月27日，市十七届人大常委会第二十三次会议听取审议执法检查报告。

（程　浩）

【全市安全生产工作情况专题询问】 6月16日，市十七届人大常委会第二十一次会议听取审议市政府《关于全市黄河流域生态保护和高质量发展战略实施情况的报告》。6月16日下午，市十七届人大常委会第二十一次会议召开联组会议，对全市黄河流域生态保护和高质量发展战略实施情况开展专题询问。8名询问人就济南市黄河流域生态保护和高质量发展战略实施过程中的重大项目规划实施、省会经济圈一体化发展、生态环境治理、科技创新引领产业发展、水资源开发利用保护、济南新旧动能转换起步区建设、保护传承弘扬黄河文化、改善农村居民生产生活、跨河通道建设等方面的问题提出询问，市发展改革委、科技局、生态环境局、交通运输局、水务局、农业农村局、文化和旅游局和济南新旧动能转换起步区8个单位的主要负责人到会接受询问。（孙笑凇）

【全市小区物业管理工作情况专题询问】 8月16日，市十七届人大常委会第二十二次会议听取审议市政府《关于小区物业管理工作情况的报告》。8月17日上午，市十七届人大常委会第二十二次会议召开联组会议，对全市小区物业管理工作情况进行专题询问。10名询问人分别就物业行业诚信管理及规范化服务、小区停车问题、业委会组建及履职、业主公共收益、专项维修资金、小区消防安全、物业服务价格、行政执法进小区、老旧小区管理、“三供一业”分离移交10个方面焦点问题提出询问，市发展改革委、住房城乡建设局、城管局、市国资委、市场监管局、消防救援支队、公安局交警支队7个政府部门（单位）负责人到会接受询问。

（程　浩）

栏目编辑　张　阳

【概况】 2021年，济南市总面积10244.45平方千米，辖12个区（县）、132个街道、29个镇、992个居委会、4699个村委会。年末常住总人口933.6万人，人口自然增长率2.8‰。全年实现生产总值11432.2亿元，比上年增长7.2%。其中，第一产业增加值408.8亿元，第二产业增加值3964.1亿元，第三产业增加值7059.4亿元。固定资产投资比上年增长11.5%。地方一般公共预算收入1007.6亿元，一般公共预算支出1292.7亿元。社会消费品零售总额5126.1亿元，进出口总额1944.2亿元。年末金融机构本外币各项存款余额23437亿元，年末金融机构本外币各项贷款余额23313.2亿元。城镇居民人均可支配收入57449元，人均消费支出36866元。农村居民人均可支配收入22580元，人均消费支出14591元。全市空气质量综合指数4.7，首次降至5以下，优良天数占比达62.7%，退出全国重点城市空气质量排名后20位。重点泉群连续18年保持喷涌。 （钟文英　李哲）

【统筹疫情防控与经济社会发展】 市委、市政府坚持“人民至上、生命至上”总原则，抓牢抓实抓细常态化疫情防控，构筑疫情防控安全屏障，全年保持本地确诊病例“零增长”，新冠病毒疫苗累计接种2042.3万剂次，覆盖878.3万人。有效落实全省四批“六稳”“六保”高质量发展政策清单，新增减税降费100亿元。就业形势保持稳定，发放稳岗补贴1.4亿元，城镇新增就业17.5万人。消费市场回暖向好，新引进各类品牌首店、连锁便利店200余家，社会消费品零售总额增长14.7%。全力保障重点项目建设，争取地方政府专项债券460.5亿元，300个市级重点项目完成投资3035亿元。 （钟文英　李哲）

【全市一般公共预算收入突破千亿大关】 2021年，全市一般公共预算收入达1007.6亿元，成功迈入“千亿时代”。2021年1—12月，全市财政收入均保持两位数增长，历下区、高新区、历城区、市中区一般公共预算收入突破百亿元。

（钟文英　李哲）

【济南跻身全国特大城市行列】 9月，国家统计局在2021年第18期《求是》杂志发布《经济社会发展统计图表：第七次全国人口普查超大、特大城市人口基本情况》。文章数据显示，济南总人口达到920万人，城区人口达到588万人，跻身全国特大城市行列。这标志着核心城市引领发展战略步入新阶段，对济南深入落实“强省会”战略、加快建设黄河流域中心城市、引领省会经济圈一体化发展具有重要意义。

（钟文英　李哲）

【山东碳市场服务中心启动】 7月16日，山东碳市场服务中心在济南成立。作为全国碳交易市场在山东区域的签约合作单位，中心搭建山东双碳智慧服务平台，对全省八大行业690家控排企业，开展低碳技术的研发与转化、碳资产投融资咨询服务。 （钟文英　李哲）

【成立全国首个省会城市市级企业服务中心】 8月2日，全国首个省会城市市级企业服务中心——济南市企业服务中心揭牌成立。中心以系统集成改革思维，整合全市惠企政策资源和各部门涉企服务职能，实现涉企服务“一口办理”，为企业提供全链条、全天候、全过程、全生命周期的一站式服务。相关经验做法被国务院第八次大督查作为典型经验做法予以表扬通报。

（钟文英　李哲）

【被授予2022年“东亚文化之都”荣誉称号】“东亚文化之都”评选活动是中日韩三国文化领域的重要品牌。自2019年成为候选城市后，济南将“东亚文化之都”创建与城市各项工作充分结合，提出“共创、共建、共享”的创建理念，全市形成浓厚的创建氛围。2021年8月30日，在第十二次中日韩文化部长会议上，济南被授予2022年“东亚文化之都”荣誉称号。

（钟文英　李哲）

【“万里黄河第一隧”——济泺路隧道通车】9月29日，济南黄河济泺路隧道正式通车。作为济南新旧动能转换起步区建设的标志性工程，隧道自2017年11月30日动工兴建至建成通车历时3年零10个月，是全国首条穿越地上悬河的盾构隧道，建成时是我国直径最大的公轨合建隧道。济泺路隧道的通车，使汽车、地铁同步穿黄，消除困扰黄河两岸融合发展的交通瓶颈，助推携河北跨战略的实施，对济南从“大明湖时代”加速迈向“黄河时代”、加快实现新时代现代化强省会建设的战略目标具有重要意义。

（钟文英　李哲）

【济南城子崖遗址入选全国“百年百大考古发现”】10月18日，第三届中国考古学大会公布“百年百大考古发现”，济南章丘城子崖遗址入选。城子崖遗址位于济南市章丘区龙山街道辖区内的巨野河（武原河）东岸被称为“城子崖”的台地上，是一处龙山文化为主，兼有岳石文化和东周遗存的城址，为龙山文化的代表性遗址和发现地、命名地。1961年，国务院公布城子崖遗址为第一批全国重点文物保护单位。城子崖国家考古遗址公园项目是济南唯一一处国家级考古遗址公园。（钟文英　李哲）

【获批设立国家级互联网骨干直联点】11月1日，山东省工业和信息化厅官网显示，工业和信息化部批复，同意在济南设立国家级互联网骨干直联点。作为国家重要通信枢纽，国家级互联网骨干直联点主要用于汇聚和疏通区域乃至全国网间通信流量，是互联网网间互联架构的顶层关键环节，开通后将极大提升网间通信速度和质量，对维护网络安全、提升网络效率、推动全市数字经济高质量发展具有重要意义。

（钟文英　李哲）

【获批成为全国首个科创金融改革试验区】11月25日，中国人民银行等八部委印发《山东省济南市建设科创金融改革试验区总体方案》，济南获批成为全国首个科创金融改革试验区。获批后，将力争用5年左右时间，从“机构、服务、市场、要素、开放、载体、生态”等维度发力，构建由人才、政策、平台、机制等共同作用的科创金融生态系统，形成体系健全、结构合理、配套完善、保障有力的科创金融服务体系，建立完善覆盖科技创新全周期的金融生态链，支持山东新旧动能转换重大工程取得重大突破，形成深化金融支持科技创新和服务实体经济可复制可推广的经验。（钟文英　李哲）

【山东首个8英寸高功率芯片生产项目顺利通线】12月，山东首个8英寸高功率芯片生产项目完成全线设备调试，在济南比亚迪半导体有限公司顺利通线。该芯片产品技术拥有完全独立的自主知识产权，能针对不同的产品设计匹配相应工艺，有助于缓解缺芯造成的新能源汽车产能不足问题。

（钟文英　李哲）

【“济南造”首列地铁列车下线】12月25日，“济南造”首列地铁列车在济南地铁范村车辆基地下线，标志着“济南地铁、济南造修、济南配套”目标的初步实现。该列车为B型铝合金车体车辆，最高运行速度100千米/小时，由济南中车四方轨道交通装备有限公司生产制造，后期将用于济南地铁3号线二期工程。（钟文英　李哲）

【文电办理与会议活动】2021年，市政府制发综合性、政策性文件19件，市政府办公厅制发综合性、政策性文件28件。组织承办全市性政府会议32次、市政府常务会议34次。上报国务院办公厅和省政府办公厅信息1700条，国务院和省委、省政府领导批示90条，成绩居全省16市前列；编报《济南政务信息》455期、2600条（篇），市领导批示54条。

（谭征　高书省　鲁法芝　赵紫玉）

【政务督查】做好市《政府工作报告》确定的277项重点任务、为民办22项实事和省20项重点民生实事的督查调度；督查市政府常务会议决定事项453项，印发督查通报52期；督办市政府主要领导批示事项3369件，上报督查专报88期。开展重点工作专项督查36次。督办国务院“互联网＋督查”平台转办问题494项、省“互联网＋督查”平台转办问题21项。办结全国人大代表建议1件，省人大代表建议8件、省政协提案40件，市人大代表建议335件、市政协提案592件。2021年8月，市政府办公厅被评为“市十七届人大代表建议办理先进单位”。完成国务院第八次大督查、2021年全省经济社会发展综合督查迎查工作。2021年5月，济南市两项工作受到国办通报表扬和督查激励。2021年11月，济南市“建立企业服务中心实现惠企政策‘一口办理’”做法作为国务院第八次大督查发现的典型经验做法受到国办通报表扬。（钱磊磊　黄敬宗）

【热线服务】　推进和保障“12345”热线工作科学、高质量发展，打造人民群众联系党委、政府“最畅通、最便捷、最信任”的渠道，成为为民服务的重要平台。持续提升热线智能化水平，全年共升级热线系统功能57大项、200余个小项，完成“政务服务好差评”系统，实现热线系统与行政审批系统的数据共享交互和融合。打造知识库新模式，系统梳理知识库，整理政策文件、部门职责、业务事项等信息6106条，为热线接听即时办理提供有力支持，同时与舜网知识库实现数据互通、更新共享，通过“爱济南”APP和“12345”微信小程序进行公开，市民查询更便捷。发挥党支部战斗堡垒作用，以高标准党建引领，以更高标准争当全国示范标杆，济南市政府办公厅市民服务热线办党支部被中共中央授予“全国先进基层党组织”称号，“着力提升“12345”市民服务热线服务水平，全力打造24小时不下班的服务型政府”作为全省经济社会发展综合督查发现的典型经验做法受到通报表扬。（朱建钢）

【政务公开】　推动政务公开标准化规范化全覆盖，发挥政务公开在建设法治政府、服务政府等方面的促进作用，加快转变政府职能，推动政府决策和管理服务更加透明规范。政府门户网站全年发布政务信息8551条，发布各类政策文件解读165条，发布市政府常务会相关议题与解读33次，直播市两会开幕式和市委、市政府新闻发布会123场，直播、录播《作风监督面对面》电视问政41场。2021年中国政府网站绩效评估报告中，济南市政府门户网站位列全国省会城市政府门户网站第二名。壮大新媒体矩阵，带动全市900余家政务新媒体发挥舆论宣传作用，唱响网上公开主旋律，其中“微博济南”发布信息16334条，粉丝总数182.6万人。（姚　芳）

【市政府常务会议】　2021年，市政府召开常务会议34次，研究议题177项，涉及全市重点专项规划、规范性文件议题50余项，集体审议《济南市优化营商环境条例》《济南市绿化条例》《济南市特许经营管理办法》等法规规章条例，推进垃圾分类、文明养犬、公共场所控烟、禁放烟花爆竹等与群众生活密切相关的法规规章的制定实施。（谭　征）

【市政府重要专题会议】　2021年，市政府召开的重要专题会议有：全市供排水“一张网”改革推进及泉水直饮工作专题汇报会议、中央商务区建设推进工作专题会议、济南遥墙机场综合交通枢纽及机场快速通道规划工作专题会议、全市疫情防控工作视频会议、研究齐鲁科创大走廊区域基础设施规划建设两年行动计划专题会议、全市加快县域科学发展领导小组（扩大）会议、推进中央财政支持住房租赁市场发展试点工作专题会、推动智慧中药房健康发展工作专题会议、全市省级以上开发区高质量发展推进大会、全市租赁住房工作专题汇报会议、济南市国家级互联网骨干直联点建设推进工作专题会议、全市利用外资工作专题会、全市大数据创新应用突破行动会议、全市道路交通安全工作高质量发展现场会、研究2021年城市道路建设计划专题会议、济南黄河生态风貌带规划专题会。（鲁法芝）

【重要决策决定】　*济南市人民政府文件*　1月5日，济南市人民政府印发《关于加强水资源管理工作的意见》（济政发〔2021〕1号）。文件提出，要统筹各类水源，坚持“供、排、蓄、引、治、保、工、管”多措并举，并明确严格总量控制、建设水源工程、加强节水管理、强化再生水利用、加大行业监管力度、强化排水管理、加强泉水保护等重点任务。

2月2日，济南市人民政府印发《关于推进全市园林和林业绿化高质量发展的实施意见》（济政发〔2021〕4号）。文件强调，要积极实施高水平规划引领行动、黄河生态风貌带打造行动、城乡生态空间提质增效行动、自然保护地体系建设行动、生态产业惠民富民行动、生态资源保护行动、生物多样性保护行动、行业治理能力提升行动八大行动，着力拓展城乡绿化空间，不断增强人民群众的绿色获得感、幸福感。

4月5日，济南市人民政府印发《济南市土地储备办法》（济政发〔2021〕6号）。该办法共34条，分别从土地储备计划、土地储备项目实施、土地收回与收购、土地储备与管护、土地储备资金、监督管理等方面做出明确规定。该办法适用于历下区、市中区、槐荫区、天桥区、历城区、长清区、章丘区、济阳区、济南高新区、市南部山区、济南新旧动能转换先行区土地储备工作。商河县、平阴县、莱芜区、钢城区可参照执行，也可另行制定办法。

6月1日，济南市人民政府印发《济南市健全完善公共卫生体系实施方案》（济政发〔2021〕11号）。方案提出，要进一步加强公共卫生体系建设，不断完善公共卫生监测预警、疾病预防控制、重大疫情医疗救治、突发公共卫生事件应急管理、人才支撑、科研创新、制度保障等机制，力争到2022年，全市公共卫生监测、预警、处置、保障等专业体系基本健全，公共卫生治理能力、社会防控意识显著增强，重大突发公共卫生事件应对能力显著提升。

济南市人民政府办公厅文件

1月26日，济南市人民政府办公厅印发《济南市关于推进对外贸易创新发展的实施意见》（济政办发〔2021〕3号）。方案指出，要打造高能级外贸发展载体，壮大外贸经营主体，创新市场开拓渠道和优化贸易方式，大力发展进口贸易，加快发展外贸新业态新模式，强化外贸要素投入，提升外贸发展环境，并提出一系列保障措施。

6月11日，济南市人民政府办公厅印发《关于加快新能源汽车推广应用的若干政策》（济政办发〔2021〕12号），共包括推广新能源汽车消费、加快重点领域推广应用、实行差异化交通管理、完善基础设施配套网络、促进新能源汽车产业发展五大方面20条政策。

8月7日，济南市人民政府办公厅印发《济南市建设用地使用权转让、出租、抵押二级市场管理办法》（济政办字〔2021〕16号）。该办法共31条，分别从建设用地使用权转让、出租、抵押以及监管责任等方面做出明确规定。该办法重点规范了土地交易以及土地连同地上建筑物、其他附着物等整宗地一并交易等情况，包括净地交易、在建工程交易、土地连同地上物整体交易等。

11月13日，济南市人民政府办公厅印发《关于促进全市批发住宿餐饮业高质量发展的意见》（济政办发〔2021〕24号）。意见明确了批发业、住宿餐饮业高质量发展的目标和要求，并提出鼓励发展制造主导型批发业等十大政策与实施高端住宿供给工程等十大工程。

（赵紫玉）

2021年济南市人民政府文件选目一览表

表1

文件名称	发文字号
济南市人民政府关于加强水资源管理工作的意见	济政发〔2021〕1号
济南市人民政府关于全面推进绿色建筑高质量发展的实施意见	济政发〔2021〕3号
济南市人民政府关于推进全市园林和林业绿化高质量发展的实施意见	济政发〔2021〕4号
济南市人民政府关于济南市东部水源四库连通调水工程占地区禁止新增建设项目和迁入人口的通告	济政发〔2021〕5号

续表 1

文件名称	发文字号
济南市人民政府关于印发济南市土地储备办法的通知	济政发〔2021〕6 号
济南市人民政府关于印发济南市 2021 年国民经济和社会发展计划的通知	济政发〔2021〕8 号
济南市人民政府关于印发济南市国民经济和社会发展第十四个五年规划和二〇三五年远景目标纲要的通知	济政发〔2021〕9 号
济南市人民政府关于加快跨境电子商务发展的意见	济政发〔2021〕10 号
济南市人民政府关于健全完善公共卫生体系的意见	济政发〔2021〕11 号
济南市人民政府印发关于加快“科创济南”建设全面提升科技创新能力的若干政策措施的通知	济政发〔2021〕14 号
济南市人民政府印发关于加快驻济高校科技成果转化深化市校融合发展战略的若干政策措施的通知	济政发〔2021〕15 号
济南市人民政府关于印发济南市“十四五”妇女发展规划和济南市“十四五”儿童发展规划的通知	济政发〔2021〕16 号
济南市人民政府关于印发济南市“十四五”教育事业发展规划的通知	济政发〔2021〕18 号

2021 年济南市人民政府办公厅文件选目一览表

表 2

文件名称	发文字号
济南市人民政府办公厅关于印发济南市支持快速发展初创企业的政策的通知	济政办发〔2021〕1 号
济南市人民政府办公厅关于印发《济南市国有土地上房屋征收与补偿办法》实施细则的通知	济政办发〔2021〕2 号
济南市人民政府办公厅关于印发济南市关于推进对外贸易创新发展的实施意见的通知	济政办发〔2021〕3 号
济南市人民政府办公厅关于印发深化“放管服”改革优化营商环境 2021 年重点任务分工方案的通知	济政办发〔2021〕4 号
济南市人民政府办公厅关于支持新型产业发展用地的意见（暂行）	济政办发〔2021〕5 号
济南市人民政府办公厅关于进一步改革完善医疗卫生行业综合监管制度的实施意见	济政办发〔2021〕7 号
济南市人民政府办公厅关于印发加快现代种业创新发展全力打造中国北方种业之都的行动方案的通知	济政办发〔2021〕8 号
济南市人民政府办公厅关于贯彻落实鲁政办发〔2021〕3 号文件进一步做好热线优化工作的实施意见	济政办发〔2021〕10 号
济南人民政府办公厅关于印发济南市全面推行证明事项告知承诺制实施方案的通知	济政办发〔2021〕11 号
济南市人民政府办公厅印发关于加快新能源汽车推广应用的若干政策的通知	济政办发〔2021〕12 号
济南市人民政府办公厅关于加强经营性用地全生命周期管理的意见（试行）	济政办发〔2021〕13 号
济南市人民政府办公厅关于印发济南市住房公积金提取管理办法的通知	济政办发〔2021〕14 号
济南市人民政府办公厅关于印发济南市建设用地使用权转让、出租、抵押二级市场管理办法的通知	济政办发〔2021〕16 号

续表 2

文件名称	发文字号
济南市人民政府办公厅关于进一步做好全面深化“证照分离”改革工作的通知	济政办发〔2021〕17 号
济南市人民政府办公厅关于印发济南市支持首店经济和连锁经营发展的若干措施的通知	济政办发〔2021〕18 号
济南市人民政府办公厅关于印发济南市重点项目建设推进管理办法的通知	济政办发〔2021〕19 号
济南市人民政府办公厅关于加强城市功能照明管理工作的意见	济政办发〔2021〕20 号
济南市人民政府办公厅关于印发济南市集体建设用地管理办法（试行）的通知	济政办发〔2021〕21 号
济南市人民政府办公厅关于印发济南市支持特色产业楼宇发展的若干政策的通知	济政办发〔2021〕22 号
济南市人民政府办公厅关于继续执行《济南市人民政府办公厅关于印发〈济南市城市中低收入住房困难家庭租赁住房补贴保障标准及办理程序的规定（试行）〉等 3 个规定的通知》的通知	济政办发〔2021〕23 号
济南市人民政府办公厅关于促进全市批发住宿餐饮业高质量发展的意见	济政办发〔2021〕24 号
济南市人民政府办公厅关于印发济南市城市公园管理办法的通知	济政办发〔2021〕25 号
济南市人民政府办公厅关于印发济南市公益性公墓（骨灰堂）管理暂行办法的通知	济政办发〔2021〕26 号
济南市人民政府办公厅关于印发济南市城市地下管线建设管理办法的通知	济政办发〔2021〕27 号
济南市人民政府办公厅关于济南市金融支持人才创业创新的实施意见（试行）	济政办发〔2021〕28 号

应急管理

【概况】 2021 年，全市应急管理系统全力推进安全生产、防灾减灾、应急救援等各项重点工作，为全市经济社会高质量发展提供坚强有力的应急管理保障。全年全市事故起数、死亡人数同比分别下降 30.3%、41.7%，未发生重特大生产安全事故。

【安全生产监管】 印发《济南市安全生产大排查大整治活动实施方案》《济南市安全生产攻坚年行动实施方案》《济南市建党 100 周年安全生产领域决战决胜实施方案》，推进安全生产大排查大整治、安全生产专项整治、安全生产攻坚年行动，查改各类安全隐患 41.2 万项。采取“蹲守驻点”与“流动驻点”相结合、安全监管与执法监察相协同等方法，对部分重点行业、“不放心”企业开展“驻点”监管，消除事故隐患。综合运用明察暗访、突击检查、集中执法等手段，聚焦安全风险突出和易发生事故的重点行业、重点企业、关键环节、要害部位，全面加大执法监管力度，严查重罚非法违法行为，推动企业安全生产秩序持续规范好转。

【安全生产责任体系建设】 制定出台《市委常委会成员、市政府领导班子成员 2021 年安全生产重点工作清单》《济南市安全生产任务分工》，明确党政领导年度安全生产重点工作，细化 56 个部门（单位）安全生产任务分工。创新建立“双轮驱动”安全生产考评机制，聘请第三方专业机构，每季度对负有安全生产监管职责的 24 个市直部门、41 个行业领域和 12 个区县、3 个功能区党委政府开展 1 次现场考核，并将考评成绩纳入全市经济社会高质量发展绩效考核。建成安全监管对象基础数据库、安全监管责任实名制数据库，对录入监管对象数据库的 16.3 万余家生产经营单位（场所），逐一界定安全生产行业主管部门和直接监管责任部门，全面推行依“底”监管、“实名”监管。强化事故调查处理，对 5 个事故多发频发区县进行警示约谈，追究刑责 17 人，党纪、政务处分 9 人。

【应急处置能力提升】 印发实施《济南市第一次全国自然灾害综合风险普查实施方案》，建立联席会商和督查督办制度，全面开展自然灾害综合风险普查工作，摸清风险隐患底数，查明综合防抗能力。制定印发《济南市应对灾害性天气紧急避险工作的实施意见》，强化对暴雨、暴雪、台风、冰雹等极端天气的监测预报预警，细化紧急避险措施。建立市级公安、交警、消防、森防、防汛、交通运输、卫生、供电、水务、燃气、高速、轨道交通等相关部门（单位）应急资源、应急信息、数据资源互联互通的应急指挥平台，打通部门信息共享“壁垒”。建立应急、公安、消防、水务、气象等部门联合值守机制，第一时间获取信息，第一时间分析研判，第一时间应急处置。成立应急物资储备基地建设指挥部，加快推进市级应急物资储备基地建设。选择实力强、信誉好的50余家企业作为代储企业，打造总量稳定、动态平衡的“虚拟储备库”，满足6万人紧急转移安置的物资保障需求。

【应急管理基础建设】 开展安全生产、防灾减灾知识进企业、进农村、进社区、进学校、进家庭“五进”活动，广泛宣传普及洪涝、台风、地震、风雹、地质等各类灾害和火灾、煤气泄漏、溺水、中毒、交通事故等安全防范知识和应对技能。发放《应急避险手册》，制作科普知识微课堂、微视频、小游戏等寓教于乐的宣传产品，组织开展应急演练、科普教育基地体验等活动，提升全民风险防控和应急处置能力。搭建应急“屏台”，开展“亮屏”行动，将每月16日确定为“集中亮屏日”，滚动播报安全生产、防灾减灾知识和突发状况应对防范措施。规范完善地震避难场所350余处，疏散面积近1400万平方米，走在全省前列。在全市老旧小区、开放式社区新建20个应急救援站，有效提升基层应急处置能力。在历下区、天桥区、历城区、槐荫区试点，安装高楼应急安全逃生智联系统926户，发放消防产品2196套，实现百米高层建筑居民3分钟内安全逃生的目标。举办2021山东（济南）应急文化和装备博览会，参展企业276家，展位1200个。

（陈昌明）

【概况】 2021年，市政府研究室发挥“参谋助手”作用，统筹推进综合文稿撰写、全市政府系统调研网络体系构建、决策咨询服务、政府工作报告起草等工作，全年共撰写综合文稿1100余篇，共400余万字，其中市长讲话412篇、常委副市长讲话235篇，其他文稿425篇，形成《关于加快突破“康养济南”做强全省医养健康产业的调研报告》等47篇高水平调研成果，获省、市领导批示50余人次。《省市一体化推进“科创济南”建设的研究报告》获第一届山东省人民政府决策咨询奖一等奖、2021年中国发展研究奖三等奖，《关于济南市文旅产业提档升级研究报告》获济南市第36次社会科学优秀成果奖一等奖，党建创新案例《调研服务“一张网”，党建引领“一盘棋”》被评为“山东优秀党建品牌”。

【构建全市政府系统调研网络体系】 布局调研基地，从全市区县、镇街、企业等单位选取确定50个调研基地，开展走访座谈40余次，收集整理基层问题60余个。组建联络员

2021年10月26日，市政府研究室在龙奥大厦组织召开2022年《政府工作报告》起草工作人大代表、政协委员座谈会

（市政府研究室 供稿）

队伍，优选市直部门59名业务骨干，组建全市政府系统调研联络员队伍，开展专题培训4次、交流座谈10余次，协助市直部门形成高质量调研报告160余篇。健全激励机制，开展全市政府系统优秀调研成果评选活动，评出优秀调研成果162篇。完善调研工作制度，制定政府系统调研网络体系实施意见等17项制度规范，建立“1+N”调研制度体系。

【推动决策咨询模式创新】 开展“开门写报告”活动，针对政府工作报告起草工作分专题、分层次开展调研，通过门户网站、公众号等平台收集意见建议5000余条，听取吸纳人大代表、政协委员、专家学者意见建议。搭建智库平台，与10余家高校院所合作，建立由150余名行业领军学者教授组成的专家智库，围绕起步区建设、推进新型城镇化等专题召开研讨会6次，形成专家观点文章20余篇。借助外脑开展调研，围绕黄河国家战略、强省会建设等重点调研课题，委托优秀研究机构与专家参与课题研究，高质量完成调研报告14篇。收集整理外地发展经验，形成的30余篇信息被《济南政务信息》采纳，获市领导批示20余人次，1篇信息在山东政务专刊刊载。

（钟文英）

【概况】 2021年，济南市行政审批服务局以便民利企为中心，以改革创新为主线，强化系统集成协同高效，持续深化制度创新、流程再造，优化“极简审批”济南模式，推动“在泉城·全办成”品牌实现新突破。2020年度，济南市在全国营商环境评价中位列第九，取得历史性突破；连续两年在山东省营商环境评价中位列第一。

【持续优化营商环境】 围绕打造一流营商环境，市行政审批服务局主动对接国办职转办、国家发改委法规司、省营转办，推动市级层面建立书记、市长任“双组长”的持续深入优化营商环境和推进政府职能转变领导小组。参与组织召开全市建设一流营商环境大会，进一步提高营商环境建设重要程度。建立完善营商环境常态化工作调度、工作协同和信息报送制度，形成全市上下齐抓共管的工作格局。牵头制定建设一流营商环境实施方案，聚焦企业、个人全生命周期，深入实施创新突破行动，推出33个方面288条具体举措。围绕“营商环境走在前列”目标定位，建立完善常态化对标机制，推动济南市在11个指标领域开展17项国家级试点。

【济南市企业服务中心成立】 2021年8月2日，济南市企业服务中心揭牌成立，是省会城市首个市级企业服务中心。中心成立后，整合全市涉企服务资源，实现涉企服务“一口办理”。线上打造“泉惠企·济企通”综合服务平台，线下设立企业服务专区，组织区县大厅设立惠企政策专窗，集中开展惠企政策梳理，为企业提供全链条、全天候、全流程、全生命周期一站式服务。首批20项市级惠企政策实现“免申即享”，共为企业兑现政策资金6.24亿元。济南市成立企业服务中心的经验做法获国务院第八次大督查通报表扬，在国办“放管服”改革简报、中国政府网及官方抖音号宣传推广。

【持续优化“拿地即开工、建成即使用”济南模式】 全面推行“多诺合一”“多审合一”“多验合一”，工程建设项目审批改革系统打通37个专业系统，将涉及的17个部门48个审批事项以及评估评审、中介服务、市政公用服务等事项全部一体化在线运行。济南市在全国工改评估中位列第八，分段限时联合验收获全国推广；办理建筑许可指标在国评中进入标杆行列，“多诺合一”获第二届全国信用承诺书示范样本。

【企业发展“全周期”集成式流程再造】 在市行政审批服务大厅设置企业开办专区，将7个部门8个环节合并办理，打通社保、公积金等系统，实现一次登录、一个环节、一网通办、半日办结。在50个行业推行“一业一证”改革，发证数量始终位居全省前列。指导市区两级大厅设立“一链办理”专区，为水路运输企业量身打造“我要开客船”主题套餐服务，一次性为市文旅集团办结“六证合一”经营证件36份。牵头推进“双全双百”工程，聚焦企业全生命周期6个阶段高频事项，对88个行政许可事项实施

"1+N"定制套餐，打造"商事登记服务链"。2021年，全市市场主体总数突破140万户。

【深化"一网通办"应用】 市行政审批服务局会同市大数据局等部门协同推进系统互联互通，全市政务服务事项网上可办率达99.28%。市区两级统筹推进电子证照应用，2628项事项331种电子证照与纸质证照同步制发、同步亮证，在8个区县试点为新开办企业免费发放电子印章；依托一体化在线平台运行事项实现电子证照、电子印章全覆盖。创新推出"云勘察"服务模式，实现操作记录和数据资料全程留痕，企业可随时随地查看审批进度。推进无人工干预审批。扎实推进建设资质智慧审批试点，12类144个事项实现"24小时自动受理"，其中58个事项实现"24小时自动审批"；交通运输、城市管理等领域51项事项实现无人工干预审批。

【提升政务服务便利度】 围绕打造7×24小时政务服务体系，市区两级全面推行24小时预约服务，上线国内首个集智享地图和"智惠导服"于一体的咨询引导系统，提供24小时事前咨询服务。实施基层自助服务网点"倍增计划"，在社区、产业园区、商业楼宇等布设自助服务终端110余台。在深化"异地通办"方面，持续优化黄河流域生态保护和高质量发展审批服务联盟工作机制，不断扩大"跨省通办"范围；率先推行"济泰行政审批服务一体化"，首批52项事项实现异地申请、集中审核、即发证照；牵头小清河通航水域水运类审批事项"跨市通办"，按时完成"跨省通办""省内通办"任务。完善精准服务实现机制，围绕服务需求感知、服务决策、服务提供、服务评价等环节，与省委党校、山东大学、山东师范大学合作设立教研基地；聘请120名社会监督员、改革体验官，畅通"12345"热线、人大代表建议和政协委员提案等渠道，全面提升服务敏锐性和回应的及时性。推行滴灌式精准服务，实行中午"不断档"、周末"不打烊"、延时错时服务和"三免费"等服务，对老年人、残疾人等群体提供个性化帮办。依托"佳佳帮您办"和"山东济南项目管家"，组建1600余人帮办队伍，为企业、项目提供全生命周期定制服务。深化"政银合作"，在与28家银行合作设立335个政银合作网点基础上，升级打造88个政务服务便民服务点，一站式办结企业开办、社会事务等审批事项。

2021年9月30日，济南市第一台"民生标准型"一体化政务服务自助终端在天桥区纬北路街道聚贤社区启用，为社区居民提供7×24小时全天候不打烊政务服务

（王圣军 摄）

【健全完善审批服务制度体系】 牵头起草并以市委、市政府名义印发"在泉城·全办成"改革2.0版实施意见，推动打造整体智慧治理政府。与市人大对接，推进相对集中行政许可权改革立法，完成《济南市行政审批服务条例》立法调研，初步形成条例草案。深化"一套标准管审批"，制定《关于加强政务服务标准运行与监督的实施意见》，组织区县制定30项高频事项现场踏勘工作标准，牵头起草两项省级地方标准，其中重点建设项目帮办标准起草已接近尾声；参与起草政务服务大厅建设和管理规范等两项省级地方标准。出台支持自贸试验区济南片区创新发展8项措施，探索商事主体登记确认制改革，推行商事登记"即时审批"。全面落实"证照分离"改革，进一

步深化告知承诺审批制度，城市建筑垃圾处置等132项行政许可事项及证明事项推行告知承诺制。联合教育、民政、市场监管等部门出台学科类培训机构审核登记工作方案，“双减”工作稳步推进。

（王　晖）

【概况】 2021年，济南公共资源交易中心（以下简称“中心”）按照市委、市政府关于公共资源交易体制机制改革的要求，进行机构改革，明确为市政府直属正局级事业单位，于6月7日举行揭牌仪式。中心围绕提升公共资源配置效率和效益、优化公共资源交易领域营商环境两条主线，打造“全办成·更简‘易’”服务品牌。2021年，共完成交易项目12308宗，交易总额3619.97亿元，同比分别增长9.05%、58.29%，继续领跑省内各交易平台。在2021年度全国公共资源交易年度评选中，中心连续5年获评全国十佳公共资源交易中心，中心党组书记、主任董怀敏获评年度改革先锋人物，山东首个应用BIM技术的电子招投标项目——历下总部商务中心D座装饰装修工程设计项目BIM可视化评审获评全国十佳示范项目，“掌上交易”APP系统获评科技大赛二等奖。

【建设公共资源交易电子平台】 建设“1+1+N+大数据”公共资源交易电子平台，推动全流程“不见面”交易服务实现全领域、全流程交易电子化。与“工程建设项目审批管理系统”实现互联互通，实现工程建设项目交易和审批“一窗办理”。投放中标通知书自助打印终端，开展投标保证金“线上收退”“即办即退”服务，推进物联网智能技术，让交易全流程“随时看、看得全、看得清、管得住”，让交易更阳光、更智能。

【加强制度化建设】 2021年，在原有44项内部管理制度的基础上，又制定出台30多项管理制度和工作规则，简化办事环节，规范办事流程。加入“全国公共资源交易中心区块链联盟”，发起成立“黄河流域高质量发展公共资源交易跨区域合作联盟”，共建共享标准化、制度化成果。推进省市县（区）一体化，与省交易平台及各监管部门建立常态化联络机制。牵头制定各类信用信息管理实施方案，助力信用评价和信用奖惩；对接“信用中国”红黑名单，通过线上校验实现投标过程黑名单企业自动过滤；增加市场主体违规成本，规范其交易行为。配合监管部门建立日常监管+“双随机、一公开”监管长效机制，强化全过程监管；加强对招标代理机构的平台操作管理和现场管理，全程监督专家抽取；利用大数据分析，实现智慧化监管，及时发现并预警违法违规行为。面向社会聘请33名公共资源交易社会监督员，对平台各市场主体、各交易环节开展广泛监督。

【推进远程异地评标建设】 制定出台《济南公共资源交易远程异地评标评审实施意见》，明确建设内容，细化实施步骤，强化工作落实。加强区域合作，按照统一标准进行场地改造，为远程异地评标常态化提供“硬”支撑，通过升级电子评标系统、电子签名服务平台等软件，为远程异地评标常态化提供“软”保障。以“互认互信、共享共治”为目标，完成“区块链+公共资源交易”开发应用，常态化推动远程异地评标等业务协同，推动实现数据“一链囊括”、评标“零距离”，丰富优质专家资源，提高评标质量。

【提升资源配置效率】 通过与省外

2021年济南公共资源总体交易情况表

表3

交易类别	交易数（宗）	比上年（±%）	交易额（亿元）	比上年（±%）
政府采购项目	7715	4.28	475.63	204.46
工程建设项目	3635	6.32	2143.2	40.45
土地使用权交易	743	117.25	928.16	67.11
国有产权交易	51		10.52	
其他类型交易	164		62.46	
合　计	12308	9.05	3619.97	58.29

及黄河流域联盟成员加强区块链、远程异地评标等业务合作，推动资源跨地区共享，促进要素自由流动，提升区域要素资源配置效率。实现市域内“一个平台、一个流程、一个模式、一个标准”运行，提升区域性要素资源配置统筹整合能力，实现资源配置共建共享，提高要素资源配置效率和保障能力。2021年，全市有400多个重点项目在“绿色通道”“容缺受理”“首席服务员”等制度保障下及时落地实施，交易额逾300亿元；平台招标人突破1500个，同比增加11.2%；投标人突破14000个，同比增加33.1%；招标代理突破500个，同比增加34.9%。

【公共资源交易跨区域合作】 2021年5月21日，济南市、西安市等10个沿黄城市共同发起成立“黄河流域高质量发展公共资源交易跨区域合作联盟”。依托大数据、云计算、区块链、5G网络等信息技术，实现可公开交易数据全部上链、共享，促进各类交易行为动态留痕、可追溯，建立跨区域一体化发展战略合作，推动黄河流域公共资源交易高质量协同发展。9月8日，济南、西安两省会城市首个黄河流域跨省远程异地评标项目启动仪式在济南公共资源交易中心举行，标志着区块链技术在济南公共资源交易系统正式上线运行。9—11月，先后与大连、青岛、临沂等8个城市开展10次远程异地评标活动，远程异地评标迈入常态化新阶段。

【土地交易改革创新】 2021年12月，中心聚焦起步区项目推进需求，创新供地方式，首次采用中心开发的土地使用权网上拍卖系统，完成崔寨片区04街区地块国有建设用地使用权交易，成交面积196.41公顷，金额10.313亿元，比传统的挂牌交易时间缩短10天，保障了济南比亚迪项目的顺利推进。实现历城区港沟街道芦南村集体建设用地挂牌出让，出让面积11368.00平方米，成交金额1842万元，是济南市首次实现城区内集体经营性建设用地使用权挂牌出让，也是济南市6个国家城乡融合发展试验区中首宗集体经营性建设用地入市交易。

（陈林　李明）

【概况】 2021年，全市信访系统以服务保障强省会建设和建党100周年为主线，一体化推进“解源头、减存量、控增量、防风险”工作，信访形势总体平稳有序。5月24—25日，中央信访工作联席会议“治理重复信访、化解信访积案”经验交流暨工作推进会在济南召开，国家信访局对济南市信访工作特别是“治重化积”工作给予肯定。

【信访工作领导组织体系建设】 市委、市政府将信访工作纳入“十四五”规划，列入全市高质量发展综合绩效考核，并把信访积案常态化化解作为2021年全面深化改革工作要点，与全市重点工作同部署、同推进、同落实。年内，市委常委会、市政府常务会7次听取信访工作汇报，市委、市政府主要领导对信访工作作出批示指示78次，市分管领导牵头召开信访专题调度会、协调会115次。优化“三级领导包案、三级工作专班”信访事项化解推进机制，筛选684件化解难度大的“钉子案”“骨头案”纳入领导包案范围集中攻坚化解。其中，32件省级领导包案信访事项和418件区县级领导包案信访事项均已全部化解，234件市级领导包案信访事项已化解220件，化解率94%。推进领导公开接访常态化规范化，市信访工作领导小组办公室印发《关于进一步做好领导接访工作的通知》，市委、市政府主要领导带头落实市级领导干部接访工作计划，各区县（功能区）、街镇领导干部实行接访“五公开”制度。提升信访工作考核考察权重，在市管干部和“两代表一委员”提名审核，国家、省、市精神文明单位年度审核，市直机关党员发展对象审查，全市被表彰单位、个人提名审核等工作中，市委组织部、宣传部、市直机关工委、市人社局都书面逐人逐单位征求市信访局意见。

【信访突出问题攻坚】 按照中央信访联席办部署，开展集中治理重复信访、化解信访积案工作。市信访局聚焦难点重点，加强协调指导督促，推动主责单位创新方式方法、加大政策供给、批量解决问题、巩固化解成效，中央信访联席办第一批交办的2467件重复信访事项全部化解。在此基础上，对第二批交办的824件重复信访事项，全部实行

“领导包案、工作专班”常态化推进机制，督促属地和主责单位按照既定“时间表”和“路线图”扎实推进。十大领域信访突出问题集中整治完成预期目标。市委、市政府顶格推动，市委书记、市长任全市城建领域信访突出问题集中整治工作领导小组组长，其他九大领域信访突出问题专项治理工作专班全部提级升格，由分管市委常委或副市长任组长，行业主管部门牵头从纵向上对本系统信访突出问题存量进行排查梳理，逐案核对并明确包案领导、责任单位、工作措施和化解时限，全市上下压实责任、强化措施，整治工作取得扎实成效。

【信访矛盾问题源头治理】 创新矛盾纠纷“滚动式”排查化解机制。制定印发《关于做好不稳定因素和风险隐患排查化解工作的通知》，在全市开展不稳定因素和风险隐患大排查、大化解，每天开展滚动排查，摸清信访问题存量底数。创新预警接访联动快结快处机制。市信访局与市公安局构建起信访维稳一体化指挥、立体化防控、协同化处置的高效运行机制，实行信访预警信息推送认领落地反馈“1小时”制度，实现“预警与联合接访、驻京查劝联动，责任主体直接下访约访，信访部门全程跟踪督办”的信访预警闭环处理。健全主动信访治未病机制。坚持信访每日动态、月分析和专题调研制度，形成高质量调研报告供市委、市政府决策参考，推动共性问题成批化解。创新区县社会矛盾纠纷多元预防调处机制。指导推进各区县（功能区）“一站式”矛调中心建设，整合信访接待、投诉举报、矛盾调解、劳动仲裁、公共法律服务、司法诉讼服务等各类资源和解纷力量，推动“多中心”向“一中心”转变，实现各区县（功能区）矛调中心全覆盖，到市以上走访批次、人次同比分别下降27.93%、51.51%。

【信访基层基础业务水平提升】 推行“联合接访超市”，一站式解决信访矛盾。7个重点市直部门常驻市群众来访联合接待大厅，优化律审前置、依法分类、人民调解、法律咨询、信访调处“五位一体”运行模式，实现群众来访一站式接收、一揽子调处、全链条解决。年内，共召开重点事项联合研判会271次，来访事项一次性化解率92.08%。推行精细化办信，群众来信件件有回音。坚持实施“绿色邮政”，规范办信流程，加强初信办理，实行转交办“三沟通”机制（信访部门与来信群众沟通固定诉求，与责任单位沟通研判解决问题，与属地沟通督促做好协办稳定工作），对来信大户和重点信访人上门“家访”，面对面沟通交流，及时妥善解决群众合理诉求，信访部门和责任单位的群众来信处置满意率均逾96%。推行“一网通”，网信办理提速增效。全面升级信访信息系统，实现市、区县（功能区）、街镇三级全覆盖。提升网上信访受理办理效能，加大网上信访宣传引导力度，年内全市网上信访总量24600件次，答复率100%。推行公开听证，对症下药化解信访矛盾“堵点”。密切联系市人大、市政协、市司法局、市社科联及高等院校，筛选2472名听证专家、学者，建立市级信访听证员库1个、区县级信访听证员库15个，全年各级组织听证信访事项27209件，听证率97.14%，信访听证法治公信力大幅提升。2021年，信访部门群众满意率90.18%，责任单位群众满意率87.97%，较2020年分别提升4个百分点和5个百分点。

【信访机构组织力量强化】 在全市事业单位改革中为12个区县信访局增配13个副处级督查专员职数，为市、区县信访部门增加7个行政编制、95个事业编制，全市161个街镇办公室全部加挂信访办公室牌子，明确信访工作职能，信访工作力量明显加强。

（王　政）

【概况】 2021年，济南市大数据管理工作以数据整合共享、数字政府建设、数字泉城建设为重点，数据开放和泉城链、可信身份认证、不动产业务掌上办理、掌上亮证场景应用走在全国全省前列。数据开放成为全国标杆，济南市获评2021年数据开放标杆城市；数字政府服务能力评估获评“优秀级”，政府互联网服务能力步入全国领先行列；数据中心规模数量保持全省首位；泉城链政务数据可信共享新模式获第一届中国新型智慧城市创新应用大赛二等奖；“保医通”数据共

享模式被国家、省医保部门试点推广；“卡码联动”智慧出行的做法被省自贸办列入拟在全省复制推广的候选改革试点经验；社区长者助餐、退休静默认证、老年免费公交卡免年审、机场老年身份证联通健康码、“泉城码”卡码联动相关做法被中央媒体专题报道。

【数字基建】 在全省率先出台《济南市数据资源登记和交易流通试行办法》，建成数据资源登记系统。电子政务外网与量子技术创新融合试点示范项目通过国家电子政务外网管理中心测试验证。数据开放位居全国开放数林标杆城市第五位、副省级城市第二位，数据数量、数据质量、数据规范和开放范围等数据层指标位居全国第一，连续3年获全国“数开成荫”奖。“量子+”数字政务融合创新安全应用平台列入全省网络安全试点示范工程，“三位一体”数据安全防护体系相关做法入选杭州“西湖论剑”十大新型智慧城市案例。

【数字社会】 全国首创泉城链政务数据可信共享新模式。普惠金融领域累计授信金额超过50亿元，农业银行、浦发银行、华夏银行等多家银行金融机构总行给予充分认可。全省率先打造“卡码联动”智慧出行新示范，实现公交卡与健康码“卡码联动”、自动核验，被省自贸办列入拟在全省复制推广的候选改革试点经验。

【“无证明城市”建设】 31个领域的办事事项实现“免跑腿”，42个市级证明事项网上开具，18项市级高频证明可在“泉城办”APP掌上办理，累计减少纸质泛证明材料1200多万份；在热点领域开通运行22个高频可信身份认证应用和32个高频电子印章应用，提供服务1200万次以上，为39986家新开办企业发放电子印章128474枚，发放电子签名49913枚，市政务服务大厅70%“一窗办理”事项实现亮码可办，公安、人社、公积金等业务实现“一章通办”。济南市“无证明城市建设”的创新成果成功入选“2021信息化科技创新推荐目录”。

【助力起步区建设】 依托市大数据平台，推进“智慧生态黄河”建设，完成生态环境主题库建设，实现环保数据共享开放；助力起步区开展智慧城市顶层规划编制和建设智慧城市运营指挥中心，实现指挥中心试运行。

【网上政务服务】 完成“一网通办”总门户改版上线，全市依申请政务服务可网办事项网办率逾98%，“一件事”服务专区全链条网办事项达到308项，归集上传省平台办件数据6000余万件，均居全省前列。数字政府服务能力评估获评“优秀级”；政府互联网服务能力评价位居全国337个城市第九名、333个副省级和地级城市第七名，其中政府互联网服务供给能力指标位居全省首位。

【“掌上办”应用】 “爱山东·泉城办”全天候服务型“掌上政府”被市政府列为2021年为民办的22件实事之一。首创新建商品房和二手房业务全链条掌上办理，率先实现无犯罪证明掌上开具和电子不动产证掌上亮证，新生儿、身故全生命周期“一件事”掌上办上线运行，政务服务应用已达1760余项。“爱山东·泉城办”APP获2021年度中国信息化数字政务创新奖、“2021年度电子政务典型案例”“2021数字政府‘二十佳’优秀创新案例”等多个奖项。

【数字机关建设】 济南市在全省率先启动机关内部“一次办成”改革，全市各级机关937个“一件事”实现网上运行，已上线事项“一次办结率”超过90%，事业工作人员职业生涯“全周期管理一件事”在全省率先上线运行。与改革前相比，机关办事跑动次数减少92.7%，办事环节减少31.3%，每年可减少纸质材料90余万份，减少跑腿80余万次，济南市机关内部“一次办成”改革获工信部赛迪研究院“2021政务服务最佳创新应用奖”。全市完成“山东通”“一人一号”账户注册55371个，梳理数字机关业务事项2685项，市电子政务基础办公平台流转文件信息、短信同比增长37.01%、50.35%，移动办公超80万人次，发文、签批流转时长同比缩短35%。

【量子技术融合创新】 完成电子政务外网认证系统量子通信应用平台建设，并顺利通过国家电子政务外网管理中心验证，在认证意见中指出该项目首次实现国家、省、市、区、街道五级政务外网与量子网络节点对接，具有重要的示范推广价值。探索机关内部“一次办成”服务平台与电子政务外网量子增强认证的融合应用，联合移动、联通、电信完成量子安全移动办公测试和验证。

【数据创新应用】 强化数据赋能和应用创新，全市共形成典型应用场景266个，优秀解决方案215个。其中，“保医通”项目作为典型案例，被中国（山东）自由贸易试验区济南片区管委会上报省自贸办，拟在全省推广并被国家医保局评选为2021年度典型案例。“泉城链”平台获第一届中国新型智慧城市创新应用大赛二等奖。

（郭　阳）

【基层民主建设】 加强基层政权建设，完成5679个村（居）委会换届选举工作，新一届村（居）委会班子成员年龄、学历实现“一降一升”，基层干部队伍结构进一步优化。推进村务公开“阳光工程”，重点打造51个市级村务公开创新实验点；深化村级议事协商，选树培育100个村级议事协商示范点，3个村入选全国村级议事协商创新实验试点单位。

【社区建设】 夯实社区治理基础，推进社区工作者规范化管理，全面落实“三岗十八级”薪酬体系；出台城乡社区综合服务设施标准化建设补助资金管理使用办法，奖补社区综合服务设施改造提升项目77处。完成村（社区）“牌子多”问题集中整治，清理各类“牌子”12.6万块，协调有关部门制定基层群众性自治组织出具证明事项规范样本，推动村（社区）减负增效。提升社区服务水平，城市社区“一窗受理、全科服务”模式实现全覆盖，新打造3处国际化社区。积极推广“智慧社区”小程序，“智慧社区”建设经验被《全国社区建设部际联席会议简报》刊载。开展和谐社区示范单位创建活动，全市27个单位被表彰为全省和谐社区建设示范单位。

【依法行政】 对35项行政处罚事项进行合法性审查，对31家拒不接受或者不按规定接受监督检查的社会组织进行警告或撤销登记，无一例引起相关的行政诉讼和行政复议。贯彻落实民政行政复议纠错和行政诉讼败诉案件报告制度，被提起行政复议3件，1件驳回当事人复议请求，1件当事人撤回行政复议申请。推进相关事项“跨省通办”和“全省通办”，“跨省通办”事项3项、“全省通办”事项1项均实现落地办理。创新政策理论研究，完成“十四五”民政事业发展规划编制工作。1篇政策理论研究成果在民政部获奖，10篇在省民政厅获奖；2个典型改革案例经省委改革办上报中央改革办，6个创新案例被省民政厅评为优秀创新典型案例，3个重点创新案例在全省复制推广。

【民政基础设施建设】 推进养老服务设施建设，新建养老服务设施1491处，改造敬老院18处，受到国务院第八次大督查表扬，入选省委改革办“全省养老服务健康发展典型改革案例”；对98个住宅小区地块提出养老设施配建意见，总面积达22.21万平方米；开展社区养老服务设施清查整治，摸排小区1917个，推动216处未配建养老设施小区全部解决设施配建问题。加快公益性公墓建设，新建公益性公墓30处。

【地名管理】 深化平安边界建设，完成18条县级行政区域界线联检任务。清理整治不规范地名13处，修复问题路牌350余块。编制完成《济南市地名图集》，公布首批100个传统地名保护名录和554个历史城区地名名录，开展地名文化摄影展、红色地名文化展、地名楹联展播等地名文化活动，申报省级地名文化遗产项目4个，济南市被列为全省地名文化遗产申报认定试点城市。

【社会组织管理】 成立全省首家养老行业党委，完善扩充6个党建工作站，建立“综合党委—党建工作站（行业党委）—社会组织党组织”党建工作体系。创新成立社会组织党校，开展5A级社会组织、五星级社会组织党组织“双五”示范创建活动，评定示范社会组织11家，社会组织“党建入章”实现全覆盖。建立社会组织资金监管机制，开展“双随机、一公开”抽查55家，依法撤销40家，列入活动异常名录

193 家，社会组织综合监管实现全覆盖。取缔劝散非法社会组织 78 家。开展第八批市管社会组织评估，评定 AAA 级以上社会组织 9 家。开展行业协会商会与行政机关脱钩改革“回头看”，启动“我为企业减负担”专项行动，引导 116 家行业协会商会减免涉企收费 1511.69 万元。举办社会组织公益项目展示对接会、行业协会商会服务省会发展政社对接会等系列活动，组织 106 家社会组织投入 870.3 万元开展东西部扶贫协作，市社会组织管理局获评“济南市民族团结进步先进集体”。开展培育发展社区社会组织三年专项行动，全市 22 家单位被评为省级社区社会组织创新发展基地。《济南“泉社彤行”品牌引领社会组织高质量发展》被评为全省优秀创新案例，经验做法在全省推广。

【民政队伍建设】 与山东大学等 8 所驻济高校达成社会工作政校战略合作，聘任 23 名专家教授为社会工作督导专家。做好社会工作专业人才注册、登记工作，全市取得社会工作者职业资格证书人员总数达到 7995 人，持证人数居全省首位。全市街道（镇）全部建立社会工作服务站，161 处街道（镇）社工站发动社会组织 616 家、志愿者 12148 人，服务群众 13.9 万人次。强化志愿服务管理，全市志愿服务队伍达到 10614 支，注册登记志愿者 147 万人。

（赵丽平）

【职称制度改革】 实行省会经济圈职称证书互认互通，淄博、泰安、聊城、德州、滨州、东营 6 市专业技术人员，按照山东省职称标准条件评审通过，取得各市颁发职称证书的，调入济南工作后，在济申报职称时，不需再办理外地职称确认手续，与济南市颁发的职称证书享有同等效力。实行高技能人才与工程技术人才贯通评价，符合条件的高技能人才可申报评审工程技术职称，实现技能人才和工程技术人才贯通评价。出台《关于分类推进人才评价机制改革的实施方案》，创新人才评价机制，激发人才创新创业创造活力。首次开展专业技术二级岗位评聘，涉及高层次人才 22 人。在工程技术、教育、卫生、农业等领域建立基层职称制度。向 4 个区县下放中级职称评审权。优化事业单位岗位设置管理，对全市 252 家市属事业单位进行岗位设置核准备案。

【探索灵活分配制度】 聚焦事业单位收入分配制度改革重点领域，创新事业单位收入分配方式。“双减”政策出台后，为推动中小学减负赋能，全年为 8820 名教职工核增课后延时服务绩效工资 4600 万元。落实国家和省市关心关爱疫情防控一线医务人员精神，为 318 名疾控中心医务人员核增绩效工资 646 万元。核增后的绩效工资均由各单位根据考核情况进行自主分配。进一步激发事业单位高层次人才创新活力，对科技成果转化团队及作出突出贡献的高层次人才所在单位实行绩效工资倾斜，对临时聘用或柔性引进的高层次人才实行项目工资分配制度，实现一流人才、一流待遇。

【规范评比达标表彰】 将评比达标

2021 年 6 月 28 日，济南市农民工党工委举行济南市优秀农民工共产党员和先进农民工基层党组织表彰大会

（市人社局　供稿）

表彰职能并入由市纪委监委、市委办公厅、市委组织部、市人力资源社会保障局等15个部门组成的市功勋荣誉表彰工作领导小组。健全表彰工作体系，起草市功勋荣誉表彰工作领导小组工作规则、细则、要点等，发布评选评奖活动负面清单。严格审核评比达标表彰项目，推荐表彰先进集体344个、先进个人643名。

【创新事业单位进人方式】 组织济南职业学院、山东省实验中学等事业单位赴清华大学、北京大学、四川大学、北京师范大学等知名高校现场宣讲济南市引才政策，现场报名、现场组织面试考核、现场签约。在济南市中心医院试点采用“团队招聘”方式引进人才，成功引进骨科团队1个、儿科团队1个。对于符合政策的博士研究生和专业技术高级人员，支持用人单位采取“一次公布、全年有效、随时报名、定期考试”的方式开展柔性引进工作。支持各级疾控中心等医疗卫生系统引进紧缺专业人才，发布招聘计划2600余个，实际招聘2000余人。支持区县基层事业单位补充招聘人员，公布招聘计划7591个，完成聘用5771人。

【组织人事考试】 安全顺利组织2020年度山东省级机关、2021年度中央机关公务员录用考试，中直、省直、市直机关遴选公务员笔试，省、市事业单位招聘考试，各类技术资格考试的笔试以及省人事考试中心安排的其他各类笔试任务，共30余项，涉及考生39.4万人次。

【人才政策落实】 为1.9万名高层次人才发放生活和租房补贴2.28亿元，提供金卡服务2246人次。为38家设立博士后科研流动站、博士后科研工作站、博士后创新实践基地的单位发放资助金1224万元。济南市申报的11个项目获得山东省博士后创新项目资助，获奖率91.7%。创新建成全国首个全域化、一体化、智慧化人才数据中心，《“数聚才智”的济南探索》获全国人才工作创新案例最佳案例奖。

【招才引智】 开展“才聚泉城”名校行引才活动，签约来济硕士及以上学历人才3430人，引进海外留学人才1085人。柔性引进国家级人才2人、省泰山学者1人。支持事业单位采取“一次公布、全年有效、随时报名、定期考试”方式，柔性引进博士研究生32人、高级职称人员44人。全市人才总量达到247.8万人。

【人才培育】 全市专业技术人才总量突破50万人，31名创新人才和1个创新团队入选“5150”引才倍增计划，30名人才入选“泉城学者”工程。高技能人才总量达到40.2万人，2名技能人才被授予“中华技能大奖”和“全国技术能手”称号，中国重汽、济南阳光大姐2家单位被评为齐鲁技能大师特色工作站。

【人力资源产业发展】 成功推荐3名量子产业链人才获批“5150”人才，引进外资2106万美元，人力资源服务业全年营业收入328亿元，行业规模和发展速度均领跑全省。高标准推进人力资源服务产业园建设，构建“一园多区、错位发展、体系配套”运营模式，济南人力资源服务产业园获批国家级产业园。组织开展人力资源服务从业人员培训班108个，培训人员5106人次。

【扩大乡村人才增量】 首次全覆

2021年9月9日，临夏·济南东西协作技能培训合作暨临夏州阳光大姐服务有限公司揭牌仪式在临夏市举行 （市人社局 供稿）

盖为全市 161 个街镇增加事业编制 2400 名，向农村中小学教学一线和基层农技人才、农村医学领域下达进人计划 868 个。实施高校毕业生“三支一扶”计划，增加招募数量，降低学历门槛，组织招募高校毕业生到基层从事支教、支农、支医和帮扶乡村振兴工作。定向培训公费农科生 48 人。向乡村学校安置公费师范生 126 人，落实定向培养计划 240 人。

【乡村人才培育】 聚焦提升就业创业技能，坚持线上线下同步发力，免费提供农村转移劳动力培训 4.36 万人次。开展线上理论培训，组织线下实践培训，累计培训乡村医生 5663 人。健全乡村教师培训体系，先后举办 3 期乡村骨干教师线上培训班，培训乡村教师 900 余人。

【人才服务到乡村】 开展济南市乡村振兴专家服务行动，组建 63 人专家团队，完成农业专业技术培训指导 343 场，直接受益群众 8900 余人。发挥 2 家省级和 23 家市级乡村振兴继续教育基地作用，培训乡村振兴人才 6.9 万人次，并完成 2 个国家级研修班项目。累计设立市级乡村振兴专家服务基地 23 家，并给予每家资助基金 20 万元，支持开展专家服务基层行活动。

【乡村人才政策激励】 落实“定向评价、定向使用”的基层职称制度，将基层农业技术职务高级职称评审纳入年度常规评审，对基层申报材料单独归类、审核，实行专项评审，在评审通过率上予以适当倾斜。研究制定《济南市新型职业农民技术职称评定办法（试点）》，将农民职称资格评审级别扩大到副高级。联合邮储银行、兴业银行、济南农商银行等单位推出乡村好青年贷，发放贷款 5000 余万元，为种子期、初创期产业项目解决发展难题。举办“乡村振兴”创业主题活动 15 场，莱芜黄金姜、小睿智洗等 4 个创业项目获得金融机构注资。9 名乡村人才被评为“山东省乡村好青年”，2 人入围“全国乡村振兴青年先锋”。

（王　帅）

【行政事业资产管理】 强化资产运营处置，全年实现运营收益近 2 亿元，全部上缴财政。全力做好行政事业单位办公用房接收、改造、调整、安置等工作，接收办公用房约 1.43 万平方米，完成济南公共资源交易中心、市行政审批服务局及部分涉及事业单位改革单位的办公用房调整安置，共约 1.56 万平方米。统筹抓好办公用房管理，完善办公用房管理制度体系，行政事业单位房地产管理系统应用试点工作顺利通过省机关事务管理局验收。深化公务用车全流程管理，全市 1160 家单位公车信息纳入公车信息化管理平台，实现省、市、县三级平台信息互联互通，济南市公务用车平台建设顺利通过全省第一批公务用车管理示范点建设验收。

【服务全市工作大局】 按照市委建设全国一流老年人大学的目标要求，克服前期校舍搬迁、环保管控等多重影响，建筑面积 6.89 万平方米、总投资 5.16 亿元的济南老年人大学二期新建项目实现当年报批、当年开工、当年封顶。按照市委部署要求，完成区划调整来济工作人员办公用房、餐饮、通勤、临时过渡用房保障和资产看护移交等工作任务，尤其是在临时过渡用房保障方面，在 2019 年、2020 年陆续安置 3900 余人次的基础上，2021 年再安置 828 人。全力落实市委、市政府关于机关事业单位内部停车场向社会错时免费开放的部署，紧急筹备、首批开放龙奥大厦、市政务服务中心等 4 处机关内部停车场，约占全市开放停车位总量的 20%。全力保障全国文明典范城市创建工作，完成龙奥大厦楼宇亮化工程，成为提升城市形象、展现城市文明的靓丽名片。坚持“防疫 + 服务保障”两线作战模式，调整完善以龙奥大厦为重点的疫情常态化防控各项工作方案，夯实疫情防控体系，严格落实进出人员体温检测和查验健康码措施，加强车辆管控，保障干部职工和群众的生命安全。

【保障机关高效运转】 推进机关事务标准化信息化“两化融合”，《党政机关食堂社会化运营管理规范》《党政机关会议服务规范》两项济南市地方标准正式发布实施并通过省级试点验收；对龙奥大厦部分餐厅实施智慧化改造，拓展微信公众号线上订餐等功能，信息化水平进一步提高。开展后勤服务专项提升行动，改进服务企业考核管理方式，全年完成会议活动保障任务千余场次，保障近300万人次就餐，通勤车安全运送135万人次，各项服务满意度保持在97%以上。严格规范车辆停放，龙奥大厦车辆通行证办理比例在逐年递减的基础上再压减20%，日均高峰时期停车数量同比下降约25%，停车秩序明显规范。完成庆祝建党100周年安保维稳、副市级交流干部周转住房保障等任务。

【厉行节约反对浪费】 持续开展节约型机关创建，全市222家党政机关通过创建验收；开展节水护水行动，被国家机关事务管理局、国家发展改革委、水利部评为公共机构水效领跑者。坚决制止餐饮浪费，将制止餐饮浪费和办公室浪费纳入节约型机关创建，推动全市各级党政机关食堂认真落实餐厨垃圾分类与减量措施。推广公共机构生活垃圾分类，对70余家市直党政机关和12个区县公共机构生活垃圾分类工作进行督导检查，更新龙奥大厦公共区域分类设备标识，增配分类设备1200余套。推进能源资源节约，强化节能改造和能源替代，对20家不同类型公共机构推行能耗定额管理并顺利通过省机关事务局评价验收，济南市在全省“十三五”公共机构节约能源资源工作考核中获得优秀等次。

（姚成刚）

【概况】 南部山区位于济南市的南部，北至济南市中心城南边界，南至泰安界，西至历城与长清区界，东至章丘界。2021年，全域总面积571平方千米，辖3个乡（镇、街道）、254个村（社区）。

全年实现生产总值65.62亿元，比上年增长-0.4%。其中，第一产业增加值12.02亿元，第二产业增加值13.71亿元，第三产业增加值39.90亿元。固定资产投资8.5亿元，地方一般公共预算收入1.44亿元，地方一般公共预算支出14.68亿元。

农林牧渔服务业增加值12.02亿元。粮食播种面积3公顷，粮食总产2.4万吨。无公害农产品、绿色食品、有机农产品和农产品地理标志获证企业7家。水产品总产10吨。全区拥有农业机械总动力173.2万千瓦，农作物耕种收综合机械化水平达40%。全部工业增加值12.5亿元，比上年增长13.2%。规模以上工业增加值增长19.1%，实现利润0.56亿元。高新技术产业产值占规模以上工业总产值比重达65.39%。全区有资质的建筑企业16家，完成建筑业总产值7.3亿元，实现增加值1.2亿元。

全区公路通车里程950.34千米，货物运输量312.8万吨。村镇建设投资0.87亿元。生态环境、水环境质量良好。空气质量优良天数高于260天，$PM_{2.5}$平均浓度比上年同期改善11%。水质持续稳定达标，卧虎山水库、锦绣川水库水质质量常年优于三类地表水体，在全市地表水水质排名中位列第一。国家A级旅游景区全年接待国内外游客75.22万人次，实现旅游消费总额7968万元。

普通中学7所，在校生1.05万人；小学26所，在校生1.14万人。全国重点文物保护单位4处，省级文物保护单位4处，市级文物保护单位12处。医疗卫生机构4所，共有床位638张，卫生技术人员479人。新建公共健身场地20个。

年末职工基本养老（机关养老）、职工基本医疗、生育保险参

深氧绿谷田园综合体　（南部山区管委会　供稿）

保人数分别为0.41万人、0.79万人、0.79万人。居民基本养老保险参保人数10.53万人，医疗保险参保人数14.74万人。城镇最低生活保障人数48人，年人均保障标准10848元；农村最低生活保障人数3520人，年人均保障标准8112元。有各类养老服务机构和设施145个，各类养老床位0.25万张。安置残疾人员就业31人。

【生态保护】 完成突泉、水帘泉等10处名泉及周边景观提升，锦阳川“玉水画廊”沿线名泉景观已成规模。新增绿化面积1466.67公顷，在省道317线、港西路等主要干道两侧种植月季、蔷薇等植物7万余株，种植时令花卉近8万平方米。锦阳川门牙至玉水画廊段被评为“省级美丽示范河湖”。

【绿色发展】 招商引资驱动发展取得新突破，分别与融创、中海、中铁文旅、济南城建、文旅和城发集团签订战略合作协议，与省水发集团、土发集团、港口集团、济南铁路局等平台互动频繁，举行商务会谈16次，开创招商引资、共谋发展、合作共赢的新局面。项目建设支撑发展取得新突破，盘活闲置国有资产，由济南城建集团投资1.2亿元的四季村宾馆改造提升项目已开工；新增民宿院落84个，民宿总计104家，吸引游客5.6万人次，营业收入1862万元，成功举办山东省旅游民宿集聚区创建推进大会；“山景小镇”田园综合体新增投资6000余万元，新建园区39.6万平方米、智慧大棚4万平方米；凤凰谷田园综合体完成投资8290万元，农业和旅游观光设施建设全部完成。

南部山区管委会与济南市中心医院开展医联体共建 （刘悦 摄）

【民生保障】 推进脱贫攻坚同乡村振兴有效衔接，出台《巩固拓展脱贫攻坚成果同乡村振兴有效衔接的实施意见》，落实“四个不摘”，即不摘责任强合力、不摘政策强保障、不摘帮扶暖人心、不摘监管促振兴。2021年年底，7208名享受政策贫困人口年人均收入达1.15万元，同比增长6.4%。教育教学质量稳步提升，三年教育基础设施建设完成投资1.93亿元，开工建设面积近5万平方米，3个新建项目接近竣工，4个改建项目投入使用，新增班级48个、学位2400个。医疗服务能力大幅提高。加强三级医疗服务网络建设，引进优质医疗资源共建医联体，成立市中心医院南山院区，首次成功实施腹腔镜下胃癌根治术，填补了南山医疗技术空白。社会保障更加有力。投入844万元，改造提升1处敬老院，新建2处养老服务中心和75处农村幸福院，推进公办养老机构托管试点，养老服务综合水平不断提高；织密医保救助网，基本医保、大病保险、医疗救助应保尽保、应报尽报，为群众报销医药费4021.3万元。

【社会治理】 精准管控疫情各类风险源风险点，建成核酸检测实验室，推进新冠疫苗“应接尽接”和重点人群、重点行业样本核酸检测“应检尽检”。开展安全生产集中整治行动，累计检查生产经营单位4674家次，排查整改各类安全隐患6295项，严厉打击安全生产违法行为，查处超限超载车辆149辆次。依法预防化解社会矛盾，依法保障群众权益，管委会、街办两级“一站式”矛调中心实现全覆盖，落实区级领导公开接访及包案制度，“一案一专班”强力化解信访积案，55件国家和省信访局交办的重复访化解率100%，6件省市领导包案化解率100%，25件信访积案化解率80%。

（王吉东）

济南新旧动能转换起步区

【概况】 济南新旧动能转换起步区（以下简称“起步区”）依托黄河流域生态保护和高质量发展重大国家战略设立，其前身是济南新旧动能转换先行区。2020年10月，中共中央、国务院制定《黄河流域生态保护和高质量发展规划纲要》，明确提出“支持济南建设新旧动能转换起步区”，开启先行区向起步区的转型。2021年4月25日，国务院批复同意起步区建设实施方案，正式拉开起步区建设发展大幕。2021年5月26日，省委、省政府召开起步区建设动员大会，吹响加快起步区建设发展的冲锋号。2021年8月19日，起步区党工委、管委会正式挂牌，各项工作进入实质性推进阶段。

截至2021年年末，起步区常住人口16.77万人。全年实现生产总值61.1亿元，比上年增长9.2%。其中，第一产业增加值12.2亿元，第二产业增加值28.7亿元，第三产业增加值20.2亿元。固定资产投资增长72.5%，地方一般公共预算收入6.9亿元，地方一般公共预算支出38.4亿元，社会消费品零售总额49.3亿元，进出口总额4.9亿元。年末金融机构本外币存款余额104.11亿元，年末金融机构本外币贷款余额58.45亿元。农林牧渔业增加值12.5亿元。无公害农产品、绿色食品、有机农产品和农产品地理标志获证企业8家。肉、蛋、奶总产1.2万吨。全区拥有农业机械总动力46.48万千瓦，农作物耕种收综合机械化水平91.3%。全区工业增加值22.9亿元，比上年增长6.7%。规模以上工业增加值增长5.8%，实现主营业务收入51.2亿元，实现利润3.5亿元。高新技术产业产值占规模以上工业总产值比重达35.13%。全区有资质的建筑企业13家，完成建筑业总产值5.5亿元。全区公路通车里程920.81千米，其中高速公路通车里程56.98千米。城镇化率达24.36%。累计入库国家科技型中小企业47家，新增高新技术企业16家。2021年，济南先进动力研究所完成20兆瓦燃机点火试车，中科核技术研究院5项课题获国家、省级自然科学基金立项资助。全区全年授权专利570件，有效发明专利93项。全区有全国重点文物保护单位1处，省级文物保护单位3处，市级文物保护单位4处。年末居民养老保险实际参保14.3万人。城镇最低生活保障人数116人，年人均保障标准1.24万元。农村最低生活保障人数2261人，年人均保障标准0.75万元。城市特困供养人员3人，年人均保障标准2.57万元。农村特困供养人员645人，年人均保障标准1.89万元。孤儿和事实无人抚养儿童49人，年人均保障标准2.06万元。困难残疾人生活补贴995人，年人均保障标准0.19万元。重度残疾人护理补贴3050人，年人均保障标准0.18万元。全区各类养老服务机构和设施79个，各类养老床位1215张（以上数据统计范围为起步区直管区域）。2021年，起步区在全市重点项目建设观摩评议中位列第三名。

起步区龙湖湿地　　（郭昊　摄）

【《济南新旧动能转换起步区建设实施方案》获批】 2021年4月25日，《济南新旧动能转换起步区建设实施方案》获国务院批准。根据批复，济南新旧动能转换起步区位于济南市北部，西起济南德州界，东至小清河—白云湖湿地，南起黄河—济青高速，北至徒骇河，包括太平、孙耿、桑梓店、大桥、崔寨、遥墙、

新建成的济南黄河凤凰大桥 （郭昊 摄）

临港、高官寨8个街道及唐王街道中西部区域、泺口街道黄河以北区域，面积约798平方千米。直管区为大桥、崔寨、孙耿、太平4个街道及泺口街道黄河以北区域。发展定位为“四个新”，即黄河流域生态保护和高质量发展的新示范、山东新旧动能转换综合试验区的新引擎、高水平开放合作的新平台、绿色智慧宜居的新城区。功能布局为“一纵一横两核五组团”，“一纵”指形成山泉湖河城浑然一体的泉城特色风貌轴，“一横”指打造山水与人文相融合的黄河生态风貌带，“两核”指建设城市科创区和临空经济区，“五组团”指布局济南城市副中心、崔寨高新产业集聚区、桑梓店高端制造产业基地、孙耿太平绿色发展基地、临空产业集聚区，形成功能混合、职住均衡的城市组团新体系。建设路径为“五个着力”，即着力加快新旧动能转换、着力创新城市发展方式、着力保护生态环境、着力深化开放合作、着力完善体制机制，走出一条绿色可持续的高质量发展之路。政策体系方面，国务院明确赋予“复制自由贸易试验区、国家级新区、国家自主创新示范区和全面创新改革试验区经验政策”的政策红利，并配套部分省级经济管理权限和市级经济社会管理权。发展目标设定为三步，“五年成形、十年成势、十五年成城”：到2025年，综合实力大幅提升，现代化新城区框架基本形成；到2030年，核心优势基本塑成，城市综合功能基本完善；到2035年，现代产业体系基本形成，绿色智慧宜居新城区基本建成。

【规划编制】 全面对标雄安新区规划指标体系，聘请国内外专家团队，加快提升完善“1+4+16+N”规划体系，着力打造“新时代现代化田园城市”。发展规划、国土空间规划、生态保护规划、大桥组团控制性详细规划4个综合性规划已经成熟完善，综合交通、市政基础设施、蓝绿空间、防洪排涝、节水型城市等16个专项规划形成成果，核心内容纳入国土空间规划，“一城五团十六区，九镇百村嵌田园”的城乡空间格局加快构建。

【产业发展】 确定“3+1”产业发展方向（以新一代信息技术、高端装备制造、新能源新材料等战略性新兴产业为主体，以现代服务业为支撑），出台促进企业发展的20条政策，建立招商引资项目全流程服务推进机制，全年累计签约新能源汽车等高端优质项目33个、总投资769.6亿元。智能制造产业园落地新能源乘用车及零部件产业园项目，山东黄河数字经济产业园首开区基本建成，国际会展产业园会展中心初步具备办展能力，光大照明智慧产业园竣工投产，中科新经济科创园、国际标准地招商产业园启动试运营。围绕全力破解要素制约，设立起步区产业股权投资基金和基础设施建设投资基金，累计完成银行授信65.1亿元，发行政府专项债券165亿元，发行总量占全市三成以上。

【城市建设】 稳妥推进拆迁安置，完成7个村居、0.58万人拆迁工作，实施国有土地征收22宗，拆除房屋45万平方米，整理建设净地666.67公顷。加快推进总面积

547万平方米的11个安置区建设，110栋楼体实现主体封顶，大桥安置西区一期具备交付使用条件。加快完善基础设施。累计开工市政道路150千米，黄河济泺路隧道、凤凰黄河大桥、G309改扩建工程建成通车，S101互通立交桥主体贯通，黄河大道一期部分路段实现当年开工、当年建成。大桥水厂、引爆区再生水厂和崔寨再生水厂等全面进场施工，市民中心、城市展厅正式启用，山大二院北院区、省实验中学鹊华校区、黄河体育中心等项目加快推进。

【生态保护】 成立起步区生态环境分局，建立生态环境保护三级联动机制，顺利通过中央和省生态环境保护督察。实施空气质量争先进位攻坚行动，完成2812户居民清洁取暖工作，全面落实禁燃禁放有关要求，全区$PM_{2.5}$同比改善13.7%。协调建立河流水质生态补偿机制，开展点穴式治污，主要河道市级考核断面全部达标。推进生态示范节点提升，黄河北生态走廊示范段一期工程基本完工，鹊山及周边环境优化、青宁沟水体环境整治等生态工程初具成效，累计建设各类公园、游园5个，提升重要地段景观节点8处，全年新增绿地面积87.5万平方米。

【民生保障】 全年完成企业技能培训、创业培训1.06万人次，实现城镇新增就业1327人，农村劳动力转移就业4698人。累计落实被征地农民社保资金2.24亿元，创新开展土地流转和大额资金管理，做好被征地群众生活保障。探索构建“多主体供给、租购补并举”的住房制度，累计开工租赁住房68.19万平方米。全面建设安置区配套小学等12处教育设施，大桥安置西区全民健身中心完成主体建设，孙耿街道灯光球场等4处运动场地建成启用，46处养老设施完成改造提升，区级骨灰堂（一期）投入使用。推进三级综治中心规范化建设，社会治理动态监控网络基本形成。探索开展“门诊式”解纷服务，信访化解群众满意率、一次性化解率等均列全市正向排名第一。

（任绪来）

【概况】 2021年，济南国际医学科学中心（以下简称“医学中心”），全年累计引进各类高端优质项目31个，中国中医科学院“一带一路”重大感染性疾病联合实验室、广安门医院济南医院已基本完成选址，积极申报国家区域医疗中心、国家医学中心。全年完成投资107亿元，新开工项目159万平方米，交付194万平方米。山东省肿瘤医院质子临床研究中心正式开诊，质子区进行设备安装调试；国家健康医疗大数据中心（北方）存储中心开始运转，山东省1亿人口健康数据陆续导入；树兰济南（国际）医院完成主体结构封顶，全面进入装饰装修及机电安装阶段；中科院微生物研究所齐鲁现代微生物技术研究院完成主体结构封顶；山东大学国际医学中心、国际眼科与眼视光中心、市公共卫生中心、体育公园等项目加快推进；医学大道等18条市政道路、2个输变电工程、安置保障及教育配套等公共服务、民生配套、基础设施项目快速推进，部分建成使用。载体打造方面，精准医学产业园（一期）正式开园，13.5万平方米空间载体交付；精准医学产业园（二期）、医疗健康科技创新产业园（一期）、健康医疗大数据产业园、全球医学创新加速营（SATOL）等载体加速建设中。平台建设方面，黄璐琦院士领衔的科技部“一带一路”中医药防治重大感染性疾病联合实验室，李兰娟院士领衔、16名院士参与的济南微生态生物医学山东省实验室，于金明院士领衔的中日韩肿瘤防控研究院，宣武医院陈彪教授领衔的国家老年疾病临床研究中心，薛付忠教授领衔的山东大学国家健康医疗大数据研究院等新一批重大科研平台相继落地。合作交流方面，中韩保健医疗产业合作交流会已经成为中韩大健康产业的品牌载体，年内承办2021中日产业创新发展交流大会、2021医学数据科学大会暨中华预防医学会健康保险专业委员会年会等多个国际化专业会议；第四届进博会期间，走进上海，作为济南市“三大名片”之一向海内外推介；原创制作融媒体节目《名医大咖说健康》，先后邀请李兰娟、曾光两名专家录制节目并在诸多融媒体平台展播。

【医学中心安置二区、三区回迁】 2021年3月21日，医学中心安置二区正式回迁，该项目涉及西吴家堡、东赵、石佛及肖屯4个村，安置户数1228户，完成1059户交房。11月17日，医学中心安置三区启动回迁选房工作，该项目涉及董家庄村、大高家村、刘家庄村、陈家庄村、棉花张庄村及东曹村6村，499户、2421名回迁村民完成选房工作。至此，医学中心安置一、二、三区全部实现回迁，共涉及吴家堡街道16个村、2270户、11077名村民、5133套房屋。

【山东省质子临床研究中心启用】 2021年4月1日，医学中心“一号工程”和“引爆项目”——山东省质子临床研究中心启用。该项目是省委、省政府和市委、市政府关注民生的大项目，项目从递交报告到正式开工，只用时132天，总投资14.7亿元，总建筑面积8.8万平方米。山东省质子临床研究中心取得全国首个获得质子设备配置证，启用运营后将成为我国大陆地区第一家经国家卫健委批准投入临床应用的质子中心，在医、教、研、防、保健、医学工程及对外国际交流上发挥高端引领作用，推动肿瘤防治研究事业高质量发展，增强省会医疗服务的区域辐射影响力。

【中国中医科学院“一带一路”实验室、广安门医院济南医院落户医学中心】 2021年8月10日，山东省人民政府、济南市人民政府与中国中医科学院、中国中医科学院广安门医院分别签署战略合作框架协议，科技部“一带一路”中医药防治重大感染性疾病联合实验室和广安门医院济南医院两个重磅项目落户医学中心。省委常委、市委书记孙立成，副省长孙继业，市委副书记、市长孙述涛出席会议。科技部“一带一路”中医药防治重大感染性疾病联合实验室选址于医学中心科创片区，着眼于发挥中国中医科学院优势，结合济南及山东的中医药资源禀赋和大数据平台优势，承接中医药领域国家级重大科研任务。中国中医科学院广安门医院济南医院项目选址于医疗硅谷片区，计划建设床位1000张的三级甲等中医医院，积极申报国家区域医疗中心、国家医学中心，打造中医科研、医疗高地，推动优质中医药服务“扩容和下沉”。

【济南精准医学产业园（一期）启用】 2021年9月7日，济南国际医学科学中心项目签约暨济南精准医学产业园（一期）启用活动举行，国家人类遗传资源山东创新中心（国家库备份中心）、中日韩肿瘤防控研究院、至本北方肿瘤精准医疗临床检验中心、山东脑重大疾病研究院、华银健康区域医学检验中心、山东国际口腔医学创新中心等项目正式授牌入园。济南精准医学产业园是省内首个高标准医学专业园区，总建筑面积175万平方米，总投入120亿元，规划建设科技创新、智能制造、科技转化、科技金融、健康管理、综合商务六大功能区，重点构建“1中心、3集群、6平台”。其中，“1中心”指国家人类遗传资源山东创新中心，规划建设人类遗传资源库、数据中心与成果转化中心；“3集群”指基因科学研发集群、医用机器人创新集群、远程精准医学诊疗集群；“6平台”指创新孵化中心、共享实验室、联合中试基地、检验检测中心、信息共享中心以及物流保税仓库六大公共服务平台。

（毕仙雨）

栏目编辑　张　阳

【中国人民政治协商会议第十四届济南市委员会】 市政协十四届委员会于2017年4月换届产生，由30个界别组成。截至2021年年底，有委员757名，其中常委124名。下设办公厅、研究室、委员活动工作室和提案委员会、经济科技委员会、农业和农村委员会、人口资源环境委员会、社教卫体和法制委员会、港澳台侨和外事委员会、文化文史和学习委员会7个专门委员会。

【团结联谊】 全会期间，在中国香港设立分会场，组织部分驻中国香港委员与特邀顾问通过远程视频方式参加全会，并及时汇总反映意见建议。组团赴中国澳门开展联谊交流，在澳门科技大学召开由校方和部分市政协委员参加的“深化济澳合作，助推中医药事业传承发展”对口协商座谈会，出席中国澳门济南联谊会会庆暨第三届理监事就职典礼，开展一系列考察、走访、洽谈、交流活动，促成济南国际医学科学中心与中国澳门中医药相关协会、企业签署2项战略合作协议，推动济南与中国澳门两地在中医药、经贸、文化等领域深入合作。与有关部门共同举办“墨香融两岸，文脉颂中华”济台港澳书画巡展活动，促进四地共同传承弘扬优秀传统文化。围绕“深耕国际友城资源，助力济南对外开放”，邀请9个国家的16名国际友城代表、海外侨胞，通过远程视频方式开展“国际版商量”，为促进济南与国际友城间合作共赢贡献智慧和力量。

【文史资料工作】 征编出版《新时代济南政协文史丛书（第三辑）》和《人文济南丛书（第三辑）》，共10本图书、325万字。完成《济南历史文化辞典》编纂出版工作，共88万字。开展济南市政协成立初期文史珍品图书校订工作，完成《济南建筑史草稿（校订本）》整理印制，共约25万字。征编出版《济南文史》刊物4期，共32万字。《新时代济南政协文史丛书》（共8本图书）获全省政协优秀文史书刊特等奖。加大市政协文化文史图书品牌的宣传力度，召开《泺上红旗耀百年》红色文史图书品读会、《赢牟春秋》发行研讨座谈会、2021年度市政协文史图书发行研讨座谈会等。

（丁　楠）

【政协第十四届济南市委员会第五次会议】 2021年1月11—14日召开。会议应出席委员758人，实到706人，部分驻香港委员与顾问通过远程视频方式参加全会。会议听取并审议批准政协主席雷杰代表十四届市政协常委会所作的工作报告和市政协副主席崔大庸代表十四届市政协常委会所作的提案工作报告。与会委员列席市第十七届人民代表大会第三次会议，听取并讨论市政府工作报告和其他有关报告。会议还审议通过市政协十四届五次会议各项决议及关于市政协十四届五次会议提案审查情况的报告，审议通过有关人事事项。大会共收到提案626件，立案568件。立案提案中，委员提案495件，市级各民主党派、工商联、各界别和界别组集体提案73件。大会共收到大会发言100篇，其中口头发言13篇。会议期间，委员们通过大会发言、小组讨论、提案等形式，重点围绕落实黄河流域生态保护和高质量发展重大国家战略、实施“十四五”规划和改善民生等建言资政、凝聚共识。大会闭幕时，市政协主席雷杰主持会议并讲话。

【常务委员会会议】 第二十次会议 1月10日召开。应到137人，实到110人。市政协主席雷杰主持会议并讲话。会议听取关于十四届市政协副主席、秘书长、常务委员、委员调整事项的说明；听取关于选举市政协副主席、秘书长候选人协商名单的说明；听取关于《选举办法（草案）》、总监票人监票人建议名单的说明。

第二十一次会议 1月13日召开。应到136人，实到125人。市政协主席雷杰主持会议并讲话。会议听取关于酝酿讨论有关人事事项情况的汇报；听取政协第十四届济南市委员会第五次会议相关情况的汇报；审议通过政协第十四届济南市委员会第五次会议关于常务委员会工作报告的决议（草案）、政协第十四届济南市委员会第五次会议关于常务委员会提案工作报告的决议（草案）、政协第十四届济南市委员会提案委员会关于市政协十四届五次会议提案审查情况的报告（草案）、政协第十四届济南市委员会第五次会议政治决议（草案）。

第二十二次会议 5月24日召开。应到136人，实到115人。会议围绕“加快省会经济圈建设”进行专题议政，市政协主席雷杰主持会议并讲话，副市长王桂英到会听取意见并通报有关工作情况；张

2021年1月11—14日，中国人民政治协商会议第十四届济南市委员会第五次会议在山东会堂召开

（市政协 供稿）

红凤、黄淑玲、赵立元、王文生、张端武、段伟、王宏勇7位政协委员、专家，围绕优化省会经济圈产业生态、提升科技创新能力、高质量打造生态济南、做强金融产业、加快推动公共服务一体化等，提出意见和建议；审议通过“加快省会经济圈建设”建议案；审议通过有关人事事项。

第二十三次会议 9月29日召开。应到136人，实到104人。会议围绕“高质量推进新旧动能转换起步区建设”进行专题议政，市政协主席雷杰主持会议并讲话，市委副书记、新旧动能转换起步区党工委副书记、管委会主任边祥慧到会听取意见并讲话。听取北京清华同衡规划设计研究院副院长郑筱津所作的专题讲座；李少星、赵勇、李海波、李秀芳、吕兆毅、任道胜、张怀成7名政协委员、专家，围绕创新城市发展方式、建设黄河幸福城市等，提出意见和建议；审议通过“高质量推进新旧动能转换起步区建设”建议案；审议通过《政协济南市委员会关于强化政协委员责任担当的实施意见》《政协济南市委员会关于进一步发挥各民主党派、工商联和无党派人士在政协工作中作用的意见》；审议通过有关人事事项。

【山东省会经济圈城市政协主席联席会议第一次会议】 5月13日在济南召开。市政协主席雷杰主持会议并作总结发言，淄博市政协主席毕荣青、泰安市政协主席郭德文、聊城市政协主席张旋宇、德州市政协主席翟长生、滨州市政协主席张兆宏、东营市政协主席陈泽浦以及省政协经济委员会、省发改委有关负责人，7市政协秘书长出席会议。会上，7市政协主席共同签署《山东省会经济圈城市政协主席联席会议机制》，通过《山东省会经济圈城市政协主席联席会议第一次会议会议纪要》，协商确定省会经济圈城市政协主席联席会议第二次会议

在淄博市举办。在深入调研的基础上，7市政协主席结合各市实际，分别围绕省会经济圈一体化发展进行交流发言。

（丁　楠）

【概况】　组织实施《2021年度政协协商计划》，全年完成1次全体会议、2次专题议政性常委会会议、2次专题协商会、8个专题“商量”等重点协商工作，推进对口协商、界别协商、提案办理协商、远程协商、立法前协商，协商成果得到市委、市政府的高度重视，许多建议被纳入决策程序。

【“深入贯彻落实黄河国家战略，推进我市节水典范城市建设”专题协商会】　5月20日召开。市政协主席雷杰主持会议。徐天祥、赵勇、张怀成、刘明翠、肖岛、李明、蒋文强、张忠莲8位政协委员、专家，围绕加强节水能力和体系建设、实施水资源“赋能”“增智”“添彩”三大行动、深化水污染治理、推进再生水有效利用、依靠科技创新解决节水难点问题、加快推进节水农业建设、把新旧动能转换起步区打造成节水引领示范区、以现代金融理念推进用水方式转变和节约集约利用等，提出意见和建议。市政府副市长尹清忠到会听取建议。

【“加快发展数字经济”专题协商会】　11月18日召开。市政协主席雷杰主持会议。杨美红、丁保国、孙涛、段伟、李峰、姜健6名政协委员、专家，围绕全面夯实数字设施、引领省会经济圈数字化建设、建设数字场景标准化、发挥金融引擎作用、科学高效应对工业互联网安全困难挑战、推进国有企业与民营企业深度合作等，提出意见和建议。市政府副市长孙斌到会听取建议。

【专题“商量”】　市政协全年共开展8个专题“商量”，“商量”中形成的很多意见建议转化为推动经济社会发展的具体举措。市政协连续3年到全国政协培训班介绍“商量”工作经验，“商量”案例被评为“山东政协品牌计划”创新案例一等奖第一名。

2021年度“商量”专题一览表

表4

时间	主题	承办单位	协办单位	协作部门
2021年5月	加快山东省会经济圈建设，助推强省会战略	市政协经济科技委员会	济南日报报业集团 济南广播电视台	市发展改革委 市工信局 市商务局 市自然资源和规划局
2021年6月	提升城市品质，助推强省会建设	市政协社教卫体和法制委员会	济南日报报业集团 济南广播电视台 九三学社济南市委 市中区政协 槐荫区政协 章丘区政协	市委宣传部（市文明办） 市自然资源和规划局 市城管局
2021年6月	奋斗百年路，启航新征程——弘扬济南红色文化	市政协文化文史和学习委员会	济南日报报业集团 济南广播电视台 槐荫区政协 天桥区政协 长清区政协 莱芜区政协	市委党史研究院 市文旅局
2021年7月	交通互联顺畅，壮大县域经济——方便出行，助力强省会战略	市政协农业和农村委员会	济南日报报业集团 济南广播电视台 济阳区政协 商河县政协	市发展改革委 市自然资源和规划局 市城乡交通运输局

续表 4

时间	主题	承办单位	协办单位	协作部门
2021 年 9 月	关爱老年群体，共享智能生活	市政协提案委员会	济南日报报业集团 济南广播电视台	市卫健委 市大数据局 市老年人大学 中国人民银行济南分行营业部
2021 年 9 月	巩固脱贫成果，助推乡村振兴	市政协农业和农村委员会	济南日报报业集团 济南广播电视台 市中区政协 天桥区政协 长清区政协	市农业农村局 市乡村振兴局
2021 年 11 月	深耕国际友城资源，助力济南对外开放	市政协港澳台侨和外事委员会	济南日报报业集团 济南广播电视台 民建济南市委 历下区政协	市外办 市侨联
2021 年 12 月	激扬青春·逐梦泉城——建设青年友好型城市	市政协社教卫体和法制委员会 团市委	济南日报报业集团 济南广播电视台 民盟济南市委 历下区政协 槐荫区政协 章丘区政协	市人力资源和社会保障局

【“商量”泉城行集中采访活动】 8月26日至9月6日，市政协组织人民网、《人民政协报》、《大众日报》、大众网、《联合日报》、《齐鲁晚报》、《山东商报》以及《济南日报》、济南电台、济南电视台等近20家媒体组成“商量”集中采访团，深入全市12个区县采访20多个“商量”案例、120余人。中央和省、市媒体以图文、视频等形式陆续在报纸杂志、电视广播、网络媒体等播发新闻稿件37篇、7万余字，音视频40余分钟，展现“商量”向基层延伸，在建言资政和凝聚共识上双向发力，推动政协制度优势转化为治理效能的生动实践。

【全市政协“商量”工作经验交流会】 9月8日召开。市政协主席雷杰出席会议并讲话。会议学习贯彻习近平总书记关于加强和改进人民政协工作的重要思想，传达学习全省政协“有事多商量”协商工作经验交流会精神，部分区县政协、街镇政协委员联络室和媒体代表作大会发言，进行分组讨论。

（丁　楠）

【议政建言】 市政协围绕建设新时代社会主义现代化强省会，组织政协委员和专家学者广泛调研视察，深入协商议政，形成的建议案、协商专报、调研报告等多次得到市委、市政府领导批示。

关于“加快省会经济圈建设”的建议案　主要建议：强力推动落实省会经济圈一体化发展“369”行动方案，建立多领域的规划政策文件体系，加快交通基础设施互联互通，构建互利共赢的产业发展生态，合力推动省会经济圈旅游一体化发展，加快构建区域一体化发展导向的政绩考核机制和法规体系，推动建立区域一体化发展的社会意识认同。

关于“高质量推进新旧动能转换起步区建设”的建议案　主要建议：深刻领会国家战略意图，进一步提升起步区顶层设计；坚持创新驱动发展，做强起步区高质量发展新动能；深入推进改革开放，把起步区打造成RCEP重要枢纽；创新城市发展方式，用未来理念引领起步区规划建设；高度重视民生福祉，加快推进起步区基础设施建设；创新优化制度供给，积极推进区域一体化发展。

关于“深入贯彻落实黄河国家战略，推进我市节水典范城市建设”

的协商专报　主要建议：提升节水顶层设计，强化观念制度引领作用；破解再生水利用难题，开辟城市“第二水源”；重视推进农业节水，发展节水高效农业；推进用水制度改革，创建“水银行”节水模式；强化节水科技支撑，发展壮大水经济和节水产业；实施起步区全域节水，打造节水典范济南标杆。

关于“加快发展数字经济”的协商专报　主要建议：抢抓数字经济发展新机遇，加快建设完善新基建设施，畅通数字社会信息“大动脉”；深入贯彻工业强市战略，积极调动数字经济“长板”资源，补强制造业“短板”，促进新型工业化全面发展；强化“智力”供给，加强数字经济人才引培力度；完善政策，精准扶持企业转型发展；强化保障机制，推动数字经济上台阶。

关于“青春版‘商量’”的协商专报　主要建议：安装公交车阅读灯，建立流动“泉城书房”，增设公共场所AED装置，加强电子烟管控，消除老年人“数字鸿沟”，打造泉水旅游品牌，支持中小学生职业体验实践，提升青少年心理健康服务，保障青少年网络安全，推进优秀传统文化进校园。

关于“提升城市品质，助推强省会建设”的建议　主要建议：强化规划引领，构筑高品质的都市空间格局；彰显特色魅力，提升城市形象和品位；做好“关键小事”，助力建设全国文明典范城市；建设品质社区，打造宜居宜业的美好家园。

关于“进一步加强红色资源保护利用，大力弘扬济南红色文化”的建议　主要建议：打造大型济南红色文化地标群，完善各类配套保障措施，丰富、改进和创新红色文化传播方法路径。

关于“解决老年人运用智能技术困难”的建议　主要建议：形成推进老年人跨越“数字鸿沟”的合力，构建适老化就医环境，开拓大数据助老服务新平台，改善老年人金融服务环境，加快适老化智能产品的研发和推广，加强老年人智能手机教学培训。

关于“加快制定济南市乡村振兴标准体系等”的建议　主要建议：加快制定济南市乡村振兴标准体系，加快推进“党家水厂”建设速度。

关于“深耕国际友城资源，助力济南对外开放”的建议　主要建议：贯彻新发展理念，构建国际友城交流合作新格局；优化国际友城布局，拓展扩大国际“朋友圈”；加强国际交流传播，展示新时代社会主义现代化强省会良好形象；创新工作方式，拓展国际友城工作新渠道；坚持人才为本，建立高水平外事外经贸人才队伍。

关于“建设青年友好型城市”的建议　主要建议：加强顶层设计，做好谋篇布局；科学施策，服务青年就业创业；筑巢引凤，全方位打造青年安居乐园；多措并举，全方位提升青年品质生活。

【提案工作】　2021年，广大政协委员和政协各参加单位共提出提案681件，立案606件。市政协着力抓好提案征集、提案审查、提案交办、办理协商、成果转化、双向评议等提案工作各环节，推动提案质量、办理质量实现双提升。强化重点提案遴选督办，共确定8个方面、29件重点提案，由主席会议成员领衔督办。深化“提案重点建议清单”机制建设，督促承办单位对照“清单”逐件核对提案办理进度，把“清单”是否准确反映提案的真实意图、主要目的和“清单”办理取得的实效作为衡量提案质量和办理质量的重要标准。加强信息化建设，对提案管理系统进行改版升级，开发建设承办单位提案办理工作手机APP，进一步提高提案办理工作质效。与有关部门共同开展2021年济南市青少年模拟政协提案征集活动，组织部分政协委员作现场指导，评选出“十佳青少年模拟政协提案”“优秀青少年模拟政协提案”并进行集中展示。

（丁　楠）

【概况】　市政协贯彻落实中共中央和省委、市委关于加强和改进人民政协民主监督工作的部署要求，围绕打造一流营商环境、保障和改善民生、提升城市治理现代化水平、生态环保治理等，通过调研视察、协商议政、“商量”、组织推荐委员参与社会监督、了解和反映社情民意信息等方式，开展协商式监督，助推市委、市政府有关决策部署落地见效。

【社会监督】　全年组织推荐100多

名市政协委员参与各种社会监督、征求意见等活动，主要包括担任监督员、参加征求意见座谈会和开门纳谏座谈会、参加评价打分活动等。其中，11名委员担任市直机关党建监督员，10名委员担任行政执法社会监督员，4名委员参加《济南市物业管理条例（草案）》征求意见座谈会，30名委员参加延时退休改革征求意见座谈会，4名委员参加停车管理工作征求意见座谈会，20名委员参加2021年市直部门（单位）主要工作任务完成情况展示评价打分活动等。

【社情民意信息报送】 全年收集市政协委员，市级各民主党派、工商联，各区县政协，市政协各专门委员会，市政协特邀信息员等反映的社情民意信息近4000篇，向上级政协和市委、市政府整理报送2000余篇，其中全国政协采用30余篇，中央及省、市领导批示10余人次。

【全市政协反映社情民意信息工作座谈会】 9月15日召开。会议深入学习贯彻习近平总书记在庆祝中国共产党成立100周年大会上的重要讲话精神，深入总结近年来全市政协开展反映社情民意信息工作的创新实践，并对进一步做好信息工作作出安排部署。会议通报表扬2020年度反映社情民意信息工作先进单位12个、先进个人25名和优秀社情民意信息30篇，民革济南市委员会、农工党济南市委员会、长清区政协、平阴县政协及市政协特邀信息员代表作交流发言。

（丁　楠）

【贯彻落实《中共中央关于新时代加强和改进人民政协工作的意见》的若干措施】 为深入学习贯彻习近平新时代中国特色社会主义思想，全面落实《中共中央关于新时代加强和改进人民政协工作的意见》（中发〔2019〕40号）和中共山东省委印发的《贯彻落实〈中共中央关于新时代加强和改进人民政协工作的意见〉的若干措施》（鲁发〔2021〕10号）要求，结合济南市实际，制定本措施，由中共济南市委印发。措施共4个方面18条：加强党对人民政协工作的全面领导；发挥人民政协专门协商机构作用；强化思想政治引领、广泛凝聚共识；加强人民政协履职能力建设。

【中国人民政治协商会议第十四届济南市委员会常务委员会工作报告摘要】 报告从3个方面点出2020年的重点工作：突出抓好中共十九届五中全会精神学习贯彻，进一步凝聚团结奋进的共识力量；积极投身抗击新冠肺炎疫情斗争，进一步展现人民政协的责任担当；完善提升“商量”平台建设，进一步突显专门协商机构的独特优势。报告从5个方面总结2020年的全面工作：坚持党的领导，思想政治建设得到新加强；坚持服务大局，助推省会经济社会发展作出新贡献；坚持履职为民，服务民生改善彰显新作为；坚持团结联谊，凝心聚力取得新成效；坚持固本强基，履职能力实现新提升。报告从6个方面提出2021年的主要任务：强化理论武装，始终坚持正确政治方向；聚焦中心任务，紧紧围绕“十四五”开局起步履职尽责；把握历史机遇，推动黄河重大国家战略深入落实；突出特色优势，发挥专门协商机构在国家治理体系中的重要作用；牢牢把握主题，为推动强省会加快崛起汇聚强大合力；加强自身建设，不断夯实全市政协事业发展的基础保障。

【政协济南市委员会关于加强和改进反映社情民意信息工作的意见】 意见共4个方面：把握反映社情民意信息工作的总体要求，包括指导思想、把握履职工作要点、突出专门协商机构特色优势、提高工作质效；增强反映社情民意信息工作的整体合力，包括发挥政协委员的主体作用、发挥民主党派和工商联的骨干作用、发挥政协专门委员会的渠道作用、发挥各级政协组织的基础作用；进一步健全完善反映社情民意信息工作的制度机制，包括选题策划机制、综合汇集机制、审核报送机制、反馈通报机制、表彰激励机制；加强反映社情民意信息工作的组织领导，包括压实工作责任、强化指导协同、夯实工作基础、加大宣传力度。

【政协济南市委员会协商工作实施细则】 实施细则共6章40条：总体要求；协商内容；协商原则，包括紧扣主题、平等议事、体谅包容、双向发力、务实开放；协商形式，包括全体会议、专题议政性常委会会议、专题协商会、商量、提案办理协商、远程协商会、专家协商会、界别协商、对口协商、网络议政、谈心谈话交流、联动协商、商量工作室多形式“商量”活动；协商程序，包括研究制定年度协商计划、开展调查研究、做好筹备组织工作、邀请领导参加活动、召开协商会议、促进成果转化运用、建立评价评估机制；组织领导。

【政协济南市委员会关于加强和促进人民政协凝聚共识工作的实施意见】 实施意见共6个方面：总体要求。加强思想政治引领，包括强化政协党组的政治领导、健全学习教育培训制度、完善谈心谈话等制度。将凝聚共识融入各项履职活动，包括将凝聚共识融入“商量”等协商议政中，将凝聚共识融入视察考察调研中，将凝聚共识融入界别活动中，将凝聚共识融入提案、社情民意、文史资料等经常性工作中。面向社会做好传播共识工作，包括建立委员联系服务界别群众制度、拓展传播共识渠道。广泛汇聚推动改革发展的强大正能量，包括做好少数民族界和宗教界委员工作、建立同党外知识分子、非公有制经济人士、新的社会阶层人士的沟通联络机制、密切同港澳同胞、台湾同胞和海外侨胞的团结联谊。工作保障。

【政协济南市委员会关于强化政协委员责任担当的实施意见】 实施意见共5个方面19条：总体要求，包括重要意义、目标要求、主要原则。政协委员责任担当的主要内容，包括强化政治责任、强化当好人民政协制度参与者、实践者、推动者的责任、强化落实“懂政协、会协商、善议政，守纪律、讲规矩、重品行”要求的责任、强化团结引导界别群众责任。政协委员应自觉提高履职尽责本领，包括提高政治把握本领、提高协商议政本领、提高调查研究本领、提高合作共事本领。加强政协委员联系界别群众工作，包括创新联系群众途径、面向社会传播共识、增强群众工作针对性。做好政协委员履职服务管理工作，包括加强履职管理、健全激励机制、强化纪律约束、做好服务保障。本意见经市政协常务委员会会议审议通过后施行。

【政协济南市委员会关于进一步发挥各民主党派、工商联和无党派人士在政协工作中作用的意见】 意见共3个方面12条：重视发挥各民主党派、工商联和无党派人士的作用；健全各民主党派、工商联和无党派人士发挥作用的机制；积极为各民主党派、工商联和无党派人士在人民政协工作中发挥作用创造条件。

【政协济南市委员会提案工作双向评议办法】 办法共4个方面：评议对象，包括被评议的提案、被评议的承办单位；评议方式，采取“背靠背”“双向评议”的方式；评议内容，包括提案的评议内容、提案办理工作的评议内容；评议步骤，包括民主测评、联合复评、组织审核。

【关于进一步加强和改进市政协新闻宣传工作的实施意见】 实施意见共6个方面15条：牢牢把握正确导向，包括严格落实党管宣传原则、突出主旋律宣传、制定年度宣传工作计划、做好面向社会传播共识工作。健全大宣传工作机制，包括健全工作协调机制、建立新闻通讯员制度、健全评价激励机制。做好日常政务宣传工作，包括做好会议活动新闻报道工作、健全新闻报道工作分工。构建媒体平台矩阵，包括拓展媒体传播阵地、加强自办媒体平台建设。组织媒体参与“商量”，包括联合媒体开展“商量”、深化“商量”全媒体宣传。推动工作创新提效，包括注重发挥委员作用、强化政协系统整体联动。

【济南市政协关于建立新闻发言人制度的暂行规定】 规定共15条，分别对新闻发言人人选、新闻发言人的主要职责、新闻发布的主要内容、新闻发布的程序、确定联络邀请参加新闻发布活动的人员和新闻媒体等作出规定。

（丁　楠）

栏目编辑　张　阳

纪检监察

综 述

【中共济南市纪律检查委员会（济南市监察委员会）】 截至2021年年末，中共济南市纪律检查委员会共有委员51人，其中常委7人。合署办公的中共济南市纪律检查委员会、济南市监察委员会内设22个室（厅、部），3个事业单位（市廉政教育中心、市纪委监委网络管理中心、市纪检监察服务保障中心）；17个综合派驻机构、10个单独派驻机构；机关在编人员216人，事业单位在编人员39人（市廉政教育中心12人、市纪委监委网络管理中心11人、市纪检监察服务保障中心16人），派驻机构在编人员154人。市委巡察办设在市纪委，为市委巡察工作领导小组日常办事机构，共有在编人员14人，市委巡察组编制在市纪委人员22人。

【学习贯彻习近平新时代中国特色社会主义思想】 市纪委常委会坚持把思想建设作为基础性建设，严格落实“第一议题”制度，举行专题学习和理论中心组学习33次，及时跟进学习习近平总书记最新重要讲话和重要指示批示精神。深入学习贯彻中共十九届六中全会精神，组织学习培训、宣传解读，市纪委监委领导班子成员带头宣讲，引导纪检监察干部充分认识“两个确立”的决定性意义，深刻体悟党百年奋斗的重大成就、历史意义和“十个坚持”的宝贵历史经验，增强以新时代党的伟大自我革命引领新的伟大社会革命的责任担当。把学习贯彻中共十九届六中全会精神与推动党史学习教育常态化长效化结合起来，深入学习习近平总书记关于党的历史的重要论述和在党史学习教育动员大会、庆祝中国共产党成立一百周年大会上的重要讲话精神，做到学习内容贯通融合、方式方法有机结合、教育实践高度契合、组织力量充分整合，达到学党史、悟思想、办实事、开新局的目的。

（刘智　陈珊）

重要会议

【市纪委十一届六次全会】 2月24日，中国共产党济南市第十一届纪律检查委员会第六次全体会议召开。出席全会的有市纪委委员51人，列席115人。省委常委、市委书记孙立成出席并讲话。市委常委，市人大常委会、市政府、市政协等有关领导出席会议。全会由市纪律检查委员会常务委员会主持。全会以习近平新时代中国特色社会主义思想为指导，全面贯彻中共十九大和十九届二中、三中、四中、五中全会精神，认真传达学习习近平总书记在十九届中央纪委五次全会上的重要讲话、赵乐际的工作报告和省纪委十一届六次全会精神，总结2020年全市纪检监察工作，部署2021年任务，审议通过程德智代表市纪委常委会所作的《推动纪检监察工作高质量发展，为建设新时代现代化强省会提供坚强保证》工作报告。

【召开服务保障新旧动能转换起步区建设工作会议】 8月27日，市纪委监委召开服务保障新旧动能转换起步区建设工作会议。市委常委、市纪委书记、市监委代主任杨光忠出席会议并讲话。会议强调，全市各级纪检监察机关和广大纪检监察干部务必要提高政治站位，充分认识加快起步区建设的重大意义，知责于心、担责于身、履责于行，围绕加快起步区建设充分发挥监督保障执行、促进完善发展作用，根据市委《关于加快济南新旧动能转换起步区建设的意见》及责任分工方案，紧盯有关部门和单位在起步区规划建设中的职责，以监督责任落实撬动主体责任、监管责任落地，确保起步区规划建设重点任务落到实处。

（刘　智）

【夯实管党治党政治责任】 市委高度重视管党治党责任体系建设，构建起党委统一领导、纪委协助推动、党的工作部门各负其责，全面覆盖、权威高效的推动落实工作体系。市纪委履行协助职责，通过述责述廉、廉政谈话、民主生活会监督、政治生态研判等方式，协调促进党委主体责任、党委书记第一责任人责任、班子成员“一岗双责”、纪委监督责任“四责协同”、一体履行。推进全面从严治党、党风廉政建设和反腐败斗争，为济南国际化大都市建设提供坚强政治保证。贯彻《党委（党组）落实全面从严治党主体责任规定》，持续强化对“一把手”和领导班子的日常监督，健全完善市管领导干部廉政档案，深化区县和市直部门、市管企业党委（党组）书记向市纪委全会述责述廉工作，组织开展市纪委常委同区县和市直部门党政正职廉政谈话，将整改情况纳入市委巡察、派驻监督和日常监督内容框架，压紧压实管党治党主体责任，不断强化管党治党监督责任执行效能。

【落实中央八项规定精神】 贯彻落实赵乐际调研山东时的指示精神，以实际行动防范“四风”隐形变异新动向新表现，从严从快查处顶风违纪行为，推动中央八项规定精神落实再上新台阶。深化纠治形式主义、官僚主义，严肃处理贯彻党中央决策部署和省委工作要求、市委工作安排只表态不落实、维护群众利益不担当不作为等突出问题，制定印发《关于建立纠治“四风”问题“直通车”机制的工作方案》，聚焦加重基层负担、责任甩锅等问题表现，深挖细查表现在基层、根子在市直部门的形式主义官僚主义问题，持续为基层减负。倡树“严真细实快”优良作风，严肃查处软弱涣散、纪律松弛，弄虚作假、欺上瞒下，敷衍应付、得过且过，推诿扯皮、拖沓散漫等作风问题，推动全市干部作风进一步转变。瞄准重点行业领域，对享乐主义、奢靡之风等歪风陋习精准研判、紧追不舍、露头就打。坚持关口前移，重大节假日前编发廉洁短信，提醒全市党员干部特别是领导干部绷紧纪律之弦。2021年，全市共查处享乐主义、奢靡之风问题329件485人，给予党纪政务处分386人；查处形式主义、官僚主义问题515件655人，给予党纪政务处分434人。

【整治群众身边腐败和作风问题】 把握中共十九大以来作风建设新特点新成效，结合“我为群众办实事”实践活动，深化整治群众身边腐败和不正之风。紧盯乡村振兴、民生保障和扫黑除恶等领域，确定17个方面重点整治任务，督促29个职能部门开展集中整治。2021年，全市共查处群众身边腐败和作风问题1313件1533人、涉黑涉恶腐败和“保护伞”问题145件155人。在章丘区、莱芜区确定11个村（社区），聚焦干部小微权力运行、集体“三资”管理、“两委”干部廉洁履职等情况，开展提级监督试点工作，探索建立纪检监察机关、职能部门和党员、群众共同参与的立体监督体系。探索实践“小切口”工作机制，针对停车管理领域突出问题开展专项整治，查处腐败和作风问题10起11人，推动出台17项便民停车措施，259个机关事业单位向社会免费开放停车场。持续完善“信访电网”立体信访举报受理体系，畅通群众诉求渠道，深入开展初次检举控告百日攻坚和化解重复举报专项行动，全年初次检举控告按期办结率86.9%，重复举报化解率91.7%。

【履行监督基本职责】 制定《关于推进政治监督具体化常态化的实施方案》，建立政治监督台账，实行“建账、盘账、结账”工作法，推动习近平总书记重要指示要求、党中央重大决策部署和省委工作要求、市委工作安排落地见效。聚焦落实“三新一高”、黄河流域生态保护和高质量发展、巩固拓展疫情防控和经济社会发展成果、实现全面脱贫与乡村振兴有效衔接等重大决策部署，围绕安全生产、污染防治、防汛救灾等重点工作任务加强监督检查，督促纠正存在的政治偏差和贯彻落实不到位等问题。紧盯粮食购销、开发区等领域腐败问题开展专项整治，深化人防、供销系统腐败治理。做好中央生态环境保护督察追责问责工作，严查背后的责任问题、作风问题、腐败问题。持续深化派驻监督，制定《济南市纪委监委派驻机构重要情况报告办法（试行）》。2021年，全市派驻派出机构立案232件、处分211人，市管企业、市属高校纪检监察机构处置问题线索230件、处分60人。

【坚持不敢腐、不能腐、不想腐一体推进】 深刻把握"惩、治、防"辩证统一关系，统筹推动查办案件、加强教育、完善制度、促进治理。全市纪检监察机关共处置问题线索8849件，立案4749件，给予党纪政务处分4656人，采取留置措施121人，涉嫌犯罪移送检察机关77人；立案审查调查市管干部45人、县处级干部279人。在强大震慑和政策感召下，全市共有312人主动投案、402人主动交代问题。配合开展政法队伍教育整顿，全市立案441人，留置35人，处分处理888人。做实以案促改以案促治，制定《加强和规范纪检监察建议工作办法（试行）》，全市共制发以案促改类纪检监察建议书288份，推动各级党组织纠偏差、防风险、堵漏洞。探索推进"四项监督"统筹衔接，健全"室组"联动监督和"室组地"联合办案机制，形成发现和严查腐败的强大合力。统筹运用党性教育、政策感召、纪法威慑，做到纪法情理贯通，全市运用"四种形态"批评教育帮助和处理10186人次，其中第一种形态占53.9%，第二种形态占39.4%，第三种形态占2.5%，第四种形态占4.2%。纵深推进廉洁文化建设，主打红色牌、泉水牌、名士牌、家风牌、警示牌、科技牌、联手牌，多措并举打造"泉城清风"廉洁文化品牌。分类勾画泉城"清廉地图"，推出济南优秀历史文化短片《大河之畔》、张养浩《三事忠告》文白对照本、蟠龙梆子廉政戏曲电影《吴来朝》等一批优秀廉洁文化作品，开展党风廉政宣讲81场次，编写违纪违法干部教育警示案例，对外发布32期通报曝光信息，组织全市观看《山东正风肃纪反腐2020》警示教育片，进一步营造崇德尚廉氛围。

【黄河流域生态保护和高质量发展专项监督】 市纪委监委向市委常委会专题汇报黄河流域生态保护和高质量发展专项监督工作，组织召开黄河流域生态保护和高质量发展专项监督工作部署会议。将黄河重大国家战略纳入全市政治监督，健全完善常态化督查问责机制。建立领导联系包挂制度，班子成员包挂区县和市直部门，定期开展下沉式、调研式督导检查，了解工作进展，交办问题线索，压实工作责任。高度重视服务保障济南新旧动能转换起步区建设，专门组织力量赴河北雄安等地考察学习，紧密结合纪检监察工作实际，紧盯起步区"四个新"的目标定位和"五个着力"重点任务，制定《关于强化政治监督服务保障济南新旧动能转换起步区建设的意见》。

【加强换届风气监督】 市纪委监委成立换届纪律监督工作领导小组、换届风气监督工作巡回督查组，会同市直有关部门印发关于严肃换届纪律、加强换届风气监督的通知及实施方案。市纪委副书记分别与12个区县党政主要负责人谈话，压紧压实主体责任和第一责任人责任；建立"一对一"包片联系制度，市纪委监委领导班子成员分别包挂一个区县，区县纪委监委班子成员包挂乡镇（街道），不间断开展换届风气监督检查。把严明换届纪律纳入日常监督，同落实中央八项规定精神、纠治"四风"结合起来，组织明察暗访、区县交叉察访，严查通过宴请等形式搞拉票、串联、助选等非组织活动，严防借换届之机举办欢送宴、接风宴等违规吃喝歪风蔓延。派出48名精干力量参与区县换届考察工作，同步开展换届风气监督检查。成立违反换届纪律问题专项查核组，建立联查联办和快查快结机制，对涉及换届问题处理意见提级审核，严把事实关、证据关。部署开展问题线索大起底行动，严格把好政治关、作风关、廉洁关，严防带病提名、带病提拔、带病上岗。

（王滨　刘智　王鹏）

栏目编辑　谷　雪

民主党派

中国国民党革命委员会济南市委员会

【概况】 全年发展44名新党员，平均年龄37.27岁，其中博士研究生学历以上2人，副高以上职称7人，具有民革政党特色35人，中上层人士25人。新增章丘支部。截至2021年年底，全市下辖1个区基层委员会、8个区总支部、50个支部，全市党员总数861人。

【思想建设】 开展“同心学党史、建功新时代”主题教育活动，组织党员赴红旗渠、济南战役纪念馆、济南战役山东兵团指挥所旧址、中共青岛党史馆、莱芜战役纪念馆参观学习，联合省直支部、淄博基层委员会开展辛亥革命110周年纪念活动，《创新、鲜活、实干，民革济南市委会扎实推进党史学习教育》一文在《中国统一战线》杂志微信公众号推送。围绕庆祝中国共产党成立100周年，在“济南民革”微信公众号开辟专栏，涌现出《家国同心》《童心向党书画册》等优秀作品。发动基层组织和广大党员参加民革中央、山东统一战线等主办的知识竞赛。组织创作的3个短视频作品参加民革中央“短视频”大赛，全部获奖。配合市委统战部，承担“同心跟党走”济南市统一战线庆祝中国共产党成立100周年文艺会演工作。对接中央电视台《国家记忆》栏目组，完成对冯玉祥部总参赞郑金声孙女、民革济南市委组织处原处长郑永恒的采访，生动还原重庆谈判期间冯玉祥宴请毛泽东的珍贵历史细节，该集节目《人民的选择》于6月30日庆祝中国共产党成立100周年大会前夕播出。

【组织建设】 推动基层制度建设、阵地建设、组织框架布局、平台打造等方面实现新突破，形成入党积分制、日常工作量化赋分办法、党员个人年度述职制度、组织发展关口前置、党员之家打造等组织发展和组织建设的新经验、新亮点。在民革中央第二批示范创建评选结果中，2个支部获评“民革全国示范支部”，2个党员之家获评“全国优秀民革党员之家”，2个支部获评“民革全省示范支部”，1个党员之家获评“全省优秀民革党员之家”。结合党史学习教育和民革作风建设年活动，将多年开展的“民革历史贡献担当是什么”“加入民革为什么”“我能为民革做什么”三个问题大讨论主题活动推向深入。4月，民革中央主席万鄂湘到济调研，对济南做法给予肯定，并将“三个问题”大讨论作为民革全党作风建设年的重要内容予以推广，在全国民革组织中迅速掀起“三个问题”大讨论热潮。召开民革济南市第九次代表大会，选举产生民革济南市第九届委员会主任委员1名、副主任委员5名、常委19名、委员38名；选举产生出席民革山东省第十四次代表大会代表17名，成立民革济南市第九届委员会内部监督委员会。市委会机关获评民革全国机关工作先进集体；1人获评民革全国机关工作先进个人，1人获评民革全国组织工作先进个人。

【参政议政】 就乡村振兴、红色旅游、大舜文化、应对老龄化等课题先后赴市民政局、唐王镇、百花洲等地开展系列“大调研”活动，形成30余份高质量的调研报告。市委会通过民革山东省委会提交省政协提案素材7篇，向市委、市政府报送呈阅件8份、民主监督报告2份，其中《强化安全监管力度有效促进我市安全生产的几点建议》等

7件获市委、市政府主要领导批示。在市政协十四届五次会议上，提交大会发言和集体提案10件。全年上报社情民意信息1300余篇次，被市政协采用260余篇、省政协采用118篇、省民革采用200余篇、省委统战部采用2篇、民革中央采用4篇、全国政协采用5篇，省委、省政府领导批示4次。市委会获“为民革山东省委会反映社情民意信息工作作出贡献的先进集体”“为民革山东省委会参政议政工作作出贡献的先进集体”称号。

【社会服务】 社会法治共建实践站围绕《民法典》出台，开展校园模拟法庭展演、校园普法教育宣传、法律援助、义务咨询等特色活动40余场，服务群众近万人次。市委会在教育法治服务方面的经验探索再次被《中国统一战线》杂志刊发。持续升级“博爱”社会服务品牌，形成“博爱牵手”爱心基金、“七彩烛光”进校园、“同文雅集 雨滴沙龙”“中山义工”等多品牌同心奉献、持久发力的良好局面。2021年，累计开展扶贫、义诊、法律服务、助学、慰问等社会服务工作30余次，服务群众逾2000人次，累计捐款捐物价值8万余元。泉城无偿献血志愿服务总队济南民革“博爱”支队被评为“全市无偿献血志愿服务突出集体”。河南省特大暴雨引发灾情后，迅速组织党员驰援灾区，济南民革累计捐款捐物63.7万余元，发往河南郑州、新乡、鹤壁等地10余车次救援物资。“中山义工”新时代文明志愿服务团组织开展“舜城济南”“雷锋精神”“爱国主义教育”等20余场公益讲座。年内，有3名党员分别赴新疆、陕西、甘肃开展帮扶工作。2个区总支部获“济南市统一战线先进集体”称号，5人获“济南市统一战线先进个人”称号，2人获“影响济南”创业人物奖，1人获“影响济南”创新人物奖。

【中国国民党革命委员会济南市第九次代表大会】 2021年11月4—5日在济南召开。会议听取并审议市政协副主席、民革市委会主委王伯芝代表民革济南市第八届委员会所作的工作报告，审议通过民革济南市第九次代表大会决议。会议选举产生民革济南市第九届委员会领导班子，王伯芝当选主任委员，衣光军、姚虎明、王化峰、李轶锋、齐加新当选副主任委员，任命倪秀珍为秘书长；成立民革济南市第九届委员会内部监督委员会，王化峰任主任，刘英才、刘斌、李璟任副主任。

（刘　妍）

【概况】 全年发展新盟员57人（其中代表性人士3人），平均年龄39.9岁，大学以上学历占91.23%，中级职称以上占56.14%，重点分工领域占比65%，高教界占比7%，高优人才占比36.8%。

【思想建设】 济南民盟第二个传统教育基地在济南市博物馆挂牌，为民盟思想建设提供新载体。举办民盟山东省委暨济南市委“百年辉煌大道同行”书画展、民盟济南市委庆祝民盟成立80周年书画展。《济南民盟简史》正式出版发行，并在民盟传统教育基地挂牌仪式上向济南市博物馆、济南市图书馆和全市民盟基层组织赠阅。开展“我与民盟”主题征文和微视频征集活动，征集征文30余篇，17篇获省级奖励；制作微视频10件，7件在民盟省委微信号播发，3件在民盟中央微信号播发。“济南民盟”微信号发布消息245篇，被“泉城统战”微信公众号采用42篇。开展中共党史学习教育活动、红色教育基地参观学习活动，组织骨干盟员到红旗渠、刘公岛、郭永怀纪念馆等爱国主义教育基地参观，各基层组织到济南战役纪念馆、莱芜战役纪念馆等红色教育基地学习参观。民盟市委的党史学习教育活动经验以《汲取精神营养　凝聚奋进力量》为题，在民盟山东省十届十五次常委（扩大）会议上做交流发言。

【参政议政】 市民盟主要领导积极参加市委统战部组织的各项政党协商活动，围绕新旧动能起步区建设开展调研，就政党协商计划、中共济南市委民主生活会、市委统战部民主生活会等提交书面建议，多条建议被相关部门采纳。在市政协十四届五次会议上，民盟市委提交大会发言1篇、大会交流材料5篇，集体提案5篇。整理3篇议政建言专报上报市委统战部，其中《关于做强新型农业经营主体的建议》《关于发挥部门联动效应推进再生水有效利用的建议》被市委主要领导签批。市民盟先后就“加强种业自主创新能力和综合竞争力”等课题开展定题约稿6次，就特定课题向盟内专家、专业盟员定向约稿5次，共收集社情民意信息290篇，整理上报213篇。开展课题招标工作，各基层组织共投标调研课题21个。先后到莱芜、长清、济阳、章丘等区县开展系列调研，赴奥博森药业、舜泰检测、英泰克工程咨询等盟员企业调研，为市委会在改善营商环境中提出可操作性建议打下良好基础。

【组织建设】 优化基层组织架构，撤销4个已瘫痪的市直支部，新建1个特色支部——泉城支部。5月，在山东大学威海校区举办2021年市委委员读书班和基层组织负责人培训班，80人参训。在民盟山东省委《关于庆祝中国民主同盟成立80周年荣誉称号拟表彰对象的公示》中，全市有7个基层组织、17名盟员分别被评为先进集体、杰出盟员和优秀盟员。11月，11个集体、44人被推荐参加民盟山东省委2021年度盟务工作先进评选。科技总支获济南市统一战线先进集体称号，盟员宫德萍、李静获济南市统一战线先进个人称号。

【社会服务】 继续推进爱心助读活动，两次到商河张庙小学进行助读和捐赠活动，举办“烛光点亮童心”关爱儿童公益活动，捐赠80套学习用品，并开展“爱护我们的身体”安全教育课。坚持做好社会服务传统项目，联合市中区基层委员会、民盟济南画院走进大观园经二路社区综合文化服务中心，开展迎新春、写春联、送福字活动。民盟槐荫区基层委员会联合民盟山东省直一支部，开展“免费贴伏进社区”活动；民盟历下区基层委员会走进济南市黎明学校开展慰问捐赠活动并进行义剪、义诊；民盟长清区基层委员会到长清区归德街道办事处开展“书画传情 美丽乡村”送文化下乡活动；民盟市立一院支部赴西营敬老院开展扶贫助残爱心义诊活动；民盟槐荫同心支部向遭受洪涝灾害的河南地区捐献食品日用品及消杀物资；民盟济南四院支部赴长清区东菜园村开展健康义诊活动等。民盟济南槐荫区同心支部、民盟高新区支部获评民盟山东省委脱贫攻坚先进集体，1人获评民盟中央社会服务先进个人，14人获评民盟山东省委脱贫攻坚先进个人。

【中国民主同盟济南市第十二次代表大会】 2021年11月10—11日，中国民主同盟济南市第十二次代表大会在济南珍珠泉宾馆召开。会议听取并审议民盟济南市第十三届委员会工作报告，审议通过民盟济南市第十二次代表大会决议。会议选举产生民盟济南市第十四届委员会领导班子。市人大常委会副主任巩宪群当选民盟济南市委第十四届委员会主任委员，李兴实、张爱波、李会芹、王振东、刘明翠、邵莉当选副主任委员，任命昝圣煜为秘书长。

（朱　戈）

【概况】 2021年发展会员73人，会员总数1652人，经济界占81.3%，各级人大代表、政协委员180人。基层组织37个，其中区级总支部8个（下辖33个支部）、区级支部2个、市直属总支部1个（下辖4个支部）、市直属支部26个。设立经济、企业、理论研究、人资环、财政金融、法制、文化教育、艺术、妇女、老龄10个专门委员会。

【思想建设】 采取“四学”方式，开展中共党史学习教育。领导班子成员带头学，读原文谈体会，掀起学习热潮；结合民建特色，利用书籍、刊物、网站、公众号等平台自觉学；组织开展“观党史，跟党走”主题活动现场学，走进声光电党史展馆、金刚纂村等；发放各类学习材料督导学，主委会班子成员宣讲百年党史，推动学习教育走深走实。全面总结党史学习教育成果，《践悟初心 汇聚力量》在《民讯》刊发，经验做法得到民建中央肯定。开展“百年华诞话同心”征文活动、“红色教育实践行”活动、“建党百年抒情怀”书画展、“百年百题同心同行”知识竞赛等丰富多彩的庆祝活动献礼中国共产党成立100周年。围绕民建中央重点课题组织开展理论研究，报送民建省委会论文18篇，8篇获优秀成果奖、达标成果奖，市委会被评为全省民建理论研究先进单位。参与全市统战理论政策研究，2篇论文分获全市统战理论政策优秀成果一等奖、二等奖；宣传处获全市统战理论政策研究先进单位、全市统战宣传工作先进单位一等奖。全年编辑《济南民建》4期，换届专刊1期；公众号推送信息293条，位居全省民建首位；网站全年发布信息600余条；对外宣传信息采稿率实现新突破，《五措联动让党派工作活起来》《民建济南市委会学习宣传中共十九届六中全会精神》分别在《中国统一战线》刊物及公众号刊发；全年被各级媒体采用稿件700余篇（幅），省级以上300余篇（幅）。市委会被评为全省民建新闻宣传工作先进单位。

【组织建设】 坚持组织发展原则，做好会员发展工作。对申请人从年龄、学历、职称、职务、政治安排等把好入口关，从规范会员入会程序、提高会员思想认识、培育会员履职意识、提升会员素质能力、增强会员责任使命五个方面入手，加深新会员对多党合作制度内涵意义、基层组织工作任务、会员权利义务的认识。以增强履职能力建设为重点，协助基层组织开展主题支部活动。依托主题支部活动，扭转基层组织存在的“重身份、轻组织，重组织、轻活动，重活动、轻内容，重内容、轻主题，重主题、轻实效”的现象。稳步推进“会员之家”建设，以民建中央走访为契机，推动两个基层组织“会员之家”的建设。依托国内重点大学师资力量，组织50余名骨干会员赴复旦大学举办培训班，推荐市委委员、基层组织负责人、骨干会员和机关干部70余人次参加各级专题培训，提高后备干部队伍综合素质。

【参政议政】 围绕黄河国家战略、省会经济圈一体化、自贸区、新旧动能转换起步区、新时代社会主义现代化强省会建设等重大课题，进行实地考察调研，邀请专家讨论交流，参加党外人士考察等，完成《抢抓黄河国家战略机遇，打造地理标志之都》等7篇调研报告，均得到市委、市政府主要领导批示。围绕全市重点工作及民生热点，开展民主监督。以养老服务发展为切入点，赴山东和孚养老护理院等5个养老机构开展调研，形成《关于养老服务发展的民主监督报告》。加强省市联动，连续3年共同开展民主监督工作，围绕自贸区建设分别赴商务厅、自贸区济南片区、海南自贸区等开展调研，形成《关于山东自贸试验区济南片区高质量建设和发展的民主监督报告》。在市政协十四届五次会议上，提交集体提案10件，其中口头发言1件、书面发言6件，《关于加强济南城市品牌建设的建议》被评为市政协优秀提案。积极参加党外人士调研成果协商座谈会，全市经济社会发展情况通报会，考察调研新旧动能转换起步区、法院、检察院等活动。其中《充分发挥上市公司效能，助力现代化强省会建设》得到市政府主要领导肯定。成立社情民意宣讲小组，对基层组织培训40余场次，提升会员的履职能力。全年收集社情民意844篇，其中，5篇被全国政协采用，1篇被民建中央选作全国政协集体提案，8篇被民建中央采用，66篇被省政协采用，366篇被民建省委采用，413篇被市政协采用。市委会被省民建评为参政议政工作先进单位，被市政协评为反映社情民意信息工作先进单位。

【社会服务】 发挥民建市委会“天使四叶草”公益品牌优势，相继开展走进警营、校园等系列活动，捐赠设立关爱民警基金、捐助南山希望小学专项扶助资金等，全年累计捐款捐物价值140余万元。市委会号召各基层组织、广大会员，向河南雨灾地区捐款捐物价值60余万元；召开建行普惠金融银企对接会暨服务民营企业恳谈会，服务会员企业发展。会员企业主动参与省、市委统战部“双报到”活动，为社区安装路灯、车棚，捐赠羊毛衫等；捐赠50万元，成立首批大学生职业成长基金，用于济南大学共建新文科产业学院；在腊山办事处开展“办学为民、助力片区发展”活动，提供30万元公益基金。

【中国民主建国会济南市第十二次代表大会】 2021年11月7—8日，民建济南市第十二次代表大会在济南珍珠泉宾馆召开。会议听取并审议王建森代表民建济南市第十三届委员会所作的工作报告，审议通过民建济南市第十二次代表大会决议。大会选举产生民建济南市第十四届委员会领导班子，王建森当选主任委员，王翠香、丁保国、孙罡、阮师漫、韩慧健、王亮当选副主任委员，任命姚桢为秘书长。

（闫金奎）

中国民主促进会济南市委员会

【概况】 2021年，发展会员48人，平均年龄39岁。截至年底，全市共有会员1222人，中高级以上职称853人。会员中教育、文化、出版、传媒主界别占68%；科技、医卫、政府部门及其他占32%。有各级人大代表、政协委员96人次，担任副处级以上职务的38人。新成立民进济阳区支部。截至年底，全市共有基层组织69个，其中区总支9个、基层支部60个。成立民进济南市青年工作委员会，为青年会员成长搭建平台。在济南市统一战线暨民族团结进步表彰大会上，1个基层组织、5名会员受到表彰。

【思想建设】 举办“同心学党史·携手开新局”庆祝建党100周年座谈会、“不忘合作来路·以史践行初心”庆祝建党100周年演讲比赛、“多党合作，民进记忆”庆祝建党100周年主题征文活动；赴红旗渠、大峰山开展“踏寻红色足迹，践行合作初心”红色教育活动。展现基层组织活力和会员“双岗建功”履职风采，2篇反映民进履职成果、先进会员事迹和基层活动的文章在《民主》刊登，1篇在《联合日报》刊发；民进中央网站、山东民进、各级统战系统等采用信息100余篇；微信公众号推送243期；出版《济南民进》3期，出版《2021年民进济南市委会工作纪实》。市委会获评2021年度《民主》杂志宣教工作优秀集体。

【参政议政】 参加中共济南市委举行的党外人士座谈会、情况通报会，围绕全市经济发展运行、黄河流域生态保护和高质量发展、党风廉政建设等提出意见建议。参加党外人士“围绕中心，深入一线，凝识汇智”系列考察调研活动，围绕新旧动能转换起步区建设等进行实地调研，建言献策。在各级“两会”上，共提交建议、提案118件，其中市政协大会口头发言1件、书面发言5件、集体提案10件，1件提案被市政协列为主席重点督办提案。召开2021年重点调研课题研讨会，共征集调研课题16件，形成8件议政建言专报，7件获市政府主要领导签批。围绕“我市科技成果转化情况”开展民主监督，并形成调研报告。市民进被评为民进山东省委会专项表彰参政议政工作先进集体。

2021年4月8—10日，民进济南市委会会员赴林州红旗渠参观学习（民进济南市委 供稿）

【履职能力建设】 按照民进中央“反映社情民意信息”主题年要求，赴7个区总支和部分市直支部召开专题会议部署工作，推动社情民意信息工作提质增效。加强对骨干会员和新会员的社情民意信息辅导，举办两次专题讲座，实施社情民意信息报送“清零行动”。年内征集社情民意信息200余篇，上报180篇，市政协采用128篇，省委会采用119篇，省政协采用27篇，民进中央采用5篇，全国政协采用1篇。民进济南市委会和民进历城区总支被民进中央表彰为“全国反映社情民意信息工作先进集体”，2人被评为先进个人。

【服务社会】 参与全市“乡村振兴帮扶行动”，继续打造“春联万家”“传统文化进校园”社会服务品牌。联合济南神墨教育学校，先后在7所学校开展“品读红色经典、喜迎建党百年”暨“开明书屋”捐建活动，共捐赠价值21万余元的图书。继续倡导“微公益”理念，引导各级组织和广大会员开展社会服务活动。市民进被民进中央表彰为“全国社会服务暨脱贫攻坚工作先进集体”。

【中国民主促进会济南市第九次代表大会】 2021年11月11—12日召开。会议听取并审议民进济南市委会副主委陈学中代表民进济南市第十届委员会所作的工作报告，审议通过民进济南市第九次代表大会决议，选举产生由43名委员组成的民进济南市第十一届委员会、第十一届委员会监督委员会。潘荣庆当选主任委员，陈学中、徐琳、叶霖、王洪新、赵华当选副主任委员，任命刘海萍为秘书长。

（乔　军）

【概况】 2021年，新发展党员61名。截至年底，中国农工民主党济南市委员会共有7个总支、60个基层支部，农工党员1263名，平均年龄55岁，医药卫生界占55.4%。

【思想建设】 开展“同心学党史、建功新时代”主题教育活动，举办“学党史、学条例”中共党史学习教育培训班，召开庆祝中国共产党成立100周年座谈会，举办“庆建党百年七个一”系列活动，开展“学党史、跟党走”主题征文活动，2篇论文分获农工党中央“庆祝中国共产党成立100周年征文”理论研究优秀论文二、三等奖，市委会获评农工党省委会“先进组织工作奖”。赴济南大峰山党性教育基地、莱芜战役纪念馆、中共山东省工委旧址等地开展党史学习。编写党员参与抗疫、抗洪救灾等感人事迹，微信公众号编发稿件350余篇，“中国统一战线”“泉城统战”“农工党山东省委会”等微信公众号，济南电视台、舜网等各级媒体报道100余次。《强化参政党监督作用促进国家治理能力现代化》获全市统战理论政策研究优秀成果二等奖，办公室获全市统战宣传工作先进处室一等奖，宣传（议政调研）处获全市统战信息工作先进单位突出贡献奖。

【组织建设】 注重发展重点分工领域高层次人才，加强人资环新主界别领域的组织发展。举办领导干部和新党员培训班，选派骨干党员参加省市社院民主党派进修培训班，3名党员参加农工党中央首届党内监督网络培训班。全面推进作风建设，重点关注换届工作全过程。注重发挥监委会党内监督职能作用，开展警示教育。持续推进党员之家建设，2个基层组织、4名党员分获农工党中央纪念中国农工民主党成立90周年组织建设工作先进集体、宣传思想工作先进集体和优秀党员、优秀党务工作者，9个基层组织、16名党员分获农工党省委会先进基层组织、优秀农工党员，1个基层组织、4名党员分获济南市统一战线先进集体、先进个人。市委会获评农工党省委会组织工作优秀市级组织。

【参政议政】 参加专题协商、调研协商、人事协商等各类协商会、联席会、党外人士座谈会、征求意见会和情况通报会，就政府工作报告、经济情况等重大决策、重点工作建言献策。提交市政协大会发言10篇，1篇提案被列入重点督办提案。配合参与省委会专题调研活动，开展省市一体化调研5次，形成高质量调研报告。与济南市环境研究院共建参政议政调研合作基地，密切与对口部门走访交流，发挥参政智库专家作用，调研课题质效双升，市委会获评农工党省委会参政议政工作优秀市级组织。报送社情民意信息300余件，省政协采用61件，农工党中央采用7件，省委会采用42件，全国政协采用4件，其中2件得到省领导批示、7件得到市领导批示。26名农工党员获市委统战部议政建言先进个人。4件信息被评为市政协优秀信息，市委会获评全市政协反映社情民意信息工作先进单位。

【民主监督】 围绕促进提升全市基层医疗卫生机构和农村公共卫生能力体系建设等工作，到钢城区颜庄中心卫生院等地进行实地考察，与市卫健委、有关区县卫健局及基层医疗卫生机构相关负责人进行专题座谈，形成监督报告并得到市领导批示。全程参与农工党中央脱贫攻坚民主监督工作，参与省委会对口德宏地域扶贫举措，市委会在农工党中央脱贫攻坚民主监督工作表彰大会上被授予“先进集体”，6名党员获评“先进个人”。市委会获评省委会全省对口云南省德宏州脱贫攻坚民主监督先进集体。

【社会服务】 结合儿童节、爱耳日、爱眼日、爱牙日、重阳节等节点，赴街道社区、乡镇村居、老年公寓等开展义诊服务和健康咨询5000余人次。投身全市统一战线“同心扶贫攻坚行动”“共帮扶促振兴助力行动”，深化“同心助学”“情系三农”等品牌，精准聚焦农工党中央定点扶贫大方县和民主党派助力乡村振兴县区行工作。组建“医疗专家助力团”赴天桥区老寨村、章丘区大冶村等地义诊服务，党员爱心捐款20余万元，为3000余名群众进行义诊。创建民族团结“和融同心”工作品牌，在全市民族工作重点街道市中区泺源街道、民族村天桥区老寨村建立“和融同心”工程实践基地，向少数民族困难群众赠送慰问金、慰问品，向民族小学捐赠教辅设备。市委会获评全市民族团结进步示范单位，市委会党员之家获评铸牢中华民族共同体意识教育实践基地。市委会获评农工党中央“脱贫攻坚工作先进集体”、省委会全省“情系三农”助力乡村振兴及“同心助学”先进集体、全省助力脱贫攻坚定点扶贫大方县先进集体，4名党员获评农工党中央“定点扶贫大方先进个人”，26名党员获评省委会“助力扶贫攻坚先进个人”“扶贫攻坚工作先进个人”。

（赵洪鹏）

【概况】 全年发展党员35名，其中博士1人、硕士11人，中高级职称18人，具有“侨海”特色35人。截至2021年年底，全市共有党员722人，其中，大学以上学历的659人，占91.27%；中高级以上职称的463人，占64.12%；具有“侨海”特色的565人，占78.25%。全市共有基层组织34个，其中总支部8个、支部26个。市委会、省立医院支部获评致公党中央脱贫攻坚先进集体，市委会获评致公党山东省委参政议政工作、专题调研工作、反映社情民意信息工作、理论研究工作、组织建设工作、机关建设、助力脱贫攻坚先进集体，6个基层组织获评致公党山东省委先进集体，2项工作获致公党山东省委重点工作创新奖。张元玺获评致公党中央脱贫攻坚优秀组织工作者，韩吉书获评致公党中央脱贫攻坚先进个人，80余名党员获评致公党山东省委先进个人。

2021年8月10日，致公党济南市委会赴历下区泉城路街道办事处等地围绕生活垃圾分类工作开展民主监督专题调研 （致公党济南市委 供稿）

【思想建设】 领导班子成员及党员参加市级以上进修班和专题学习班40余人次。举办培训班2期、致公大讲堂2期，200余人次参加培训。部署开展庆祝中国共产党成立100周年主题系列活动，举办“致公唱响——庆祝中国共产党成立100周年美术书法作品展”，开展党史学习教育、红色传统教育、纪念征文活动、座谈会、联欢会、典型推荐等活动30余次。出版《济南致公》2期，10余篇信息被《人民日报海外版》《联合日报》等刊用，在“济南致公”微信公众号推送信息100余篇。2篇信息获评山东致公优秀新闻奖，6篇征文获评致公党山东省委理论研究优秀成果奖。

【参政议政】 主委班子成员参加座谈会、民主协商会、情况通报会、考察调研等活动10余次，围绕全市中心工作提出意见建议。全年报送《议政建言专报》11件，《我省落实黄河战略应注意三个问题》得到省委书记批示，《关于加快创新

药物研发 推动我省医药产业向高端发展的建议》得到省长批示，《关于加快推进我市商事调解发展的建议》等7件专报材料获市长签批。向市政协十四届五次会议提交大会发言1件、书面发言5件、集体提案6件。王桂英《关于加快推进长期护理险制度发展的建议》被列为全国政协十三届四次会议重点督办提案，3件提案获评市政协优秀提案。《关于加快推进我省数字经济发展的建议》被选作省政协大会提案。90余件社情民意信息被采用，其中，全国政协采用2件、致公党中央采用5件、中共省委办公厅采用1件、省政协采用15件。2件调研成果获评致公党中央参政议政优秀成果，6件调研成果获评致公党山东省委参政议政优秀成果。

【服务社会】 开展各类社会服务活动40余次，受益群众5000余人。打造“致公智慧课堂”公益品牌，年内捐建致公智慧课堂11所，累计捐赠价值250余万元。捐建“同心·致福书屋”2所，在3所学校开展“同心圆梦·助力教育”活动，共计捐赠款物价值24万余元。创建2所“济南致公·同心法援”工作站，开展普法进侨企、进社区、进养老院、进校园活动。组织医疗专家团赴泰安等地开展义诊活动10余次。开展走访慰问敬老院老人、抗美援朝老同志、困难党员、归侨侨眷和关爱“城市美容师”活动，捐款捐物合8万余元。

【中国致公党济南市第七次代表大会】 2021年11月9—10日在济南南郊宾馆召开。出席代表112人。大会审议并通过王桂英代表中国致公党济南市第六届委员会所作的题为《凝聚思想共识 强化使命担当 为全面开创新时代社会主义现代化强省会建设新局面贡献力量》的工作报告。大会选举产生由39人组成的中国致公党济南市第七届委员会；选举产生出席致公党山东省第七次代表大会的代表；通过大会决议。在致公党济南市第七届委员会第一次全体会议上，选举产生由19人组成的常务委员会，选举王桂英为主任委员，袁淑玲、李莉（驻会）、卢林、李明、方浩为副主任委员。七届一次常委会议任命李莉为秘书长。

（张贵军）

【概况】 2021年发展社员40名，主界别占比71%，中高级职称等重点人士占比87%；新成立九三学社章丘区委员会；成立监督委员会，开展对各级组织及全体社员履行职责的监督考核。截至2021年年底，全市共有11个基层委员会、3个直属支社；社员894名，主界别占比71%，高级职称等重点人士占比87%。1人获评九三学社全国机关工作先进个人，1人获评九三学社山东省2021年度机关工作先进个人。

【思想建设】 通过邀请知名教授授课、交流研讨、举办多层次培训班等形式，引导广大社员不断增进对中国共产党领导和中国特色社会主义的认同。开展中共党史、九三学社社史学习教育等系列活动，通过专家讲座、知识竞赛、重走红色足迹、文艺演出、体育竞技等多种渠道，扩大社员参与范围。举办“学党史、忆先贤、同心行”诗歌朗诵会，开展“庆祝中国共产党成立100周年”主题征文活动，1篇文章被《山东统一战线》刊发，4篇文章获市委统战部颁发的优秀作品奖。开展九三学社口述史征集工作，采访4名老主委与中国共产党肝胆相照的峥嵘岁月。全年在市级以上媒体发表文章211篇。出版《九三学社济南市委2021年工作纪实》。“九三学社济南市委员会”微信公众号被社中央评为“九三学社2021年全国地市级十佳微信公众号”，社市委获评九三学社山东省2021年度思想宣传工作先进集体，1人获评九三学社山东省2021年度思想宣传先进个人。

【参政议政】 全年提交8篇议政建言专报，7篇获市政府主要领导批示。10个参政议政课题中标社省委招标课题，5篇调研报告报送社中央。全年提交社情民意信息260余篇，全国政协单篇采用2篇，社中央采用3篇，省委办公厅采用1篇，省政协采用10篇，社省委采用46篇，市政协采用97篇。在济南市政协十四届五次会议上作题为《强力推进协同创新大格局，谋划“科创济南”建设》的大会发言，提出有关“科创金融”的建议被相关部门采纳，为济南获批全国首个科创金融改革试验区做出重大贡献。聚焦黄河流域生态保护和高质量发展、国际医学城建设、助力实现碳达峰碳中和、物业管理水平提升等领域，赴省内外多地实地调研，形成10余篇高质量调研报告并全部落地转化。密切与社省委的联系，共同举办第六届九三齐鲁科学论坛并进行网络直播，开展“青少年近视防控科普讲座”网络直播活动。3月底，联合社省委召开参政议政工作研讨会，11月，社省委农林专委会工作站与专家站落户济南。构建“专委会+智库+基地”的参政议政支撑平台体系，与济南市政设计集团联合建立“同心·筑梦”基地。2021年，社市委被九三学社中央评为“2018—2020年参政议政先进集体”，被社省委评为“参政议政先进集体”“信息工作先进集体”；1人获评九三学社中央2018—2020年参政议政先进个人，3人获评九三学社山东省2021年度参政议政先进个人，4人获评九三学社山东省2021年度信息工作先进个人。

【社会服务】 进一步拓展“同心·爱之光”行动，深入学校、社区，为两万余名青少年筛查视力，建立长期视觉健康档案。“同心·童善儿童关爱中心”通过助学、陪伴、心理辅导等志愿活动，妥善照料黄河滩区留守儿童。在历城区残疾人康复中心建立“同心·彩虹苑”爱心基地，为残疾儿童提供残健融合教育服务。3天内聚集价值10万余元物资帮助遭受水灾的河南省鹤壁市。年内，社市委获评九三学社山东省2021年度社会服务先进集体，5人获评九三学社山东省2021年度社会服务先进个人。

【九三学社济南市第十二次代表大会】 2021年11月8—9日在济南举行。会议听取并审议九三学社济南市委员会主委刘霞代表九三学社济南市第十一届委员会所作的工作报告，审议通过九三学社济南市第十二次代表大会决议。会议选举产生九三学社济南市第十二届委员会领导班子。刘霞当选主任委员，付修琍、王文生、赵宁、黄刚、张健当选副主任委员，任命翁向勇为秘书长。成立九三学社济南市十二届委员会监督委员会，赵宁任主任，杨胜强、陈军华任副主任。

（赵钰琳）

栏目编辑 张 阳

济南市总工会

【概况】 2021年，市总工会辖12个区县总工会，以及济南高新区总工会、南部山区总工会、国际医学中心总工会、新旧动能转换起步区总工会；15个局（委）工会和24个大企业工会；6个市级产业工会。全市有基层工会组织10048家，涵盖法人单位19716家。建会单位职工1393216人，其中，女职工474773人；工会会员1341981人，其中，女会员450101人。工会专职工作人员8062人，兼职工作人员20974人。市总机关内设10个部室，总编制63人，下属3个事业单位。

【强化政治担当】 组织“千人万场”宣传宣讲活动，进社区、进企业、进班组，全市各级工会共组织宣讲活动1441场。落实工会意识形态工作责任制，建立快速响应的新闻发布机制和舆情引导机制，开展新闻宣传、网络评论和舆论引导工作。组织庆祝建党100周年系列活动，先后举办“永远跟党走·奋进新征程”全市职工合唱比赛、全市职工书法绘画摄影征文比赛、全市职工羽毛球比赛；组织举办“把一切献给党·劳动创造幸福”全国职工党史学习教育读书活动山东（济南）专场活动。搭建红色教育阵地，建设济南工运史馆、济南劳模风采展览馆，接待235批次、6000余人，发行图书《凝聚在党旗下的济南工人阶级——图说济南百年工运》，上线运行济南工运史数字展馆。开展“中国梦·劳动美”主题教育，举办济南市职工庆祝五一劳动节文艺晚会，在泉城广场举办“匠心筑梦·建功泉城”“济南工匠”选树命名暨工匠技能展示活动，在济钢集团举办“齐鲁最美职工”“济南最美职工”发布仪式，济钢集团姜和信获评2021年“齐鲁最美职工”，10人获评2021年“济南最美职工”。

【推进产业工人队伍建设改革】 在全市选取特色鲜明、代表性强、能发挥示范带动作用的试点单位208个，实现12个区县和各大行业全覆盖。筹备济南市新时期产业工人队伍建设改革暨创新成果展，搜集文字材料3万余字、图片资料400余张、实物300余件，综合展示全市产业工人队伍建设改革中取得的成果。

2021年3月26日，市劳动竞赛委员会在中科院济南科创城项目建设工地举办“建功‘十四五’·建设强省会”全市争先创优劳动竞赛誓师大会 （市总工会 供稿）

【推动劳动和技能竞赛提质扩面】在全市重点任务、重点工程、重点项目中开展以“建功‘十四五’·建设强省会”为主题的争先创优劳动和技能竞赛活动，“建功‘十四五’打造黄河流域生态保护和高质量发展核心示范区”项目被列入全国示范性劳动和技能竞赛项目，“建功‘十四五’建设强省会”被省总工会列为省级劳动竞赛示范项目。面向全市征集劳动竞赛项目311项，对遴选出的100项建立劳动和技能竞赛项目台账，对25个竞赛基础好、措施实的牵头单位给予每家2万元资金支持。全市参与劳动竞赛职工达110万人次。

【持续深化“泉城职工全员创新创效”竞赛】投入200万元组织开展“一匠五创”培育选树活动。选树命名济南市全员创新企业9家、济南市劳模和工匠人才创新工作室10个、创新班组30个、创新能手87人、职工优秀技术创新成果30项。3家企业获评山东省全员创新企业、2个工作室被命名为山东省劳模和工匠人才创新工作室、1名职工获评齐鲁大工匠，2名职工获评齐鲁工匠。联合市委组织部、市科技局、市工业和信息化局、市人力资源社会保障局、国网供电济南分公司成立济南市职工创新创效推进工作办公室，组织全市创新企业、创新工作室、技能人才入驻鲁班双创网线上平台。

【打造工会助力乡村振兴的阵地平台】全年新培育市级工友创业园35家，选树市级“农民工之星”35名，全市市级以上工友创业园达到143家、省级以上工友创业园22家。市级以上工友创业园全年开展培训2100人次，签订集体合同143份，开展帮扶救助123人次、“四季服务”活动68次、产品宣传推介活动35次，带动就业创业500余人。召开全市工友创业园现场会，成立“泉城工创”促进就业创业联盟，搭建工会促进就业创业、助力乡村振兴的市级平台。

【为民办实事】实施一线职工“求学圆梦行动”，扩充线上教育平台，吸纳70余家高等院校和31家培训机构入驻齐鲁工惠APP职工教育平台，成立山东开放大学济南市职工文化事业发展中心直属学习中心，拓宽职工报读的选择范围。筹集经费近1000万元，为3000余名职工提供学习补助。建设提升户外劳动者驿站，新建驿站66家，全市累计投入使用的驿站达527家。制定《济南市工会户外劳动者驿站管理暂行办法》，开展星级驿站评选活动，评选五星级驿站21家、四星级驿站78家，三星级驿站427家。全市组织各类关怀慰问、志愿服务活动700余场次，为7万余名户外劳动者发放饮用水、暖手宝、手套、保温杯、防暑降温用品等，覆盖新就业形态劳动者2万人次。

【职工维权帮扶服务】组织“春风送岗、工会同行”线上招聘会，参会企业440家，在线展示岗位8000个，达成意向用工1800余人。筹集资金、物资价值400余万元，开展“夏送清凉”活动，惠及职工10万余人。开展“金秋助学”活动、送温暖等活动，发放1586.9万元，帮扶慰问困难职工、农民工1.56万余人次。拓展法律服务覆盖面，全市工会办理法律援助案件4000件，比上年同期增长2.64倍，援助职工6173人，挽回资金7012万元。开展普惠服务，利用工人文化宫开展各类职工文体活动586场，服务职工42.8万人次；开展858场线上职工普惠活动，参与职工会员98万人次；投入资金656万元，组织3000名干部职工参加疗养休养；开展心理健康讲座167场，惠及职工5800余人；发放职工大病互助保障救助金961万元，救助患病职工3293人次；新建女职工培训学校38家，新建“妈妈小屋”98家。

【构建和谐劳动关系】广泛开展集体协商，发出要约书1189份，组织参与企业963家，签订集体合同企业755家，覆盖职工11350人。组织开展济南市集体协商竞赛，获山东省集体协商竞赛一等奖。健全以职工代表大会为基本形式的企事业单位民主管理制度，制定意见细则及考核评估标准，分步推进。组织开展优秀职工代表提案征集评选活动，征集优秀作品参加全国企业民主管理微视频大赛，获一、二等奖。广泛开展“查保促”活动，参与企事业单位6322家，参与职工523741人，查出安全隐患73189项，各级工会累计发放排查隐患专项奖励资金818.6万元。

【建会强会专项行动】以“强基层、补短板、增活力”为主线，以吸纳新就业形态群体入会为重点，与市人社局联合推行“一函两书”制度，与市委组织部联合加强新时代区县工会领导班子建设，实行市总工会领导班子成员分工包挂制度，出台基层工会组织建设以奖代补办法，配备工会社工壮大基层力量，依法全面加强基层工会组织建设。全市新组建工会1994家，新发展会员13.5万人，新发展农民工会员10.2万人。全市打造390个基层实体化职工之家示范点，开展模范职工之家“结对共建”活动，为基层工会打造健康小屋257家。

（侯　羚）

【概况】 截至2021年年底，全市共有团委802个、团工委156个、团总支561个、团支部15310个，团员37万余名、少先队员66万余名，注册青年志愿者人数30.1万人，年内新增15.2万人。

【加强思想引领】 抓住建党100周年重大契机，以“学党史、强信念、跟党走”主题教育为统领，开设少先队济南队史馆，打造首个沉浸式少先队教育实践基地并向全市少先队员免费开放；持续开展向上向善好青年选树活动，先后推选14名优秀青年当选团中央、团省委向上向善好青年，当选数量位居全省第一、全国第二。

【服务中心工作】 联合青企峰会总部基地，成立百亿规模的青企峰会产业发展基金；联合起步区，举办山东省“创青春”青年创新创业大赛，选树推荐的“有人物联网”青年创业项目，获第十一届“中国青年创业奖·科技创新特别奖”；搭建黄河流域高质量发展校企地青年创新平台，打造产教融合青年人才示范区，先后促成清华大学等17所高校和山东高等技术研究院等16家驻济企业、科研机构签订人才合作协议。高水平承办第六届全国志交会，吸引全国168.5万个（名）公益组织和志愿者通过线上方式汇聚泉城济南，吸引10家基金会及爱心企业成为首批公益合作伙伴，为济南志愿服务项目提供价值4350万元的物资支持。推动4308个村级团组织、799个社区团组织完成换届工作，569名“乡村好青年”担任村级团组织书记，举办青年乡村振兴创新创业大赛，为乡村好青年群体发放各类创业担保贷款4000余万元，帮助300余户创业者缓解资金压力。

【优化青少年成长发展环境】 推进青年发展友好型城市创建，举办8场青年人才“空中”招聘会，发布需求岗位3.7万个，活动综合点击量达2亿人次；举办“我们的青春在济南起步”2021届济南大学生毕业典礼活动，95后青年人才吸引力位居全国第11名，青年人才向济南集聚趋势明显；在山东省青年工作联席会议上，济南市就青年发展友好型城市创建工作进行典型发言，《中国青年报》给予报道。引领青少年参政议政，组织发起青少年模拟政协提案活动，推出青春版专题“商量”。深耕“希望小屋”困境儿童关爱项目，全市共募集“希望小屋”爱心善款1400万元，已建在建“希望小屋”694个。

【提高团的建设水平】 推行落实团干部“3+X”任期目标管理责任制、团教“3+2+1”模式，“1+5+N”团

2021年5月26日，“红领巾心向党·争做新时代好队员”济南市新队员入队示范仪式举行

（团市委　供稿）

"我们的青春 在济南起步"——2021 届济南大学生毕业典礼活动现场 （团市委 供稿）

代表联络站体系等创新举措，全力推荐历城、章丘、莱芜 3 区创建全省第一批、全国第二批"县域共青团基层改革"试点工作。推动少先队、学校共青团、青联等改革试点项目，稳妥推进"分批入队"工作，全市 700 余所小学全部完成首批新队员入队工作。全面推进"红领巾奖章"争章体系。市团校、青少年宫、青联、学联、青企协、志愿者协会顺利完成事业单位改革工作。

【2021 届济南大学生毕业典礼活动】 6 月 18 日，"我们的青春 在济南起步"2021 届济南大学生毕业典礼活动在山东博物馆南广场举行，庆祝近 20 万名驻济高校应届毕业生顺利毕业。这是济南市第一次以一座城市的名义为大学生举办隆重的毕业典礼，省委常委、市委书记孙立成出席活动并向毕业生发出青春邀约，中央和地方 50 余家媒体予以报道。

2020 年度济南市杰出青年岗位操作能手名单

王国成　中国航空工业集团公司济南特种结构研究所首席技能专家
王慧娜　山东师范大学附属中学物理组教研组长
冯福宇　山东工程职业技术大学现代艺术学院行业企业专家工作站首席专家、副教授
刘泽宇　济南工程职业技术学院经济管理系辅导员
刘树宝　山东省建设建工（集团）有限责任公司五公司总经理助理
李　倩　济南护理职业学院康复保健系团总支书记、康复教研室主任
陈均晓　济南市南山仲宫街道中心小学教师
胡付博　济南市公安局网络警察支队一级警员
段　辉　国网莱芜供电公司变电检修中心变电一次检修二班副班长
魏　哲　中铁十四局集团隧道工程有限公司穗莞深城际项目盾构架子队副队长

2020 年度济南市杰出青年技术创新能手名单

马　良　山东国辰实业集团有限公司研发部工程师
王明路　中铁十局济南勘察设计院 BIM 中心副主任
乔　良　山东智汇云建筑信息科技有限公司团队负责人
刘　浩　济南轨道交通集团有限公司资深主管
汪丽丽　山东泰山钢铁集团有限公司品质保障部标准管理员
张　宁　济南市槐荫区周官屯小学大队辅导员
郎　华　中国重型汽车集团有限公司汽车研究总院整车开发项目经理
贾玉健　国网济南供电公司自动化运维班班长
窦玉海　山东高等技术研究院材料科学研究中心研究员
霍雨艳　山东协和学院教师

（彭　冲）

济南市妇女联合会

【概况】 截至 2021 年年底，市妇联辖区县妇联 12 个，另有济南高新技术产业开发区妇联、济南市南部山区妇联、济南新旧动能转换起步区妇联，乡镇（街道）妇联 163 个，社区妇联 987 个，村（居）妇代会 4704 个；市直妇委会 11 个；民主

党派妇委会7个。市妇联机关设行政处室6个，市妇儿工委办公室设在市妇联，总编制42个。下属单位1个：济南市妇女儿童活动中心。“阳光大姐”和“出彩人家”双品牌建设取得新进展，习近平总书记在收到“阳光大姐”家政服务员致信后表示关心和问候，省委、市委主要领导分别作出批示，市委常委会专门听取汇报。“出彩人家”入选全国妇联和省妇联“美丽庭院”建设经典案例，在全省“美丽庭院”创建工作推进会上作为典型推广。市妇联获全国维护妇女儿童权益先进集体、全省脱贫攻坚先进集体。

2021年6月25日，“党的女儿颂党恩——济南市各界妇女庆祝中国共产党成立100周年汇报演出”在舜耕会堂报告厅举行　（高明　摄）

【打造思想引领平台】　针对机关党员干部，打造“机关大学习”平台。针对全市妇联干部，举办10场省暨济南市“巾帼大讲堂”，打造“巾帼大讲堂”平台。针对全市广大妇女，打造“巾帼大宣讲”平台，组建市、区（县）两级优秀巾帼先模代表宣讲队伍，既在全市范围内重点宣讲，又在区县普遍宣讲，开展“进农村、进社区、到身边”宣讲活动800余场，举办“党的女儿颂党恩”——济南市各界妇女庆祝中国共产党成立100周年汇报演出。

【“阳光大姐”和“出彩人家”品牌建设】　持续做强“阳光大姐”品牌，“阳光大姐”在行业标准化制定、职业教育产教融合、提质扩容高质量发展等方面进行有效探索，建设完善全国巾帼家政服务标准化示范基地，主导制定家政服务行业国家标准5项、地方标准9项，成立全国首个由家政企业创办的中专学校——济南阳光职业中等专业学校，联合山东医学高等专科学校成立“阳光健康学院”，成为全国首个具备教育部“1+X”职业技能等级培训评价和人社部第三方评价资质的企业。全域开展“出彩人家”创建，连续3年被列入市政府民生实事项目，新建“出彩人家”示范村（社区）335个、示范户8.53万户，累计创建869个示范村（社区）、20.9万户示范户。

【妇儿权益维护】　编制发布《济南市“十四五”妇女儿童发展规划》，深入推进男女平等基本国策落实。制定出台《济南市妇联系统“八五”普法规划》，开展宪法、民法典、反家庭暴力法等普法宣传486场。探索基层妇联执委入网联家模式，推动区县妇联建立13个婚姻家庭辅导中心和100个“泉城家和”调解室，为15887对夫妻提供离婚调解服务。开展“我为群众办实事”实践活动，完成为妇女儿童承诺的11件实事。切实做好“两癌”检查和救助，常态化开展“爱心妈妈”和“春蕾计划”帮扶救助活动。围绕建党100周年，以“少年儿童心向党”为主题举办第七届“小小演说家”少儿口才大赛。依托村（社区）妇女之家，建设500个“家门口的假期托管站”，解决职工家庭后顾之忧。

【基层妇联建设】　推进女性进村（社区）“两委”和妇联换届工作，5项主要指标均高于全省平均值，妇联主席100%进“两委”班子，4.2万名妇联执委活跃在基层，在新经济、新社会组织中新建妇女组织百余个。拓展延伸妇联阵地功能，6500余个“妇女之家”、妇女儿童家园、“妇女微家”成为妇女工作的宣传引领地、活动开展地、荣誉激励地、维护权益地和帮扶解困地。开展巾帼领头雁淬炼行动，选树19名省级、150名市级“最美基层妇联人”并进行典型宣传。推进新一轮“基层妇联组织成员素质提升工程”，市妇联面向妇联执委、村（社区）妇联主席、维权干部、家庭教育骨干、巾帼文明岗、女致富带头人、市妇儿工委成员单位举办7期培训班，全市各级妇联举办培训班67期、培训1.06万人次。

（吕　艳）

【概况】　2021年，市科协发挥广泛汇聚科技人才智力的优势，团结引领广大科技工作者主动融入黄河流域生态保护和高质量发展重大国家战略，推进“科创中国”济南试点城市建设，开展科普宣传，繁荣学术交流。截至年底，全市共有院士专家工作站213家，其中院士工作站91家、专家工作站122家。海外创新驿站达15家。2098家企业在“科创中国”融通平台注册开展供需对接，1100家企业注册应用中国科协专利信息系统。开展乡村振兴专家志愿服务行动，组织73人的乡村振兴专家服务团队，完成农业专业技术培训指导215场，直接受益群众5306人。组织“全国科普日”系列活动1000余项，受益人数约10万人次。

【“科创中国”试点城市建设】　1月19日，济南市获批“科创中国”首批试点城市后，市科协细化“科创中国”建设工作方案，组织召开试点城市创建工作领导小组会议，研究确定总体工作思路和对接服务模式。截至年底，争取中国科协“科创中国”科技服务团示范项目3个、项目资金170万元。精准对接国家级、省级创新资源20余家，汇集整理企业和产业需求200余项，认定“科创中国”联络员200名，组织开展科技服务活动51场次；组织2098家企业在“科创中国”融通平台注册开展供需对接，1100家企业注册应用中国科协专利信息系统，达成供需项目合作38对，突破技术难题19个，产生效益5亿元。举办高端“会展赛”活动12次，推动12项人工智能产业项目签约落地济南。

【第十三届“影响济南”经济人物评选暨第三届“影响济南”科技人物评选颁奖活动】　12月20日，由济南市委、市政府主导，济南日报报业集团主办的第十三届“影响济南”经济人物评选暨由济南日报报业集团、市科技局、市科协联合主办的第三届“影响济南”科技人物评选颁奖活动在龙奥大厦举行。活动以“奋力走在前、建设强省会”为主题，116名优秀企业家、科技工作者脱颖而出，分获“影响济南”经济人物、科技人物、创新人物、科创先锋、创业人物以及组委会特别奖。

【“科创中国”医疗康养产业高峰论坛暨第十届济南市科协年会】　11月23日在博科控股集团有限公司举行，活动以“聚焦产业发展、共建康养名城”为主题，由中国科协、中国生物工程学会、济南市科协主办。活动包含开幕式及院士专家论坛、技术路演、分论坛、学会企业产学研对接等系列活动。其中，中国生物工程学会专家与济南医疗康养相关企业对接成效显著，达成供需项目合作17项；市科协与中国生物工程学会签订战略合作协议，组建“科创中国·济南医疗康养产业创新中心”“中国生物工程学会济南服务站”。年会期间，组织分会场、分论坛10余次，近万名科技工作者参与。

【院士专家工作站建设】　年内新建院士工作站6家、专家工作站35家。截至2021年年底，全市共有院士专家工作站213家，其中院士工作站91家、专家工作站122家。复审考核2019年、2020年认定的143家院士专家工作站，119家工作站通过考核。评审选树23家优秀院士专家工作站（15家院士工作站、8家专家工作站）。指导各建站单位完善工作站办公场所、设施设备、管理制度和各类标牌、工作记录等，推进建站工作规范化建设。

【离岸创新创业基地建设】　按照“金控海投基金＋总部空间（合作空间）＋海外创新驿站＋基地联盟”建设模式，构筑“金控海投基金先行、国内国外联动、线上线下互动”海外人才创新创业生态链。新建3家、续签3家海外创新驿站，共设立海外创新驿站15家。新设立4个离岸基地合作空间，建设、开通济南离岸基地线上服务平台。组织项目路演对接会、创业培训会、线下招聘会、咨询服务等100余场次，总部空间已落地企业46家，引进院士项目2个、国家级领军人才1名、省市级人才25名。承办第四届“中国·济南新动能国际高层次人才创新创业大赛”加拿大赛区预赛，征集258个项目，预赛评选22个项目参加济南总决赛，3个项目获奖，6个项目已落地。

【“泉城科普”品牌建设】 组织“全国科普日”系列活动1000余项，全市166所社区科普大学分校授课2000余节、4000余学时。济南电视台每周五晚八点黄金时段播出“泉城科普”电视专栏，科普受众数量40万人/月。“爱济南”“泉城科普”专栏点击量超100万次。开展“科普巴士进基地、微课列车进社区、科技创新进校园”等科普活动，创新性开展网络直播科普活动。中国科协组织第十一次中国公民科学素质抽样调查，济南市公民具备科学素质的比例达到14.6%，远超全省11.47%、全国10.56%的平均水平，继续稳居全省首位。

【济南市2021年“全国科普日”主场活动】 9月17日，济南市暨历城区2021年“全国科普日”主场活动在国家超级计算济南中心科技园举行，活动主题为“百年再出发，迈向高水平科技自立自强”。活动期间，按照面向基层、服务发展、惠及群众的要求，结合党史学习教育“我为群众办实事”实践活动，开展线上、线下科普活动逾千场，受益人数达10万人次。

【“济南互联网联合辟谣平台”与“泉城科普”建立互联互通】 为进一步加强网络谣言综合治理，提升济南市网络辟谣工作科学化、规范化、

2021年9月17日，济南市暨历城区2021年“全国科普日”活动启动仪式在国家超级计算济南中心科技园举行 （刘宏涛 摄）

制度化水平，市委网信办（济南市网络舆情中心）主办的“济南互联网联合辟谣平台”与市科协主办的“泉城科普”正式建立线上互联互通，共同开展网络谣言联动查证、辟谣工作，通过传播科学信息、弘扬科学精神，增强网络辟谣的权威性、影响力。

【齐鲁大学生创新创业行动】 举办齐鲁大学生软件大赛、动漫游戏大赛、工业设计大赛等10项科技竞赛，其中9项赛事被列入山东省大学生科技节赛事，共有国内外400多所高校、30000多名学生参赛，70多家企业支持大赛，3200余名学生获奖。

（施泉玉 张荫堂）

【概况】 2021年，市侨联多措并举助力“强省会”建设，开展多种形式的为侨服务，完成换届选举，完善“地方侨联+大学侨联+校友会”“基层侨联+海外华人华侨社团”的工作机制。截至年末，济南市累计建设“侨驿站”19家、“海外侨驿站”30家、“侨胞之家”9个，天桥区华黎社区侨胞之家被评为“全国侨联系统优秀侨胞之家”。

【助力“强省会”建设】 落实省市一体化工作要求，4月，省、市、区侨联助力亚洲城市艺术发展联盟成立；8月，成功申报章丘区城子崖遗址博物馆、胶济铁路博物馆、山东省会大剧院交流基地、济南天下第一泉风景区、山东大学中华传统文化研究与体验基地5家单位为第二批“山东省华侨国际文化交流基地”；9月，推动省侨商会与起步区管委会签署《战略合作框架协议》；12月，推动省侨联出台《关于省市侨联一体助力“强省会”建设的实施意见》；举办“济南新旧

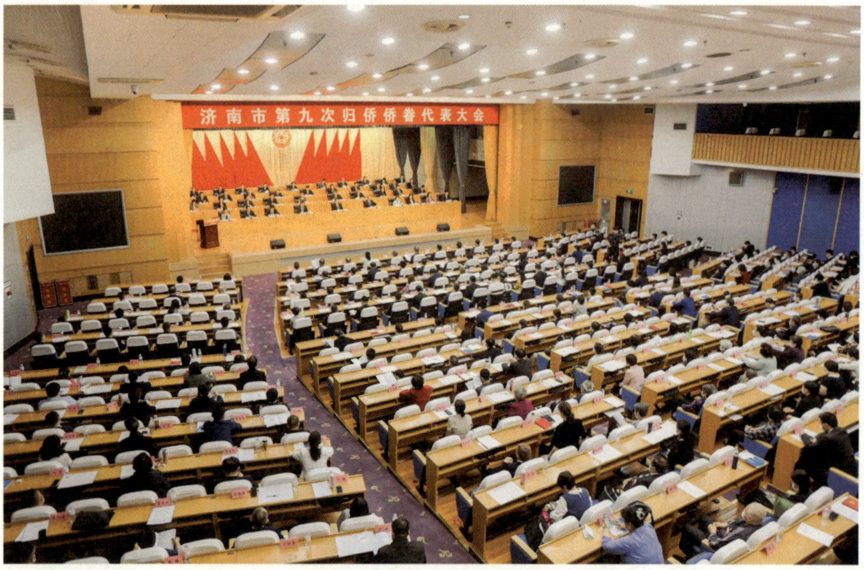

2021 年 5 月 27 日，济南市第九次归侨侨眷代表大会在舜耕会堂召开　（市侨联　供稿）

动能转换起步区推介会”“侨心向党 法治同行——省市一体化侨界法治宣传”“侨心向党·同心筑梦”等活动。织牢织密“系统网、协作网”，2 月，设立“侨界商量工作室”，开展“泉城侨大使海外商量”，联合市地方金融监管局为侨商企业开展“一对一”精准服务，联合工信、卫健、投促、出入境管理局等部门成立金融、法律、健康等服务专班，开展精准惠企活动。助力“双招双引”，10 月，出台《关于推动新侨创新创业的八条措施》，得到中国侨联、省侨联、市委领导的批示肯定；组织侨企参加“中国·济南新动能国际高层次人才创新创业大赛”，2 家侨企分获一等奖、三等奖；开展“创业中华、筑梦泉城——泉城‘侨大使’助力高质量发展系列行动”“侨界精英高校行”和高层次人才走进济南“侨梦苑”等活动。开展“建言资政行动”，向《中国侨联侨情专报》提供专报 19 篇、意见建议 70 余条，市侨联获评“2021 年度全国侨联系统信息工作成绩突出单位”。

【为侨服务】 开展“我为群众办实事”实践活动，7 月，启动“云关爱”情暖侨心系列活动，邀请市疾控专家向海外侨胞宣传和解答防疫知识和规定，发布“济侨合家欢、四海云拜年”祝福视频，寄发“家国情、云团圆”家信；8 月，承办 2021 年“亲情中华 为你讲故事”网上秋令营，来自美洲、非洲孔子学堂的 148 名华裔青少年参加中华优秀传统文化学习。开展“侨爱传播”行动，为老归侨免费查体、集体祝寿，救助慰问困难归侨、老党员、贫困学生 100 余户，送去慰问金（品）10 余万元。推进“友好使者”行动，助力匈牙利米什莱尼市与平阴县等开展友城建设。加强“侨汇泉城”人才资源库建设，联系海外侨（社）团百余家。举办“侨星志愿为民服务”系列活动，开展社区“双报到”活动等。年末，市侨联“我为群众办实事典型案例”被评为省市联动深化“双报到”为民办实事优秀项目。

【侨星志愿服务】 发挥 6 支“侨星志愿服务队”专业特长和资源优势，针对侨胞需求开展“侨爱法援进社区”“侨爱法援助侨企”等免费服务活动。新冠肺炎疫情防控期间，“侨星志愿服务队”成员德迈国际集团通过市侨联将 90 台口罩制造设备捐赠给斯里兰卡。市侨联获评“全国侨联系统抗疫先进集体”，志愿服务队 1 人获评全国抗击新冠肺炎疫先进个人、22 人获评“抗疫出彩统战人”。

【济南市第九次归侨侨眷代表大会】 5 月 27 日，济南市第九次归侨侨眷代表大会在济南舜耕会堂召开。会议审议通过市侨联第八届委员会工作报告，选举产生市侨联第九届委员会，米文芃当选为主席，孙洪成、王洪禹、刘作宗、董一鸣、阮师漫、马进当选为副主席，孙洪成兼秘书长。

（王会波）

【概况】 截至 2021 年年底，济南市共有台籍同胞 77 户、120 人，其中高山族同胞 16 户、25 人，回台定居台胞 10 人；济南地区去台人员亲属（简称台属）4000 余户、计 2 万余人。市台联所辖县（市）区及山东大学、济南大学台属或台侨属联谊会共 12 个。

【思想引领】 组织“学党史迎百

年、担使命共奋进”“庆祝党的百年华诞济南台胞党员话心声”“传递齐鲁星火、筑牢信仰之基”等庆祝中国共产党成立100周年主题活动；举办纪念辛亥革命110周年、孙中山先生155周年诞辰系列活动。主动加强与岛内台胞联系，帮助台胞了解祖国大陆政治制度、发展历史和辉煌成就，以及新冠疫情应对、疫苗接种等台胞关注的热点问题。举办2021年全市台胞台属培训班，使台胞台属准确把握新形势下中央各项方针政策及台海形势现状。

【为民服务】 开展联系群众“大走访”和“我为群众办实事”主题实践活动，累计走访台胞家庭80余户次，收集意见建议20余条；义务为10户70岁以上老台胞拍摄全家福；帮助台胞申请困难补贴、春节慰问金累计27户次；协调帮助台胞解决新冠疫苗接种、中考加分政策落实、村屋改造安置回迁购房等问题10余件次。

【联谊活动】 结合重大纪念日，开展“缅怀革命先烈 凝聚奋进力量”清明祭扫、线上纪念中国共产党发布“五一口号”73周年活动，参加“庆建党百年 抒爱国情怀”书画摄影大赛。结合重要传统节庆，走访看望老台胞、台胞遗属和困难台胞，举办住济女台胞联谊、两岸婚姻家庭代表妇女节联谊、台胞少年儿童庆六一活动。结合服务群体特点，自2011年始，坚持开展“温馨祝福送关怀”系列特色关爱活动，注重发动定居青年台胞投身志愿服务，组织“送上全家福、同心感党恩”学雷锋摄影志愿服务、台籍学生学考政策和志愿填报指导会等活动。

【对台交流】 以推荐创建“全国台联海峡两岸民间交流基地、台胞之家联谊站”为契机，先后到山东丰泽商业管理有限公司、济南中翰书画院、鲁台商贸有限公司等实地调研，创新探索对台民间交流新平台，并建立常态联络和互动交流机制，相继开展系列主题活动。

（张　丰）

【概况】 2021年，济南市工商联以“聚力强省会、勇当生力军”为主线，以“盈商润济”十大行动为抓手，加强政治引领，开展经济服务，积极参政议政，多项工作得到全国工商联肯定，被全国工商联评为2021年调查点工作先进基层单位，市工商联建筑产业促进会被评选为全国工商联商会党建工作示范单位。截至年底，市工商联所属商会36家，行业管理商会28家。

【政治引领】 实施“盈商润济·双引工程”，以“永远跟党走、聚力开新局”为主题，举办山东省暨济南市非公有制经济人士庆祝中国共产党成立100周年文艺会演，策划编辑《同心奋进 聚力同行》画册，在微信公众号和市联网站开设专栏，开展讲好泉城民企“永远跟党走”感人故事活动及“访民企、结同心、办实事”活动。开展“盈商润济·党旗红示范行动”，完善所属商会“双揭牌”工作模式，工作经验获中央统战部副部长、全国工商联党组书记、常务副主席徐乐江批示，全国工商联简报《工商联工作》予以专期刊载。开展“盈商润济·党旗红”示范创建活动，15家企业和商会被授予示范单位。引导民营经济人士履行社会责任，召开推进全市工商联系统乡村振兴暨东西部协作工作会议，举办乡村振兴产销对接活动2期。全国工商联到章丘区调研“万企兴万村”开展情况，并给予高度肯定。

【参政议政】 开展“盈商润济·连心赋能行动”，发出《凝心聚力，奋发有为，在落实黄河重大国家战略中展现新担当》倡议书，引导全市广大民营经济人士把握重大机遇实现高质量发展。组织民营经济人士开展调查研究，积极建言献策，1篇社情民意信息获全国工商联二等奖，2篇调研报告获全省工商联系统理论调研成果一等奖，2篇提案获全省工商联系统优秀提案。

【经济服务】 开展“盈商润济·校会携手人才行动”，建立“校会联企”四方合作机制，举办济南市“云创业”平台创业服务联盟校企合作对接大会、2021年省会经济圈商会联盟新动能·人力资本论坛、黄河流域智能建造产教融合发展联盟成立大会暨高端论坛、济南市2021年民营企业招聘月活动。开展“盈商润济·金融畅通行动”，举办省会经济圈民营经济金融合作论坛，与中泰证券达成战略合作，济南民营联合投资股份有限公司与山东省新动能基金管理有限公司和济南财投新动能投资管理有限公司共同发起设立济南民营企业投资基金，规模10亿元。开展“盈商润济·双线两化提升行动”，举办新兴营销模式宣讲，开展“创新创业政能量 走进中关村”活动。促成济南市流通业供应商协会、兴业银行济南分行和泰山1532公司的战略合作。开展“盈商润济·搭桥铺路行动”，进一步打造“亲清沙龙”服务品牌，探索“1+N+N”服务模式，即夯实1个“亲清沙龙”品牌，设立N个亲清驿站，配备N个联络员，真正落实“向企业报到”工作机制。在部分商协会、企业和区县工商联中设立17个“亲清驿站”。“亲清沙龙”“亲清驿站”经验做法得到全国工商联肯定。打造助企惠民工作品牌，举办两期泉城名企“万店迎五一”“万店迎十一”让利消费者惠民助企活动。助力“双招双引”，邀请全国工商联女企业家商会到济南市进行考察调研，达成初步合作意向。全国工商联金银珠宝业商会和全联书业商会有关项目有序推进。参与筹备第二届黄河生态大会、第四届中国企业论坛等大型会议活动。围绕打造央企北方总部基地战略，精准对接中远海运、中国南航、中国航油等大型央企。开展“盈商润济·和谐同行行动”，常态化开展援企维权法律服务，举行“商会有约、法治服务”活动，引导企业依法经营、防范风险。会同人社部门，选取企业进行点对点“劳动关系和谐企业”培育指导服务。

【组织建设】 开展“盈商润济·商会建设品质提升行动”，建管并举，市工商联所属商会达36家，行业管理商会28家，济南市产教融合促进会等7家商会正在筹备中。推进“四好”商会建设，市工商联建筑产业促进会获评全国工商联商会党建工作示范单位，市工商联直属会员商会党支部获评“济南市先进基层党组织”。实施省会民营企业家素质能力培养提升工程，组织青商会企业家开展“学党史、当先锋”观摩磋学活动，举办第四期民营企业高质量发展“观摩磋学”专题培训班。开展“盈商润济·文明创建行动”，市工商联机关成功争创省级文明单位。推动文明创建活动向非公有制经济组织延伸，引导带动民营企业争创省市级文明单位，参与助力全国文明典范城市创建。

（姜庆鲁）

【概况】 2021年，市文联强化党对文艺工作的全面领导，开展“我为群众办实事”实践活动，组织举办庆祝中国共产党成立100周年系列文艺活动，组织精品创作生产，13部文艺作品获第十二届山东省“泰山文艺奖”奖，数量位列全省第一。济南市文学艺术界联合会第六次代表大会召开，产生新一届委员会。注重吸收“文艺两新”人才，新发展各文艺家协会会员1000人。

【“我为群众办实事”文艺实践活动】 打造以莱芜“百姓春晚”、章丘“民星才艺大赛”等本土文艺志愿服务品牌为代表的面向广大农村地区的系列文艺志愿服务项目，以及以市中“文化课堂在群众身边”、历城“全民合唱”为代表的城市社区文艺志愿服务项目，相关经验在《济南日报》刊发。济南市文联“美丽泉城随手拍”、莱芜“百姓春晚”、济南国际合唱节群众合唱3个项目被推荐为中央文明委、中国文联全国新时代文明实践文艺志愿服务2022年备选项目。“百姓春晚”入选中国文联第十一次全国代表大会项目材料汇编。以济南国际合唱节为典型案例的成功经验先后在《山东文化发展报告·2021》和《东岳论丛·2021》发表。举办“雅乐颂党”“雅乐中秋”“雅乐国庆”“雅乐重阳”系列音乐会；市文联选拔推荐的莱芜风之韵合唱团参加中央电视台夕阳红重阳节大型文艺晚会。定期举办“七彩课堂”书法、美术公益讲座，“七彩课堂”入选2021年度省市“双报到”为民办实事百优项目；举办“泉城文学讲堂”12期、“摄影公益讲堂”24期、“新时代文明实践文艺培训”线上课程31期；与济南老年大学联合举办的“芳华讲堂”，每周定期派艺术家公益授课。

【庆祝中国共产党成立100周年系列文艺活动】 举办庆祝建党100周年跨黄1800米巨幅美术创作活动。组织开展“学党史、传精神、跟党走”“我们的中国梦、文化进万家”系列文艺志愿服务活动10余次。参与举办"永远的旗帜"——济南庆祝中国共产党成立100周年大型文艺演出、齐鲁名家献礼建党100周年主题艺术展、济南市职工美术书法摄影征文比赛、济南城建职工书画摄影展等活动20余项。举办"百色华章"写生创作美术作品展，展出作品120多幅。举办"红色丰碑光辉历程"摄影图片征集，征集摄影作品5000余幅。举办"红色七月"剪纸艺术展，展出100幅剪纸作品。举办第四届中国当代烙画·葫芦艺术精品展。举办"新时代、黄河颂、我先行"书画摄影展，展出美术书法摄影作品200余幅。举办第二届济南市市直机关干部职工书法展，展出作品150余幅。举办"最美夕阳红""生态黄河"等系列摄影比赛10余次。举办中华优秀传统文化进校园、进军营活动及"声动齐鲁·红色故事巡讲"首场演出和杂技剧《红色记忆》专场展演等活动20余项。

【精品创作生产】 13部文艺作品获第十二届山东省"泰山文艺奖"奖，数量位列全省第一。报告文学《奔走在湘西大地上》在《人民日报》刊发。实施"海右文学"精品工程，对5部长篇文学作品进行重点扶持，举办"海右文学"精品图书展，组织开展泉城实力作家评选。组织举办长篇小说创作座谈会、《当代小说》济南作家研讨会、网络作家座谈会，举办省市一体化骨干青年作家高级研讨班，选派23位创作成就突出的知名作家参加培训。

【济南市文学艺术界联合会第六次代表大会】 2021年6月20—21日在舜耕会堂召开。来自全市文艺战线17个代表团的296名正式代表和来自社会各界特邀代表共350人出席会议。市文联党组书记、副主席李经发代表市文联第五届委员会向大会作《牢记初心使命，勇于担当作为，全面开创济南文艺事业新局面》的工作报告。会议总结市文学艺术界联合会第五次代表大会以来的工作，确定下一个五年的主要工作目标任务，审议并通过市文联第五届委员会工作报告，修改并通过《济南市文学艺术界联合会章程》，选举产生市文联新一届委员会。张望当选为市文联第六届委员会主席，李经发、蒋济东、刘艳丽、张鸿福、万富永、马凯、王克、王方晨、亓汉友、李大海、李庆杰、张泉刚、袁冬霞、徐国卫当选为副主席。

【"红色丰碑·光辉历程"摄影图片展】 2021年7月上旬，由市文联主办的"红色丰碑·光辉历程"摄影图片展，分别在章丘区三涧溪村和山东省文化馆展出。展出的100幅摄影作品，是全市摄影艺术家献礼中国共产党成立100周年、讴歌伟大时代的精品力作。

【红色资源采风创作暨作品捐赠活动】 2021年9月16日，市文联组织书法家到莱芜战役纪念馆开展庆祝建党100周年红色资源采风创作暨作品捐赠活动。市文联、市书协、莱芜战役纪念馆等20余人参加活动。书法家现场创作60余幅书法作品并捐赠给莱芜战役纪念馆。

【济南市"海右文学"精品工程首批扶持作品座谈会】 2021年10月16日，市文联召开济南市"海右文学"精品工程首批扶持作品座谈会，邀请专家就精品创作进行辅导。2021年"海右文学"精品工程以庆祝中国共产党成立100周年

2021年9月16日，市文联组织书法家到莱芜战役纪念馆开展庆祝建党100周年红色资源采风创作暨作品捐赠活动

（市文联 供稿）

为主题，公开征集长篇文学作品，经初评、终评，最终评选出5部长篇文学作品予以扶持。5部作品分别是王方晨的长篇小说《大地之上》、王玉珏的长篇小说《泱泱》、飞天（徐清源）的长篇小说《大观园》、吴晨阳的长篇小说《红房子》和李官珊的儿童文学《蜃景》。

【第七届济南国际合唱节】 2021年3月26日启动，历时8个月，完成合唱比赛、合唱培训、“云合唱”系列音乐会、大型实景演出等一系列活动。合唱比赛共180支合唱团参加，共评出金奖38个、银奖39个、铜奖12个、优秀组织奖8个、特殊贡献奖4人、优秀指挥奖3人、优秀钢琴伴奏奖3人、优秀辅导奖70人。

【文艺志愿服务品牌创建】 2020年11月，市文联正式启动“文艺进万家 健康你我他”新时代文明实践文艺志愿服务品牌项目。项目历时4个多月，试点包括历城区、市中区、莱芜区、章丘区4个试点区，试点街道（乡镇）13个，试点社区（村）39个，已注册服务队75支，注册人数近4200人。

【“红遍济南”庆祝建党100周年红色资源采风创作活动】 从4月开始，市文联、市作协联合各区文联、作协，从全市范围内抽调知名作家近100名，组成10个采风组，分赴市、区（县）50余处红色资源地进行采风、采访、文学创作，以文学的形式记述发生在济南历史上的红色记忆。市文联精选优秀采风作品91篇，结集编印出40余万字的《红遍济南》。

（周会然）

中国贸促会济南市分会

【概况】 全市贸促系统全面落实国家贸促会和市委、市政府重大决策部署，围绕全市对外开放大局，融入国内国际双循环，发挥贸促职能作用，全力做好贸易投资促进、国际联络、商事法律、代言工商等工作。市贸促会获山东省会展业协会“山东省会展行业促进发展贡献奖”。

【展览工作】 完成2021新动能·青岛展览洽谈会济南展区任务。创新举办2021济南激光产业国际合作大会。以首届主宾市身份策划举办2021外贸优品展。参加2021第16届山东国际新能源汽车电动车展览会、第24届济南国际机床自动化展览会等8个展会。高质量举办“魅力济南”3场线上品牌推广和贸易对接活动。

【招商引资】 推动中稷—华为互联网产业总部基地（外资）落户槐荫区，资金到位1175万美元，山东泰通私募（投资）基金管理有限公司落户莱芜区，实有资本超10亿元。

【国际市场开拓】 抢抓RCEP协定签署契机，设立中国—东盟商务理事会济南联络办公室，举办国际商协会产业对话—东盟活动，来自东盟7国行业高层级商协会主要负责人、企业代表60人线上线下参会。推动省市一体化建设，服务、保障对话山东—日本、德国等系列活动。发挥“民间外交”优势，组织向柬埔寨捐赠防疫物资9200件。升级开展2021年“服务·赋能企业行”活动，举办企业沙龙活动5场，参加企业和机构代表约150人。

【法律服务】 落实“RCEP企业服务直通车”行动，开展线上线下培训10场，参训人数700余人。利用快递、邮件、网络等方式累计签发原产地证书11662份，涉及贸易金额11.66亿美元，同比增长26.74%；为企业减免关税1342万元，同比增长29.41%。商事证明书、使馆认证等认证共计1918份。成功调解涉外贸易纠纷2起，涉及合同货值265万元。累计发布经贸摩擦预警信息313篇、《营商环境与投资风险国别分析报告》43个。

【代言工商】 向国办、中国贸促会、省市党委政府报送《关于促进跨境电商产业发展的意见建议》《优化外资企业营商环境报告》等调研报告、政务信息44篇，采用28篇。开展“外企调研服务周”活动，组织召开济南市优化外资企业营商环境座谈会，帮助外资企业协调解决问题3个。编辑出版《济南贸促》4期，全面展现贸促风采。

【2021新动能·青岛展览洽谈会济南展区】 济南展区364平方米，是全省最大展区之一，以“新格局 新起步 新征程 新济南”为主题，设置

六大板块。中国重汽、山东重工、浪潮集团、齐鲁制药等20余家有代表性企业的最新成果或展品，国家超级计算济南中心天河服务器模型等一批大国重器、抗疫神器、高科技产品等亮相济南展区。展览期间，共接待跨国公司领导人峰会高端嘉宾团组6个。

【2021济南激光产业国际合作大会】 6月16日在济南召开，由市贸促会联合德国机械及制造总协会、济南高新区智能装备产业发展中心举办。大会以“激遇未来 光耀泉城”为主题，旨在聚焦“智造济南”建设，落实“工业强市”战略，促进济南市激光产业国际化发展。粤港澳先进制造产业联盟、德国米特维达应用技术大学激光研究所、山东省科学院激光研究所、德国机械及制造总协会做主题演讲，华光光电等4家激光企业相关负责人进行推介，阿里巴巴现场发布中国激光机械产业发展趋势及需求分析暨《激光机械跨境电商发展报告》。全国各地激光企业、协会近500人参会。大会线上线下同步进行，配套举办泰国、韩国、巴基斯坦线上品牌推广和贸易对接活动专场，近百家企业线上参会，“一对一”洽谈150余场次，达成意向金额3000万元。

（常立立）

【概况】 2021年，市残联全面运用“创新＋闭环”两种工作方法，规范提升残疾人精准康复服务、残疾儿童康复救助工作规范化管理、培训就业服务、残疾人家庭无障碍改造和辅具适配“融合”、社会力量整体助残、残疾人基层组织服务、“智慧残联”实际数字运用、新时代“残疾人之家”打造、残疾人事业“立体化”宣传9项重点工作，集中做好争创“模范机关”创建、“学听跟”专项活动、黄河流域残疾人事业高质量发展省会城市联谊3项活动，推动残疾人事业高质量发展。在社会服务方面，建成“残疾人之家”45处，为3182名0—17岁残疾儿童提供康复训练和救助，为15.6万名残疾人提供精准康复服务，培训残疾人4116人次，实现新增就业2102人，为20126户残疾人提供辅具及设施适配服务，对1万余名符合条件的残疾学生及残疾人子女进行资助，为全市4651名有托养服务需求的残疾人提供托养服务，建立15个助残联盟，开展助残服务346999人次；在社会保障方面，4.2万余名残疾人享受生活补贴，9万余名残疾人享受护理补贴，为残疾人购买人身意外伤害保险，理赔残疾人2630余名，金额逾580万元，市残疾人福利基金会成功创建AAAAA级社会组织，全年募集款物1600万元，8059户残疾人家庭直接受益。市政府残疾人工作委员会获评“全国残疾人工作先进单位”，2人获评全国残疾人工作先进个人，市残联在全省残疾人事业补助资金绩效评价中获第一名。在第16届东京残奥会上，济南市运动员赵帝卿获1枚乒乓球比赛金牌。选派60名残疾人运动员参加全国第十一届全国残疾人运动会，获35金、31银、19铜的成绩，比赛成绩创历史新高。

【残疾人工作创新发展】 持续实施“创新工作项目化管理”，创新突破取得实效。残疾人康复纳入基本公共服务、残疾人“互联网＋康复服务”、盲人按摩标准化建设和品牌化打造工程、残疾人文化创意产业纵深发展、“如康家园”残疾人之家综合服务平台建设、残疾人事业发展资金预算绩效管理6项省级创新试点项目落地济南。其中，盲人按摩标准化建设和品牌化打造工程得到中国残联肯定；市中区、天桥区承接国家“十四五”残疾儿童早期干预试点项目；天桥区残联被中国残联确定为“康复之家”建设全国试点单位；天桥区被确定为全国残疾人家庭医生签约服务重点联系点；历下区残联被确定为省级地方标准制定单位，城镇残疾人居家托养、日间照料、农村残疾人居家托养服务规范和残疾人辅助性就业基本规范先后发布实施，高质量完成地方标准制定任务。

【残联改革】 历下、天桥、历城、莱芜、钢城、商河6个区县将残疾人工作纳入当地经济社会高质量发展综合考核，按指标权重和工作完成情况进行赋分（或扣分），发挥考核“指挥棒”对残疾人工作的引领和驱动作用。市中、槐荫、天桥、历城、南部山区每月为专职委员发放30—100元的工作补贴。济南市被确定为全省残疾人证“跨省通办”试点，残疾人证办理实现全省通办和跨省通办，2021年，办理残疾人证21759件，其中上门评残128次，全省通办22件，跨省通办62件。

【东西部残疾人协作】 市残联主动与甘肃省临夏州残联进行调研对接，制定切实可行的协作协议。从财政援助资金中落实帮扶资金，开展贫困残疾人捐助，实施贫困残疾人救助活动，重点开展残疾人培训就业、精准康复、辅具适配等方面帮扶。动员社会各界力量参与，向临夏州残联捐赠包括20万元资金、价值65.7万元的助听器辅助器具等共85.7万元的款物。

【主动融入黄河战略】 市残联主动携手黄河流域省会城市，特别是与郑州、西安等中心城市开展交流合作，依托由济南市知名文化企业山东世博华创动漫传媒有限公司联合国内20余家爱心企业和机构共同发起的“全国残疾人文创就业联盟”，牵头举办黄河流域8个省会城市残疾人事业高质量发展交流峰会，签署《黄河流域省会城市残疾人事业高质量发展战略合作协议》。

【《济南市“十四五”残疾人事业发展规划》】 12月，市政府印发《济南市“十四五”残疾人事业发展规划》。规划中符合条件的残疾人纳入最低生活保障比例、困难残疾人生活补贴覆盖率、重度残疾人护理补贴覆盖率、困难重度残疾人家庭无障碍改造率、镇（街道）残疾人服务机构覆盖率等5项指标均达到100%。残疾人基本康复服务覆盖率、困难重度残疾人家庭无障碍改造率、残疾人基本型辅助器具适配率、残疾儿童少年义务教育入学率、残疾人城乡居民基本养老保险参保率均高于省规划或“十三五”规划指标。

（李　凯）

【概况】 2021年，济南市红十字会坚持依法履职、改革创新，坚持内强素质、外树形象，围绕“三救”“三献”核心业务，打造群众身边的红十字品牌，提升人道服务能力和水平，发挥党和政府人道领域联系群众的桥梁和纽带作用，各项工作取得新进展。年内，市红十字会先后获“中国红十字会总会报刊宣传先进集体特等奖”“山东省红十字系统先进集体”“山东省造血干细胞捐献组织表现突出单位”“全市无偿献血突出集体”等奖项。

【打造“红十字救在身边”品牌】 全面实施“应急救护推进年”活动，全市红十字会系统累计组织应急救护普及培训198期，培训53986人，组织救护员培训125期，4026人获得救护员证书。以交通运输、水上、电力、旅游、酒店等人流密集、易发伤害的行业领域、场所为重点，创新“与安全生产相结合、与职业培训相结合”的应急救护培训模式。与市公安局轨道公交分局、山东力明科技职业学院、山东阳光大姐职业培训学校等29家单位签订应急救护培训战略合作协议，建立培训长效机制。开展“一校一救护员”活动，主动为中小学培训教师救护员。针对不同机关工作特点，开展差异化培训，助力打造文明机关、健康机关。应急救护培训课程成为山东省委党校干部职工及主体班次学员的必学课程，已开展救护员培训18期，540人成为红十字救护员。建成市中区红十字应急救护培训基地，打造全省现代化应急救护培训基地样板；联合双报道社区、街道办事处、家政公司等单位，对社区居民、农村群众开展“救在身边·社区讲堂”群众性培训。加强应急救护师资培训体系建设，建立“省市联动、内优外扩”的师资强化路线图，争取省红十字会资金和人力支持，选派23名红十字救护员参加救护师资培训班。通过定期举办应急救护培训讲师备课交流活动，研究制定差异化、精准化培训课程，打造高水平救护培训师资团队，获全省红十字应急救护比赛第一名，并代表全省参加第六届全国红十字应急救护大赛。

【打造“红十字博爱泉城”品牌】 全市红十字系统累计接收社会捐赠资金1624.37万元，各类物资价值630.44万元，发放各类救助资金物资2224.39万元，减免各项医疗费用1300余万元，受益群众14.23万人次。精准实施“博爱泉城送温暖”，面向全市所有行政区县和功能区、扶贫协作对口城市实施“困难帮扶”，面向43处“万名干部下基层”帮扶单位、市直部门对口帮扶村和社会救助机构实施“精准帮扶”。助力东西部扶贫协作，向甘肃临夏、湖南湘西捐赠救灾救助物资价值170余万元。开展“博爱泉城、与豫同行”行动，向河南水灾地区募集定向捐款170余万元，针对性支援食品、生活用品、消杀药品等各类物资近百种。开展“博爱泉城送健康”活动，向全市卫健、政法、市场监管等部门及社区、村居等社会各界，捐赠防疫物资13类75947件，价值319.2万余元。开展“小天使”“天使阳光”“全心救助”等彩票公益金救助项目，为80名白血病和先天性心脏病患儿家庭申请救助金240万元。继续与山东第一医科大学第三附属医院合作开展“贫困尿毒症患者救助项目”，为264名贫困患者免除医疗费70.4万余元。联合市妇儿工委开展“为100名贫困女性白内障患者免费手术”活动。联合共青团济南市委、市贸促会和爱心企业，为山东省未成年犯管教所建立便携式负压病房1套，系全省监狱系统首套便携式负压病房。联合省眼科医院开展“光明救助行动”，联合山东光正眼科医院开展“红十字光明行”白内障公益复明工程，为3100余名患者进行白内障免费手术，减免医疗费用800余万元。开展“博爱泉城助学业”活动，继续做好“春天行动”“圆梦大学”“金雷奖学助学”“香港培才助学”等多项助学行动，全年共资助学生276名，救助总额45.5万元。实施“博爱泉城助乡村”行动，申请中国红十字基金会资金支持，在历城区柳埠镇裁缝峪村援建红十字博爱卫生站1所。启动“博爱校园·健康促进项目”，对全市中小学校100名校医进行急救和医学保健知识培训。

【打造“红十字救援先锋”品牌】 7月河南水灾期间，市红十字应急救援队第一时间赶赴灾区，连续奋战10个昼夜，解救转移受困群众2600余人，拖拽受困遇险车辆50余台，转运生活物资200余箱，消杀作业142万平方米。河南省精神文明建设指导委员会、中国志愿服务联合会授予市红十字应急救援队“2021年河南省防汛救灾优秀志愿服务组织”称号。10月，黄河防汛形势严峻，市红十字应急救援队做好各项准备，随时待命。全年参与救援行动及赛事活动保障50余次，服务省内外多个地市，直接受益群众3.1万余人次。加强“省市一体化”应急救援联动，与省地震训练基地、国家电网联合开展应急救援训练2次，与市应急管理、消防、地震监测等部门，在历城二中开展联合演练。加大公益性救灾救援知识技能普及力度，走进学校、社区、企业、机关等，开展应急救护培训宣讲和各类灾害疏散演练等活动10余场。

【打造“红十字生命接力”品牌】 “三项捐献”细化工作程序，控制意外风险，加大普及宣传，减少流失率，降低反悔率，应对流动率，捐献工作社会氛围和影响力不断提升。造血干细胞血样采集入库954人份，捐献初筛、再动员、高分辨检测等716人，累计实现捐献124例，列全省捐献数第一位。遗体（角膜）捐献登记240人，其中遗体登记120人、角膜捐献登记120人。器官捐献见证工作实现145人，累计器官捐献见证全市达到500例。推动无偿献血宣传动员，开展无偿献血志愿服务和宣传活动10余次。在福寿园遗体（器官、角膜）捐献纪念广场举行“生命的乐章”捐献者清明追思会，同时利用“福寿云”平台对活动开展全程直播。

2021年7月，济南市红十字会应急救援队在河南开展救援工作 （杨彬 摄）

【红十字基层组织建设】 召开“学党史、强素质、促发展”红十字基层组织建设工作推进会，对基层组织建设相关知识进行培训。推进红十字基层组织示范点、红十字模范社区和红十字模范学校建设，发挥示范、带动、辐射作用。推进“党建＋红十字”模式，深入社区调研走访，及时破解重点建设相关难题。推进城市社区博爱家园建设工作，向省红十字会申报第一批省级城市博爱家园示范点15家，争取总价值19.8万余元的博爱家园定向物资支持，发放范围覆盖全市31个博爱家园社区，基层红十字工作得到中国红十字会肯定。

【红十字志愿服务活动】 开展红十字志愿服务进社区活动，作为全市“庆百年华诞、办百件实事”主题实践活动之一，发挥红十字博爱家园、红十字微学堂等基层组织工作阵地，利用世界红十字日、国际志愿者日、世界急救日、世界献血者日等重要时间节点，定期开展红十字知识传播、人道救助、造血干细胞捐献宣传、遗体捐献、应急救护知识普及、敬老爱老等志愿服务活动。通过开展“你好雷锋同志”三献宣传、“志愿者保留”入库回访、“六月风铃行动”“重阳菊香”爱老敬老助老等志愿服务项目，传播“人道、博爱、奉献”红十字精神。

（苏　毅）

【概况】 2021年，全市建有计生协会组织6117个，发展会员54.19万人，志愿者8.42万人。市计生协会完成换届，选举产生第五届理事会，全市5616个村（社区）协会全部完成换届。市计生协推进综合改革，加强组织建设，聚力暖心行动、优生优育、青春健康和家庭健康，多项工作取得历史性进展和突破，走在全省、全国前列，许多经验和做法在全省、全国予以推广。

【济南市计划生育协会第五次会员代表大会】 9月25日在济南召开。大会审议并通过市计生协第四届理事会工作报告，选举产生第五届理事会理事、常务理事、会长、常务副会长、副会长和秘书长。

【深化综合改革】 以换届为契机，配齐配强计生协领导班子，优化理事会结构。推动区县改革，11个区县出台改革实施方案。抓住市编办制定镇街职责任务清单的机遇，积极协调争取，明确镇街计生协工作职责。济南市计生协综合改革的经验做法被中国计生协《改革通报》刊载，被省计生协在全省推广。12月，济南市在省计生协七届一次常务理事会暨工作会议上做经验介绍。

【夯实组织建设】 抓住村（社区）“两委”换届有利时机，及时出台文件，全力推进村（社区）协会换届工作。截至8月底，全市5616个村（社区）协会全部完成换届。开展“能力提升年”活动，激发基层组织活力。开展会员信息核查活动，全市建有协会组织6117个，发展会员54.19万人，志愿者8.42万人。开展争创“五好会员”活动，加强基层会员队伍建设。加强基层规范化建设，建成市级示范单位24个、区级示范单位109个。济南市村级协会换届经验做法，先后在中国计生协《工作通讯》和《人口健康报》刊发。

【宣传教育】 出台《关于进一步加强计生协宣传工作的指导意见》，推进“网上计生协”建设，市计生协官网发布信息214篇，官方微信公众号累计发布信息100余期、400余条，阅读量逾50万人次。组织开展第三届“计生协好新闻”征集评选活动，选送国家级媒体作品21件。围绕庆祝建党100周年的主题，开展“5·29”集中宣传服务活动1939场，参与群众12.6万人次，发放宣传品和宣传资料20万份。参加中国计生协第四届全国会员艺术作品暨特殊家庭艺术作品征集活动，5件作品获奖。建立全市计生协系统微信群矩阵，实现市、县、乡、村四级微信工作群联动，入群人数90余万人。

【开展“暖心行动”】 出台《关于推进“暖心行动”提档升级的意见》，举办全市计生特殊家庭精神关怀专家研讨会。章丘区成功争取国家级“暖心家园”1处，莱芜区、钢城区取得省级“暖心家园”各1

处；槐荫区南辛庄街道被评为中国计生协“暖心家园”示范点，章丘区刁镇街道张晶晶被评为中国计生协“暖心之星”。开发济南市“暖心行动”服务管理信息系统，开展全市失独人员心理健康状况基线调查。投入300余万元，为24万余人免费办理“生育关怀系列保险”。开展元旦、春节“走访慰问困难计生家庭送温暖”活动，投入36.5万元，走访慰问1038户困难计生家庭。实施“圆梦助学”工程，投入88.75万元，帮助891名计生特困家庭大学生、高中生顺利入学；为505名贫困计生家庭大学新生免费办理意外伤害保险。做好人口关爱基金募集工作，募集善款120.73万元。8月，济南市在中国计生协兰州“暖心家园”培训会议上作典型发言。《人生》杂志、国家卫健委《卫生健康工作交流》介绍济南市“暖心行动”工作经验。

【优生优育】 出台《济南市加强优生优育指导服务体系建设实施方案》，构建“1+N”优生优育指导框架体系，形成“点上示范、线上指导、面上推动”的工作格局，全市已建设市级优生优育指导中心11个、区级17个、街镇示范点110个、村居幸福泉·亲子小屋320个，形成以市级优生优育指导中心为龙头、区县级为主体、社区“亲子小屋”（示范基地）为基础的“一干多支”服务网络，建立起“协会牵头、部门协同、社会参与、孩子受益、群众满意”的长效工作机制。召开全市计生协优生优育指导工作现场观摩推进会，在历下区、章丘区举行“三优三进”活动启动仪式，举行领航光谱幼教与市妇幼保健院合作启动签约仪式。全年开展优生优育线上“空中课堂”46次，受益人群40余万人次。联合市妇幼保健院和金宝贝、汇美合正等早教托育机构，开展“三优三进”百场知识讲座和百场亲子活动“双百”进社区活动300余场，受益人群1.5万余人。4月25—27日，中国计生协优生优育指导中心交流培训班在济南举办，济南市作典型发言。省卫健委《山东卫生健康情况》刊载济南市优生优育工作经验。

【促进青春健康】 市计生协联合13个部门出台《落实全面加强儿童青少年心理健康若干措施的实施方案》，合力加强儿童青少年心理健康工作。与市疾控中心、市卫健宣教中心联合开展驻济高校艾滋病防控教育进高校活动；联合市卫健宣教中心开展安全套进校园活动。录制青春健康系列空中课堂，开创“青春健康+心理健康+生殖健康联动进校园”新模式。联合市疾控中心举办世界艾滋病日青春健康网络直播活动；举办全市“知艾防艾才有爱”青春健康主题宣传活动，各高校组织10余万名学生参加活动。10—12月，组织高水平国家级师资对6个区县开展师资轮训，培训300余人次。开展“世界避孕日”“世界艾滋病日”等宣传服务活动。开展青春健康“成长之道”“沟通之道”“同伴之道”线下培训14期、线上网课18次，培训青少年、家长和青年志愿者4万余人次。

【推进家庭健康】 推进农村中老年妇女生殖健康促进项目，完成近1000人问卷调查，为601人实施取环手术，召开各类座谈会、开展业务工作培训、举办生殖健康大讲堂和义诊活动40余场次，直接受益群众5000人，覆盖人群近3万人。在莱芜区文化广场举办以“舌尖健康 杜绝浪费 美丽庭院”为主题的家庭健康促进集中宣传活动。全市累计开展活动1000余场次，发放宣传书册近20万份，受益群众10万余人。组织3期空中课堂，受益群众近2万人。推进计生家庭意外伤害保险，全市累计4.99万人参保，投保金额307.02万元。中国计生协、全国爱卫会联合发文对济南市家庭健康主题推进活动给予通报表扬。

（许维祥　冯新强　司振涛）

栏目编辑　张　阳

外事·台港澳事务

外事

【概况】 2021年，市外办完成承接第八批驻马里维和部队回国航班等一批军委包机任务，以及济南市定期国际航班、国际货运航班59班6474人次。举办首届“国际粮食减损大会”“2021亚信金融峰会”等国际会议活动36场。邀请英国、以色列等国家100余名驻华使节访济，推动伊莱特与西班牙合作的深海核电产业园等一批项目落地。打造“类海外”环境，15个涉外服务港投入使用，新建保加利亚、芬兰、柬埔寨等友城花园。区县拓展全方位多领域对外交往合作，为16个区县（功能区）提供208项外事服务。

【2021亚信金融峰会】 4月16—18日，2021亚信金融峰会在济南举行。2021亚信金融峰会主题为“共商共建共享——推动亚信金融务实合作行稳致远”，近400名中外嘉宾齐聚济南，围绕“共建亚洲区域经济发展新格局”“共商亚信金融合作新机制”“共享科技发展新成果”“资本市场与实体经济”等内容展开深入交流。

【济南国际友城教育展】 6月26日，济南国际友城教育展开幕。该教育展共邀请保加利亚、德国、英国、匈牙利、马来西亚、波兰、乌克兰、韩国、俄罗斯等12个国家52家知名高校参展。截至年底，济南市已有89所学校与26个国家和地区的259所学校建立友好学校关系。

【国际粮食减损大会】 9月9—11日，以“减少粮食损失浪费，促进世界粮食安全”为主题的国际粮食减损大会在济举办。大会以“减少粮食损失浪费，促进世界粮食安全”为主题，围绕生产过程减损、产后减损、减少消费浪费举办三场论坛，探讨国际粮食减损挑战、合作、责任和治理等重大议题。

【“云商量”远程视频协商会】 10月19日，围绕“深耕国际友城资源，助力济南对外开放”专题商量，“云商量”远程视频协商会举办。会议围绕加强友城交流交往、推进友城互利共赢、助推济南实现对外开放新跨越等方面表达美好愿景。

【外事往来】 1月27日，省委常委、市委书记孙立成会见韩国驻青岛总领馆总领事金敬翰一行。双方就借助韩中文化交流年继续深化各领域的合作展开交流。

2月24日，市外办与英国巴斯市举行线上工作会议。双方就济南市巴斯花园建设和邀请巴斯各高校参加友城教育展等事宜进行交流。

2月25日，省委常委、市委书记孙立成会见日通国际物流（中国）有限公司董事长杉山龙雄一行。双方就日通公司在济设立分支机构进行会谈并达成一致共识。

2月26日，市外办与韩国仁川市召开视频工作交流会议。双方各自介绍城市发展情况，就重点发展领域及未来合作方向进行交流。

3月22日，市委副书记、市长孙述涛会见斯里兰卡驻华大使帕利塔·科霍纳。双方就进一步加深了解，增进互信，开展更多务实合作进行交流。

3月26日，市委副书记、市长孙述涛会见空客（中国）财务总监菲利普·维索什诺格一行。

4月24—26日，“中日韩对接合作发展山东行”活动在济举办，举行了重点经贸项目集中签约，中日韩三国部分企业家参加。

4月27日，塞尔维亚驻华使馆代办伊万·坎迪亚斯一行访问济南。在济南期间，代表团考察了明府城，参观了非遗工作站、泉水书房党建展示等场馆，并与济南市对外友协就寻求建立友好交往渠道进行交流。

5月6日，保加利亚驻华大使格里戈尔·波罗扎诺夫在济南参加保加利亚卡赞勒格花园揭牌仪式。

5月6—8日，保加利亚驻华大使格里戈尔·波罗扎诺夫、商务参赞斯托扬和土耳其驻华使馆首席商务参赞哈坎·科查特奇访问济南，参加“花开泉涌 玫好济南”第三届玫瑰产品博览会。

5月7日，省委常委、市委书记孙立成和市委副书记、市长孙述涛会见保加利亚驻华大使格里戈尔·波罗扎诺夫等中外嘉宾一行9人。

5月8日，荷兰贸促会济南代表处副代表刘鹏访问市外办，双方就氢能利用、友好交流、企业对接等进行深入交流。

5月11日，挪威驻华大使白思娜一行访问济南，考察佛慧山北入口山体公园，并与市外办就国际友城花园项目、国家日活动等进行交流。

5月12日，柬埔寨王国驻济南总领事馆总领事山索峰一行访问市外办。双方就友好交流、推动总领馆签证业务引入济南签证中心、柬埔寨暹粒国际友城花园建设等交换意见。

5月14日，市外办与芬兰万达市举行视频会议。双方就万达友城花园设计理念、建设细节、揭幕仪式等内容进行交流。

5月25日，荷兰氢能代表团访问济南，考察“氢进万家”科技示范工程——泰山钢铁氢能利用示范点。双方就进一步加强氢能生产运输及推广应用等产业链各环节合作进行交流。

5月26日，市委副书记、市长孙述涛会见日本通运株式会社常务执行董事兼东亚地区总裁、日通国际物流（中国）有限公司董事长杉山龙雄一行。

5月27日，省委常委、市委书记孙立成会见荷兰驻华大使贺伟民一行。双方就高新技术产业发展、现代农业、清洁能源领域深化合作进行交流。

5月27日，马来西亚驻华大使拉惹·拿督·努西尔万访问市外办。双方就推动济南市与马来西亚新山市重启交流，开展教育展、友城奖学金和友城花园等合作事宜交换意见。

5月28日，省委常委、市委书记孙立成会见西班牙驻华大使拉法尔·德斯卡亚一行。

5月28日，老挝驻华大使坎葆·恩塔万一行访问济南，考察济南安信种苗、曲堤黄瓜等绿色和现代农业项目。

6月4日，副市长尹清忠会见英国驻华大使吴若兰一行，双方就加强新能源、医养健康、科研教育等领域合作进行交流。

6月8日，市外办与英国友城考文垂市召开视频工作会议。市外办介绍了友城教育展有关情况，并邀请考文垂市高校参加。

6月26日，“济南国际友城教育展”举办，保加利亚、德国、英国、匈牙利、马来西亚、波兰、韩国、俄罗斯、乌克兰等12个国家52家知名高校参展。

7月7日，副市长孙斌一行赴北京拜访西班牙驻华大使馆，与使馆一等经济商务参赞高亮东等5名使馆官员围绕建设中西产业园等合作事宜进行交流洽谈。

7月21日，韩国驻华大使张夏成一行访问济南。副市长尹清忠会见代表团。

7月22日，美国萨克拉门托市驻华贸易及教育代表处首席代表容承泽一行访问市外办。双方就加强政府、经贸、人文、生物医药、新能源等多领域务实合作进行交流。

8月13日，“山东省会经济圈对日合作对接会”以“主会场+线上”形式在济举行。

8月18日，省委常委、市委书记孙立成会见日本驻青岛总领事井川原贤一行。双方就进一步推动日资企业来济投资兴业进行交流。

8月27日，由市外办、美国俄亥俄州经济发展署及海外联合中心共同主办的“2021济南—俄亥俄医疗健康创新合作线上对接会”以线上线下方式举行。

9月7日，省委常委、市委书记孙立成会见日本驻华大使垂秀夫一行，双方就加强济南与日本合作进行深入交流。

9月9日，市对外友协参加世界城地组织亚太区第八届会员大会视频会议，会议就“全球化背景下互促共赢的新路径”问题进行探讨。

9月17日，平阴县和匈牙利科扎尔米什莱尼市举行视频会议，正式签署《中华人民共和国济南市平阴县与匈牙利科扎尔米什莱尼市友好交流意向书》。

10月15日，市委副书记、市长孙述涛会见意盛艾商务咨询联合创始人、总裁，中国欧盟商会副主席贾可尼一行。

11月30日，白俄罗斯驻华大使尤里·先科一行访问济南，出席山东—白俄罗斯合作对话会暨山东—维捷布斯克州友城合作周启动仪式。省委常委、市委书记孙立成会见大使一行。

12月20日，省委常委、市委书记孙立成会见以色列驻华大使潘绮瑞一行。双方表示将进一步加强经贸往来，拓展合作领域。

（张志国　程路　胡松锐）

台港澳事务

【概况】　2021年，市委台港澳办举办“深化山东与港澳台合作推进会”“济南企业赴港澳融资交流合作座谈会”“省属国企与驻济港企座谈会”等招引活动10余场次，推动设立“鲁港驿站”，打造济港交流合作平台载体。截至年底，全市累计注册台资企业962家，实际利用台资19.5亿美元。

【招商引资】　筹办“全国台企联第五届会员代表大会第三次会议暨深化鲁台合作推进会”，500余位海峡两岸业界精英齐聚一堂，引发台商强烈共鸣。推动设立“鲁港驿站”，打造济港交流合作平台载体。助力澳门适度多元发展，推动7家中医药企业在澳门注册设厂。助推济南轨道交通集团在澳门发债融资1亿美元，实现济南市在澳门发债“零”的突破。

【平台建设】　创建国家级“海峡两岸新旧动能转换产业合作区”，成为淮河以北第一家，也是全国唯一一家以新旧动能转换为主题的国家级海峡两岸产业合作区。在10月11日举行的授牌仪式上，签订合作协议12个，总投资额14.5亿美元。

【营商环境】　打造“家在济南”服务品牌，编印《济南市港澳居民公共服务手册》，推动“济南惠台19条”“台港澳居民居住证制度”“农林26条”等惠及台港澳同胞的政策。制定国家工作人员应邀赴台、赴港澳管理办法和审批办法，非公职团组应邀赴台申请容缺受理规定。对台资企业增资扩产、新项目建设开展“专家式”指导、“保姆式”服务，全年累计接处台商台胞投诉及信访求助事项22项。出台《服务台港澳同胞圆桌恳谈会制度》，定期举办恳谈会，帮助同胞解决困难问题110余件。

【交往交流】　举办第八届济台青年志工公益交流夏令营、第十八届“齐鲁风·两岸情”台湾青年中华文化研习营活动、“墨香融两岸 文脉颂中华”济台港澳书画巡展、“迎端午 祝安康”第九届济南基隆邻里节等活动，配合举办“赴港学生恳谈会”“青春同心 共谋发展 鲁澳青少年线上交流”等活动。其中，央视《海峡两岸》栏目专题报道“家文化”系列活动，国台办在新闻发布会上为“泉”家祈福迎春活动点赞，中华文化研习营等3项活动被国台办列为重点对台交流项目，14项活动被省台港澳办评为优秀。

【调研宣传】　2021年，接待台港澳媒体4批18人次，协助完成鲁菜制作、“我的奋斗故事”等3个专题片的摄制，以及“台港澳媒体山东行”联合采风活动。全年在各类媒体平台刊发新闻报道572篇次。其中，中央级媒体平台51篇次，省级媒体平台133篇次，台港澳等其他媒体平台63篇次。开展超前性调研、及时性调研、问题性调研，共收集全系统调研报告20篇，上报省委台港澳办重点课题调研报告3篇。突出信息调研工作，共9篇信息被市委办公厅《每日信息》刊用。挖掘台港澳工作特色亮点，《期待与济南共享机遇、共赢未来》等8篇工作通讯被国台办《两岸关系》《台湾工作通讯》刊用，《济南“家文化”融合发展体系对台交流活动》被省委改革办以专报形式上报中央改革办。

（孟　迪）

栏目编辑　魏添乐

【立法工作】 2021年，市人大常委会完成《济南市文明养犬管理条例》《济南市绿化条例》两件地方性法规制定工作，废止《济南市发展社区服务的若干规定》《济南市执法责任制条例》《济南市社会保障基金审计监督办法》《济南市城镇企业职工基本养老保险条例》《济南市汽车维修管理条例》五件地方性法规。

按照监督法和省、市有关规范性文件备案审查规定的要求，全年共接收市政府、市监察委员会、市中级人民法院、市人民检察院、区县人大及其常委会报送备案的规范性文件53件。协助全国人大常委会和省人大常委会完成交办的噪声污染防治法、民事诉讼法、安全生产条例等22件法律法规草案的征求意见工作。

2021年济南市人大常委会公布的地方性法规一览表

表5

法规名称	公布时间
济南市文明养犬管理条例	2021年7月29日
济南市人民代表大会常务委员会关于废止《济南市发展社区服务的若干规定》等五件地方性法规的决定	2021年7月29日
济南市绿化条例	2021年12月3日

（市人大常委会法制工作室）

【概况】 市委政法委以开展党史学习教育为主线，以推进政法队伍教育整顿为抓手，开展政法队伍教育整顿，深化政法领域改革，推进市域社会治理现代化，发挥法治护航作用，全力服务经济社会高质量发展，持续巩固全市社会稳定和人民安居乐业良好局面。向省推荐表彰7名政法英模和2个先进典型，市县两级选树政法英模141名、先进集体73个。伦学冬当选第八届山东省见义勇为道德模范，14人分别被授予“济南市见义勇为好市民”“济南市见义勇为先进个人”和“济南市见义勇为好的哥”等荣誉称号，基金会被评为4A级社会组织。

【服务经济社会发展】 聚焦服务保障重大战略实施，找准政法工作与黄河重大国家战略、强省会建设、新旧动能转换起步区建设的结合点和切入点，指导法院设立全省第一家黄河巡回法庭和司法修复基地，牵头建立沿黄9市法治协作机制，统筹检察系统开展“携手清四乱保护母亲河”专项行动，清理占用河道18.81千米，解决破坏黄河流域生态环境问题153个，彰显济南作为黄河流域中心城市的政法担当。聚焦优化法治营商环境，深化“万警进万企”活动，组建1354个联合服务团队，为1.2万余家企业提供多维度政法服务，被省教育整顿办列为第一批典型案例。聚焦防范化解金融风险，全面排查涉金融执法司法案件12226件，帮助163家金融单位挽回经济损失19.4亿元，确保金融风险不累积、不扩散、不升级。聚焦服务创新驱动发展和“科创济南”建设，推动制定加强知识产权司法保护25条意见，指导法院新设立3处巡回法庭，搭建知识产权协同保护、跨域保护工作新格局，打造创新创业新高地。聚焦攻坚建筑领域历史遗留问题，始终站在“解决历史遗留问题就是稳大局促发展”高度，运用法治方式定纷止争，妥善化解84个跨度时间长、涉及人数多、处理难度大的历史遗留问题，累计为30.42万户居民办理房产证，用法治保障人民群众住有所居、居有所安，受到省委、省政府通报表扬。

【安保维稳】 加快建设更高水平的平安济南。做好建党100周年庆典等一系列重点时期安保维稳任务，突出超前防范风险隐患，深入开展各类不安全、不稳定风险隐患排查化解专项行动，排查风险隐患5877件，整治到位5659件，整治到位率96.29%。强化复杂矛盾问题攻坚，深入开展住建领域突出稳定问题治理，实行一案一策。持续保持对黑恶势力犯罪高压态势，全面推动扫黑除恶常态化，对专项斗争开展以来侦办的495起涉黑恶案件开展倒查，全市新打掉涉黑犯罪组织1个，涉恶势力犯罪集团7个，深挖“4·14”案件取得新战果。抓好重特大案事件依法处置保障，统筹推进14起重特大舆情热点案件依法处置和舆情应对工作，确保社会大局稳定。严厉打击涉黄赌毒、盗抢骗、食药环等违法行为，破获“两盗”案件1907起、电信网络诈骗案件2500起、食药环领域刑事案件147起、排查化解涉企涉法涉诉信访案件125件，挽回群众经济损失13亿元，维护人民群众合法权益。严格执行“三同步”机制，建立健全涉意识形态舆情会商研判处置常态化工作机制，牢牢掌握政法领域意识形态工作主动权。强化立体化社会治安防控体系建设，牵头护路联防，全市未发生重特大公共安全事故，连续5年街面“两抢”300天零发案。济南市公共安全满意度连续5年位列全国前十名，获评“全国最安全城市”。

2021年9月23日，全市市域社会治理现代化试点工作推进会在济南市公安局召开

（市委政法委　供稿）

【市域社会治理现代化】 聚力攻坚试点创建任务，创新推进市域社会治理现代化。把握创建全国市域社会治理首批试点城市契机，全面推进社会治理创新。坚持项目化推进，统筹全市105个重点项目，实现区县有品牌、部门有亮点、街镇有特色，促进济南市社会治理水平提档升级。推动北京理工大学国家重大专项落地济南，引领社会治理和国家安全的前沿科技研究项目签约启动，联动推进“智慧政法”“智慧城市”“智慧社会”建设。进一步健全完善重大事项社会稳定风险评估化解机制，实现385项重大决策“应评尽评”，最大限度破解治理难题，为航天大道穿黄隧道、轨道交通6号线等重大项目落地提供保障。落实严重精神障碍患者以奖代补政策，与保险公司合作研发“精防保”项目，最大限度预防和减少精神障碍患者极端个人案事件发生，为重症精神障碍患者及其家庭解决后顾之忧。建立省内首家网格

化服务管理地方标准，规范设置基层网格20492个，专兼职网格服务队伍达14万人，培育全科网格、网络学院、智慧安防小区等一批治理典型，提炼总结的社会治理创新成果《强化“智治”支撑，提升城市智慧治理水平》被中政委转发，《济南市创新基层治理模式》被中政委《长安》杂志刊发，《以群众“圆心”画出社会治理“同心圆”》在中央媒体头版刊发。济南市两个项目获全国比赛二等奖、三等奖。市法学会组织开展的市中区创新实践调研成果《城市基层网格化建设的创新路径及其优化举措》得到省、市领导批示肯定。

【维护公平正义】 深化政法领域改革，切实推进全面依法治市各项工作、法治济南建设再上新台阶。深刻把握政法领域改革前进方向，统筹推动司法体制综合配套改革精准落地，打造繁简分流、监狱巡回检查等全国有影响的改革亮点，中央政法委对济南市政法改革工作给予充分肯定。强化执法司法规范化建设，针对立案侦查、批捕起诉、审判执行等关键环节，法律监督专项检查各类案件18344件，让群众在每一个案件中感受到公平正义。

【服务人民】 坚持和发展新时代“枫桥经验”，把非诉讼纠纷解决机制挺在前面，探索建立智能化解和“赋强公证”等矛盾化解新模式，全市一站式多元解纷和诉讼服务体系基本建成，累计为群众解决急难愁盼问题21400余件。持续优化公共法律服务，深入推进政法领域“放管服”改革，指导公安创新“警+邮”合作模式，42家“警邮代办便民服务点”可现场办理4大类17项交管业务，政法公共服务更加普惠精准、便捷高效。

（李道珍）

【全面依法治市】 召开市委全面依法治市工作会议、委员会会议，开展区县党委、市直部门负责人述法，出台贯彻落实中央“一规划两纲要”实施意见。落实“谁执法谁普法”普法责任制，创新实施普法数据及履职报告年度公开制度，58家市直部门（单位）通过门户网站或微信平台公开年度普法数据。深化基层依法治理，8个村（社区）被评为“全国民主法治示范村（社区）”，70%的村居达到法治创建“十个一”标准，培训农村“法律明白人”1164人。

【法治政府建设】 创新开展政府法治“六项联动”，完成立法计划4项，审查修改法规规章3项。审核27件市政府规范性文件，完成部门、区县规范性文件备案40件，提出审查意见近600条。审查市政府合同、涉法事务、重大行政决策136件，参加重要事项论证71次，涉及引进直接投资4054.5亿元。加强复议调解和解，调解和解率20.02%。加强行政应诉工作，行政负责人出庭应诉率自8月起保持100%。济南市被省委推荐参加全国法治政府建设示范市评选。

【争创全国法治政府建设示范市】 7月27日，召开全市法治政府建设示范创建推进会，部署全市法治政府建设示范创建工作。市委依法治市办、历城区、章丘区作表态发言。

（刘国斌 韩雪峰）

2021年7月27日，全市法治政府建设示范创建推进会议召开 （市司法局 供稿）

公安

【概况】 2021年，全市公安机关以“打造最安全城市、建设最满意过硬队伍”为总目标，对标对表“单项工作争第一、全面工作创一流”强省会公安定位，以中国共产党成立100周年安保维稳为主线，聚焦聚力安全稳定、疫情防控、改革创新、服务发展、智慧警务、队伍建设等重点工作，维护省城社会大局持续稳定，推动公安工作高质量发展。反恐、执法规范化、人口管理、智慧警务等工作走在全省前列，市公安局被省公安厅授予建党100周年安保维稳“突出贡献奖”，连续13年获评全市经济社会发展综合考核先进单位，获“2021年度全省优秀市级公安局”和“2021年度全市党内法规工作表现突出单位”称号。

【完成庆祝中国共产党成立100周年安保维稳任务】 全市公安机关围绕庆祝建党100周年安保维稳主线，全面实行最高等级战时机制，打好政治安全、防范化解矛盾风险、打击防范违法犯罪、公共安全管理、网络安全管控五场攻坚主动仗，实现公安部“五个严防”“五个确保”和省委、省政府“六个坚决防止”“三个不出事”“三个确保”目标。

【打击违法犯罪】 常态化开展扫黑除恶斗争，始终保持主动进攻态势，不断扩大打击战果，打掉涉黑组织1个、恶势力犯罪集团7个、恶势力团伙1个，其他涉恶团伙30个，破获案件98起，抓获成员189名，查扣涉案资产2346余万元。持续攻坚大要案和命案积案，破获八类暴力案件568起，破案率达99.3%，破获现行命案37起、命案积案5起，成为全国唯一连续11年命案现案全破的省会城市。开展打击“两盗一骗一非”“净边2021”“昆仑2021”、打拐“团圆”等专项行动，共破获刑事案件7557起。其中，“两盗”案件2284起，电诈案件3015起，食药环案件187起，经济犯罪案件457起，挽回群众经济损失38.9亿元。抓获网上在逃人员1273名，抓获外省逃犯、本省外市逃犯数均位列全省第一。深入开展新一轮禁毒人民战争，健全完善“六全”毒品治理体系，侦破涉毒案件467起，18岁以下吸毒人数为零。

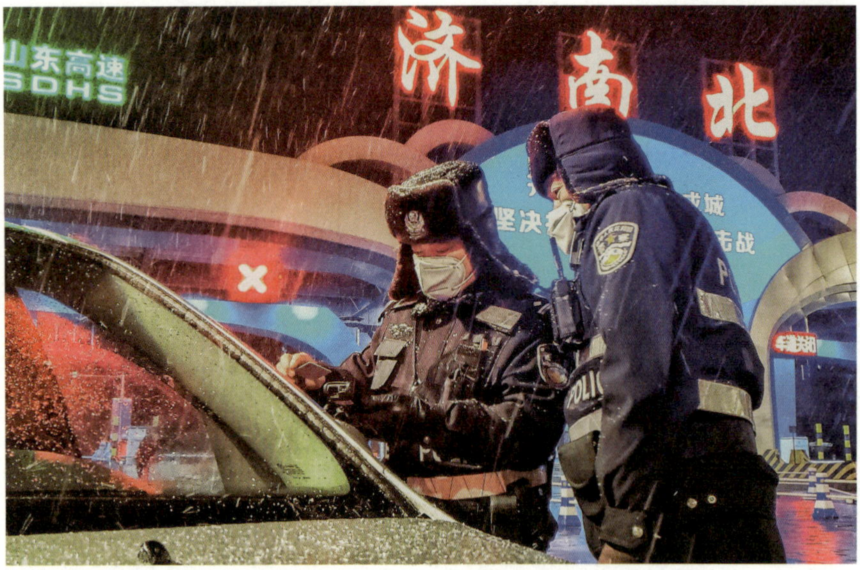

济南交警在雪夜执勤维护交通秩序 （市公安局 供稿）

【维护社会治安】 以“三区三圈”治安秩序提升为抓手，推进立体化智能化社会治安防控体系建设，严格落实公安武警联勤武装巡逻等“四项机制”和“1、3、5分钟”快速反应机制，开展“警灯闪烁，守护平安”、机关民警夜巡和民兵助巡行动，持续提升街面见警率和管事率。推行“网格驻巡”接处警模式，形成独具济南公安特色的“五联”一体化机制，网格驻巡站共接处警情16.5万余起，救助服务8800余起、调处纠纷2.2万余起，全市连续5年街面“两抢”零发案保持300天以上。完成165项、852场次大型活动安保任务。

【服务社会】 践行“经济发展到哪里，公安机关就服务保障到哪里”理念，紧密结合“我为群众办实事”活动，主动融入黄河流域生态保护和高质量发展等三大国家战略，持续深化“放管服”改革，推行“窗口革命”，继续落实“零门槛”落户政策，国家发改委将全市户改经验做法确定为第三批国家新型城镇化综合试点经验予以全国推广。开展“服务引才大走访”，推出服务起步区四大类27项便利举措，落地“一窗通办”，量身打造“政策套餐”，打造人才服务精准体系。建成并投入使用“智慧警局”40个，推进“警事通”智能客服试点工作，创新推广“智慧交管AI助手”，升级扩容“e警通”功能，实现13类127项高频公安政务服务事项“一站办理”。完善“户证网来”模式，推广电子档案、电子印章、部门信息应用，通过数据共享获取各类证明35.5万余条，为19万余名群众提供“无证明”办理服务。

【推进警务机制改革】 坚定不移走改革强警之路，落实全国、全省、全市公安工作会议精神，围绕推动公安工作高质量发展主题，聚焦聚力推进“情指勤舆联督”一体化机制、执法责任体系、基层警务机制和勤务制度、公安“放管服”、人民警察管理制度、大数据智能化等六项改革任务，成立情指勤合成作战中心，整合市区两级特巡警队伍，不断提升机构体制活力和警务运行质效。

【建成启用全新指挥中心和警务回访中心】 锚定“全省一流、全国领先”建设标准，对标“实战实用、大气庄重、明靓简约”升级目标，科学部署、统筹推进指挥中心和警务回访中心“两个中心”升级改造工作。改造完成后，指挥中心面积2000余平方米，包括维稳应急联动指挥中心、110接处警大厅、联勤

特警支队救助骨折儿童 （市公安局 供稿）

作战指挥室等功能分区，更好保障服务公安实战需求。警务回访中心面积380平方米，增设工作专席32个，话务云专线增加至8条，支持240条电话线同时外呼；打造诉求办理、警务回访、分析研判3个功能区，实现区域明晰、功能集成、一体联动；研发上线“智能化民意调查系统”，建立民生诉求常态巡查和诉求数据常态研判机制，有力推动“接诉即办”向“未诉先办”的实质转变。

【举行首个“中国人民警察节”庆祝活动】 1月10日，市公安局举行升警旗仪式，庆祝首个“中国人民警察节”主题活动。省委常委、市委书记孙立成，市委常委、政法委书记秦传滨，市委常委、秘书长蒋晓光，副市长、市公安局局长吴德生出席活动。

【开展打击治理电信网络新型违法犯罪攻坚战】 全市公安机关坚持把打击治理电信网络新型违法犯罪作为重要政治任务，第一时间建立由市公安局局长为总召集人的打击治理电信网络新型违法犯罪联席会议制度，出台《关于开展打击治理电信网络新型违法犯罪“全民攻坚战”的实施意见》《防范宣传工作方案》《预警劝阻工作方案》《侦查打击工作方案》等规范性文件，部署开展为期三年的专项打击治理“全民攻坚战”，推动建立党政领导、社会联动、全民参与、共建共治的工作体系，着力构建“全警反诈、全社会反诈”新格局。

【编制《济南公安发展“十四五”规划（2021—2025年）》】 立足新时代公安工作职责任务，在公安部、省厅下发的《规划》具体框架和要求下，紧密结合公安工作实际，聚焦“高效能警务”“高水平平安”和“高质量发展”，瞄准制约济南公安发展瓶颈难题，在借鉴吸收外地先进经验、广泛调研凝聚各警种部门智慧、严格审核论证基础上，站位“强省会公安”，高标准编制完

成《济南公安发展“十四五”规划（2021—2025年）》和5个专项规划，明确未来五年全市公安工作的主要目标、战略任务和发展路径。

【《济南公安志（1986—2020）》出版】《济南公安志（1986—2020）》分上、下两册，设置10篇83章共230余万字，刊用历史照片800余张，全面回顾济南公安35年发展历程，勾勒出1986年以来济南公安事业发展的历史脉络，记载济南公安人践行初心使命、忠诚履行职责的业绩，再现济南警队奋斗足迹。

【运行“警消协作”机制】 为加强“九小场所”和居民社区消防安全，市公安局启动运行“警消协作”机制，出台《关于加强和规范公安派出所消防监督工作的指导意见》，市、区（县）两级公安机关与消防机构合署办公、联合执法，打通工作壁垒，破解工作困局，切实形成消防监督合力。全年共开展村居、社区、“九小场所”消防监督检查8.7万余家次，发现并责令整改火灾隐患1.2万余处，协作办理消防行政处罚案件682起，对存在严重消防安全隐患的27家场所予以临时查封，消防安全宣传教育3200余次，灭火和应急疏散演练970余次，基层消防安全状况得到改善。

【推出“大监督”平台和“泉警e评”智慧评价系统】 坚持严管厚爱结合、激励约束并重，创新推出“泉警e评”智慧评价系统应用，从党性修养、教育培训、绩效考核、晋职晋级、表彰奖励、突出贡献等十个方面对民警进行全方位数据考核，为警力调配、选人用人、评先创优提供决策参考，打造积极主动、客观量化的民警成长进步正向激励新模式。同时，依托研发的大数据e监督平台，实行线上智能监督与线下巡察督导双向发力，形成横向到边全覆盖、纵向到底零缝隙的大监督责任体系，确保各类职能监督统筹衔接、协调贯通，形成监督合力。

（郑　耀）

社区民警走访辖区群众　（市公安局　供稿）

【概况】 2021年，全市检察机关坚持以习近平新时代中国特色社会主义思想为指导，全面落实习近平法治思想，以开展党史学习教育和政法队伍教育整顿为抓手，抓牢主责主业，激发关键少数“头雁效应”，各项工作取得新成效。全市检察机关共受理各类案件35449件，批捕2062人、起诉6453人，办理民事、行政、公益诉讼和刑事执行案件17346件，制发检察建议645件。纳入全省检察工作统计报表的89项考核指标有52项位居第一，先后19次在省级以上会议作经验介绍，5个业务条线13名干警在全国、全省获业务标兵、能手称号，28起案件入选最高检、省检察院典型案例，45个集体、70名个人获评“山东省扫黑除恶专项斗争先进集体”“山东省优秀共产党员”等市级以上荣誉。市检察院被评为“全市经济社会发展综合考核先进单位”“模范机关建设工作先进单位”。省委常委、市委书记孙立成，省检察院党组书记、检察长陈勇等批示肯定39次，最高检副检察长陈国庆、杨春雷到济南调研时给予充分肯定。市检察院司法鉴定实验室通过国家认可委复评审。256篇稿件被《法治日报》《检察日报》等采用转发，10个院获评全国检察宣传先进单位。

【服务大局】 贯彻落实习近平总

书记在深入推动黄河流域生态保护和高质量发展座谈会上重要讲话精神，着力构建以派驻黄河检察室为“点”“河（湖）长+检察长”多项机制为“线”、省内沿黄9市检察协作为“面”的多维服务体系，全国和省级代表委员、特约检察员调研时给予充分肯定。以跨区域检察协作推进保障黄河重大国家战略的项目获全省检察机关创新成果奖第一名，纳入省市一体化推进济南加快发展重点事项。深化“携手清四乱·保护母亲河”行动，立案、提起公益诉讼45件，督促拆除违章建筑1.2万平方米，清理渣土垃圾1.1万余吨，工作经验被最高检、省检察院转发。出台服务保障新旧动能转换起步区建设的意见，从5个方面提出16项举措，为起步区建设提供优质检察服务。创新设立驻自贸区检察工作站，与管委会签署法治环境建设合作框架协议，确立4项合作机制和22项具体措施。设立知识产权检察办公室，办理涉知识产权案件26件60人。定期对民营企业开展“法治会诊”。开展企业合规试点工作，与15个部门会签《关于建立涉案企业合规第三方监督评估机制的意见（试行）》。

2021年12月2—3日，部分全国和省人大代表、政协委员、特约检察员到济南开展“检察护航民企发展”专题视察调研活动

（市检察院　供稿）

【平安济南建设】　做好建党100周年等重大敏感节点安保维稳工作。持续推进扫黑除恶常态化，助推重点行业领域专项整治，办理的贾某某涉恶案被省检察院评为扫黑除恶典型案例。建立完善金融风险能动防范化解机制，制发《济南市金融检察白皮书》，设立金融检察服务中心，组建网络犯罪办案团队，依法办理非法吸收公众存款、集资诈骗等涉众型犯罪案件，有效遏制金融犯罪高发态势。稳步推进市域社会治理现代化试点工作，工作经验在全市交流。

【民生保障】　聚焦人民群众关注热点，严厉打击生态环境和资源保护、食药安全、个人信息保护等违法犯罪，发放电信反诈资料2万余册。优化“12309”检察服务职能，对7700余件来信来访做到“件件有回复”。开展“集中公开听证·化解信访矛盾”活动，“应听尽听”各类案件384件，息诉率98%。坚持以司法救助巩固脱贫攻坚成果，办理案件228件，发放救助金380余万元。制定加强和改进代表委员联络工作的意见，邀请代表委员、人民监督员、特约检察员以及各民主党派、工商联和无党派人士、媒体记者及各界群众等2000余人次，参加“检察开放日”、公开听证等活动，主动接受社会监督，确保检察权在阳光下运行。

【刑事检察】　开展刑事检察百日攻坚行动，强化立案、侦查活动监督。向市人大常委会汇报适用认罪认罚从宽制度工作情况，相关经验得到省检察院主要负责人批示肯定，转发全省学习借鉴。在市委、省检察院指导下，运用“三同步”机制妥善办理相关案件，相关经验做法被省检察院作为典范推广。强化刑事执行检察，纠正减刑、假释、暂予监外执行活动及监管活动等违法问题，维护公平正义，维护群众合法权益。

【职务犯罪检察】　完善与监委工作衔接机制，起诉湖北省消防救援总队原副总队长刘某某、中国建银投资原监事长张某某、省商业集团原副总经理王某某等案件53件，取得良好效果。

2021 年 3 月 22 日，市检察院党组理论学习中心组赴济南战役纪念馆开展党史学习教育活动　　　　（市检察院　供稿）

【民事检察】　审结民事监督案件 1446 件，制发民事审判程序、执行活动违法检察建议 531 件，办理民事支持起诉案件 325 件。持续开展民事执行和虚假诉讼等专项监督活动，与市法院会签加强民事执行监督工作的意见，依法打击虚假诉讼违法犯罪活动。与市法院会签工作办法，实现审判、执行案件卷宗正、副卷一并调阅。开展“法检同堂”培训，推动学好用好《民法典》。

【行政检察】　办结各类行政监督案件 553 件，制发行政审判程序违法、行政执行活动监督检察建议 299 件，化解行政争议息诉息访 373 件。强化行政非诉执行监督，深入开展土地执法查处、行政罚款征收等领域专项监督活动，恢复土地 25 万余平方米，催缴罚款 30 余万元。

【公益诉讼检察】　建成全省首家公益诉讼指挥中心，共立案 579 件，发出诉前检察建议 500 件，提起公益诉讼 38 件。与市残联联合开展“无障碍环境建设”专项监督行动，立案 22 件，发出诉前检察建议 19 件。开展革命文物等红色资源保护工作，立案 7 件，推动修复红色资源 3 处，为文化济南建设贡献力量。

【未成年人检察】　严厉打击侵害未成年人犯罪，落实侵害未成年人案件强制报告制度，在全省率先建成教职员工违法犯罪信息查询平台，全面排查 11.6 万名教职工情况，发现、处置相关记录人员 112 人，经验做法在全省推广。开展“法治进校园走进偏远农村学校”系列活动，两级院检察长在内的 203 名检察官受聘担任法治副校长，为 106 所学校 6.7 万名师生、家长上法治课。4 个基层院获评全市优秀“青少年维权岗”。

【创新发展】　开展“树省会意识·强省会检察”大讨论，出台《服务保障市委强省会战略实施意见》《强省会检察工作方案》，提出 17 个方面 60 项措施。研究《基层检察院建设“三年攻坚行动”实施方案》，制定“突出问题破解年”任务分工，实施融合发展等“七大工程”，持续推进基层院建设提质增效、提档升级，工作经验被《检察日报》整版转发推广。进一步落实司法责任制改革，全面推进检察官业绩考评，平阴县院相关考评办法入选全国检察机关业绩考评七大范例。

（巩国贤）

法　院

【概况】　2021 年，济南市中级人民法院（以下简称“济南中院”）坚持以习近平新时代中国特色社会主义思想为指导，深入贯彻落实习近平法治思想，依法履行职责使命，深入推进改革创新，全面加强自身建设，各项工作取得新发展。全市法院共受理各类案件 249868 件，结案 238748 件。其中，中院受理案件 28730 件，结案 27802 件。员额法官人均结案 339 件，居全省首位。全市法院扫黑除恶、知产审判、破产审判、商事审判、审判监督、机关党建、新闻宣传等多项工作受到省级以上表彰，涌现出“全国法院先进集体”“全国优秀共产党员”“全国扫黑除恶专项斗争先进工作者”“全国法院先进个人”等一批先进典型。最高人民法院院长周强，常务副院长贺荣，副院长杨临萍、贺小荣到济调研时，均给予充分肯定。

【刑事审判】 推进平安济南建设，坚持总体国家安全观，依法惩治刑事犯罪，审结一审刑事案件5639件，判处罪犯6945人。全面推进常态化扫黑除恶斗争，参与重点行业领域专项整治，妥善审结、执结一批涉黑恶案件，保障经济社会稳定、人民安居乐业。全市法院4个集体、11名个人受到国家级、省级表彰。与检察院联合出台关于办理减刑、假释以及暂予监外执行案件的实施细则，排查减刑、假释、暂予监外执行案件9.1万件，办结减刑、假释案件3269件。健全未成年人审判工作机制，两级法院全部建成少年法庭，为未成年人健康成长营造良好法治环境。

【民事审判】 加大涉民生案件审判工作力度，审结一审民事案件58708件。探索实行劳动争议案件跨区域管辖制度，推动历下、高新法院成立全省首批劳动法庭，集中审理劳动争议案件，依法维护劳动者合法权益。服务黄河流域生态保护和高质量发展，发挥辖区黄河沿岸1家生态环境司法修复基地、5个环境资源巡回法庭作用，为打造黄河流域生态保护样板提供司法保障。

【商事审判】 营造市场化法治化营商环境，主动融入省市一体化发展格局，制定落实服务保障新时代现代化强省会建设17条意见，审结一审商事案件49380件。在全国营商环境评价中，中院牵头参评的三项指标，两项获得“优异”等次并被评为“全国标杆”，一项获得“优秀”等次。构建知识产权协同保护、跨域保护新格局，审结的“网络通信领域专利侵权纠纷案”入选最高法院指导性案例。发挥破产制度市场救治和出清功能，建立支持管理人依法履职的“专窗通办”制度，进一步简流程、并环节、减周期，审结破产案件140件，推动“僵尸企业”快速出清。

【行政审判】 依法履行司法审查职责，审结一审行政案件4026件。服务新旧动能转换起步区、“中优”城市更新等重大项目建设，妥善化解征收拆迁、城市更新等行政案件1039件。与检察、司法行政机关联合出台行政争议实质性化解意见，健全联席会议、风险评估预警、纠纷源头化解等机制，实质性化解行政纠纷。

【执行工作】 巩固深化“基本解决执行难”成果，加大涉黑恶、涉民生、涉党政机关、涉职务犯罪、涉违法占用耕地“五类案件”执行力度，共执结案件84879件，执行到位金额227.96亿元，“3+1”核心指标居全省法院前列。持续升级“点对点”网络查控系统，健全完善不动产、机动车网络查控系统，对被执行人财产实现“一键查询、查封、解封、过户”，执行网络查控工作入选全省“政法为民办实事”优秀成果。

【健全一站式多元纠纷解决和诉讼服务体系】 坚持“把非诉讼纠纷解决机制挺在前面”，推广“法院+人民调解”“法院+行业调解”在线调解平台，加大诉调对接工作力度，诉前成功化解纠纷45271件，避免大量纠纷立案成诉。落实12条便民利民措施，完善“12368”“一号通办”工作机制，推动诉讼服务更加便捷高效、低成本、多样化。

2021年5月26日，济南市历下区人民法院劳动法庭、济南市高新技术产业开发区人民法院劳动法庭正式挂牌成立

（市中级人民法院 供稿）

诉讼服务中心建设、推进诉源治理等工作入选全市“庆百年华诞办百件实事”民生项目。

【民事诉讼程序繁简分流改革试点】探索扩大小额程序、简易程序、独任制审理程序适用范围，健全完善诉讼规则，实现“质”“效”同步提升。与改革前相比，一审民商事案件服判息诉率上升1.75个百分点，平均办案天数缩短53.9天。最高人民法院院长周强专门作出批示肯定；相关试点经验做法被《人民法院报》、最高法院《司法改革动态》在全国予以推广，入选全省法院2021年度司法改革典型案例。

【提升审判质效】对标全省法院审判执行质效评估体系，制定专门实施方案，加强精准精细管理，强化对下监督指导，制定指导性意见，对口开展业务培训，进一步提高整体办案水平。一审服判息诉率、平均办案周期等主要质效指标均有新突破。入额院庭长办案数占49.3%，充分发挥示范指导作用。

（贾琦　邵大林）

【概况】济南市司法局聚焦聚力深化全面依法治市、强化法治政府建设、服务省会高质量发展、优化公共法律服务、维护社会大局稳定五个方面，为服务保障“十四五”规划实施、建设新时代现代化强省会提供法治保障。

【服务省会高质量发展】健全重大事项全过程法治保障机制，服务保障千佛山北广场改造等重点项目1400余场次。持续优化营商环境，出台《济南市优化营商环境条例》，推进“无证明城市”创建，全面推行证明事项告知承诺制，4470余项证明事项无需群众跑腿。出台《济南市行政处罚“四张清单”（2021年版）》，受益市场主体达13万家。高标准打造“法律产业生态圈”，成立全省首家公证金融调解中心，创新打造“人才公证链”，构建国际商事纠纷化解五元联动机制，为省会发展赋能。

【优化公共法律服务】公共法律服务热线实现并网，年接听市民群众法律咨询突破14.2万件，累计办理法律援助案件16186件，在全省案件质量评比中排名第一。推出“14+5”项司法行政为民办实事项目，落实中小企业法律服务代理，提供助企服务1.5万次，村居法律顾问开展法律咨询、法律服务8万件次，帮助群众解决实际问题1752个。

【维护社会稳定】市属监狱保持疫情防控和监所安全双稳定。深化社区矫正“四方联动”，出台全省首部《社区矫正信息化监督管理细则》。制定《完善社会矛盾纠纷多元预防调处化解综合机制的实施意见》，构建多元非诉解纷机制，区县“一站式”矛盾调处中心实现全覆盖，街镇覆盖率80%，排查化解矛盾纠纷2.1万件。全省电视调解工作推进会在济南召开。

【合作制齐鲁公证处入驻自贸试验区】1月，原山东省齐鲁公证处改革转制交由济南市管理，与济南市高新公证处整合为合作制山东省济南市齐鲁公证处。1月22日，举行合作制齐鲁公证处揭牌入驻自贸试验区签约仪式，省司法厅党委书记、厅长王玉君，济南市委副书记边祥慧，济南市委常委、自贸试验区济南片区管委会主任，高新区管委会

2021年1月22日，合作制齐鲁公证处揭牌暨入驻自贸试验区签约仪式在高新区举行

（市司法局　供稿）

主任王宏志，省司法厅党委委员、副厅长李端卫出席仪式，济南市副市长吴德生主持仪式。王玉君代表省司法厅讲话并与边祥慧共同为齐鲁公证处揭牌，王宏志为活动致辞，齐鲁公证处负责人冯培明与自贸区济南人力资本产业研究院副院长韩俊杰签署入驻自贸试验区济南高新（国际）人力资本产业园协议。

【落实行政执法“三项制度”】 8月5日，全市深入推进行政执法“三项制度”会议召开。副市长吴德生出席会议并对深入推进行政执法“三项制度”进行动员部署，市司法局党委书记、局长谢圣仁通报全市推行行政执法“三项制度”工作情况。会议为第二届行政执法社会监督员代表颁发聘书，章丘区政府、市公安局、市交通运输综合行政执法支队、行政执法社会监督员代表作交流发言。

【法治服务保障起步区发展】 9月15日，举行“法治服务保障起步区高质量发展合作签约暨公证与预防性法律制度研究中心揭牌”仪式，成立全国首家公证与预防性法律制度研究中心。边祥慧为活动致辞，王玉君、王君松、边祥慧、雷天太共同为“山东省公证与预防性法律制度研究中心”揭牌。省司法厅与济南新旧动能转换起步区签署法治服务保障起步区高质量发展合作框架协议，山东大学、济南新旧动能转换起步区、齐鲁公证处共同签署公证与预防性法律制度研究合作框架协议，以法治服务保障起步区高质量发展。

【成立全省首家公共法律服务中心工会分中心】 9月16日，举行济南市公共法律服务中心工会分中心揭牌仪式，成立全省首个依托工会组织的市级公共法律服务分中心。省司法厅党委委员、副厅长李端卫，市委常委、市总工会主席王京文，省总工会党组成员、副主席李东风，市司法局党委书记、局长谢圣仁出席揭牌仪式并进行座谈。李端卫、王京文共同为市公共法律服务中心工会分中心揭牌。

【落实行政处罚“四张清单”制度】 调整充实行政处罚不予、减轻、从轻处罚和从重处罚四张清单内容，全市各级执法部门适用“四张清单”办理各类处罚案件13万余件，受益市场主体超过13万家。4月，行政处罚“四张清单”制度获评山东省法治建设十大典型案例。10月，中央电视台新闻频道《法治在线》栏目以《可罚、可不罚？“清单”有说法》为题，对全市创新行政处罚“四张清单”制度，推进精准执法做法进行报道。11月11日，市委、市政府召开新闻发布会，介绍“四张清单”工作开展情况。

【开展宪法集中宣传活动】 11月29日，省委宣传部、省委依法治省办、省司法厅，市委宣传部、市委依法治市办、市司法局联合举办2021年山东省暨济南市“宪法宣传周”活动启动仪式。省委依法治省办成员、省司法厅一级巡视员迟丽华出席活动并讲话，省委宣传部部务会成员、省委讲师团团长殷玉平主持启动仪式。市委依法治市办副主任、市司法局党委书记、局长谢圣仁，历下区委副书记、区长杨传军为活动致辞，历下区市场监管局局长谢万清代表行政执法人员作表态发言，并带领64名行政执法人员进行宪法宣誓。

（刘国斌　韩雪峰）

2021年11月29日，山东省暨济南市“宪法宣传周”活动启动仪式在历下区举行

（市司法局　供稿）

【概况】 2021年，济南仲裁办以“打造一流仲裁机构、建设区域仲裁中心”为目标，以“我为群众办实事”实践活动和“优质服务年”活动为抓手，抓党建、强作风，提质效、优服务，全年共立案3891件，争议标的额83亿余元，分别比2020年同期增长65.9%和88.6%，实现仲裁案件数量和标的额“双突破”，为全市打造稳定公平透明可预期的法治化营商环境，助力新时代社会主义现代化强省会建设。被评为“山东省司法行政系统先进集体”“山东省仲裁工作先进单位”和“济南第四轮第一书记工作先进单位”，获全省仲裁公信力奖。

【提升仲裁公信力】 持续深化仲裁服务流程再造，力推立案、缴费、审理网上办理，网上立案率达80%以上，为当事人节省时间成本；开展仲裁工作队伍专业培训，实施分组办案和专班办案模式，坚持落实疑难复杂敏感案件和大标的额案件核阅制度，狠抓办案质量和服务效能提升，确保每一个仲裁案件的公信力。召开核阅会议、专家评议和业务办公会研究案件80余次，向仲裁庭反馈核阅意见400余条（次），审结案件无被人民法院撤销或不予执行的情况，仲裁公信力得到提升。

【非诉讼纠纷化解机制建设】 参与市域社会治理，实地走访企业、商会60余家，组织线上仲裁公益讲座6期，在媒体发稿500余篇，推广仲裁法律制度。与济南中院建立长效沟通机制，借鉴与高新法院的诉调对接合作模式，推动与历下、市中、历城法院建立诉调对接合作平台。依托“一带一路国际商事调解中心自由贸易试验区济南片区调解室”，开展与济南片区调解室仲调对接业务。年内以非诉解纷方式裁处各类经济纠纷3143件，涉及争议标的额60亿余元，以工作实绩推动济南市非诉讼纠纷化解机制建设。

2021年，济南仲裁委员会开展“仲裁服务进百企”活动 （市仲裁办　供稿）

【服务中心工作】 首创区域协作、资源共享的仲裁发展新模式，牵头省会经济圈7市仲裁机构，落实仲裁联盟“10+531”建设思路，开展“党建共建、宣传共享、业务互助”三次集中行动，落实联盟“十大行动”，倡导推进“仲裁规则、收费标准、裁判指引、宣传平台、业务培训”五个统一，搭建“宣传共享、证据存证、业务互助”三个平台，开创区域协作、资源共享仲裁发展新模式，使省会经济圈商事纠纷非诉化解驶上快车道。《法治日报》专版、《济南日报》头版头条对相关工作进行宣传报道。

【为民服务】 贯穿全年开展“优质服务年”活动，推出首问负责、免费调解、律师咨询等14项便民、惠民措施，推动服务态度、服务细节、服务效能全面提升；结合党史学习教育，开展“我为群众办实事”实践活动，落实降低仲裁收费标准、开展社区法律服务、举办仲裁公益讲座等17项实事清单。全年为群众提供免费法律咨询上千人次，免费调解纠纷1600余件，涉及争议标的额近20亿元，帮助群众解决一批急难愁盼问题。其中，成功调解的一起争议标的额1.33亿元的纠纷，仅仲裁费就为当事人节约60余万元。

【创新发展】 为“科创济南”建设保驾护航，发挥“专家断案、一裁终局”制度优势，依托知识产权仲裁中心，与省、市知识产权保护中心建立合作机制，聘请专家仲裁员，调动社会力量参与知识产权保护与纠纷解决。2021 年，共受理知识产权类仲裁案件 275 件，标的额 3500 余万元，占全省同类仲裁案件总数的 68% 以上，有效推进全市知识产权保护与创新驱动发展战略深度融合。

2021 年 12 月 9 日，济南仲裁委员会与山东仲裁发展促进会在济南共同主办第二届“黄河仲裁发展高端论坛”

（市仲裁委　供稿）

【举办第二届“黄河仲裁发展高端论坛”】 12 月 9 日，由省仲裁发展促进会、济南仲裁委员会共同主办的第二届“黄河仲裁发展高端论坛”在济南举办。论坛以“仲裁改革发展与涉外仲裁”为主题，采用线上线下相结合方式，邀请国内外仲裁专家、沿黄九省仲裁机构和省内仲裁机构代表等，围绕仲裁服务重大国家战略以及仲裁在金融、互联网领域的优势作用等议题进行深入探讨，吸引 5.6 万人次线上参会，为仲裁机构服务重大国家战略和改革发展提供“专家视角”，增进黄河流域仲裁机构间交流合作。

【分类办案模式】 设立专门处室专责承办金融大类案件，并制定《保险合同案件仲裁指引（2021 版）》，规范保险类仲裁案件事实查明程序和常见争议裁判标准。承办金融保险类案件 360 件，审结 146 件，审限内结案率 100%，仲裁“专家办案”专业化优势得到彰显。

（刘启超）

栏目编辑　谷　雪

【概况】 2021 年，济南警备区（以下简称警备区）各级坚决贯彻党中央、中央军委和习近平主席决策指示，在省军区党委和济南市委坚强领导下，坚持以习近平新时代中国特色社会主义思想和习近平强军思想为指导，着眼建设与履行新时代职能使命相适应一流警备区发展目标，坚持举旗铸魂，聚焦主责主业，夯实基层基础，大力正风肃纪，锐意创新进取，警备区全面建设和各项工作取得新的发展。调整成立济南市民兵工作领导小组，召开全市人民武装工作会议。高标准完成年度兵员征集工作。

【思想政治建设】 2021 年，警备区坚持把学习贯彻习近平新时代中国特色社会主义思想和习近平强军思想作为根本任务，学习贯彻中共十九届六中全会精神，抓好团以上党委中心组理论学习，开展群众性理论学习活动。紧紧扭住党史学习教育这条主线，坚持以“学讲查改建”为抓手，组织官兵到新旧动能转换起步区和山东省工委旧址参观见学，开展“七一”主题党日、书画摄影展和“请党放心、强国有我”主题实践等“十个一”系列活动，部队保持纯洁巩固和高度集中统一。

【战备训练】 2021 年，警备区贯彻习近平主席开训动员令，第一时间组织开训动员、首长机关集训，各级主官轮流辅导授课，立起练兵备战鲜明导向。开展“学战研战”活动，提高备战打仗本领。完成全区官兵和基干民兵训练任务。开展“兴武建功”岗位练兵比武活动，6 个军事训练先进单位和 35 名先进个人受到表彰奖励。组织警备区国防动员课题训练演练，提升应急应战能力。加强辖区汛情掌握，组织民兵分队、调整补充装备全力应战“烟花”台风灾害，长清区成功处置黄河支流管涌险情，民兵分队应急处突能力得到检验。

【基层建设】 2021 年，警备区分类推进人武部、干休所正规化建设，全区正规化建设水平不断提高。推进市、县（区）民兵训练基地建设和基础设施升级改造，基层武装阵地得到加强。开展“条令法规学习月”“百日安全活动”，采取“四不两直”“昼巡夜查”方式进行安全检查，及时组织问题整改“回头看”，持续传导压力，推动末端落实，努力保持部队安全稳定。历城区、章丘区、济阳区人武部和干休二所、七所被省军区表彰为基层建设先进单位。

【综合保障】 2021 年，警备区开展资产大清查，核查盘点各类资产，摸清掌握全区资产底数。开展枪支弹药大清查，依法及时收缴弹药，有效缓解安全管理压力。制定印发《警备区财务管理规定》，组织开展干休所系统财务专项检查。建立济南市军队老旧小区改造领导小组，在全国率先推动试点项目开工建设。推进“十三五”工程项目建设，指导干休所有序展开住房翻建改造、综合整治施工，高质量完成机关综合训练馆建设，改善官兵工作生活环境。常态化落实疫情防控措施，加强人员排查流调，组织新冠疫苗和“加强针”接种。

【军政军民团结工作】 2021 年，警备区依托长清区举办第五届“爱我国防”大学生演讲比赛和第六届国防教育技能竞赛，总结宣扬休干系统老革命、老红军精神，引起良好社会反响。联合市教育局组织全市军事教师集训，组织 61 所高中的 5500 名学生军训。组织评选表彰“党管武装好书记”，通报表扬基层建设先进单位和优秀个人，关心支持国防建设氛围更加浓厚。巩固拓展脱贫攻坚成果同乡村振兴有效衔接，全区各级投入经费带动地方投资，援建产业项目 7 个、基础设施建设项目 7 个，取得良好经济和社会效益。　（祁洪玉　李普宁）

【概况】　2021 年，武警济南支队党委团结带领广大官兵坚持以习近平新时代中国特色社会主义思想为指导，贯彻习近平强军思想，扎实铸牢忠诚、忠实履行使命、务实工作作风，圆满完成执勤、抢险救灾等各项任务。

【思想政治建设】　2021 年，武警济南支队以习近平强军思想为主脉，常态学习习近平主席最新讲话，不断提高政治能力，带领官兵遂行重大任务、直面艰难时刻。融合开展党史学习教育和主题教育，统筹抓实经常性教育，官兵思想根基更加牢固。开展组织建设规范周、主题党日、重温誓词、红色观影、参观见学等活动，党的意识和部队凝聚力不断增强。

【提升战备水平】　2021 年，武警济南支队反复修方案、学方案、推方案，构设三线力量布势，推动作战勤务值班向指挥控制型转变，常态组织拉动，战备水平稳步提升。高标准完成“四勤”试点任务，60 余处执勤隐患悉数整改，执勤环境全面改观。成功处置多起险情，协助处置目标失火、高速事故，受到军地各级一致好评。贯彻武警部队军事训练会议精神，推进新修大纲试训论证、按纲施训周期运行法集训。在总队“魔鬼周”极限训练、新训干部骨干考核、预备特战队员培训考核、优秀教练员晋级考核、特战分队干部骨干比武竞赛、参谋业务比武中名列前茅。

【基层基础建设】　2021 年，武警济南支队深化行业整肃，顺利通过总队装备管理“三化”达标考核。军车专项整治活动和“油料节约活动”开展扎实，车辆和驾驶员年审情况良好。优化经费投向投量，投入资金升级基础设施，推进工程改造，官兵工作生活环境更加优越。开展后装专业兵比武，队伍素质在大项任务保障中得到锤炼检验。

（李　青）

【概况】　济南市人民防空办公室（以下简称市人防办）健全防空警报体系，完成所有警报器文字转语音广播功能任务，实现多方式空情预警报知，警报完好率、鸣响率、覆盖率达 100%。完成《关于加强防空警报设施管理工作的通告》修订工作，强化防空警报设施管理。深化练兵备战，保证内容训够、人员训全、时间训足、质量训精。举办全市人防法制培训班，提升依法行政水平。创新人防教育“五进”活动，全年“进社区”153 场，全市 79 所中小学校近 110 万人次学生接受人防教育，提升市民防空意识，营造全民防空氛围。开展便民服务，提供纳凉空间，接待市民 310 余万人次，入选全市 100 件为民办实事案例；完成向 1 万个家庭免费发放人防战备应急包任务，同步向全市参加抗美援朝老战士家庭开展赠送活动。

【人防工程建设管理】　2021 年，市人防办抓单建工程扎实推进，泺文路排险工程通过竣工验收；坚持应建必建，结建工程实现量质齐增。利用国有资源，创新开展人防疏散基地结建试点工作，健全城市人员防护体系。高质量完成全市人防工程普查工作，济南市人防工程专项规划进入最后修订阶段。开展安全专项行动，强化早期人防工程治理，全市人防安全生产形势持续稳定。

【黄河流域中心城市人民防空战略合作】　2021 年，市人防办聚焦黄河重大国家战略，主动牵头西安、郑州，于 2021 年 7 月 9 日在济南举办黄河流域中心城市人防战略合作签约仪式，组织“新时代人民防空高质量发展”理论研讨，创新探索重点城市群人防协同区建设，首开黄河流域中心城市联合防空先河。

【服务和融入城市发展新格局】　2021 年，市人防办制定《服务和融入城

2021年6月21日，入选济南市“我为群众办实事”百佳案例的济南市人防工程避暑纳凉活动正式启动　　（市人防办　供稿）

市发展新格局实施意见》，把服务起步区作为时代使命，指导编制起步区人防工程专项规划，高标准规划人防指挥工程，将黄河堤坝等6个经济目标纳入重要经济目标管理，打造全省人防创新发展综合示范区。成立服务专班，指导编制41个人防工程详规，实现重点片区、重点工程规划全覆盖；完成轨道交通4号线一期、3号线二期人防初步设计批复。落实优化营商环境人防任务，全面行政审批事项9项，推进“多测合一”“联合审图”“联合验收”，优化梳理结建人防工程办理程序，强化审批事中事后监管，组织区县人民防空审批项目业务评估指导，提升区县人防依法行政能力水平。

【打造人民防空“十四五”规划体系】　2021年，市人防办以构建“五大能力”为核心要求，完善指标体系，明确实现路径，科学编制济南人防建设发展“十四五”规划；以构建安全可靠、体系完备、平战结合的人防工程体系，打造互联互通、共建共用、多维多元的城市地下空间为目标，加快修编济南市人防工程专项规划，协同编制城市地下空间规划；坚持在强省会战略中找定位、在城市新格局中促融合，“十四五”规划设置黄河重大国家战略专篇，强化省会人防服务国家战略行动引领。

（马现军　徐鲁东）

栏目编辑　王　炜

宏观经济管理

综 述

【概况】 济南市发展和改革委员会研究提出全市主要经济指标安排的建议，做好重点指标、重点行业及重点企业的研究分析和监测预警。逐月组织召开全市经济运行分析专题会议，逐季度形成关于全市经济社会发展形势及下一步工作建议，为市领导决策提供参考。抓好省促进“六稳”“六保”高质量发展政策清单在济南市落地落实。针对能源价格大幅上涨的严峻形势，加大统筹协调力度，做好全市能源保供工作。开展经济运行领域安全风险隐患大排查大整治，做好维护经济安全工作。

制定服务包挂省市重点项目实施方案，成立12个包挂组深入330多个省市重点项目一线开展“一对一”服务帮扶，年度投资超额完成计划目标。2021年，26个在建省重大项目累计完成投资216.5亿元，投资完成率129.5%，36个在建省新旧动能转换优选项目累计完成投资123.02亿元，投资完成率114.8%，11个省“双招双引”重点签约项目累计完成投资59.2亿元，投资完成率115.96%，11个省补短板项目累计完成投资66.01亿元，投资完成率173.3%。300个市级重点项目中296个项目实现开工建设，开工率98.7%；累计完成投资3400.8亿元，投资完成率113%。牵头制定《关于全市重点项目精准用地保障工作的实施意见》，同步研究制定《全市重点项目精准用地联合审查工作实施细则》。全年分14个批次，对82个重点项目进行精准用地联合审查，确定用地规模893.47公顷。

首次制定市本级政府投资项目年度投资计划，印发实施《济南市政府投资三年滚动计划管理暂行办法》。制定出台《关于进一步加强固定资产投资项目全生命周期管理服务的实施意见》，实行项目签约至落地建成全生命周期服务管理，推动项目加快建设。牵头编制完成《优化完善省会经济圈干线公路网规划》，牵头编制完成《济南都市圈轨道交通线网规划》初步方案。推动城市轨道交通6号线开工建设，城市轨道交通8号线一期工程、新建至济阳（起步区）有轨电车项目立项批复，协调遥墙国际机场二期改扩建工程可研报告通过国家民航局行业审查并完成立项批复。加快推进济郑高铁、济莱高铁等在建项目建设。（李忆杉）

【推动重大战略谋划实施】 历经20个月，编制完成《济南市国民经济和社会发展第十四个五年规划和二〇三五年远景目标规划纲要》（以下简称《纲要》），2021年5月28日以市政府名义印发，《纲要》获评国家发展改革委“优秀成果奖”和省发展改革委“创新创优奖”。牵头编制《济南市黄河流域生态保护和高质量发展规划》，以市委、市政府文件正式印发。制定《〈济南市黄河流域生态保护和高质量发展规划〉重点任务分工方案》，确定45项、120条重点工作任务。组织承办第二届黄河生态大会、黄河国家文化公园建设推进会等高规格会议活动，在主动融入服务国家战略上展现济南担当。强化项目引领，谋划推动黄河流域生态保护和高质量发展重点项目32个，计划总投资超1700亿元，全部开工建设。“支持济南建设新旧动能转换起步区”写入国家《黄河流域生态保护和高质量发展规划纲要》，是规划纲要中唯一明确建设的实体性新区；《济南新旧动能转换起步区建设实施方案》经国务院批复，由国家发展改革委印发实施，赋予济南新旧动能转换起步区复制自由贸易试验区、国家级新区、国家自主创新示范区和全面创新改革试验区经验政策。按照市委确定的“1+4+16+N”规划体系，牵头编制《济南新旧动能转换起步区发展规划》，配合省发展和改革委员会起草《关于支持济南新旧动能转换起步区建设发展的若干政策》，为推进起步区高质量高标准高起点建设打下坚实基础。牵头编制《省会经济圈“十四五”一体化发展规划》，经省政府同意后印发实施。组织召开省会经济圈一体化发展第二次联席会议，审议通过《省会经济圈一体化发展“369”行动方案》，组织签署交通一体化等4个合作协议，成立区块链产业创新发展联盟等4个行业联盟，省会经济圈公积金业务实现退休提取政策一致，6项社保业务实现全省通办。（李忆杉）

【加快新旧动能转换】协调12条产业工作专班落实“链长制”工作要求，推动各专班完善产业链发展工作方案。牵头推进空天信息产业链加快发展，印发实施《空天信息产业发展三年行动计划》。争取比亚迪汽车全产业链项目落地济南。组建国家云计算装备产业创新联盟，济南新旧动能转换起步区5G智慧园区项目获批2021年新型基础设施建设专项，生物医药和智能制造装备2个集群入选首批省级战略性新兴产业集群，7个项目入选省新旧动能转换重大课题攻关项目，2个“雁阵形”集群入选省“十强”产业“雁阵形”集群库（第三批），4个领军企业入选企业库（第三批）。建立服务业发展联席会议制度，实施服务业发展攻坚行动。制定出台《济南市支持快速发展初创企业的政策》，构建与规上服务业企业、总部企业等政策相衔接的全生命周期梯次培育体系。落实2020年度各类企业奖励资金7000余万元，惠及75家总部企业的291名高层次人才、490家规上服务业企业、17家快速发展初创企业。制定出台《济南市重点服务业企业外地留济员工春节补贴发放实施细则》，5229家重点服务业企业的35198名外地留济员工累计享受补贴资金2601.8万元。制定出台《济南市支持特色产业楼宇发展的若干政策》，在楼宇统一运营等方面提出6条精准扶持政策。新认定总部企业24家、总部企业数量达204家，306名总部企业高级管理人员被认定为市级高层次人才（D类）。印发实施《能耗“双控”和煤炭消费压减工作方案（2021—2022年）》，开展区县和186家重点企业节能减煤评估。推动特殊类型地区振兴发展，编制《济南市特殊类型地区“十四五”振兴规划》，印发实施《推动制造业竞争优势重构打造“产业名城”工作方案》《推动工业遗产保护利用打造“生活秀带”工作方案》，搬迁改造企业83家，腾退土地1000公顷，推动老工业区全面转型升级。支持南部山区、先行区探索生态产品价值核算办法，牵头推进济南市生态产品总值核算。编制《济南市“十四五”绿色产业和循环经济发展规划》，拟定《加快建立健全绿色低碳循环发展经济体系实施方案》。在2020年度全省经济社会发展综合考核中，济南市获全省新旧动能转换专项考核第一名。市发展和改革委员会动能转换推进协调处被省委、省政府授予“山东省新旧动能转换综合试验区建设先进集体”称号。（李　浩）

【加强体制机制创新】履行经济体制和生态文明体制改革专项小组办公室职责，加快推进重点领域重要事项改革，推进增量配电业务改革试点，高新区智能装备城增量配电网规划通过国家增量电网规划评审。落实新版市场准入负面清单，推动市场准入制度改革落地落实。牵头开展行业协会商会与行政机关脱钩改革总结和“回头看”，督促做好脱钩改革后续工作。落实外商投资准入前国民待遇加负面清单管理制度，国外贷款项目全面开工建设。完成《济南市优化营商环境条例（审议稿）》的起草、论证、审议等工作。制定完善本部门“双随机、一公开”监管“两库一清单”，推动“双随机、一公开”监管平台使用，完成年度线上监管及现场核查任务。制定行政处罚“四张清单”（2021年版），推行行政执法“三项制度”，提高行政执法的透明度和规范性。在国家第三批社会信用体系建设示范创建85个参评城市中济南市名列第一，信用监测排名稳居全国前10名。“信易贷”平台累计注册企业2.7万家，入驻金融机构60家，发布信贷产品200余个，为企业提供信用贷款218亿元，获评省“信易+”信用惠民便企应用优秀案例。促进社会投资健康发展等工作受到国务院督查激励，济南市企业债券发行享受“企业债券直通车城市”政策。济南城建集团等3家企业债券融资57亿元，为年度融资规模之最。巩固开展公共资源交易项目交易绩效评估，济南市“创新监管体制机制”被作为典型做法向全国推广。开展区际公交票制票价政策改革，建立健全水价形成机制。推动公用事业价格改革，清理规范公用事业行业收费，出台规范四供企业收费深化价格改革实施方案，组织各区县（功能区）供水供电供气供暖专营单位开展自查自纠工作，全面取消不合理收费。完成20家义务教育阶段学科类校外培训机构定调价成本监审等重点领域成本监审工作，累计核减不应计入定价成本费用57.95亿元。拟定《关于进一步完善我市机动车停放服务收费政策的方案》。（李忆杉）

【提升服务业发展能级】 编制印发《济南市“十四五”服务业发展规划》，聚焦生产性、生活性服务业十大重点领域，实施集聚载体建设、市场主体培育等重点工程；制定出台《济南市支持快速发展初创企业的政策》《济南市支持特色产业楼宇发展的若干政策》等政策文件，构建与规模以上服务业企业、总部企业等政策相衔接的全生命周期梯次培育体系；建立济南市服务业发展联席会议制度，实施服务业发展攻坚行动，服务业整体实力迈上新台阶。2021年，全市净增规模以上服务业企业331家、限额以上批零住餐企业951家，新认定总部企业31家，新增上市及过会企业10家。服务业增加值首次突破7000亿元，达7059.39亿元，同比增长9.2%，在全国16个副省级城市中排名第二。服务业占GDP的比重达61.7%，对GDP的贡献率达79.1%。（陈　磊）

【推进“东强”战略落地落实】 履行市“东强”战略推进指挥部办公室职责，推进“东强”战略各项重点任务加快实施。成立工作专班，明确市“东强”战略推进指挥部组织架构、职能和工作机制；组织召开“东强”战略推进指挥部全体会议，指导各区（功能区）建立组织架构和工作落实机制。将“东强”8个片区、40个重点项目和104项具体任务逐一分解落实，明确每项任务的牵头单位和主要责任单位。对调研发现的问题以及基层反映的发展诉求，全程跟踪问题办理进度。围绕“东强”战略目标和任务，提出愿景目标、总体战略思路和战略实施路径，明确“东强”战略实施措施任务、政策机制、项目要素支撑等，推动“东强”战略在构建城市新发展格局中率先突破、率先见效。（程　元）

【经济体制综合改革】 推进战略平台改革 抓住国家实施黄河流域生态保护和高质量发展重大战略为济南带来的重大历史机遇，科学谋划和编制《济南市黄河流域生态保护和高质量发展规划》。《济南新旧动能转换起步区建设实施方案》获批，“1+4+16+N”规划体系基本确立。提高济南都市圈辐射带动力，推动自贸试验区与泰安、德州等地在医疗康养、文化贸易等领域进行产业联动创新，在省会经济圈城市探索实行异地注册、圈内通办、一照多址等创新举措。出台《济南市开发区“十四五”发展规划》《加快省级以上经济开发区高质量发展行动方案》，从推动制造业高质量发展等6个方面推出22项政策措施。

推进企业改革 实施国企改革三年行动，市属现代企业制度建设不断完善。推动国企重组，将43户市属一级企业整合重组为20户。混改上市攻坚取得显著成效，完成混改项目25个。齐鲁银行成功上市，二机床等15户企业的上市和三板挂牌工作正式启动。推行市属国企干部管理市场化，强化薪酬激励改革。推动民营经济高质量发展。制定完善政策措施，实施百强民营企业培育行动，打造民营经济高质量发展的“头雁方阵”。加强对民营企业全生命周期服务，助力民营经济取得新突破。

推进创新驱动改革 打造区域性科创高地，起草《中科院济南科创城科技发展规划》，落地济南的“中科系”院所达15家。新获批建设2家省创新创业共同体，总数达10家。承担山东省重大科技创新工程项目17个，居全省首位。科技金融平台挂牌专利成果518宗，成交195宗，挂牌金额32.91亿元，成交金额6.42亿元。承担山东人社区块链系统应用试点工作，打通人社业务“数据资产”依托“泉城链”实现上链服务的渠道。人力资源产业园区获评国家级人力资源产业园。“工程建设项目街道‘工长制’”被省就业和农民工工作领导小组办公室在全省推广。

推进要素赋能改革　在省内率先探索开展用能权有偿使用和交易工作，修订《济南市公共资源交易目录（2021年版）》，为推进能耗、煤耗等要素市场化交易流转机制奠定基础。实行政府采购全流程电子化闭环运作，出台政府购买服务管理办法及指导性目录。拓展政府投融资渠道，向省财政厅争取新增政府专项债券460.46亿元。健全信贷风险分担机制，出台《济南市市级政府性融资担保机构风险补偿资金管理暂行办法》。完善破解中小企业融资难融资贵机制，制定金融辅导员评选奖励办法，探索推行园区、乡镇“金融管家”制度。科创金融改革试验区正式获批。全市首家QFLP试点企业落地。

推进营商环境改革　扩大“一业一证”改革范围至50个行业，发证数量始终位居全省前列。市区两级大厅设立“一链办理”专区，全市办理量达31万多件。持续优化企业开办服务，设置企业开办专区，实现一次登录、一个环节、一网通办，半日办结。围绕涉企服务“一口办理”成立首个省会城市市级企业服务中心，首批市级惠企政策实现“免申即享”。探索社会信用差异化监管，依托市信用平台，开发建设信用监管系统，已归集各类主体信用承诺信息410万条。按照《济南市企业信用分级分类监管办法》，对全市54.67万家企业每月开展公共信用综合评价。

推进农业农村改革　开展种子工程攻坚行动，攻关种源“卡脖子”技术，出台《加快现代种业创新发展全力打造中国北方种业之都的行动方案》。落实最严格的耕地保护制度，制止耕地“非农化”、防止耕地“非粮化”。加强耕地保护，建立长效监管机制，建立市委书记、市长任总田长的市县镇村四级“田长制”责任体系。开展农村宅基地制度改革，出台《关于进一步加强和规范农村宅基地审批管理的实施意见》。乡村振兴政策集成改革试点加快推进，商河县成功入选全省首批乡村振兴政策集成改革试点县。

推进生态文明改革　制定实施《济南市黄河流域生态保护和高质量发展规划》，黄河百里生态风貌带初见成效。落实能耗“双控”目标和碳排放强度控制要求，坚决推进碳达峰碳中和。打好污染防治攻坚战，生态环境质量显著改善。构建生态环境分区管控体系，建立总体和单元两级生态环境准入清单。打造智慧环保综合监管平台，智慧环保平台入选第一届中国新型智慧城市创新应用大赛智优奖。推进流域横向生态补偿工作机制，是全省第一个完成横向生态补偿签订工作的地市。（王　卫）

【社会领域改革试点】　推进国家产教融合试点城市创建，牵头编制国家产教融合试点城市建设工作方案，经省发展改革委、教育厅等部门组织专家联合评审，济南市获评全省第一名，获批国家产教融合试点城市资格。做好第一批产教融合企业培育工作，指导53家企业申报第二批产教融合企业，最终39家企业成功入选，占全省入选企业的23.3%。推进家政服务业提质扩容“领跑者”城市建设，遴选第一批领跑社区2个、领跑企业7家、领跑学校3家，“阳光大姐”成为全国知名家政品牌。（周延钊）

【财税金融改革】　深化股权投资改革，印发《济南市人民政府关于实施财政资金股权投资改革试点的意见》，对改革资金实施范围、主要任务及实施步骤等方面进行明确。建立健全引导基金运作机制，实现基金项目精准对接，组建新旧动能转换基金投资项目储备库。推进“基金＋项目”模式，推动设立招商引资并购基金、生技医疗产业母基金等基金。完善地方金融组织事中事后监管机制，利用省金融综合服务信息平台，加强地方金融组织运行数据的监测预警和分析预测。

（杨丁宽）

【扩大开放改革】　启动跨境电商综合试验区建设，推动人民币跨境使用，探索“企财保”金融服务，浪潮、重汽等企业集团财务公司作为首批试点。推动离岸服务贸易发展，首创“三单分离”服务贸易结汇新模式。引入外资金融机构，制定合格境外有限合伙人（QFLP）业务试点办法。争创国家物流枢纽，编制商贸服务型国家物流枢纽和国家骨干冷链物流基地申报材料，济南商贸服务型国家物流枢纽和济南国家骨干冷链物流基地均获批。引进和培育优秀展会，举办国家级国际性展会7场、国际性论坛会议10

场，培育和引进专业化国际化会议服务机构2家，UFI认证展会项目达15个。（杨丁宽）

【新型城镇化推进机制改革】 全面完成确权登记颁证任务，赋予农民更有保障的土地承包经营权，推进农村土地所有权承包权经营权“三权分置”。建立健全农村产权流转交易市场，基本完成农村集体产权制度改革。推进实施省市乡村振兴战略规划，印发《落实加快推动乡村振兴和巩固提升脱贫攻坚战成果支持政策的若干措施》，为乡村振兴提供政策动力。研究制定《济南市农村集体经济组织管理规定（试行）》。推进涉农资金统筹整合，市级下放资金和项目管理权限，赋予区县涉农资金统筹整合自主权，引导金融及各类社会资本向“三农”投入，加快推进设立乡村振兴产业基金。（杨丁宽）

【概况】 2021年2月6日，省会经济圈“一圈同城、共建共享”推进会暨第二次联席会议在济南“京沪会客厅”召开；7月17日，经省政府同意，《省会经济圈“十四五”一体化发展规划》印发实施。济南市发挥核心引领和辐射带动作用，会同淄博、泰安、聊城、德州、滨州、东营密切协作配合，高质量共建现代化省会经济圈。（白 冰）

【基础设施加快联通】 济南黄河济泺路隧道、济南黄河凤凰大桥、京台高速德州至齐河段改扩建项目建成通车，京台高速改扩建、济青中线济潍段高速公路、S103旅游公路开工建设；省会经济圈内除高速公路外政府还贷的国省道收费站全部取消，跨行政区道路非法设置限高、限宽等路障设施全面取缔；济郑高铁、济莱高铁、黄台联络线等加快建设，济南轨道交通1号、2号和3号线通车运营；济南商河通用机场正式通航，济南遥墙国际机场二期工程加快实施。（白 冰）

【产业协同融合发展】 省会经济圈7市培植壮大“十强产业”雁阵集群38个、领军企业58个，培育打造山东省特色产业集群28个，区块链、中医药、体育产业协作、中心区校企地合作联盟相继成立，对日合作对接会、民营经济金融合作论坛举行。（白 冰）

【文化旅游合作】 济南公园通游年票、泰山景区优惠年卡面向7市市民开放销售，黄河口生态旅游区实行AAAAA景区门票半价联动，聊城出台景区门票联动优惠政策，省会经济圈文旅推广联盟、山东省步行街联盟成立，省会经济圈文旅宣传平台和中华文化枢轴文旅宣传平台上线，省会经济圈文旅会客厅在西客站、印象济南、融创文旅城设立，举办沿黄9市自行车赛、围棋锦标赛等诸多文体活动。（白 冰）

【生态环境共保联治】 开展生态环境污染综合防治，合作构建跨区域生态环境保护机制，共同打击边界环境违法行为，协同应对跨区域重污染天气和突发环境事件，济南市莱芜区、钢城区、长清区、平阴县分别与泰安市岱岳区、肥城市、东平县先后签订流域横向生态补偿协议。（白 冰）

【共享公共服务便利】 省会经济圈院前医疗急救一体化发展联盟、反走私联盟成立，企业开办全域通办，社会保险个人网上服务专区启用，异地就医住院费用直接结算和门诊费用异地联网结算，公积金业务一体化办理，市场监管、药品采购、医疗急救、法治协作、行政执法、就业创业、劳动仲裁、商事登记等重点领域建立合作机制。

（白 冰）

【推进黄河国家文化公园建设】 黄河国家文化公园建设推进会于2021年6月2—3日在济南市召开，会议由国家发展改革委主办，山东省发展改革委、济南市政府承办，国家发展改革委、中宣部、文化和旅游部负责人和沿黄山东、河南、山西等9个省（区）负责人及发展改革、宣传、文旅相关负责人共90余人参加。该次会议的举办，对于加快济南市黄河国家文化公园建设，打造黄河流域国家中心城市、加快推动新旧动能转换起步区建设具有重要意义。

（周延钊）

【概况】 2021年4月25日，国务院以国办函〔2021〕44号文件批复《济南新旧动能转换起步区建设实施方案》(以下简称“《实施方案》”)；5月8日，国家发展改革委以发改地区〔2021〕645号文件印发《实施方案》。围绕《实施方案》的落实，中共济南市委十一届十三次全会审议通过《关于加快济南新旧动能转换起步区建设的意见》，阐明加快建设起步区的重大意义，提出起步区建设必须坚持的五项实施原则，科学确定起步区发展目标及建设时序，明确高标准编制起步区规划、聚力打造黄河流域生态保护样板、全力构建具有国际竞争力的现代产业体系、积极探索创新城市发展方式、加快打造新时代改革开放示范窗口五个方面25条重点任务和推进措施以及推进工作落实的“六大机制”。

【规划编制】 加快完善起步区发展规划、国土空间规划、生态保护规划和大桥组团控制性详细规划4个综合性规划。全面对标雄安新区规划指标体系，邀请国内外一流专家团队编制提升各专项规划，加快构建多规合一、互为支撑的“1+4+16+N”规划体系。

【基础设施建设】 坚持交通等基础设施先行，推进水、电、气、热、污等设施建设，累计开工市政道路150千米。开工安置区11处、547万平方米，开工跨河通道8条，建成跨河通道15条，“万里黄河第一隧”济泺路黄河隧道于2021年10月1日正式通车，市民中心、城市展厅正式启用，黄河体育中心、黄河大道一期、省实验中学鹊华校区等重点项目加快建设，起步区承载能力全面提升。

【产业发展】 聚焦新一代信息技术、高端装备制造、新能源新材料等战略性新兴产业和高端会展、跨境电商、科技服务等现代服务业，先后引进世界500强企业18家，签约项目107个、总投资近3000亿元，国内最大、净展览面积51万平方米的国际会展中心即将投用，总投资150亿元的比亚迪新能源乘用车落地建设。

（李　浩）

【新能源车推广】 为落实国家《新能源汽车产业发展规划（2021—2035年)》，牵头制订《关于加快新能源汽车推广应用的若干政策》，推动济南市新能源汽车产业高质量可持续发展。针对省环保督查提出的济南新能源车推广慢问题，牵头制订《济南市新能源汽车推广应用整改工作方案》。举办“一步走入新时代”、新能源汽车下乡等系列新能源车推广活动，全市新能源车推广数量不断提升。2021年，全市新能源汽车销售25094辆，同比增长211.1%，全市新能源车保有量已逾5.5万辆，完成了整改目标。

（张文豪）

【充电基础设施建设】 落实《关于加快推进全市新能源汽车充电基础设施建设的实施意见》精神，加快推进立体化、多层次、全场景智慧充换电网络建设。推进充电桩进小区，2021年，共认定21个充电服务示范居民小区，示范小区数量达26个。出台《关于做好电动汽车充换电基础设施电力接入有关工作的通知》等政策措施，简化充换电站建设流程。全市公共充电站达400余座，主城区形成较完备的充电网络。建成换电站30座，换电网络基本形成，成功入选全国新能源汽车换电模式应用试点城市。打造全市统一基础设施数据平台，强化安全监管；打造济南市统一充电地图，为新能源车主提供充电查询服务。

（张文豪）

【做好有序用电工作】 2021年9月以来，受全国电煤供应紧张形势等因素影响，全省出现供电紧张局面。按照全省部署，济南市于9月12日至10月27日期间共37天采取有序用电措施，最高压限负荷达69.44万千瓦，日参与用户最多达3002家，最大影响日用电量1266万千瓦时。向省能源局国网省电力公司汇报争取，相应调减济南市的压限量。部署各区县对电力用户重新摸排梳理，根据国家产业政策和企业生产工艺用电特点，排出有序用电、错峰、避峰具体企业名单，修改完善全市有序用电方案。按照有保有限的原则，将负荷指标落实到单位、企业、台班和设备，保证限电措施执行到位。发挥好电网优化配置资源的作用，支持全市工业生产用电。倡导全社会节约用电，争取市民的理解和广大电力用户的支持。（张文豪）

【能源结构持续优化转型】 可再生能源发电装机再创新高，截至2021年年底，达229.8万千瓦，与2020年相比增长20.5%，占全市发电总装机的比重为23.5%。2021年，全市可再生能源发电量47.9亿千瓦时，可再生能源电力消纳量65.4亿千瓦时，占全社会用电量的13.7%，高于省下达的责任权重最低值11.5%和激励值12.6%的目标，完成省下达的可再生能源电力消纳责任权重目标任务。推进乡村绿色能源发展和整县分布式光伏开发，拓宽消纳空间，助力乡村振兴。济南市莱芜区、历城区、章丘区、钢城区、商河县、平阴县、济南高新技术产业开发区7个区县（功能区）入选国家整县（区）屋顶分布式光伏开发试点名单。商河县怀仁镇等6个乡镇、玉皇庙镇许寺村等42个村入选首批山东省绿色能源发展行动标杆乡、村拟创建名单。推动能源领域新技术、新装备、新产品示范应用，助力新能源产业发展。山东电工电气集团有限公司电缆隧道综合状态监控系统等14项新技术（新产品、新设备）入选山东省2021年度能源领域新技术、新产品和新设备目录。加快推进电力系统调节型资源建设，谋划新型储能项目，促进新能源发电就近就地消纳。济南市华能济南黄台发电有限公司100兆瓦/200兆瓦时储能电站、莱芜孟家100兆瓦/200兆瓦时储能电站和莱城发电厂储能联合机组3个项目入选山东省2021年储能试点示范项目，华能黄台储能电站已参与电网运行。

（陆　磊）

【节能降耗】 全市“十三五”能耗双控目标评价工作位列全省第一，2021年度万元地区生产总值能耗下降6.63%，能源利用效率持续提升。发布全省首个县域层面生态系统生产总值（GEP）核算成果，济南市南部山区2020年生态系统生产总值（GEP）为186.91亿元，为全省生态产品价值实现工作提供“济南样板”。开展碳排放底数摸排和重点领域达峰路径研究，制定碳达峰行动方案，推动构建“1+N+X”政策体系。（管恩丽）

【省重大建设项目】 2021年，全省确定500个省重大项目，济南轨道交通4号线（一期）、凯傲（济南）叉车有限公司C2H项目、重汽（济南）轻卡有限公司车身覆盖件冲压焊生产线扩能项目等43个项目入选，其中建设类项目26个、准备类项目17个。26个建设类项目已全部开工建设，项目总投资969.2亿元，年度计划投资167.3亿元，年度累计完成投资216.5亿元，完成年度投资计划的129.5%。

（石丽雪）

【市重点建设项目】 全市300个市级重点项目中，产业项目207个，总投资8146.2亿元，年计划投资1571.8亿元；城市建设项目93个，总投资8084.3亿元，年计划投资1438亿元。300个重点项目完成投资3400.8亿元，年计划完成率113%，已开工项目296个，开工率98.7%。

（汪　正）

【政府投资项目初步设计概算管理】 加强初步设计概算评审的管理制度，制定《济南市政府投资项目初步设计概算管理办法》。通过公开招标方式采购第三方评审机构协助开展政府投资项目初步设计概算审批工作。2021年，受理并审批完成济南市东部水源四库连通调水工程、济南市疾病预防控制中心迁建项目、新建济南市应急救援储备中心项目等29项政府投资项目的初步设计概算，申报概算投资142亿元，审减概算投资18.80亿元，审减率为13.24%。（孙钦金）

栏目编辑　王　炜

经济监督管理

国有资产监督管理

【概况】 2021年，市国资委深入开展“双创”活动（服务企业创一流、机关建设创模范），统筹强党建、抓改革、优监管、促发展各项工作，推动市属国资国企高质量发展。截至年末，全市国有资产总额1.46万亿元，同比增长21.65%；所有者权益总额2973.74亿元，同比增长20.83%，其中归属于母公司的所有者权益2800.28亿元，同比增长21.4%；累计实现营业收入1503.15亿元，同比增长14.86%；已交税费总额66.83亿元，同比增长17.19%。2021年，市国资委工作得到各界充分肯定，国务院国资委秘书长彭华岗、副省长凌文、省国资委主任张斌作出批示肯定。市属国资国企多项改革举措在全国属先行试验探索，并作为改革典型在全国省会城市国资国企改革会议上发言，《中国经济周刊》《国资管理》《新华社山东要情动态》有专题介绍。

【加强国企党的建设】 把握新时代党建工作总要求，全面加强党的建设，厚植企业发展新优势。严密组织全国国有企业党的建设工作会议精神贯彻落实情况“回头看”，总结加强企业党的建设成效经验，开展党的领导融入公司治理专项评估，全面落实党委研究决定事项、前置研究讨论事项及负面事项“三张清单”，推动“党建入章”“双向进入、交叉任职”工作向二三级企业有效延伸。结合新一轮企业改革重组，调整理顺14家市属一级企业党组织关系，新设党委5个、党支部95个，充实基层党支部书记318人，构建起“三级四层”组织架构。做好规定动作，结合国资国企实际创新开展“百年国企路”巡礼、“践行‘三牛’精神，争做国企先锋”主题活动等，举办“献礼建党百年，迈向伟大时代”国资系统庆祝中国共产党成立100周年主题活动，提振干部职工士气，取得良好社会反响。聚焦群众“急难愁盼”，完成“为民办实事”项目23个，化解困扰职工20年的飞龙食品职工房屋产权证办理、长达10年的一机床改制历史遗留问题等一大批老大难问题。

【深化企业改革】 坚持市场化改革方向，全面深化改革，继续推进“国资监管、干部管理”两大核心体制机制改革，努力把国企打造成资本布局最灵活、选人用人最灵活、薪酬激励最灵活和干部管理最灵活“四个最灵活”的市场主体，激发企业发展的内生动力。实施国企改革三年行动，截至2021年年末，纳入指标采集的市属18户一级企业、383户各级子企业，已完成国企改革三年行动9个板块、85项工作指标、45项重点改革总任务的98%，超额完成国务院国资委2021年完成70%的改革目标任务，改革进度在全省位列前茅。实施新一轮企业改革重组，针对企业散、弱、小，抗风险能力和融资能力弱的问题，按照“大手术、大整合、大改革”的改革思路，制定实施企业改革重组方案，将43户企业重组整合为20户企业，优化国有资本布局，明确发展路径，把企业做大、做专、做活。混改上市攻坚取得显著成效，全年完成25个混改项目，超额完成年初“完成15户企业混改”目标任务。企业上市取得成效，齐鲁银行成功上市，成为首家由新三板转A股成功的上市银行，并成为省内第三家、济南市第一家A股银行。

【提高国企支撑力】 牢固树立新发展理念，主动担当作为，加快高质量发展，为省会建设提供强有力的国企支撑。2021年，市属企业计划投资项目228个，计划总投资8525.5亿元，年度计划总投资915.2亿元，实际完成投资1037.3亿元，完成全年计划投资的113%。其中，承担市级以上重点建设项目39个，计划总投资4325.3亿元，年度计划投资621.9亿元，实际完成投资706.3亿元，完成年度计划投资的113.6%。高质量承办第四届中国企业论坛。对接服务省属企业，制定开展“省市一体、企业先行”省属企业泉城行系列活动方案，分期分批邀请省企到各区县、开发区、功能区考察洽谈，现场签约项目12个、签约金额近200亿元，为区域产业聚集发展，特别是起步区建设提供有力支撑。2021年，争取省属企业在济投资重点项目45个、投资总额2387亿元，年度投资697亿元，为省会发展注入强大动力。

【提高国资监管效能】 坚持以管资本为主，加快职能转变，完善监管模式，优化服务举措，更好的服务企业发展。制定《济南市国资委授权放权清单（2021年版）》，结合不同类型企业特点进行分类授权放权，更加注重以管资本为主加快监管职能转变，重点做好资本布局整体调控、强化资本运作、优化资本收益管理、维护国有资本安全、全面加强企业党建。加强投融资监管，出台《市属企业投资监督管理办法》《市属企业债券发行管理办法》系列制度，引导企业有效投资、健康发展。加强企业财务指标动态监测，定期分析企业经济运行情况，采取发送风险提示函、派出专项审计组等多种方式，强化资产负债率管控，发挥好企业“保健医生”的作用。制定出台《强化正向激励加快市属国有企业高质量发展考核细则》，按照“一企一策”“一企多策”的差异化考核方式，精准设置关键性、引领性指标，实行分级分类精细考核，建立高质量发展指标考核体系，有效提升国有资本运营效益和回报水平。

【召开国资国企在线监管研讨会】 2021年4月1日，市国资委召开以“构建国资监管大格局，加快企业数字化转型”为主题的国资国企在线监管专题研讨会，邀请浪潮集团的专家对国资国企在线监管及国有企业信息化建设进行专题授课。

【齐鲁银行上市】 2021年6月18日，齐鲁银行股份有限公司在上海证券交易所正式登陆主板，成为首家由新三板转A股成功的上市银行，并成为省内第三家、济南市第一家A股银行。随着齐鲁银行的上市，济南市上市公司数量达48家、拥有股票总数达50只，同时也实现济南在期货、信托、证券、银行4个领域上市企业的全覆盖，标志着济南多层次资本市场建设又跨出关键一步。

【举办第四届中国企业论坛】 2021年9月23—24日，第四届中国企业论坛在济南举办。论坛由国务院国资委、全国工商联、山东省政府、新华通讯社联合指导，国务院国资委新闻中心、山东省国资委、济南市政府、经济参考报社联合主办。论坛以“新发展格局下的企业：使命与路径”为主题，聚焦企业在新格局之下的责任与使命展开讨论，为新发展格局赋能，为高质量发展助力，共同寻找全球企业的新发展之路。省委书记、省人大常委会主任刘家义出席论坛；省委副书记、省长李干杰，国务院国资委党委委

2021年6月18日，齐鲁银行在上海证券交易所主板上市 （市国资委 供稿）

员、副主任谭作钧，全国工商联党组成员、副主席李兆前，新华社党组成员、副社长严文斌作主旨演讲；省委常委、济南市委书记孙立成致辞。550余名国家部委、央企、民企、跨国公司负责人参会。56个项目现场集中签约、合同金额1740.7亿元，其中航天高端装备、卫星遥感技术、核电风电装备等一批高精尖技术研发及应用项目，填补了山东乃至全国多项空白。论坛报告发布会上发布《中央企业高质量发展报告（2021）》和《国有企业在构建新发展格局中的作用研究报告》等6份报告。

【组建国企青年楷模宣讲团】 为弘扬劳动、劳模、工匠及“三牛”精神，市国资委先后通过两轮选拔，从24个单位推荐的79名优秀青年代表中，遴选出董丹、杜乐乐、陈宇等12名青年模范组成“国企青年楷模宣讲团”，开展宣讲团进机关、进企业、进工地系列活动。

（马　哲）

【概况】 2021年，济南市自然资源和规划局贯彻落实黄河重大国家战略和强省会战略，聚焦聚力资源统筹管护、要素精准配置、空间科学布局、服务协同高效，开拓思路，奋力进取，为加快建设新时代社会主义现代化强省会提供坚实保障。先后获全国自然资源“七五”普法工作成绩突出集体、济南市优化营商环境优秀单位等称号。

【土地管理】 用地保障　对全市重点项目实行精准用地保障，12个区县和起步区成片开发方案全部率先获得省政府批复。全年批复征收土地4780公顷，进行“两规”一致性处理1340公顷，处置批而未供和闲置土地8320公顷，核补计划指标2933.33公顷，扣除省统筹后市县指标2226.67公顷，以上各项指标均位居全省首位；积极争取省级统筹和奖励指标700公顷，分级分类保障重点产业项目、基础设施、民生工程加快落地实施。全年供应土地8700公顷，创历史新高。全年供应工业用地1600公顷，同比增长87%；深化标准地改革，全年供应标准地1286.67公顷，省级以上经济技术开发区等重点区域内工业用地全部实行标准地供应。完成城镇低效用地摸底调查1188宗、面积1200公顷，再开发利用项目90个、面积180公顷。出台集体建设用地管理办法，完成集体经营性建设用地入市20宗。

耕地保护　坚持落实最严格的耕地保护制度，市委、市政府印发《关于全面加强耕地保护工作的意见》，建立完善永久基本农田“田长制”，创新实施“双指标+资金”激励机制。落实耕地占补平衡制度，全市依法补充耕地3600公顷，补充粮食产能4194万千克，补充耕地数量、质量创历史新高；对5个耕地保护先进区县奖励新增建设用地和耕地占补平衡指标共66.67公顷，对20个街镇奖励资金共2000万元，“激励+监管+集约”耕地保护新机制在全省推广。

土地收储　印发实施《济南市土地储备办法》和《济南市国有建设用地使用权收回补偿标准》，加强对全市土地资源调控力度和统筹配置。创新开展全域土地储备网格化管理，努力打造“云上找地”为目标的土地储备新模式。强化土地储备动态管理系统推广应用，建立市级土地储备库，构建统一的土地储备和供应前期数据链条，推进土地全生命周期管理和储备资金全流程监管。

【地质矿产管理】 绿色矿山建设　完成26家绿色矿山建设并纳入绿色矿山名录库，其中国家级绿色矿山6家、省级绿色矿山20家，平阴县成功入围全国绿色矿业发展示范区。探索深化绿色矿山建设举措，开展整治提升和绿色矿山“回头看”行动，遴选出2家矿山上报省自然资源厅。加强动态监管，将2家矿山移除绿色矿山名录库。

生态修复　完成泰山区域山水林田湖草生态保护修复项目验收，超额完成各项绩效目标任务，初步形成山水林田湖草全要素综合整治的理念和生态修复新模式。有序开展24处、面积179.38公顷破损山体矿山生态修复工作，完成历史遗留矿山图斑核查4042个。坚持“生态优先、绿色发展”原则，启动国土空间生态修复规划编制。抓好安全生产，持续推进破损山体治理，连续20年保持地质灾害“零伤亡”。

【测绘管理】 印发《济南市自然资源和规划“数字赋能”工作方案》，

以“数据+平台+应用”为路径，推进数字赋能“四个一体化”（即数据支撑一体化、政务管理一体化、智能检测一体化和综合指挥一体化）建设。编制完成“十四五”基础测绘规划，促进测绘地理信息成果共享应用。加快推进工程建设项目“多测合一”，首创的“四全四一”（即全流程管理、全过程监管、全方位开放、全覆盖服务和一套管理制度、一个数字平台、一份合同签订、一体化数据更新）测绘模式在全省推广。

【调查监测】 高质量完成第三次国土调查。坚持先行先试，统一标准全程规范实施，建立“1227”（即一套核查标准、两个核查项目部、两个平台和七步检查流程）质量保障体系，形成数据、文字、图件、数据库等成果并率先通过省级验收。组织开展2020年度国土变更调查，国家下发遥感监测图斑20432个，监测面积9875.67公顷，市级全面应用内业核查软件，采用“互联网+”在线核查技术，严控成果质量，准确掌握每个图斑的真实情况。加快开展2021年森林资源管理“一张图”年度更新（含国家级公益林、省级公益林）暨森林资源动态监测工作。开展草原监测评价工作，成果已报省厅。

【不动产登记】 济南市7区全年共办理不动产登记业务63.08万余件，其中不动产权证书35.14万本、不动产登记证明24.81万份，各类不动产权利注销登记8.77万件。不动产登记迈向“零资料”，与10多个部门40余项数据共享，实现不动产转移、抵押及企业办理不动产登记等高频及重点登记事项的“零资料”申请。开展“全链条”办，实现近80%的业务类型“进一门，办多事”，实现新建商品房不动产登记“交房即办证”。运用“互联网+”的电子签名（签章）、网上认证、电子证照新技术，实现10余类抵押登记业务不见面办理。延伸服务窗口，2021年济南市通过网上申请的不动产登记业务达22.90万余笔，网上查询136.67万件，网上及电话咨询20万人次，生成电子证照67.70万本。

【执法监察】 印发《关于切实保护耕地坚决制止耕地“非农化”行为工作方案》《全市违法占用耕地进行非农建设专项治理方案》《全市自然资源执法监管利剑行动实施方案》，开展“大棚房”、违建别墅问题整治“回头看”，整改新增农村乱占耕地建房问题，开展打击违法占地违法犯罪专项整治、加强砂石资源开发专项整治等行动。建立“网格化+112（即对于违法违规涉地涉矿苗头性问题，1小时到达现场、1天内督促整改到位、2天内上报工作情况）”执法工作机制，推动自然资源执法监管由“事后发现、被动查处”向“发现在初始、解决在萌芽、监管伴全程”转变。组织开展卫片执法检查，通过督促补办用地手续、拆除整改复耕等措施，消除违法用地状态，全市违法占用耕地面积比例持续降低。

（彭飞　王一帆）

【概况】 2021年，全市市场监管工作实现“十四五”良好开局。疫情防控严密高效，坚持“全批次检测、全覆盖消杀、全过程追溯”，加强进口冷链食品全链条管控。制定全国首个《医疗机构特殊医学用途配方食品经营管理规范》，对全市近4000家药店开展全覆盖检查。开展餐饮质量安全提升行动，解决食品安全领域难点问题，省级食品安全县创建率达100%，农产品和食品抽检合格率保持在98%以上，修订完善《济南市食品安全事故应急预案》。推进药械化安全监管，化妆品安全科普宣传周活动获国家药监局优秀创新活动奖，市药品不良反应和医疗器械不良事件监测中心被评为全国药品不良反应监测评价优秀基层监测机构。加强特种设备安全监管，开展特种设备安全大排查大整治。制定重点工业产品监管目录，对20类重点产品和领域开展安全隐患大排查行动。建立全国首个国家级专利导航服务基地和地方性专利导航信息共享平台，中国（济南）知识产权保护中心启动运行。瀚高基础软件公司获评中国质量奖提名奖，系全省首家获此奖项的软件企业。成功创建国家检验检测高技术服务业集聚区。推进公平竞争审查，医疗、物业、转供电等民生领域价费监管执法持续发力，集中整治校外培训机构不公平格式条款违法行为。开展民生领域“铁拳”行动，全市共查办案件11086件，罚没款6507.85万元，同比分别增长228.96%、40.62%。全市新登记外资企业452户，同比增长51.68%；加强“双招双引”，参与引进项目41个，投资金额71.26亿元。在2020年国家营商环境评价中，济南市知识产权指标位列全省第一、全国第六，市场监管指标位列全国第十五，均入选全国标杆城市。市场监管指标典型经验“打造全流程闭环信用监管机制”“济南多措并举推广应用‘信易贷’平台”入选《中国营商环境报告2021》并在全国复制推广。

【执法监督】 起草《济南市农贸市场管理办法》，开展规范性文件清理工作，对《济南市人民政府办公厅关于实施食用农产品产地准出和市场准入制度的意见》等文件实施后评估。建立权责清单动态管理机制，承接省级下放行政事权32项；根据省市场监管局职能调整，重新领取46项行政权力事项。2021年，市市场监督管理局适用“四张清单”案件37件，涉案金额414.79万元，受益主体34家。

依法主动在市市场监管局网站公示执法主体、执法依据、执法程序及公众监督方式等内容，全年公示行政处罚125件、行政许可2826件、行政强制32件，制定《济南市市场监督管理局重大执法决定法制审核目录清单》。全年审核行政处罚案件64件，组织行政处罚案件集体讨论56次，提出法制审核意见100余条；组织行政处罚案件听证20起，维持17起，3次改变办案机构拟处罚建议。全年办理行政诉讼案件9起，败诉1起，行政机关负责人出庭应诉率达100%。办理行政复议案件11起，依法重新办理2起，确认程序违法1起。

制定2021年度普法责任计划和责任清单、普法依法治理工作要点方案。开展优化营商环境法治宣传月活动等。制定《济南市市场监督管理局公职律师管理制度》《济南市市场监督管理局公职律师工作方案》。开展2021年度行政执法人员资格认证工作，组织22名执法人员新申请取得执法资格。结合“放管服”改革，通过制度创新、流程再造，压缩审批时限、压减申报材料、减轻企业负担，全年共办理7大类行政审批事项3634件。

【信用监督管理】 以市政府名义起草印发《济南市人民政府关于印发济南市加强和规范事中事后监管实施方案的通知》。出台《济南市市场监督管理局随机抽查事项清单（第一版）》《济南市市场监管系统2021年“双随机、一公开”抽查工作计划》。2021年，部署完成市场监管系统内部3批大规模双随机抽查，全市各级市场监管部门共检查市场主体2.8万户，检查结果全部录入省“双随机、一公开”工作平台，并通过国家企业信用信息公示系统（山东）向社会公示。

发挥牵头作用，印发《济南市部门联合“双随机、一公开”监管抽查事项清单（第一版）》并公示，将具有市场监管职能部门全部纳入双随机检查。根据全省部署，按时完成第一批、第二批部门集中联合抽查，抽查对象达4526个；市级各部门自主发起39项部门联合抽查任务，实现抽查事项全覆盖。

妥善处置冒用身份案件，全年办结撤销冒用身份登记案件1306起，起草《济南市撤销冒用他人身份信息取得公司登记工作调查核实程序（暂行）规定》。成立清理长期停业未经营企业工作领导小组，制定《清理长期停业未经营企业实施方案》，加快清理长期停业企业。2021年，市市场监管局对2708家企业发出吊销听证公告，各区县市场监管局对2454家企业发出吊销听证公告，完成吊销4979户。

根据《国家企业信用公示系统（山东）涉企信息归集应用管理办法》要求，推动各部门、各业务条线涉企信息归集公示，严格按照时限标准随产生随录入。针对部分企业确非主观意愿、填报大意而失误，被“列异”造成不良信用影响的问题，研究制定《包容审慎信用监管若干措施》，对企业公示信息进行不同情形的区分，审慎列入异常名录，全市有1300家符合《若干措施》的企业未被列入经营异常名录。针对双随机抽查中部分企业遇到困难暂停经营，但希望合法存续的情况，印发《关于在全市探索开展企业休眠工作的通知》，在全省率先探索开展企业休眠工作，保障休眠企业的合法存续，激发市场活力和创业创新动力。

【交易秩序监督管理】 2021年，组织抽查市相关部门政策文件12件、区县政府政策文件10件，组织召开2次专题会商会议，针对市、区两级有关文件开展会商会审，结合年度文件抽查情况和实地督查情况，编制《济南市公平竞争审查制度实施情况综合评估报告》。全年对23件市政府制发的经济政策措施文件开展会审，提出的7项调整建议均被采纳。借助市级第三方服务机构，运用会审会商，破解自我审查能力不足、推动效果不佳等现实难题。2021年，为6个区县提供专业知识咨询和文件研判。

推动山东自贸区济南片区强化竞争政策实施，会同片区工作领导办公室建立3项机制、5项措施，重点抓好片区相关历下区、历城区、高新区等行政辖区竞争审查工作，加大督导检查，全方位给予帮扶，营造良好营商环境和公平市场竞争环境。

组织开展清理歧视性和不公平市场待遇政策措施，对2021年3月以前制定的现行有效的涉及市场主体经济活动的政策措施进行清理。经清查，全市共梳理涉及市场主体经济活动的现行有效政策措施480件，其中含有不合理歧视性和不公平市场待遇内容的政府规章1件、其他政策措施2件，已修改2件。

发挥组织领导全市打击侵权和制售假冒伪劣工作职责，将市级打击侵权假冒工作并入市知识产权工作领导小组，推动各区县调整完善打击侵权假冒工作领导机构、建立工作制度。2021年，市知识产权工作领导小组办公室印发《济南市打击侵犯知识产权和制售假冒伪劣商品工作制度》《济南市2021年打击侵权假冒宣传工作实施方案》《济南市侵权假冒重点市场整治工作方案》《关于组织开展侵权假冒伪劣商品集中统一销毁活动的通知》等文件，重点就打击侵权假冒工作宣传、侵权假冒商品销毁、重点市场整治等工作进行部署落实。

贯彻落实省市场监管局反垄断工作部署要求，对平阴县2起涉嫌反垄断信息进行初步调查，排除涉嫌反垄断行为；配合省市场监管局开展反垄断案件调查7件次；开展反垄断普法宣传，向历城区机动车检企业联合会开展普法宣传教育1次；组织开展涉粮垄断线索排查，严格排查违法违规行为。

【市场秩序监督管理】 2021年，共指导74万户市场经营主体参加创建活动，培育放心消费示范单位2万户、线下无理由退换货单位1.23万户。开展放心消费示范街区创建，形成放心消费“聚集区”。印发《关于印发全市消费维权服务站规范化建设工作方案的通知》，全年建成消费维权服务站405个，处理消费投诉量占全市市场监管类投诉总量的60%。

组织各区县市场监管局开展2021年度精品示范农贸市场创建活动，共有20家农贸市场获评精品示范农贸市场。组织区县市场监管局开展农贸市场综合督导检查，出动检查人员790余人次，检查农贸市场102处。组织多个市场参加全国商品市场百强评选活动，维尔康肉类水产批发市场、洛口服装市场、中恒小商品市场3家市场入选。开展为期2个月的野生动物保护“清风行动”。

联合市教育局集中整治校外培训机构利用不公平格式条款侵害消费者权益违法行为，全年对1307户校外培训机构的1663份合同进行收集检查。市合同评审委员会成员单位到16家企业进行合同点评、评审及行政指导，增强市场主体自律意识，探索诚信体系建设。在端午节、中秋、国庆节，联合市文化旅游局等部门检查68家企业，重点针对旅游合同中不公平格式条款、酒店店堂“霸王合同”告示等，发现问题，及时处理。

【网络交易监督管理】 联合开展2021网络市场监管专项行动，对网络交易经营者的经营资格、履行主体责任、发布信息、经营商品、促销行为开展专项检查，严查虚假宣传、制售侵权假冒伪劣商品、经营野生动物、医疗器械违规经营、侵犯公民个人信息等违法行为，净化网络交易环境。2021年，网上检查网站、网店4780个次，检查药品网络销售企业802个次、化妆品销售企业537个次，责令整改网站96个次，查办案件87起。

结合日常投诉举报处置和“双随机、一公开”检查，对电商平台开展实地检查，指导其查摆、整改问题，推行消费纠纷在线调解、先行赔付制度，共同构建放心消费环境。2021年，共处置涉嫌违法线索186条，对35起轻微违法行为不予处罚，立案2起。

联合召开济南市网络交易暨直销企业监管工作行政指导会，推动平台更好履行主体责任。制定印发《济南市电子商务平台服务协议和交易规则不公平格式条款专项整治工作方案》，对黄台、凤凰山等5家电商产业园，世纪开元、华云数字等20余家电商企业155份格式合同进行规范，维护良好网络交易环境。

【广告监督管理】 加强民生领域广告监管，围绕医疗、药品、医疗器械、保健食品、房地产、金融投资等重点领域，开展“护苗助老”“教育培训”“农村户外广告”等专项整治行动。强化广告执法办案，完善违法广告线索交办、指挥调度、信息反馈工作机制，指导推进广告案件查办工作。2021年，市市场监管局转办广告案件线索143件，全系统查处广告案件255起，罚没款446.1万元。

制定《互联网广告代理企业广告审核指导会商制度》，综合运用法律知识培训、违法提醒告知、广告审核行政指导、疑难问题集体会商等措施，帮助互联网广告代理企业解决广告审核环节遇到的问题。组织召开全市整治虚假违法广告联席会议，针对以新闻形式及养生节目变相发布广告、互联网广告（信息）监测及监管、医疗广告审查及监管、投资理财（非法集资）广告监测及监管等问题，联合整治、共同研讨。

【价格监督检查】 强化价格监管，以持续规范明码标价行为为主线，落实节假日等重点时段市场价格巡查制度，加大疫情防控等特殊时期价格行为监管力度，重点关注哄抬价格、价格欺诈等价格违法行为，助力“放心消费在济南”扩面提升行动。2021年，全市共出动检查人员5431人次，检查单位3024家，发放提醒告诫函400余家。围绕民生热点开展专项整治，全年全市出动检查人员2121人次，检查单位1150家，处理办结投诉举报371件，责令整改10家，立案1起，处罚金额2.91万元。

制定印发《市场监督管理局关于继续推进规范明码标价工作的通知》，重点做好停车、代驾、物业管理服务等涉及民生行业的价格监管。印发《市场监督管理局关于加强重点领域涉企收费监管的通知》，发挥价格监管职能对优化营商环境的重要作用。继续加强对转供电价格监管，建立健全标准统一、覆盖全面、反应迅捷的常态化监管方式，完善转供电价格监管档案。

开展反不正当竞争宣传，提高市场主体守法经营意识和群众自我保护意识。畅通投诉举报渠道，发现问题及时处理。继续巩固无传销城市创建成果，召开全市打击传销联席工作会议，将打击传销工作纳入市域社会治理工作中，强化协同配合力度。组织召开全市32家直销企业行政约谈会，要求直销企业严格遵守相关法律法规。2021年，全市共出动执法人员1147人次，组织开展打击传销宣传活动125场次，接待咨询人员5000多人次，发放宣传手册10000余份。

【产品质量安全监督管理】 建立健全质量强市领导小组各项协同推进机制，出台《济南市“十四五”质量发展规划》。做好第四届中国质量奖和第八届省长质量奖申报服务保障工作，瀚高基础软件股份有限公司获第四届中国质量奖提名奖。制定发布《制造业高端品牌评价指标》《制造业品牌价值测算指标体系》地方标准。107家企业上榜“2021年度山东省高端品牌培育企业”，当年新增和总数继续保持全省第一，品牌价值总计达6300亿元。全市11个品牌（全省44个）入选世界品牌实验室“2021年度中国500最具价值品牌”榜单，新增3个品牌首次入选。

根据省市场监管局实施方案，对全市危险化学品、危险化学品包装物及容器、防爆电气、建筑保温材料等涉及公共安全和人民群众生命健康安全的重点产品，全面开展自查自纠，督促区县市场监管局全面监督检查，全年共排查企业872家，发现质量安全隐患92起，指导企业全部完成整改，及时消除安全隐患。采取监督检查、飞行检查、督导检查等方式，先后4次对全市902家电动自行车销售企业进行检查。

制定《2021年济南市重点工业产品监管目录》，形成涵盖8大类164种重点产品的年度抽查产品目录，保障抽查产品的覆盖面和代表性。建立重点产品质量监督抽查企业库，截至2021年年底，已入库企业20700家。依托“山东省政府部门联合双随机、一公开监管平台”强化生产领域监督抽查，加大流通领域监管力度，实现“重点产品全覆盖”和各区县全覆盖。2021年，全市共完成涉生态环保产品、儿童和学生用品、建筑材料、食品相关产品、重点消费品等52类产品2000余批次抽检，发现不合格产品40余批次。指导区县市场监管局依法依规对40个批次不合格产品进行处理。针对高风险和社会关注度高的重点产品开展多项专项整治行动，针对大型批发市场、农贸市场、城乡接合部易出现假冒伪劣、标志标识不全等问题，开展专项整治。

按照《济南市2021年大气污染防治实施方案》要求，开展大气污染治理工作。市级层面开展联合执法行动60余次，督导督查70余次，共排查成品油运输车辆1200多辆、渣土车5100多辆、混凝土运输车2000多辆、非道路移动机械37000余台。印发《济南市市场监督管理局关于开展挥发性有机物（VOCs）质量安全监督检查的通知》，对涂料、油墨、胶粘剂、清洗剂4类产品进行监督检查。印发《关于加强煤炭执法“两个查处”的通知》，要求各区县市场监管局加强煤炭制品的质量监管，依法查处销售不符合质量标准的煤炭行为，查处禁燃区内销售高污染煤炭的行为。

【食品安全协调】 完善市区两级食药安委综合协调机制，各区县调整成立同级食药安委及其办公室，市委办公厅市政府办公厅印发《关于公布市级议事协调机构名单的通知》，保留市食品药品安全委员会。牵头举办2021年度全市食品安全宣传周启动仪式。修订发布《济南市食品安全事故应急预案》，组织开展2021年度食品安全事故应急演练。贯彻实施全市《关于加快食品产业高质量发展的若干措施》，加强食品行业区块链应用平台建设，探索打造具有济南特色的食品安全监管做法。

制定发布全省首创的《食品安全示范街（区）创建要求》《食品安全示范街（区）评价规范》2项济南市地方标准。2021年11月1—17日，组织专家对全市32条已命名食品安全示范街（区）进行复审。长清区和钢城区通过省级食品安全区验收，并于9月10日被省食药安委命名；历城、章丘、济阳、莱芜4个区通过第二批省级食品安全区复审，并于9月10日被省食药安委继续命名。

围绕农村集市、校园及其周边等重点领域，餐饮具集中消毒、网络订餐等重点环节，蔬菜畜禽肉等食用农产品、进口食品、乳制品及婴幼儿配方乳粉等重点品种，牵头组织开展2021年全市食品药品安全专项整治、食品安全风险大排查大整治等一系列专项整治行动，解决群众最关心、最直接、最现实的食品安全问题。

【食品生产安全监督管理】 修订《济南市食品生产企业食品安全自查管理办法》，指导企业开展食品安全自查，重点对企业自查报告真实性、符合性督导检查，实现企业自查率100%。集中或单独对企业负责人和质量受权人进行食品安全知识考核，实现覆盖率100%，合格率在98%以上。在全市食品生产企业开展亮标承诺、对标生产、核标检验的“三标”行动，确保生产过程和生产的食品符合食品安全标准。召开2次落实主体责任公开承诺现场会，食品生产单位全部签订《食品生产企业食品安全承诺书》。强化食品安全追溯体系建设，实现食品安全顺向可追踪、逆向可溯源、风险可管控、责任可追究。守住食品安全底线，不断完善监管体系，2021年，共对180家食品生产企业、150家小作坊进行检查，平均每家查出问题11个，由区县市场监管局负责督促企业整改，全部整改完毕。

充分认识小作坊监管工作的长期性、复杂性，自6月起按照省市场监管局部署开展为期半年的小作坊排查治理，11月起开展小作坊百日规范提升行动，并召开小作坊现场会，总结推广经验，建立形成小作坊监管工作长效机制，依据检查情况实行分类施策。依托村委建立“农村专业合作社”，按照“五统一”（统一管理、统一标准、统一培训、统一原料把关、统一追溯）要求，管理村内小作坊。把食品小作坊的综合治理与实施乡村振兴、脱贫攻坚、污染防治等重大战略有机结合，引导具备条件的小作坊申请食品生产许可，提档升级。

【食品流通安全监督管理】 组织开展连锁超市总部和散装食品课题研究，委托第三方认证机构对10家总部和市场销售的散装食品开展评估检查，发现6大类、200多个风险隐患点，初步形成《连锁超市总部监管指导意见》《济南市散装食品经营规范》《济南市食品连锁超市总部调研报告》等制度性成果，从严落实总部管理责任。制定出台《济南市冷鲜肉销售管理措施（试行）》，联合市农业农村部门印发《关于加强食用农产品产地准出与市场准入衔接工作的通知》。

全面推行企业承诺制，8万余家持证业户签订责任承诺书。市县投入1000万元，对农产品批发市场、大型商超等进行第三方委托检测，检测食品82.93万批次，检出不合格716批次，合格率达99.89%。开展食品安全树标学标活动，排查登记食品摊点群250个、食品摊点4010个，建立保险机构、市场开办者、食品摊点经营者多方参与、互动共赢的激励约束机制和风险防控机制。排查登记社区团购平台11家、网络食品交易平台9家，提出履行主体责任、确保食品安全、依法促销、消费者权益保护、诚信自律、行业发展“六项引领”要求。

构建食品安全隐患排查和风险防控体系，以城乡接合部、农批市场、商场超市、校园周边等为重点区域，以14个重点农产品为重点品种，开展食品安全风险大排查大整治、“周末查食安”和食品安全百日专项行动等。组织开展农村假冒伪劣食品整治，全市共立案查处涉农案件733起，查扣违法产品12.51吨，罚款781.77万元，没收违法所得9.17万元，移交公安机关涉刑线索8起、案件3件。排查农村食品批发商545家，涉及下游食品经营者3.9万余家，公布典型案例9件。加大校园周边检查力度，落实《中华人民共和国未成年人保护法》，严格整治打击向未成年人售酒行为。

【餐饮服务食品安全监督管理】 开展校园食品安全等守护行动，督促区县市场监管局对辖区内的学校食堂和集体用餐配送单位食品安全工作开展季度检查和飞行检查，杜绝学生就餐食品安全事件发生。学校（含幼儿园）食堂量化分级B级以上者达100%，集体用餐配送单位和中央厨房“互联网+明厨亮灶”率达100%。开展学校食堂（集体用餐配送单位）食品安全专项检查，排查出风险隐患问题120余个，并督促指导整改到位。

持续在学校食堂、中央厨房、集体用餐配送单位、城市综合体和示范街区、养老机构和长者助餐点、特色餐饮店等多个领域，组织开展第三方公开评价，综合评估各业态食品安全状况，排查食品安全风险隐患问题。依托智慧监管平台，为全市所有餐饮单位分别生成唯一“食安二维码”，推动监管信息公示、行业自律和社会共治，持续提高全市餐饮服务食品安全监管水平。

开展多领域专项整治。检查餐饮服务提供者55370家，责令295家进行整改，立案查处28起，罚没款50.55万元，抽检餐饮具1841批次，发现不合格172批次，全部处置。开展“餐饮安全你我同查”活动84期，检查单位2331家，发现问题107家，立案17起，罚没款8.67万元。印发《关于开展网络餐饮服务食品安全整治工作方案》，督促网络餐饮服务第三方平台和入网餐饮服务提供者严格履行主体责任，确保规范经营和加工操作；梳理排查食品安全风险隐患，适时检查线上平台管理情况，全年检查网络餐饮经营单位20407家次。于2021年年底，完成全市58000余家持有食品经营许可证餐饮单位风险分级评定。

【药品安全监督管理】 牵头全系统药械化安全大排查大整治，共出动执法人员13743人次，检查企业12009家次，排查风险隐患168个，立案63件，罚没款139.1万元，整治工作获省市场监管局督导组肯定。明确全市中药制剂室监管责任，开展全覆盖检查、全品种抽检。开展药品不良反应监测专项检查，联合市卫健委，抽查33家医疗机构，针对发现的问题，开展监督整改和培训指导。

打造创新药审评改革的“向上通道”，健全完善“向上借力”省市联席工作机制，对重大医药项目实行“一事一议”，加快推进济南市重点项目建设。济南市涌现出齐鲁制药、华熙生物、宏济堂、福瑞达、福牌阿胶等知名品牌，生物医药和大健康产业规模达2000多亿元。推动天津红日万吨级中药配方颗粒智能制造基地落户商河，整体投产后预计可实现年产值30亿元。食品药品医疗器械创新和监管服务大平台项目开工建设，市市场监管局强化协调服务，做好大平台建设协调和服务保障工作。

【药品市场监督管理】 与市卫健委联合印发《济南市加强新冠病毒疫苗监管工作方案》，对全市15个区县（含功能区）进行全覆盖督导检查。市县两级对3900多家药店进行全覆盖检查，约谈连锁总部15家，停业整顿143家。指导有关药品经营企业在GSP软件中增加“四类药品”登记销售的提示功能，开发“四类药品”信息采集系统。以市政府办公厅名义出台《关于改革和完善疫苗监管体制进一步加强疫苗监管工作的实施方案》，对加强疫苗管理特别是新冠病毒疫苗监管提出新要求。保障新冠病毒疫苗接种和质量安全，坚持全区域网格化监管，坚持全覆盖检查，坚持全过程追溯，坚持全品种委托，坚持全面驻点监督，对全市固定接种点、临时接种点和流动接种点多次进行监督检查。

印发2021年《济南市药品市场监督检查计划》《全市药品经营使用环节监督抽检实施方案》。先后布置兴奋剂专项整治、药品网络销售违法违规行为专项整治、美容医疗机构专项整治等，市市场监管局执法支队对无证销售药品的药店罚款13万元，市中区市场监管局对销售劣药的药店罚款14.9万元。2021年，全市抽检1040批（省级监督抽检140批、市级监督抽检900批）药品。提高监督抽检的问题发现率，对不合格报告及时进行核查处置，录入抽样系统。率先推行“双远程一回执”，鼓励药品零售规模化经营和“互联网+药品流通”规范发展。与济南市药品流通行业协会合作，开展药品零售示范店创建，发挥典型示范引领作用，强化落实企业主体责任。

【特种设备安全监察】 组织开展“安全生产攻坚年”活动，在全市开展特种设备安全大排查大整治，检查特种设备使用单位14533家，排查治理隐患1167起。全年完成70家特种设备生产单位和1129家特种设备使用单位日常监督检查任务。组织开展第一批特种设备检验检测机构的监督检查。组织开展涉氨制冷企业隐患排查治理，莱芜区334家涉氨冷库启动全面整改，经过整治涉氨冷库降低到119家，并全部纳入正常监管。将全市7万余台电梯全部纳入“96333”平台管理，自平台成立以来接打市民电话141223通，处理电梯故障11685起，维保单位“三分钟响应率”为100%，“三十分钟到达率”为99.63%。实现公共场所电梯安全责任保险达100%。全市144家气瓶充装单位追溯系统建成率和密钥取得率均达100%。

【计量工作】 经省市场监管局批准，筹建山东省汽车零部件精密加工产业计量测试中心、山东省氢能产业计量测试中心。举办2021年中国物联网计量创新发展大会。成立沿黄城市群计量技术机构联盟，通过技术机构之间合作对接，推进实现区域计量发展规划、计量基础设施建设、计量监督管理等领域的高度协同。多次召开诚信计量工作座谈会，就如何推进企业诚信计量体系建设，发挥计量在提升企业质量水平等方面的作用，提出意见与建议。

推进“一企一策”计量精准服务，市市场监管局联合技术机构到泰山钢铁、济南炼油厂、天用智能等企业开展技术帮扶。继续新建、改造提升民生、安全、医疗等领域社会公用计量标准，扩大服务经济覆盖面。全市建有法定计量技术机构7个，新建社会公用计量标准25项，建立社会公用计量标准306项，通过CNAS认证457项，检定强检工作计量器具797215件，为企业测量大数据的准确性、一致性和可溯源性提供法制保障。

在安全防护、加油站、眼镜制配场所、医疗机构等领域安排部署在用计量专项监督抽查，共检查计量器具使用单位630家，检查各类计量器具15939台件；抽查定量包装商品生产企业38家，抽检定量包装商品86批次；对31家企业法定计量单位使用情况进行检查。对高等院校和寄宿制中学的集体食堂在用报警器、环境监测用强检计量器具等开展监督检查，共检查计量器具生产、使用单位460家，检查各类计量器具7829台件；抽查定量包装商品流通企业16家，抽检定量包装商品190批次。组织开展计量标准和计量授权机构监督检查，全市共检查县级国家法定计量检定机构4家、授权机构7家、建标单位42家，检查计量标准161项。

【知识产权保护】 市委办公厅、市政府办公厅印发《关于强化知识产权保护的实施方案》，市知识产权工作领导小组印发《〈关于强化知识产权保护的实施方案〉任务分工》。强化知识产权保护考核，将知识产权保护绩效、高价值发明专利指标纳入全市2021年度高质量发展综合绩效考核体系。市知识产权局与市中级人民法院签订《知识产权行政执法与司法保护衔接框架协议》，与市公安局签订《关于加强知识产权保护协调会商框架协议》，与市检察院联合印发《关于强化知识产权协同保护的意见》，与济南仲裁委联合成立济南知识产权仲裁中心，与泉城海关、莱芜海关签署《知识产权保护合作备忘录》，成立济南市知识产权纠纷人民调解委员会，构建知识产权大保护格局。

查处专利、商标等知识产权侵权假冒案件，依法惩治恶意侵权、群体侵权、重复侵权等行为。打击非正常申请专利和商标恶意注册行为，对知识产权代理机构开展“双随机、一公开”检查，全市专利、商标代理机构实现全覆盖，共检查专利代理机构 88 家，商标代理机构 400 余家。

在自贸试验区济南片区建设高端知识产权服务业集聚区并正式运营，实现知识产权文化展示、科普教育、代理、咨询、运营、法律全链条、一站式服务功能。引进高端知识产权服务机构，北京众达德权、北京三聚阳光等 20 家服务机构正式入驻并开展相关业务。建立并试运行知识产权线上服务平台。

【外商投资企业登记管理】 截至 2021 年年底，全市新登记外商投资企业 404 户，上年同期为 259 户，同比增长 55.98%；新增外商投资企业投资总额、注册资本、外方认缴金额分别为 145.77 亿美元、131.98 亿美元和 110.06 亿美元，同比分别增长 136.44%、220.65%、198.21%，全市实有外商投资企业 3781 户。开展外商投资企业登记注册全程帮办服务，建立市、区（县）、园区三级帮办服务制度，帮助企业解决设立过程中的困难，为外资企业落户济南提供“一对一、全过程”便捷高效服务。2021 年，有 367 户外资企业在帮办服务下顺利落户，占新设外资企业的 90.84%。

制定《简化外商投资企业市内迁移登记流程实施方案》，统筹外资企业登记中的住所迁移、事项变更等登记程序，市内迁移登记材料由 5 个压缩到 1 个，登记环节由 2 个减少到 1 个，办理时限由 1 天半压缩到半天。配合有关部门制定《中国（山东）自由贸易试验区济南片区试点商事主体登记确认制实施意见（试行）》。实施企业证照联合开办、联合变更、联合注销，与市审批服务局、人社局、医保局等单位建立企业注销联办工作机制，实现企业从开办到变更、注销全生命周期高效服务。深化企业简易注销改革，拓宽企业简易注销适用范围，压缩公告时间，减少申请材料。及时汇总外商投资市场主体登记信息，加强对外商投资市场主体登记信息和外商投资企业发展情况的分析，为上级决策提供参考，为其他部门工作提供依据。

【进口集装箱疫情防控专班工作】 2021 年 1 月 8 日，市进口集装箱疫情防控专班（以下简称专班）组建成立，下设冷链组和非冷链组。专班全面落实省市指挥部疫情防控工作要求，推进疫情防控，守住进口冷链食品防控安全底线。专班先后督导检查 28 次，检查 535 个单位，发现整改各类问题 276 个。对疫情防控不力的单位进行约谈，先后约谈存在问题较多的区县 5 个，对疫情防控措施落实不到位的 2 个单位通报批评。发布《济南市进口集装箱疫情防控工作信息》21 期，发布《动态摸排采样数据通报》32 期。自 2020 年 12 月 1 日济南市进口冷链食品集中监管专仓在全省率先建成投入使用以来，市区 2 个专仓日处理能力从几十吨提升到 800 吨，实现从预约到出仓 24 小时办结。截至 2021 年年底，专仓已累计消杀出仓货物 132176 吨，先后检出 5 批 135.9 吨涉阳性进口冷链食品，全部依规进行处置。截至 2021 年年底，济南在线进口冷链企业 599 家，全部注册使用“山东冷链”追溯系统，通过线上巡查，处理断链预警 420 余条，基本实现从专仓到市场全流程追溯。

（王伊娟）

【概况】 2021 年，济南市统计局加强经济运行监测分析，加强疫情防控常态化管理，为全市“十四五”良好开局提供坚实统计服务保障。市统计局连续 17 年获评省级文明单位。获 2020 年度经济社会发展综合考核显著进位奖，2021 年在省统计局的 23 项业务评价工作中市统计局有 16 项被评为优秀。

（吴培利　韩冰）

【经济运行监测】 根据统计工作实际，结合调研调度等综合掌握情况，做好全市经济运行监测和报

2021 年 10 月 13 日，济南市统计局举办第十二届“中国统计开放日”主题活动

（市统计局　供稿）

告。做好骨干指标监测预警，抓住月报关键节点，及时上报监测预警信息，综合汇总形成经济运行情况动态报告、经济运行分析等综合材料 300 余篇，市领导批示 50 篇次，其中主要领导批示 18 篇，为市委、市政府及各部门工作决策提供数据支撑。开展专项监测调度，做好民营经济监测、老工业城市指标汇总、县域经济数据监测、省会经济圈、省市一体化等各类监测数据。做好月度数据的初步汇总和快报分析，向市委、市政府报送节点数据。整理完成统计月报编发和公开，做好数据信息部门流转和对企数据提供。完成城市数据收集填报工作。

（吴培利　韩冰）

【基层统计工作建设】　加大对基层统计工作的指导服务，建立领导干部包挂基层联系点制度，解决基层统计工作的难点、堵点、痛点，夯实统计源头数据质量。推进联网直报企业财务报表自动转换生成统计报表工作。以现场教学和视频会议多种形式组织培训，向企业提供内部、外部多种转换方式。完成省首届、第二届基层统计人才年度评估工作；协调市相关部门，联合印发《关于开展基层统计人才培育工程选拔工作的通知》，完成市第二届基层统计人才的选拔、首届基层统计人才的年度评估和期满考核工作。

（吴培利　韩冰）

【统计数据发布】　市统计局根据统计数据公开要求，做好统计数据发布，满足各级部门和社会统计数据需求。先后为发改、生态环境、住建、民营等 50 余部门（单位）提供各类数据近百次，配合主管部门完成城市体检、民营经济、环境达标等工作。围绕乡村振兴、生态环保、节能降耗等重点工作提供统计服务。做好政府新闻发布会工作，及时回应社会热点关注；完成市政府门户网站、统计信息网、亲清在线、市民热线等数据加载维护。在《济南日报》发布年度《统计公报》。做好年度数据发布解读，满足社会公众数据需求。完成副省级城市、国内重点城市等城市数据交流共享。

（吴培利　韩冰）

【统计执法】　深化普法宣传教育，完善《统计法规一点通》，编辑整理案例、加强以案说法，及时公示有关处罚信息；更新完善公开统计违法举报受理方式，理顺统计违法事项举报途径。做好统计督察反馈意见整改。组织全市统计系统“双随机”统计执法检查，印发《统计执法检查手册》。组成执法监督检查组，分批次完成 15 个区县（含功能区）共 392 家执法检查任务。按照部门联合“双随机”工作机制，完成年度部门联合执法检查任务。

（吴培利　韩冰）

【“上规入库”工作】　针对统计工作热点、难点，先后对商业综合体、专业综合市场、大学食堂、品牌连锁企业进行专题调研。对商业综合体采用小普查的方式对商业综合体内的商户性质、经营等情况进行摸底调查。市统计局与发改、工信、住建、商务等部门共同参与，实行月调度“上规入库”进展情况，并对全市“上规入库”工作进行季度进展情况通报。与税务部门联动，较为精准地筛选梳理“上规入库”储备资源参考库，供部门和区县参考。2021 年，统计调查单位入库 2483 家、净增 1745 家，入库数和净增数均居全省 16 市第一位。

（吴培利　韩冰）

【统计调查工作】　2021 年，国家统计局济南调查队贯彻国务院办公厅和省政府办公厅、国家统计局关于加强劳动力调查工作的文件精神和山东调查总队工作要求，完成省级月度劳动力调查扩样改革任务。推进粮食畜牧业统计调查数据归口管理，按时完成农产品生产者价格和主要农产品中间消耗调查样本轮换、主要畜禽抽样调查样本名录库摸底等工作。做好2022年住户调查大样本轮换各项准备工作。组织实施全面从严治党民意调查、职工职业发展状况调查、实体经济发展中的招才引智问题调查等专项调查。协助市文明办做好全国文明城市迎评服务保障工作。2021年，在山东调查总队18项业务工作考核中，济南调查队获16项优秀、2项良好，考核结果位列全省第一名。

（于　震）

【开展高质量统计调查】 做好粮食畜禽产量、居民收支、价格指数等民生领域重点指标监测，及时向党委政府报送进度分析报告，通过数据共享、座谈会商、联合调研等方式深化部门合作，为制定调控调节政策、保障改善民生、保供稳价等提供翔实信息支撑。围绕市委、市政府中心工作，加强对经济社会和民生领域热点问题的调查研究，为推动高质量发展建言献策。全年报送《市长专报》36篇，撰写调查分析165篇，采用255篇次。其中，被国务院办公厅采用5篇（国务院领导批示4篇），被国家统计局采用10篇，被山东调查总队采用65篇，位居全省第一；《中国信息报》《济南日报》、“天下泉城”等媒体采用64篇次。

（于　震）

【粮食生产调查】 济南市2021年粮食生产再获丰收，粮食播种面积、单产、总产实现“三增”。全年粮食播种面积48.36万公顷，比上年增加0.32万公顷，增长0.66%。粮食平均单产404.00千克/亩，比上年增加0.47千克/亩，增长0.12%。粮食总产量293.07万吨，比上年增加2.26万吨，增长0.78%。

夏粮丰收，呈现“三增”。2021年，全市小麦播种面积21.95万公顷，比上年增加0.22万公顷，增长1.01%；小麦平均亩产422.91千克，比上年增加1.48千克/亩，增长0.35%；小麦总产量139.25万吨，比上年增加1.88万吨，增长1.37%。夏粮增产对全年粮食丰收贡献突出，播种面积增长量贡献率为69%，总产量贡献率为83%。

秋粮防灾有力，总体呈现“两增一减”。2021年，全市秋粮作物播种面积26.41万公顷，比上年增加0.10万公顷，增长0.37%；秋粮平均亩产388.28千克，比上年减少0.46千克/亩，减少0.12%；秋粮总产量153.82万吨，比上年增加0.38万吨，增长0.25%。

（徐　昊）

【消费价格调查】 2021年，济南居民消费价格指数（CPI）累计上涨1.5%，涨幅连续两年比上年缩小0.9个百分点，涨势总体减缓，走势温和，保供稳价成效凸显。2021年，济南服务价格累计上涨1.4个百分点，与上年相比涨幅持平，受疫情影响修复成效逐步巩固；服务价格拉动总指数上涨0.6个百分点，对CPI上涨的贡献率为38.9%。工业品价格累计上涨1.6%，对CPI上涨的贡献率为36.9%。2021年，济南城镇低收入居民基本生活费用价格指数累计持平。

（侯小娜）

【居民收入调查】 2021年，济南市科学统筹疫情防控和经济社会发展，保障全市经济承压前行、总体稳健，城乡居民收入增速企稳回升。济南市年全体居民人均可支配收入46725元，同比增长8.5%。其中，城镇居民人均可支配收入57449元，同比增长7.7%；农村居民人均可支配收入22580元，同比增长10.5%。

收入增速企稳回升　2021年，全市居民人均可支配收入同比增长8.5%，与2019年同期相比两年平均增长6.1%。从年度数据看，2021年增速比上年高4.7个百分点，比2019年高0.1个百分点，受疫情影响修复成效巩固。

城乡差距继续缩小　农村居民收入增速持续高于城镇居民，2017—2021年，全市农村居民收入增速连续5年高于城镇居民收入增速。城乡居民收入相对差距减小，城乡居民收入比由上年同期的2.61∶1缩小为2.54∶1。

收入结构保持稳定　从收入来源看，2021年全市居民人均工资性收入27050元，增长8.8%，占可支配收入的比重为57.9%，拉动可支配收入增长5.1个百分点，是可支配收入增长的主要拉动力；人均经营净收入4728元，增长9.2%，占可支配收入比重10.1%；人均财产净收入6887元，增长7.7%，占可支配收入比重为14.7%；人均转移净收入为8060元，增长8.0%，占可支配收入比重为17.2%，拉动可支配收入增长1.4个百分点。跟上年同期相比，收入结构整体保持稳定。

（潘正浩）

【概况】 2021年，济南市审计局共完成审计工作任务104项，查出主要问题金额434.15亿元，发现非金额计量问题830个，提出审计建议278条，向纪检监察机关和有关部门移送违纪违法问题线索14起，被市委、市政府主要领导批示审计报告及重要事项报告67篇次，获全国优秀审计项目三等奖1项、全省优秀审计项目一等奖1项，在全省地理信息系统应用技能竞赛中获唯一团体一等奖。连续3年被评为市级科学发展综合考核先进单位，连续14年保持省级文明单位称号，获省“脱贫攻坚先进集体”等多项称号。

【加强党对审计的集中统一领导】 召开市委审计委员会第五次、第六次会议，学习贯彻新修订的《中华人民共和国审计法》，审议通过《“十四五”济南审计工作发展规划》、2021年度审计项目计划、2020年度预算执行和其他财政收支情况审计报告及其整改情况的报告等。印发《中共济南市委审计委员会关于加强地方各级党委审计委员会工作的实施意见》，召开市委审计委员会成员单位工作协调会议，细化市委审计委员会工作流程，完善常态化工作运行机制，向市委审计委员会报送重要事项29件。

【信息化建设】 把数据分析嵌入审计全过程、各环节，推动大数据审计流程标准化、模型规范化、数据集约化、查询快捷化、工作精细化，攻关BIM+智能建造投资审计平台建设，应用GIS技术创新审计技术方法，利用无人机技术在自然资源资产、政府投资等审计项目中辅助审计取证，推动审计工作更加智慧高效。

【2020年度市级预算执行和其他财政收支审计】 审计市财政局具体组织市级预算执行和编制市级决算草案情况，对预算单位进行电子数据审计全覆盖，重点审计20个部门、核查70个部门、延伸审计367家所属单位。

深化预算管理改革审计 2020年，市级一般公共预算收入743.85亿元、支出743.85亿元，收支平衡。市级政府性基金收入1027.55亿元、支出965.20亿元。市级国有资本经营收入8.16亿元、支出4.98亿元。全市社会保险基金收入801.63亿元、支出301.55亿元。审计结果表明，财政及有关部门不断规范预算管理，严把资金支出关口，预算执行情况总体较好，实现财政收支平稳运行。发现的主要问题：预算编制执行方面存在薄弱环节；国库集中支付制度执行不到位；转移支付资金分配使用不规范；财政部门决算报表披露不完整。

财政资金提质增效及落实中央过紧日子要求审计 围绕提高财政资金使用效益、促进厉行节约过紧日子，重点审计新增财政直达资金、存量资金盘活、预算绩效管理等情况。发现的主要问题：部分区县新增财政直达资金拨付管理使用不够规范；存量资金盘活使用力度需要进一步加强；预算绩效管理制度落实不到位；部分单位“三公”经费等支出管理不严。

行政事业单位国有资产审计 为推动落实国有资产报告制度，规范资产管理，重点审计行政事业单位资产年报编制和部分资产管理使用

2021年11月30日，市审计局举办全市重点工程和重点项目审计技能竞赛（决赛）

（市审计局　供稿）

情况。发现的主要问题：国有资产报告范围不完整；部分资产使用效益不高。

【重大政策落实跟踪审计】 乡村振兴相关审计 通过对全市乡村振兴相关政策落实和资金管理使用情况进行审计发现，乡村产业发展在配套政策、资金管理、基础设施建设等方面还不完善；部分区县农村人居环境整治效果不佳；个别区高标准农田建设项目后期管理工作不到位。通过对“四好农村路”政策措施落实情况进行审计发现，规划引领不足，建管养运长效机制不健全；部分项目涉嫌多计工程价款；部分项目存在质量安全隐患；个别区县专项资金管理不规范。

政府债务管理审计 发现的主要问题：部分项目建设管理不规范；部分债券资金管理使用不规范。审计指出问题后，相关区县积极整改，加快拨付使用资金36.58亿元，追回资金或调整用途1.26亿元，促进8个项目开工建设、1个项目调整。

促进优化营商环境审计 发现的主要问题：提升企业便利化水平方面还存在改进空间；部分高频民生事项未实现“一件事一次办”；部分企业研发财政补助资金落实不到位。

生态环境保护相关审计 围绕生态环境保护，组织对市本级及5个区县（功能区）开展固体废物污染防治情况审计。发现的主要问题：生活垃圾分类工作重点任务未按时完成，3项全市垃圾分类配套政策未如期出台；环境卫生费执收工作管理考核不完善，主管部门未按规定对各区县环境卫生费执收情况进行考核，4个区县（功能区）未按规定开展环境卫生费执收工作；市本级建筑垃圾处置费存量大，历年累计结余建筑垃圾处置费3.06亿元未使用；生态环境主管部门对危险废物转移监管不到位，2个区的医疗机构未严格按照危险废物转移联单制度转移医疗废物；个别垃圾转运中心未按规定办理排污许可证，便将渗滤液处理后的污水排入市政污水管网。审计指出问题后，相关部门和区县（功能区）积极整改，已出台《济南市生活垃圾分类市级财政奖补资金管理办法》，印发《生活垃圾收费监督管理暂行规定》，将建筑垃圾处置费全部上缴市财政，制发强化危险废物转移联单制度执行的通知，相关转运中心办理了排污许可证。

【推进新时代现代化强省会建设审计】 推动济南新旧动能转换先行区（起步区）高质量发展审计 发现的主要问题：财政管理体制有待进一步明确，财政保障能力有待进一步提高；机构职能划转不彻底，行政权力承接不到位；受拆迁等因素影响，短期内存在“桥通路不通”“路不成网”等问题。审计指出问题后，先行区（起步区）协调相关部门单位整改，与天桥区、济阳区完成划转协议的签订工作，正式确认站所划转；按照市委编办部署，根据省市权责清单认领最新标准，3172项权力事项对应调整为约5000项权责清单，已认领各级权责清单4200项；引爆区一期市政道路集体土地拆迁工作已全部完成，二期道路剩余6个障碍点正在攻坚。

推动工业强市战略政策落实审计 发现的主要问题：2个区落实工业强市战略不到位；工业用地管理不到位；财政扶持方式不够完善。

市级重点项目推进及政府投资专项审计 发现的主要问题：重点项目审核制度建设不够完善；未实现项目全过程跟踪调度；滞留财政资金5.59亿元。

智慧城市建设审计 发现的主要问题：智慧城市建设体制机制需要进一步完善；信息化项目管理不到位，数据融合共享不充分；智慧应用建设不均衡。

区域性科技创新中心建设推进情况审计 发现的主要问题：3个重大创新平台（项目）建设任务推进缓慢或停滞；科技孵化载体发展质量不高；主管部门未对218个科技计划项目及时组织验收。

“双招双引”政策措施落实情况审计 发现的主要问题：一体化人才服务机制尚未建立；个别人才政策激励作用尚不到位；招商服务大使工作机制运行效果未达预期。审计指出问题后，相关部门单位积极整改，力争打造“一门进、一窗办、一网通”新型服务体系；修订出台有关文件，实现“随申随发”；多角度加强服务大使业务培训，打造面向外商投资企业的综合服务系统。

市公共资源交易状况审计 发现的主要问题：6个区（功能区）应进市交易中心交易的政府采购项目未进场交易；资源交易监督管理不到位；公共资源交易服务管理工作

存在不足。审计指出问题后，市公共资源交易中心等相关部门单位积极整改，应进场交易项目已进场交易；有关部门通过约谈失信企业加强监管，公共资源交易平台系统与工商企业登记注册信息实现互联互通；市交易中心已开展投标保证金代收代退工作，取消了投标企业报送纸质标书的规定。

【重点民生资金和项目审计】 促进就业优先政策落实审计 发现的主要问题：就业促进协调机制尚未建立，影响就业促进政策整体效能的发挥；职业技能培训人员结构不合理，对失业人员、农民工等就业重点群体培训力度不够；向不符合条件的人员发放失业保险金和创业担保贷款，涉及87人次160.92万元。审计指出问题后，相关部门积极整改，成立济南市就业工作领导小组，出台3项制度，追回违规资金152.32万元。

市高等职业教育改革政策落实情况审计 发现的主要问题：产教融合激励政策落实不到位；职业教育重点项目推进缓慢；校企合作不深入；人才供需对接机制不健全。

基层医疗卫生服务能力建设情况审计 发现的主要问题：村卫生室建设滞后，乡村医生结构不合理；院前急救站点城乡布局不均衡，急救单元配置缺口大；部分基本药物补贴沉淀未使用。

保障性安居工程审计 发现的主要问题：公租房房源配置效率不高；个别棚改安置项目实施周期较长；新建住房租赁市场项目整体进展缓慢。

老旧小区整治改造审计 发现的主要问题：统筹协调力度不够；整治改造推进不均衡；专业化物业管理推动较慢。审计指出问题后，主管部门和专营机构协调制定2021年度改造计划，基础设施改造与专项改造统筹考虑，增强施工组织的协调性。同时，出台《济南市城镇老旧小区改造专项资金管理办法》，要求专项资金向改造任务重的地区或小区倾斜；起草《济南市物业管理条例（草案）》。

重点水利工程建设情况审计 发现的主要问题：4个区县未建立工作协调机制，未明确任务分工，不利于工作推进；巨野河防洪治理支沟工程进展缓慢；工程资金管理不规范。审计指出问题后，相关部门和区县积极整改，成立工程建设工作专班；巨野河防洪治理支沟工程已调整规划红线并开工建设，年底完工。其余问题已整改到位。

【审计发现违法违纪线索情况】 2020年7月以来，审计发现并移送问题线索15起，涉及资金3153万元、人员39人。国有资产管理领域涉嫌资产损失问题6起，主要包括违规出借财政资金逾期无法收回和造林绿化项目维护不当人工林被毁等问题；建设工程领域涉嫌违规违法问题2起，主要包括违规招标采购和串通投标问题；个别公职人员涉嫌违纪违法问题4起，主要包括挪用公款、违规办理行政许可、违规报销费用和发放物品等问题；其他涉嫌违纪违法问题3起，主要包括挪用资金等问题。

【2020年度市级预算执行和其他财政收支审计查出问题整改情况】 各级各部门高度重视，层层压实整改责任，严格落实整改要求，逐项细化整改措施，以整改为契机，举一反三，建章立制，规范管理，巩固扩大成果。截至2021年11月底，审计工作报告反映的6类80项问题，69项已完成整改，11项正在整改。

（李文文　孙卓）

【概况】 2021年，市口岸物流办主动融入黄河流域生态保护和高质量发展重大国家战略，统筹推进疫情防控和经济社会发展，不断推进国际内陆港建设，努力构建内外联通的物流通道网络，持续提升物流业发展质量和水平，为加快打造“五个济南”“五个中心”，推动新时代现代化强省会建设提供重要保障。

【口岸建设】 国际内陆港 2021年4月，董家铁路货运枢纽增设海关监管场站，成为具备口岸服务功能的公路铁路、铁路水运、铁路海运等多式联运综合物流枢纽、大宗货物的集散中心。小清河济南港主城港区加快建设，国际内陆港道路建设顺利推进。济南至青岛国际铁海联运班列整列试运行成功，将港口功能延伸至济南国际内陆港，陆海联通的国际物流大通道初步形成。

空港口岸 济南国际机场新国

际厅建成并投入使用，具备保障年旅客吞吐量2500万人次、国际旅客303万人次，货邮吞吐量20万吨的能力；机场扩建工程项目建议书已获批，正加快推进前期工作。新开通巴西圣保罗、意大利米兰、英国伦敦、美国芝加哥4条货运航线。2021年，济南机场国际货邮吞吐量5.99万吨，同比增长45.4%。

中欧班列　在全省率先实现“班列＋跨境电商”业务模式，开行重汽、海尔等“中国品牌”“中国制造”定制班列，首开冷链专列，填补了济南国际冷链班列运输的空白。2021年，新开线路3条，总量达12条，覆盖欧洲和中亚19个国家46个城市。2021年11月，开行数量突破600列，提前近2个月完成全年任务目标，全年开行764列，同比增长40.96%，稳居全省第一，进入全国前列。

【物流产业】　市口岸物流办实施“链长制”，制定物流产业链“链长制”工作方案，成立工作专班和工作小组，加快推动物流产业发展。2021年，全市规模以上物流企业334家，营业收入807.6亿元，同比增长22.9%；新增上规入库物流企业28家（第一批）；新增国家AAAAA级物流企业1家，总量达17家，在全省、全国省会城市和副省级城市中居前列；绿色物流成效明显，18家物流企业新认定“中国绿色仓库”“中国星级仓库”称号，总量居全国前列。2021年，济南市被评为“中国物流最具投资价值城市”。

【优化营商环境】　深化“提前申报”“两步申报”通关模式改革，进出口环节验核监管证件由86种减至46种，进口出口整体通关时间较2017年压缩69%、91.7%，通关便利化水平大幅提升。“单一窗口”成为大通关和国际贸易领域重要支撑服务平台，主要业务应用率达100%。在全国营商环境评价中，济南跨境贸易便利度指标排在第一梯队。

（袁　明）

【泉城海关】　泉城海关负责济南地区包括济南综合保税区在内的（除济南机场海关、济南邮局海关口岸现场业务及莱芜海关辖区外）所有海关业务。2021年，泉城海关监管货运量348万吨，同比增长58.8%；进出口值484.1亿元，同比增长38.7%。年末辖区实有注册备案企业13626家，同比增长20.7%。签发原产地证书39449份，同比增长15.2%；签证金额19.6亿美元，同比增长54.9%。

监管工作　制定《泉城海关新冠肺炎疫情防控工作人员安全防护管理规定》等制度；完成44批次进口高风险非冷链集装箱货物的新冠病毒采样及预防性消毒工作；执行24小时预约通关制度，确保防疫物资及时验放。完善征管机制，多措拓展新增税源，属地申报纳税企业229家，同比增长9.6%。提报降

2021年4月，董家铁路货运枢纽海关监管场站建成并投入使用　（王斐　摄）

低大宗产品进口税率、提高优势产品出口退税、优化贸易管制措施等税政调研建议37项，被海关总署采纳2项。制定《泉城海关2021年度食品抽样检验和风险监测计划》，查出发现进口食品化妆品不合格情事3起。实现报关单位备案“全程网办”，企业注销“一网通办”，办理报关单位备案2290家。指导浪潮集团等11家重点企业通过海关高级认证。利用山东省“双随机、一公开”联合抽查平台，实现资源共享、数据共通，执法互助，与济南市市场监督管理局对辖区11家企业进行联合抽查，共同提出规范整改意见和行业建议20余条。实施差别化稽查，开展与莱芜海关区域集约化稽查，拓展检验检疫领域稽查工作。全年稽查作业办结数38起，稽查作业有效率57.9%。制定《泉城海关打击走私“国门利剑2021”行动方案》，行政案件立案24起，同比增长71.4%；办结案件25起，案值1.08亿元，缉私补税42.7万元，罚款24.05万元。

服务地方经济　制定《泉城海关服务黄河流域生态保护和高质量发展具体举措》《泉城海关支持济南新旧动能转换起步区发展举措》。指导董家铁路场站建设高标准海关监管作业场所，实现济南中欧班列“双核”发运。省内率先落地中欧班列“快速通关”模式，打通卡口作业、在途管理等12个物流节点，实现转关全自动作业。支持欧亚运贸集结中心项目落地章锦综保区，探索“区港通”海关便利化监管措施，缓解董家场站备货、集拼业务压力，为企业节省备货时间60%以上。落地“班列+冷链”“班列+跨境电商”，开行电商、冷链等特色班列。提报重大技术装备政策改革建议60余项，其中3条修订建议被采用，为济南市重点生产企业和重大技术项目提供支持。推动“提前申报”“两步申报”“企财保”等通关和税款担保改革措施纵深实施，实现进出口货物读秒通关。推动企业集团化加工贸易监管改革，解决集团内企业供应链紧张的痛点。支持山东高速国际产业发展有限公司等企业适用关税保证保险，累计开证保单近1亿元，降低企业成本500万元。完成全国首批航材减免税商品快审模式试点改革，实现航材减免税业务“即报即审”。

发挥自贸试验区监管政策创新高地和综合保税区功能叠加优势，坚持“问题导向”“需求导向”，10项济南片区改革试点任务已落地8项。“5G链上自贸”监管制度创新被海关总署批复推广，作为山东省3项自贸试验区改革试点经验之一上报国务院。已有山左集团、绿地国际贸易公司、家家悦集团、日本乐购仕集团4家企业“上链”开展保税展销业务，出区展销红酒、服饰、箱包等商品200余种、3000余件，吸引绿地国际商贸集团等区域总部落户济南片区，带动11家平台型贸易企业入驻济南综保区。提报“GPS+电子锁”为改革创新事项。适时探索自贸区跨境易货贸易试点。

强化综保区发展绩效考核导向作用，压实地方政府主体责任。推进“智慧综保区”建设。助力跨境电商B2B模式发展，建立通关“绿色通道”，实现跨境电商出口清单商品“一键导入”“一键运抵”。推动跨境电商网购保税模式全面落地，乐购仕（LaoX）跨境电商中国区中心仓开仓运营，创造了济南的“海关温度”。增值税一般纳税人试点企业48家，企业累计退税6.2亿元。全球保税维修业态持续发展，一线进出口总值超过1400万元，二线进出区总值超过1.4亿元。推动济南市首个综保区保税研发项目——壹瑞特人工肝项目落地。

优化口岸营商环境　面向全市各区县开展“惠千企、达万人”政策宣讲活动，3000余家外贸企业、20000余人参加，覆盖全部重点企业。建设更高水平的国际贸易“单一窗口”，实现“关港贸税金”全链条运作，基本满足企业进出口“一站式”作业要求。建立“问题清零”机制，解决通关异常问题30余次。帮扶齐鲁制药等7家重点企业引进国外先进管理经验，建立完善国外技贸措施应对机制，7家企业合计出口134.7亿元，增长24.3%。为对日韩贸易企业提供“一对一”政策解读，助力山东省种子公司、金勋多肉植物、亚西亚药业等企业的南瓜种子、多肉植物、氢氧化胆碱等多项商品首次出口日本。

（冯　勇）

【济南机场海关】　济南机场海关负责济南机场口岸海关业务，形成涵盖旅检、空运普货、商业快件、跨境电商、检验检疫等较为全面、集聚发展的海关业务体系。

疫情防控　加强人员疫情防控，融入联防联控机制，对发现的“四类人员”第一时间联系地方联防联控部门予以转运，实现入境人员“手拉手”移交、核酸检测信息互通、后续追踪互相联动；建立健全安全防护体系，确保安全防护监督全方位、全流程、全覆盖；在做好进口冷链商品防控的基础上，做好济南空港口岸非冷链商品以及空载集装器采样和预防性消毒工作。

口岸监管　及时耐心解答企业关心的增值税抵扣等问题，并提供相关解决方案；鼓励企业采用“汇总征税”叠加“两步申报”模式，全年税收目标如期完成。落实国门绿盾行动要求，做好外来物种口岸防控，做好国门生物安全监测，完成5种类入境口岸有害生物常规监测，提升现场动植物检疫能力，口岸初筛设备体系构建顺利。提升口岸食品安全，及时回应口岸旅客关心的食品安全焦点问题；用好食品安全监督执法，做好“七一”、国庆等重要节点口岸食品安全工作，实现口岸食品安全状况持续向好目标；优化航空食品质量体系，实现辖区企业全部纳入食品安全分级管理。

服务空港外贸发展　针对口岸货物滞压，整体通关时间持续高位运行的问题，坚持报关单“日清”机制，严防产生通关时间超长报关单；重点推进提前申报、两步申报改革，召开口岸营商环境推进会8次，做好改革推介，解决企业适用改革措施困难，加强与其他机场海关的联系沟通，推动解决系统内梗阻问题。加强对自主知识产权海关保护的力度，年内查获的侵犯自主知识产权“倍思牌”的数据线案件，是有效保护民族企业自主创新成果的范例。

助力跨境电商　深入企业开展宣讲，详细解读跨境电商出口政策以及济南机场海关配套的便利措施，指导济南芯嘉集运供应链有限公司等企业开展业务；解决企业电子信息入库难题，推动信息化平台升级改造，打通海关和货站信息端的数据交换堵点，实现多个批次跨境电商出口清单商品“一键导入”“一键运抵”功能，通关速度大大提高；密切与济南市商务部门的联系配合，引导企业利用政府部门鼓励和支持跨境电商出口的相关扶持政策，降低出口成本，提高商品的国际竞争力。

拓宽物流通道　与济南国际机场货站建立联系配合机制，定期开展工作交流，对企业反映的问题建账销号，及时跟踪处置，全年济南机场海关共解决货物通关过程中遇到的痛点和堵点问题16个；优化完善口岸软硬件设施，对监管作业场所物流平台、卡口进行升级改造，提升货站处理国际货物的吞吐能力，确保口岸通关顺畅；立足空港，挖掘口岸优势，推动“区港联动”，促进济南国际机场和济南综保区业务一体化发展；支持济南机场增开国际货运航线，优化国际货运航线布局，全年新增济南往返英国伦敦、意大利米兰、巴西圣保罗3条洲际货运航线，其中济南直飞巴西圣保罗航线为国内唯一直飞南美洲的定期货运航线。

（济南机场海关）

【济南邮局海关】　济南邮局海关负责济南、淄博、东营、滨州、泰安、枣庄、济宁、德州、聊城、菏泽10个地市进出境邮件、快件、跨境电商业务。

监管工作　2021年，共监管进出境邮件136.82万件（进境93.15万件、出境43.67万件），比2020年增长36.55%，进出口平均整体通关时间进一步缩短。落实和服从济南市政府疫情防控要求，配合济南市机场疫情防控专班工作，确保疫情防控工作落实落细落地。全年查获象牙、红珊瑚等濒危野生动植物制品67起、182件；截获各类外来物种91种次，截获数量排名居济南关区第一、全国内陆海关第二；查获涉嫌侵犯知识产权情事597批、742件；查获枪支配件、淫秽印刷品等安全准入性物品89起、1257件；查获进境毒品7起；查获管制类精神药品60起、24965粒。

服务地方经济　济南邮局海关优化现场过机检查规则，嵌入自动化分拣流水线，持续优化业务流程。指导邮政企业拟定64个下件口的自动分拣方案，实现27个国家与地区邮件的自动分拣。借助CT智能审图应用，分拣作业效率提升5倍以上。将进出口作业环节由16个整合为10个，并按作业环节实施分区管理，监管作业效率提升25%。拓宽邮件出境渠道，支持开通对欧盟方向邮路及上海—美国邮路，邮件出境平均周期由5天缩短为2天。制定应急工作机制，保障通关顺畅有序。推广无纸化作业，上线应用金关二期邮递物品管理子系统，全面采集传输面单电子数据，实现进出境邮件申报信息100%电子化。提升热线质量，为民纾困解难，增配热线接听人员，解决群众业务咨

询需求。推广“互联网 +”便民服务，让群众足不出户即可完成清关手续。（丁 斌）

【莱芜海关】 监管工作 制定国门生物安全监测方案，全年安排200余人次在出口水果备案果园、进境粮食定点加工企业厂区及周边开展检疫性实蝇、外来杂草监测，及时发现和清除危害生态环境的外来有害生物。保障进出口食品安全，开展进口食品“国门守护”行动，对进出口食品实施安全监督抽检，未发现不合格情况。推动国门生物安全科普教育基地建设，为社会公众打造了解外来有害生物危害、学习生物安全知识平台，加强与教育、科技、森林公安等涉及部门的合作，融入地方政府生物安全教育防控体系。

服务地方经济 打造农产品出口产业链，落实《济南市人民政府关于研究打造农产品出口产业链专题会议纪要》《济南市支持打造农产品龙头企业的十条措施》精神，结合海关职能，出台具体支持措施。落实放管服改革，推进“一次申报、分步处置”“两步申报”，提升通关作业无纸化水平，辖区进出口通关时间同比分别压缩78%和63%；全面推行无纸化改革，辖区报关单无纸化比例达99.6%。践行“我为群众办实事”，帮助莱芜泰禾生化有限公司解决检验证单出具难题，助力企业拓展一带一路新市场；全流程帮扶产业升级，助力莱芜区打造全国最大出口姜片生产基地。发挥政策研究作用，融入莱芜省会城市副中心、黄河流域先进制造业中心建设大局，全年向两区政府提报调研分析报告14篇，组织辖区200余家企业参加“关惠赢牟”政策宣讲会，助力莱芜区成为山东省11个外贸高质量发展区之一。

（宋 平）

栏目编辑 王 炜

【概况】 全年全区主要经济指标增速领跑全市，GDP总量跃升至1510.3亿元，占全市的13.2%，增量贡献占全市的17.9%；规模以上工业增加值同比增长13.2%，是全市增速的2.24倍；进出口总额首次突破千亿大关，达到1032.3亿元，总量占全市的53.1%；全年一般公共预算收入达到148亿元，增长13.2%，税收占比89.6%；市场主体总数超过11.9万家、高新技术企业达到1629家、上市挂牌企业累计120家，连续3年获评全市重点项目建设观摩评议第一名。

【发展动能】 量子国家实验室济南基地正式揭牌，中科院济南科创城加快建设，签约落地中科院大气物理研究所碳中和北方中心，成为全区第10个落户的“中科系”科研院所；引进新松工业软件研究院和山东航天人工智能芯片研究院两大科技创新平台。新增高新技术企业413家、上市挂牌企业5家、独角兽企业1家、省级瞪羚企业45家，入选国家级“专精特新”小巨人企业18家，获评2021年全省专精特新企业发展先进县（区）综合评价第一。申报实施省重大创新工程及人工智能重大创新示范工程项目197项，申请省级财政资金逾2亿元。与中科院苏州医工所签约，创新“科学家经纪人”服务模式，推动创新链和产业链融合。全年全区技术合同成交总金额119.6亿元，其中技术交易额106.7亿元，占全市的近50%。

【产业能级】 全年共承担116个重点项目，年度计划投资340.8亿元，预计完成投资388亿元，超计划投资13.8%。引进比亚迪半导体项目，率先在全省实现8英寸高功率芯片国产化。推进互联网医保大健康服务平台发展，引进法液空深低温设备项目。推进吉利新能源整车项目建设，签约引进比亚迪动力电池项目，加速布局电池、电机、电控“三电系统”产业。推进济南激光谷建设，签约引进大族激光、宏石激光等龙头企业。聚焦量子信息产业，量子保密通信“齐鲁干线”项目完成一期建设，实现济南与青岛之间的互联互通。量子雷达完成五个固定点监测网络试点建设，量子探测雷达定型完成。

【开放潜力】 依托综合保税区、中德企业合作区、中欧装备制造小镇等产业载体，做强山东太古、翔宇航空、比亚迪半导体等引领性项目，并于11月12日通过国家发改委专家评审。获批国家文化出口基地，乐购仕跨境商品中心仓正式开仓。全区跨境电商实现进出口额超20亿元，是2020年同期的20倍。自贸试验区济南片区全年累计推出150余项制度创新案例，其中“链上自贸”数字化贸易和留抵退税一键确认制，被省政府推荐全国推广。

【营商环境】 全年推出54项改革事项，推行“管委会+高新控股”企业化管理模式。落实商事登记确认制改革，企业开办环节优化50%，办理时间缩短80%。全年新增市场主体2.9万户，总量达11.9万户，新增企业1.6万户，总量达7.3万户，其中新增上规入库企业355家，数量居全市前列。健全征收供一体常态机制，项目落地周期平均压缩3个月以上。全区17个项目争取市级精准用地指标185公顷，面积位居全市第一。全年土地出让 83 宗、土地划拨 108 宗，土地出让金总额突破百亿元大关。

【民生事业】 建成幼儿园、中小学校 20 所，新增学位 2 万多个，初中学业水平连续两年位居全市前列。落户全市首家数字健共体，“互联网 + 医保”大健康平台推动“三医联动”改革入选“中国改革 2021 年度地方改革典型案例”。落实国家城乡融合发展试验区建设任务，整合涉农资金 1.16 亿元，实施乡村振兴项目 49 个，签约引进九龙峪文旅纪念园综合体项目。

（韩　静）

【莱芜高新技术产业开发区】 2021 年，莱芜高新技术产业开发区规模以上工业增加值增长 15%，进出口总额增长 80.3%；公共预算收入 20.81 亿元，增长 17.5%。入选第四批省级专家服务基地，智能制造装备产业成为创新型产业集群国家试点，高企数量及增长率指标排名全省第二。

【双招双引】 招商引资，举办 2021 不锈钢屋顶大会暨济南不锈钢产业链创新论坛等招商活动 100 多批次，洽谈项目 227 个，成功签约高端优质项目 38 个，计划总投资 81.08 亿元。其中过 5 亿元项目 7 个，1 亿～5 亿元项目 14 个。引进外资，设立全省首支合格境外有限合伙人（QFLP）试点基金，全年实际利用外资 9628.76 万美元，增长 146.08%。强化与商务部、自贸区济南片区的汇报沟通，获批中欧（济南）绿色制造产业园。招才引智，制定完善加快推进高层次人才引育若干措施等政策，建立全国第一家产业人才培养赋能平台，自主培养科技部创新人才推进计划 1 人，为全市唯一一名；省重点扶持区域急需紧缺人才项目 2 个，占全市的 50%；全年引进硕士以上高层次人才 260 名，增长 143%；高新区被认定为省级专家服务基地，梅晔生物医药总工程师凌沛学入选国际欧亚科学院院士，组织申报市级以上人才工程 43 人，入选 19 人，增长 90%；组织报送济南市“双创”大赛项目 42 个，5 个项目进入总决赛，其中获一等奖项目 1 个。项目建设，坚持“项目至上、落地为王”，6 个项目入选省重点、12 个项目入选市重点，高新区负责推进的 36 个重点建设项目中，鲁能开源电力检测中心等 15 个项目实现试生产或投产，晨熙智能包装中心等 6 个项目实现当年引进、当年投产。

【动能转换】 制定出台促进不锈钢先进材料产业发展、总部经济发展等政策措施。其中，智能装备制造产业入选全国 43 个创新型产业集群试点（培育），成为山东省 4 个入选产业集群之一，重卡一期实现量产，凯傲智能叉车一期投产，安道拓等 9 个配套项目陆续开工建设；依托中关村信息谷签约了波兰优尼亚高端农业机械研发等 6 个项目。生物医药产业领域，宏济堂中药项目动工建设，华安生物全降解心脏支架实现批量生产，珅诺基阿可拉定完成三期临床。先进材料产业领域，成立不锈钢产业园建设工作专班，发挥泰钢集团龙头作用，签约鑫华烨不锈钢智慧管道等 3 个项目，全省首个“氢进万家”项目—泰钢加氢母站投产，高端钢铁产品和钢铁深加工业规上工业总产值增长 10%。全年新增高新技术企业 60 家以上，培育科技型中小企业 200 家；实现高新技术产业产值 88 亿元，比目标任务提高 2.4 个百分点；R&D 投入占地区生产总值比重达到 5.59%，高出全市平均水平 3.19 个百分点。高创中心获批“市级小型微型企业创新创业示范基地”，5 家在孵企业获首届“归莱创业 智享未来”大学生创业之星；完善金融支撑体系，引进天勤投资、仁里基金 2 支创投基金，设立山东产发赛克赛斯源创大健康产业基金。汇金传动公司成功入选省级新型研发机构备案名单，美貌制药、宏葵生物等 4 家企业获批市级院士工作站；企业主持制定国际标准、国家标准 2 项，参与制定国际标准、行业标准 7 项，获批马德里商标国际注册 2 家。全年纳新规上工业企业 31 家，总数达到 180 家；黑旋风公司获国家制造业“单项冠军示范企业”；威马泵业、九佳紧固件公司认定为国家级专精特新“小巨人”企业，实现该领域的“零突破”；8 家公司获评市级“专精特新”企业；力创科技、朗进科技获评省级科技领军企业；17 家企业获评省、市级瞪羚企业；储备拟上市企业 10 家，2 家已签订辅导协议。

2021年4月9日，山东先进材料联合研究院暨第一届理事会在明水经济技术开发区成立

（明水经济技术开发区　供稿）

【深化改革】　深化“管委会+公司”运营机制，稳妥做好高投公司改革，支持公司拓展业务范围，运营盘古云商双创中心等园区14个，发行海外债5100万美元。推动与嬴城控股集团、齐鲁新城投资公司进行股权整合，公司资产突破200亿元，净资产80亿元，企业主体信用评级上升至AA+。围绕实现闭环审批，改造升级政务服务大厅，聚焦企业开办登记、工程建设、生产要素接入三大板块，配置开通商事登记秒批秒办等9个系统，对不具备审批条件的通过派驻设立方式，提高“一网通办”“异地通办”服务效率；推行“项目管家”帮办代办服务，充分用好省级下放的审批权限，完成9个项目的使用林地审批。

（高庆响）

【概况】　2021年，明水经济技术开发区完成一般公共预算收入37.8亿元，同比增长13.12%；实现税收收入65.28亿元，同比增长15.43%；规模以上工业总产值1178.15亿元，规上工业企业营业收入1199.96亿元。在全国217家国家级经开区考核中位列106名，较上年度前进30名。

【规划引领】　明水经开区确立“两廊两带、一区两城三园”概念性规划，编制“十四五”发展规划，高端装备制造、新材料等4项产业规划，基础设施、交通等N项支撑性规划，构建“1+4+N”的规划体系。建立与市、区“东强”指挥部常态对接机制，成立“东强”战略推进领导小组，统筹推进东巨野河、圣井工业园提升改造等“东强”重点任务。

【招商引资】　全年累计签约项目34个，合同投资额300.68亿元，包括22个过亿元项目，百度山东数据标注基地、华曼汽车等5个项目实现当年签约当年投产达效。调整充实20名人员专业从事招商工作，成立4个招商小组，汽车产业和外资外贸2个招商专班。组织参加中日韩企业对接合作发展山东行、“选择山东”高端装备产业走进园区济南专场等宣传推广活动20余次。

【项目建设】　全年明水经开区确定34个重点项目，总投资428.8亿元，其中14个项目入选省、市重点项目，完成固定资产投资175亿元，其中中国兵器集团第五三研究所章丘所区、中白新材料产业园、房德科创材料城、永信新材料、科兴生物谷等项目完成主体建设，并部分投入生产运营；新引办山东健康智慧医药产业园、江河未来城、齐鲁物联网创新园等项目开工建设。推进企业技术改造和设备更新，实施技改项目174个，完成技改投资40亿元，同比增长20%。

【科技人才】　明水经开区创建山东先进材料联合研究院，签约项目8个，总投资11.3亿元，策划成果转化30余项，成立联合实验室、公共实验室20余个；成立章丘复旦联合创新中心和山东省开发区发展研究院；章鼓与山东大学共建“山东大学章鼓高端装备制造研究院”；山东先进材料中试试验基地、哈工大机器人科创中心等5家基地纳入省2021年科技成果转化中试基地服务平台，构建起“项目孵化—中试转化—产业化”的一体化成果转化体系。全年新增高企74家，发明专利230件。举办参与各类招聘会10余次，引进硕士及以上高层次人才713人，5人入选泉城5150创新人才，1人入选泉城学者，1人入选泉城产业—创业人才。

【服务企业】 开展“我为群众办实事”实践活动、“企望之约·企盼之家”“访企业解难题”等专题调研，走访企业80余家，掌握企业诉求近30项，累计为企业解决疑难问题20余项，办理各类手续200余件。制定《政策制度汇编》《推进科技创新赋能产业高质量发展的实施意见》等扶持政策，发放惠企红包1.52亿元。投资850万元，新建1500平方米企业服务中心，推行“8+N”全流程帮办代办，开展上门服务。

【对外开放】 明水经开区与青岛经开区、石河子经开区等国家级开发区开展合作共建，开展援疆、援藏、援边。其中，与青岛经开区合作共建取得破题，双方共同成立公司打造济南（明水）汽车制造产业园二期项目，已拿地6.6公顷。全年实际利用外资19948万美元，增幅32.83%；进出口额84.98亿元，增幅31.37%。

（明水经济技术开发区）

【概况】 全年实现一般公共预算收入10.37亿元，比2020年增长2.93%。新增规上工业企业18家（净增16家），总数达到100家，完成增加值37.72亿元，比上年增长18.9%；完成高新技术企业产业产值54.07亿元，比上年增长92.94%，占开发区规上工业企业产值的35.27%。新增规上营利性服务业企业6家，总数达到19家，完成营业收入29.38亿元，比上年增长25.01%；新增限上贸易单位23家（净增17家），总数达到62家，完成销售额92.42亿元；完成零售额6.74亿元，完成固定资产投资60.5亿元，完成市外资金94.38亿元，完成年度任务的131.08%，比上年增长63.85%。在《环球时报》社主办的首届环球城市招商引资推介大会暨2020中国城市投资吸引力指数发布会上，济南济北经济开发区获评“2020中国投资发展环境十佳园区”。

【平台建设】 国家级海峡两岸新旧动能转换产业合作区挂牌成立。中国（济南）特医食品城建设推进，编制完成产业发展规划、启动区概念性规划，签约储备康多宝等特医企业。新型园区建设推进，8个“区中园”规模基础完善，保障园区高质量运营。截至年底，已有107家企业入驻，年贡献税收3亿元以上。

【对外开放】 全年新签约项目52个，签约额131亿元，过亿元项目21个，过10亿元项目3个。探索与自贸试验区制度红利共享机制，设立济南济北经济开发区“自贸服务驿站”；用好《鼓励外向型经济发展的若干措施》。2021年，完成外资任务1.32亿美元，比上年增长34.23%；完成进出口额36亿元，比上年增长48%。

【营商环境】 连城数码港、山东金晔农法食品等21个项目已投产或达到投产条件。开展“我为企业办实事”等系列活动，帮助企业解决生产经营中遇到的难题308件。组织旺旺、统一等23家企业开展“共享用工”，缓解用工难的问题。放大省市区一系列惠企政策效应，为企

2021年9月8日，明水经济技术开发区与青岛经济技术开发区签订合作共建协议

（明水经济技术开发区 供稿）

业兑付各类扶持资金3.53亿元。引入“安全生产管家”，排查整治安全隐患，事故率持续下降。

【动能转换】 新认定国家级高新技术企业42家（新增33家），总数达到94家。开发区企业新授权发明专利55件，发明专利拥有量达到330件。新增高层次人才458人。新增省级研发平台4家（总数达到13家），市级研发平台5家（总数达到37家）。新认定省、市“专精特新”企业各9家；新认定省、市级“瞪羚企业”8家；新认定“两化”融合管理体系贯标企业12家。2021年，食品饮料产业集群被省工信厅认定为“2021年度省级特色优势食品产业集群”。

【国家级海峡两岸新旧动能转换产业合作区落户济南济北经济开发区】 7月26日，国务院台办、国家发展改革委、工业和信息化部正式函复山东省人民政府，在济南济北经济开发区设立国家级海峡两岸新旧动能转换产业合作区（以下简称“合作区”）。合作区是全国唯一的以新旧动能转换为主题的国家级海峡两岸产业合作区。按照“打造江北对台合作高地，承接国家战略，促进区域发展”的总体部署和功能定位，合作区规划了“两园一中心”的空间发展格局。10月11日，海峡两岸新旧动能转换产业合作区正式挂牌成立。

【济南济北经济开发区食品饮料特色产业集群被认定为“省级特色优势食品产业集群”】 12月21日，山东省工业和信息化厅在山东大厦现场发布2021年度“山东省特色优势食品产业集聚区”并为获得集聚区称号单位进行授牌，济南济北经济开发区食品饮料特色产业集群入选。

（魏法玲）

【概况】 2021年，济南临港经济开发区规划主导产业为智能制造与高端装备、生物医药、现代物流、新一代信息技术，总体打造“一谷四园一贸”产业发展布局。“一谷”即“济南生态智谷”；“四园”分别是：智能制造产业园、生物医药产业园、四新产业园、高端物流产业园；“一贸”即“自贸试验区济南片区历城区块”。

【体制改革】 2021年，开发区确定以济南临港产业发展集团有限公司为母公司独立运营，实行集团化整体运作。截至年底，产发集团共有权属企业12家，其中全资子公司5家、控股公司5家、参股公司2家，业务范围覆盖园区建设运营、物业管理、园林绿化施工、市政房建施工总承包、文化传媒、机械设备销售租赁、绿色能源、国际国内贸易、全过程工程咨询等多个领域。

【项目建设】 通过开展“项目建设年”“企业服务年”活动，实行项目责任包挂、每天巡查服务、智慧临港调度、审批手续无偿帮办代办等系列制度措施。全年开发区征供地面积达到297公顷，完成25宗约172公顷的土地供应工作和11个批次约125公顷的征地工作，解决嘉林集团、济钢新事业、中铁光证等20个项目的用地需求，实现大博智能机器人、山东建科科技产业园等18个项目新开工建设，盛达冶金科技二期、熙麦跨境电商产业园一期、润融电子科技等6个项目竣工，近两年开发区开工建设项目达到了47个。

【基础配套】 全年完成总投资约2.2亿元、全程约3公里的智能产业聚集区（北区）4条市政道路建设；启动实施总投资约10亿元、总长度约25千米的虞山西路、虞山北路等12条市政道路建设工程和总投资约2.5亿元的110千伏电仓线等8条线路迁改工程、中电建能源谷、智荟瓴智造科技城正式用电等电力工程。协调市交通运输局推进高端物流商务集聚区4条道路建设，基本具备通车条件。

【招商引资】 全年共签约引进国家北斗/PNT产品检测认证中心、雷德数控设备生产研发基地、毅远无人机、临港智能传感器信息技术产业园、房德科创——中日（济南）产业园、乐歌智慧供应链中心等18个实体项目，合计总投资约111.3亿元，其中制造业项目16个，高端物流项目2个，外资项目2个。

【营商环境】 建成开发区审批服务大厅，5月正式对外办公，主要开展开发区内企业注册登记、建设项目审批等与建设单位密切相关的

2021年5月17日，临港经济开发区工作人员在新办公楼前举行升旗仪式

（济南临港经济开发区　供稿）

审批服务事项，涉及17个大项、59个子项的受理、帮办、代办工作。创新“三零”模式，通过再造全域流程图、梳理零基础模板、开发智慧临港服务平台、完成15项区域性评价系列举措。打造“智造园区保”融资模式，为辖区企业放款500万元，缓解企业短期资金不足问题。打造“精准用地”模式，出台《济南临港经济开发区“精准供地”实施方案》。全年共16个重点项目通过精准用地联审，总用地134公顷。

（姚广斌　韩铭洋）

山东商河经济开发区

【概况】　全年完成规模以上工业总产值84.17亿元，工业增加值增幅39.94%，超出全县水平13.34个百分点；净增规模以上工业企业13家，占全县比重的40%；批零住餐企业6家，实现销售额4.73亿元，同比增长74.1%；实现零售额1.49亿元，同比增长465.8%；全年实现进出口总额17.6亿元，同比增长214%，占全县总量的64%；完成地方一般公共预算收入2.87亿元，同比增长51.4%，增幅均居全县第一。

【双招双引】　全年共签约项目31个，合同利用资金102.75亿元，投资过亿元项目共19个，其中过10亿元项目4个、过5亿元项目1个。实际到账外资2219万美元，同比增长1675%，排名全县第一；实际到账市外内资15.2亿元，同比增长124.5%；引进市外投资形成固投15.88亿元，同比增长299%。首次引进世界500强企业苏伊士，红日药业、中交四公局等优质项目先后落户园区。开展“白领—蓝领”科技人才工程，组织校企合作活动，全年引进人才106人，同比增长186%，其中高层次创新创业人才9人、青年人才97人。

【项目建设】　全年纳入省级重点项目32个、市级重点项目库13个、县级重点项目库36个，储备全市重点观摩项目13个。22个项目纳入开发区重点项目服务小组，实行“周调度”制度，主动跟进项目审批手续办理进度、项目进展、资金到位等情况。破解项目建设过程中遇到的困难问题，确保“已开工项目加快建设进度、已建成项目尽早投产投用”，实现项目落地、投产、投用梯次有序、滚动循环。完成全年园区固定资产投资任务量的231.93%，其中十强产业固定资产投资占开发区固定资产投资总额的比重95.11%。

【企业服务】　全年举办高新技术企业申报培训、人才政策解读、政金企对接等活动23场，出具《科技诊断报告》《专利评级报告》121份，认定高新技术企业29家，R&D经费支出1.2亿元，技术合同成交额0.4亿元，为园区企业解决2.72亿元融资需求。深化产教融合，促成高速新材料、创伟集团、约克农化、天润和等企业，分别与山东建筑大学、济南大学、山东农业大学和山东省农业科学院等高校院所开展研发合作，新增省级平台4家，市级平台4家。坚定不移深化“亩产效益”评价改革，省考亩均税收指标实际同比增长93%。

【营商环境】　全年共受理立项审批业务114件，按时办结率100%，平均办理时限1天；受理规划设计方案审查业务35件，平均办理时限5天；办结规划验线业务42件，即时办结；受理规划核实业务25件，当日办结。多方协调筹措资金，助力企业纾困解压，落实扶持奖励资金36笔共计8600万元。

（崔秀芳）

【概况】 2021年，山东平阴经济开发区实现规模以上工业总产值282亿元，固定资产投资45.6亿元，实际利用外资6182.7万美元，进出口总额91.6亿元，实现全口径税收17.17亿元。

【重点项目建设】 总投资11.2亿元的玫德智能化高端流体产业园项目，从施工放线到产品下线仅164天，刷新项目建设平阴速度；总投资10亿元的济南泰德包装年产2万吨EPP制成品项目、总投资15亿元的平阴山水5000吨/日熟料生产线暨协同处理城市垃圾工程项目、总投资11.6亿元的炭素产业智能化升级项目（含丰源炭素生产线技术改造、龙山炭素智能化仓储项目、澳海炭素智能机械化升级改造项目）施工。11月，玫德智能高端流体产业园项目、济南泰德包装年产2万吨EPP制成品项目、山东博思生物智能消杀机器人及安全防护设备生产项目、平阴山水5000吨/日熟料生产线暨协同处理城市垃圾工程项目4个项目代表平阴县迎接全市重点项目建设观摩评议。

【载体建设】 打造产业发展“硬”环境，拓展优化发展空间，编制《东部产业新城产业发展规划及国土空间战略研究》，完成东部产业新城环境影响跟踪评价。投资5300万元，实施玫德智能化高端流体产业园项目配套工程、东部新城环境综合提升工程、玛钢片区亮化工程等项目。投资2500万元，实施4.36千米蒸汽管线工程，保障东部产业新城的蒸汽供应。

【科技创新】 全年新增山东鲁中电力有限公司、济南福和数控机床有限公司等8家高新技术企业；济南银河电气有限公司、山东益远药业有限公司等7家企业被评为山东省“专精特新”企业，山东鲁中电力有限公司、济南压缩机厂等6家企业被评为济南市“专精特新”企业；山东擎雷环境科技股份有限公司、山东海丽管道科技有限公司2家企业被评为山东省瞪羚企业，济南华通汽车有限公司、山东擎雷环境科技股份有限公司等6家企业被评为济南市瞪羚企业；新增发明专利授权68件，高层次硕士人才71人。济南鑫贝西生物技术有限公司、玫德集团有限公司获评省级数字化车间，玫德集团有限公司获批省级技术创新示范企业。

【市场化运营】 12月31日，济南平阴园区产业发展投资有限公司注册成立，2021年3月完成团队组建。公司主要承接蒸汽管线工程建设、艾科项目厂房改造、科创服务中心改造等基础设施建设及产发集团代建标准厂房回购工作。公司通过合资成立公司的途径，合资组建平阴园区产发消防科技有限公司、明德智慧城市服务（平阴）有限公司和山东鲁控环境科技有限公司3家子公司。截至年末，公司总资产5600万元，完成产值6000万元。

（葛聪聪）

【概况】 2021年，济南槐荫经济开发区全口径税收收入10.2亿元，同比增长11.9%；“三上”企业累计完成税收5.7亿元，同比增长22.5%；完成进出口总额10.4亿元，固定资产投资16.09亿元，市外投资19.3亿元。

【招商引资】 开发区共签约落地19个项目，签约注册合同总额34.37亿元。其中，在半导体产业，引进均和集团云谷项目、元山科技碳化硅模块项目、古天电子等项目；在医药物流产业，引进扬子江药业集团山东区域总部项目、上药集团区域总部项目、华润医药商业集团等项目；在智能制造产业，引进福深兴安传感器项目、宁通自动化生产设备等项目，在其他项目招商方面，引进国网应急救援中心项目、八达设备生产等项目。

【重点项目建设】 加大服务力度，建立“日巡查、周调度”工作机制，推进天岳5G射频器件碳化硅衬底材料生产项目建成；均和国晶项目开工建设，部分楼座完成桩基和土方开挖施工；金百图电力项目完成主体工程施工和幕墙龙骨框架安装，厂房竣工；德迈产业园二期项目交付，三期103—108号楼基本完成室内装饰施工，109—111号楼完成基坑支护施工；网源电力项目完成封顶，正在进行二次结构施工；国网二期大数据中心项目完成桩基、土方开挖、基坑支护等施工；宽禁带半导体产业园一期交付使用。

【优化营商环境】 全年落实兑现产业扶持资金600余万元，高新技术企业总量达到51家，引育泉城产业领军人才2人（团队），2名企业家获评省委省政府首次授予的优秀企业家称号。3个项目进入济南市双创大赛决赛，其中2个项目已落地注册开发区。济南福深兴安科技有限公司被认定为2021年度山东省瞪羚企业，济南利江自动化设备有限公司、山东四季青生态环境科技集团股份有限公司被认定为2021年度山东省“专精特新”企业。

【济南腾顺投资发展有限公司】 通过招商入驻的有山东禾力升医学检验实验室等19家优质企业，较同期增长180%。引进中科院软件所研究员、博士生导师陈彦云团队的“肿瘤早期筛查的Demo及辅助诊疗云平台项目”及齐鲁工业大学博士冯超开展的“智能视觉应用项目”。梳理资产存量、分布、结构及使用情况，采取有效措施，改善资产结构、优化资源配置、提高资产使用率，全年共完成了23个单元的租赁工作，较同期增长210%。完成国家级孵化器C级达标考核，在孵企业优化至63家，高新技术企业增至17家，专利数量增至317件，储备科技型企业20余家（其中7家高新技术企业）。

（李　越）

【莱芜雪野旅游区】 莱芜雪野旅游区位于莱芜区北部，是省级旅游度假区。2021年，雪野旅游区立足文化旅游、总部经济等产业定位，完成雪野湖周边景观改造提升，举办山东体育产业发展大会等活动，打造“省会会客厅、济南新名片”。

【经济发展】 航空集群效益初显，航空园入驻企业14家，驻场飞机20余架，全年飞行量突破10000架次，3000飞行小时数，营业收入达到600万元。雪野通用机场已发展成为山东省最大的航空应急救援基地、山东省最大的无人机培训基地、山东省航空培训门类最齐全的综合性培训基地，是省内通航运营直升机的主要转场保障基地。全年洽谈引进项目10个，总投资规模65亿元，其中已开工项目2个，包括投资3.3亿元的中国企业论坛分会场综合提升项目、投资7.75亿元的中国企业论坛环境提升项目；已签约项目3个；引进总部经济5家，其中3家投资合伙企业到账28.6亿元；接待客商考察、洽谈30批次；项目洽谈17个。

【企业论坛筹备】 在论坛筹备工作的规划设计方面采用“1+4”设计模式，即1个总体提升规划设计和4个近期分项实施设计方案，为做好论坛筹备工作和提升片区综合环境提供遵循。提升建设论坛项目，累计完成投资额约14.3亿元，恒大酒店、白马庄园酒店基本具备运营条件；改造提升环湖游步道、环湖彩色路面、S234景观、S317景观、马鞍山道路建设和恒大路；建设26个乡村振兴齐鲁样板村；举办“光影筑梦.魅力雪野”摄影大赛、开展旅游景区品质提升月专项活动，为雪野旅游品牌打造和形象推广提供坚实助力。

【完善管理体制】 根据区委印发的《莱芜雪野旅游区完善运营管理体制促进高质量发展实施方案》，明确雪野旅游区管委会功能定位、区域范围等，内设综合管理部（党群工作部）、经济发展部（投资促进部）、文体旅游部、建设管理部、财政金融部5个内设机构，并于8月12日将人员配备全部调整到位。做好管委会所属3家国有企业与山东嬴通公司的实物资源划转工作，理顺与嬴通公司的职责边界和管理权限。

【水库管理】 整个汛期雪野水库流域平均降雨量859毫米，较上年偏高33.4%。水库管理处采用小调、早调、常调的方法，科学合理地6次启用西放水洞和泄洪闸调洪，牢牢地掌握防汛主动权。6月1日至10月29日水库总来水量21838.9万立方米，调出水量18770.4万立方米。

（孙启策）

【莱芜农业高新技术产业示范区】 2021年，莱芜农业高新技术产业示范区实现工业总产值54亿元；规模以上工业营业收入65亿元，利润5.7亿元；固定资产投资9.8亿元；社会消费品零售总额1.2亿元；农副产品出口创汇4.2亿美元。新增规上企业4家，总数达到32家。

【发展经济】 推进在建项目落地投产，其中，省、市重点项目山东豪驰5万辆新能源商用车项目所需土地、规划、施工、消防、安评、职评等手续均办理完毕。到北京、常州、东营、德州等地开展招商活动40余次，吸引国网山东电力科学院、国家粮食储备局、清华大学、中国农大、山东高速、山东土发、山东水发等企业和知名院校专家教授前来洽谈合作50余人次，收集各类招商信息30余条。依托龙头企业和在建项目加大领军人才、高端人才的引进力度，累计引进各类高层次人才17名。深化与中国农科院、中国农业大学、山东大学、山东省农科院、山东农业大学等高等科研院所合作交流，集中破解产业发展瓶颈，推动更多科技成果直接转化为新产品、新业态。

【发展特色】 与省水发上善集团、省土地发展集团达成战略合作协议共同打造现代农业综合体和小黄姜智慧种植示范基地项目。搜集整理图片1.5万张、数据近3万条，完成汇编资料100余万字，通过省级现代农业产业园和国家农业科技园区验收，12月17日，国家科技部正式批复莱芜农高区为国家农业科技园区。完成新能源汽车产业园内3.7公里道路提升和8公里供排水管网项目验收工作。加快建设35千伏变电站工程，已完成降压站主体。加大对市级以上龙头企业服务支持，帮助豪驰、坦途、莱芜锻压、万兴食品等公司解决用地、资金等困难。举办第八届姜博会，提升姜蒜产业品牌影响力，打响“莱芜姜、赢健康”的品牌效应。

【发展环境】 完成2021年事业单位招录工作，保证农高区工作的连续性和人员有序流动。盘活泰鼎公司，深入分析所涉及的问题，认真研究化解方案，依法依规推进债务化解。4月14日，与山东嬴昊城市建设投资集团有限公司就泰鼎公司股权问题签署转让协议，妥善防范化解涉大型国有企业金融风险。受理热线办理件120多件，对接莱芜区相关部门争取资金，先后兑付各类民生资金欠款2400多万元，工程欠款1200多万元，切实解决企业和群众诉求。

（刘世涛）

栏目编辑　魏添乐

【概况】 2021年，全市工信系统聚焦制造业优化升级、数字经济引领和服务实体经济发展三大重点，推动工业和信息化发展实现新的跨越赶超，先进制造业和数字经济发展水平进入国家新一线城市前列，全年创造了49个第一、首个和前列。

【工业经济承压奋进】 全市规上企业总数达到2547家，比2020年底增加627家，增幅高达32%，新入库企业合计实现增加值同比增长64.8%，拉动全市增长2.1个百分点。制造业占工业比重达到90%，先进制造业占制造业比重达到60%；济南首次进入先进制造业百强市前列，居山东省第二位；2021年中国先进制造业晨星企业城市排名全国第五。四大主导支柱产业链式集群规模化发展崛起成势，规模总量达到1.3万亿元，其中，大数据与新一代信息技术产业规模达到5000亿元，智能制造与高端装备产业规模达到4500亿元，精品钢与先进材料产业规模达到2000亿元，生物医药与大健康产业规模达到1500亿元。全年技改投资同比增长6.5%，高于全省10.3个百分点，两年平均增长13%。

【数字化高质量发展】 在全国率先提出打造数字先锋城市的建设目标，发布《济南市“十四五”加快数字化高质量发展规划》和《济南市加快数字化高质量发展打造数字先锋城市推进方案》，构建起“1+3+19+4”的工作推进体系，数字经济占GDP比重达到45%，数字经济核心产业增加值占GDP比重达到16%，高于全省10个百分点，稳居全省首位。

【打造一流工信发展生态】 开展“服务企业政策落实牵手活动”，为企业兑现各类扶持政策127项；率先推出第一批“免申即享”惠企政策16项，占全市的80%。“泉惠企·济企通”云平台全新上线，打造“亲清在线”和企业版的“12345”，精准推送各级各类政策47万个，累计服务企业120万家次。牵手中国银行、招商银行开展一系列产融对接活动，累计为企业提供融资1600多亿元。开展企业梯度培

2021年6月25日，浪潮新基建生态联盟（银河）成立大会暨2021浪潮新基建生态伙伴大会在济南举办

（市工信局 供稿）

2021年12月27日，济南通信网络保障中心、济南市信息通信发展办公室揭牌仪式在山东大厦举行

（市工信局　供稿）

育，累计培育国家级专精特新“小巨人”企业35家，独角兽企业6家；省级以上瞪羚和专精特新企业分别达到257家和950家，均居全省首位。举办首届世界先进制造业大会、首届济南国家级人工智能创新应用先导区高端峰会暨黄河流域人工智能创新应用博览会、第十四届中国（济南）国际信息技术博览会暨2021中国（济南）数字经济高端峰会。

【提升行业管理服务】　做好焦化产能压减和水泥产能置换工作，完成粗钢压减任务181万吨。累计培育市级以上绿色工厂173家、绿色园区11家，绿色制造试点示范走在全省前列。深化亩产效益评价改革的结果运用，在全省首次提出对A类规模以上工业企业给予电费补贴政策，经验做法在全省推广。山东明水浅井粘土矿入选第五批国家工业遗产名单，全市国家工业遗产总数达到4处，数量居全省第一。百脉泉酒业、宏济堂中医药工业旅游基地升级成为国家AAAA级旅游景区。

（李亚楠）

【概况】　2021年，全市规模以上工业增加值同比增长5.9%，两年平均增长9.0%，分别高于全国（6.1%）、全省（7.3%）2.9和1.7个百分点。实现营业收入8336亿元，同比增长10%，总量规模首次迈上8000亿元大关。全市营业收入过亿元企业达到748家，同比增加100家，齐鲁制药、临工重机、二机床、华熙生物、费斯托等重点企业增速均在20%以上；新增520家规模以上工业企业，拉动全市工业增长2.1个百分点。

【产业结构优化提升】　全年全市高技术制造业增加值同比增长17.2%，高于全市11.3个百分点，拉动全市工业增长2.9个百分点。全市41个行业大类中，有31个行业实现同比增长，增长面为75.6%，高于去年19.5个百分点。通用设备制造业、医药制造业、计算机通信设备制造业、电力热力燃气及水生产和供应业同比分别增长25.3%、21.2%、18.9%和20.2%，分别高于全市19.4、15.3、13、14.3个百分点。轻工业同比增长15.7%，领先重工业12.6个百分点；中小企业同比增长12.7%，民营工业经济同比增长13.6%，分别高于全市6.8和7.7个百分点。

【技改投资较快增长】　全年全市完成技改投资同比增长6.5%，高于全省10.3个百分点；制造业技改投资同比增长11.5%，高于全省13.5个百分点。山钢莱芜分公司新旧动能转换系统优化升级改造项目等120个先进制造业和数字经济重点项目，全年完成投资210亿元；智能网联（新能源）重卡项目等9个项目纳入山东省重点技术改造项目，全年完成投资34.5亿元，完成投资进度102%。全市共认定实施标准厂房项目46个，总建筑面积717万平方米；新型产业（M0）用地项目14个，总建筑面积246万平方米。高新区人工智能产业集群获批省特色产业集群和省十强产业“雁阵型”产业集群，济南市生物医药产业集群、智能制造装备产业集群获批山东省第一批战略性新兴产业集群。

【新旧动能加快转换】　全年全市实

现软件业务收入3803亿元，同比增长20.3%，增速位列副省级城市第二位。有7家企业工业互联网APP解决方案入选工信部2021年工业互联网APP优秀解决方案，占全省的50%。济南市首次进入先进制造业百强市前列，位居全国第十五位，规模总量达到1.3万亿级。山东“第一芯”——8英寸高功率半导体下线，“济南造”首列地铁列车下线。入选全国首批“千兆城市”，累计建成5G基站2.7万余处，5G分流比达到25.5%，均居全省首位。提升“五位一体”融资服务体系，通过风险补偿、应急转贷、数字金融一贷通、特色融资服务平台等方式共为61037家次企业融资498.6亿元。

（张　涵）

【概况】　2021年，新认定市级工业企业“一企一技术”研发中心49家，41家企业获评省级工业企业“一企一技术”研发中心，占全省总数的35.65%。济南市11家企业入选2021年国家及省级技术创新示范企业。认定山东省环境保护科学研究设计院有限公司等50家企业技术中心为第23批济南市企业技术中心。济南市928个项目列入山东省技术创新计划，占全省33.22%。山东省工业和信息化厅公示济南市34个创新产品入选2021年山东创新工业产品。

【人工智能应用创新】　浪潮电子信息和兰剑智能科技被工信部评为新一代人工智能产业创新重点任务揭榜优胜单位；浪潮集团与神思电子入选AI中国·最强人工智能公司TOP30榜单。山东省124个人工智能行业优秀企业、优秀创新产品与解决方案、典型应用场景（第二批）中，济南市入选60个，其中人工智能行业优秀企业11个，人工智能优秀创新产品与解决方案42个，人工智能典型应用场景7个，总数及分项数量居全省第一。百度智能云（山东）人工智能基础数据产业基地落户济南。“山东济南高新区（人工智能）特色产业集群”入选2021年度山东省特色产业集群，成为山东省正式认定的唯一一个人工智能方向的特色产业集群。

【首届济南国家人工智能创新应用先导区高端峰会暨黄河流域人工智能创新应用博览会】　4月19—20日，首届济南国家人工智能创新应用先导区高端峰会暨黄河流域人工智能创新应用博览会在山东大厦举办，峰会主要内容为“一会、一展、一对接、六论坛”，会上发布济南市《人工智能产业地图》《人工智能产业创新发展白皮书》和《人工智能应用场景和解决方案资源池》，12家人工智能应用场景需求方和解决方案供应商达成合作签约。

（白玲玲）

【概况】　2021年，济南市规模以上化工生产企业实现销售收入715.2亿元，实现利润35.2亿元，利税114.6亿元，分别同比增长17.8%、21.4%和1.7%，分别占全市总量的8.6%、9.2%和18.7%。化工企业逐步向化工园区内集聚，化工园区（含重点监控点企业）内化工生产企业实现销售收入597.9亿元，占化工行业的83.6%，形成了化工产业在化工园区集聚发展的局面。

【合理运用“评级评价”结果】　根据“评级评价”结果，对于“差”评并无法整改被列入第二批“关闭淘汰”名单的15家，根据省化转办确定的关闭退出程序关闭到位，并通过市区（县）联合验收。对“中”“优”评且符合产业政策、发展前景好的产品，发展高附加值产品。

【落实化工产业政策】　根据《产业结构调整指导目录（2019年本）》，指导化工行业发展鼓励类项目、严格控制限制类项目、严格禁止淘汰类项目的投资建设。山东圣泉新材料股份有限公司的酚醛高端复合材料及树脂配套扩产项目、山东晋煤日月化工有限公司的利用加压气化技术实现氨（醇）装置升级改造项目、山东银箭效果颜料有限公司的年产2000吨铝银浆搬迁项目、凯美科技有限公司超细氢氧化铝、高品质氢氧化钙和糠醛生产基地一期项目、德锡化学（山东）有限公司德锡科技项目、山东齐鲁众合科技有限公司工厂新建项目等6个项目入选省高端化工项目库。

【推进化工园区优化升级】 省政府已认定3个化工园区和3个重点监控点，成为济南市化工企业集聚发展、化工产业高质量发展的平台和载体。按照《山东省化工投资项目管理规定》，引导化工项目除环境治理类、安全隐患整治类项目外，新建、扩建项目原则上一律进入化工园区、重点监控点实施。

（孙延强）

【概况】 2021年，全市智能制造和高端装备产业企业共计13623家，营业收入4219.27亿元，同比增长4.18%。其中，全市智能制造和高端装备产业运行统计规上企业1179家，营业收入3601.3亿元，同比增长2.35%；税务部门统计规下企业12444家，营业收入617.97亿元，同比增长34.12%。

【产业优势】 重型汽车研发制造处于领先地位，连续16年居全国重卡出口第一位；数控锻压装备研发制造水平居世界前三，国际、国内市场占有率分别达到35%和80%以上，产品高端化率达到75%以上；大中型数控机床、中型汽轮机、特高压输电设备等产品国内市场占有率达到30%。拥有国家级企业技术中心16家，省级企业技术中心26家，国家级单项冠军企业14家，省级单项冠军企业77家，省级隐形冠军企业72家。

【产业集群】 济南市智能制造与高端装备产业已发展形成“五大高端装备基地、九个特色产业基地”的空间布局。全市形成汽车及零部件、大型高效数控机床、智能电力装备、激光装备、节能环保等15个产业集群。基本形成汽车及零部件、电力装备、激光装备、高端数控机床、轨道交通装备、机器人、压力容器、高端五金、铸造、节能环保等10条产业链。

【入选新能源汽车换电模式试点城市】 12月14日，济南市首座电动重卡智能充换电站正式投入运营，该换电站由国家电投山东分公司投资运营，换电站通过快速吊装换电，相较于柴油重卡，每天每车可节约运营成本100多元，一年节约运营成本近4万元，每1000辆换电重卡每年可减少14万吨二氧化碳和1.25万吨污染物排放，济南市已建成换电站18座。

【举办世界先进制造业大会】 11月1—3日，首届世界先进制造业大会在济南举办。来自德国、加拿大、日本、阿根廷等国家和国际组织的部长级代表以线上线下方式参会，部分省级人民政府负责人、国内外知名院士专家学者、世界500强企业负责人、企业家、商协会、服务机构代表以及中国制造业500强企业代表、各地工业和信息化主管部门代表等近千人参加大会。

（王安冉）

【概况】 2021年，济南市消费品行业现有规模以上工业企业有381家，全年营业收入556.2亿元，同比增长9.8%；利润总额28.7亿元，同比下降1.7%；税金总额13.8亿元，同比增长14%。其中，食品行业规模以上工业企业有177家，营业收入360.6亿元，同比增长8.9%；印刷包装行业规模以上企业83家，营业收入95.1亿元，同比增长11.4%；纺织服装行业规模以上企业72家，销售收入63.9亿元，同比增长6%。

【重点工作有序推进】 联合济南市商务局举办第二届2021济南地产品展示交易会暨济阳区食品产业展销会，意向订单额达8.5亿元。推荐佳宝乳业和维尔康实业集团两家企业申报山东特色优质食品目录产品；推荐金御坊粮油、百脉泉酒业两家企业共4种产品申报食品工业“三品”专项行动典型成果，申报产品均入选第三十届中国食品博览会中工信部组织的“2021食品工业‘三品’成果展”；推荐小鸭集团的低氮冷凝式壁挂炉申报轻工行业重点推广应用新技术；培育济南济北经济开发区食品饮料特色优势食品产业集群。遴选发布《济南优势工业产品目录》，对640多家工业企业的2200多种产品进行重点宣传推广。

【加强食盐专营管理】 定期组织和调度全市食盐专营管理工作，做好盐业统计并及时向山东省工业和信息化厅报送全市食盐购进、销售和库存等数据。联合市发改委等7部门制定出台《济南市食盐供应应急预案》，保障全市食盐供应充足。

（魏 新）

【概况】 2021年，全市生物医药产业（研发、制造、批发零售）营业收入达到1527.01亿元，同比增20.4%，其中：医药制造业（含医疗器械）1—12月实现营业务收入398.3亿元，同比增24.4%；药品批发零售业1—12月实现营业务收入1128.71亿元。

【研发能力增强】 全年全市生物医药产业研发投入突破30亿元，研发占比达到8%以上，个别企业达到10%以上。全行业获得国家药监局注册批件22个，19个产品通过一致性评价，建立5个国家级重点实验室。齐鲁制药2个一类新药已进入3期临床阶段，济世药业、新创生物一类新药正有序开展临床试验。华熙生物在研创新产品100多个。

【重点项目推进】 全年全市生物医药产业新建和技改项目61个，计划总投资71.3亿元，完成投资56.6亿元，占全年计划投资的79.4%。

【产业链条完善】 推进《济南市加快生物医药产业发展实施方案》，围绕中医中药、抗肿瘤药物、特医食品、干细胞与再生医学、医美抗衰、医疗器械和防疫物资7大产业链条，打造完善研发、中试、产业化、流通完整的产业链条，构建纵横交融的立体产业生态。

【第三十八届全国医药工业信息年会】 7月31日至8月3日，第三十八届全国医药工业信息年会在济南山东大厦举办。会上发布的2020年度中国医药工业百强榜单，山东13家上榜企业，总数位列全国第一。济南市齐鲁制药跻身前10强，位列第九。

（孔德龙）

【概况】 2021年，济南市大数据与新一代信息技术产业规模突破5000亿元，数字经济占比达到45%。齐鲁软件园等9家园区获批省级数字经济园区，其中齐鲁软件园等3个园区获得省奖励资金支持共300万元，济南市入选省级经济园区数量位居全省首位。华为3个创新中心已服务赋能企业92家，累计适配鲲鹏产品56款并颁发信创相关认证证书。

（逯 国）

【两化融合工作】 全市累计上云企业突破5万家，居全省首位；2个项目获评2021年工信部企业上云典型案例，居全省首位。开展“上云用数赋智”行动，公布济南市2020年星级上云企业名单（167家）；开展济南市2021年上云服务商遴选，共有58家企业获评；组织2021年度星级上云企业评选，新增星级上云企业106家，全市累计星级上云企业达到273家。全年全市新增获得两化融合管理体系贯标证书企业206家，总数达到300家；落实两化融合贯标奖励扶持政策，对符合条件的154家企业发放奖励资金4620万元。

（逯 国）

【智慧泉城建设】 2021年，济南市连续4年蝉联中国领军智慧城市，智慧泉城项目获评第一届中国新型智慧城市创新应用大赛“数字社会”（惠民赛道）一等奖。智管中心共接入173个系统（新增50个），打造112个智慧应用场景（新增29个），搭建“十防”城市安全风险防控预警体系；采购部署视频会商系统，实现市、区（县）、镇（街）三级视频会商能力。全年打造57个省级新型智慧城市优秀案例，累计打造40个济南市新型智慧城市试点示范项目，入选新型智慧城市省级优秀案例84个。

（逯 国）

【电子信息产业】 2021年，全市电子信息制造业实现收入1180亿元，同比增长13.5%。制定出台《济南市加快卫星导航产业发展的实施意见》，获批中国北斗卫星导航系统重大专项山东省北斗综合应用示范项目。EDA高性能研发中心投入使用，泉意光罩厂投产，比亚迪半导体项目纳入国家规划，山东天岳先进科创板上市。

（尹卫超）

通信网络产业

【概况】 2021年，济南市累计建成5G基站2.7万个，数量居全省首位，实现主城区5G网络连续覆盖，龙奥大厦、奥体中心、交通枢纽、重点景区、核心商圈等重点场所深度覆盖。济南国家级互联网骨干直联点获批建设，入选工信部全国首批“双千兆”示范城市。

（林庆亭）

【工业互联网】 推动“星火·链网”超级节点、山东未来网络研究院等重大项目落地建设，新增2个工业互联网标识解析二级节点，二级节点达6个，数量居全省首位。浪潮云洲连续3年入选国家级“双跨”工业互联网平台，奥太焊接平台入选工信部面向行业的特色工业互联网平台，济南市国家级平台达4个。8家企业入选工信部2021年工业互联网平台创新领航应用案例，7家企业入选工信部2021年工业互联网APP优秀解决方案，4个项目获评工信部工业互联网试点示范，数量均居全省首位。

（林庆亭）

【软件与信息服务】 2021年，全市实现软件业务收入3803亿元，同比增长20.3%，增速位列副省级城市第二位，规模总量占全省的47.7%。全年落实市工业发展扶持专项项目资金共7692.45万元，项目385项。济南市全国软件百强企业由2家增至3家（浪潮集团、中创软件、山东开创），国家鼓励的重点软件企业10家，省软件百强企业45家企业。2家企业中标工信部“2021年产业链协同创新”项目，102个软件产业重点项目入选第二批山东省软件产业高质量发展重点项目，100个软件产品入选第五批山东省首版次高端软件。

（于　秀）

2021年12月29日，华能黄台电厂100MW/200MWh储能电站项目暨全球首座百兆瓦级分散控制储能电站投产

（黄台电厂　供稿）

电力工业

【华能黄台电厂】 2021年，华能黄台电厂贯彻集团公司和山东公司各项部署要求，较好完成年度目标任务，获得山东公司绩效考核A级。

（刘学杰）

【安全生产】 截至年底，实现连续安全生产5202天，10号机组连续运行346天，9号机组修后连续运行232天。在华能集团公司对110个单位近5年全员安全生产责任制落实巡查评估中，黄台电厂得分位列第七名。完成“保两节、保两会”百日安全攻坚战和建党百年安全保障行动，获评山东公司“HA2021”劳动竞赛先进集体。（刘学杰）

【提质增效】 全年完成发电量63.86亿千瓦时，折合设备利用小时4695小时；全年对外供热量1371万吉焦，全年发电量、供热量同比增幅分别为7.25%和4.19%。工业蒸汽价格执行“煤热联动”政策得到落实；完成碳排放权配额盈余量交易100万吨。采购经济煤种33.84万吨。生物质发电项目全面完成基建收尾和项目竣工验收，全年累计发电量1.83亿千瓦时。（刘学杰）

【发展升级】 2021年12月29日，厂内储能电站项目实现全容量并网，标志着全球首座百兆瓦级分散控制储能电站正式建成投产，完成山东省首批储能示范项目建设任务。在济南市历城区、济阳区等街

道取得共计35万千瓦分布式光伏项目备案。（刘学杰）

【创新攻坚】 开展“创新提升年”活动，共确立创新提升项目21项，其中3项被列为山东公司级创新提升项目。开展创新工作，分别获得全国企业管理现代化创新成果二等奖2项、市级以上科技成果奖4项、山东公司创新攻坚成果二等奖1项、专利57项、软件著作权3项、QC成果奖7项。（刘学杰）

【国网济南供电公司】 国网济南供电公司拥有35千伏及以上变电站348座，变电总容量3420.32万千伏安；35千伏及以上输电线路460条，总长度4857.57千米；10千伏配网线路2645条，总长度2.23万公里。2021年，电网最高负荷627.8万千瓦。截至年底，公司实现售电量308.02亿千瓦时，同比增长11.1%。社会用电量475.3亿千瓦时，同比增长9.5%（公司营业区全社会用电量336.1亿千瓦时，同比增长10.8%）；电网发展投资35.3亿元，全省最高，同比增长58.4%。

（刘　申）

【战略引领强电网】 落实市委市政府与山东省电力公司战略合作协议部署，与11个区县政府、管委会举行战略会谈，“十四五”全市规划投入较“十三五”增加13.2%。坚持“让电等发展”，2021年重点变电站和线路工程实现“20开工、24投产”，形成以220千伏港沟等14座变电站助力“东强”、220千伏玉湖等5座变电站助力“西兴”、220千伏西河变电站助力“南美”、220千伏玉皇庙等6座变电站助力“北起”、110千伏康桥等3座变电站助力“中优”的局面。（刘　申）

【能源转型育动能】 高标准承接轨道交通3号线电力设施迁改、比亚迪动力电池等重点项目，累计采购济南本地电力物资22.76亿元。推进爱普公司电力装备制造转型升级，与大股东济南轨道交通集团密切合作，推动爱普公司上市准备工作，全年实现产值10亿元。加快充电基础设施建设，建成充电站32座，电动汽车充电量突破6000万千瓦时，日充电量位居国网第五、全省第一。（刘　申）

【数字赋能促发展】 开展济南市能源大数据中心建设运营，形成以新旧动能转换电力指数等指标量化分析经济社会发展成效的新模式。2021年，全市新一代信息技术、精品旅游、医养健康、新能源新材料等“十强”产业用电量分别增长26.7%、20.1%、14.9%、13.0%。对接政务服务“一网通办”，全省率先实现自助服务终端水电气暖业务集成，线上办电率达到99.99%。参与山东能源互联网产业战略联盟，联合通信运营商建成全国首套省域5G电力专网。（刘　申）

【国网莱芜供电公司】 截至年底，国网莱芜供电公司所辖35千伏及以上变电站47座、变电容量680.79万千伏安；拥有500千伏及以上属地化运维输电线路通道11条，总长度330.9千米，其中1000千伏特高压线路2条，长度52.3千米，500千伏线路9条，长度278.6千米；拥有35千伏及以上公用输电线路130条，总长度1094千米；拥有公用配电线路353条、公配5144台。全年完成售电量102.55亿千瓦时，全社会用电量完成139.14亿千瓦时。（李洋　杨利剑）

【安全生产】 开展“现场＋视频”双督查3179次，管控六级及以上电网风险72项、三级及以上作业风

2021年8月4日，国网莱芜供电公司工作人员在高温下开展巡线工作　（杜飞　摄）

险525项。安全优质完成春秋检任务432项，查处违章42起，未发生严重违章和党员违章。统筹开展专项整治、“五查五严”等6项专项行动，排查整改问题隐患621项。应对台风“烟花”等多轮次极端天气考验，完成建党100周年、援豫抗洪抢险、十四届全运会等重大保电任务，220千伏及以上线路保持“零责任跳闸”，变电设备连续4年“零故障”，10千伏线路故障跳闸同比下降35%。　（李洋　杨利剑）

【电网发展】　开展电网运行问题分析，统筹项目储备和工程建设，解决枣园站同站双电源、和庄站主变不满足N-1等问题。制定2021—2022年工程建设里程碑计划，开展“六开工六投产”专项攻坚行动，成立“1+8”组织体系，细化66项任务清单，保障建设任务高效推进，实现云台站、胜利站、鲁中-棋山线路、莱芜北牵引站供电线路“四开工”目标。

（李洋　杨利剑）

【供电服务】　实施优化电力营商环境创新突破行动，促请政府出台提升“获得电力”实施方案，实现工程建设项目“水电气暖讯”联办，24家企业“入驻即送电”，108家小微企业实现免费接入，累计节约客户投资8395万元。全年客户投诉数量同比下降81%，公司在地方党风政风行风评议中获重点公共服务行业第一名。保障省市区重点项目建设用电，完成济莱高铁沿线14条线路迁改任务。政企联合发布十项为民服务举措，光伏扶贫结算电费补贴1712万元，消费扶贫57万元。配合政府实施老旧小区改造，超前竣工6771户“煤改电”配套电网工程。完成36天有序用电任务，参与客户达5778户次，保持“零安全事故”“零拉闸限电”“零负面舆情”。　（李洋　杨利剑）

【经营管理】　参与引导分布式光伏健康有序发展，新能源接网业务实现“云”上“一网办理”，分布式光伏新增并网容量同比增长近2倍。利用数字技术赋能增智，首批建成启用变电集控站，110千伏及以上线路实现“全可视”，台区智能融合终端实现“全覆盖”。推进国企改革三年行动，完成总任务量的92%。加强线损精益治理，同期线损7个月入围国网“十强市”“百强所”入围达36次。开拓“供电+能效服务”市场，电动汽车充电量突破600万千瓦时，电能替代电量10.5亿千瓦时，完成综合能源业务收入5901万元。

（李洋　杨利剑）

【概况】　2021年，全市民营市场主体达到143.8万户，增长13.15%，占全市市场主体总量的98.89%；涉税民营市场主体实现销售收入2.45万亿元，增长21.77%，高于全部涉税市场主体增速2.98个百分点；实现税收726.81亿元，增长5.36%，占全市税收收入的47.5%；民营上市企业31家，占全市上市企业六成以上；民间投资增长24.9%，高于全市固定资产投资13.4个百分点，拉动全市投资增长10.3个百分点；实现进出口值1222亿元，占全市进出口总值的62.9%，增长38.2%；有效发明专利拥有量1.1万件，增长26.52%，占全市的62.35%；新增城镇就业15.86万人，增长10.14%，占全市新增城镇就业总量的89.3%。

2021年11月19日，济南市民营企业高质量发展论坛举办　（市民营经济局　供稿）

【完善民营经济工作机制】 打造“齐鲁企舞”投融资服务品牌，协同推进企业融资服务，联合山东省普惠中小企业公共服务中心、中信银行共同举办“梯度培育、助企融资”培训对接会，10余家企业达成合作。升级民营经济监测分析系统，提高监测分析报告质量，强化对重点企业运行数据的监测分析，编发报告11期。

【完成强省会建设重点任务】 2021年，新增过100亿元企业1家，新增独角兽、瞪羚、专精特新等高成长性中小企业1115家，全市民营市场主体数量同比增长13.15%，三项主要目标超额完成。提请市委市政府出台《关于加快推动民营经济高质量发展的实施意见》，明确30条具体政策措施，提出建立“民营企业100强”发布制度等创新举措。

【促进民营企业融通发展】 开展百强民企培育行动，研究制订《百强民营企业培育措施实施方案》，建立100家重点企业培育库，实行六项服务机制。截至年底，进入中国民营企业500强和山东民营企业100强已分别实现3家和5家。营业收入过100亿元、50亿元、10亿元的企业分别达到8家、20家、68家。

【优化民营经济发展环境】 编发《民营经济政策指引（2021版）》2万余册，梳理适用于民营经济的普惠性政策185条，开发新版“政策一码通”，线上线下同步解读推送。开办惠企政策云讲堂8期，上线浏览量90余万次。建成泉城“e惠企”云平台，上线“智慧政策享受”“智慧融资”“智慧咨询”“智慧决策”四大模块，打造全方位综合服务平台。组建济南民营企业投融资服务联盟，实行“四资并举、五方联动”，开展系列精准对接活动45场，帮助18家企业实现融资4.62亿，组织线上银企对接，授信融资额度2.1亿元，打造“产融赋能”品牌。

（张在亮）

【济南产业发展投资集团】 2021年，济南产发集团资产达277亿元、营业收入63亿元、利润2.64亿元，与整合重组时同比增长353%、246%、7.5亿元，主要经营指标连年创历史新高。集团下设13家直属企业，下辖权属三级企业140余家，员工8000人。集团主导、参与设立基金46支，基金管理总规模446亿元，筹集资金60.6亿元，募集社会资本参与投资76.2亿元，投资178个四新项目，覆盖大数据和新一代信息、智能制造与高端装备、先进材料、产业金融、文化旅游及产业科技服务等行业，其中，90%以上投向济南区域，初步形成主导发起、联合发起为主、参与设立为辅的“3+N”母子产业基金集群。

【8英寸高功率半导体“山东第一芯”在济南通线】 12月22日，产发集团参与投资建设的8英寸高功率半导体“山东第一芯”在济南通线。该项目实现了完全国产化，补齐芯片产业应用领域一块重要短板，缓解缺芯造成的新能源汽车产能不足问题，新能源汽车用上“济南芯”。

【济南产发集团与中国化学工程集团签署战略合作协议】 9月24日，

2021年7月16日，全国碳交易上线交易暨山东碳市场服务中心启动仪式在济南举办

（济南产发集团 供稿）

2021年3月24日，山东碳中和林项目建设启动仪式在济南举办　（济南产发集团　供稿）

以“新阶段、新格局、新动能、新山东”为主题的山东国企与央企民企合作签约仪式也在南郊宾馆举行。中国化学工程集团与济南产发集团战略合作项目作为济南市六个重点合作项目之一，在第四届中国企业论坛上集中签约。

【山东“碳中和林”项目在济南启动】
3月24日，南部山区管委会、产发集团、济南碳排放权交易中心共同举办山东“碳中和林”项目启动仪式。本次碳中和林项目是交易中心全方位服务南部山区“文化南山、生态南山、康养南山”发展思路，全面落实“南美”战略的首次尝试，对建立南部山区全方位、多元化的生态补偿机制，实现生态价值转换，促进生态环境质量的提升具有重要的引领意义。

【山东碳市场服务中心在济南启动】
7月16日，由市政府主办，市生态环境局和产发集团承办的全国碳市场上线交易暨山东碳市场服务中心启动仪式举行。山东碳市场服务中心是全国碳交易市场在山东区域的签约合作单位，本次启动仪式伴随全国碳交易市场正式启动上线交易而同步举行。活动现场，国际绿色经济协会、山东大学、恒丰银行、魏桥集团、临沂城投集团作为5个不同领域的合作代表，与山东碳市场服务中心签署战略合作协议，共同助力碳达峰、碳中和目标。

（顾东明）

栏目编辑　魏添乐

农 业

农业农村工作综述

【概况】 2021年，全市农业总产值758.41亿元，增长8.4%；第一产业增加值为408.77亿元，同比增长7.1%；全市农村居民人均可支配收入22580元，增长10.5%。

（市农业农村局）

【财政支农】 争取市级以上专项资金32.65亿元。整合各领域、各级次、各渠道涉农资金107.68亿元，其中中央资金10.45亿元、省级资金5.37亿元、市级资金39.96亿元、区县资金16.53亿元、债券资金35.37亿元。落实风险补偿金、担保费补助、贷款贴息等财政资金3506万元，支持省市农担机构做大担保业务规模，2021年年底，省市农担机构在保业务5544笔、在保金额32.55亿元。

（苏立静　尹朕朕）

【承办国际粮食减损大会】 2021年9月9—11日，国际粮食减损大会在济南举办。习近平主席亲致贺信，孙立成书记宣读《国际粮食减损大会济南倡议》。二十国集团以及有关国家24位农业部部长、6国农业部副部长、6位国际及区域组织主要负责人发表演讲，14位驻华大使和2位大使代办出席会议，共有50余个国家及国际组织300余名嘉宾与会。

（张陆阳　杨波）

农产品生产

【粮食生产】 全市粮食收获面积48.36万公顷（其中小麦21.95万公顷、玉米23.64万公顷），总产293.07万吨（其中小麦139.25万吨、玉米139.56万吨），单产404千克/亩，分别较2020年增加3173.33公顷、2.26万吨、0.47千克/亩，增幅0.66%、0.78%、0.12%，实现粮食面积、总产、单产三增加，乡村振兴粮食稳定度考核获得满分。按照每亩134元标准，落实国家耕地地力保护补贴41220.32万元，补贴面积20.4万公顷。2021年为实际种粮农民发放一次性补贴资金8769.48万元，补贴面积45.27万公顷。

（冯文军　李瑞欣）

【畜牧生产】 全市生猪存栏131.95万头、牛存栏17.16万头、羊存栏73.56万只、家禽存栏2763.07万只，“肉蛋奶”总产量99.93万吨。2021年，全年畜牧业产值1709854万元，可比价增速23.4%。国家东部地区畜禽遗传资源基因库、国家奶牛优秀种质自主培育与高效扩繁示范基地、山东未来畜禽种业国家现代农业产业园等高端育种平台项目落地济南。新增国家畜禽品种名录的地方品种1个（莱芜黑兔），培育具有自主知识产权的新品种1个（鲁中肉羊），山东奥克斯畜牧种业有限公司“试管奶牛”全国首次迈入产业化轨道。全市现有饲料生产企业116家、兽药生产企业50家、兽药经营企业192家，饲料兽药年产值91.17亿元，兽药经营销售额4.44亿元。

（刘燕敏）

【蔬菜生产及保供】 全市蔬菜生产面积9.73万公顷，其中设施生产面积2万公顷，总产量691万吨。蔬菜生产专业镇（街道）27个、专业村517个；蔬菜集中片区203个，其中万亩以上专业片区15个；“菜篮子”保供园区29个，50亩以上“菜篮子”生产基地723个。“菜篮子”直通车运营单位32家，“菜篮子”工程配送车287辆，服务覆盖全市千余个居民小区，全市蔬菜产销对接更加紧密，稳产保供基础

牢固。（王永祥）

【渔业生产】 全市水产品养殖面积4333公顷，总产量1.4万吨。加快养殖水域滩涂规划实施，重点区县水域滩涂养殖证发证率达90%以上。推动渔业资源保护工作，普查资源信息913个，建设黄河渔业资源观测站（黄河下游土著鱼类种质资源保护基地）。新认定渔业标准园26家，累计认定113家，建设观赏鱼企业37家，举办中国（济南）名优锦鲤大赛。建设5处水产类“菜篮子”保供园区，推广水产绿色生态养殖模式。（张　红）

【政策性农业保险】 16个政策性农业保险险种覆盖全部涉农区县，全年保险规模2.66亿元，实现理赔2.01亿元，被认定为2020年度济南市机关党建工作创新案例公开承诺践诺优秀项目。济阳区小麦全成本保险与玉米收入保险的“共振”效应，打造出粮食风险保障的“齐鲁模式”。长清区、商河县等4个区县开展粮食作物完全成本保险和收入保险试点工作，健全农业发展特点的支持保护政策体系和农村金融服务体系，稳定种粮农民收益。（李瑞欣）

【农业疫病防控】 全市开展小麦条锈病应急统防统治，有效监控玉米草地贪夜蛾，保障粮食安全生产。做好养殖、屠宰、冷储、无害化处理、道路检查站等场所的非洲猪瘟、高致病性禽流感等重大动物疫病排查和监管工作，实现重大动物疫病“应免尽免”。（李秀深　魏杰）

【高标准农田建设】 完成2019年高标准农田建设任务1.93万公顷、2020年高标准农田建设任务1.87万公顷（其中高效节水灌溉面积0.93万公顷），在全省综合评价中位列第三，获得省政府专项奖励资金3000万元。济南市代表省接受农业农村部对2019年、2020年高标准农田建设实地评价，获得部专家组的认可。2021年，全市1.83万公顷20个项目整体进展顺利。（霍秀娜）

【农业机械化建设】 落实购机补贴资金3087万元，补贴机具7381台套。完成农机深松深翻作业3.05万公顷。累计创建全省“两全两高”（农业机械化全程、全面、高质、高效）农机化示范县4个（长清区、章丘区、莱芜区、平阴县），全国主要农作物生产全程机械化示范县6个（长清区、章丘区、济阳区、莱芜区、平阴县、商河县），累计创建全国平安农机示范县2个（历城区、章丘区），省级平安农机示范县5个（长清区、历城区、章丘区、莱芜区、平阴县）。举办济南市“建功‘十四五’建设强省会”百项市级示范劳动竞赛——农机驾驶操作员职业技能竞赛，并在全省竞赛中获得团体第三名，被授予“2021年山东省首届高素质农民技能大赛团体优胜奖”。（吴　岳）

【农产品仓储保鲜设施建设】 争取资金6600万元，新建冷藏保鲜设施项目192个、新增库容20万立方米，新建大型冷链物流设施建设项目14个、新增库容5万立方米，推动构建多环节、全链条农产品冷链物流发展新格局。（王艳真　吴岳）

【智慧农业试验区建设】 在许商街道、董家街道启动首批智慧农业特色小镇创建工作，实施智慧农业应用项目，智慧农业应用基地新评选10家，总量达24家，“一图式”农业智慧管理平台获评全省信息化优秀案例，山东丰信入选国家农业农村信息化示范基地。（杨　波）

【信息进村入户工程】 完成信息进村入户工程各项建设任务和验收工作。创新开展“三千”益农活动，依托泉水人家电商平台及益农社信息员，配置32个课时直播电商视频课程，培训1000名农村电商人才，为14个区县搭建泉水人家商学院分院，在平台为9个区县搭建商城，上传单品199个，开展直播活动12场，覆盖粉丝2.5万人次。（张陆阳）

【十大特色产业】 2021年，列支财政专项资金1.2亿元继续扶持十大农业特色产业振兴。启动实施“新四个一批”行动，打造清马套村、平阴庄科村等21个特色产业村（企），形成历城草莓、长清寿茶、莱芜生姜、章丘大葱、高官甜瓜等

一批特色产业聚集片区，培育壮大山东省万兴食品有限公司、平阴玫瑰开发有限公司等40余家特色产业经营主体。章丘大葱和平阴玫瑰入选全省13个农业优势特色产业培育方案。长清茶入选第四批山东省特色农产品优势区。长清绿茶、平阴玫瑰、龙山小米、高官甜瓜入选2021年第二批全国名特优新农产品名录。发布“龙山农品”“莱芜黑猪”等区域公用品牌。全市十大农业特色产业种植面积达4.67万公顷，产能200万吨，产值200亿元，各类经营主体1500余家，加工类企业200余家，从业人数逾70万人。新组建乡村产业振兴发展战略与模式研究创新团队1支。科创团队15支，专家队伍99人，新成立山东章丘龙山小米谷糠科学研究所、山东奶牛种业（产业）创新研究院等特色研究机构。出台《加快现代种业创新发展全力打造中国北方种业之都的行动方案》，推动打造立足山东、辐射全国、全球知名的中国北方种业之都。国家东部地区畜禽遗传资源基因库落户济南。山东鲁研农业良种有限公司成为济南市首家“育繁推一体化”种业企业，山东奥克斯畜牧种业有限公司牵头国家奶牛育种攻关项目，沃尔富斯在番茄育种方面位居全国第三，伟丽、安信、德瑞特3家蔬菜种苗企业年育苗能力超过1亿株。举办第十三届中国国际种业博览会暨第十八届全国种子信息交流与产品交易会、2021中国·山东国际种业博览会暨全国非主要农作物登记品种现场观摩会。（边 媛）

【农业品牌】 围绕筑牢“1+10+N”品牌发展矩阵，新增省知名农产品品牌6个，泉水人家授权企业授权产品分别达75家、230个，县域农产品公用品牌发展到14个；开发泉水人家伴手礼，制作泉水人家宣传片，在央视连续播出91次，平均收视率2.92%；上线济南地铁15个较大站点，日均辐射50万人次；泉水人家两度登录微信朋友圈，总覆盖300万人次；举办“谁能代表济南”农业品牌“双十佳”评选活动，“十佳”品牌总量达80个；举办济南市现代农业成果展暨品牌农产品嘉年华活动，126家企业的450种产品及72张图片参展。

（田明 杨文华）

【农业对外合作】 举办国际粮食减损大会，这是全省、全市第一次主办的国际性农业大会。组织与加蓬驻华使馆线上合作交流会，组团参加澳门山东农产品推介会、中国—东盟博览会、亚洲果蔬产业博览会等11个展会，获1个优秀组织奖和3个产品金奖。莱芜区获批山东省农产品出口产业集聚区，山东万兴获全国首批农业国际贸易高质量发展基地，莱芜区出口农产品企业达101家。全市农产品出口额64.08亿元，同比减少5.62%。

（杨 波）

【新型农业经营主体培育】 新型农业经营主体包括专业大户、家庭农场、农民合作社、农业企业等。新认定市级农业龙头企业30家，新晋升国家级农业龙头企业2家，全市市级以上农业龙头企业发展到492家，其中国家级10家、省级70家。年内评选70家农民合作社示范社，26家农业社会化服务市级示范组织，完成国家、省级示范社年度监测工作。截至2021年年底，全市农民合作社11780家，其中国家级、省级、市级示范社分别为21家、90家、372家，从事农业社会化服务组织5000余个，其中省级、市级示范组织分别为18家、59家。全市家庭农场注册数7258家，县级以上示范场达880家，其中省级示范场103家、市级示范场404家，1家家庭农场（长清区安亮家庭农场）被评为全国家庭农场典型案例。持续推进长清、济阳、平阴、商河、章丘、起步区6个区县开展农业生产托管服务项目省级试点，加快启动济阳区农业社会化服务机制创新省级、国家级试点步伐，济阳区“543”典型做法入选30个全国农业社会化服务典型案例，全市托管服务面积11.8万公顷，土地经营规模化率75.36%。推动莱芜、商河开展农民合作社质量提升整县推进省级、国家级试点，辐射带动全市农民合作社步入高质量发展快车道。落实中央及市财政专项扶持资金4869万元，强化资金使用监管，促进各类农业经营和服务主体发展壮大。组织新型农业经营主体及农技推广（经管系统）“双提”培训班3期、农村合作经济统计暨农业社会化专业人员视频会议培训4期，共计培训基层辅导员及各类农业主体1500余人，提升基层队伍管理能力和服务水平。（张陆阳）

【乡村特色产业发展载体建设】 莱芜区苗山镇列入国家农业产业强镇创建名单，新认定全国“一村一品”示范村镇2个（莱芜区牛泉镇、商河县贾庄镇），全国乡村特色产业十亿元镇5个（历城区唐王镇、长清区万德街道、商河县玉皇庙镇、商河县白桥镇、济阳区曲堤镇）、亿元村2个（商河县玉皇庙镇瓦西村、莱芜区牛泉镇庞家庄村），中国美丽休闲乡村1个（商河县殷巷镇逯家村），省级农业产业强镇11个，省级乡土产业名品村98个。截至2021年年底，全市共有5个镇列入国家农业产业强镇创建名单（历城区唐王镇、平阴县孝直镇、莱芜区杨庄镇、商河县白桥镇、莱芜区苗山镇），国家级“一村一品”示范村镇发展到23个。

（张陆阳　杨凯）

【农产品加工业】　新认定省级农产品加工业示范县2个，省级农产品加工业示范企业6家。截至2021年年底，省级农产品加工业示范县发展到5个，省级农产品加工业示范园区3个，省级农产品加工业示范企业27家，规模以上农产品加工业销售收入增幅达10.23%。

（杨　波）

【三产融合载体建设】　商河县被评为全国电子商务进农村综合示范县，2021年，全市实现农产品网络零售额43.6亿元，同比增长24.4%。新认定市级农业产业化示范联合体10家、省级农业产业化示范联合体3家。截至2021年年底，市级农业产业化示范联合体发展到30个，省级农业产业化示范联合体23个。省级“新六产”示范县5个（章丘区、莱芜区、平阴县、长清区、商河县）、示范主体30个。

（杨　波）

【田园综合体建设】　截至2021年年底，立项实施的19个田园综合体项目共完成投资15.5亿元，完成计划的75.5%。在2020年已完成6个市级田园综合体的基础上，新建完成南部山区“积米峪深氧绿谷”“凤凰谷”，历城区“云台山”、长清区“桃花源万亩生态大茶园现代农业”、莱芜区“莲花山茶旅”5个市级田园综合体，5个项目完成投资5.24亿元，完成计划的102.8%，提前完成2021年“新建成5个田园综合体项目”任务目标。（杜国庆）

【举办“中国国际种业博览会暨全国种子信息交流与产品交易会”】　简称“种子双交会”，2021年10月23日，在济南国际会展中心召开，来自全国300余家优秀种业企业参展，2万余名种业从业者参会。展会以“兴种稳粮保安全，固本强基促振兴”为主题，展示国家及各省种业振兴成效及举措。

（张陆阳　杨波）

【建成两个“国家农作物品种展示评价基地”】　6月，重点打造的“商河国家农作物展示示范中心”和“长清国家农作物（蔬菜）展示示范中心”被农业农村部种业管理司与全国农业技术推广中心认定为“国家农作物品种展示评价基地”。农作物评价基地的建成推动全市农作物品种由展示示范向跟踪评价、符合性验证、成果转化等综合职能方向发展，推动科企共同发展，使济南市成为黄淮海地区乃至全国具有权威性和影响力的农作物种子展示示范中心，为育种企业、种植大户等搭建“看禾选种”平台，促进农作物优良品种推广应用。

（张陆阳　杨波）

【农业标准化生产】　新制定市级农业地方标准30项，现行有效标准达204项。进一步调查梳理涉农镇街优势产业，收集整理农业技术规程，构建适用于“一乡一业”产业布局的农业标准体系。开展全国蔬菜质量标准中心试验示范基地申报工作，济南蓬生农业科技有限公司食用菌基地入选。新认证“三品一标”165个，“三品一标”认证农产品达1542个，其中，无公害农畜产品1077个、绿色食品423个、有机食品6个、地理标志保护农产品36个，产品认证总数位于全省前列，长清茶成功申报国家地理标志农产品保护工程项目。

（田明　杨文华）

【农产品质量安全监管】　完善镇街检测监管体系，建成乡镇畜产品快速检测室112个，31个镇街成功申报省级示范农产品质量安全监管机构，镇街农产品质量安全协管员建设工作成为全国典型做法。历城区、槐荫区、天桥区3个区创建省级农安县，全市农安县创建实现全覆盖。落实合格证制度，将329家农产品生产主体纳入合格证电子追溯标签管理，与市市场监管局加强食用农产品产地准出与市场准入衔接，创新出台文件将食用农产品合格证列为生产者在销售时向购买方出具、经营者购进时进货查验的主要证明。联合市法院等6部门开展济南市食用农产品“治违禁 控药残 促提升”三年行动，严厉打击违法使用禁限用药物和不遵守安全间隔期、休药期行为。2021年，全年农产品质量安全监测整体合格率稳定在98%以上，完成1.5批次/千人考核任务。（刘呈亮）

【农资监管】 建立健全农资监管长效机制，实施部门联动、监（检）打联动。推进全市农资监管平台建设，已建成农资监管基点1827个，农资（农药）经营线上监管覆盖面90%，其中，2021年新建农资监管平台基点200个。完成农资抽检任务，抽检各类农资产品500个，合格率平均98%以上。打造良好营商环境，完成省市种子、农药、肥料双随机检查任务320个，完成率100%。联合省厅开展放心农资下乡进村活动，实现农资保供。实施农药经营标准化服务试点工作，4个农药经营单位评选为省级农药经营标准化服务试点单位。落实农药企业安全生产工作制度，组织培训企业负责人100余人次，实现农药企业全年安全生产“无事故”。（刘呈亮）

【农业综合执法】 开展农资打假、农产品质量安全、动植物防疫（检疫）、生猪屠宰、渔业渔政、农机执法等“绿剑护农”系列执法行动，2021年，查扣假劣农资400余吨，立案查处农业行政处罚案件271件，移送公安机关5件，市农业综合行政执法支队查办的某化工公司未取得农药经营许可证经营农药案被农业农村部评为2021年上半年农业行政执法十大典型案例，全市有6个案卷被评为全省农业行政处罚优秀案卷，支队承办的3个案卷处罚文书被评为2021年全省农业行政处罚优秀文书，占全省的30%，在植物新品种保护案件、农业环保案件、打击链条式系列案件等方面实现新突破。（车　涛）

【土壤污染防治】 完成耕地土壤环境质量类别划分和受污染耕地安全利用工作任务，全市受污染耕地安全利用率100%，工作成绩得到领导肯定。做好“四减四增”工作，全市水肥一体化技术推广面积累计达4.93万公顷，其中，2021年新增8733.33公顷。以小麦条锈病为主要防治对象的中后期病虫害专业化统防统治覆盖率100%，玉米统防统治覆盖率40%以上。

（盖　瑞）

【农业废弃物综合利用及生态循环农业】 全市秸秆综合利用率98%以上，未发生重大秸秆焚烧事故。全市1001个畜禽规模养殖场粪污处理设施配建率100%，粪污综合利用率达87.4%。全面开展农药包装废弃物回收处理工作，落实农药包装废弃物回收处理豁免规定，共回收农药包装废弃物1000余吨。

（盖　瑞）

【招才引智】 与美国爱达荷大学植物科学系助理教授付道林团队签署《关于主要作物核不育育种体系产业化项目合作框架协议》。新入选齐鲁乡村之星63名，联合市人社局、市总工会开展农业行业8个职业（工种）技能竞赛，16个优胜团体、134名先进个人受表彰。招录公费农科生48名，比2020年增长50%。

（苏蒙蒙）

【农业劳动力转移】 全年培训农技人员1100人次，培训高素质农民21期2306人，超出省定计划426人。认定31家农业劳动力培训示范基地，结合农民需求开展实用技能培训，全年培训3100人。与人社部门加强沟通，协同推进农业劳动力转移培训，定期汇总培训需求，合理安排课程，全年培训10.3万人次。（刘　庆）

【农村集体产权制度改革】 全部5828个村（居）均已完成清产核资、登记注册，建立农村集体经济组织，依法取得独立市场主体地位。济南市通过省产权制度改革验收，章丘区、平阴县代表山东省通过农业农村部产权制度改革验收并提供典型案例。《济南市“六个环节”保障农村集体产权制度改革顺利实施》等6篇典型案例入选全省集体产权制度改革典型案例。《济南市农村集体经济组织管理规定（试行）》等6个文件入选全省农村集体产权制度改革《文件汇编》。《济南市莱芜区进一步清理规范三资》《壮大集体经济集中行动实施方案》2个文件入选全国《农村集体产权制度改革试点文件汇编》。开展集体资产股份质押贷款85笔、3877.85万元。（张陆阳　孙长明）

【农村土地制度改革】 全市流转土地面积14.93万公顷，土地流转率42.1%、土地经营规模化率75.36%。全市农村产权交易市场体系进一步完善，11个涉农区县全部建立产权交易中心，实现涉农区县全覆盖。通过产权交易平台全市共成交农村各类产权交易1337笔，成交金额32.2亿元，成交面积2.3万公顷。 （张陆阳　孙长明）

【城乡融合发展】 长清区、商河县入选“首批省级农村改革试验区”名单，章丘区入选“省部共同打造乡村振兴齐鲁样板示范县暨率先实现农业农村现代化试点县”名单。出台《济南市农村集体经济组织经营性建设用地入市收益分配管理办法（试行）》和《济南市进城落户农民依法自愿有偿转让退出农村权益指导意见（试行）》，维护进城落户农民合法权益，推动农业转移人口市民化。 （张陆阳　孙长明）

【发展村集体经济】 出台《济南市农村集体经济组织管理规定（试行）》《关于加快全市农村集体经济发展的实施方案》等指导性文件，村集体经济收入5万元以下村全部清零。4699个行政村中集体经济收入超过10万元的有4292个，占比超过91%；超过50万元的有1259个，占比超过26%。

（张陆阳　孙长明）

【乡村治理示范建设】 出台《中共济南市委办公厅济南市人民政府办公厅印发济南市贯彻落实〈关于加强和改进乡村治理的指导意见〉的实施方案的通知》，平阴县全国乡村治理体系建设试点县工作稳步推进。5个国家级示范村、1个省级试点示范镇、4个省级试点示范村入选《全国乡村治理示范村镇典型经验（山东篇）》。全市创建国家级乡村治理示范村9个，全省乡村治理示范镇1个、乡村治理示范村4个，市级乡村治理示范镇8个、示范村24个。

（张陆阳　孙长明）

【美丽宜居乡村建设】 全面完成“1+1+8+27”重点问题整改，印发严格规范村庄撤并分工方案、加强美丽宜居乡村建设4个方案等系列文件，迎接省级督导3次，开展市级督导40余次，累计编制工作专报14期，钢城区214户临时过渡房全部拆除，妥善完成20个安置区建设任务。 （苏立静　尹朕朕）

【示范村和样板村打造】 完成105个乡村振兴齐鲁样板村、20条乡村振兴齐鲁样板示范线路创建任务，建成章丘区三涧溪村、长清区马套村等一批有影响的样板示范村庄，莱芜区、钢城区追加打造15个样板村，新一轮129个样板村建设扎实推进。新建成38个省级美丽乡村示范村，并全部通过省验收，继续推动2021年39个省级示范村、启动2022年40个省级示范村创建工作，全市累计建成市级以上美丽乡村示范村310个。全面实施乡村规划师制度，101名乡村规划师全部上岗履职，实现乡村规划师制度全覆盖。全市样板村创建做法被省政府研究室总结为乡村振兴的“济南模式”，得到省领导批示认可。

（薛　峰）

【农村人居环境整治】 聚焦村容村貌整治提升、农村厕所革命、污水治理、生活垃圾治理、农村公路新建改造、农业生产废弃物利用等重点任务，开展村庄清洁行动“春夏秋冬系列战役”、弱电线缆集中整治、黑臭水体清零行动等攻坚行动，农村人居环境得到全面改善。2021年，全市创建1017个清洁村庄（累计达3135个），清理整治残垣断壁3.1万余处，4699个村完成弱电线缆整治，农村生活垃圾收运处置实现全覆盖，非正规垃圾堆放点排查整治率达100%，中央电视台《新闻联播》对农村垃圾处置“商河模式”进行报道，中央电视台农科频道对槐荫区明里村，章丘区石子口村、万新村的美丽乡村创建经验进行报道；农村无害化厕所普及率达90%以上，农村生活污水治理覆盖率达31%以上，街巷道路硬化基本实现全覆盖。济南市2021年度美丽乡村示范创建和清洁村庄创建两项工作在省考核中均为满分，继续走在全省前列，槐荫区被评为全国村庄清洁行动先进区县。

（薛　峰）

【稳定帮扶政策】 出台巩固拓展脱贫攻坚成果同乡村振兴有效衔接的若干措施，延续执行各项帮扶政策。持续做好困难群众帮扶，“两不愁三保障”成果更加稳固，全市1.6万名特殊家庭困难学生享受教育资助，累计办理居民医保参保手续15.6万

人次，为5.5万人次一站式报销住院费用近4.4亿元，128家健康扶贫定点医疗机构实现门诊住院“一站式”结算全覆盖；完成农村危房改造780户，对103个村供水管网进行改造提升。保持资金投入力度不减，共投入衔接补助资金6.28亿元，推进实施项目236个，向临沂市拨付协作帮扶资金7000万元。

（张陆阳　杨波）

【强化兜底保障】　全面排查农村困难家庭，将18万余名困难群众纳入救助保障范围。为9.4万户脱贫户投保意外伤害保险、为9.5万户脱贫户投保医疗商业补充保险。安置脱贫劳动力就业2.39万人，设置扶贫专岗14835个。（张陆阳　杨波）

【加强防返贫监测帮扶】　把具有返贫致贫风险的困难群众及时纳入监测帮扶范围，全年纳入防止返贫动态监测人员342户903人，全部给予针对性帮扶。

（张陆阳　杨波）

【概况】　2021年，全市水务工作按照“节水优先、空间均衡、系统治理、两手发力”新时期治水思路，坚持“供、排、蓄、引、治、保、工、管”系统治水，水务基础保障能力不断增强，水务管理规范高效。调派专业抢险队驰援郑州抗洪抢险，完成救援任务。

泉水直饮工程入户　　（市城乡水务局　供稿）

【重点水务工程】　始终把重点项目建设放在工作第一位，白云水库完成主体工程，杨家横水库增容工程全面启动；加快实施玉清湖—鹊华水厂、卧虎山—锦绣川水库、东部水源四库连通工程；水利部将太平水库列入国家规划，提高全市水资源利用和统筹调配能力。全面完成小清河干流综合治理、长平滩区护城堤等重点防洪工程和39座小水库除险加固，治理9处道路积水点，全市水灾害防御能力进一步提升。

【水资源管理】　印发《济南市水资源综合利用中长期规划》《济南市节水典范城市建设方案》等，强化最严格水资源管理，加强水资源集约节约利用。启动黄河流域节水典范城市创建，全面完成全市引黄灌区农业节水工程，实现引黄灌区高效配水到田间，基本具备农业用水计量收费条件；完成2021年葛店等重点中型灌区续建配套与节水改造任务。强化多水源联合调度，开展玉符河、小清河等生态补源工作，累计调水近4000万立方米；做好东平湖雨洪资源利用，全年共调水1.4亿立方米。继续加强济阳区、商河县超采区整治，压采水量1353万立方米。

【城乡供水】　东湖水厂实现正式供水，西关水厂、大桥水厂、临空水厂建设加快推进，临空区应急、齐鲁科创大走廊供水工程基本完工，新增日供水能力20万立方米；完成老旧小区供水改造工程18处，新改建供水管网58公里；印发《济南市市民泉水直饮工程实施方案》，累计建成36处泉水直饮工程。实施农村饮水提质改造工程，完成103个村供水水质提升任务。

【城乡水环境治理】　加快推进“两个清零、一个提标”工作，科学编制《济南市城市雨污合流管网改造实施方案》《济南市内涝治理系统化实施方案》《济南市再生水利用规划（2021—2035年）》。启动城市雨污合流管网改造及内涝治理工作，完成雪山、董家污水处理厂建设，完善中科院科创城、党家等片区排水管网，新增污水日处理能力 12 万吨。持续推进农村生活污水治理，治理村总数达到 1556 个。完成水土保持综合治理项目 13 个，治理水土流失面积 74 平方千米。

【防汛抗旱】 汛前强化责任落实，修订完善防汛预案，全面落实行政、技术、巡查责任人。组织督导组对各区县水利工程备汛、山洪灾害防御、水毁工程修复等进行全面督导检查，建立隐患台账，落实应急度汛措施。汛期，坚持值班值守，共发布汛情预警 7 次，启动防汛应急响应 7 次，下达调度指令 300 余次、处置险情 140 余次，排除 4.587 万公顷农田涝水，提前转移可能受灾害威胁群众 5742 人，成功应对 12 场强降雨和平阴、黄河等汛情、险情。累计完成春灌浇灌面积 21.67 万公顷，为全市夏粮丰收打下坚实基础。

【河长制湖长制】 严格河湖长巡河要求，发挥河湖长牵头揽总、协调各方作用，各级河湖长、河管员运用 APP 巡河 41 万次，位居全省首位。推广河湖管护物业化，引进北京、上海、广州等地大型物业管理公司实行精细化管护。稳步推进河道有水工程，完成全福河等 5 条河道生态补水。完成 30 条市级河湖"一河（湖）一策"修编，加快推进兴济河、绣江河、浪溪河等 25 条美丽幸福河湖规划建设。

【泉水保护】 坚持依法保泉、精准保泉，引入卫星遥感技术精准监测泉水直接补给区和重点渗漏带；完成城区取水水源专项普查，登记取用水户 883 个，取水口 1080 个，进一步加大自备井封停力度，完成 178 家单位 217 眼井封停任务；完成趵突泉泉域边界及水力联系研究；泉水水位创复涌以来新高，趵突泉 18 年持续喷涌 2 次被中央电视台报道。开展泉水普查，系统采录 1209 处泉水信息，泉城济南成为名副其实的"千泉之城"。编制《济南市十大泉群名泉景观提升保护规划》，完成 10 处名泉景观提升工程，提升泉水周边生态环境。

【水务法治建设】 严格规范水行政执法，落实"八看八审"全过程审查，采取"一案过五关"的联审模式，审查水行政处罚案件 58 件，水行政执法法制审核质量进一步提升。与省、市黄河河务部门建立四项机制推进黄河流域与区域水行政执法联动。深入推进水务行业扫黑除恶专项斗争，水务工程建设和管理的社会环境持续好转。优化供水营商环境，首创"快速接水法"，构建"全生命周期"供水营商环境体系，"获得用水用气"指标排名全省第一，入围全国标杆城市。

【水务行业管理】 开展水务安全生产专项整治行动，开展 7 轮安全生产巡查督导，发现隐患并督促有关单位完成整改。完成水利工程建设项目招投标监管试点城市建设任务。推动用水资源市场化交易试点工作，完成全市第一批水权交易试点。推进水资源税改革试点，开展取水单位水量核定工作，推进水资源税远程在线监控管理改革。开展违法取水有奖举报、建筑工地基坑排水、水资源及节水管理专项执法等系列行动，共组织各类巡查 800 余次，出动执法人员 2000 余人次，对 700 余家企业商户及建设项目工地进行检查。

【水务科研】 瞄准"十四五"科技部全面实施"长江黄河"科技专项计划，争取多项国家级课题落地济南。推进省重点研发计划项目"水源地和供水安全"等项目研发工作，探索研究新污染物控制关键技术方法。依托国家水专项等平台，加强与大院大所合作，开启人才聚集、关键技术突破及核心成果转化的"加速度"，让水质监测科研工作更好地服务全市水务行业高质量发展。

（尹 涛）

【黄河治理概况】 济南黄河处于窄河段上端，是山东黄河的咽喉河段，上起平阴县东阿镇后姜沟，下止济阳区仁风镇老桑家渡，流经 9 个区（县、功能区），全长 183.35 千米，纵比降约万分之一，河道上宽下窄，属受工程控制的弯曲型河道。有各类堤防 188.78 千米，险工 23 处、888 段坝（岸）；控导工程 51 处、801 段坝（岸）；水闸 18 座，其中引黄水闸 11 座，设计引水流量 225 立方米每秒。 （安红心）

【服务黄河流域生态保护和高质量发展国家战略】　作为济南市推进黄河流域生态保护和高质量发展专班成员，参与市委、市政府黄河专题调研活动，提供黄河行业建议，配合编制《济南市推进黄河流域生态保护和高质量发展规划》《济南新旧动能转换起步区建设实施方案》等。配合服务，完成黄岗路穿黄隧道、航天大道穿黄隧道等8个项目的洪评审查，督促指导济南黄河大桥扩建、聊泰铁路黄河公铁桥等项目施工备案，推进项目前期工作，济南黄河济泺路隧道和济南黄河凤凰大桥正式通车。市政府投资6500余万元完成的黄河生态保护与修复工程，总面积约297.73公顷，包含长31千米、面积230公顷的防护林以及6处郊野公园建设，提升了黄河生态景观。　（徐兴涛　安红心）

【黄河防汛】　战胜新中国成立以来最严重秋汛。2021年，黄河流域来水偏多，先后出现3次编号洪水（9月27日潼关水文站5020立方米每秒、9月27日花园口水文站4020立方米每秒、10月5日潼关水文站5090立方米每秒），黄委先后启动4轮应急响应，济南市防指于10月2日15时30分，启动防汛Ⅳ级应急响应，10月3日11时30分，调整为防汛Ⅲ级应急响应，10月25日8时30分应急响应终止。2021年汛期泺口站最大流量5230立方米每秒，发生在10月4日20时，对应水位29.23米，比发布的2021年防洪设计水位同流量水位低0.89米，是自1988年以来最大流量，是自1985年以来同期（10月份）最大流量。泺口站最高水位达29.25米，发生在10月6日17时，对应流量5230立方米每秒；5000立方米每秒以上的流量维持12天，为10月1日至12日；对比汛前与汛末时3000立方米每秒流量对应水位分别为27.32米和27.08米，略有冲刷。整个汛期，累计34处工程182道坝出险220次，均为一般险情，累计抢险用石73349立方米，耗资2283.23万元；累计8处滩区9处位置发生滩岸坍塌，坍塌面积2.687公顷。　（安红心）

【落实防汛责任制】　全市沿黄各级严格落实防汛工作行政首长负责制，分别由各级政府主要负责人担任黄河防汛工作行政责任人；落实防洪工程、涵闸、滩区观测与防守的行政、技术、巡查“三个责任人”，滩区群众转移安置县乡村责任人，黄河洪水预警信息白名单；各级领导检查、认领责任段218人次，落实行政领导包黄河防洪工程69人，新闻媒体公布防汛责任人86人。黄河河务部门内部实行全员防汛责任制，形成纵向到底、横向到边的防汛责任制网络，秋汛防御期间全员取消休假，24小时巡查值守。　（安红心）

【防汛预案的编制和会审】　根据新形势、新情况修订、印发黄河防洪预案、滩区运用预案、超标洪水防御预案等预案、方案，进一步细化组织保障、指挥调度、工程防守与运用、滩区群众安全等具体措施，确保各类防洪工程和滩区安全运用。同时沿黄各区县河务局也分别修订各自的防洪预案、方案。按照《山东省黄河工程建设项目度汛方案管理办法》和有关规定，开展非防洪建设项目施工度汛方案审查。

（安红心）

【防汛队伍建设】　对全市群众防汛队伍防守力量进行调整，共组织落实各类群众防汛队伍71808人，其中一线队伍36455人、二线队伍

2021年4月24日，济南日报报社与济南河务局在百里黄河风景区举办“走向母亲河”徒步活动

（王强　摄）

35353人。各区县防指、河务部门开展民兵抢险队实战演练、滩区群众迁移安置演练等，共参加、组织演练12次（其中包括滩区迁安救护演练2次）。5月26日，参加黄委2021年黄河防洪调度综合演练，完成险工坦石坍塌较大险情抢护。6月11日，参加山东黄河河务局2021年防御超标准洪水演习，完成防汛会商、工程巡查、控导工程防漫溢的演习任务。（安红心）

【做好防汛准备】 3月上旬，完成汛前工程普查。3月下旬，组织各区县局分别对辖区内的河势情况进行查勘，完成2021年汛前河势变化分析，全面掌握济南黄河河段河势演变状况，拟定工程防守重点。汛前完成桃园控导工程和土城子险工应急修复项目。对水尺、遥测水位计进行除锈刷漆维护，计划的11处人工水尺全部改建完成。更新防洪工程和滩区社经情况等防汛基础资料，修订完善后的济南黄河防汛图、长平滩区风险图，更全面、直观反映济南黄河防洪工程情况、不同流量级淹没范围等情况，为科学实施防汛指挥调度提供支撑。

（安红心）

【防汛应急值守】 6月15日启动24小时防汛值班，密切监视水情、雨情、工情发展变化。及时报送各类防汛信息。整个汛期，3次启动职能组值守，各职能组连续日夜值守共67天，累计投入88457人次，其中指挥调度13428人次，机关人员下沉一线3685人次，现场巡查观测16143人次，抢险人员6933人次，群防队伍上防48268人次，投入各种机械146台班、车辆2999辆次，确保各项防洪工程安全。

（安红心）

【开展防汛宣传月活动】 5月，围绕“增强忧患意识，共护河湖安澜”主题开展一系列防汛宣传活动。出动宣传人员260余人次，悬挂标语横幅280余幅，散发宣传册、宣传单8800余份，同时通过微信平台、抖音短视频等新媒体进行宣传，受教育群众24000余人，提高沿黄群众防汛意识和法律意识。

（安红心）

【防洪工程建设】 2021年，济南河务局超额完成防洪工程建设年度任务，累计完成投资6092.84万元，其中工程投资3244.71万元，移民投资2848.13万元，其中争取新增设计变更投资2041.39万元，完成田山控导上延工程、15.36千米堤顶道路翻修、济阳老淤区加高等，进一步完善防洪工程体系。完成涉河项目补救工程竣工验收3项，现有在建项目9项，保障防洪工程完整和防洪强度不降低。（安红心）

【防洪工程管理】 2021年，济南河务局全面加强工程日常管理，签订维修养护合同14份，完成维修养护投资3552万元，完成土方15.68万立方米，石方1.8万立方米。植树21.54万株，完成计划的181.3%。历城5公里堤防、章丘河王控导、济阳沟杨险工成功创建黄委“示范工程”。7家水管单位和供水局实现水利工程标准化管理。济阳管理段、北店子闸管所完成基层段所标准化建设及准军事化管理试点。

（安红心）

【引黄供水】 坚持“四水四定”原则，落实最严格水资源管理制度，累计开展引水督查、飞检229次，严控用水总量，规范用水计划管理，全力支持节水典范城市建设。加强取水许可管理，杜绝超计划取水。开展取用水项目年度普查，全面摸清取用水户现状，细化分配各取水口取水计划，全力保障居民生产生活和农业灌溉用水需求。首次跨区域调增田山电灌站用水计划

2021年9月18日，济南市济阳区人民检察院派驻黄河检察室揭牌 （李厚民 摄）

1174万立方米。秋汛期间分流引水2527万立方米，全年累计引水5.98亿立方米，为济南经济社会发展提供水资源支撑。全年生态取水7150万立方米，有效改善小清河、玉符河、白云湖、玫瑰湖湿地生态环境。（安红心）

【依法治河】 2021年，水政监察队伍制止水事违法行为284次，查处各类水事违法案件23起，结案率100%，清除违章树株1.5万株、违章建筑6.78万平方米。济邹浮桥加油站案结案，陈年积案清零。济阳河段获评省级美丽示范河湖。创新完善联合执法机制，建立完善与河长办、公安、法院、检察院、水务局河湖监管“五项机制”，建成5处黄河环境资源巡回法庭、3处法官工作室、1处司法修复基地、4处检察工作室，召开联席会议46次，联合巡查执法76次。联合开展黄河清违整治、省河长办遥感发现问题整改等专项行动，整改销号350余项。规范涉河项目管理，配合完成洪评审查8项，督促办理施工备案2项。22项岸线利用专项整治问题全部销号。加强浮桥监管，16处浮桥延期运行通过省局许可。开展直管河道采砂专项检查。“八五”普法工作有序推进，初定公职律师2人，新建长清黄河法治文化广场、济阳沟杨险工法治文化广场，举办法治考试40次、讲座23期，组织微视频竞赛、法治竞赛、观看法治电影等活动，在“守护美丽河湖”全国短视频大赛等各级法治宣传比赛中获得佳绩。（安红心）

【黄河文化保护传承弘扬】 参与布展和后期管理由政府投资2.4亿元建成的济南黄河文化展览馆，保护传承弘扬黄河文化。泺口黄河爱国主义教育基地发挥山东黄河文化建设示范点作用，全年接待参观2万余人次，运行管理效果获山东黄河河务局通报表扬。新建工程与文化融合展示区5处。打造“河济泉城”治黄文化品牌。系统整理济南黄河文化遗产名录，举办《讲好济南黄河故事》大赛，联合济南电视台拍摄黄河号子主题纪录片《黄河从我家门前流过》，自主设计文创产品，让文化遗产焕发新生机。成立济南黄河文化宣传骨干小组，全年发表稿件9300余篇，职工手绘海报《战秋汛》浏览量超3000万人次，展示新时代黄河精神风貌。接受各级媒体采访100余次，做客《言值》等电视节目10余场次。发挥济南黄河百里风景区平台作用，联合举办民俗文化节、黄河少年行、沿黄九市骑行大赛等活动，进一步扩大黄河文化影响力。（安红心）

栏目编辑　谷　雪

商贸服务业

综述

【商贸概况】 全年实现社会消费品零售总额5126.1亿元，同比增长14.7%，两年平均增长7.7%，分别高于全国、全省3.8和0.3个百分点。

【消费活力持续上涨】 承办商务部“外贸优品汇 扮靓步行街”启动式等重大商务活动，开展“济南消费季”系列促消费活动，发放消费券2900万元，企业累计让利30亿元，拉动消费300亿元。新引进商业品牌首店和连锁便利店205家，凯宾斯基、7-11、盒马鲜生、乐购仕等高端商业品牌首店集中落地。平阴县入选国家电子商务进农村综合示范县，贝壳视频获评“全国特色直播基地”，韩都衣舍等4家企业入围国家级电商示范企业。全年实现网络零售额1032亿元，同比增长21%。新培育柒坊巷、海那城、水岸名邸等5个市级夜间经济聚集地，融汇老商埠被评为“全国夜间经济示范街”，济南市入选2021年中国夜经济影响力候选城市。

2021年11月5日，济南与跨国公司产业合作（上海）交流会暨济南交易分团签约活动在上海举行 （市商务局 供稿）

【市场体系实现突破】 入选全国首批“一刻钟便民生活圈”试点城市，新打造15分钟社区便民商圈60个，新改造提升一刻钟便民生活圈10个，新建放心早餐连锁店40家。鲁丰创意1908、洛口服装城被评为全国特色商圈示范项目，K88名泉广场被评为全国标准化社区商业中心，印象济南·泉世界获评山东省第三批步行街改造提升试点。猪肉储备总量达到3000吨，蔬菜储备15000吨，全年投放储备肉1583吨。成品油、单用途商用预付卡、汽车流通领域事中事后监管卓有成效，70家企业、2.1万名从业人员在商务部平台建立信用记录。

【展会规模提升显著】 引办全国职教展、汽配展、书博会等国家级大型专业展会，高标准举办日本（山东）进口商品博览会、文博会等自主品牌展会，全年举办各类展会120余场，总展览面积达到260万平方米，其中国家级国际性展会21场。新增UFI国际认证展会2个，总数达17个，居全国前列。中国国际休闲食品饮料博览会、餐饮博览会永久落户济南。济南市被评为“中国最具竞争力会展城市”，会展业发展综合指数列全国副省级城市第六位。

【全国汽车配件交易会】 10月17—19日，第九十届全国汽车配件交易会在山东国际会展中心举行，展出面积约10万平方米，参展企业2300多家，展位3500多个，有60000多名汽配专业采购商参展展示、洽谈和交流。

【中国国际文化旅游博览会】 9月16—20日，以“庆祝建党百年 共享盛世文旅”为主题的第二届文旅博览会在山东国际会展中心举办。博览会主会场展示面积6万余平方米，设置文化旅游融合、沿黄文旅、“好客山东”、创意设计、动漫游戏、文旅装备、乡村振兴、“一带一路”、美术精品、艺术品等10大展区，重点推出“中国手造”“山东手造”“总台文创”“红色文旅”“齐鲁美食”等专题策划。

【日本（山东）进口商品博览会】 9月8—11日，日本（山东）进口商品博览会在舜耕国际会展中心举办。本届博览会以“建设对外开放新高地，共享中日合作新平台”为主题，共设置智慧生活、医疗康养、时尚生活、文化创意、服务贸易等五大展区，共有参展品牌300余种，参展企业150余家，其中包括欧姆龙、住友、三菱银行、兄弟、乐购仕等世界著名企业，大阪府、冲绳县、爱知县等10家日本驻华政府机构。其中30多个品牌首次面向中国招募代理，50余家企业首次进入中国市场。

【济南电子商务产业博览会】 9月24—26日，第七届“济南电商博览会”在山东国际会展中心举行，博览会以“发展高质量电商，服务新经济格局”为主题，设置13个展览板块、40余项内容，设置展位1200余个，展示面积近3万平方米，参展企业630余家。

（韩 岳）

【烟草专卖】 截至年底，全市局（有限公司）系统共有从业人员1081人，总资产341180.54万元，固定资产26592.28万元，流动资产293963.49万元，资产负债率为27.64%。2021年，全年销售卷烟25.9万箱，单箱销售额33546元，实现利税21.36亿元。 （李雅楠）

【卷烟经营】 实施一类烟提质增效“一把手工程”，销售一类烟6.09万箱，增长28.43%；市场比重达到23.52%，增长5个百分点。“智慧烟网”建设推进，建成品牌店772家、精品店7820家，特色乡村小店214家，终端提升面达到92.5%，基层服务站通过省局（公司）达标验收。零售户信用管理体系落地实施，零售户守信率保持96%以上，月均毛利率达到15.84%，零售户满意度由一季度的88.99分提升至四季度的93.23分。开展“我与客户共成长”主题营销活动，智能派单推行，“商学苑”累计培训零售户38万余人次。“一站式”智慧客服中心渐露雏形，12313热线分中心上线运行。“涌泉云商”新零售平台运行，入驻供应商400余家，单品达到19400余款；借助微信小程序商城帮助零售户组建社群2.63万个，发展会员98.8万人。

（李雅楠）

【专卖管理】 建立食药环侦牵头、多警种参与的打假打私协作机制，查获假冒卷烟199万支、增长30%，案值345万元、增长44%；联合市场监管部门开展“守护成长”电子烟市场专项整治，启动电子烟生产经营主体申报工作，查处电子烟案件15起；联合市邮政管理局完善寄递渠道监管机制，联合铁路公安打造“铁烟金盾”，查处物流环节涉烟案件191起，查获卷烟673万支，案值713万元。建立“大规范”工作机制，“灰名单”精准监管、“三部四员”协同工作机制和市场异动信息识别监管平台逐步健全，规范经营全链条、全方位综合治理体系完善，查处违规经营案件134起，查获违规卷烟147万支，案值328万元，取消经营资格114户。推进减“证”放权，建立容缺受理、视频实时受理、零售许可证到期提醒、连锁便利店“极简审批”等服务机制。启动实施“八五”普法，修订印发济南市《烟草制品零售点布局规定》《烟草专卖行政处罚裁量基准》。 （李雅楠）

【石油供应】 2021年，济南石油分公司坚持“量价兼顾 量效双收”的经营策略，增强企业的核心竞争力和可持续发展能力。全年成品油销售总量同比增幅2.1%；缴纳税款

共计4742.16万元，获评济南市安全生产先进集体。（杨雅涵）

【提升服务水平】 打造“司机之家”38座，为广大货车司机提供停车、餐饮、沐浴、洗衣、休息等多种增值服务，建设“爱心驿站”39座，解决户外工作者用餐以及其他服务；完善配套增值服务，推进全自助洗车建设，全年新增洗车站点25座；开展“清洁计划”改善站点服务环境，打造形象站5座，在30座站点精心打造“读书角”，为顾客创造休憩空间。（杨雅涵）

【开展经营工作】 开展加油卡“五进”专项便民活动，推出企业、教师、农机用户等专属号段加油卡，上门为企业客户、高校师生等单位办理业务；强化绿色发展理念，推出夜间加油优惠活动，提升高标号汽油推广力度。加大客户开发力度，全年累计成交同比增幅52.1%；其中新增增长比例84.9%。开展“线上+线下”快捷销售模式，全年长城中小包装润滑油实现销售额651万元；组织网络直播带货、参与电商博览会，提高易捷品牌知名度。（杨雅涵）

【推进综合加能站建设】 推动绿色低碳转型发展，主动融入济南市氢能源发展规划，率先建成省内首座“油气氢电服+光伏+培训”七合一综合加能站；布局新能源项目，推进加氢、充换电项目，满足客户多元化需求。（杨雅涵）

【概况】 全年全系统完成销售总额97.88亿元，实现利润总额3084.49万元，分别比上年增长22.6%、97.93%，其中，8个区县社累计完成销售总额56.96亿元、实现利润总额633.31万元，同比分别增长17.73%、245.43%；市社9家直属企业累计完成销售总额40.92亿元、实现利润总额2451.18万元，同比分别增长30.07%、22.93%。市供销社系统所属9家直属企业，主要涉及农业生产资料、再生资源、茶叶、家具、农产品、文化用品、日用小商品、资产管理等经营领域，截至年底，直属企业资产总额9.26亿元。

2021年9月16日，中华全国供销合作总社到济南市调研“土地股份合作+全程托管服务”、基层供销社改革等情况（市供销社　供稿）

【打造土地托管】 开展“土地股份合作+全程托管服务”试点面积达到2733公顷，通过实施“三化五统十服务”模式，创新土地托管服务机制，构建“农民、村集体、供销社”利益共同体，成为全省系统农业社会化服务新样板。山东省供销社“土地股份合作+全程托管服务”分红大会在济南市章丘区黄河街道举行，已经服务运营的5个土地股份合作社完成小麦一季托管实现分红128万元，农民获得高于土地流转价格的保底收益基础上，亩均分红100元以上，村集体增收最高达11万元。

【深化农业生产】 破解为农服务“最后一公里”难题，满足农业生产多样化需求，开展土地托管服务面积106.6公顷。面对2021年“三秋”几十年不遇的秋涝阴雨极端天气，全系统发挥为农服务综合平台作用，开展“抢收抢种大会战”，及时解决秋收秋种期间农机使用及粮食烘干、晾晒、仓储等群众“急难愁盼”问题。

【发展现代城乡】 构建现代商贸流通服务体系，年内新建改造经营服务网点207个，全系统实现电子商务交易额1.88亿元。构建农产品流通全产业链，开展多种形式的产销对接，为全市农产品“走出去”发挥作用。莱芜区供销社参与打造“客货邮”融合发展新模式、破解“快递进村”难题，历城区供销社构建“村村云”农商平台、创新数字化社区服务。

【扶持社属企业】 举办第十五届中国（济南）国际茶博会暨第九届茶文化节，展会设山东国际会展中心、济南茶叶批发市场两大会场、共设展位2600个，参会人数12万余人次，现场交易额达6000万元、合同订单及意向交易额超5亿元。组织庆祝建党百年书法绘画展、网络文化鉴赏等活动，营造“文化济南”人文环境。推进项目兴社战略，直属企业完成项目投资4231.77万元、占年度计划的385%。

【提升基层活力】 实施“供销合作社培育壮大工程”，突出组织赋能，推进“联结到户、服务到户”，释放助力乡村振兴的改革活力。领办创办农民合作社达到480家，创新发展村级供销社已达11个，实现供销社服务下沉、与村级组织融合共建。

（孙龙昶）

【舜耕山庄集团】 2021年济南舜耕山庄围绕全年中心工作，较好完成全年目标任务。全年实现26138.5万元，同比提高8.74%，经营收入稳步提升。

【推进OTA运营】 舜耕山庄以提高散客入住率为目标，加大OTA管理运营工作。推出12项免费服务项目、百项管家特色服务，导入流量管理，提高OTA流量转化率。OTA开房数同比提高43.72%，散客同比提高8.3%，回头客同比提高195%。

【提升美食品牌】 舜耕山庄打造了行业内第一家集展陈、体验、教学、培训、品鉴、研发和直播于一体的中国鲁菜产业标准化研究推广学院；建设以济南“二安”文化为主题的“二安堂”文化主题餐厅，打造新的经营亮点，一经推出，广受好评。

【提高接待水平】 2021年，舜耕山庄加大硬件投入，投资1600余万元对宾馆大堂、会堂屋顶、贵宾楼301餐厅、公共卫生间以及部分公共区域、主楼客房二区电梯、贵宾楼电梯等进行改造提升，优化接待服务环境，提高宾客满意度。

【关爱舜耕职工】 舜耕山庄党委经常慰问一线员工，救助身患重病的员工及亲属，为员工以不低于13%的幅度普调工资、缴纳补充医疗保险、改善员工就餐环境，厚植为民服务情怀。

（高　群）

【概况】 全市实现进出口总额1944.2亿元，同比增长40.1%，增速高于全国、全省18.7个和7.7个百分点。其中，出口1174.1亿元，增长55.6%；进口770.1亿元，增长21.5%。

（韩　岳）

【出口贸易】 全年出口机电产品661.8亿元，增长60.8%，占出口值的56.4%，其中出口汽车142.4亿元，增长81.7%；出口机床43.9亿元，增长38.7%；出口集成电路12.5亿元，增长47.6%。另外，全市出口纺织服装89.5亿元，增长26.5%；出口钢材77.4亿元，增长72.1%；出口塑料制品35.8亿元，增长122.9%。

（韩　岳）

【进口贸易】 进口机电产品388.5亿元，增长10.9%，占进口值的50.5%，其中进口自动数据处理设备174.1亿元，增长48.2%。进口农产品77.9亿元，增长22.2%，占进口值的10.1%，其中进口肉类（包含杂碎）42.1亿元，增长29.9%。另外，全市进口金属矿砂196亿元，增长57.4%；进口铜材23.3亿元，增长11.6倍。

（韩　岳）

【重点市场贸易】 对东盟进出口370.2亿元，增长31.3%；对欧盟进出口198.9亿元，增长9%；对拉丁美洲进出口195亿元，增长56.2%；对美国进出口156.5亿元，

2021年11月5日，济南与跨国公司产业合作（上海）交流会暨济南交易分团签约活动在上海举行（市投资促进局　供稿）

增长33.9%；对非洲进出口145.4亿元，增长44.7%。对“一带一路”沿线国家进出口663.9亿元，增长37.7%，占34.1%。（韩　岳）

【对外经济合作】　全年全市对外承包工程新签项目85个，合同额66.1亿美元，同比增长50.1%；完成营业额41.0亿美元。新设境外投资项目60个，实际投资17.4亿美元。（韩　岳）

【招商引资】　2021年，全市新设外商投资企业330家，同比增长62.6%，实际使用外资26.6亿美元，同比增长38.1%，分别高于全国、全省17.9、16.2个百分点；全年实际使用外资增幅比计划目标翻一番，制造业外资和日韩外资比2020年翻一番。全市引进市外投资2511.3亿元，同比增长21.6%。签约项目674个，计划总投资6388亿元，其中央企项目55个，总部类项目72个，当年开工开业项目451个。根据省商务厅通报情况，全市全年累计外出招商和见证签约16次，累计到位内资1135.75亿元，到位外资10.25亿美元，到资总量位列全省第一。（黄　杨）

【项目招引】　深化以项目落地服务为核心的单一项目全程推进制度，对913个项目实施全过程、全生命周期信息化管理，推动京东山东区域总部、盒马鲜生等一批大项目、好项目落地建设。完善“投促+部门+区县”产业招商机制，创新路径及方法，推动江河幕墙、俊发电子、日本住友等项目落地到资，储备了日本电场华北区域总部、松下冷链物流基地等项目。（黄　杨）

【招商活动】　发挥全球招商合伙人优势，释放京沪会客厅、鲁港驿站平台效应，组织跨国公司（济南）高层对话会暨中日产业创新发展交流大会、“1+12”济南新机遇云推广等活动26场，推动阿斯塔高端电磁线加工等89个项目签约。（黄　杨）

【投资服务】　打造五位一体外企综合服务体系，推出“投资济南活力图”，并依托“外企直通车”服务平台，累计解决外企问题900余项。出台《济南市外商投资企业投诉工作办法》《济南市外商投资企业投诉办事指南》等制度，规范完善外企投诉办理。加强政策集成，全年为40家外商投资企业兑现利用外资奖励资金22601.54万元，出台《济南市积极利用外资奖励政策实施细则》，指导区县出台符合各自实际的外资奖励政策。（黄　杨）

【园区建设】　编制印发《济南市开发区“十四五”发展规划》，出台《加快省级以上经济开发区高质量发展行动方案》，从推动制造业高质量发展、高水平推进开放合作等方面推出22项政策措施，区县及相关市直部门出台配套方案，以“1+1+N”的政策体系引领开发区发展方向，凝聚全市齐抓共管的合力。推动9家省级以上经济开发区与省内先进开发区在双招双引、人才互动、技术创新等方面开展区域战略合作。（黄　杨）

栏目编辑　魏添乐

财税·金融

财　政

【概况】 2021年，济南市一般公共预算当年收入1007.61亿元，完成年初预算的102.97%，比上年增长11.21%，其中：税收收入完成776.48亿元，比上年增长11.46%，税收占一般公共预算收入比重77.06%，比上年增长0.18%；加上级税收返还、转移支付、动用预算稳定调节基金、调入资金及上年结转收入等732.37亿元，总收入累计1739.98亿元。济南市一般公共预算当年支出1292.71亿元，同口径增长8.40%；加上解省支出、债务还本支出、补充预算稳定调节基金及结转下年支出等447.27亿元，总支出累计1739.98亿元，济南市收支平衡。市级（含济南高新区、市南部山区、济南新旧动能转换起步区，下同）一般公共预算当年收入247.67亿元，完成预算的104.03%，比上年增长8.85%；加上级税收返还、转移支付、动用预算稳定调节基金、调入资金及上年结转收入等564.66亿元，总收入累计812.33亿元。市级一般公共预算当年支出609.72亿元，同口径增长6.32%，加上解省支出、市对下转移支付、债务还本支出、补充预算稳定调节基金及结转下年支出等202.61亿元，总支出累计812.33亿元，市级收支平衡。（叶　楠）

【财政收入迈入千亿元时代】 支持小微企业和个体工商户、研发费用加计扣除等税收优惠政策，全年新增减税降费102.9亿元。完善财政增收举措，济南市一般公共预算收入增幅高于全省平均增幅0.2个百分点，税收比重高于全省平均税比1.9个百分点，突破千亿元大关。（叶　楠）

【加快黄河重大国家战略落地实施】 建立省市财政联席会议制度，在专项债券中单独安排165亿元用于济南新旧动能转换起步区建设。投入资金43.5亿元，加快泰山区域山水林田湖草生态保护修复，保障大千佛山片区绿道联通工程、黄河淤背区防护林建设和济南市绿道建设等重点生态景观提升工程。落实“四水四定”要求，拨付资金17.7亿元，推进东部水源四库连通调水、城乡供水一体化、农村生活污水治理等重点水利工程建设。（叶　楠）

【支持高质量发展】 投入50.7亿元，实施工业强市扶持政策，对独

2021年1月20日，济南市财政工作会议在龙奥大厦召开　（市财政局　供稿）

角兽、国家专精特新小巨人、省市瞪羚和专精特新等企业实施奖励。投入25亿元，支持中科系院所、重大创新平台、新型研发机构、省实验室等创新载体建设，推进17家“四不像”新型研发机构和15家中科系院所落户济南。拨付资金6.7亿元，用于兑现企业研发补助、高技术企业补助和企业创新奖励。安排人才发展资金7.7亿元，保障“泉城双创19条”“人才新政30条”“高校20条”等重大人才政策的实施。依托济南财投基金集团加快推进基金设立和财政股权投资，组建新旧动能转换基金9只，带动各类社会资本67.2亿元，对5个项目实施股权直接投资。

（叶　楠）

【推进城市功能品质提升】 用好专项债券及统筹其他资金761.9亿元，推进济南新旧动能转换起步区、中科院科创城、机场二期、中央商务区、自贸区、城市更新改造等重点项目建设。安排119.9亿元，推进城市快速路、主次干道建设，轨道交通二期、济郑高铁、黄台联络线等济南市重点交通枢纽建设。安排公交改革发展补助资金11.04亿元，落实公交成本规制及各项配套措施。安排29.2亿元，加大供水、燃气、供热、污水处理等城市基础设施建设和维护投入。

（叶　楠）

【改善民生取得新成效】 济南市教育、社会保障、医疗卫生等民生支出完成1032.4亿元，占一般公共预算支出比重79.8%。投入17.8亿元，支持全民免费疫苗接种和常态化疫情防控。安排涉农项目资金70.1亿元，其中统筹整合市级乡村振兴战略资金40亿元，保障乡村振兴硬任务的落实。落实各项就业补贴25.7亿元，对采取有效措施稳定就业岗位的企业给予稳岗补贴1.2亿元。社会保障投入204.2亿元，提高城乡居民基本医疗保险、养老保险、基本公共卫生、城乡低保、特困、孤儿、困难残疾人补贴标准等。教育经费投入212.8亿元，保障各类公办和普惠性幼儿园、中小学等学校正常运转。文体传媒投入12.2亿元，推进红色文化片区建设，保障第二届中国文化产业博览会等展会召开，发放消费券和消费补贴。

（叶　楠）

【政府资金集中结算统一核算】 2021年，济南市政府资金结算中心（济南市财政国库支付中心）共为268个结算单位，设立会计账套271个。受理资金结算10.87万笔，审核原始单据120.73万张，办理实有资金收支165.44亿元，办理国库授权支付资金516.18亿元，提示不合理支出68笔，金额2369.32万元，拒付1笔，金额344.82万元；办理集中支付业务29.64万笔，金额1472.35亿元，为466家单位办理工资统发70.56亿元。年底，集中结算和国库集中支付的服务对象满意度均在99.8%以上。（李洁　李志义）

【保障全市重点项目资金规范高效支出】 全年走访座谈283家单位，走访座谈实现集中结算单位全覆盖，其中上门走访191家，上门走访率67.49%，现场解决问题538个。协助市卫生健康委员会审核支付公开发行地方政府债券（新增债券）项目资金15.48亿元，助力康养济南建设；助力人才服务引进工作，审核支付人才服务引进资金1.65亿元，建成全国首个全域化、一体化、智慧化人才大数据中心；助力“工业强市”“双招双引”等重点工作和重点项目工作，审核招商引资专项97笔，涉及资金9524.59万元；审核支付东西协作甘肃省临夏州财政帮扶资金4.05亿元、疫情防控资金1025.26万元、科创专项资金12.08亿元。（李洁　李志义）

【完成政府资产核算攻坚任务】 2021年，按照“做好成果转化”的批示要求，结算中心与市直单位建立部门联动机制，共同清理历史遗留问题。截至年底，已完成306个建设项目转资，金额达274.69亿元，市直集中结算单位建设项目入账转资实现应入尽入，应转尽转。

（李洁　李志义）

【审核财政资金支出】 2021年，业务点评247次，研究问题360个，业务会商集体研究解决议题11个。全年有12家单位纳入集中结算管理，合并单位60家，截至年底，结算单位268个。全年共受理资金结算10.87万笔，审核原始单据120.73万张，办理实有资金收支165.44亿元，审核国库授权支付资金516.18亿元，提示不合理支出68笔，金额2369.32万元，拒付1笔，金额344.82万元；与人民银行济南分行营业管理部清算资金969.75亿元；与市人社局、市财政局等部门联动，把好财政统发入库审核关卡，全年新增统发单位37家，撤并74家，为466家单位办理工资统发

70.56 亿元。（李洁　李志义）

【税费收入】 2021 年，全市税务系统组织国内税收收入 1530.1 亿元，同比增长 14%，其中，组织市以下级税收收入 798.2 亿元，同比增长 11.6%；组织社会保险费收入 595.2 亿元、非税收入 139.7 亿元。另外，海关代征两税 25.8 亿元，同比下降 3.9%；办理出口退税 88.6 亿元，同比增长 9.7%。

【减税降费】 开展便民办税春风行动，推出 20 项济南特色措施。开展“线上线下全方位”宣传辅导，实行“政策找人一户式”精准推送。压缩退税办理时间，试点推行出口退税备案单证电子化，服务自贸区和外贸经济发展。全年累计落实各项税收优惠政策减免 743 亿元，其中新增减税降费 92.8 亿元。办理制造业中小微企业和煤电供热企业缓缴税款 7 亿元，助力中小微企业纾困解难。

【税收监管】 强化工作统筹管理，对行政、税政、纳服等 7 个方面工作，分别明确 1 个牵头处室。强化重点税源专业化管理，成立省市一体化重点企业管理办公室，专司省管企业和部分大企业全链条税收监管服务。研发增值税发票管理质效评价模块，采集发票全周期数据，实现精密智控管理。建立全市统一的“案源管理中心”和“案件审理中心”，打造专业化的“税收检查团队”和“案件执行团队”，破获“5·08”“6·16”等系列虚开骗税大案。联合打造济南市税收保障数据平台，采集第三方涉税数据 6000 多万条，以市政府文件印发《济南市重点行业税收共治管理办法》。

【社保非税管理】 承接三项电力基金、水土保持补偿费、防空地下室异地建设费、土地闲置费、城镇垃圾处理费等非税收入划转项目。做好国有土地使用权出让收入和矿产资源专项收入 2 个非税项目划转准备工作。与残联、工会、省电力部门开展协同治理。强化社保共治，实现灵活就业人员参保登记、缴费网上联办，居民社保费全流程跨部门线上退费一日办结。稳妥处理社保费投诉举报，被山东省税务局作为范本推广。

【纳税服务】 推出“留抵退税确认制”，纳税人只需“一键确认”即可办理退税，退税受理审核平均时长缩短 75.4%。推出“无感实名办税”，实现人像采集自动化、办税引导精准化、税收风险防范智能化。推出“泉城码上办”，压缩 85% 的大厅实体窗口，建立一体化云端窗口，税务人员化身为“淘宝客服”全程互动、帮办代办，“非接触式”办税比例达到 97.5%。推出“泉税无忧专家顾问”，选取 302 名专家型人才，组建 6 大类别 79 个专家服务团队，帮助企业享受政策红利、防范涉税风险。推出“涉税服务非常满意体验官”，定向邀请和公开招募 227 名体验官，组织 18 次“线上 + 线下”税费服务体验活动，收集建设性建议 115 条，纳税人需求建议转化率突破 80%。

（韩上堂）

2021 年 9 月 17 日，济南市税务局举办涉税服务“非常满意”体验官表彰仪式

（市税务局　供稿）

【概况】 2021年，市地方金融监管局完成金融业增加值992.1亿元，居全省首位，增长7.5%，高于全省平均水平1.9个百分点，占全市地区生产总值的比重为8.7%。

【税收稳定增长】 全年全市金融业实现税收收入182.9亿元，增收9.4亿元，同比增长5.4%。金融业税收占总税收收入的比重为12%，占全省金融业税收的比重为20.8%。

【存款保持增速】 截至年末，全市本外币存款余额23437亿元，居全省首位，居15个副省级城市第九位，同比增长11.3%，高出全省平均水平1个百分点，高于15个副省级城市平均水平1.6个百分点，占全省的比重为18%，较上年提升0.2个百分点。

【贷款增量增高】 截至年末，全市本外币贷款余额23313.2亿元，居15个副省级城市第十位，同比增长12.5%，较上年提高2.1个百分点，占全省的比重为21%。贷款余额较年初增加2593亿元，同比多增641.5亿元。

【直接融资规模】 2021年，全市新增直接融资3716.04亿元，同比增长63.7%。其中，股权融资128.01亿元，同比增长12.1%，尤其是首发上市募集资金规模再创历史新高，为全省IPO融资最多的地市，资金规模达到70.23亿元，同比增长19.8%；债券融资3588.03亿元，同比增长66.5%。

【地方金融组织】 2021年，全市20家融资担保公司在保余额213.4亿元，同比增长138%；全年新设（含引进）6家融资租赁公司，20家融资租赁公司融资租赁资产总额共计411.74亿元；新设2家商业保理公司，32家商业保理公司实缴注册资本34.1亿元，发放保理融资款本金98.6亿元；新设1家小额贷款公司，35家持证小额贷款公司累计发放贷款108亿元；24家民间资本管理公司累计投资162.3亿元。

【金融招商成果】 瑞银信支付技术有限公司迁址济南市；与清华大学、央行数字货币研究所联合共建的国家金融业密码应用研究中心正式签约并运行；中国农业银行总行绿色金融研究院揭牌成立；工商银行长江以北首家科创企业金融服务中心落户济南；全市首家融资租赁SPV公司正式运营；山东省首家金融信用增进公司落地济南；重汽汽车金融、泰山财险分别完成外资增资11.2亿元和8.8亿元；全市首家QFLP试点企业完成备案注册，募集资金到位。2021年，全市新增各类金融机构和地方金融组织53家。

驻济银行名录

国家开发银行
中国农业发展银行
工商银行
农业银行
中国银行
建设银行
交通银行
上海浦东发展银行
中国邮政储蓄银行
中信银行
光大银行
华夏银行
招商银行
兴业银行
民生银行
平安银行
恒丰银行
渤海银行
浙商银行
广发银行
齐鲁银行
北京银行
天津银行
青岛银行
莱商银行
日照银行
东营银行
齐商银行
泰安银行
威海市商业银行
济南农村商业银行
莱芜农村商业银行
山东济阳农村商业银行
山东章丘农村商业银行
山东平阴农村商业银行
山东商河农村商业银行
青岛农商银行章丘支行
汇丰银行（中国）有限公司
渣打银行（中国）有限公司
东亚银行（中国）有限公司
恒生银行（中国）有限公司
中德住房储蓄银行

章丘齐鲁村镇银行
长清沪农商村镇银行
槐荫沪农商村镇银行
山东历城圆融村镇银行
山东商河汇金村镇银行
济阳北海村镇银行
济南高新北海村镇银行
平阴蓝海村镇银行
莱芜珠江村镇银行
莱芜中成村镇银行

驻济保险公司名录

泰山财产保险股份有限公司
和泰人寿保险股份有限公司
德华安顾人寿保险有限公司
中国人民财产保险股份有限公司山东分公司
中国太平洋财产保险股份有限公司山东分公司
中国平安财产保险股份有限公司山东分公司
天安财产保险股份有限公司山东分公司
太平财产保险有限公司山东分公司
永安财产保险股份有限公司山东分公司
中国大地财产保险股份有限公司山东分公司
中华联合财产保险股份有限公司山东分公司
华安财产保险股份有限公司山东分公司
大家财产保险股份有限公司山东分公司
阳光财产保险股份有限公司山东分公司
永诚财产保险股份有限公司山东分公司
安华农业保险股份有限公司山东分公司
都邦财产保险股份有限公司山东分公司
渤海财产保险股份有限公司山东分公司
亚太财产保险有限公司山东分公司
中银保险有限公司山东分公司
安盛天平财产保险股份有限公司山东分公司
长安责任保险股份有限公司山东分公司
华泰财产保险有限公司山东分公司
中国人寿财产保险股份有限公司山东省分公司
浙商财产保险股份有限公司山东分公司
英大泰和财产保险股份有限公司山东分公司
泰山财产保险股份有限公司山东分公司
紫金财产保险股份有限公司山东分公司
国任财产保险股份有限公司山东分公司
国泰财产保险有限责任公司山东分公司
安诚财产保险股份有限公司山东分公司
鑫安汽车保险股份有限公司山东分公司
利宝保险有限公司山东分公司
华海财产保险股份有限公司山东分公司
中煤财产保险股份有限公司山东分公司
长江财产保险股份有限公司山东分公司
中路财产保险股份有限公司山东分公司
众诚汽车保险股份有限公司山东分公司
鼎和财产保险股份有限公司山东分公司
国元农业保险股份有限公司山东分公司
中航安盟财产保险有限公司山东分公司
建信财产保险有限公司山东分公司
中国人寿保险股份有限公司山东分公司
中国太平洋人寿保险股份有限公司山东分公司
中国平安人寿保险股份有限公司山东分公司
新华人寿保险股份有限公司山东分公司
泰康人寿保险股份有限公司山东分公司
太平人寿保险有限公司山东分公司
民生人寿保险股份有限公司山东分公司
合众人寿保险股份有限公司山东分公司
长城人寿保险股份有限公司山东分公司
农银人寿保险股份有限公司山东分公司
中国人民健康保险股份有限公司山东分公司
中英人寿保险有限公司山东分公司
中荷人寿保险有限公司山东分公司
中信保诚人寿保险有限公司山东分公司
同方全球人寿保险有限公司山东分公司
恒安标准人寿保险有限公司山东分公司

北大方正人寿保险有限公司山东分公司
中宏人寿保险有限公司山东分公司
平安养老保险股份有限公司山东分公司
富德生命人寿保险股份有限公司山东分公司
华夏人寿保险股份有限公司山东分公司
中国人民人寿保险股份有限公司山东分公司
华泰人寿保险股份有限公司山东分公司
国华人寿保险股份有限公司山东分公司
陆家嘴国泰人寿保险有限责任公司山东分公司
信泰人寿保险股份有限公司山东分公司
阳光人寿保险股份有限公司山东分公司
英大泰和人寿保险股份有限公司山东分公司
中德安联人寿保险有限公司山东分公司
中意人寿保险有限公司山东分公司
幸福人寿保险股份有限公司山东分公司
招商信诺人寿保险有限公司山东分公司
太平养老保险股份有限公司山东分公司
百年人寿保险股份有限公司山东分公司
中国人寿养老保险股份有限公司山东分公司
大家人寿保险股份有限公司山东分公司
和谐健康保险股份有限公司山东分公司
泰康养老保险有限责任公司山东分公司
工银安盛人寿保险有限公司山东分公司
昆仑健康保险股份有限公司山东分公司
天安人寿保险股份有限公司山东分公司
建信人寿保险股份有限公司山东分公司
德华安顾人寿保险有限公司山东省分公司
中邮人寿保险股份有限公司山东分公司
交银康联人寿保险有限公司山东分公司
利安人寿保险股份有限公司山东分公司
光大永明人寿保险有限公司山东分公司
复星保德信人寿保险有限公司山东分公司
前海人寿保险股份有限公司山东分公司
东吴人寿保险股份有限公司山东分公司
长生人寿保险有限公司山东分公司
和泰人寿保险股份有限公司山东省分公司
中银三星人寿保险有限公司山东分公司

驻济证券公司名录

中泰证券股份有限公司
爱建证券有限责任公司山东分公司
安信证券股份有限公司山东分公司
渤海证券股份有限公司山东分公司
财达证券股份有限公司山东分公司
财通证券股份有限公司山东分公司
财信证券有限责任公司济南分公司
第一创业证券股份有限公司济南分公司
东北证券股份有限公司山东分公司
东方财富证券股份有限公司山东分公司
东兴证券股份有限公司山东分公司
方正证券股份有限公司济南分公司
广发证券股份有限公司山东分公司
国都证券股份有限公司济南分公司
国海证券股份有限公司山东分公司
国开证券股份有限公司山东省分公司
国融证券股份有限公司山东分公司
国盛证券有限责任公司山东分公司
国泰君安证券股份有限公司山东分公司
国信证券股份有限公司山东分公司
海通证券股份有限公司山东分公司
华福证券有限责任公司山东分公司
华金证券股份有限公司山东分公司
华林证券股份有限公司山东分公司
华龙证券股份有限公司山东分公司
华融证券股份有限公司山东分公司
华泰证券股份有限公司山东分公司
华西证券股份有限公司济南分公司
金元证券股份有限公司山东分公司
九州证券股份有限公司山东分公司
开源证券股份有限公司山东分公司
联储证券有限责任公司山东分公司
民生证券股份有限公司山东分公司
申港证券股份有限公司山东分公司
申万宏源证券有限公司山东分公司
世纪证券有限责任公司山东分公司
首创证券有限责任公司山东分公司
天风证券股份有限公司山东分公司
万和证券股份有限公司山东分公司
西部证券股份有限公司山东分公司

西南证券股份有限公司山东分公司
湘财证券股份有限公司山东分公司
信达证券股份有限公司山东第一分公司
兴业证券股份有限公司山东分公司
英大证券有限责任公司山东分公司
粤开证券股份有限公司山东分公司
长城国瑞证券有限公司山东分公司
长江证券股份有限公司山东分公司
招商证券股份有限公司山东分公司
浙商证券股份有限公司山东分公司
中国国际金融股份有限公司山东分公司
中国中金财富证券有限公司山东分公司
中山证券有限责任公司山东分公司
中泰证券股份有限公司电子商务分公司
中泰证券股份有限公司济南分公司
中泰证券股份有限公司莱芜分公司
中天国富证券有限公司山东分公司
中信建投证券股份有限公司山东分公司
中信证券（山东）有限责任公司济南分公司
中银国际证券股份有限公司山东分公司
中邮证券有限责任公司山东分公司
中原证券股份有限公司山东分公司

驻济期货公司名录

鲁证期货股份有限公司
安粮期货股份有限公司山东分公司
倍特期货有限公司济南分公司
渤海期货股份有限公司山东分公司
财达期货有限公司济南分公司
财信期货有限公司山东分公司
创元期货股份有限公司山东分公司
大地期货有限公司山东分公司
大有期货有限公司山东分公司
东方汇金期货有限公司山东分公司
广州金控期货有限公司山东分公司
广州期货股份有限公司山东分公司
国金期货有限责任公司山东分公司
国泰君安期货有限公司山东分公司
国投安信期货有限公司山东分公司
国信期货有限责任公司山东分公司
海通期货股份有限公司济南分公司
海证期货有限公司山东分公司
和合期货有限公司山东分公司
恒银期货有限公司山东分公司
宏源期货有限公司济南分公司
华联期货有限公司济南分公司
华闻期货有限公司山东分公司
混沌天成期货股份有限公司山东分公司
建信期货有限责任公司山东分公司
江海汇鑫期货有限公司山东分公司
金信期货有限公司山东分公司
津投期货经纪有限公司山东分公司
鲁证期货股份有限公司济南分公司
美尔雅期货有限公司济南分公司
民生期货有限公司济南分公司
南华期货股份有限公司济南分公司
瑞达期货股份有限公司山东分公司
山金期货有限公司山东分公司
上海中期期货股份有限公司济南分公司
盛达期货有限公司山东分公司
天富期货有限公司山东分公司
西部期货有限公司济南分公司
新湖期货股份有限公司山东分公司
兴业期货有限公司山东分公司
兴证期货有限公司山东分公司
银河期货有限公司山东分公司
永安期货股份有限公司山东分公司
云财富期货有限公司山东分公司
招金期货有限公司山东分公司
浙商期货有限公司山东分公司
中钢期货有限公司山东分公司
中辉期货有限公司山东分公司
中天期货有限责任公司山东分公司
中信建投期货有限公司济南分公司
中信期货有限公司济南分公司
中衍期货有限公司山东分公司
中银国际期货有限责任公司山东分公司
中州期货有限公司山东分公司

（王敬茂）

【概况】 2021年，济南市银行业资产总额33537.0亿元，增长10.2%，较年初增加3116.1亿元，同比多增260.6亿元；负债总额32163.2亿元，增长10.1%，较年初增加2937.4亿元，同比多增146.9亿元，全市银行业资产、负债存量均居全省首位。

（王敬茂）

【各项存款保持增速】 截至年末，全市本外币存款余额23437亿元，居全省首位，15个副省级城市第九位，同比增长11.3%，高出全省平均水平1个百分点，高于15个副省级城市平均水平1.6个百分点，占全省的比重为18%，较上年提升0.2个百分点。 （王敬茂）

【存款结构发生变化】 储蓄存款同比少增，连续14个季度维持两位数以上增速，截至年末，全市储蓄存款余额8620.5亿元，较年初增加972.9亿元；企业存款同比少增，截至年末，全市企业存款余额9339.3亿元，同比增长7.1%；广义政府存款大幅增长，截至年末，全市广义政府存款余额4117.1亿元，较年初增加453.8亿元，同比增长13.3%，较上年同期提高9.7个百分点。

（王敬茂）

【社会融资规模同比少增】 2021年，全市社会融资规模增加3416.4亿元，同比少增505亿元。具体来看：表内融资增加2613.6亿元，同比多增538.6亿元，占全年社会融资规模的76.5%，较上年有所提升；直接融资增加1016.3亿元，同比多增93.2亿元，占全年社会融资规模的比重升至29.7%，较2020年末提高6.2个百分点，其中，企业债券、股权净融资分别增加920.3亿元、96亿元，分别同比多增51.7亿元、41.4亿元。（王敬茂）

【各项贷款增量创新高】 截至年末，全市本外币贷款余额23313.2亿元，居15个副省级城市第十位，同比增长12.5%，占全省的比重为21%。贷款余额较年初增加2593亿元，居15个副省级城市第十位，同比多增641.5亿元，增量迭创新高。

（王敬茂）

【重点领域支持力度加大】 截至年末，全市制造业贷款余额2025.6亿元，较年初增加262.8亿元，同比多增295.5亿元，同比增长14.8%，较上年同期提高16.6个百分点。全市涉农贷款余额2964亿元，较年初增加240.6亿元，同比多增47.6亿元，同比增长7.4%，较上年提高0.5个百分点。全市金融机构绿色贷款余额1655.6亿元，同比增长37.8%，高于同期各项贷款增速25.3个百分点。（王敬茂）

【金融服务小微企业成效明显】 2021年，全市本外币企业贷款余额15534.1亿元，较年初增加1773亿元，同比增长12.9%，高出全市各项贷款平均增速0.4个百分点。截至年末，全市普惠小微企业贷款余额（单户授信1000万元以下小微企业贷款、个体工商户经营性贷款、小微企业主经营性贷款之和）1666.5亿元，较年初增加386.6亿元，同比增长30.2%，高出企业贷款整体增速17.3个百分点。

（王敬茂）

【金融辅导持续提质扩面】 截至年末，全市184支金融辅导队与4193家辅导企业的对接率达100%，新增有融资需求辅导企业1396户，明确资金需求417.38亿元，为1386户企业发放贷款371.45亿元。

（王敬茂）

【"信易贷"破解中小企业融资难题】 截至年末，全国信易贷平台济南地区已入驻63家金融机构，发布243款金融产品，累计受理企业融资意向需求额442.6亿元，放款1179笔，放款总额达242.7亿元。

（王敬茂）

【济南市获批全国首个科创金融改革试验区】 11月25日，经国务院同意，中国人民银行等八部委印发《山东省济南市建设科创金融改革试验区总体方案》，济南市获批建设全国首个科创金融改革试验区。截至年末，全市已明确的科创企业有1786户，获得贷款11680笔，余额643.7亿元，贷款户数、笔数和余额分别同比增长15.4%、44.2%、49.4%；有贷款户占比45.4%，较上年同期提高5.2个百分点；科创企业贷款加权平均利率为4.26%，同比下降0.49个百分点，较全部企业贷款利率低0.23个百分点。

（王敬茂）

【中国人民银行济南分行营业管理部】 2021年，中国人民银行济南分行营业管理部主动服务和融入新发展格局，扛牢服务"六稳""六保"政治

2021年11月25日，济南市获批建设全国首个科创金融改革试验区 （市金融办 供稿）

任务。截至年末，济南市本外币各项存贷款余额分别为23437亿元和23313.2亿元，同比分别增长11.3%和12.5%。人民银行济南分行营业管理部引导金融支持地方经济发展的做法被中央、地方党委政府、人民银行总分行有关领导批示18次，收到社会各界表扬信和锦旗7次。

（周　丹）

【货币政策取得时效】　全年累计为金融机构办理再贷款280.3亿元、再贴现107.5亿元，办理规模均达历史最高水平。引导金融机构落实好直达实体经济两项货币政策工具，全年为5096户普惠小微企业办理贷款延期116.4亿元，为5934户企业发放普惠小微信用贷款31.3亿元。支持科创济南建设，助力全国首个科创金融改革试验区落地济南。建立重点项目融资对接机制，实现济南市105个省级重点项目融资对接全覆盖。开展“齐心鲁力 助商惠民”支持个体工商户发展专项行动，精准对接支持3.1万户个体工商户。支持山东自贸区济南片区建设，济南片区业务量居全省三个片区首位，济南市跨境人民币业务累计结算额居全省第二位。

（周　丹）

【防范化解金融风险】　构建银行风险预警体系，建立证券、保险行业风险监测机制，开展保险、信托行业稳健性评估，实现风险监测全覆盖。加大对个别金融机构流动性风险监测，助力风险得到有效控制。组织14家金融机构开展压力测试，提高风险应对能力。推进存款保险制度实施，执行差别费率，实施存款保险宣传“网格化”管理，实现宣传全覆盖。济南市在省内处于低风险区域，辖区金融运行总体平稳。

（周　丹）

【提升金融服务水平】　构建线上线下相结合的信用报告查询模式，扩大“泉城链”服务功能，助力济南市入选全国第三批社会信用体系建设示范区。在省内首批实现税收缴库全链条自动化处理，完成国库业务电子化改革，好国债逾期兑付提醒工作，全年提醒兑付到期国债1820笔、2.13亿元。率先开展专项整治涉赌空壳公司及对公账户行动，深入开展“断卡”行动，指导银行优化推出适老化产品及移动支付场景；做好“手机号码支付”功能推广，连续3年居全省第一位。推动减免支付手续费，惠及小微企业和个体工商户近11万家。建成全省首家“钱币文化·征信文化”主题公园，联合市公安局建立预防和打击假币犯罪银警合作机制，形成硬币自助兑换“三公里”服务圈。

（周　丹）

【概况】　2021年，济南市保险业实现原保费收入598.47亿元，同比增加13.70亿元，增长2.34%。其中，寿险公司原保费收入466.69亿元，同比增加30.85亿元，增长7.08%；人身险业务原保费收入489.30亿元，同比增加28.34亿元，增长6.15%。

（王敬茂）

【保险业累计赔付大幅增长】　截至年末，济南市保险业累计赔付支出212.46亿元，同比多赔付57.72亿元，增长37.30%。分保险公司来看，产险公司赔付支出90.86亿元，同比多赔付16.72亿元，增长22.55%；寿险公司赔付支出121.60亿元，同比多赔付41.00亿元，增长50.87%。分险种看，财产险业务赔付支出77.86亿元，同比多赔付10.60亿元，增长15.76%；人身险业务赔付支出134.59亿元，同比多赔付47.12亿元，增长53.86%。

（王敬茂）

【济南市银行保险业协会】　2021年，济南市保险业共实现保费收入357.87亿元，同比增长3.24%。其中：财产险公司保费收入95.37亿元，同比下降11.18%；人身险公司保费收入262.49亿元，同比增长9.71%。赔款支出119.53亿元，同比增长21.57%。赔付率33.40%。其中：财产险公司赔款66.21亿元，同比增长25.10%，赔付率69.43%；人身险公司给付53.32亿元，同比增长17.44%。给付率20.31%。（以上数据为协会统计系统获取的会员公司数据，包含财产险公司35家、人身险公司29家，不包含驻济非会员保险机构）。

（孙士磊）

【规范市场秩序】　截至年末，累计有13家公司（29家次）选择停业并扣减相应份额，1家公司选择进场检查，济南车险市场连续3个月实现盈利。落实《山东银保监局办公室关于进一步加强人身保险销售行为可回溯管理的通知》有关要求，推动济南市“自保件”双录工作顺利实施。开展辖区人身险公司产说会和新单回访自律检查，对6家违约公司下发整改通知书，对3家公司的主要负责人进行了约谈。开展“内控合规管理建设年 知识之王大闯关”线上内控合规知识答题活动，辖区累计答题人数达2.32万人、累计答题次数达10.13万人次。

（孙士磊）

【防化金融风险】 与济南市公安局经侦支队联合发布《关于防范“代理退保”有关风险的提示》，打击震慑“代理退保”黑金产业链违法犯罪行为。与济南交警深化警保合作，累计调取道路监控1526次，协查拒赔64笔，为保险机构减损80余万元。组织辖区20家银行及其他非银金融机构共374人参加公司治理培训，并通过回访沟通和统计分析对培训成效做出综合评价。组织济南地区2021年度下半年银行业专业人员职业资格考试，本次参考2856科次，总参考率73%。

（孙士磊）

【创新宣传阵地】 组织各银行保险机构开展线上线下教育宣传活动1700余次，发布原创消费风险提示或“以案说险”信息3300余条；在防范非法集资宣传月活动中，开展外出宣传活动1000余次，网点宣传覆盖率达96.8%，职工教育覆盖率达92.3%；在“7·8”保险公众宣传日中，设立便民服务网点100余个，开展“保险五进入”活动80余次，自查服务流程覆盖分支机构110余家；在金融知识普及月活动中，开展线上线下教育宣传活动2000余次，通过线上平台发布公益性原创宣教信息2300余条。

（孙士磊）

【概况】 2021年，济南地区证券经营机构总交易额5.58万亿元，同比增长17%，较上年同期下降14个百分点；资金账户开户数373万户，托管市值7823.4亿元，交易结算资金余额166.99亿元，同比增长11.3%，较上年同期下降30.6个百分点。截至年末，济南地区期货经营机构实现累计交易额18.5万亿元，同比增长68.7%，较上年同期提高30.1个百分点；期货投资者开户数达17.2万户，保证金余额159.3亿元，较上年同期增长35.5%。

【企业上市数量增长迅速】 全年全市新增上市及过会企业10家，其中，7家企业（中农联合、普联软件、齐鲁银行、漱玉平民、圣泉集团、力诺特玻、欧码软件）首发上市，企业首发募集资金规模70.23亿元，同比增长17.8%。截至年末，全市上市企业总数达到52家，股票54只，此外，还有5家企业在审核或问询（国网智能、科源制药、同圆设计、鲁商生活、润华物业），24家企业在山东证监局辅导（北交所2家）。

【新三板在板企业数量稳定】 截至年末，济南市新三板在板企业114家，位列全省第一，其中创新层19家，年末在板企业数量较三季度减少2家，较上年减少19家。

【直接融资规模再创新高】 2021年，全市新增直接融资3716.04亿元，同比增长63.7%。其中，股权融资128.01亿元（其中，首发融资70.23亿元、上市增发55.19亿元、新三板增发2.59亿元），同比增长12.1%；债券融资3588.03亿元，首次突破3000亿元，同比增长66.5%。

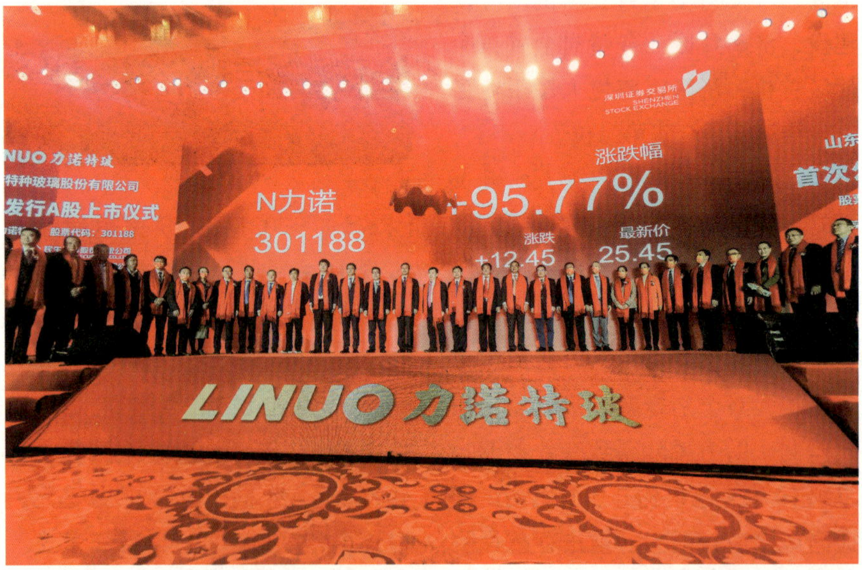

2021年11月11日，山东力诺特种玻璃股份有限公司在深圳证券交易所创业板开市

（市金融办 供稿）

【公司债券规模保持全省第一】 2021年，注册地在济南市的相关企业通过公司债券和资产支持证券融资达到1153亿元，突破千亿大关，融资规模占全省的比重约为35%。截至年末，50家企业255只公司债券和企业资产支持证券尚在存续期，余额2941亿元，位于全省首位。

【私募基金行业健康发展】 截至年末，全市在中国证券投资基金业协会登记的私募基金管理机构205家，管理基金585只，管理基金规模1065.43亿元，私募基金管理规模突破千亿元，同比增长7.3%。

（王敬茂）

【概况】 截至年末，济南市共有小额贷款公司38家，全年实现营业收入8.25亿元，净利润3.22亿元，累计纳税1.54亿元；总运营资金91.8亿元，较上年同期增加1.74亿元，其中注册资本金66亿元，融入资金余额25.8亿元。

【融资担保业务量升价降】 截至年末，济南市共有融资担保公司20家，其中法人机构18家，分支机构2家；注册资本金共计51.33亿元；从业人员590人。20家融担公司中有5家政府性融资担保公司，注册资本金共17.65亿元，较年初增加3.3亿元；年末在保余额88亿元，同比增长253%。

【典当行业发展提质增量】 截至年末，全市正常经营典当行共32家，其中新增典当行2家，实收资本9.02亿元，典当总额14.22亿元，其中动产典当4.95亿元、房地产典当7.34亿元、财产权利典当1.93亿元，年末典当余额7.8亿元，全年典当业务规模持续增加，房地产典当业务占比增加。

【民间资本管理公司运营】 截至年末，全市共有24家民间资本管理公司获批开展业务，较年初正常退出2家，注册资本共计35.6亿元，投资余额31亿元，累计投资金额162亿元，较上年增加46亿元，同比增长39%。全年实现经营收入2.6亿元，上缴税收5440万元。

【农民专业合作社信用互助业务】 截至年末，全市有1家合作社退出试点，现存试点合作社6家，全年新增互助资金32万元，累计发放互助资金556.3万元，较上年末增加32万元，试点业务规模小幅提高。

【山东金融资产交易中心】 2021年，金交中心发展资产挂牌类业务，成交业务312笔，同比增长40%；交易量115.55亿元，较上年增加54.07亿元，同比增长88%。全年实现交易规模325.98亿元，交易笔数607笔；实现收入总额8430.61万元，超额完成年度经营目标。

（王敬茂）

【概况】 截至年末，济南金控集团资产总规模为243.06亿元，全年实现营业收入9.7亿元、利润总额3.03亿元，完成投资19.45亿元、招商引资内资10亿元、外资1.6亿美元，新增融资58.77亿元，主要经营指标实现四年连涨。济南金控集团运作股权投资基金34支，累计投

2021年6月8日，济南金控集团赴临夏州和政县对接东西部协作乡村振兴项目

（济南金控集团　供稿）

资企业285户，总规模265.16亿元。济南金控集团各牌照子公司创新方式，提高放款效率，在14个业务单元领域为实体经济提供资金支持近1480亿元，2021年被评为省级文明单位。

【落实黄河高质量发展】 在黄河流域生态保护和高质量发展重大国家战略及济南—甘肃省临夏州东西部协作大背景下，济南金控集团通过混改子公司中特食品，将临夏州畜牧业产业优势，与东部地区特别是山东的消费市场结合起来，开展牛羊肉深加工产业，在甘肃省临夏州和政县投资牛羊肉屠宰及深加工生产基地，走产业扶贫之路。

【亮相国际资本市场舞台】 济南金控集团抓住美元利率历史低位发行窗口，对接国际资本市场融资渠道，首次公开发行2.78亿美元境外高级无抵押固息债券。济南金控集团成为国际资本市场俱乐部的一员，拓宽融资渠道，促进招商引资，提升济南在国内外资本市场形象。

2021年7月16日，济南金控集团子公司融资租赁公司设立的SPV公司举行授牌仪式

（济南金控集团　供稿）

【完善济南市金融业态】 济南金控集团子公司江海汇鑫期货山东分公司先行开业，实现总部迁址济南，为全市新增1家全国性期货总部企业，丰富了济南市金融业态，填补市属期货牌照空白。全市首家融资租赁特殊目的单一项目公司（SPV）正式落户中国（山东）自由贸易试验区济南片区。

（高云辉）

栏目编辑　魏添乐

交通·邮电

交通运输

【概况】 全年完成固定资产投资574.1亿元，同比增长2.5%。其中，铁路建设投资完成115.4亿元，航空建设投资完成6.9亿元，公路建设投资完成158.9亿元，水运建设投资完成10.5亿元，城市道路建设投资完成189.6亿元，轨道交通建设投资完成47.1亿元，场站建设投资完成39.4亿元，车辆购置投资完成6.3亿元。

【铁路运输】 济南市境域内铁路通车里程达673千米，其中国铁260千米，合资铁路413千米；高速铁路284千米，普速铁路389千米。每天约300趟高铁，通达全国254个城市。济南市域内铁路旅客发送量3046.3万人，同比增长26.02%，客运周转量74.4亿人千米，同比增长18.33%；货物发送量475.2万吨，同比增长2.46%，货运周转量188.3亿吨千米，同比增长13.4%。

【航空运输】 2021年，济南机场完成飞机保障11.27万架次，执飞航线185条，其中国内航线176条，国际航线9条；通达城市100个，其中国内城市91个，国际城市9个。济南机场完成旅客吞吐量1362万人次，同比增长10.02%；完成货邮吞吐量16.81万吨，同比增长14.7%。

【公路运输】 全市公路客运量完成2024万人，旅客周转量完成39.6亿人千米；公路货运量完成2.5亿吨，货运周转量完成577.4亿吨千米。优化济南至泰安、齐河、邹平、茌平等城际公交线路站点、班次，提升服务质量。

【水路运输】 全市共完成水路客运量34.47万人，客运周转量296.17万人千米；完成水路货运量113.35万吨，货运周转量8.65亿吨千米。小清河复航工程济南段再次提前完成省委、省政府确定的航道拓挖疏浚防汛任务，工程进度全省领先；济南港在全省率先开工建设。

【公共交通】 全市公交车8833辆，同比增长7.9%；线路总条数达763条，运营线路总长度15852.3千米，BRT线路长度192.8千米，170余条公交线路实现与地铁网络的换乘接驳，客运量5.9亿人次，同比增长

2021年5月28日，济南绕城高速公路二环线北环段工程建设启动活动举行

（市交通局 供稿）

12.4%。公交营运收入7.8929亿元，同比增长26.5%。济南市主城区出租汽车8643辆，客运量6591.16万人次，总运营里程66788.59万千米。济南轨道交通运营线路3条，分别为1号线、2号线和3号线一期。线路总长84.1千米，配属列车76列，车站41座。全年客运量总计5602.94万人次，最高日客运量33.5万人次，最大断面客流量7524人次/小时，最大载客率73.55%；实际开行总列次26.12万列次，运营总里程达677.04万列千米；列车正点率99.96%。全年新开通公交线路19条，优化调整公交线路33条，填补公交空白路段56.8千米，170余条公交线路实现与地铁网络的换乘接驳，各区县实现与主城区公交和地铁的乘车一卡通。定制公交运营线路775条，日均投入班次1100余班，日均运量达4.4万人次。

（李中瑞）

【公路建设】 全市公路通车总里程18200.2千米，公路密度177.7千米每百平方千米。其中，其中干线公路1902.2千米（高速公路737.8千米，双向六车道以上占总量66%，是全省平均水平2.5倍；普通国省道1164千米，一级公路占62.3%），农村公路16298千米，跨黄通道15处。济南至潍坊、济南至高青、京台高速改扩建、济南大西环、济南大北环等5条高速公路建设加快，开工建设省道103旅游公路，推进278千米13个普通国省道项目的前期工作。世界上直径最大的公轨合建隧道——“万里黄河第一隧”济泺路隧道和创造“三项世界之最”的凤凰大桥建成通车，济泺路隧道北延和黄河大桥复线桥启动建设，黄岗路隧道、航天大道隧道取得国家黄委防洪评价正式批复。建设改造维修农村公路1300余千米、危桥改造12座，完成293个美丽宜居村庄通户道路硬化工程，全市14个涉农区县初步建立县、乡、村三级“路长制”管理体系和智慧管理养护系统，商河县创建全国“四好农村路”示范县。

【城市道路建设】 完成蓝翔路、黄岗路、华龙路等道路建设和龙洞隧道改造提升，开工建设物流港、科创城等片区内城市道路项目，推进春暄路、党杨路等道路建设，全市完成市政道路建设100余条，新增里程140千米，全市市政道路长度达4541.7千米，新建综合管廊4.3千米，全市综合管廊已近93千米。开启道路养护“加速度”，累计完成路面整治90万平方米，人行道20万平方米，盲道整治3.5万米，完成5座桥梁、3条隧道、19座人行过街天桥的养护整治工作。治理交通拥堵，推行“单元格”治堵模式，系统梳理全市重点拥堵路段，确定九曲庄路等18处拥堵点改造计划；党员干部1600多人开展“交通拥堵大家谈”上路体验。

【智慧交通建设】 智慧交通一期全面完成并高水平通过专家验收，综合交通运行监测中心、交通运输大数据平台、交通行业专题管理平台、路网监测与决策支持平台、办公自动化系统等全面启用。智慧交通二期全面推进，顺利通过项目立项专家评审，明确了建设路网优化分析与决策支持系统、运输安全风险智控系统和交通运输行政非现场执法系统三任务目标。加强交通科技创新研究，全市交通运输行业共有14个省级科技项目获批，申报发明专利88项、实用新型专利28项，发表论文44篇。一项标准获中国工程建筑标准化协会颁发的标准科技创新一等奖、两项标准在全省推广使用，济南公交集团承担多项国家、行业、地方、团体标准制修订，济南轨道交通集团有2项工程分别获得鲁班奖和詹天佑奖、3个项目入选交通运输部重点科技项目清单、2个项目获批山东省重大科技创新工程项目，济南城市投资集团1项工程詹天佑奖，济南城市建设集团济泺路隧道BIM技术获第三届“市政杯”技能大赛综合组二类成果，济南黄河凤凰大桥创下三项世界之最：世界最大跨度三塔自锚式悬索桥、世界最大跨度连续组合钢箱梁桥、世界桥面最宽的特大钢箱梁桥。

【绿色交通建设】 市交通运输局圆满完成中央、省级生态环保督察交办的24件信访案件和牵头承担的9项任务整改办理工作。实施交通运输领域大气污染综合治理，17项牵头、22项配合任务全部完成。轨道交通工地实施高围挡封闭作业，重要位置采用罩棚式全封闭施工，排查修复国省省城市道路道、县乡道路面坑槽77万平方米，工程扬尘和道路扬尘防治水平进一步提升。推广应用新能源公交车333辆、新能源出租车1968辆，开工建设5个公交专用充电站，全市国三及以下排放标准营运柴油货车累计淘汰9753辆，维修治理尾气超标车辆7000余辆次，营运车辆结构显著改善。引导67个涉VOCs排放的城市道路建设项目、269项作业工序错时施工，审验成品油运输车辆1468辆，开展成品油运输车辆检查70次，出动执法人员775人次，查处成品油违法运输行为36起，交通运输行业挥发性有机物排放和成品油运输行为进一步规范。

（李中瑞）

2021年12月24日，济南轨道交通4号线小高庄站（工程名）封顶

（市轨道交通集团　供稿）

【概况】 2021年，集团完成投资226亿元，资产总额超过1500亿元，产业板块实现利润总额约1.31亿元，资产负债率控制在75%以下，完成收益平衡区约310公顷土地出让。济南市轨道交通步入初步成网运营时代，1号线、2号线、3号线通车里程达84.1千米，全年累计运营677.04万列千米，客流量累计5602.94万人次，轨道交通线网列车正点率达99.96%，列车运行图兑现率99.99%。

【济南轨道交通1号线工程获评詹天佑奖】 9月26日，中国土木工程学会2021年学术年会、第十八届中国土木工程詹天佑奖颁奖大会在湖南省长沙市召开，济南轨道交通1号线工程获评第十八届中国土木工程詹天佑奖。这是1号线继被评为全国首条住建部科技示范工程、国家优质工程奖之后获得的又一国家级大奖。

【济南东总部基地一期项目封顶】 8月26日，济南东总部基地一期项目主体结构完成。这是济南轨道交通集团主导开发的首个TOD项目。

【济南轨道交通3号线车站设计获IAI全球设计金奖】 11月4日，济南轨道交通3号线车站装修设计荣获IAI全球设计奖——交通空间金奖。3号线以“龙腾舜城”为装修设计主题，连接奥体文博片区、济南新东站片区、空港片区及济阳城区，串联奥体中心、济南新东站、遥墙机场、济阳等重要区域。

【济南轨道交通大厦工程获得鲁班奖】 12月14日，中国建筑业协会公布

2021年12月25日，“济南造”首列地铁列车在济南地铁范村车辆基地下线

（市轨道交通集团　供稿）

2020—2021年度中国建设工程鲁班奖授奖项目，济南轨道交通大厦工程项目获评2020—2021年度中国建设工程鲁班奖。轨道交通大厦工程于2017年9月28日开工建设，2019年9月26日一次性通过竣工验收，2020年1月交付使用。

（张媛媛）

【概况】 2021年，济南公共交通集团有限公司围绕提升公交精准服务能力、服务市民出行和城市发展开展工作，公交服务管理和保障能力又上新的台阶。全年完成里程2.2亿千米，较上年同期增长14.1%；运送乘客5.2亿人次，较上年同期增长23.98%；实现票款收入4.67亿元，较上年同期增长5.11%，并再次获得市属企业类行评第一名的好成绩。

【系统线网优化】 济南公交制定“东部增覆盖、西部细优化、南部分层级、北部强规划、中心降重复”的线网优化思路并推进实施。全年新开公交线路20条，优化调整34条，填补公交空白71.6千米，优化调整站点126处，公交服务有效拓展。

【精准营运调度】 依托数据大脑和智能调度云系统，加强线路监督与管理，加快营运方式变革，推行双边调度副站停车。以GPS里程数据应用为切入点，推进“一线一工程”，完成了177条线路的配车及班制优化，减少低效里程984万千米。

【精致出行服务】 推出“出行管家”服务模式，开通书香勤学、通勤拼团等7种定制专线，定制公交线路达到750余条，运量792万人次。开展垃圾桶和保洁工具下车、车厢制式管理等工作，乘车环境优化。完成MaaS平台一期建设，实现章丘公交线路运行信息共享，加快推进与共享单车、静态停车、轨道交通的服务合作；升级“掌上客服大厅”，新增蓝牙充值、手机NFC泉城通卡等新业务，上线“公交+”“青泉优选”线上商城等新模块。

【突出保障作用】 加大东部城区营运投入，开通穿黄、跨河公交线路，实施了铁周边线路、实现公交与地铁“双网融合”。落实60岁以上老年人免费乘车等惠民政策，实行免费卡、爱心卡、人才卡网上自动审验，受益群体超150余万人。完成融创文旅城开业、创城迎查、机场防疫疏散、地铁检修应急接驳等公交保障任务。

【保障车辆技术】 加快车辆更新，采购新能源公交车1023辆，为中心城区车辆新能源化提供保障。完成韩仓加氢站和洪家楼等17处充电设施建设，充电设施场站覆盖率提高到80%。推广“多用电、多插电、多用谷电”节能措施，谷电使用达到总用电量的40%。推进维修配件“零库存”管理，实行单车核算，车辆管理更趋科学、精细。

【靓丽场站建设】 完成祝甸、英雄山立交等10处场站标准化提升工程，历山北路、彭家庄P+R公交停车场投入使用，场站开发建设模式更加多元。改造完成济南大学等3处公交场站，黄岗立体停车场基本竣工，济泺路场站进入竣工验收阶

2021年3月24日，济南公交集团举行“公交榜样·温暖泉城”首届公交榜样颁奖典礼

（济南公交集团 供稿）

段，孙村综合维修基地工程进展顺利。推进汉峪片区舜华南路“商业+公交场站综合服务”新模式，医疗大数据中心公交枢纽开工建设，智慧停车场项目取得进展。新建候车亭550处、电子站牌540多座，增设木质座椅，实现灯箱亮化。

【加大人才储备】 全年新招录驾驶员165人、大学生13人，安置退伍军人11人。举办管理人员和职工脱产培训83期，开展高技能人才评聘，扩大职业经理人选聘渠道，完成一般管理及副科级后备人才公开选拔，开展副科级以上管理人员素质测评。截至年底，大学专科以上学历达4981人，管理人员中，本科及以上学历占84.78%。

（济南公共交通集团有限公司）

【概况】 2021年，全市邮政行业业务收入（不包括邮政储蓄银行直接营业收入）累计完成99.24亿元，同比增长16.59%；全市邮政行业业务总量累计完成89.33亿元，同比增长30.07%（邮政行业业务总量按2020年不变单价计算，同比增长按照可比口径计算）。全年全市邮政寄递服务业务量累计完成24395.01万件，同比增长8.34%；全市邮政寄递服务业务收入累计完成4.45亿元，同比增长1.85%。全市快递服务企业业务量累计完成79535.77万件，同比增长22.03%。其中，同城业务量累计完成11023.82万件，同比下降11.77%；异地业务量累计完成68464.41万件，同比增长30.17%；国际及港澳台业务量累计完成47.55万件，同比下降45.67%。全市快递服务企业业务收入累计完成77.52亿元，同比增长16.14%。其中，同城业务收入累计完成6.37亿元，同比下降21.08%；异地业务收入累计完成47.43亿元，同比增长9.98%；国际及港澳台业务收入累计完成1.90亿元，同比下降13.38%。

（张张龙）

【提升“快递进厂”】 落实《关于加快推进快递业与制造业深度融合发展的实施意见》，对快递业深度融入制造业给予政策支持。打造快递服务制造业创牌项目17个，支撑制造业产值485亿元。其中，中邮速递服务重汽、顺丰服务齐鲁制药、快递服务电商集团“世纪开元”“半亩花田”项目，成为产业集群融合发展的典范。（张张龙）

【推进“快递出海”】 支持济南国际邮件互换局场地扩容和设备升级改造，出口8个国家的国际邮件总包实现直封、直飞，寄递时长缩短1到3天。引导邮政企业致力于建设多渠道、多方式的国际邮路，利用山航客改货航班，开通济南至东京、大阪、仁川和芝加哥的国际邮件航空邮路专线，实现航空货运直飞。（张张龙）

【压实寄递安全】 彻底收寄验视率和真实实名率的提升，通过明查暗访、调取监控、第三方测试、企业互查等方式，定期通报并跟进落实。全年共检查寄递企业网点357家，发现安全隐患50余处，行政处罚49次，罚款88万元。（张张龙）

【提升服务质量】 全年全市共处理申诉5455件，消费者对管理部门满意度为100%，累计为消费者挽回各类损失171.58万元。共受理“12345”热线转办工单51106件，其中紧急工单4100件，接诉即办工单66件，均保质保量办结。

（张张龙）

【加大绿色治理】 推动将快递包装绿色转型纳入《2021年济南市城市品质提升“八大行动”重点工作任务》文件，列为“城市治理提升行动”重点工作任务。全市快递企业电子运单使用率已经达到99.5%，89.6%的电商邮件快件未二次包装，循环中转袋使用基本实现全覆盖，快递瘦身封装胶带使用比例达到97%，全市邮政快递企业新增可循环快递箱5.98万个，共设置包装废弃物回收装置360个，行业在用新能源汽车675辆。（张张龙）

【强化服务监管】 加强对邮政普遍服务尤其是乡镇农村普遍服务达标情况的监督检查力度，出动255人次，检查邮政普遍服务网点102处，其中乡镇网点49处，针对问题隐患下达责令改正9份，立案处罚1起。开展“送培进企业到基层”活动，就邮政普遍服务相关法律法规进行培训，开设8个专场，覆盖全市12个县区，累计培训市县公司分管负责人、普遍服务管理部门及各邮政支局经理、投递部经理等共计500余人。（张张龙）

济南邮政投递员雨中坚守岗位　　　　（济南邮政公司　供稿）

【中国邮政集团有限公司济南市分公司】　中国邮政集团有限公司济南市分公司共有提供普遍服务网点207处，全部普遍服务网点均开办函件、印刷品、包裹、汇兑四项普遍服务业务，建制村实现100%通邮。其中，设在农村的邮政支局（所）98处，电子化营业场所207处。（刘　丽）

【提升服务质量】　落实普遍服务及特殊服务重点工作任务；平常（给据）邮件信息断点率稳定达标，投递外勤关键点扫描率保持95%以上；严格落实“扫黄打非”及收寄安全“三项制度”，保障重大活动邮政寄递渠道安全；畅通政企沟通机制，连续4年行政处罚案件“零”发生；推进客户体验三年提升工程，全年收到用户表扬信30封，锦旗4面，创建市级“窗口服务体验提升标杆示范网点”30个。（刘　丽）

【筑牢安全生产】　推进安全生产专项整治三年行动和“平安邮政”创建工作，提升技防、物防、人防管理水平，全年未发生各类事故案件，保障“全国两会”“建党100周年”“服贸会”“进博会”等重大活动期间寄递安全，机要通信保持连续24年质量全红。济南市分公司综合办公室（安全保卫部）被济南市公安系统推荐为安全保卫工作集体三等功。（刘　丽）

【深化绿色邮政】　杜绝出售、使用黑色塑料袋，推行简约包装，全部采购应用45mm胶带；推动邮件包装可循环，布放包装废弃物回收装置205个、可循环箱2.74万个。践行节能减排，新采购运输车辆全部为新能源汽车，采取小车改大车、够量直发、区内串跑，促进节能减排。（刘　丽）

【优化便民服务】　发挥邮政点多面广、深入城乡的网点网络资源优势，与税务、公安交管、电力、电信、联通等公共服务单位战略合作，叠加代办税务、代办车驾管、代收电费、通讯费等多项便民服务，为市民提供一站式便民惠民服务。全年与市车管所联合建成129处警（医）邮便民服务站。全年代办税务、代放号、警邮累计服务群众达到22万人次。（刘　丽）

【服务乡村振兴】　做好巩固拓展脱贫攻坚成果同乡村振兴有效衔接工作，选派第一书记对口帮扶付家峪村，并向付家峪村幸福院项目捐赠1万元建设资金。推进邮政农资配送、电商扶贫、惠农合作，打造过百万级基地项目3个、20万元以上基地项目9个，为乡村振兴农民致富发挥邮政力量。（刘　丽）

【中国联合网络通信有限公司济南市分公司】　2021年，济南联通继续保持省级文明单位称号，并获评“全国青年文明号”“中国联通先进基层党组织”“山东省先进基层党组织”“山东联通党建示范区”“济南市全员创新企业”“济南市创新型班组”等称号。（李　娟）

【打造精品网络】　全年济南联通5G网络覆盖率、业务流量驻留比、5G终端覆盖率、5G流量占比均为全省第一。宽带总端口达到345.4万，其中FTTH端口占比90.4%，区县城区、乡镇和农村全区域均具备千兆网络接入能力。（李　娟）

【数字化赋能】　客户通过二维码、联通APP、联通微信公众号等数字化应用可以自助报障、自助办理业务、自助测速等，享受更方便快捷的服务。员工通过应用软件可自动匹配营销策略、自助一键办理。维护人员现场扫码可实时自助获取资源信息、自助获取设备运行状态、自助定位障碍点，修机“当日好”指标提升至98.34%。管理层通过指挥舱自动获取发展研判数据，自动获取经营数据分析“一张表”，便于找差距、明方向。（李　娟）

【高品质服务】　产品创新和服务创新协同推进，塑造五星宽带品牌，打造行业标杆，体现真千兆、敢测速、WiFi慢必赔差异点。构建专业化、集约化的投诉处理体系，采用积分模式量化薪酬，提高投诉处理一次性解决率。2021年申诉率行业最优；有效申诉率行业最优。

（李　娟）

【加强技术支撑】　济南联通建立创新竞争优势，提高服务质量：借力集团资源，提升自研推广；激发本地支撑，提升应标能力；充实“五自”队伍，提升自主实施；组建创新团队，提升自主创新。

（李　娟）

【做好员工激励】　岗位激励方面，对业绩突出者优先提任；价值激励方面，实施效能评价、低效能退出，用工数量与劳产率挂钩减员不减薪；标杆激励方面，聚类分组，以月度和年度为周期，选树小CEO和员工标杆。建立职工关爱体系，开展“成才在一线”“创新在一线”和“建功在一线”等11项技能竞赛，激发全员创新活力；组织开展“夏送清凉”“冬送温暖”“健康查体”“重疾保险”“疫情防护”等主题活动；建成“沃小家”93个，改善员工工作环境。（李　娟）

【中国电信股份有限公司济南分公司】　2021年，中国电信股份有限公司济南分公司盈利能力与收入规模大幅提升，收入较去年同比增长19.4%；重点发展指标进位争先，增量收入贡献全省第一，5G用户渗透率全省第一；多项工作取得积累性进步，1项专利通过集团审核并提交国家专利局，2项软著在国家版权局登记，10项创新项目被评为省级优秀创新成果。（王婷瑞）

2021年5月16日，济南市工业和信息化局、济南联通联合举办“千场巡讲进万家智慧生活颂百年——山东联通5G智慧讲堂进社区”活动启动仪式　（济南联通　供稿）

【打造精品网络】　城区县城主干道SA网络覆盖率98.1%，5G分流比23%，居全国第六。共享联通4G基站483个，室分573个，4G网络质量和客户感知得到改善。开展应急保障演练6次，完成38次重大活动及重点客户保障，锻炼提升队伍应急处突能力。加大宽带覆盖投入，提升端口效能。端口总数达111.6万个，实占端口47.5万个，实占率42.5%，较年初提升5%。

（王婷瑞）

【抓好疫情防控】　全年联合检查办公区、机房、营业厅等场所近300次。加大安全保障支出，全年支出约144.5万元，取得全省安全生产劳动竞赛第二名的成绩。完善疫情防控机制，开展专项调度21次。贮备防疫物资，累计采购、发放防疫物资7万余件，保证中国电信济南分公司“零感染”。（王婷瑞）

【鼓励科技创新】　加强区县网络管理与支撑能力，增设区县网络总监；鼓励科技创新，设立两个创新工作室并配置专项资金，全年共申报71个创新项目、4项专利和2项软著；上半年创新成果获奖3个，下半年入围终选11个；多名员工获得2021年维护类竞赛一，二，三等奖，获评省公司5G和云网高质量建设劳动竞赛“最佳组织奖三等奖”；获评省公司“无线网络优化

优秀团队”称号。（王婷瑞）

【中国移动通信集团山东有限公司济南分公司】 2021年，中国移动通信集团山东有限公司济南分公司收入、效益指标达预期，完成各项税款缴纳超2亿；通信服务收入超40亿，创历史新高；通服收入增幅完成超12%，创十年新高；同口径净利润、CHBN收入、经营效率稳步增长，实现一个完成、两个新高、三个增长。（张 颖）

【强化网络承载能力】 济南移动加快5G精准建设，5G基站数量增加60%，实现全市主城区、县城的5G网络连续覆盖以及重点行业的精准覆盖。推动乡村地区5G、千兆宽带网络发展，提升乡村网络质量水平；落实“七项帮扶举措”，推动“七大乡村数智化工程”，承担电信普遍服务工作任务，加快黄河滩区的通信基础设施建设，开通5G站点88处，完成黄河滩区全部5G-700MH规划站点建设，实现黄河滩区城区的连续覆盖。实施乡村数智化工程，签约数字乡村2700余处，新派驻“第一书记”1名，勇担央企责任。针对重要场景等新建4G站点1200处，全年建设5G基站2600余处。（张 颖）

【关注客户感知认知】 开展“我为群众办实事”实践活动，两批52项重点举措清单全部完成。发挥信息化技术优势，多措并举“适老”服务，消除老年群体使用障碍，全市12家营业厅提供“爱心通道”，全年开展公益课堂12期，活动期间共接待客户300余人，解答客户疑难问题百余件。推出“宽带小区义诊”“快办快结”等活动，免费上门为客户提供网络检测、机顶盒、光猫等终端设备义诊，提供业务咨询及业务受理等个性化服务。全年共开展小区义诊4300余次，免费更换老旧设备15万余户。推进“断卡”行动，挖掘涉诈高风险号码，关停号码6万余个，全年配合公安机关捣毁GOIP诈骗窝点13处，涉诈号码降幅58.14%。（张 颖）

【落实数字强省工作】 2021年，中国移动数据中心（下称数据中心）获得国家A级机房证书，获得工信部联合开放委员会（ODCC）等7项行业评估证书，高分蝉联五星级数据中心称号，被评为首批大中型省级新型数据中心，已成为华东地区规模最大、服务标准最高、网络能力最强的数据中心。济南移动数据中心通过全面提升云网一体服务能力与智慧运营能力，助力社会各行业信息智能化、线上化、云化，赋能企业享受云计算、大数据、物联网等新一代信息技术带来的数字经济红利。（张 颖）

【推动数字技术赋能】 济南移动打造DICT“布局＋战区”一体化支撑体系，项目落地时间缩短30%；大单签约32个；引入头部合作伙伴32家；签约5G项目52个，入围两级示范项目8个，打造5G专网项目9个。IDC业务运营中心实现收入规模与净增量均居全省第一位。移动云业务方面，增幅110%，收入规模居全省第一位。

（张 颖）

2021年5月，济南移动“全屋智能”体验厅升级改造完成（济南移动 供稿）

栏目编辑 魏添乐

【住房和城乡建设概况】 全年完成建筑业总产值4126亿元，同比增长10.1%；新建商品房销售25.98万套、面积2110.80万平方米，同比增长32.26%。落地全国首个“城市数字孪生标准化联合实验室”，申报国家级“新城建”产业及应用示范基地。全市安置房新开工8940套、基本建成38001套，国有土地上房屋完成征收户数和建筑面积均超额完成年度任务。高质量推进老旧小区改造。成立黄河流域智能建造产教融合发展联盟。济南市“获得用气”指标获评优化营商环境“全国标杆”。加快打造供热“一张网”，创新新建商品房“先验房、后交房”模式，提升房屋质量满意度。

【住房和城乡建设制度体系建设】 制定《济南市引导鼓励住房租赁企业为新市民提供保障性租赁住房试点方案》等文件，编制济南市“十四五”住房发展规划、住房租赁市场发展规划、保障性租赁住房发展规划，探索构建“济南政策体系”。省住房城乡建设厅委托济南市编制《山东省公租房管理服务导则》，公租房管理“济南标准”在全省推广。全国首创“泉城安居信息平台”，优化住房租赁综合服务平台，推进中央财政支持住房租赁市场发展试点工作。实施“中优”城市更新项目32个，制定省内首个《历史建筑修缮维护补助资金管理办法》，芙蓉街—百花洲历史文化街区入选全国历史文化街区优秀案例，并被文旅部公布为十二条非遗主题游线。印发《关于全面推进绿色建筑高质量发展的实施意见》，制定《济南市加强城市地下市政基础设施建设实施方案》。

（关学军　刘建华　齐丽霞　田亚茹　蔺思远　刘明　孙杰　孟涛　田戎）

【国土空间总体规划编制】 完成两轮“三区三线”试划成果，同步推进市、区县、乡镇国土空间规划编制工作，优化全域全要素国土空间保护利用格局，塑造“东强西兴南美北起中优”城市发展新格局。高质量开展起步区国土空间规划、生态保护规划、大桥组团控制性规划及16个专项规划编制。

【推进城市规划市级统筹】 制定专项规划编制和审批管理规定，编制国土空间综合交通战略规划、地下空间总体规划等专项规划，中心城区50个片区控制性详细规划全部通过市政府批复。有序推进重点片区规划编制，高标准策划黄河生态风貌带城区段样板示范线路近期建设提升方案，编制“四港三区”联动—枢纽新城规划、济南智能智造走廊规划等重点片区规划。

（彭飞　王一帆）

【城市体检工作】 印发《济南市2021年城市体检工作实施方案》，在多源数据采集、整理、分析基础上，创新性开展城市基因体检、重点问题体检及试点片区体检，形成《济南市2021年城市自体检报告》。

【市政基础设施建设管理】 开展地

下市政基础设施普查及信息化建设基础调研工作，市政府办公厅先后印发《济南市加强城市地下市政基础设施建设实施方案》《济南市城市地下管线建设管理办法》。各管线建设单位按照《2021年度地下管线建设计划》有序推进地下管线建设，全年全市共建设地下管线1868千米，总投资54.48亿元。

【提升城市建设品质】 2021年，全市111个公共停车场建设项目全部建成，新增停车泊位27056个。全市共有301个（约占全市社区总量的38.6%）社区完成绿色社区创建。历下区、槐荫区城市品质提升试点片区10个重点项目基本建设完成。全年全市完成无障碍普查建档5340余项，改造完成1034项无障碍设施。2021年3月23日，成立“东强”战略市政设施专班，确保中科院科创城创新圈水电暖基础设施等6项市政设施建设重点任务有序推进。

【打造“新城建”国家试点】 自2020年“新城建”试点工作开展以来，济南市坚持以建设数据平台体系为突破口、以培育产业链为主抓手，创新推动“新城建”国家试点工作。2021年，“新城建”试点任务全面启动，科学指导“新城建”产业链发展，提升“新城建”产业链的集聚性和吸引力，筹建“新城建”产业基金，搭建从业企业交流平台。引入江河未来城、山东德才、山东航天产业“213”、东方雨虹绿色建材生产基地等18个“新城建”产业链项目。以济南新旧动能转换起步区绿色建设产业园为领建园区、钢城区绿色钢结构装配式建筑产业基地和历城区济南智能传感器产业园为关联园区，积极申请创建“新城建”产业及应用示范基地。2021年4月25日，济南市在住房城乡建设部“新城建”工作座谈会上作重点发言，工作经验被《中国建设报》刊发并在全国推广；9月上旬，《中国建设信息化》杂志刊登文章，推广济南市“新城建”试点任务CIM平台建设经验。

（关学军 刘建华 齐丽霞 田亚茹 蔺思远 刘明 孙杰 孟涛 田戎）

【建筑业】 2021年，全市完成建筑业总产值4126亿元，同比增长10.1%。先后扶持济南二建集团工程有限公司等3家企业取得施工总承包特级资质，山东大成正和建筑工程有限公司、济阳县开发建筑安装工程有限公司等8家企业取得总承包一级资质，服务企业资质升级效能不断提升，龙头企业数量在全省领先地位愈加明显。加大打造建筑业总部经济力度，引进中建三局集团山东投资建设有限公司、中建五局（山东）投资建设有限公司等行业龙头企业和上市公司的独立法人子公司先后在济南成立。印发《济南市房屋建筑和市政基础设施工程招标代理行为考核细则》等4个制度文件，组织推荐23个项目为工程监理改革试点示范项目。

【工程质量安全管理】 印发《建筑施工安全管理十条》《开展全市房屋建筑施工企业和项目驻点监管工作方案》等多项指导性文件及《安全生产及文明施工监管责任追究有关规定》等制度文件70余份。全年以大排查大整治行动为抓手，开展多次专项整治活动。先后开发工程安全监督系统、建筑起重机械监督系统、预拌混凝土（砂浆）监督系统、视频远程监控等七大信息化监督系统，提升安全监管效率。2020—2021年度，济南市房屋建筑工程共获鲁班奖7项、国家优质工程奖9项，另有17个工程通过2021年度泰山杯初审。在全省率先出台《关于开展济南市新建商品住宅工程主体结构开放日及先验房后交房活动实施意见》《济南市全面推行住宅工程质量潜在缺陷保险的实施意见》等措施办法，建立全流程的风险防控体系。

【建设扬尘治理督查】 拍摄扬尘防治视频宣教片，破解集体土地拆迁扬尘治理工作难题，提升信息化、一体化监管平台效能，完善网格化三级管理、案件双向移交长效机制，保障济南市2021年空气质量综合指数实现历史性突破，退出全国168座城市后二十名。

【勘察设计管理】 出台《关于优化提升住宅建筑入户门有关设计建设要求的通知》等文件，印发《关于促进济南市建筑信息模型（BIM）技术集成应用发展的实施意见》（2021—2025年）和《济南市“十四五”建筑信息模型（BIM）发展规划》。

推进全过程咨询、建筑师负责制等工程建设组织模式深化改革，出台《济南市建筑师负责制试点工作实施方案（试行）》（济建发〔2021〕46号），在全省率先开展建筑师负责制试点。印发《济南市第一次全国自然灾害综合风险普查房屋建筑和市政设施调查工作方案》，完成全市约500万幢房屋建筑外业调查工作。

【绿色建筑节能与科技】 加强建筑节能闭合式管理，新建建筑从设计、图纸审查、施工许可、现场监管、专项验收、竣工备案等环节严格把关。设计阶段和施工阶段新建建筑节能标准执行率均达100%。印发《济南市人民政府关于全面推进绿色建筑高质量发展的实施意见》《济南市绿色建筑高质量发展支持政策实施细则》。印发《关于加强民用建筑节能监管工作的通知》，编制《济南市“十四五”绿色建筑高质量发展规划》。组织推荐山东土木建筑科学技术奖项目32项、山东省建设科技创新成果竞赛项目17项、华夏建设科学技术奖项目6项、山东省绿色施工科技项目105项、山东省工程建设泰山杯奖绿色建筑方向6项。

【培育和发展住房租赁市场试点】 制定住房租赁市场“十四五”发展目标，持续加大房源筹集力度，全年新建、改建租赁住房3.5万套，盘活社会闲置存量房屋用作租赁住房2.8万套，共筹集租赁住房6.3万套，发放专项奖补资金12亿元，培育4家专业化、规模化住房租赁企业。3年试点期间共筹集租赁住房

2021年9月28日，济南市住建系统“质量月”“先验房后交房”启动仪式举行

（市住建局　供稿）

15.8万套，培育14家专业化、规模化住房租赁企业，超额完成试点筹集任务。“非改租”（非居住存量房屋改建用作租赁住房）工作经验得到住房城乡建设部认可并在《中国建设报》宣传推广。升级住房租赁综合服务平台，规范房源核验标准，提高核验效率，强化市场主体管理，优化租住服务体验。

【房地产市场监管】 按照“一城一策”要求，坚持“房住不炒”定位，在调控政策连续性、稳定性的基础上，保持房地产市场平稳健康发展。定期组织召开济南市房地产市场平稳健康发展工作领导小组例会，加强与土地、金融、税收等政策协同，实现稳地价、稳房价、稳预期的目标。开展房地产市场监测评价分析，搭建房地产开发项目电子手册监管系统，全面推行新版合同文本，强化购房告知和网签备案管理。制定出台预售资金监管、项目交付、销售管理等方面6个文件，逐步形成项目开发投资、建设、销售、交付、风险预警等全周期管理体系。编制“十四五”住房发展规划，指导“十四五”期间全市住房市场体系和保障体系发展。加强开发企业资质管理和信用评价体系建设，开展“互联网+监管”“双随机、一公开”市场检查和常态化市场调研，强化事中事后监管。启动房地产市场秩序三年专项整治工作，重点规范开发、交易、租赁、物业行为，稳妥处置个别房企市场风险，逐步构建市区、部门联动监管机制。

（关学军　刘建华　齐丽霞　田亚茹　蔺思远　刘明　孙杰　孟涛　田戎）

【农村改厕】 推进农村改厕规范升级，截至2021年年底，将厕所粪污

并入城镇污水管网、污水处理设施等方式进行处理的村达325个。在章丘区探索建立农村改厕智能管护系统，彻底实现全区厕所粪污处理和资源化利用全流程再造，有效解决农村改厕“最后一公里”问题。济阳区、商河县相继开展智能化管护模式建设，共建成县级管护平台3个、镇级管护平台23个，31万余改厕户实现报修报抽、粪污资源利用。在2021年乡村振兴考核中，济南市农村改厕工作位列全省第一，实现“两连冠”。

【农村危房改造】 联合民政、财政、乡村振兴等部门开展专项调研，制定印发实施方案，建立动态化农村危房改造机制，加强汛期低收入群体住房安全巡查，开展“回头看”排查，对新发现农村低收入群体的住房安全问题及时建立台账，发现一户，解决一户，确保“危房不住人、住人无危房”。开展农房险试点工作，对3100余农户房屋进行投保，拓宽农村低收入群体住房安全救助资金筹措渠道，探索推动构建“农户自助、政府补助、保险救助”的农村低收入群体住房安全保障长效机制。

【农村房屋安全隐患排查整治】 成立农村房屋安全隐患排查整治工作小组，编印《济南市农村房屋安全隐患排查初判指引》。2021年，完成排查116个街镇、5293个行政村、129.5万农户、153.8万处农房，鉴定为C、D级的经营性农村自建房全部完成整治。

【历史文化名镇名村和传统村落保护】 联合规划、文旅、财政等部门印发进一步加强历史文化名镇名村保护的一系列文件，组织区县开展历史文化名镇名村保护规划编制，推进规划实施。加大传统民居的保护力度，组织区县在中国传统村落、中国历史文化名村中选择具有一定建造年代、一定建筑艺术特征、一定历史文化价值的民居申报传统民居，开展传统民居保护工作。

（关学军　刘建华　齐丽霞　田亚茹　蔺思远　刘明　孙杰　孟涛　田戎）

【棚改安置】 棚改安置房新开工8940套、基本建成38001套，连续6年提前超额完成任务。实施“棚改安置房建成交付专项行动”，全年累计完成46个棚改项目，3.3万户棚改居民回迁安置。加快城镇开发边界内未建成社区建设，建立“一社区一方案”推进机制，做到竣工一个、销号一个，全年19个社区已建成并销号，涉及被拆迁居民2.5万户。有序实施城中村改造，研究制定《关于加快推进城中村改造生活保障房建设的实施意见》，完善政策措施，加快保障房建设。探索搭建合作平台，发挥功能性国企功能，助力城中村改造。研究化解田园新城、国际医学科学中心等遗留问题，确保项目平稳有序实施。

【历史文化名城保护】 建立“政策保障、统筹协调、督导检查、专家评审、交流研讨、宣传引导”6项工作机制，被省住房城乡建设厅宣传推广。加强监督管理，开展名城保护督导检查，推动区县落实保护工作责任。针对历史文化街区、历史建筑保护利用开展执法检查，排查发现问题，督促落实整改。与53处历史建筑保护责任人签订《保护责任书》，明确保护责任。制定省内首个《历史建筑修缮维护补助资金管理办法》，设立补助资金，鼓励历史建筑修缮，完成10处历史建筑维护修缮。

【“中优”战略实施】 建立“中优”工作台账，实现“项目化、责任化、清单化、节点化”。拓宽融资渠道，争取国开行贷款，济南古城（明府城片区）城市更新项目55.5亿元国开行贷款签约落地，上新街片区城市更新项目商业银行贷款到位4.58亿元。

【房屋征收】 印发《〈济南市国有土地上房屋征收与补偿办法〉实施细则》（济政办发〔2021〕2号）、《关于规范我市私有住房析产分户转移登记及征收补偿有关问题的通知》《关于进一步加强国有土地上征收项目房屋拆除安全工作的通知》《关于印发〈济南市国有土地上房屋征收评估鉴定暂行规则〉的通知》4个配套政策文件，为房屋征收补偿工作提供政策保障。会同历下区完成济南市实施“中优”战略的第一个征收项目——千佛山北入口改造项目，制定《东湖大厦综合整治方案》和补偿标准。组织实施济南遥墙国际机场二期改扩建项目征收工作，与山东太古飞机工程有限公司签订首份征收补偿协议。协调轨道交通沿线各区和房屋征收参与单位，轨道交通建设涉及的房屋征收工作有序推进。

（关学军　刘建华　齐丽霞　田亚茹　蔺思远　刘明　孙杰　孟涛　田戎）

【编制“十四五”保障性租赁住房发展规划】 编制“十四五”保障性租赁住房发展规划，明确“十四五”规划期间筹集保障性租赁住房20.5万套间，占新增住房供应总量的30%。

【筹集保障性租赁住房房源】 2021年，筹集保障性租赁住房项目46个、3.66万套间，总建筑面积约254万平方米。在国务院办公厅文件规定的5条渠道的基础上，结合济南市实际，探索利用城中村生活保障用地、地铁上盖物业及轨道交通站点周边住宅用地建设保障性租赁住房，住房城乡建设部以《建设工作简报》形式在全国住房城乡建设系统推广经验。

【人才安居工作】 制定《济南市2021年度人才住房保障工作推进方案》，明确政策制定、房源筹集、系统建设等各项工作的推进措施及完成时限。指导推进高层次人才购房补贴申请审核工作，截至2021年12月底，共审核通过高层次人才

2021年12月2日，济南市首张泉城安居卡发放仪式在中国建设银行济南自贸试验区分行举行

（市住建局　供稿）

7305名，核准资金约8亿元。结合“中央财政支持住房租赁市场”及“发展保障性租赁住房”2项试点工作，推进租赁型人才住房工作，落实房源5.2万套（间）。

【公租房管理】 按照省住房城乡建设厅印发的《山东省公租房管理服务条例》要求，市保障性住房服务中心开展公租房后期管理，提高公租房管理水平。印发《关于开展济南市公租房实物配租常态化申请受理有关工作的通知》，建立公租房实物配租常态化机制。

【住房制度改革】 在总结试点工作基础上，修改完善相关政策，明确工作流程，推进集资建房审批工作。印发《关于清理党政机关企事业等单位未出售公有住房的通知》，组织相关部门在全市有序开展未出售公有住房清理工作。组织召开市住房制度改革工作领导小组工作会议，解决一批房改历史遗留问题。组织召开3次公积金管理委员会会议，审议年度报告、取消异地公积金贷款户籍限制等内容，推进公积金事业发展。

（关学军　刘建华　齐丽霞　田亚茹　蔺思远　刘明　孙杰　孟涛　田戎）

【泉城红色物业建设】 完善市、区县、街道三级红色物业党建工作体系，制定《济南市红色物业企业建设标准》《济南市红色物业示范社区建设标准》。城市社区范围内2456个住宅小区实现业主自治组织全覆盖、物业管理全覆盖，615家物业服务企业落实党的组织建设。全市推选100个质量标杆物业项目，其中60个物业项目获选省级质量标杆。制定加强住宅小区物业管理招标投标、规范社区环境

和物业管理委员会代行业主委员会职责等一系列规范性文件。持续开展“大排查、解难题、暖万家”工作，推动商品住房小区建设集中充电设施3万余个，排查化解居民诉求10514件。

【老旧小区改造和加装电梯】 推动49个居民片区老旧小区改造工作，623.54万平方米老旧小区全部按期开工，惠及居民67559户，全年累计投资8.4亿元。年内，2个项目成功申报省试点，2个项目纳入军队老旧小区改造试点，1个项目被列为住房城乡建设部“我为群众办实事”100个联系点之一。全年既有住宅增设电梯完工215部，加装量连续4年稳居全省第一。

（关学军 刘建华 齐丽霞 田亚茹 蔺思远 刘明 孙杰 孟涛 田戎）

【城市燃气】 全市管道天然气用户322.6万户，管道燃气普及率达93.02%，天然气消费量18.7亿立方米，瓶装液化石油气消费3.2万吨。中压及以上压力级别干线燃气管道8808千米。全市有83家燃气企业和104座燃气供应站点。济南曹范LNG调峰储配站（一期）3万水立方建成投产。已建成投产天然气高压外环管网198千米，高压北环线穿越黄河工程（济阳区—黄河乡段）成功，高压北环线东环线（孙耿—黄河乡—曹范）全线贯通。

2021年10月30日，济南市住房和城乡建设局、济南能源集团有限公司联合济南市“12345”热线、济南市长清区住建局在长清文昌山体公园开展“党心连通民心，温心服务社区行”系列活动

（市住建局 供稿）

【城市供热】 全市有集中供热企业27家，集中供热面积3.09亿平方米。持续推进全市供热“一张网”，组织济南能源集团按照既定的分批次三年改造计划，完成194个自管站（网）改造，近11万户、1250余万平方米用户供热质量大幅提升。完成中心城区北郊热电厂热水锅炉、西客站热源厂、铁医锅炉房、华润锅炉房4处394兆瓦热源扩建项目。完成全市大容量高效机组余热和新能源供暖建设339.61万平方米。

【清洁取暖和海绵城市建设】 全市清洁取暖建设城市（县城）完工1050万平方米，农村地区完工17.93万户。以规划管控、顶层设计、系统治理为抓手，科学规划和统筹实施城市水系、园林绿地、道路交通、建筑小区四大系统建设，运用低影响开发措施，系统化全域推进海绵城市建设。截至2021年年底，全市累计建成海绵城市达标面积约201平方千米。

（关学军 刘建华 齐丽霞 田亚茹 蔺思远 刘明 孙杰 孟涛 田戎）

【概况】 2021年，济南市园林和林业绿化局围绕黄河流域生态保护和高质量发展重大国家战略，统筹山水林田湖草沙系统治理，推进全市园林和林业绿化高质量发展，佛慧山景区生态恢复工程建成开放，黄河生态风貌带加快建设，“千园之城”建设任务收官，“绿道”建设强力推进，城市绿化提质增效，国土绿化深入开展，公园景区管理持续加强，资源保护积极有效，民生林业加快发展，林长制改革创新持续深化。

【战略规划推进】 坚持把服从服务、主动融入黄河战略作为头等大事，开展黄河济南段生态资源本底调查研究，编制《济南黄河流域生态保护前期研究及规划建议》，实施沿黄湿地公园保护提升，建设防护林230公顷，建成郊野公园6处，生态系统稳定性不断提高。制定《“南美”近期重点打造片区和项目任务方案》，提出9大板块、66个重点项目，加快建设绿色生态之城。强化沟通对接和技术服务，协调推进“东强、西兴、北起、中优”重点绿化项目有序实施。

【“公园城市”建设】 高水平完成佛慧山景区生态恢复工程，新增绿地面积9.3万平方米，建成景观节点10处；出台《济南市绿化条例》，加快推进国土绿化，全面提升泉城生态环境，完成造林5333.33公顷，森林抚育3333.33公顷，建设提升生态廊道91千米，创建市级绿化示范村100个；挖掘城市灰色低效空间绿化潜力，探索形成“立交低线公园”“渣土山覆绿美化”“棕地生态修复”等公园建设新模式，被省住建厅全省推广借鉴；新建公园122个，全市500平方米以上公园超过1000个，“千园之城”建设三年行动收官。以山体绿道为引领，建成绿道170千米，大千佛山风景区绿道实现互联互通。

【城市绿化品质提升】 创新“绿色园林”理念，系统推进行道树复壮、大树培育、破“硬”换土、治“裸”、增花添彩五大工程，建成特色景观道路（街区）110条（处），完成58条道路4600余株行道树复壮、65条道路（路段）7000余株树木栽植基础破硬整治，培育大树1.9万株，裸土覆绿97万平方米，打造“花海”景观20万平方米，260万株玫瑰、月季镶嵌泉城；加强绿地精细化管理，科学实施冻害植物修复，常态化做好苗木补植、病虫害防治等工作，补植乔灌木4.2万株，治理杨柳、悬铃木飘絮24.5万株，清理市区内山体“三小一堆”633处；开展居住区绿地管护、行道树安全排险等专项整治，修剪各类苗木220万株，绿化提升老旧小区13万平方米；坚持“节日模式常态化”，布置花卉2700万盆、景观节点及立体花坛72组，营造浓厚节日氛围。

【公园景区管理】 提请市政府出台《济南市城市公园管理办法》，配套制定《星级公园评定办法》《国有资产有偿使用管理规定》等规范，加快推进智慧公园建设，公园服务管理规范化、标准化、智能化水平不断提升；开展“优美环境、优良秩序、优质服务、优秀文化”四大行动，公布100处城市公园、42处山体公园、188处口袋公园和街头游园名录，完善城市公园体系，实施严格保护和精细化管理，依法加强服务管理，提升城市公园管理的科学化、规范化、标准化水平，高质量举办庙会、山会等传统活动，“书香公园”成为创建文明典范城市的生动实践。

【森林资源保护】 强化森林资源保护，落实保护发展森林资源目标责任制，严格林地用途管制和定额管理，开展集体公益林委托国有林场管理试点，加强野生动物和古树名木保护，推进自然保护地整合优化，生物多样性显著提高。完善森林防灭火和林业有害生物防控体系，深化“全民参与、全域防控”工作格局，成立20个巡查组，选派100名干部下沉67个重点街镇不间断巡查，连续2年未发生较大森林火情，连续3年保持林业有害生物

佛慧山景区生态修复 （市园林和林业绿化局 供稿）

节日花卉布置　　（市园林和林业绿化局　供稿）

防控态势平稳；开展森林督查、“清风行动”、打击毁林和违建别墅清查整治等专项行动，常态化开展各类自然保护地以及林地绿地保护管理执法检查，加快构建问题发现、交办、督办、考核、问责机制。

【林业产业发展】　培育南山核桃、平阴玫瑰、商河花卉等特色优势产业，推进省会经济圈花卉产业联盟建设，增选玫瑰为市花，花博会、林交会斩获各类奖项96个。持续壮大森林康养产业，全市有3家单位被确定为国家森林康养基地试点，3家林场获批省乡村林场，16个国有林场森林经营方案率先获得省级批复；健全食用林产品质量安全监管体系，完善追溯制度，抽检抽测合格率连续3年保持在98%以上。

【行业改革创新】　出台《济南市关于推进全市园林和林业绿化高质量发展的实施意见》《关于加强森林防火严禁野外违规用火的通告》等6个引领性改革文件，建立林业有害生物防控3个标准体系；印发《关于进一步深化林长制改革的实施方案》，发布第一号市总林长令，出台《民间林长管理办法》，在全省林长制工作绩效评价中获“优秀”等次，《济南林长制助推森林防火系统化建设》被国家林草局发文推广。

（高宏璟）

【概况】　2021年，济南市城市管理局把城市管理作为民心工程，突出管理理念、管理手段、管理模式创新，树立大城管、城市美学、经营城市、无废城市、智慧城管、全民城管“六个理念”，全力打造全国最“日清日新、洁净有序”城市环境，城市“颜值”和“品质”实现重塑与蝶变。在“世界城市日”中国主场活动中，济南市城市管理局作为全国唯一一家城管部门第一次在由联合国人居署、住房城乡建设部主办的“中国城市高质量发展论坛”上作经验介绍。

【优化市城管委架构】　针对跨部门、跨领域、跨行业问题解决难，“头痛医头、脚痛医脚”“碎片化、部门化、利益化”等管理难题，按照“目之所及皆应有人管”的原则，对市城管委组织架构、职责职能进行优化和完善，推动市城管委升格为市委书记、市长为双主任的市委、市政府重要议事协调机构，调整充实成员，共包含26个市直部门，健全完善制度机制，赋予市城管委统筹协调、指挥监督、检查考核等职能，理顺部门关系，促进资源整合。

【道路精细化保洁】　2021年，全市城管系统新购置大型保洁车辆125辆、小型保洁车辆647辆，全市道路保洁车辆达1847辆，环卫保洁员共1.8万余人，道路保洁面积8934万平方米。各级城管部门在采取“冲、洒、洗、吸、扫”道路保洁精细化联合作业流程的基础上，推进城市家具一体化综合保洁，道路保洁由平面延伸至立面。

【临街建筑物外立面整治】　临街建筑物外立面维护（出新）2192处、面积约33.4万平方米，清理乱堆乱放1.9万余处；清理非法小广告出动人员3.2万人次，清除、覆盖非法小广告及乱贴乱画36万余处，停机106部，新增便民信息栏76处，临街建筑物外立面视觉效果明显改善。

【生活垃圾减量与分类】 建立垃圾分类“一把手”负责制，市区两级成立党政主要领导任“双组长”的议事协调机构，组建济南市生活垃圾分类指导服务中心。以“无废城市”理念对全市垃圾收运处理体系进行颠覆性重构，破解邻避效应，撤除零散投放点2.3万处，设置集中分类投放点1.5万处，配置有害垃圾收集车30辆、厨余垃圾专运车269辆、驳运车3090辆，厨余垃圾日收运能力超过1000吨，日处理能力超过780吨；针对区域特点，创新推出87条垃圾收运“公交专线”和135条“音乐专线”，撤除沿街垃圾桶2000余处。全年累计开展垃圾分类宣传活动1.5万场次、入户宣传970万户次，入户发放垃圾桶130万余户，全市配置5147名专职督导员，桶前“手把手”指导分类投放。市城市管理局成立15个督导组开展拉网式督导检查，累计督导检查小区4000余个、单位300余家；全市下达限期整改通知书1082份，立案56起，下达处罚决定书37份，罚款13350元。

【户外广告和牌匾标识治理】 开展创建户外广告和牌匾标识示范道路创建工作，全年完成34条示范道路创建，整治提升户外广告88处、店招牌匾3230处、单位标识78处。推进城区范围内脏破旧广告牌匾标识、过时公益广告和“牛皮癣”广告治理，按照边排查边治理和“减量提质”的整治原则，摸排整治户外广告和牌匾标识16730处。投入使用“济南市户外广告和牌匾标识信息管理系统”，印发2万余份《牌匾标识便民引导手册》，推出“店靓泉城”门店（橱窗）设计制作志愿服务行动。配合完成重大活动保障任务，保障春节、2021亚信金融峰会、庆祝建党100周年、国庆节等重大活动44次，利用经十东路、全福立交、高铁西站、绿地地标等楼体立面亮化屏、220处公厕显示屏和600余处大型户外广告设施营造氛围。

【提升夜景亮化品质】 实施路灯“补缺增亮”工程，完成经十路担山屯立交桥至邢村立交桥段LED路灯更换，平均照度高于更换前的2倍以上，投资7200余万元对经十西路、旅游路、经十东路等114条道路的路灯进行补建增。全年对市区90栋高层楼宇进行亮化升级，经十东路76栋楼宇可以集中演绎“灯光秀”，在济南西站建成国内首例户外对称式双屏裸眼3D显示屏，推进奥体中心“一场三馆”和省体育场二期亮化、经十东路高新段14栋楼宇新建亮化，推动西客站京沪会客厅和西部新城“一院三馆”、英雄山路立交及周边亮化设计，重点区域亮化水平显著提升。对重大节庆、重要会议的专题灯光宣传片进行精心设计制作，坚持“少而精”设计和“静态”播放原则。对确需大型立面亮化屏发布的宣传信息，经市委、市政府批准予以发布，提高“灯光秀”品质和品位。联合市委宣传部、市广播电视台举办亮化创意作品大赛，共征集150件作品，精选出14件优秀作品在“七一”期间集中展播，被中央电视台等媒体直播和报道。

【城市公共卫生间建设】 2021年，全市新建改造公共卫生间107座，

奥体中心及周边夜景亮化效果 （夏琨 摄）

完成为民办实事任务目标。注重在公共卫生间建设改造中融入城市美学理念，实现“一厕一景”，努力打造一批设计标准高、配套功能全、使用效能高、外观靓丽的公共卫生间，为广大市民提供良好如厕环境条件。

【窨井盖安全整治】 2021年3月，开展全市窨井盖安全整治行动，共计普查建档24.4万余个窨井盖，发现存有安全隐患的窨井盖3428个，逐一整治，逐一验收销号。为做好防汛工作，7月上旬主动对接全市各行业主管部门、各区县、各权属单位，开展窨井盖防汛应急排查整治，排查整改窨井盖安全隐患1652处，安装防坠网19741处。全市窨井盖完好率从整治之初的98.1%提高至98.6%。

【“三小一堆”整治】 联合市住建、园林绿化等部门，整治乱搭棚顶、挖地种菜、乱堆垃圾等“三小一堆”（小棚子、小顶子、小菜园、垃圾堆）现象，向城区“不文明”行为宣战。市政府召开专题会议，印发行动方案；城管、住建、园林和林业绿化3个部门各司其职，成立工作专班，分片指导、联合检查，形成强大合力。市内7个区（历下、市中、槐荫、天桥、历城、长清、高新）开展拉网式排查，共排查山体22座、开放式小区239个、封闭式小区204个，做到全覆盖、无盲区，共整治清理“三小一堆”4957处。其中，拆除整治“三小”2760处、面积12.04万平方米，清理垃圾堆2197处、体量2.25万余立方米。对清理出的空地，复绿297处、5.9万余平方米，栽植乔木1.7万株，城市环境不断改善。

【占道经营治理】 2021年，共计取缔流动商贩6.98万人次，规范店外经营4.65万处次，行政处罚2885起，罚款41.64万元。开展督导检查130余次，反馈整改问题700余处。结合党史学习教育为民办实事的要求，改变“喊、劝、撵”的简单治理模式，变“堵”为“疏”，变“突击治理”为“靠前服务”，深化地图式思维，以便民不扰民、服务不添堵为首要原则，连续12年开展应季西瓜临时经营便民疏导点设置工作，共设置266处疏导点，实现服务与疏导的有机结合，服务周边瓜农卖瓜和市民买瓜，兼顾市容秩序治理提升。

（夏　琨）

【概况】 2021年，济南市新增住房公积金缴存职工25.44万人，缴存住房公积金344.17亿元，同比分别增长22.34%和13.64%。全年发放贷款4.2万笔164.52亿元，同比增长26.49%。全年提取公积金231.98亿元，其中租房提取9.76亿元，各项业务指标居全省首位。

【黄河流域住房公积金高质量发展战略合作启动会议】 2021年12月3日，济南住房公积金中心发起的黄河流域住房公积金高质量发展战略合作启动会议召开，济南、郑州、太原、呼和浩特、西安、兰州、银川、西宁8个城市签署《黄河流域住房公积金高质量发展战略合作协议》，在建立长效工作、信息共享应用、互认互贷、服务标准提升、政策研究和人才教育等方面进行合作。

【打造极简办服务模式】 以推进“互联网+公积金”建设为抓手，通过全渠道办、全网办、全过程办等方式方法，打造“泉心城意、积金为民”服务品牌，为群众提供全流程全方位服务。通过数据共享，系统自动核验，取消婚姻、户口、购房合同、不动产登记、退休证明等关键材料，贷款材料由11项减至5项。实现信息查询、冲还贷、按月提取签约、提前还款、汇补缴等20余项业务“秒办”，7项高频使用证明实现线上自助开具。依申请服务事项（除不宜网办2个事项外），全部实现“100%跑零次”。线下归集业务扩展到137个银行网点，贷款业务拓展到330个银行网点，构建线下办、网上指尖办、第三方协同办的多元化立体式服务网，真正打通公积金惠民服务“最后一公里”。

【优化营商环境】 公积金缴存登记、账户注销及信息变更与商事业务“事项联办”，涉企15项业务网上办理。全年一窗办理公积金缴存登记7579笔、单位缴存登记信息变更3298笔、单位缴存登记注销83笔。营业执照、身份证的电子证照在业务中应用，企业无需提供纸质材料及复印件。开展“金企通”服务，为重点企业提供公积金业务的全链条一站式服务。联合银行推出“公积金惠企贷”，将企业缴存信用转化为“融资资金”，解决企业融资难、融资贵、融资慢问题，发放惠企贷 1.1 亿元。

【服务数据化】 依托“泉城链”，建设“公积金链”，形成“公积金链 + 数据资产化平台 + 数字保险箱”三位一体的数据安全共享新通道。异地贷款缴存证明、公积金缴存证明、贷款结清证明上链，并在微信公众号使用。在省内率先完成全国住房公积金小程序“异地转移接续”业务上线和全国住房公积金数据共享平台接入，实现全国范围内公积金数据信息可查询、可核验。24 项业务全省通办，8 项跨省通办。扩大可办理商贷按月委托提取业务的商业银行数量增至 28 家，累计签约 19 万余笔，月均支付资金近 4 亿元。

【推进省会经济圈住房公积金一体化发展】 济南住房公积金中心发挥引领作用，贯彻落实省政府加快省会经济圈一体化发展指导意见，加强相互之间的交流与合作，探索区域公积金一体化的方法和路径。通过《推进省会经济圈公积金业务一体化办理的实施意见》，明确公积金业务一体化需要落地落实的重点任务、重点事项，确保落到实处、取得实效。已实现公积金缴存、贷款信息实时查询；退休提取公积金、购房提取公积金、开具贷款结清证明、开具单位公积金缴存证明 7 市通办；圈内城市间的公积金异地转移即接即办；圈内办理异地公积金贷款提取，取消公积金贷款合同、购房合同、还款明细等要件，配合电子身份证使用，零材料办理。

（何建明）

【概况】 截至 2021 年年底，济南城市建设集团有限公司（以下简称“建设集团”）资产总额再创新高，达 3111.83 亿元，同比增长 20.53%；项目年度计划投资 242.39 亿元，实际完成投资 280.13 亿元，完成率 115.57%；新增融资 553.26 亿元；引进市外投资 287.66 亿元，实际利用外资 2.77 亿美元，超额完成年度招商引资任务。济南城市建设集团获评“全国五一劳动奖状”“山东省攻坚克难奖先进集体”，连续 2 年获全市经济社会发展综合考核市管企业一等奖。

【跨黄桥隧建设】 被誉为“万里黄河第一隧”的济南黄河济泺路隧道、创“三项世界之最”的济南黄河凤凰大桥竣工通车，为加快起步区建设，落实“北起”战略提供重要交通支撑。齐鲁大桥主桥建设完成，新建“三隧一桥”（济泺路穿黄北延隧道、黄岗路隧道、航天路隧道、黄河大桥扩建工程）按计划有序实施。

【起步区建设】 累计开工安置房 200 多万平方米、市政道路约 87 千米，黄河大道一期 7.7 千米达到双向八车道通行条件；山大二院起步区新院主院区全面进入基础结构施工阶段；黄河体育中心开工建设；济南黄河文化传承基地项目通过竣工验收。

【科创城建设】 电工所试验区部分建筑单体交付使用，科研区公寓楼

2021 年 5 月 2 日，济南黄河凤凰大桥主缆架设完成，架设方法为国内首创

（房龙飞　摄）

2021年9月29日，济南黄河济泺路隧道通车　　（房龙飞　摄）

及服务中心、科研办公楼完成质监验收；理化所一期A-1车间交付使用；高研院主院区项目全面展开装饰安装。

【片区开发】　西客站片区“三馆”二期竣工，片区首个购物中心弘阳广场开业；张刘片区安置房一、二期竣工，共安置居民5055人，“印象济南”获批国家级夜间文化和旅游消费集聚区、首批山东省旅游休闲街区等。大学城片区华谊兄弟（济南）电影小镇开业，安置三区北区开工。华山片区回迁安置工作全部完成，2.58万人入住新居。北湖片区超额完成土地出让计划，安置房建设快速推进。累计投资27亿元保障济南国际机场二期改扩建项目建设，投资近8.1亿元完成佛慧山开元寺入口改造项目并对外开放。

【体制机制创新】　按照全市国资国企改革部署，成立集团改革重组工作专班，统筹推进资产项目划转等工作。对标国企改革三年行动计划，逐项分解落实，如期实现三年改革任务70%的目标。推进“三项制度”改革，制定实施《选聘职业经理人试点工作暂行办法》《子公司经理层任期制和契约化管理实施方案》《中长期激励梳理评估工作方案》，完成首位职业经理人选聘工作。加大科技创新力度，建设集团获省级政府颁发的科学技术奖1项、省级主管部门颁发的科学技术奖1项、省级优质工程奖项5项、省级以上专业协会颁发的各类奖项55项、市级协会颁发的各类奖项18项，新增专利授权197项。

【提升企业管理效能】　加强考核管理，全面推行精准考核、一企一策，建立业绩评价体系。加强成本管控，对现有成本管控体系、流程进行优化、再造。加强产权管理，建立起集团权属企业产权信息管理系统。加强经营项目管理和合资公司股权管理，企业管控体系更趋完善。加强信息化建设，以城市建设大厦启用为契机，建成集团数据中心，优化OA办公系统。积极寻找问题突破口和解决方案，累计破解遗留问题21项。拓展融资渠道，落实政府专项债券74亿元，获取保险资金约103亿元，为跨黄桥隧、科创城等项目建设提供资金支持；开展资产证券化业务，发行规模15.94亿元的济南市首单供应链ABS；发行8.05亿美元境外债券，创下自2018年以来省内企业同期限利率最低的纪录。

（徐国辉）

【概况】　2021年，济南城投集团完成重大项目投资380亿元，投资完成率116%，超额完成年度投资任务。全年实现资金收入519.56亿元，资金支出533.93亿元，偿还到期债务本息209.82亿元。缴纳各项税金7.23亿元，比上年增长23%。连续17年保持项下债务履约率100%，维护了政府和集团信誉。

【打造“东强”战略策源地】　中央商务区40万平方米的园林景观项目全部完成，20余条市政道路建成并通车，地下环路竣工验收，为商务区的崛起成峰打下坚实基础。坚持生态优先、绿色发展理念，济钢中央森林公园开园，韩仓河生态景观提升、片区市政道路等项目建设顺利，济钢片区全面起势，成为济南工业文明的转型典范。

【奋战“西兴”战略主战场】 济南国际医学科学中心、马山镇城乡融合发展试点项目、文昌片区城市更新三大项目是城投集团打造的“西兴”战略新高地。济南国际医学科学中心承建项目28个，总建筑面积900万平方米，竣工项目9个，质子中心、山东第一医科大学（一期）、北方大数据中心、山东中医药大学国际眼科与视光医学院、2个产业园等项目相继交付使用，竣工交付面积172万平方米；树兰（济南）国际医院、微生物研究所等项目推动有力。推进国家城乡融合发展济南片区试点项目马山镇建设，开工建设安置房11595套，总建筑面积161.53万平方米，建成后将实现安置人口3.2万人。举办中国（济南）名优锦鲤大赛，依托赛事扩大产业延伸发展。启动长清文昌城市更新项目建设，已投入资金100亿元，腾出发展空间500公顷，80万平方米的安置房建设全部开工。策划产业引入开发项目5个，按照现代新城的要求，致力于打造一个现代化新文昌。

建设中的济南中央商务区 （市城投集团 供稿）

【商埠区建设】 商埠区是“中优”战略中重点打造的五大片区之一，随着其核心区域“一园十二坊”规划的亮相、百年建筑成丰面粉厂的竣工验收及济南宾馆土地熟化工作的完成，赋予了历史建筑新活力，商埠区改造更新工作驶入快车道。

【民生领域建设】 济南国际医学科学中心安置三区20.96万平方米新房建设完成，450户村民乔迁新居；启动6个区域1.3万套住房租赁建设，海晏门项目172套房源出租率100%，保障“新市民”住有所居；东沙片区配套九年一贯制学校交付；完成12个回迁安置小区1341户储藏室产权证办理；破解4个行政区、53个村、2万余户村民因土地性质原因导致多年无法办证的历史遗留难题；中央商务区东西绿廊、济钢中央森林公园、韩仓河生态景观带成为泉城景观的新亮点、新地标。推动原水、供水建设，东湖、旅游路水厂实现联网供水，全年新建管网35.5千米，老旧管网改造完成30千米，20处老旧住宅小区供水改造工程全部完成；完成16处泉水直饮项目建设，推进泉水直饮工程从前期建设到后期运维全过程标准化、规范化管理。

济钢片区3200高炉“七一”点亮东城 （市城投集团 供稿）

【产业园区建设】 城投集团负责投资建设的济南精准医学产业园、济南医疗健康科技创新产业园于2021

长清区马山镇城乡融合发展试点建设项目　　（市城投集团　供稿）

年下半年相继开园，招商运营迈上新台阶。济南精准医学产业园作为山东省首个专注于医学的专业化园区，已签约承载国家人类遗传资源山东创新中心、华银医学检验、海芃诊断技术、沃科海思医学检验等8家单位，进入签约程序3家，在谈3家。槐荫区"青年会客厅"正式落户产业园，为青年创新创业聚能赋能搭建平台。济南微生态生物医学省实验室落户济南医疗健康科技创新产业园，复旦大学研究院、韩国黄禹锡领衔模式动物实验平台也有落户意向。2个产业园的顺利运营，使集团向打造"精准医学产业创新高地，科技成果转化示范基地"的目标不断迈进。

【创新资金筹措路径】　坚持以创新融资为中心，以精细化管理、风险管控为主线，抓好私募、公募公司债券及项目收益票据的注册发行工作，逐步建立科学、高效、合理的融资体系。全年新增融资338.80亿元，其中新增直接融资71亿元。60亿元项目收益票据的成功注册，在直接融资形式上实现突破。第一期成功发行的项目收益票据为2016年以来全国首单AAA公募项目收益票据，山东历史首单主债AAA公募项目收益票据，第二期发行的利率创全国同期限项目收益票据历史最低及公司同期限债券融资历史最低2项纪录。探索租赁住房资产证券化，集团以海晏门项目发行类REITS产品，融资规模约1.2亿元，将有效盘活租赁住房存量资产，提高资金使用效率，推动住房租赁市场发展。

（张　敬）

【概况】　2021年，济南市生态环境局围绕"强省会"战略和"生态济南"建设目标，打好污染防治攻坚战，推进绿色低碳发展，强化生态环境保护，推进治理能力现代化，生态环境保护工作取得新成效。济南市空气质量综合指数为4.7，首次进入"4+"时代，同比改善11.5%，成功退出全国168个重点城市"后二十"位；6项主要污染物均实现改善，其中细颗粒物浓度为40微克每立方米，同比改善18.4%；优良率比例为62.7%，其中一级优天数47天，同比增加23天，蓝天"含金量"大幅提升。

【污染防治】　利用生态环境数字平台、走航监测、用电量监控、无人机巡飞、量子雷达等科技手段，逐小时分析研判空气质量。健全"监测—预报—处置—核查—反馈"闭环机制，推进空气质量持续改善。推进49台工业炉窑综合整治，实施钢铁行业超低排放"回头看"并完成42个问题整改，完成255台非燃煤锅炉整治提升；严格工业企业扬尘污染管控，联合开展商砼企业扬尘专项检查并完成整改；深化挥发性有机物精细化管控，完成341家重点行业企业VOCs原辅材料源头替代。全面实施重型柴油车国六标准，审核外埠转入机动车3.7万辆次；组织在用机动车联合路检1266次，抽测集中停放地各类车辆1.19万辆、责令维修1700余辆；持续加强非道路移动机械管控，全国首创共享电动叉车项目，累计核发非道路移动机械环保号码4.8万个，安装定位装置3.1万台，对违法违规行为罚款7万余元；检查油气回收企业3587家次，完成7578辆老旧柴油货车提前报废。国省市控三级断面水质达标率、饮用水水源地水质达标率以及国控断面好三水体比例均实现100%，小清河辛丰庄出境断面年均值水质首次达到地表水三类标准，创有监测记录以来的最好水平，入选山东省美丽河湖示范典型。开展15区县（含功能区）水环境承载力评估，完成黄河流域36个突出水生态环境问题整改，有效控制黄河济南段的总氮浓度。开展10次水污染防治排查并强化跟踪督办，全省率先完成148个劣五类排污口溯源整治，全省率先完成流域横向生态补偿协议签订工作。加大水源保护区巡查力度，初步完成狼猫山水库等水源保护区范围调整优化工作，对县级以上水源地开展定期监测。加强土壤环境管理，污染地块安全利用率达100%。强化源头防控，组织完成689个地块土壤污染状况调查和评审，督促裕兴公司原厂区加快土壤修复，完成原济南历下石油厂地块污染土壤修复任务。开展乡村生态振兴工作，完成30处农村黑臭水体治理和410个村庄生活污水治理任务，对196个日处理量20吨以上的设施纳入环境监督性监测范畴。完成3个省级化工园区地下水环境状况评估报告并通过评审，对13个化工企业集聚区地下水防治编制技术方案并开展监测井采样。

【推动绿色低碳发展】 全面落实黄河重大国家战略，参与完成黄河风貌带生态保护与修复专题研究工作，智慧生态黄河工程获得国家、省大力支持，推动成立中国环境监测总站、省生态环境厅、市政府三方组成的“智慧生态黄河”建设工作专班，成功列入中央环保资金项目库并获批专项资金5438.43万元。推动绿色低碳发展，“四减四增”三年行动实施成果获省优秀等次，全省率先启动并完成新一轮“四减四增”三年行动方案编制工作。在全省率先开展市级碳达峰行动方案编制工作，推进重点控排企业参与全国碳市场交易，推动起步区零碳智慧创新运营中心等项目集中开工，争取全国首批、全省唯一碳监测评估试点城市，率先开展城市大气温室气体监测评估工作，编制形成2015—2020年温室气体清单，完成46家涉消耗臭氧层物质经营活动单位备案管理工作。培育环保产业，全省率先开展济南市环保产业调查，济阳区济北街道办事处环保管家服务模式项目和山东环境医院服务中心项目分别入选省生态环境厅“环保管家”“环境医院”服务模式试点。提升营商环境，将全市502个省市重点项目纳入“绿色通道”并联提速，共审批建设项目报告书（表）1026个，登记备案建设项目11787个。优化审批服务，取消40类保障民生项目环评登记备案，豁免26类门店项目环评办理。严格环境准入，坚决遏制“两高”项目盲目发展。

【维护生态环境安全】 开展“绿盾2021”自然保护地强化监督工作，完成《联合国气候变化框架公约》第十五次缔约方会议参展工作，开展生物多样性保护战略与行动计划编制工作。推进生态文明创建，国家生态文明建设示范区及国家、省级“两山”实践创新基地数量继续领跑全省。开展危险废物拉网式起底式排查整治，组织3398家工业企业、3979个村居（社区）、27.5万人收看危险废物警示教育短片。提升医疗废物处置专业化能力，共处置医疗废物17662吨，其中涉疫情医疗废物654吨。持续开展安全生产大排查大整治1000余次，累计排查重点企业、单位920余家，督促企业整改落实形成监管闭环，全面提升应急处置水平。开展辐射安全隐患专项排查整治，拉网式排查49家放射源使用单位，检查放射源1258枚、非密封工作场所9处。组织开展全市生态环境系统环境安全应急实战演练活动，提升突发环境事件应对能力。开展突出生态环境问题“十大专项整治行动”，做好第二轮中央、省级生态环境保护督察迎察保障及问题整改工作。第二轮省级生态环境保护督察反馈85项问题，56项已完成整改；转办3278件信访件，3134件完成整改。第二轮中央生态环境保护督察转办1119件信访件，861件完成整改。

【提高治理现代化水平】 高质量编制完成济南市生态环境保护“十四五”规划。建立生态环境分区管控体系，“三线一单”应用成果被生态环境部评为全国优秀案例。深化智慧环保平台应用，开展网格巡查38万余次，排查处理3.7万余条报警信息。国家生态环境监测大数据超算云中心揭牌运行，国家、省、市生态环境大数据实现在济南的汇聚、挖掘和综合应用。将细颗粒物、二氧化硫纳入考核范围，每月开展镇街环境空气质量和道路颗粒物考核奖惩。完成2516家排污单位的发证、变更、重新申请、延续等工作，首创性地开发排污许可智能管理系统，实现排污许可数据分析及到期预警。实施污染减排项目116个，完成2020年度生态环境统计工作。提升监管执法效能，组织综合执法行动9次，联勤联动执法检查企业4211家，立案35件，处罚额259.8万元，移交公安机关立案调查4起。强化执法监督，公示行政许可信息757件、行政处罚信息24件，举行行政处罚听证会10起，审核重大执法决定6件，出具各类企业环境信用证明70件。深化生态环境损害赔偿制度改革，修复完成或缴纳生态环境损害赔偿金20件。处理"12345"市民服务热线交办件8507件，办结率100%，满意率为99.92%。深化环境监测网络建设，布点建设35个环境空气甲烷非甲烷总烃自动监测站点、8个主要河流水质自动监测站、2台量子雷达，实现乡镇空气质量监测点位全覆盖和跨区（县）河流水质监测全覆盖。成立市生态环境监控中心，全国首创"1+9"市级多场所环境监测质量管理体系"济南模式"。积极争取上级资金4.2亿元，下发各类生态补偿资金6659万元。强化资金项目储备能力，争取19个项目成功入选中央生态环境资金项目储备库，申请资金支持达3.13亿元。

（薛　洁）

栏目编辑　王　炜

教 育

综 述

【概况】 2021年济南教育以习近平新时代中国特色社会主义思想为指导，全面贯彻落实中共十九大和十九届历次全会精神，加强党对教育工作的全面领导，全面贯彻党的教育方针，坚持从政治上看教育、从民生上抓教育、从规律上办教育，落实落细立德树人根本任务，深化教育领域综合改革，加快教育高质量发展，围绕“办有温度有品质的济南教育”，锻造教育现代化的“济南品牌”，不断增强群众教育获得感、幸福感、安全感。

【优化教育资源配置】 围绕群众关心关注的教育热点问题，优化教育资源配置，完成公开承诺事项和为民办实事任务。2021年，全市有101所新建中小学校、幼儿园投入使用，新增学位9.04万个。高标准编制《济南市“十四五”教育事业发展规划》和《济南市2019—2030年中小学校及幼儿园布局规划》，全市新规划公办及普惠性幼儿园1100余所、中小学校800余所。公办幼儿园在园幼儿占比超过54.1%。普惠性幼儿园覆盖率超过88.5%。推行“午间配餐+课后服务”配套服务管理模式，开启“课程化”课后服务体系建设，建设15处中央厨房为学生提供午间供餐服务，在全国率先实现课后服务参与学校全覆盖、学生需求全满足、经费支持全保障三个100%，家长和学生满意度达98.6%。组建触点式管理网格组513个、“优质园+”发展共同体400个。加快推进国家产教融合试点城市和职业教育创新发展高地建设，新增产教融合培育项目108个，5所中职学校、17个专业纳入省高水平学校（专业）建设项目，两个虚拟仿真实训基地成为全国示范性基地培育项目，占全省的1/5。深入推进市校融合发展战略工程，立项支持市校融合发展战略工程项目95个，引进企业院所等各类项目27个，合同资金51亿元人民币，合同外资2000万美元。严格规范校外培训机构管理，抽查机构3439处，停业整顿180家，取缔475家。

【教师招聘、资格认定、培训和考核】 2021年，全市组织396名教师参加国培、1478名教师参加省培、8万余名中小学教师参加“互联网+教师专业发展”远程研修、近4万名教师参加师德师风及心理健康专题培训、新教师试用期培训417人，市本级完成16学科64期19548人次高中教师面对面培训。完成第三期济南名师和第二期济南优秀教育管理者建设工程，新认定117名济南名师、49名济南优秀教育管理者。截至2021年年底，共有309名教师晋升中小学正高级教师职称，32名教师迈入“三级教授”行列；352名乡村中小学教师取得基层中小学正高级、副高级职称。全市招聘中小学（幼儿园）教师4304人。全年共招聘幼儿教师1791人，较2020年增幅54.5%。累计完成乡村教师周转宿舍1772套、6.17万平方米。评选100名“济南市优秀乡村教师”、100名“济南市优秀乡村青年教师”，9名济南乡村青年教师入选首批山东省乡村优秀青年教师培养奖励计划人选。选派233名教师赴日喀则、武隆等地开展援助支教。安排492名师范生到乡村学校实习支教。

【增加教育经费投入】 2021年，全市地方教育经费总投入为305.48亿元，比2020年增长4.98%。其中，财政性教育经费收入234.92亿元，比2020年下降1.22%；非财政性教育经费收入70.56亿元，比2020年增长32.71%。全市各类学校生均一般公共预算教育经费增长情况分别是：幼儿园7553.01元，普通小学14196.23元，普通初中22478.51元，普通高中23964.83元，中等职业学校20912.25元，普通高等学校21441.09元。共落实资助资金4.8亿元，资助家庭经济困难学生16.5万人。

【完善防控体系】 强化学校全员岗位安全培训，2021年全市学校干部、教师培训率100%。加强校园安全隐患排查整治，全年累计督查学校877所，排查整治问题隐患4011个。联合多部门每季度开展校车安全督查活动，累计督查校车服务公司12家次、学校115所，排查整治问题145项，查处“黑校车”32辆，全市966辆校车安全运行无事故。全面完成中小学幼儿园安全防范“四个100%”建设任务，校园安防能力显著增强。牵头9部门开展防溺水专项检查，检查14个区县42所学校、28处水域，深化各级各部门和学校防溺水安全责任落实。督促指导区县教育行政部门处置校园欺凌事件8起，有效遏制校园欺凌行为。投入市级资金1051万元，实现全市中小学幼儿园（含民办）校方责任保险全覆盖，受益学生近140万人。

【促进学生全面发展】 关注学生思想政治、体育健康、文化艺术全面发展，促进学生身心健康成长。举办“双贯通”思政课改革圆桌论坛，建立思政课改革长效落实机制，成立济南市大中小学思政课一体化建设联合教研和协同创新中心，举办学好用好《习近平新时代中国特色社会主义思想学生读本》首场研训活动。24小时心理关爱热线开通625天，接听有效热线12350通，上报并化解重大心理危机21起，回复邮件90封，接听率、处置率均为100%；联合省精神卫生中心探索成立全国首家专门针对儿童青少年的集“诊断—治疗—康复—教育”为一体的学生心理健康促进中心和心理诊疗中心；聚力全国优质心理教育资源，举办济南市首届学校心育现场会。加强体教融合，完善体育竞赛机制。完善市、区县、学校三级校园体育竞赛体系。组织15项赛事活动，累计参赛学生13737人。举办济南市中小学校437场次足球联赛，首次实行甲乙分组和主客场制。创新体育赛事宣传模式，单场赛事直播在线观看超17万人次。参加第十四届全国学生运动会，济南市获得8金、4银、6铜；参加省足协足球“联盟杯”比赛，济南市获得高中男子组U16冠军、U18季军；参加省“全国青少年校园足球特色学校”足球联赛，济南市获高中男女组双季军。首批向学生人数超过600人且校医缺口较大的市直属中小学（含职专）配备36名校医。组织第十七届中小学生班级文化艺术活动，收到各类艺术作品838件，评出一等奖270余项，表彰优秀指导教师、优秀领队530余人。组织参加省中小学美术教师基本功展示，全市31名教师获个人全能奖，其中11名教师获一等奖。

【教育职责评价】 开展对14个区县政府履行教育职责评价工作，11月迎接省对市政府履行教育职责评价实地核查（市中区和钢城区）。推进教育督导体制机制改革，印发《济南市深化新时代教育督导体制机制改革的实施方案》，完善修订市政府教育督导委员会工作规则和办公室工作细则。指导平阴县和历下区分别做好迎接国家义务教育优质均衡和学前双普两项督导评估工作。落实“五项管理”和“双减”督导工作，6月，接受国家“五项管理”实地核查，并得到充分肯定。完成2021年国家义务教育质量监测工作，指导历城区和莱芜区完成2021年国家义务教育质量监测共40个样本校的数学、体育和心理健康科目质量监测工作。

【推进学校及社会语言文字的规范化建设、普及与普通话测试工作】 举办2021年济南市中华经典诵写讲大赛，济南市推荐作品获得国家级比赛一等奖1项、三等奖2项、优秀奖5项。完成635所学校（幼儿园）语言文字规范化达标建设验收工作，达标率100%。全市共有语言文字规范化达标学校3095所。完成36461名幼儿教师和保育员的普通话水平情况调查。举行济南市第24届推广普通话宣传周活动启动仪式。制作播放《普通话诵百年伟业，泉城人写时代新篇》志愿者宣讲视频短片，开展“诵读红色经典，不负韶华使命”红色经典故事讲述、“回顾建党百年，书写崭新征程”师生书法比赛、“小手拉大手、同说普通话”等活动。新增历城、长清、章丘、济阳、钢城、平阴、商河、南山、高新9个测试站点，全年共测试各级各类考生17101人。

【对外交流与合作】　开展对外交流与合作，教育国际化办学水平显著提高。完成巴西里约中国国际学校试点办学任务。按照教育部要求，完成巴西里约中国国际学校课题研究，制定《巴西外派教师境外疫情防控应急处置预案》，保障3名外派教师完成支教任务，平安回国。办好国际学校。济南市托马斯外籍人员子女学校建设IPC创客空间、美术、阅读和语文四个功能教室，市级财政拨付资金支持学校建设高端STEM特色实验室。开展教育对外交流合作。组织学校参加中韩、中日、中俄、中美、中法等线上交流活动，帮助64所学校搭建教育教学研讨、课题研究、学术论坛、文化艺术等方面对外交流平台，帮助7所学校与国外建立友好学校，市教育局被省教育国际交流协会评为2021年教育国际交流合作工作先进单位。推动中外合作办学提质培优。省实验中学和山师附中中外合作办学项目再创佳绩，济南职业学院与韩国全州大学举办的中韩汽车制造与实验技术专业合作办学项目在教育部获得备案并顺利招生。济南职业学院与美国纽约市立大学史泰登岛学院合作共建的史泰登岛国际学院进入省教育厅评审阶段。济南工程职业技术学院和莱芜职业技术学院发起成立“东南亚职业教育境外办学联盟”，济南工程职业技术学院加入“中非职业教育联盟”。

【打造优质高教资源集聚区】　聚焦教育领域重点企业，引进11个头部企业项目，包括英国QS全球教育集团、威盛电子、中兴通讯3个名企教育板块总部，以及长视频赛道龙头喜马拉雅、全球文字识别技术与智能交互产品龙头汉王科技、国内智能语音服务龙头科大讯飞等8个名企项目。其中，以教育项目为牵引，引进威盛电子到济设立总部，建设区县级人工智能教育服务示范中心。推动引进德国维尔茨堡大学与省药学科学院共建中德生物技术研究中心项目、山东建筑大学与英国巴斯大学等共办先进水处理膜材料研发与应用国际创新中心、俄罗斯彼尔姆国立人文师范大学普希金中心、山东省区块链金融重点实验室产教融合实验室等国内外知名高校与重点科研单位类项目15个。

【2021济南教育十件大事评选产生】“2021年度济南教育十件大事”分别为：高质量承办职教活动周全国启动仪式系列活动，新媒体矩阵传播树品质教育形象，“十四五”教育事业发展规划发布，全市实现学前、义务教育招生“一网通办”，校长教师交流轮岗赋能高质量发展，中央厨房式午间配餐彰显民生温度，平阴县教育联盟助推城乡教育优质均衡，莱芜区388套周转宿舍为乡村教师“安居”，济南一中为高层次人才子女就学提供“绿色通道”，“新、深、实”力促中小学德育显实效。

【交流轮岗制度化、常态化】　“十三五”规划时期以来，全市共有近2万名校长、教师参加交流轮岗，各区县已经实现10%以上的教师交流轮岗，义务教育校长教师交流轮岗实现制度化、常态化。9月9日，中央电视台对济南市“教师轮岗”典型经验进行深入报道。市教育局联合有关部门先后出台《关于进一步推进县（市）区域义务教育学校校长教师交流轮岗工作的意见》《关于推进中小学教师县管校聘管理改革工作的指导意见》《全市中小学教职工统筹调剂的实施意见（试行）》等文件，多项政策叠加，推动义务教育从“基本均衡”向“优质均衡”迈进。区域内部交流、名校跨校交换、学科竞岗交流、双向选择交流等一系列颇具系统性、创新性和前瞻性的交流轮岗举措，为全省乃至全国推动校长交流轮岗工作提供可复制、可推广的济南经验。

【学前、义务教育招生“一网通办”】推进“互联网+教育”，构建权威、便捷的一体化在线政务服务平台，发挥大数据优势，促成数据整合、数据赋能，将招生工作中所需的各部门数据进行集成，解决家长报名的痛点、难点。以“互联网+教育”为依托，将原来传统入学报名中的“家长现场排队登记，现场提交纸质材料、工作人员录入信息”调整为“家长网上填报、政务数据共享校验、工作人员后台审核确认”全新模式，建成并使用学前教育和义务教育入学招生平台。所有区县已按计划利用平台完成招生工作。实现家长报名随时随地、方便快捷，在线信息审核公平准确，提高审核人员工作效率，实时掌控报名情况，为学校开设班级、资源配置、教师配备等决策提供科学依据。

【“十四五”教育事业发展规划发布】《济南市“十四五”教育事业发展规划》自2019年5月启动编制，历经基础调研、意见征集、内部审议、专家评议、市政府审议等程序编制完成。《规划》立足于到“十四五”末，在全省率先实现较高水平教育现代化，建成全省领先的促进教育公平示范区、教育改革创新先导区、优质教育资源集聚区，培育形成济南特色的教育现代化新样态。《规划》深入分析“十四五”时期教育发展机遇与挑战，全面对标新时代现代化“强省会”建设和教育高质量发展，践行新发展理念，服务新发展格局。主要内容包括全面落实立德树人根本任务、构建服务全民终身学习的高质量教育体系、提升人才培养水平和服务贡献能力、打造富有人文关怀的有温度的教育、建设高素质专业化创新型教育人才队伍、强化教育高质量发展支撑保障等。

【中央厨房式午间配餐】 布局建设10所中央厨房，实现全市有午间配餐需求的中小学100%全覆盖。投入专项资金落实“为民办实事”午间配餐项目，采取学校食堂供餐、直接配餐进校到桌、中央厨房式分级配送方式，保障学生午餐管理和供应，保证原料可靠、过程可控、问题可查、源头可溯、责任可究，确保学生饮食健康、营养、安全。有11个区县确定15处中央厨房式配餐企业为学生提供午间供餐服务，实现满足学生需求和提供午间配餐服务100%全覆盖，家长和学生满意度达98.6%，确保中小学生午有所餐、需有所供。

【招生考试工作】 普通高校招生考试。普通高校招生外语听力考试报名50265人，普通高校招生艺术类统考报名3010人，春季高考报名7701人，夏季高考报名52673人、高考外语口试报名13355人，高等教育专科升本科考试报名21201人。完成驻济高校本科走读生计划1350名。其中，济南大学700名、山东财经大学350名、山东建筑大学300名；招收飞行学员99人（民航45人、空军54人）。录取分数线如下：

部分大学录取分数线一览表

表6

院　校	相关专业本科录取最低线	
	全省线	走读线
山东财经大学	547	523
山东建筑大学	494	487
济南大学	521	505

2021年山东省夏季高考分数线（普通类）一览表

表7

	分　数
特殊类型招生控制线	518
一段线	444
二段线	150
“3+2对口贯通分段培养”高职志愿填报资格线	394

说明：享受65%优惠政策的高水平运动员文化录取控制线为288分

2021年山东省夏季高考分数线（艺术类）一览表

表8

	文学编导、播音主持、摄影类专业	美术、音乐、书法、航空服务艺术类专业	舞蹈、影视戏剧表演、服装表演类专业
本科文化控制线	444	333	288
专科文化控制线	150		

说明：独立设置及参照独立设置本科艺术高校执行的高校和专业（中央民族大学、湖北美术学院、四川音乐学院除外），自主划定艺术类本科文化控制线

2021年山东省夏季高考分数线（体育类）一览表

表9

	分 数
一段线	569
二段线	470

说明：体育类划线成绩为综合成绩，其中专业成绩占70%、文化成绩占30%

研究生招生考试。硕士研究生考试报名48874人，较2020年基本持平。

初中学业水平考试。完成初中学考试题命制、印刷、考试、阅卷及成绩发布等工作任务，共有172241名考生报名参考。7月，完成高中阶段学校录取工作。济南市（不含莱芜区、钢城区）普通高中最低录取资格线为362分；“3+4”高等师范教育、“3+4”高等职业教育（非艺术类）最低录取资格线为381分；“3+4”高等职业教育艺术类最低录取资格线为318分；五年制师范教育最低录取资格线为300分；五年制高等职业教育、三二连读高等职业教育最低录取资格线为150分。莱芜区、钢城区公办普通高中志愿填报资格线为496分，民办普通高中志愿填报资格线为460分；普通高中招生音乐专业志愿填报资格线为460分，美术专业志愿填报资格线为455分；初中后“3+4”对口贯通分段培养高职艺术类志愿填报资格线为430分，五年制高等师范教育志愿填报资格线为400分，五年制高等职业教育、三二连读高等职业教育志愿填报资格线为180分。

全市普通高中共录取40999人，职业类学校共录取新生16527人。

普通高中学业水平考试。高中学业水平考试报考150671人（夏季报考98162人，冬季报考52509人），较2020年增加5687人。

高等教育自学考试。组织两次高等教育自学考试，共报考108259人，294278科次，较2020年持平；全年共注册新生14128人；组织两次毕业申报工作，共申报8750人，通过审核取得专、本科学历的共有8337人，通过率为95.28%。

成人高考和非学历社会证书考试。成人高考报名97294人，较上年增长7000人；非学历社会证书考试报考736223人。 （蔺立华）

学前教育

【概况】 全市幼儿园2330所，在园幼儿37.1万人，其中公办幼儿园在园幼儿20万人，普惠性民办幼儿园在园幼儿12.7万人。公办幼儿园在园幼儿占比达54.1%，普惠性幼儿园覆盖率超过88.5%。学前处被省妇联、卫健委授予新冠抗疫山东省三八红旗集体，被省教育厅评为学前教育先进单位，在省学前教育中心、省教师教育学会、省电视台联合组织的“首届齐鲁幼师之星”风采展示中，获得“优秀组织奖”。承办第十届山东省教育管理学会学前教育论坛，与省教育厅联合组织“喜迎百年，童欢童庆”云六一庆祝活动暨“砥砺十年奠基未来”学前教育宣传月活动，点击量超百万人次；为庆祝建党100周年，在持

续开展爱国教育基础上，开展优秀微视频评优，征集作品200余篇；在全市范围内开展优秀游戏案例评选、自制教玩具评优、家园共育优秀案例评优等活动，参与作品千余件；根据基层需要，开展线上培训5次，累计受益教师4万人次。在高新区召开全市学前教育普惠发展研讨会，30余万人观看现场直播。

【安全管理】 建立幼儿园隐患排查整改闭环管理体系，下发《关于实行幼儿园隐患排查整改闭环管理的通知》，包括隐患排查、问题确认、建立问题台账、问题整改、整改督查、复查验收、整改反馈、整改销号归档八大环节，为幼儿安全健康成长保驾护航。首创食堂管理发展新范式。提出并实践食堂“五常六T四D”管理模式，由28处公民办幼儿园组成试点组，并开展相关工作培训。用制度规范促进幼儿园食堂管理水平提升，守护在园幼儿“舌尖上的安全”。着力加强幼儿园安全、卫生管理和师德师风建设，2021年有安全触点式管理网格组513个，全年网格组开展检查38438次。开展“三个不发生”百日安全活动，即“不发生安全责任事故、不发生食物中毒事故、不发生师德失范事故”。全年实施3次安全大检查大整改和师德失范自查活动，普查单位近7000个。联合儿保所下发《济南市幼儿园伤害预防及急救手册》，举办“加强伤害预防管理，建设平安幼儿园”线上培训，观看人数累计达28万人次，组织应急知识与技能培训实操培训30场次，3500人参加。最大限度保护幼儿安全健康，减少伤害事件的发生。

【心理健康建设】 选定高新区作为心理健康实验区，优选市级实验园，组建专家指导团队，开展幼儿园心理健康研究，提出养成性和补偿性教育模式。以机制建设为基础，以课程建设为重点，以队伍建设为依托，以硬件建设为保障，以家园社共育为驱动，打造“五个一”工程，即“建立一套体系、构建一种模式、建设一个标准、打造一支队伍、搭建一个平台”，让关爱生命、阳光生活深入师生内心。

【开放管理发展新范式】 开展幼儿园开放管理试点工作，济南市遴选14个社区，协同幼儿园进行管理，充分发掘利用社区资源，推动幼儿园开放管理取得新成效。

【提高游戏实验质量】 印发《济南市全面推进“以游戏为基本活动”的幼儿园课程改革实施方案》，成立专家指导团队，各级各类幼儿园开展以游戏为基本活动的课程改革，游戏实验质量走在全省前列。在全省游戏案例评选活动中，济南市获奖数量居全省首位。

【健全幼小衔接推进体系】 根据教育部工作要求，结合全市实际，制定幼小衔接计划，提出幼小衔接联合方案，健全幼小衔接工作机制建设，实践幼小衔接评价标准，推动幼儿园做好入学准备、小学做好入学适应。各级各类幼儿园认真落实《济南市幼小衔接攻坚计划》。2个区县入选省级幼小衔接实验区，在历下区召开幼小衔接工作推进会议；济南市幼小衔接经验在全省会议上交流。

【开展市十佳、省一类幼儿园评估验收工作】 各单位进一步端正办园思想，不断提高保教质量，为幼儿成长提供更加优化的环境。联合市发改委、财政局、卫健委对新申报及复评的市十佳、省一类幼儿园进行验收，新增省一类以上幼儿园137处。

（蔺立华）

【规范中小学办学行为】 落实中央办公厅、国务院办公厅《关于进一步减轻义务教育阶段学生作业负担和校外培训负担的意见》，先后出台《济南市教育局关于进一步加强普通中小学办学行为规范管理的通知》和《济南市教育局关于落实“五项管理”和“双减”工作要求促进中小学生身心健康全面发展的实施意见》，通过典型案例推广、教育宣传引导、强化家校协同、开展随查随访、实施常态督导、严抓违规行为等治理措施，打出制度保障“组合拳”。抓住义务教育作业管理、考试管理、作息时间管理“三大关键”，建立以学科为单位的年级统筹作业减负长效管理机制，构建科学有效的作业实施和质量监控体系，研制《提升中小学十二学科作业质量实施意见》，开展重点学科作业设计展示活动，建

立科学、高效、高质量的课堂教学质量提升机制。

【强化午间配餐和课后服务管理】 将“布局建设10处中央厨房，实现有午间配餐需求的中小学100%全覆盖”列为2021年市政府“为民办实事”之一。投入专项资金1600万元确定15处中央厨房式配餐企业。优化完善课后服务，联合市发改委、市财政局等出台《济南市教育局等6部门关于进一步完善和优化中小学课后服务提高育人质量的通知》，实现课堂教学与课后教育结合、校内资源与校外资源聚合、自主学习与素质拓展融合，做到“课后服务全覆盖、教育资源全开放、合理需求全满足、经费支持全保障”。建成运行济南课后服务云平台，实现资源匹配、过程监管、信用评价数字化应用与管理。

【提升基础教育质量】 助力乡村教育振兴。推进省、市和县三级教育强镇筑基试点乡镇建设，从办学条件、教育教学、队伍建设、办学体制、质量评价等方面指导推进，带动乡镇基础教育质量全面提升。平阴县东阿镇、商河县贾庄镇、济阳县仁风镇、莱芜区牛泉镇等8个乡镇先后被列为省教育强镇筑基试点。促进义务教育均衡发展。在持续实施义务教育入学“双零择”和学区制的基础上，2021年，义务教育阶段学校招收外来务工人员随迁子女2.06万人；为高层次人才和双招双引人才子女提供教育服务，打造“人才子女入学定点储备校”。推进普通高中特色多样发展。激发普通高中办学活力，系统推进育人方式、办学模式改革。遴选培育济南市首批普通高中8个学科16个“学科基地”，山东省实验中学、山东师范大学附属中学、济南市历城第二中学被认定为山东省首批普通高中省级学科基地；实施特色课程（项目）培育计划，13所普通高中探索多样化特色化招生，满足学生个性化全面发展的需求；全市26项高中学校改革案例被评为山东省“深化高考改革 提升育人质量”优秀成果。

【推动全域教育融合发展】 完成首批“领航学校、特色学校、新优学校”评估验收复审，启动第二批“领航学校、特色学校、新优学校”评选，100所学校进入培育计划。推进济莱教育深度融合，对学业水平考试和普通高中招生进行规划调整，各普通高中的生源情况更加均衡，办学特色更加明显，学生全面个性化发展培养环境更加优化。

【完善特殊教育服务机制】 实现教育康复资源网格共享，建成特殊教育资源中心12所、资源教室91个，形成“专家引领—资源中心统筹—资源教室指导”的融合教育全方位支持体系，省教育厅命名2个省级随班就读示范区、17所示范学校。

【加强中小学劳动教育】 发布《济南市全面推进新时代中小学劳动教育行动方案》《济南市中小学家庭劳动教育清单》和劳动教育实践基地管理办法，评选首批5个市级劳动教育实验区、15个示范学校和15个实践基地，评选出110个优秀课例和案例，结集出版，打造济南特色劳动教育范式。

【家校共育】 坚持“一区一品格、一校一特色”，选树10个“家校共育成长未来”榜样校，培育100所家长学校示范校，建设千所标准化家长学校，开展万名教师访万家。承办中国家庭教育高峰论坛，在全省家庭教育大会上作典型发言。省委教育工作领导小组以《济南市推进家校社协同育人力促“双减”政策落地生效》为题在全省转发推广济南做法。

（蔺立华）

【概况】 2021年，济南市共有中等职业学校36所，数量与2020年持平。从举办方类型来看，政府举办26所，占72.2%，其中，市教育局直属学校6所，区（县市）教育局举办9所，其他部门办学11所；行业、企业办学3所，占8.33%；社会力量办学10所，占27.8%。截至2021年，全市共建成国家改革发展示范学校5所，建成省示范性中职学校3所，建成省规范化中职学校13所，立项在建省示范性学校3所、省优质特色学校2所，新立项省高水平中职学校5所。全市共有18所学校进入或达到省规范化以上序列，占比50%。2所高职在全省办学质量年度考核中被评为A类等次，济南职业学院入围全国高职院校教师、学生发展指数100所优秀院校。5所学校17个专业纳入省高水平学校（专业）建设目录，省级以上各类大赛获奖总数达到1281项，创历史新高。济南职业学院获22项全国大奖，在全国1468所院校排第14位。招生工作持续回暖，中职、高职、本科招生较2020年均有大幅度提升，特别是高职生升入本科6056名，比2020年提高73.47%。中高职就业率始终保持在96.4%，本地就业率达81%。获全国党建工作样板支部、教育部校园文化品牌示范基地、全国中职学校德育创新示范基地各1个，济南匠心文化短片在省教育厅展播，698名学生志愿者受到表彰，学生路兴路被评为第八届全国道德模范。

【产教融合】 融合发展，构建人才培养济南范式。获批国家产教融合试点城市。紧密追踪全市4大支柱产业和12条重点产业链，推进专业与产业契合，教学与生产融合，学历证书与技能证书融通，落实岗课赛证综合育人，新增产教融合培育项目108个，参与学生4.5万余人。更新专业点116个，校企共建产业学院47个，13所学校42个教学改革课题立项省级课题。双元制校企协同育人机制日趋完善，中德技术学院被省委、省政府评为山东新旧动能转换综合试验区建设先进单位，是省内唯一获此荣誉的职业院校。举办济南电商直播节暨网红直播大赛，1个月带动全域网络销售19.1亿元，彰显职业教育服务发展的能力。实施职教赋能计划，对外培训126.6万人次，培训进账额度5558.77万元。

【打造职教创新品牌】 牵头成立全国首个黄河流域产教联盟暨高峰论坛，探索职业教育服务国家战略新模式，被多家中央级媒体报道。建立全国首个技术技能人才供需对接平台，构建全域化、一体化、智慧化产业人才数据中心，促进人才供需数字化转型、全方位对接。2个虚拟仿真实训基地被评为全国示范性虚拟仿真实训基地。粉末冶金生产线技术被朝鲜金日成大学引进。莱芜职业技术学院专利转让率在全国职业院校中位居第一。信息技术职教集团被评全国第二批示范性职业教育集团。成立东南亚职业教育海外办学联盟，对外合作国家达到28个，合作项目达93个，入选亚洲教育论坛优秀案例。

【举办2021年职业教育活动周全国启动仪式暨全国职业院校技能大赛开幕式系列活动】 2021年职业教育活动周全国启动仪式暨全国职业院校技能大赛在山东国际会展中心举行，这是全国职教大会后举行的首次大规模全国性职教活动，也是贯彻落实习近平总书记关于职业教育重要指示、献礼建党百年的具体行动。活动集竞赛、论坛、展览、产教对话、就业创业、观摩体验等为一体，具有内容多、规模大、规格高、时间紧、成果丰等特点。来自28个国家部委的47名部级、司局级负责人，31个省（区、市）教育行政部门负责人，黄河流域9个省会城市政府分管领导，全国1400所职业院校、562家知名企业参加，现场接待观众累计突破10万人次。驻济10所学校承办全国职业院校大赛13个赛项，全国395支参赛队1066参赛人员参加，实现竞赛组织零投诉；举行系列论坛8个，首次举办职业教育博览会，会展面积近6万平方米，校校达成结对意向617个，校企达成合作意向1119个；举办“青春逐梦、职教报国”云就业活动，提供1.7万余个就业岗位，达成就业意向3200人次。教育部领导称之为自职教活动周以来最靓丽的一次职教盛会，展现“山东特色、中国气派、世界水平”。

（蔺立华）

【制度保障】 系列政策文件出台提供制度保障。2021年，由市教育局主导出台的“新高校20条”，完整构建教育、科技牵头对高校政策的工作机制，为履行高校联络服务职能理顺业务逻辑，为推动校地合作向更高目标迈进奠定制度保障。

【市校融合发展】 校地合作引领性标志性项目加速推进。落实“新高校20条”，在731个校地合作项目基础上，评审遴选95个重点项目立项支持，市校融合发展战略工程迈出坚实一步。同时，高校集聚区建设提升行动全面启动，各区县全年赴高校调研94次，出台相关专项文件6个，帮助解决高校困难110项。区县政府与高校签订合作协议10个，校企合办专业87个，共建创新创业共同体30个。强化省市共建，省市签署共建山东第一医科大学合作协议，支持7所高水平大学项目47个。支持驻济高校实施服务产业发展人才培养项目60个，建设现代产业学院23个，11个入围首批山东省现代产业学院建设名单。

【校地合作试点建设】 推进一批重点领域校地合作试点示范，破解大学城发展困境。出台加快长清大学城创新发展的实施意见，牵头组建长清大学城创新发展理事会，推进长清大学城创新发展30项重点任务，开展校地合作47项，共建产业学院等平台16个。服务“康养济南”建设。出台加快济南医学教育创新发展的若干政策措施，支持驻济医学类高校项目9个。支持高水平大学科教融合试点示范。出台推动齐鲁工业大学（省科学院）深度融入省会高质量发展责任分工方案，支持齐鲁工大服务强省会战略项目30个。成立齐鲁科创大走廊高校创新创业联盟。

（蔺立华）

【社区中心校星级评定】 开展社区中心校星级评定工作。在2020年社区教育中心校达标验收的基础上，于6月组织全市街道（镇）社区教育中心校星级评定工作。经区县推荐、市教育局组织专家评定，首批认定10所五星社区教育中心校、20所四星社区教育中心校。

【开展“社区教育示范工程”（泉学汇）建设】 2021年，全市社区教育示范项目区“泉学汇”共收到立项申请92件，经区县教育行政部门和有关单位申报、专家评审、资格复核等程序，确定历下区“云享舜耕”等42个“泉学汇”项目为示范项目。项目内容重点体现庆祝建党100周年学习活动、老年数字化教育、双减下的家庭教育等，项目参与已突破30万人次。

【全民终身学习活动周】 全面启动济南市全民终身学习活动周系列活动。10月26日，在历城区洪楼广场启动以“庆建党百年华诞，谱终身学习新篇”为主题的济南市2021年全民终身学习活动周系列活动。启动仪式上展示全市所有区县社区教育院校为民服务活动成果和全民终身学习成果。

【“泉城终身学习平台”微信小程序】 “泉城终身学习平台”充分发挥快捷、便民优势，社区居民登录后可以免费学习20万本电子图书、3000种期刊、10000集名家讲座、1000余套绘本。利用小程序可随时随地学习，查看最新社区新闻、通知公告，报名参加在线的社区活动。其中，“我在社区讲党课”“庆祝建党100周年老年人红歌大赛”“我在社区过大年”等微视频大赛，有近3000人报名参加，上传优秀作品1786个，浏览次数超过8万次。

【城乡社区教育评先创优情况】 天桥区大桥街道社区教育中心校校长杨芝娟被评为2021年度全国“百姓学习之星”，长清区社区教育学院组织的“乡村振兴 长青行动”项目被评为全国“终身学习品牌项目”，15人被评为2021年全省“百姓学习之星”，12个项目被评为全省“终身学习品牌项目”，学习周期间，还评出2021年全市“十佳百姓学习之星”“十佳百姓学习服务之星”。

【校外培训机构治理】 组建济南市校外培训机构治理8人专班，推进校外培训机构治理工作。对前期摸排的“暴雷”“冒烟”风险机构构建风险防控指挥网，严格执行“五个一”、全面实行“一对一包联机制”、坚决落实“一机构一办法”，加强培训机构涉稳风险管控。形成风险防控处置合力。强化部门责任，加强部门联动，处置好涉培训机构非正常停业情况。实行风险情况“日报告”制度。实行家校协同防控。系列措施联合发力，全市62家“暴雷”“冒烟”培训机构风险隐患被逐步化解，在风险防控过程中未发生舆情事件。

【构建校外培训机构常态督查机制】 利用暑假、国庆、寒假、春节、周末等时间节点，对校外培训机构开展拉网式排查整治。坚决查处变相违规培训行为。在区县互查的基础上，市专班组建督查组，对培训机构进行随机检查，同时对互查问题的整改情况进行“回头看”，确保校外培训机构治理工作走深走实。严格审查，正式发布培训机构“白名单”。各区县于12月31日通过政府官网和主流媒体分别公示义务教育阶段学科类培训机构“白名单”和非学科类培训机构“白名单”。

【校外培训机构资金监管】 调研论证，探索预收费资金监管最优模式，确定在原有市教育资源服务平台上，自主建设济南市校外培训机构监管服务模块，通过招标确定6家托管银行接入平台运维。监管平台部分基础板块已搭建完成，2022年5月全面实现“一课一消”。在平台建好之前，采取风险保证金的模式进行培训机构资金监管。1952家机构已缴纳风险保证金，占比95.45%，共缴纳金额数1.33亿元。

【校外培训机构违法行为集中整治】 7月，市教育局联合市市场监管局及其执法支队，开展对校外培训机构侵害消费者权益违法行为集中整治，对新东方、学而思、学大和京翰教育4所培训机构违规行为进行处罚。对12家涉嫌价格欺诈、虚假宣传等违规行为的培训机构进行重点查处，对得识、立行、师大、金世纪、鲁师等5家培训机构下达行政处罚决定书，罚款150万元。

（蔺立华）

【概况】 2021年，济南市电化教育馆适应疫情防控新常态，贯彻落实教育部、省教育厅有关部署，推动教育资源公共服务平台和基础教育资源数字公共服务平台进一步普及应用，深入推进优质教育资源建设，完成年度各项工作任务。市电教馆在多项活动中被评为优秀组织单位。10月，在中央电化教育馆主办的“中国梦——行动有我”系列活动省级优选组织工作中被省电化教育馆授予优秀组织单位；分别在第十九届全国小学信息技术与教学融合创新学生活动和第十九届全国中学信息技术与教学融合创新学生活动中被授予优秀组织奖。

【全国网络学习空间应用优秀区域】 济南市所属区域连续三年被教育部确定为全国网络学习空间应用优秀区域。在教育部开展的全国网络学习空间应用普及活动中，长清区被评为2020年全国网络学习空间应用优秀区域。这是继济南市、济南市天桥区后，济南市所属区域连续第三年被评为全国网络学习空间应用优秀区域，在全国省会城市中是唯一一个。山东省实验小学、长清区实验小学、长清区石麟小学被评为全国网络学习空间应用优秀学校。

【省智慧教育示范区创建】 济南市历下区、天桥区被省教育厅确定为省智慧教育示范区创建单位。根据省教育厅要求，市电教馆组织各区县进行山东省智慧教育示范区创建申报，指导相关区县做好材料申报、视频答辩等工作。在省教育厅组织的专家评审答辩中，济南市历下区、天桥区的智慧教育工作获得专家一致好评，被省教育厅确定为省智慧教育示范区创建单位（全省共评定13个智慧教育示范区）。

【智慧校园建设】 20所学校被评定为济南市智慧校园示范校。依据《济南市智慧校园建设与应用指导意见（试行）》，继续推动智慧校园建设和应用。组织第二批全市中小学智慧校园示范校和智慧教育应用典型案例征集工作，经过专家评审和实地考察，确定20所智慧校园示范校，50个智慧教育应用典型案例。

【信息化交流展示成果】 师生信息化交流展示活动获奖数量和层次在省内领先。组织全市教师教育教学信息化交流展示活动，共有1310件课件、课例、微课、案例等作品参加市级评审，共推荐360件作品参加省级评选。在省级评选中，全市教师获一等奖93件、二等奖108件、三等奖86件，获奖数量居全省首位。有15件作品被省电教馆推荐参加全国第二十五届全国教师教育教学信息化交流活动，其中4件获得创新作品荣誉。根据中央电教馆和省电教馆通知要求，依托市教育资源公共服务平台组织全市学生信息素养提升实践活动，其中1130件作品参加市级评选，从中选出27件报省级参评，其中数字创作和程序设计项目共有11件被推荐参加全国活动，人工智能、创客和机器人项目有10支队伍被推荐参加全国活动（全省共38支），推荐数量位居全省第一。全市共13人参加中央电教馆组织的全国活动线上交流展示，有2人获得创新之星称号（全国共86人）。

（蔺立华）

【提质减负】 聚焦“双减”，强课

提质减负。聚焦课堂教学、作业管理、教师队伍建设，重点在“减”上下功夫，细化作业研究，制定学科作业设计实施指导意见，加强作业设计和管理，组织优秀作业设计研究征集活动，指导学校和教师完善作业调控机制，促进学校建立科学规范的作业管理长效机制。

【打造济南品牌】 聚焦学科课程研究，打造济南教研品牌。强化国家课程研究，加强地方课程和校本课程开发研究。组织创建济南市2020—2022年度学科教研示范校，审核通过151所。组织基础教育精品课遴选推荐，开展初中劳动教育教师“浸入式”培训活动。组织参加全市、全省职业院校技能大赛，市赛约1000名选手参赛，省赛获得一等奖5个，参与筹备全国职业教育活动周暨全国职业院校技能大赛开幕式。

【提高教学质量】 聚焦课堂教学研究，提升学生核心素养。采用区域教研、网络教研、综合教研、主题教研及教学展示、现场指导、项目研究等多种方式，提升教研工作针对性、有效性和吸引力、创造力。起草《济南市教学能手评选和管理办法（草稿）》《济南市2021年度教学能手评选工作通知》，组织专题调研、同课异构教学研讨、中小学教学衔接、学科教学案例评选、“一师一优课、一课一名师”活动。

【深化教育评价改革】 起草《济南市深化新时代教育评价改革实施方案》及工作清单，组建基础教育评估专家库，遴选338名基础教育评估专家。在长清区和南部山区组织安排增值评价，形成《济南市长清区和南山区初中学校办学质量及2020级学生发展质量评估分析报告》《济南市长清区和南山区2020级初中学生学业质量及身心健康状况增值评估分析报告》。组织初中语文阅读专项监测，完成《2020年济南市初中语文阅读专项评价报告》，重点解读初中学生语文阅读能力发展概况。创新中职教学质量评价模式，组织全市中职学校技能抽测和文化专业测试。征集出版《成长立意，评价赋能：区域义务教育质量综合评价实践与探索》典型案例成果集。

【课题管理】 规划课题管理，打造优质品牌。研制全市教育科学研究“十四五”规划课题指南，修订课题管理办法，组建第二届济南市教育科研规划课题管理与指导专家组。组织“十四五”规划课题和年度课题申报，立项省级课题32项，市级课题302项。组织两次结题验收，25项省级课题、162项市级课题通过鉴定。组织教育科学研究优秀成果评选，确定121项市级、30项省级、2项参加全国评选。面向全市征集优秀教育研究成果160余项，为编纂“科研十年”、推广优秀教科研成果奠定坚实基础。

【帮扶共建】 开展教研员联系乡村学校、薄弱学校活动，建立定点联系校制度，开展按需定制送教送研、送教送学、助学帮扶共建活动100余次。组建“教研共同体”“济南市小学优质教研联盟”“济南市小学乡镇教研共同体”，开展“服务基层”“名师面对面”“教研共同体”研讨交流、区域跟进式教研活动，以有温度的教研服务大局、服务学校、服务师生。

（蔺立华）

栏目编辑 谷 雪

科学技术

综　述

【概况】　全年全市技术合同成交额473.48亿元，位居全省第一；高新技术产业产值占规模以上工业产值比重达到54.75%，高于全省7.99个百分点；新成立研发或成果转移转化机构35家，总数达193家；新建海外孵化器、研发机构9家，总数达54家；新备案省级新型研发机构17家，总数达58家；2020年度全市R&D经费支出达265.46亿元，增幅达到17.71%，R&D占GDP比重为2.62%，比2020年增加0.23个百分点，每万名就业人员中研发人员数114.5人。

【打造区域性科创高地】　完成《中科院济南科创城科技发展规划》，济南市与中科院大气物理研究所共建“碳中和北方中心”，落地济南的“中科系”院所达15家。推进实验室体系建设，泉城、微生态生物医学、粒子科学与应用技术3家山东省实验室获省政府批复组建，获批数量居全省第一；合肥国家实验室济南基地签约揭牌，国内首个量子精密测量领域国家标准获批立项，省级以上重点实验室总数达107家，数量居全省第一。

2021年12月10日，济南植物基因编辑公共技术平台启用活动在济南市基因编辑产业基地举行

（舜丰生物科技限公司　供稿）

【新型研发机构建设】　山东产业技术研究院创新成果蓬勃涌现，发射齐鲁一号和四号卫星；国家超级计算济南中心通用超级计算平台高性能计算系统、云计算系统、智能计算系统已上线稳定运行；山东高等技术研究院完成AMS数据中心建设，已收集超过1750亿个宇宙线数据；山东区块链研究院发起成立区块链密码创新与应用产业联盟，与中国人民银行数字货币研究所等共建国家金融业密码应用研究中心。

【企业创新能力增强】　全市领军企业、新型研发机构组建创新联合体牵头承担的山东省重大科技创新工程项目17个，数量居全省首位，争取省拨资金20780万元，撬动资金总投入超过10亿元。开展高成长性科技企业梯次培育工作，2021年，高新技术企业达4397家，科技型中小企业入库5792家。2021年，共为企业发放高新技术企业市级财政补助资金32480万元，发放市级研发补助资金18558.37万元。

【济南市三家省实验室已获省政府批复建设】　7月5日，山东省政府下达《关于泉城省实验室等5家省实验室建设方案的批复》（鲁政字〔2021〕119号），同意省实验室建设方案并开展筹建工作，其中济南市获批承建泉城、济南微生态生物医学、济南粒子科学与应用技术3家省实验室，获批数量居全省第一。截至年底，3家省实验室已组建由院士领衔的科研团队12个，启动储备科研项目68个，引进储备各类高层次人才117人。

【“齐鲁双星”发射升空】 4月27日，“齐鲁一号”雷达卫星和“齐鲁四号”光学卫星在太原卫星发射中心发射升空。这是山东省首次发射自主可控的商业遥感卫星，也是国内商用卫星领域首次在同一平台系统中同时布局高分辨率的雷达卫星和光学卫星。“齐鲁双星”升空运行以来，执行对地观测任务850余次，获取观测数据4.5TB以上，在应急风险管控、城乡建设管理、生态环境保护、国土资源普查等领域实现常态化精准监测。

【山河超级计算平台建成并投入使用】 2021年，新一代山河超级计算平台在国家超级计算济南中心建成并投入使用，平台高性能计算能力达60Pflops，人工智能计算能力达1000Pops，支持通用/国产GPU，总存储资源200PB，综合算力处于国际前列。

【济南植物基因编辑公共技术平台正式启用】 12月10日，济南植物基因编辑公共技术平台启用活动在济南市基因编辑产业基地举行。平台将打造有山东特色的国家级生物育种创新基地，为种业科技自立自强、种源自主可控贡献力量，实现中国生物育种产业弯道超车。

（李明强　纪元　刘倩）

【透明质酸生物合成与结构修饰技术体系构建及全产业链应用】 完成单位：华熙生物科技股份有限公司。项目简介：该项目完成了透明质酸（HA）生产菌株选育、HA合成酶与水解酶挖掘、HA发酵工艺优化、HA精准化结构修饰，使HA发酵合成效率得到跨越式提升；解决HA合成效率低、分子量控制难、产品纯度低、产品化学结构单一等制约产品性能提升和产业发展的一系列技术问题，形成国际领先的HA生物合成技术体系和结构修饰技术体系。项目建立HA产品质量控制理论技术体系，在此规范下生产的医药级HA原料产品质量超过国际标准。项目开发了国内首款交联HA填充剂、国内首个HA为主要成分的医用可降解止血海绵敷料、国内首个医用腔道润滑剂，填补多项HA在高端医疗器械等领域的应用空白。

【面向信息安全的自主可控计算系统关键技术与应用】 完成单位：浪潮电子信息产业股份有限公司。项目简介：该项目研制的基于国产处理器自主可控计算系统，面向国家重点行业信息系统需求设计，实现了处理器、固件、操作系统的自主开发及制造，计算性能达到国内领先水平，并通过了第三方权威机构进行的服务器平台典型BenchMark测评，具有优秀的软硬件生态环境。该项目在具体技术上利用国产平台实现信息自主可控技术，解决了服务器硬件、管理、数据信息等方面依赖国外厂商的局面，在国产平台数据一致性技术、IO扩展架构、安全隔离技术、可信计算、国产平台管理取得了重大突破，整机性能提升1.8倍达到国际主流水平，创造性实现从底层硬件架构、信息管理、可信计算、云数据安全

山东区块链研究院研究开发的迪诺区块链一体机　（山东区块链研究院　供稿）

的软硬件全生态自主可控。项目获得知识产权共24项，其中授权发明专利20项，解决了计算机信息安全领域的硬件木马、软件植入、性能不足等技术问题。

【面向国际化需求的特高压输电线路工程建设关键技术及示范应用】 完成单位：中国电建集团山东电力建设第一工程有限公司。项目简介：该项目针对面向国际化需求的特高压输电线路工程建设关键技术及示范应用开展了系统研究。提出了板式螺旋锚复合基础、全预制装配式基础等基础型式和设计检测方法，显著降低了工程土方开挖量和混凝土废料，解决了海外工程环保严苛要求的难题；提出了拉线塔可靠度指标等取值方法，建立了热带雨林复杂环境施工工法，实现拉线塔在特高压工程中首次大规模应用；提出了大跨越输电塔结构风雨载荷等计算方法，研发了微型钢管群桩基础工程技术，实现了河网沼泽地区安全要求。项目授权专利25项，其中发明15项，工法10项，SCI收录论文6篇，软件著作权1项，经中国安装协会鉴定达到国际领先水平，获得行业科技进步一等奖3项。

【高端制造用易焊接耐磨蚀钢板及其成套装备研发与产业化应用】 完成单位：山东钢铁股份有限公司。项目简介：本项目系统研究了高端装备耐磨材料服役失效机理及多元耦合环境下高品质耐磨钢定制化制备技术，开发的低Pcm NM400和NM450耐磨钢实现了免预热焊接；开发的40—100mm钢板硬度梯度控制在HBW20以内控制，解决了厚规格耐磨钢硬度随厚度增加衰减的质量问题；开发的耐磨蚀钢板，在矿井多元耦合腐蚀环境下，过煤量得到大幅度提升，填补了国内外空白。建成了高等级耐磨钢板专用多功能连续热处理生产线及配套分布式层级控制平台，实现了高等级耐磨钢板热处理多相组织精准调控。项目中的关键技术授权国家专利21项，公开发表文章25篇，计算机软件著作2项。

【环保节能型遮阳水刺非织造材料关键技术及产业化】 完成单位：山东省永信非织造材料有限公司。项目简介：本项目采用复合纤维水刺缠结加固和纤维热熔加固集成技术，研发了遮阳用水刺非织造材料。本项目替代化学剂黏合技术，实现清洁生产，提高了生产效率，产能增加22.2%，能耗降低24.8%，缩短生产流程，排水达到城市排污排放标准。项目产品纵横向均匀度优于化学剂粘合水刺产品，耐磨性能达到5000次。产品应用于遮阳窗帘领域，市场前景广阔。项目共获得授权3项发明，2项实用新型专利，发表论文5篇，完全拥有自主知识产权，起草制定《蜂巢折叠窗帘用非织造布》行业标准。

【城市复杂环境超小净距浅埋暗挖隧道安全快速施工关键技术】 完成单位：济南城建集团有限公司。项目简介：该项目针对城市复杂环境（隧道左右洞净距小于1.5m、软弱土质、埋深较浅、地下工程管线较多、两侧建筑限制施工空间、建造中不封闭交通等）影响下隧道修建难题，提出城市复杂环境下超小净距浅埋暗挖隧道综合施工成套技术，首次实现“台阶法+洞内支护+超前预加固+软基加固+竖向隔离防护”成套组合技术的应用。该项目所提技术显著提升了全国城市超小净距浅埋暗挖隧道的建造能力，具有广阔的应用前景。该项目研究成果授权17项发明专利、11项实用新型专利和3项软件著作权，编制标准3部，撰写著作2部，编写省级施工工法14项，发表核心及以上文章14篇。

（张根生）

【概况】 济南市地震监测中心获2021年度全省市级防震减灾工作考核、全省震情趋势会商报告评比双项第一名，获批全省地震烈度速报与预警、抗震设防要求管理改革创新两项试点。

【地震监测预警】 实施“一试点、两融入、三服务”创新举措，建设济南市、起步区地震预警信息发布“双中心”，完成86处预警台站设备安装，部署地震预警终端130余台，实现重点涉灾部门、煤矿全覆盖，打造3个地震预警示范社区、1个示范街道，深化燃气、轨交等行业预警信息应用。加强地震监测台站设备巡检，及时处置汛期历下珍珠泉前兆观测井外溢等事件，测震、强震及前兆台网运行率均达99%以上，确保地震监测数据可靠。

【震情服务保障】 执行24小时震情双值班制度，严密监视全市及周边地区的地震活动，开展震情速报90余次，其中辖区内共发生15次地震活动。印发年度震情跟踪工作方案，制定全国两会、庆祝建党100周年、中共十九届六中全会等地震安保专项方案，加强重点时段地震安全保障。全年组织周月震情会商60余次，编制的年度震情趋势会商报告在全省评比中连续8年获第一名。

【震灾风险防治】 完善“济南市建设工程抗震设防要求管理系统”，在起步区、高新区建设区县系统；完善审管协同机制，在审管分离体制下实现审批监管“无缝对接”。完成全市地震灾害风险普查工作，完成钻孔收集110个、地震工程地质条件钻探测试11个。利用遥感影像技术开展房屋抗震设防能力初判，完成161个街镇、1万平方千米、19万个建筑片区数据解译。

【服务经济社会】 印发《济南市防震减灾“十四五”规划》，提出“防治更精细、监测更智能、救援更高效、服务更便捷”的总体发展目标。强化地震安全性评价区域评估成果应用，实现成果数字化，明确互认标准和实施规范。已完成的区域地震安全性评价评估成果上传“多规合一”业务协同平台，嵌入“一张蓝图”，全年有23个区域内建设项目免费使用区域评估成果。

2021年3月29日，“国家防震减灾科普示范学校地震避险疏散演练暨济南市中小学生防震减灾知识技能竞赛启动仪式”在历城第二中学举办　　（市地震监测中心　供稿）

【地震科普宣教】 承办“国家防震减灾科普示范学校地震应急避险疏散演练”，共有2000余名师生参与。举办全市中小学生防震减灾知识技能竞赛，引导学生从掌握防震减灾理论知识向掌握实践技能转变，62万人次观看决赛网络直播。组织参加“泉城科普”“云游防震减灾科普馆”活动，83万人次“云参观”。“济震微讯”微信公众号、“爱济南”新闻客户端推送科普文章390余篇、短视频39个。开展“我为群众办实事”实践活动，向1150个社区赠送科普挂图。

（满　超）

【概况】 全年发布气象预警信号107期、重要天气预报30期、森林火险等级5级以上16期、道路洒水预报75期，春运气象服务专报40期、中（高）考气象服务专报9期、国际文旅博览会气象服务专报6期、公祭日气象服务专报7期、黄河大桥建设专报352期。联合发布地质灾害气象风险预警16期、农业气象灾害预警18期、重污染天气预警4期。

【气象服务】 全年共出现14个暴雨日、1个暴雪日、32个短时强降水日、19次强对流天气、7个冰雹日、30个7级以上大风日。全市气象部门发挥气象防灾减灾第一道防线作用，制作服务材料3300多期，启动应急响应114次，发送决策预警短信219万条次。实施增雨保泉人影作业419轮次，发射增雨火箭弹807枚，燃放碘化银烟条538根，缓解冬春季泉水水位紧张形势。加强重污染天气分析预报，联合签署重污染天气预警4期。开展平阴玫瑰、章丘大葱、莱芜生姜等产业振兴特色气象服务。完成“春运”“中高考”“明湖秀”“国际文博会”等重大活动气象服务保障。济南市气象台被中国气象局评为重大气象服务优秀集体。

【气象业务与现代化建设】 全年暴雨预警准确率95.24%，提前量92.2分钟，强对流天气提前量68.2分钟。完成济南5类灾害性天气1467个历史个例库和147个重污染天气个例库的多源数据集、概念模型等数字化建设，优化要素历史极值快速查询与实时提醒功能。8项省局课题、12项市局课题通过验收，1项省自然基金项目、1项中国气象局创新发展专项子项目获得立项。6人认定为济南市高层次人才，1人被评为济南市优秀科技工作者，1人被评为济南市青年创新先锋，2人被评为济南市“双能手”，3人获“济南市技术能手”称号，2人入选山东省气象局青年人才，1人获全省行业职业技能竞赛个人全能第二名。

【气象法制建设】 举办全市气象系统行政执法培训班，开展法律法规知识竞赛。“济南法治六进”微信公众号9次刊发济南市气象局法治建设方面经验做法。全市835家易燃易爆危化企业和35家防雷检测资质单位纳入济南市防雷减灾社会监管平台，动态监控提醒企业400余次。简化1项“你不用跑我来跑”、3项“零跑腿”事项行政审批流程。气象灾害证明由线下转为线上服务。行政事项办结率、群众评议满意率均为100%。

【气象科普宣传】 开展科普馆云光临，联合齐鲁晚报、电视台、天下泉城等媒体，线上直播气象防灾减灾知识10次，超50万人次观看。线下开展“应对极端天气我们在行动”“学气象防灾减灾知识保护生命安全”等活动，实地参观6345人。开展气象科普进学校、进社区等“五进”活动25次。科普馆被中国气象局评为优秀全国科普教育基地，被省教育厅复评为首批省级中小学生研学基地。气象防灾减灾科普活动被中国气象局评为2021年气象科技活动周优秀活动，被中国科协评为2021年全国科普日优秀活动。

【济南市气象局印发《济南大城市气象保障服务工作方案（2021—2025年）》】 2021年7月，中国气象局将济南等12个城市纳入全国大城市气象保障服务能力提升试点。济南市气象局开展国内4个直辖市、其他14个副省级城市气象事业发展情况调研，编写《济南大城市气象保障服务工作方案（2021—2025年）》。

（殷　青）

栏目编辑　魏添乐

文化·旅游

综 述

【概况】 聚焦为民惠民，群众文化幸福指数实现新提升。设施网络方面，新建提升基层综合性文化服务中心、泉城文化驿站等500处公共文化新型空间，评选360个文化活动示范点，5301个基层综合性文化服务中心常态化开放。挂牌462家文化馆、图书馆分馆，县级总分馆制建设基本完成。建成开放38家泉城书房，“构建新时代‘泉民悦读’新体系”获评全国全民阅读优秀项目，“快递小哥”阅读驿站项目获国际图联大奖。新建改建384座旅游厕所。完成4000余家农家书屋新书补充工作，市级应急广播平台建设稳步推进。文化活动方面，弘扬主旋律，开展“10个一批庆祝建党100周年”系列活动。坚持文化惠民，举办群众性文化活动3万余场、“泉城大舞台”演出230场、“公益演出走基层”434场、“戏曲进乡村”5241场，放映农村公益电影5.19万场、社区红色经典电影900余场。艺术创作方面，扶持打造莱芜梆子《烽火绝恋》、话剧《英雄山》等重点剧目，拍摄戏曲电影《邓恩铭》《吴来朝》，音乐剧《敬礼》、莱芜梆子《新娘》搬上舞台。获24项省级以上艺术奖励，儿童剧《童年》获全国少数民族文艺汇演“剧目创新奖”。51部电影作品获国家电影局备案，26部取得国家电影公映许可，比2020年分别增长73.3%、93.2%。数字体验方面，泉城书房·数字阅读空间投入使用，市数字文化馆平台上线运行，城子崖遗址博物馆、章丘区博物馆完成展厅智慧化改造，济南公共文化云、数字博物馆、全市文旅重点区域综合监测平台加快建设，AAAA级以上景区实现门票网上预约，智慧文旅体系日益完善。

聚焦活化利用，文化遗产保护传承焕发新活力。弘扬黄河文化。编制实施《济南市“十四五”文化和旅游发展规划》《济南市黄河文化保护传承弘扬规划》《济南市齐长城国家文化公园建设实施方案》，济南黄河文化博物馆、齐长城（锦阳关段）保护开发入选全国国家文化公园建设重点项目，获1.6亿元扶持资金。夯实文物基础。加强文物保护利用改革，出台《关于进一步加强文物保护利用工作的实施方案》，持续开展文物拯救保护行动，推进20余项重点文物保护工程。推动博物馆高质量发展，新增3家博物馆，推出文物精品展览97个，“一刀圆尺”获全国百佳文化创意产品。加强考古工作。城子崖遗址入选全国“百年百大考古发现”，大辛庄遗址等14项考古发现入选省“百年百项考古发现”。落实“先考古后供地”前置举措，考古调查、勘探、发掘591项，出土文物780余件（套），考古前置典型经验在全省推广。赓续红色基因。建立红色文化保护传承工作协调机制，公布首批87处不可移动革命文物名录，完成3处革命文物保护工程，新建14处“小而精”展馆。创新非遗传承。出台建设“曲山艺海”大码头实施意见，设立2个国家级非遗曲艺书场试点，非遗传承人与18所学校结对教学，新入选省级以上非遗代表性项目36项。泉水文化生态保护区被评为省级文化生态实验区，百花洲、宏济堂被评为省级非遗旅游体验基地，2个街道、村被评为省级文化生态名镇（村）。

招大引强增量提质。引进签约文旅项目20个，鱼乐影视等15家影视公司落户济南市。金港国际赛车场、宋风古城等项目开工建设。融创文旅城、华侨城欢乐荟、华谊兄弟电影小镇、开心麻花等新项目开业运营，成为文旅融合发展新地标。文化尚品海外文化贸易中心等2个项目入选文旅部“一带一路”文旅产业国际合作重点项目。设立章锦综合保税区国家文化出口基地，入驻文化企业100余家。山东御书房动漫科技获评国家级动漫企业。扶持奖励86家文旅企业3300万元。丰富业态创新供给。推出“济南100”夜游消费地，评选首批市级夜间文旅消费集聚区，创建2个国家级、2个省级夜间文旅消费集聚区，历下区、章丘区分别成为首批省级文旅消费示范区、试点区。电竞、剧本杀、密室逃脱等新业态兴起，落户首家专业电竞俱乐部——“济南RW侠”。新增省级工业旅游、康养旅游、中医药健康旅游示范基地7家。推动“泉城好物”旅游购物商店建设，市文旅局获“2021中国旅游商品大赛”最佳贡献奖。推出“泉水游”“红色游”“研学游”“非遗游”主题线路44条。开展第五届文旅惠民消费季，发放消费券2000万元，带动文旅消费1亿余元。全域旅游全面发展。莱芜区成为省级全域旅游示范区，房干村入选全国乡村旅游重点村，获评省级精品文旅小镇2个、旅游休闲街区3个，全省乡村旅游重点村、景区化村庄、红色文化特色村56个。推进雪野雕栏山片区等2个乡村旅游集聚区、平阴北市村等5个乡村旅游示范村建设。推动国有景区改革，新评定2家AAAA级景区、6家AAA级景区。开展星级民宿创建，新评定“泉城人家”精品民宿155个、民宿集聚区6个。

增强开放吸引力。全方位多渠道搭建对外文化交流平台，当选2022年“东亚文化之都”城市。举办承办第4届中国歌剧节、全国第30届图书交易博览会、第2届中国国际文化旅游博览会、全国红色主题自驾游、第12届山东文化艺术节等10余项重大文旅活动，持续提升泉城文化软实力。增强品牌影响力。在《新闻联播》等重点时段开展“泉城济南、泉甲天下”文旅品牌宣传，《“泉城夜宴”扮靓中国年》《济南72名泉全部喷涌 中秋赏泉别有韵味》等登陆央视黄金栏目。打造新媒体宣传平台，构建新媒体矩阵，连续11个月全国地级文旅新媒体传播力指数月度排名保持前三位。增强区域带动力。牵头沿黄33个城市成立“黄河流域城市阅读发展合作机制”。启动省会经济圈文旅一体化“十个一”工程，成立省会经济圈文旅推广联盟、研学旅行促进会、文创促进会、博物馆联盟，省会经济圈城市文旅一体化进程加快。

抓实监管服务。加强广播电视宣传管理，获评全省基层广播电视统计工作优秀组织单位。完成2633家印刷企业和出版物批发零售企业年度核验和统计工作，全面掌握行业动态。引导电影市场健康发展，全市电影票房收入3.96亿元，观影人次971万，两项指标均居全省前列。抓牢安全生产。落实安全生产“一岗双责”，开展文旅行业系统安全隐患拉网式大排查大整治、安全生产专项整治三年行动、文物执法百日攻坚行动，严格落实常态化疫情防控措施，全市文旅系统全年无安全生产事故。抓好行业治理。开展执法检查10.5万人次，检查经营单位2.3万家次，立案调查108起，办结案件211件，受理“12345”举报投诉151件，回复满意率100%。2个执法案件获评文旅部年度全国重大案件，济南市入选全国互联网上网服务营业场所星级评定试点城市、华东六省一市文化执法规范化建设试点城市。

（市文化和旅游局）

【举办首届济南市文旅优秀创新项目评选】 贯彻落实文化和旅游部《“十四五”文化和旅游科技创新规划》，围绕“文化济南”建设重点工作内容，举办济南市首届文旅优秀创新项目评选。经广泛发动申报、深入调研了解、公开评审答辩等环节，25项文旅创新成果入选“济南市文化和旅游优秀创新项目成果库”。获奖项目涵盖公共文化服务提升、艺术精品创作演出、文化和旅游产业发展、文化遗产保护利用、文化科技研发应用、传统文化传承弘扬等专业领域，展示文旅行业围绕“文化济南”建设、创新发展实践探索的突出成绩。评选活动挖掘和推广济南市文化和旅游领域优秀的创新项目，进一步激发创新活力、增加创新动力，引领和支撑济南文化和旅游高质量发展。

（李玲玉）

【三项文旅项目获评第五届山东省文化创新奖】 山东省文化创新奖是省政府设立的全省文化创新最高奖，授予在文化创新发展中具有较强实践性、创新性和示范性的项目，每两年评选一届，每届评选30个项目。济南市“考古发掘深度融入文化遗产保护利用的新实践”“济南旅游‘啄木鸟’志愿服务项目”“‘大舜云’媒体融合平台”三项文旅创新项目成果从全省202个参评项目中脱颖而出，获评第五届山东省文化创新奖，获奖数目居全省16地市首位。获奖项目立足济南市文化遗产保护与传承、文化旅游行业治理和文化科技融合等工作实际，展现济南市文化和旅游高质量发展的创新成就，彰显济南文化旅游生命力和创新活力。

（李玲玉）

2021年3月25日，“小哥”读书会成立仪式暨阅读推广活动举办（市文化和旅游局　供稿）

【对外交流与合作】　4月13日，亚洲城市艺术发展联盟启动仪式在济南举行，加强亚洲各城市之间的艺术发展战略研究，实现多种形式国际文化交流与合作。5月10日，2022年“东亚文化之都”终审活动在北京举行，济南通过终审答辩。7月20日，济南应文化和旅游部国际交流与合作局邀请，参加在哈尔滨举办的城市品牌节庆活动与“东亚文化之都”建设论坛，并作推介发言。第十二次中日韩文化部长会议以视频形式召开。会上，2022年“东亚文化之都”当选城市名单揭晓，济南市与温州市、日本大分县、韩国庆州市共同入选。

（侯　静）

【济南公共文化云平台建成】　为解决公共文化服务“最后一公里”问题，出台《关于进一步推进济南市公共文化数字化建设的指导意见》，对推动全市公共文化数字化水平建设提出要求。2021年年底，济南公共文化云平台建设完成，并与国家、省云平台实现互联互通。全市各公共文化场馆通过云平台广泛开展“点单式”服务，初步形成“百姓点单、部门制单、机构派单、政府买单”服务模式，切实提高群众文化生活满意度。

（邢　杰）

【承办2021长三角及全国部分城市最美公共文化空间大赛（济南赛区）】7月，组织承办2021长三角及全国部分城市最美公共文化空间大赛（济南赛区）。经过网络征集和线上报名，济南赛区共有142个优秀公共文化空间参与报名，22家空间获得荣誉。其中，泉城书房超然楼分馆获得最美公共文化空间奖，泉城书房超然楼分馆、雨滴广场分馆获得百佳公共文化空间公共阅读空间奖，济南机遇空间获得百佳公共文化空间商圈文化空间奖，TSinan1904文博空间获得百佳公共文化空间文博文化空间奖，象阅书店北宸之光店、九如山泉城书房梦枕书香综合体、中央美术学院山东艺术教育中心、百花洲历史文化街区获得百佳公共文化空间跨界文化空间奖。

（邢　杰）

【“泉城书房——‘快递小哥’阅读驿站”项目获国际图联图书馆营销奖】6月15日，国际图书馆协会联合会（IFLA）公布2021年图书馆营销奖获奖名单，市图书馆的“泉城书房——‘快递小哥’阅读驿站”项目获第二名。国际图书馆协会联合会是世界图书馆界最具权威、最有影响的非政府专业性国际组织。由国际图联组织的国际营销奖，旨在表彰组织实施富于创意并注重应用效果的营销项目或活动的图书馆及其他信息机构。济南市图书馆“泉城书房——‘快递小哥’阅读驿站”项目获2021年图书馆营销奖，是济南市图书馆首次获得的国际奖项。

（邢　杰）

【举办济南市第十一届“书香泉城”全民阅读节】　4月23日，由省委宣传部、省文化和旅游厅、市政府联合主办的山东省“百年百部”红色经典全民阅读暨济南市第十一届“书香泉城”全民阅读节启动仪式在市图书馆举行。阅读节以“书香齐鲁 百年圆梦 喜迎书博”为主题，策划推出“红色阅读季”主题阅读活动，包括以红色基因传承为主题的天下泉城大讲堂、首届省会经济圈城市中小学生“书香妙笔”作文大赛、2021济南换书节、泉城书房“红色基因传承”——党史教育图书专架、济南市百姓宣讲比赛等300余场特色活动。此外，市文化和旅游局、泉城书房等“书香济南”建设指挥部成员单位共举办近千场阅读推广活动。（邢　杰）

【泉城书房建设】 全市新建泉城书房12家，截至2021年年底，全市共建成泉城书房38家，累计接待读者近240万人次，借还图书56万余册次，开展各类阅读推广活动1300余场次。（邢　杰）

【《我从汉朝来——文物世界中的汉代济南》开展】 为反映济南悠久历史文化，展示文物保护成果，2月3日至6月15日，由市文化和旅游局主办，市博物馆、市考古研究所、莱芜博物馆、历城区博物馆、长清区博物馆、章丘区博物馆、章丘区城子崖遗址博物馆7家文博单位联合承办的《我从汉朝来——文物世界中的汉代济南》精品文物展，在市博物馆展出。展览汇聚300件汉代文物臻品，生动还原大汉王朝时期黄河流域济南先民生活场景，全面展示济南地区汉代雄风，受到社会充分肯定。（鹿　云）

【济南市章丘区博物馆等入选第四届全省博物馆十佳社会教育案例】 为进一步提升博物馆社会教育功能，发挥典型案例示范引领作用，市文化和旅游局组织全市博物馆参加第四届全省博物馆十佳社会教育案例评选活动，全市4项社会教育案例获奖，获奖单位数量列全省第一。章丘区博物馆“奇妙博物馆之旅”和山东大学博物馆“不栉进士”女性考古学者专题展社会教育活动被评为“全省博物馆十佳社会教育案例”，市博物馆“走进大师重温经典”现代文学主题研学活动和山东眼科博物馆“点亮明眸，呵护未来”近视防控主题社会教育活动被评为“全省博物馆优秀社会教育案例”。（鹿　云）

【济南市2家博物馆入围首届全国文化创意产品推介展百家博物馆名单】 4月25日，由中国文物报社、国家文物局机关服务中心主办的首届全国文化创意产品推介展在北京文博大厦开幕，济南市推荐参评的济南市博物馆、章丘区博物馆2家博物馆入围首届全国文化创意产品推介展。5月，经全国文化创意产品推介活动终评，章丘区博物馆文创产品“一刀圆尺”获全国百佳文化创意产品。（鹿　云）

【省会经济圈一体化博物馆联盟馆际交流活动】 由市文化和旅游局倡导成立的省会经济圈一体化博物馆联盟成立后，首届理事会长单位济南市博物馆打造《松鹤延年说颐园——济南市博物馆藏松年书画特展》分别赴德州市博物馆、聊城中国运河文化博物馆，《案上珍萃——济南市博物馆藏古代文房用具精品图片展》赴滨州市无棣县博物馆展出，引进承接聊城《诚信在兹——契约文化展》，贯穿全年馆际交流活动促进省会经济圈和省内黄河流域的文化合作。（鹿　云）

2021年，《我从汉朝来——文物世界中的汉代济南》精品文物展在市博物馆展出

（市文化和旅游局　供稿）

【“5·18 国际博物馆日”宣传活动】 围绕 2021 年国际博物馆日主题“博物馆的未来：恢复与重塑”，市文化和旅游局采取线上线下相结合的方式开展多种宣传活动。联合济南时报，刊发《济南博物馆：最古老又正青春》国际博物馆日专题报道。组织全市博物馆通过抖音、喜马拉雅、微信等线上平台推出精品文物线上展览和在线讲解等服务，方便市民掌握信息参与线上线下活动。全市博物馆共组织举办主题展览 20 余个，推出“我从汉朝来之镜中美人夏夜巡游”等研学体验活动 10 余项，举办公益鉴宝活动 2 场，公益讲座 4 场，展示济南深厚文化底蕴和传统文化独特魅力，掀起打卡博物馆高潮。开展流动博物馆进基层活动，在人流量较大的广场、街道、社区等设立展览并组织现场讲解，接受群众现场咨询，发放博物馆知识宣传材料和文创书签、图书等，营造全民参与博物馆事业的浓厚氛围。 （鹿 云）

【推进“社会艺术水平考级考前备案”全程网上办理】 运用“互联网 +”思维，在完成“社会艺术水平考级考前备案”就近办理基础上，依托全市电子印章统一管理服务平台和省政务服务网，统一社会艺术水平考级线上线下服务标准和申报流程，编制完成网上政务服务办事指南和《济南市社会艺术水平考级备案工作网上办理工作规范》，指导和推进各区县文化和旅游行政主管部门规范网办程序操作，实现考级备案“在线咨询、网上申报、线上线下同步办理、网上备案结果反馈”全程网办模式，进一步提升全市社会艺术考级标准化、便捷化服务水平。社会艺术水平考级备案全程网上办理，为考级机构提供更便捷备案服务，考级机构无须到场办理即可完成备案工作，被列为济南第一批“庆百年华诞 办百件实事”民生项目清单工作，同时受到文旅部和省文旅厅关注。 （李玲玉）

【文化惠民演出活动】 2021 年，市属 7 家国有文艺院团共完成各类演出 1626 场。其中，以城市剧场为主要演出阵地，举办“戏聚周末”“开心甜沫”“亲子剧场”等“泉城大舞台”品牌演出 340 场；通过采取政府购买公益演出服务方式，组织市属 7 家文艺院团深入全市 15 个区县和功能区举办“济南市公益演出走基层活动”434 场，将优秀节目送到百姓身边。同时，组织各区县及功能区深入开展“戏曲进乡村”暨“一村一年一场戏”演出 5979 场，每村平均演出达 1.36 场，本年度“戏曲进乡村”演出覆盖率达 100%，完成省市乡村振兴考核任务。

（李晓云）

【艺术精品创作】 全市艺术精品创作再获佳绩，获省级以上重要艺术奖励和评比活动 25 项（次）。入选文化和旅游部“庆祝中国共产党成立 100 周年舞台艺术精品创作工程‘百年百部’传统精品复排计划重点扶持作品”的儿童剧《宝贝儿》和“庆祝中国共产党成立 100 周年舞台艺术精品创作工程‘百年百项’小型作品创作计划重点扶持作品”的杂技《炫彩车技》完成加工提升并通过文旅部专家组验收。儿童剧《童年》、创新融合剧《老鼠嫁女》获得国家艺术基金 2021 年度舞台艺术创作项目资助，舞剧《乳娘》入选“庆祝中国共产党成立 100 周年优秀舞台艺术作品展演”，杂技《炫彩车技》入选“庆祝中国共产党成立 100 周年全国优秀杂技作品展演”，京剧《大舜》、莱芜梆子《生日惊喜》分别获第十二届山东文化艺术节“优秀剧目奖”“优秀小型剧节目奖”，6 件作品入选第十二届山东省“泰山文艺奖”，京剧《婚事》、莱芜梆子小戏《林乡情缘》入选 2021 年山东省舞台艺术青年人才创作项目，儿童剧《童年》、音乐剧《敬礼》、京剧《邓恩铭》、莱芜梆子《新娘》、吕剧《生命日记》入选“百年征程·时代华章”庆祝中国共产党成立 100 周年山东省优秀剧目展演。 （李晓云）

【儿童剧《童年》入选第六届全国少数民族文艺会演并获“剧目创新奖”】 8 月 31 日，第六届全国少数民族文艺会演开幕式文艺晚会在人民大会堂举行。由市儿童艺术剧院创作排演的现实题材儿童剧《童年》是山东省唯一入选第六届全国少数民族文艺会演剧目，9 月 5—10 日，亮相第六届全国少数民族文艺会演，进行网络展播。9 月 24 日，第六届全国少数民族文艺会演在北京民族剧院落下帷幕，现实题材儿童剧《童年》获“剧目创新奖”。

（李晓云）

【《梧桐树下》获第十二届山东文化艺术节群众艺术优秀作品奖】 由济南市创作报送群舞作品《梧桐树下》在第十二届山东文化艺术节获得群众艺术优秀作品奖。该作品将流传于山东、河南、河北、安徽等地的民间唢呐吹奏乐曲《百鸟朝凤》与华夏民族“凤栖梧桐”传说作为创作元素和文化背景，利用全新艺术理念对其中所蕴含的优秀传统文化元素进行创造性转化和创新性发展。通过群舞的艺术形式，将一位唢呐艺人晚年生活用风趣幽默的舞蹈语言和充满想象的艺术手法呈现出来。 （邢　杰）

【举办“百年经典 时代华章”庆祝中国共产党成立100周年济南市优秀剧目展演】 由市委宣传部、市委市直机关工委、市总工会、市文化和旅游局联合主办，济南市属各文艺院团、市文化馆等共同承办的“百年经典·时代华章”庆祝中国共产党成立100周年济南市优秀剧目展演于5月12日至6月4日举行。11台优秀剧目在山东省会大剧院、群星剧场、莱芜梆子演艺剧场、宝贝剧场、铁路文化宫5大剧场集中展演，在展示艺术创作成果的同时，传承红色基因，向建党百年献礼，获得社会各界关注和好评。

（李晓云）

【举办“大河奔腾——中国沿黄九省省会城市画院联盟优秀作品联展”】 6月20日，市美术馆正式启动“大河奔腾——中国沿黄九省省会城市画院联盟优秀作品联展”，展出沿黄九省省会画院150余名艺术家创作的黄河文化主题作品170余件，涵盖国画、油画、书法、综合材料、雕塑等多个艺术门类。组织美术家沿黄河开展全流域采风写生及中国沿黄九省省会城市画院共同开展黄河文化主题创作活动，在全省乃至全国尚属首次。 （李晓云）

【举办“泉荷奖”济南市第二届优秀美术书法作品评比展览】 由市文化和旅游局、省美术家协会共同主办的“泉荷奖”济南市第二届优秀美术作品评比展览于10月15日在市美术馆举行。在吸收“泉荷奖”第一届优秀美术书法作品评比展览经验基础上，提升办展层次，联合省美术家协会共同主办，并得到省会经济圈各地市文化主管单位以及驻地高校、美术馆（画院）、美术家协会等单位支持，首次面向省会经济圈7市开展作品征集。共征集美术作品399件，涵盖中国画、油画、版画、水彩（粉）画、综合材料绘画等多个画种。经过评委专家两轮评选，共评出优秀作品奖20件，入选作品奖130件，集中展示省会经济圈最新美术创作成果，打造黄河流域生态保护和高质量发展文化艺术创作品牌。 （李晓云）

2021年6月20日，“大河奔腾——中国沿黄九省省会城市画院联盟优秀作品联展”开幕

（市文化和旅游局　供稿）

【承办第四届中国歌剧节】 10月13日，第四届中国歌剧节开幕式在济南举办，山东歌舞剧院《沂蒙山》、长沙歌舞剧院《半条红军被》、中国歌剧舞剧院《张富清》等民族歌剧在省会大剧院先后进行7场展演，举办3次一剧一评会议，开展2次进基层惠民活动，共印制演出票10800张，入场观众7205人，平均上座率为79.7%。接待演出职人员1500人、专家嘉宾300余人次。济南市政府被文旅部和省政府评为第四届中国歌剧节优秀组织单位。 （李晓云）

【“和动力——首届济南国际双年展”闭幕】 3月28日，由省文化和旅游厅、市政府主办，山东美术馆、市文化和旅游局承办，市美术馆（济南画院）协办的“和动力——首届济南国际双年展”于市美术馆

第四届中国歌剧节开幕式上民族歌剧《沂蒙山》演出现场　　（市文化和旅游局　供稿）

（济南画院）举办闭幕式。该展览自2020年12月12日开幕，历时107天，共接待60余万名观众，国内外官方媒体原创稿件首发300余次，网络直播及短视频在线观看人数突破1.3亿人次，网络媒体总点击量超过2亿次。　　（李晓云）

【《新娘》《敬礼》搬上泉城舞台】　4月30日，市莱芜梆子艺术传承保护中心为“庆祝建党100周年”打造的莱芜梆子大型现代戏《新娘》在莱芜梆子演艺剧场进行首演。《新娘》讲述抗日战争时期，以新娘青青为代表的莱芜响水湾剧团的演员们，拿起枪配合八路打鬼子，放下枪上台宣传抗日的故事。通过描写以青青为代表普通百姓的爱情、亲情故事，反映革命老区人民荡气回肠的家国情怀。5月12—13日，原创音乐剧《敬礼》在省会大剧院举行首演。该剧由市文化和旅游局出品，陈蔚艺术大师工作室主持创作，市歌舞剧院、省会大剧院联合制作，根据全国公安系统一级英模、全国最美退役军人、齐鲁时代楷模、市公安局特警支队副支队长张保国真实事迹改编而成。以普通人的视角，反映公安干警、退伍军人、特警队员在保卫社会稳定、维护人民群众安居乐业的战线上，不忘初心、勇于奉献、敢于牺牲的精神面貌以及对党、对国家、对人民的忠诚，用舞台艺术形式将榜样的力量、把楷模的精神传达给观众，得到专家评委和现场观众一致好评。　　（李晓云）

【戏曲电影《邓恩铭》在京举行开机仪式】　12月6日，由市委宣传部、市文化和旅游局共同出品，市京剧院、中国数字文化集团联合制作的戏曲电影《邓恩铭》在国家中影数字制作基地举行开机仪式。戏曲电影《邓恩铭》是对中国共产党创始人之一、中共一大济南党组织代表、无产阶级革命家邓恩铭的深情缅怀和歌颂，是对他光辉革命历程的浓缩和再现。通过京剧艺术和电影艺术的结合，展现革命英雄光辉历程和感人事迹。　　（李晓云）

【举办街头艺人专场音乐会】　10月16日，由市文化和旅游局主办、市文化馆承办的“璀璨星空”——济南市街头艺人专场音乐会在印象济南·泉世界举行。街头艺人专场音乐会的举办，是济南市探索街头艺术展演管理模式和服务机制的一项重要内容，也是着力拉动文旅消费、培育文化消费新业态的重要举措，为济南的街头艺术爱好者提供交流经验的平台，为繁荣城市夜间文化生活、推动济南夜间经济发展

商河县鼓子秧歌汇演　　（刘志海　摄）

提供助力。（邢　杰）

【商河县入选“中国民间文化艺术之乡”】 11月3日，文化和旅游部印发《文化和旅游部关于命名2021—2023年度“中国民间文化艺术之乡”的通知》，商河县作为山东省八个入选地区之一，再次蝉联这一国家级荣誉称号。商河县在1996年成功创建文化部命名的“中国民间艺术之乡”，并在持续创建中保持着这一荣誉。2012年商河县被中国舞蹈家协会授予“中国秧歌之乡”称号。（邢　杰）

【推进非遗曲艺书场建设】 全市现有曲艺类非遗项目省级7项、市级16项。为推进曲山艺海再塑工程，在全国率先推进非遗曲艺书场建设，挂牌3家市级非遗曲艺书场，其中济南市曲艺团非遗曲艺书场、槐荫区济南江湖艺社相声剧场被列为国家级、省级曲艺书场试点，并给予扶持，支持非遗驻场演出，着力培育非遗曲艺市场，打造曲山艺海品牌。出台《济南市建设“曲山艺海”大码头实施意见》，围绕文化济南建设，制定曲艺传承发展的总体目标，明确推进曲艺保护传承、支持曲艺作品创作生产、扶持曲艺演出、加强曲艺人才队伍建设、加大曲艺普及推广力度、加强曲艺学术和理论研究、加强曲艺生态整体性保护七项主要任务。对于全市培育、扶持曲艺类特色项目、打造曲艺文化品牌具有巨大推动作用，对打造济南曲艺创作和演出交流基地，提供政策扶持，为全市曲山艺海建设制定路线图。（吴晓雪）

【创建省级文化生态保护区——泉水文化生态保护实验区】 加快推进非物质文化遗产整体性保护，组建专家团队，对济南文化生态进行梳理，提出在全市范围内创建泉水文化生态保护实验区。对于保护泉水文化、打造泉水文化品牌、丰富泉水文化内涵具有重要意义，与泉·城文化遗产申报世界文化遗产相互联动，达到异曲同工效果。11月，“泉水文化生态保护实验区”被确立为省级文化生态保护实验区。12月，长清区张夏街道、章丘区石匣村被评为省级文化生态名镇名村，对推进文化生态系统性保护起到良好示范作用。（吴晓雪）

【完善非遗传承保护体系】 为促进全市市级非物质文化遗产保护工作，加强市级非物质文化遗产保护专项资金管理，提高资金使用效益，对《济南市市级非物质文化遗产保护专项资金管理暂行办法》《济南市县及县以下历史文化展示工程专项资金管理实施细则》进行修订。市文化和旅游局、市财政局联合制定出台《济南市市级非物质文化遗产保护政策措施及实施细则》，具有很强的指引性、可操作性。实施细则明确规定非遗曲艺书场、民间曲艺表演团体申报条件以及乡镇（街道）、村（社区）历史文化展示工程，黄河、小清河文化非遗展馆的建设标准。提出代表性传承人、代表性项目资助，以及支持传播传承曲艺发展，历史文化展示项目晋级等政策措施。《实施细则》的出台，为全市非遗保护工作提供政策依据，助力“十四五”规划时期非物质文化遗产传承发展。（吴晓雪）

【举办庆祝中国共产党成立100周年非遗作品征集及展览活动】 组织各区县及局属单位发动非遗传承人开展作品创作，非遗传承人创作红色主题作品致敬百年华诞，表达对党的忠诚和热爱，新创作庆祝建党百年主题作品141件（套）。6月12日，“匠心向党 礼赞百年——庆祝中国共产党成立100周年非遗作品展览及剧节目展演”活动举办。展出的非遗作品均是非遗传承人在深度发掘红色历史的基础上运用传统艺术表现形式制作而成，体现全市非物质文化遗产活态传承的最新成果和传统文化的时代价值，提升传承人的自信心和认同感。（吴晓雪）

【推动项目提档晋级】 5月，国务院公布第五批国家级非物质文化遗产项目名录，济南市宏济堂中医药文化、莱芜中元节习俗2个项目入选。11月，省政府印发《山东省人民政府关于公布第五批省级非物质文化遗产代表性项目名录的通知》，济南市秦琼传说等34个项目入选。济南市共有省级非遗项目108项、国家级非遗项目13项。对通过晋级的34个省级项目、2个国家级项目给予奖励补助，推动非遗项目向高层次发展。（吴晓雪）

【打造黄河非遗廊道】 实施黄河

历史文化遗存保护、抢救和修复工程，在黄河非物质文化遗产廊道建设上破题，找准历史文化展示工程与非物质文化遗产廊道建设的结合点，将当地黄河文化挖掘、展示、传承，通过黄河非遗展馆有机融为一体。在区县开展非遗资源和展馆建设条件摸底的基础上，对展馆布局、展示项目进行研究论证，做到既合理布局，又突出非遗特色。支持建设13个黄河非遗展馆，打造“一展馆一特色”的黄河非遗展示体系，展现黄河非遗魅力，提升黄河非遗可见度。将非遗展馆与公共文化场所功能相衔接，展馆免费对外开放，打造研学、展示、体验的公共文化阵地。13个展馆全面展示当地非遗资源，讲述非遗传承历史脉络，是非遗传承、体验基地，也是当地文化展示窗口。打造公共综合展馆为主、非遗主题展馆为辅的黄河非遗展示体系。除在沿黄河镇村选址建设黄河非遗展馆外，引导与黄河有关的非遗项目建设主题展馆，龙山黑陶、宏济堂中医药、百脉泉酿酒、福牌阿胶、鼓子秧歌、商河糖酥火烧等一批非遗项目建立非遗博物馆，丰富黄河非遗展示内容，增强黄河非遗可体验度。

（吴晓雪）

【建立非遗传承与学校教育融合工程师资库】 自2017年联合市教育局开展“非遗传承与学校教育融合工程”，已命名8所中小学校为“济南市非物质文化遗产教育示范基地”，45所学校确定为“非遗传承人校园授课”试点学校，近百所学校开设面塑、剪纸、皮影戏等非遗课程。中小学校已成为全市非遗传承重要基地。为组建一支稳定的师资力量，由市文化和旅游局牵头，区县文旅部门和市直相关文化单位配合，筛选出适宜进校园教学的项目和长期从事非遗传承教学工作、有丰富实践经验的传承人，建立“非遗传承与学校教育融合工程师资库”。师资库实行动态化管理，已入库112个项目，145名传承人。10月，市教育局、文化和旅游局确定18所学校开展“2021年非遗传承与学校教育融合工程”，与传承人开展结对教学。11月，“中国梦非遗行”文化传承系列公益活动进校园的探索与实践、商河鼓子秧歌进校园实践案例被评为2021年全省“非遗进校园”典型案例。（吴晓雪）

【出台《济南市市级非物质文化遗产代表性传承人认定与管理办法》】 根据国家级、省级非遗代表性传承人管理办法及相关非遗法规，制定出台《济南市市级非物质文化遗产代表性传承人认定与管理办法》。为激励、促进和规范市级非物质文化遗产代表性传承人开展传承活动，促进非物质文化遗产代表性项目传承发展，根据《中华人民共和国非物质文化遗产法》《山东省非物质文化遗产条例》《济南市市级非物质文化遗产代表性传承人认定与管理办法》《济南市市级非物质文化遗产保护政策措施及实施细则》等相关规定，于12月开展全市市级非物质文化遗产代表性传承人传承活动评估工作。（吴晓雪）

【非遗与旅游融合发展】 贯彻“保护为主、抢救第一、合理利用、传承发展”方针，支持非遗集聚区、特色园区建设。利用旅游载体，推进非遗宣传推广，打造一批非遗与旅游融合街区和园区，推动非遗与旅游融合发展。10月，百花洲历史文化街区、宏济堂中医药文化产业园被评为省非遗旅游体验基地。

（吴晓雪）

2021年7月8日，省专家组对市考古研究院发掘的历城区董家街道元代郭氏家族墓项目进行验收

（市文化和旅游局　供稿）

【参与科研及出版成果评选】 通过资格初审、专家评审和公示，12月29日，《张素芳小儿推拿技法图谱孙重三流派小儿推拿精华》《中华传统绝艺丛书（四册）》《中国非物质文化遗产系列读本（四册）》分别获省非物质文化遗产保护优秀科研及出版成果评选出版物类一、二、三等奖；《新时代下传统手工艺的传承与发展研究》获研究报告类三等奖。

（吴晓雪）

【开展医药类非物质文化遗产普查】 与市卫健委联合下发《关于开展传统医药类非物质文化遗产普查行动的通知》，市、区县两级文旅局、中医药管理局建立常态化合作共建机制，在全市范围内全面启动传统医药类非物质文化遗产普查行动，对传统医药技术进行摸底、梳理、挖掘、保护和推广。着力推动非遗保护传承向系统化、规范化发展。

（吴晓雪）

【加强文物保护利用】 推进市政府办公厅印发《关于进一步加强文物保护利用工作的实施方案》通知，安排部署文物保护利用改革各项任务。从顶层设计、工作机制、宣传推介、安全管理等方面对文物保护利用工作做出部署，覆盖文物保护利用各个领域和环节。

（赵英梅）

【考古调查勘探发掘前置制度】 推进市政府出台《关于推进国有建设用地考古调查勘探发掘前置工作的补充意见》，根据全市文物资源分布及历年来配合基本建设开展的考古调查勘探、发掘情况，将全市区域划分为一、二、三级文物分布区，不同文物分布区提出相应前置措施。全市全年共实施考古调查勘探项目400余项，实施6项原址保护项目，完成考古发掘9项，共清理各个时期墓葬388座，出土文物730余件（套），确保济南东绕城高速拓宽、济南医学中心等一大批省市重点项目落地实施。城子崖遗址入选国家“百年百大考古发现”，大辛庄遗址、双乳山汉墓等14项考古发现入选山东省“百年百项考古发现”。

（赵英梅）

【实施文物保护工程】 实施重点文物保护项目带动战略。完成灵岩寺石刻及千佛殿部分罗汉像保护修复、明德王墓地6号墓陵园、陈冕状元府、寿康楼、灵鹫寺大雄宝殿等修缮保护工程；开展齐长城重要点段长清区定头崖西山段保护展示，编制完成保护展示方案。开展文物拯救保护行动。完成刘恩生故宅、济南督城隍庙、角楼庄北关车站旧址等修缮保护工程以及济阳县野外文物保护工程。加强乡村文物保护。实施完成章丘区张肇铨自修堂、于家村提水站渡槽、长清区前夏三官庙、衔草寺和五峰讲书院土地庙及壁画、文祖镇西田广龙王庙等乡村文物修缮保护工程。

（赵英梅）

【开展文物安全检查】 突出抓好文物安全大检查和能力素质提升，各区县成立专项检查组，出动1000余人次，对全市文物保护单位及正在进行中的考古工地进行实地检查。对文物保护单位安全隐患及整改情况进行全面检查，共检查文物保护单位800余处，部分单位出现缺少消防设施或灭火器过期等安全隐患，已整改完毕。加强野外文物看护力度，支持文物重点区县聘请专职文物保护员，看护位于野外的重点文物保护单位。配合市公安局打击文物犯罪，提供被盗文物等相关材料。与市口岸物流办（市打私办）等单位成立泉城反走私文物志愿服务队，并设立泉城反走私志愿服务岗，建立起部门间打击文物走私犯罪合作机制。

（赵英梅）

【软件正版化采购】 采购本着实用、适用、节约原则，在确保信息安全前提下，充分考虑实际工作需要、性价比以及售后安装调试培训等服务。同等条件下尽可能使用国产正版软件，特别是稳定性、操作性和兼容性等方面都较为成熟的国产办公软件，扶持民族软件产业发展。加强与市安可办协调沟通，统筹做好新旧电脑的软件正版化工作，确保市直党政机关软件正版化工作不留死角。

（薛　白）

【加强版权宣传】 “4·26”知识产权宣传周期间，联合济南大学、省文化版权交易中心等单位在市美术馆共同举办“知识产权为创新护航”版权宣传活动。围绕“全面加强版权工作，推动构建新发展格局”主题，立足版权产业实际，指导促进高校、企业、社会组织深度合作，整合优势资源，激发版权产业发展。组织“原创有我、多彩生活”——建党100周年山东省创新版权成果精品展。举办“尊重创新 共创共享美好未来”版权普法与版权知识公益讲座。利用版权宣传周重要时间节点，通过微信公众号、今日头条公众号等多种网络媒体发布版权知识问答，在新闻出版市场经营业户及广大市民中开展版权保护知识答题活动，宣传版权保护相关知识，为版权宣传周营造良好宣传氛围；在图书馆和书店门口 LED 电子屏幕播放宣传活动信息，加大版权宣传力度。各区县开展系列宣传活动 20 余场，直接受众 2 万余人。2021 年，全市著作权作品登记数量有较大增长，达 1 万余件，较 2020 年同期增长约 20%。

（薛　白）

【发挥农家书屋作用】 开展“讲党史故事 读万卷好书”农家书屋万场主题阅读活动。面向党员开展“我的入党故事”征集活动，并择优刊发宣传，唤起社区党员初心；开办“周末成长课堂”，用红色精神激励少年儿童；开展主题读书宣讲，经典红色故事、英雄事迹诵读等，让群众接受精神洗礼，感受信仰力量。先后举办活动 296 场次，惠及 108320 人次。（薛　白）

【开展农家书屋出版物补充更新工作】 要求各县区局做好相关工作，不断跟踪补充更新工作进度，督查监管采配过程。做好政治出版物配备工作，在广大农村推动以党史为重点的“四史”宣传教育。协调省委宣传部印刷发行处，获得 40 万码洋捐赠书籍，对书籍进行分类编排，分发给区县，补充藏书，解决部分村藏书不足的问题。协调山东布克图书有限公司向莱芜区赠送书籍，种类包括政治精选、散文诗集、社会科学等，满足农家书屋读者阅读需求。（薛　白）

【举办第三十届全国图书交易博览会】 7 月 15—19 日，第 30 届全国图书交易博览会（以下简称“第 30 届书博会”）在山东国际会展中心举办。第 30 届书博会由国家新闻出版署、省政府、市政府共同主办，主会场设在山东国际会展中心，在烟台、泰安设分会场。展会期间，来自全国 1600 余家出版发行单位参展，展览面积 11.25 万平方米，以“致敬建党百年、阅享盛世书香”为主题，全方位展示新闻出版工作取得的成果。共展出图书 71 万种，较第 29 届增加 108.8%；现场零售、馆配和订货收入达 6.92 亿元，较第 29 届增加 203.5%；首次开展线上直播售书，销售额达 1.5 亿元；举办各类主题活动 600 余场，参与读者 60 万人次，较第 29 届增加 45.6%；吸引外地客商 8 万余人，泰山新闻出版小镇、各省展团项目签约达 20 亿元，拉动济南、烟台、泰安各方面消费 30 余亿元。参展企业数量、展览面积、参展图书种类、线上线下销售、主题活动场次、吸引读者等均创历届之最，实现社会效益、经济效益双丰收，对新闻出版业高质量发展产生推动作用。中央宣传部给予充分肯定，各兄弟省份、参展商和广大市民给予高度评价。

（于涟涟）

【济南日报报业集团】 济南日报报业集团（以下简称“济南报业”）作为全市重要的新闻宣传、舆论引导、政策发布、社会动员平台，是思想舆论的主渠道、主阵地、主力军，全市文化传媒领域改革发展领军单位，是媒体平台种类齐全、经济实力雄厚、产业功能完备的大型党报集团，形成立足济南辐射全国的《济南日报》《济南时报》《都市女报》《当代健康报》《人口健康报》、舜网、爱济南客户端、新黄河客户端、济南发布客户端、舜时针客户端、健康山东客户端、济南融媒体中心等“五报一网五端一中心”以及由各媒体运维的百余个微信公众号、微博、网站等组成的全媒体矩阵，总粉丝量达到 4000 余万人。拥有“全国副省级城市党报联盟”“一带一路城市党报联盟”“山东省市地报研究会”“山东省城市都市报合作联盟”“山东新闻网站联盟”等优质资源，与人民日报海外版、人民直播、新华网、百度、今日头条、抖音、一直播等中央及全国重要品牌媒体建立良好沟通合作机制，实现国内外宣传平台全覆盖。人民日报社山东分社、新华社山东分社、中央广播电视总台山东总站等 18 家驻鲁央媒入驻济南融媒体中心央媒工作站，在内容、渠道、运营、人才培养等方面展开全方位合作，进一步实现共建、共享、共赢，实现全媒制作、全网传播。在做强做大主业的同时，还形成以印刷、发行、物流、会展、电子商务、软件开发、教育培训等为代表的非报产业集群。2021 年，获评省级文明单位。以新黄河客户端建设等为代表的重点工作多次受到省委、市委主要领导肯定，融合转型多个典型案例受

到全国同行瞩目。（鞠　鹏）

【策划习近平总书记视察山东重大主题报道】　济南报业聚焦习近平总书记在山东考察调研这一大事要事，组建工作专班，聚合各媒体业务骨干团队作战、开设专栏专题全媒体报道和全网全域推送传播，做好此次重大宣传报道任务。总书记视察山东期间，济南报业各媒体平台共发稿925篇，总点击量5100余万次。（鞠　鹏）

【做好十九届六中全会报道】　《济南日报》在重要版面开设“在习近平新时代中国特色社会主义思想指引下 深入学习宣传贯彻党的十九届六中全会精神”专栏，刊发评论员文章、理论文章及宣讲全会精神报道，策划推出区县委书记、市直部门负责人专访及先模人物访谈等报道。“新黄河”客户端开设“深入学习宣传贯彻党的十九届六中全会精神”专题，下设“权威发布”“聚焦公报”“融媒报道”“观点评论”“学习贯彻”5个子专题。舜网策划制作《聚焦党的十九届六中全会》电脑端和移动端专题，综合运用图文、视频、新媒体等多种手段进行报道。“爱济南”客户端开设《领航新时代 开启新征程 聚焦中国共产党十九届六中全会》聚合专题，设计推出开屏、海报、长图、短视频等形式多样的新媒体产品。集团各媒体平台刊发稿件近700篇。

（鞠　鹏）

【“新黄河”客户端上线】　4月28日，全国第一个省市一体化打造、济南报业主管主办的新媒体平台——“新黄河”客户端正式上线，截至2021年年底，累计下载量2680万次，全媒体用户量突破5000万次，并在北京、西安、成都等城市实现新闻采编覆盖，筹划建设集“内容生产、平台运营、对外宣传、交流互动、国际舆情”五大功能于一体的国际传播中心，全国影响力初步显现。新黄河客户端组建重大时政报道团队，开设全媒体专题，全网全域推送。同时，“新黄河”客户端先后建立多个专题全程报道，发稿197篇，全网点击量创同类报道历史新高。连续聚焦重大国家战略进展，为山东和济南践行重大国家战略发展提供舆论支撑。推出“大河奔流高歌行——直播新黄河”沿黄九省（自治区）践行黄河重大国家战略大型融媒直播节目，全网点击量“3250万+”次；推出“大河安澜——新黄河客户端直击黄河防汛融媒报道”，及时传递省市防汛权威信息，做好济南防汛舆论支撑；开设“乡村振兴”栏目，全方位传递济南乡村振兴新画卷；与起步区联手打造“看见·未来之城”新黄河起步区融媒报道平台，以原创高质量报道向全国宣传推介起步区。“新黄河”客户端先后获第七届金梧奖“年度推荐新闻平台”、第三届蝉鸣奖“年度增长突破奖”等奖项，并有8件作品获中国晚报界最高奖赵超构新闻奖。研发推出“黄河云”平台，涵盖40余项产品和服务，获得山东省文化创新最高奖等技术类奖项十余项。（鞠　鹏）

【推出系列重磅专题】　围绕重大宣传报道主题，济南报业各媒体分别在报纸头版、重要版面头条，以及新媒体首页首屏等重要位置挂牌开设“认真学习贯彻‘七一’重要讲话精神”“学党史 悟思想 办实事 开新局”“红色印记”“航向·在总书记七一重要讲话精神指引下前进”“奋斗百年路 启航新征程”等专栏专题。“爱济南”客户端在重要位置推出“学党史”频道、“党建”频道，开设两个党史学习教育宣传专题、10个子专题，形成强大宣传声势。推出“百年风华，重走初心之路”大型全媒体报道，选派20名骨干记者组成采访团队，分7路前往全国11个红色纪念地进行探访，融媒作品全网阅读量“2300万+”；发布建党100周年庆祝大会独家视频80余条，单日播放量达“8500万+”，微博相关话题阅读量超1.5亿次。（鞠　鹏）

【打造时政报道品牌】　打破媒体界限，遴选优秀记者编辑近40人，组建时政融媒工作室，打造宣传济南的新品牌——“跑眼”栏目。“跑眼”栏目根据市委、市政府重要时政活动内容及工作要求、事关全市中心工作和发展大局要事等，策划制作深度分析类时政新闻产品，让读者明晓决策中的考量、辨识政策中的深意，为济南加快发展凝聚更多智慧和力量。推出56篇高质量时政新闻分析稿件。其中，围绕总书记视察山东、黄河重大国家战略实施、新旧动能转换起步区建设发展等事关济南长远发展的时政要事，推出数十篇高水平时政新闻分析稿件。单篇稿件阅读量超“10万+”“数十万+”渐成常态，众多优质稿件

被央媒、省媒及头部新媒体平台转载，锻造讲好“济南故事”的新品牌、强平台。（鞠 鹏）

【打造立体化理论传播新格局】 打造“理响泉城”工作室，做好理论研究、理论宣传、理论学习和理论输出文章。在济南报业下属各媒体开设“理响泉城”专栏，主动引领话题，形成海量传播。同时，打造“理响泉城”智库，与山东大学、山东师范大学、山东政法学院、市委党校等一批院校建立战略合作关系，建立“理响泉城”理论研究基地；集聚来自中央党校、中国社会科学院、省委党校等100余名专家组成“理响泉城”智库。围绕庆祝中国共产党成立100周年、黄河重大国家战略深入实施等，举办“百年风华与济南跨越”——庆祝中国共产党成立100周年研讨会、新黄河论坛·黄河规划纲要主题论坛，开创“理响泉城·基层治理论坛”，推出“学党史·悟思想·办实事·开新局”市直机关党史学习教育系列讲座，开展“中国梦·新时代·跟党走”百姓宣讲活动及全市建党100周年党史学习教育知识竞赛，为新时代社会主义现代化强省会建设开创新局提供更强劲“理论赋能”。爱济南客户端推出“追光”栏目，解码C位新闻。累计发布“爱视频”近3000条，总时长超过1500分钟。“新闻短剧”制作数十集情景短剧公益宣传片，得到各界充分肯定。“健康济南”赢得口碑，获得“全国城市健康传播优秀案例”称号。（鞠 鹏）

【举办建党百年主题展览】 由市委主办，市委宣传部、济南报业、市委党史研究院、市档案馆承办，济南报业具体执行的“百年风华 初心如炬”——济南市庆祝中国共产党成立100周年主题展览，于6月28日至7月21日在舜耕国际会展中心举行，该展览是近年来济南市最大规模、最高规格、最有影响力、深受各界欢迎的同类展会，在持续时间、参观人数、全网传播等方面均创历史纪录。社会各界纷纷给出“非常震撼”“深受感染”“催人奋进”“极具教育意义”等评价；会展业内人士说，“济南的这次展览在全国同类城市展会中达到一流水准”；党校专家认为，展览史料丰富、内容翔实、脉络清晰，是一部值得品鉴的“红色教科书”。主题展览宣传报道高潮迭起。宣传分为展前预热、展中宣传、展后总结三个阶段，推出消息、综述、侧记、一图、开屏、短视频、Vlog等形式多样的多媒体产品，实现多波次传播，全网传播。集团各媒体平台共发稿450余篇，在“学习强国”APP、《人民日报》、新华社等央媒以及澎湃等头部新媒体平台全网分发稿件610余篇，内外部平台发稿量超过1000篇，总点击量9850万余次。（鞠 鹏）

【摄制红色大型文献纪录片】 由省委党校（山东行政学院）、市委宣传部、市委组织部、槐荫区委和济南报业联合出品，济南报业拍摄制作的大型文献纪录片《血沃春华》制作完成并上映，在全市引发观影热潮，观影人数达300万人次。《血沃春华》5分钟先导版获“百年荣光”城市党媒短视频大赛一等奖，济南报业被市委组织部确定为“济南市党员教育制片基地”。《血沃春华》被市委组织部选送参加第十六届全国党员教育电视片观摩交流活动。线下观影阶段结束后，影片还在“学习强国”全国平台、中组部和省委组织部、市委组织部新媒体平台等进行全网公映。（鞠 鹏）

【推出庆祝建党百年双特刊】 庆祝中国共产党成立100周年“双特刊”创造历史新纪录。6月28日至7月2日，《济南日报》连续5天分《启航·初心笃定 浴火新生》《新篇·励精图治 建设家园》《创新·改革开放 振兴发展》《跨越·牢记重托 砥砺奋进》《奔流·高昂龙头 乘风万里》五个篇章，出版《百年风华 初心如炬——庆祝中国共产党成立100周年》特刊，对中国共产党的百年历史进行集中、系统再宣传。出版总数172个，其中宣传展示135.75个版，水平、质量、规模都突破济南日报的历史纪录，在央媒、副省级城市党报中也跻身前列，史料价值和新闻价值兼备，被济南市档案馆收藏。首次实现“双特刊”，在纸质版发行的同时，制作海报网络版特刊，在新媒体上以微刊、开屏、视频、H5等多种形式同步推出，实现“纸端”与“指端”两翼齐飞。（鞠 鹏）

【开展党史学习教育】 发起“百年砺初心、奋斗展风华”——山东省党史学习教育16市党报云行动，把分散在各市的红色历史聚合起来，形成一幅全面的山东党史画卷；上线山东省16市党报云平台，被列入全省创新案例。举办建党百年理论研讨会，对习近平总书记“七一”重要讲话精神进行解读，建设报史馆、影像馆，展示党报发展史。开展“红色印记大寻访”系列活动，策划推出“百年风华，重走初心之路”大型全媒体报道。搭建泉城党建云展馆，利用“5G+4K+VR+AR+AI+三维动画”等融媒形态，共享党建新成果；推出10集专题节目《建党百年——听老外讲济南故事》，党史学习教育宣传有声有色。济南报业各媒体共刊发党史学习教育相关稿件及新媒体产品7000余篇（个），点击量达2亿次，留言互动超过5万条。

（鞠　鹏）

【打造传播策源地】　济南报业旗下12家平台成为全国互联网新闻信息稿源单位，列全省16市党报集团首位。实施的济南记忆影像保护工程持续升级，藏图超过200万张，承担起记录城市变迁的重任。

（鞠　鹏）

【坚持移动优先战略】　爱济南等各客户端实现迭代升级。济南发布5.0版上线升级，进一步凸显“掌上济南日报”定位。“舜时针”2.0改版上线，增加热搜、活动等栏目，上线“剧本杀”小程序、开展“扫码免费领口罩”活动，并推出“全国各地疫情防控e通行”功能性平台。“爱济南”客户端完成9.0版升级，在用户体验、视觉呈现上进行大幅优化，新版页面焕然一新，结构更清晰、界面更友好、信息更丰富、使用更便捷，为用户打造更加丰富多元的内容新生态。（鞠　鹏）

【融合转型赋能城市发展】　“云系列”活动提档升级。疫情防控常态化背景下，济南报业发挥独有的团队、技术和平台优势，推出“云招商”“云展播”“云助农”“云招聘”“云课堂”“云创业”等“云系列”活动，深度嵌入全市中心工作，变“面对面”为“线连线”“屏对屏”，助推经济社会发展。特别是“济南新机遇”云推广系列活动，在推动招商引资模式向“云上”转型、助力全市精准招商的同时，不断推动媒体融合向纵深发展，助力签约项目总投资943.16亿元。（鞠　鹏）

【升级“直播济南”平台】　创新升级“直播济南”大型城市形象宣传报道平台，根植济南、面向全国、沟通世界，以传播济南好声音、讲好济南故事为己任，以助力建设“大强美富通”现代化国际大都市、塑造良好城市形象为使命，进一步扩展运用图文直播、移动直播、短视频直播、VR直播、航拍直播等多种直播形态，让受众沉浸式体验，身临其境感受泉城新面貌，全方位、立体化展示济南发展成绩。

（鞠　鹏）

【打造“警察+义警”专群结合新模式】　“爱济南”客户端与市公安局联合成立爱济南·泉城义警，共同打造“警察+义警”专群结合新模式，助力“平安济南”建设。爱济南·泉城义警发展到18万人，累计开展活动1780次。“爱济南”客户端作为义警队伍日常管理者和活动组织策划者，深度参与社会治理，在全国的义警组织和媒体中是唯一一例。爱济南·泉城义警下设“民意访察义警队”，由民间巡访团骨干成员兼任，参与全市党风政风行风民主评议工作。（鞠　鹏）

【技术自强驱动媒体融合】　舜网作为国家级高新技术企业，持续增强软件研发实力，注重关键核心技术攻关，2021年，新增授权发明专利1项、软件著作权登记3项，新申请发明专利3项、外观专利5项，被认定为济南市瞪羚企业。运用自主研发的移动5G+边缘网络接入+GCE高并发架构的超融合技术平台，推出“济南市大型城市形象宣传平台——直播济南”项目，对济南200余个“点位”进行24小时慢直播，在全国媒体中开创先河，全网点击量超3000万次。济南报业获评“全国最具创新力传媒品牌”奖项。“媒体融合智能采编业务系统”通过科技成果鉴定，技术达到国内领先水平；“媒体融合智能采编业务系统”获山东电子学会科学技术奖二等奖，“数据智能处理技术在新媒体平台中的研究与应用”获山东省人工智能科学技术奖二等奖；“智慧媒体采编技术系统”获评“中国好技术”称号，获“国字号”称号。“两个中心融合模式的市级媒体云智慧平台研发与应用”获被誉为中国传媒科技界最高奖项的王选新闻科学技术奖二等奖；“云宣智能媒体云平台开发项目”获2021中国城市新闻网媒联盟创新创意奖；“大舜云”入选全国新闻出版深度融合发展创新案例并获评山东省文化创新奖。舜网2021年被评为山东省电子信息行

业优秀企业。（鞠 鹏）

【助力品牌打造】 承办执行2021职业教育活动周全国启动仪式、对话山东、人工智能创新发展大会、深化鲁台合作推进会、中国家庭教育高峰论坛等高端活动，助力提升济南知名度、美誉度，推进城市高质量发展。助力全市各部门单位品牌建设，协助打造“商量”“掌上问政”“出彩机关人”“济南工匠”“泉城总客服”等品牌。（鞠 鹏）

【举办“影响济南”评选活动】 2021年第十三届“影响济南”经济人物评选暨第三届“影响济南”科技人物评选颁奖活动，进一步提升“影响济南”品牌吸引力和平台号召力。代表“工业强市”建设的众多工业制造业企业、十大千亿产业的代表性企业均在评选范围内。入选企业不乏2021中国企业500强、国家级制造业单项冠军、独角兽、“小巨人”、济南市瞪羚企业、上市公司等。评选持续创新创优，彰显品牌影响。创新性增设组委会特别奖，把经济人物与科技人物两大品牌评选活动融合提升，突出评选中的科技含量。市委书记孙立成，市委副书记、市长孙述涛及分管市委常委、副市长出席活动并为获奖企业家颁奖。（鞠 鹏）

【举办济南国际泉水节】 作为泉水节牵头单位的济南报业，确定“潮起新黄河 泉涌新时代”主题。在活动设置上考虑到市民和游客的参与性和互动性，为群众广泛参与泉水节搭建起广阔平台。承办花车巡游、“出彩济南 唱响泉城”泉水音乐节、“新黄河”泉水航拍+摄影挑战赛等多项活动，多个角度讲述新时代“济南故事”。济南报业各媒体对活动进行全方位、多角度、多种形式宣传报道，发布稿件近600篇，总点击量1500余万次，取得良好宣传效果。（鞠 鹏）

【打造“爱涌泉城”公益矩阵】 举办“爱涌泉城”公益评选颁奖典礼，对济南公益品牌、公益项目和公益个人进行评选表彰，370余个单位和个人参评。高淑贞、刘云香、辛安等全国先模人物共同上台，全面启动“爱心赋能”全国文明典范城市创建行动。“爱涌泉城”公益平台策划“小白心愿”公益活动、“爱涌泉城·与你同行”义务植树活动、“你是我的眼，我暖你的心”盲人按摩义诊等活动，“线上+线下”相结合，扩大“爱涌泉城”公益平台影响力，展示济南报业责任担当。（鞠 鹏）

【新时代文明实践活动】 策划举办济南好人馆揭幕暨省市学雷锋纪念日志愿服务主题活动，成立济南市志愿服务培训学院，承接历下新时代文明实践志愿服务项目，开展全市党性教育系列活动暨“我心向党，当好红色宣讲员”系列活动，最大限度凝聚群众、引导群众、服务群众，全面学习宣传贯彻落实习近平新时代中国特色社会主义思想，培育和践行社会主义核心价值观。

（鞠 鹏）

【助力创城】 开展全方位志愿服务活动，带领900人次的泉城义工进行现场服务。开展“助力创城，擦亮文明窗口”“助力创城，社区环境清理”等活动。泉城义工赴乡村支教，为留守儿童搭建“乡村培训班”。多方筹措资金，对泉城广场进行系列提升改造，广场整体面貌焕然一新。（鞠 鹏）

【加大普法宣传】 利用纸媒、客户端、网络等方式宣传，加强普法力度。推出“创建法治政府保障高质量发展”系列访谈栏目，“新黄河”客户端设立《拍案》《彤话铺子》等普法栏目，时刻关注济南法治最新动态。“爱济南”客户端设立“泉城普法”专栏，全年共发布济南普法宣传报道387篇，全网总点击量700万次以上。舜网刊发《2021年全市政法工作明确施工表路线图》等稿件150余篇，稿件浏览量超过300万次。（鞠 鹏）

【助力“东亚文化之都”创建】 济南报业充分发挥宣传推广和动员社会的两大功能，助力济南摘下“东亚文化之都”金字招牌。牵头成立亚洲时尚联盟等，打造“文化济南”常态化国际交流互鉴新平台，推动济南文化事业、文化产业、旅游业走向世界。建立济南创建“东亚文化之都”志愿服务总队，在各社区设立分队。组织历史、文化、政治等版面优秀记者组成专班撰写创建“东亚文化之都”台账——《济水之南》。（鞠 鹏）

【助力打造全国直播经济总部基地】 济南报业承办“济南制造·天下共享”第二届济南电商直播节暨网红

直播大赛活动，助力济南打造全国直播经济总部基地。升级济南市首个新媒体电商直播基地——西城新媒体电商直播基地，成立济南市新媒体电商产业联盟。参与“外贸优品汇 扮靓步行街”出口产品转内销系列活动（济南）暨“2021 山东礼惠金秋消费季”，获得商务部、省商务厅好评。（鞠　鹏）

【挖掘名士文化资源】　济南报业推进以“中华‘二安’·文化济南”为代表的诗词文化保护传承和活化利用，在举办中华“二安”诗词大会基础上，发起推进中华“二安”·文化济南“五个一”推广行动，设立全国首个“二安”融媒频道，进一步扩大“文化济南”和中华“二安”文化名片影响力，助力济南“诗城词都”文化品牌打造与推广。（鞠　鹏）

【概况】　开展庆祝中国共产党成立100 周年精品电视剧展播活动，累计播出展播剧目 95 部，共 3385 集。组织公益广告参加全省评审，全市 2 家单位被评为优秀播出机构，共 9 件作品获奖，其中一等奖 4 件、二等奖 4 件、三等奖 1 件，2 件作品被省局推荐到总局，市局获“优秀组织奖”。迎接国家新闻出版广电总局、省局对全市广播电视安全播出大检查工作，完成庆祝建党 100 年等 66 天重保期的各项安全播出任务。应急广播建设稳步推进。组织拟定建设方案，并通过由市工信局组织的专家评审。（赵　松）

【济南广播电视台】　2021 年，济南广播电视台党委以习近平新时代中国特色社会主义思想为指导，深入贯彻落实中央《关于加快媒体深度融合发展的意见》，完成新闻宣传和舆论引导工作任务，开展建党百年和党史学习教育主题宣传，纵深推进济南实施黄河重大国家战略和强省会战略主题宣传，在更大范围更高层次讲好济南故事。深化融合发展，新型主流媒体建设取得实效，新平台新模式新业态持续活跃，智慧广电建设稳步推进，全媒体精品不断涌现，广电品牌影响力显著提升。全台 100 余件作品获山东新闻奖、山东广播电视网络视听一等奖以上奖项，获奖作品数量实现历史性突破。台党委书记、台长文东河代表济南市新闻工作者赴京参加中华全国新闻工作者协会第十届理事会第一次会议暨中国新闻奖颁奖会，受到党和国家领导人接见。中宣部副部长，国家广电总局党组书记、局长聂辰席到电视台调研，对广电工作给予充分肯定。（张翠丽）

【主题主线宣传】　开设《在习近平新时代中国特色社会主义思想指引下》等全媒体专栏，策划推出《沿着总书记指引的方向前进》等特别报道。围绕贯彻落实习近平总书记在深入推动黄河流域生态保护和高质量发展座谈会上的重要讲话精神，推出《牢记总书记嘱托书写新时代答卷》《新时代 新济南 新征程》《黄河战略 济南答卷》等专栏和《创新，点燃泉城发展强引擎》《从一张蓝图到一方热土，大河之畔崛起希望之城》等重点报道。（张翠丽）

【党史学习教育主题宣传】　策划推出《奋斗百年路·启航新征程》《学党史知党情跟党走》《信仰的力量》《济南红色街巷》等全媒体主题报道。与全国城市台联制联播 39 集系

2021 年 5 月 8 日，由济南广播电视台打造的大型精品系列专题《光影礼赞百年》全国开播仪式举行（徐舟　摄）

2021年12月3日，山东省沿黄九市广播电视和网络视听高质量发展战略合作框架协议签约仪式举行　（徐舟　摄）

列纪录片《复兴路上》、主题策划《星火点点遍神州》、融媒体报道《中国红英雄城》。联合市委党校、市委讲师团推出《讲习时间》系列微党课。联合市退役军人事务局推出大型公益专栏《留住英雄影像传承红色基因》。《光影礼赞百年》在15省300余家电视台播出。《电影党史里的中国精神》入选山东省优秀党课。《枫叶正红》获山东省优秀党员教育电视片一等奖。策划摄制完成“永远的旗帜”济南市庆祝中国共产党成立100周年文艺演出、“颂歌献给党”济南市市直机关庆祝中国共产党成立100周年合唱展演等重大主题活动。　（张翠丽）

【实施黄河重大国家战略和强省会战略主题宣传】　聚焦济南新旧动能转换起步区建设、全国文明典范城市创建等主题，开设专题专栏，推出重点报道。讲好黄河故事，牵头成立山东省沿黄九市视听发展联盟，推出50期系列短视频《我的黄河故事》。联合沿黄九省（区）城市台联制联播大型系列纪录片《脱贫攻坚：黄河大合唱》，济南篇《河孕新机》在央视播出。联合沿黄九省省会台推出系列报道《九曲黄河闹新春》，省委宣传部和省广电局专报给予肯定。全网发起《这是济南 Young》《不可错过的济南》《济南有点意思》等全媒体报道，系列短视频《一样的月光不一样的城》登上全国热搜榜。　（张翠丽）

【讲好济南故事】　组建工作专班协助央视完成专题《十问万亿城市》和大型直播《今日中国》山东篇在济录制任务。在央广央视发稿500余篇，5月8日，央视《新闻联播》用3分多钟时间播发《山东济南：生态优先 赋能高质量发展》；10月20日，《新闻联播》再次用2分钟时间报道济南生态文明建设成果。《新闻联播》《东方时空》《朝闻天下》连续3天关注济南庆祝建党百年灯光秀，提升济南城市影响力和美誉度。“学习强国”济南学习平台共发稿18000余条，全国平台选用近1900篇。完成118场市委、市政府新闻发布会直播。　（张翠丽）

【推出全媒体精品节目】　推出泉城首档融媒体应急广播节目《泉城应急》，提档升级《警民心连心》节目。推出全省首档法治实践全媒

2021年11月19日，济南广播电视台与开心麻花战略合作的《婚事待发》明星场正式开演　（李方正　摄）

2021年9月27日，济南广播电视台与浪潮集团合力打造济南超高清视频产业联盟启动仪式举行　（徐舟　摄）

体季播节目《护航律师团》等新节目。策划推出济南首部4K超高清泉水宣传片《泉之城》，电视纪录片《河孕新机》《记住马山》《星火》《风展红旗》等，开机摄制纪录片《齐长城》。电影《我的合唱团》登陆全国院线。全台100余件作品获山东新闻奖、山东广播电视网络视听一等奖以上奖项，实现历史性突破。交通广播与开心麻花联合打造舞台喜剧《婿事待发》，探索广电媒体进军演艺市场新模式。

（张翠丽）

【为民服务】　提升广播电视《问政》《商量》《有话好好说》等解困式宣传服务平台，开展《作风监督热线》直播。省广电调解提质升级工作现场会在济南广电举行，推介《有话好好说》经验。全省首档法治实践全媒体季播节目《护航律师团》，以展示“律师职业风采”为切入点，服务市民生活，普及法律知识，持续打造济南广电“护航”解困式公益服务品牌。新闻综合广播获评全国青年文明号，热心姊妹花记者团队获评全国巾帼文明岗，《都市新女报》栏目获评全国青少年维权岗。

（张翠丽）

【提升广电品牌影响力】　打造广电嘉年华、“声动泉城”名家名篇诗文咏诵会、“泉声曲韵”京剧名家名段演唱会等文化品牌，开展泉城登山节等品牌活动。“声动泉城”获评国家新闻出版广电总局优秀广播活动。连续9年打造的“声动泉城”名家名篇诗文咏诵会和“泉声曲韵”京剧名家名段演唱会，揽获山东省会大剧院票房冠军，实现社会效益和经济效益双丰收。天下泉城合唱团获中国国际合唱节金奖和第十一届世界合唱比赛最高奖。服务中国舞蹈“荷花奖”终评、全国职工党史学习教育读书活动山东（济南）专场等20余场重大活动服务保障工作。承建“走进我们的小康生活”济南市小康工程展览馆。完成市委、市政府交办的一批专题片警示片摄制任务，获得各界高度评价。

（张翠丽）

【深化媒体融合发展】　2021年，国家新闻出版广电总局授予济南广播电视台全国广播电视媒体融合先导单位，全台媒体融合发展案例入选山东省改革试点成果。中国（济南）新媒体产业园入选山东省十大网络视听（短视频）基地。“鹊华MCN”全网粉丝量突破3000万次，获评全国广播电视媒体融合成长项目。鹊华MCN获评“TV地标”年度优秀广电MCN机构。（张翠丽）

【智慧广电建设】　拓展全媒体传播矩阵，升级鹊华云平台，“天下泉城”“叮咚FM”客户端入驻，“泉眼”客户端入驻上线，全台客户端融合取得突破。完成标清制播系统升级和莱芜区、凤凰路隧道、济泺路穿黄隧道等地调频广播信号覆盖。完善5G+4K超高清试验技术平台，都市、生活频道实现高清播出。与浪潮集团联合打造济南超高清视频产业联盟，成立5G+超高清媒体应用联合实验室和超高清节目协作体。超高清创新平台获国家新闻出版广电总局高新视频创新应用大赛一等奖。在济南新旧动能转换起步区谋划“黄河V谷”5G+超高清视频产业基地项目，列入济南市“十四五”规划，已形成初步策划方案。　（张翠丽）

【完成项目赛事及颁奖仪式转播】　7月19—30日，济南广播电视台东京奥运会转播团队赴日本参加2020东京奥运会羽毛球赛事转播，这是济南广播电视台建台以来第一次整建制派出转播队伍参加奥运会转播，登上体育赛事转播的最高舞台。在6个比赛日顺利完成54场比赛转播任务，受到奥运会组委会、主转播商好评。9月4—23日，济南广播电视台体育赛事转播团队，承担第十四届全国运动会拳击项目转播。在13个比赛日共完成201场比赛、13场颁奖仪式公用信号的制作，共制作公用信号近60个小时，受到组委会及各方认可和好评。（张翠丽）

【打造文明创建智慧平台】 在市委宣传部、市文明办的指导下，创新打造文明创建智慧平台，为全市600余家文明单位开设社群，开展“我爱泉城——我为文明城市代言”等文明实践及志愿服务活动，为济南获得全国文明城市“三连冠”和创建全国文明典范城市赋能助力。中央文明办给予高度评价。

（张翠丽）

【概况】 2021年，市档案馆以习近平新时代中国特色社会主义思想为指导，以实施“泉城记忆”建设行动为总抓手，以推动档案事业转型发展、高质量发展为主题，践行档案工作“走向依法管理、走向开放、走向现代化”要求，全面推进档案治理体系、档案资源体系、档案利用体系、档案安全体系建设的“1+1234”工作体系总体思路，不断夯实业务基础、提升服务能力，为全市经济社会发展做出贡献。

【服务中心工作】 服务党史学习教育和庆祝建党100周年，建成党史资料陈列展，与省档案馆联合承办“百年恰是风华正茂”主题档案文献展，国家、省、市300余家单位，300余场次，1.1万余人次参观；完成馆藏特色张海迪档案288卷10万余页书信、301件实物的整理及目录数字化，规划建设张海迪档案特藏室。开展口述档案征集成果，编辑出版《济南口述档案——庆祝中国共产党成立100周年专辑》。编辑《资政参考》为市委、市政府决策提供服务，联合编纂济南市、莱芜市《组织史资料》共5册，联合举办“百年历史 百幅图片 话说百年”展览、“红色济南 艺术再现”党史文献作品展、济南市庆祝建党百年主题展。

【档案利用】 坚持以人民为中心服务理念，采取函电代查、预约查询、送档上门、VIP直通车等多种服务形式，满足社会各界的档案利用需求。全年完成120万件数字档案开放鉴定和40万件档案复审，提供利用档案8000余人次、1.2万余卷（件）次，开展跨馆查档利用115例。

【档案安全】 加强日常安全管理，开展消防专题培训和应急演练，确保档案安全。开展网络安全培训和应急演练，济南档案信息网迁入市政府网站云平台。推动档案馆建设，市档案馆新馆项目被列为国家档案局“绿色档案馆”试点。

【馆际交流】 服务重大战略、重大工程、重大活动。推动建立59个成员参加的黄河流域地级城市档案馆战略合作机制，实现民生档案跨馆利用，构建起为民、便民、惠民的跨馆档案利用服务体系。根据市“十四五”规划，制定《“泉城记忆”建设行动实施方案》，启动“泉城记忆”建设行动。对党史学习教育开展档案业务指导，开展脱贫攻坚和疫情防控档案进馆前业务指导。

【档案资源建设】 开展“百年风华”红色档案征集和“清风寄语·家书话廉”红色家书征集，征集红色档案资料255件、照片400余张、视频8223分钟、书籍15本、家书200余件，录制红色口述档案300余分钟。接收脱贫攻坚和疫情防控两个指挥部以及65个成员单位1.2万条目录进馆，收集整理脱贫攻坚档案6000余件、照片100余张、音视频15部，疫情防控档案4000余件。

【档案信息化】 完成“电子档案共建共享一体化管理平台”开发。1个国家档案局科技项目、1个省档案科技项目具备验收条件。区域数字档案馆信息共享利用系统上线，建成涉及全市330万余人口婚姻档案数据库，归集市及所有区县档案馆260余万份重要民生档案信息，实现民生档案归集整合。数字化加工馆藏档案100万页，莱芜区划调整数字化加工扫描完成277万页。

【档案馆开放日】 为纪念“6·9”国际档案日，市档案馆围绕“档案话百年”主题，开展系列宣传活动，为党的百年诞辰营造良好舆论氛围。邀请省科技统计分析研究中心、高新区舜华路街道新生活社区居委会等单位党员群众走进市档案馆，实地了解档案工作，体验信息化、智能化档案利用服务、档案安全管理，参观党史文献资料陈列展，并开展主题党日活动。开展“进机关”“进社区”宣传活动，向机关工作人员、社区群众宣传档案法，发放《中国精神》宣传手册、档案利用手册等资料。

【“百年恰是风华正茂”主题档案文献展】 7月，市档案馆与中央档案馆、省档案馆等单位联合举办“百年恰是风华正茂”主题档案文献展。展览分为序篇和8个部分（信仰的力量、理论的力量、组织的力量、人民的力量、斗争的力量、行动的力量、制度的力量和万山磅礴看主峰），以中央档案馆馆藏为基础，补充具有鲜明山东及济南地方特色的素材，共展出500余件珍贵档案文献、照片、音视频和实物档案。

【建党100周年档案文献选编】 6月9日，市档案馆编纂的《济南口述档案——庆祝中国共产党成立100周年》出版，全书共约28万字。该书从济南市各行各业中遴选出近40名具有代表性的典型人物，记录整理他们自改革开放以来在各自领域的奋斗足迹。个案记忆均为当事人亲历、亲见、亲闻的第一手资料，是国家富强、民族复兴的真实见证。开展口述历史档案工作，以档案记述济南人奋斗历程、讲好济南发展故事，是展现济南精神风貌的有益尝试。

（刘　茜）

社会科学

【济南市社会科学联合会】 2021年，济南市社科联坚持以习近平新时代中国特色社会主义思想为指导，深入学习贯彻中共十九大和十九届历次全会精神，着力深化改革创新，健全工作机制，加强社科阵地规范化建设，组织开展重大课题研究，开展社科普及工作，各项工作实现新发展、新进步。（韩建玲）

【济南市社会科学界第五次代表大会】 5月12—13日，济南市社会科学界第五次代表大会在舜耕会堂召开。省委常委、市委书记孙立成，省社科联党组书记、副主席刘致福出席大会并讲话。市人大常委会主任殷鲁谦，市政协主席雷杰，市委常委、秘书长蒋晓光，市委常委、组织部部长陈阳，市委常委、市纪委书记杨光忠，副市长王桂英到会祝贺。市委常委、宣传部部长、市社科联主席杨峰主持开幕式并在闭幕式上讲话。市社科联党组书记、副主席石玮受四届委员会委托向大会作工作报告。会议全面总结市社科界第四次代表大会以来的工作，研究确定今后五年全市哲学社会科学发展的主要工作目标任务，修改并通过《济南市社会科学界联合会章程》。会议选举产生市社科联第五届委员会，杨峰当选为市社科联第五届委员会主席，石玮、李晓华、陈居忠、郭涛、丁林桥、马军远、孔祥敏、任广锋、李光红当选为副主席，表决通过李正法为秘书长。市级各群团组织主要负责人、大会代表及特邀代表参加会议。

（韩建玲）

【应用对策研究】 3—6月，组织“助力起步区建设社科专家咨询服务行动”，邀请山东大学专家团队

2021年6月4日，“弦歌越千年，经典咏流传”中华人文精神与传统诗乐教育——汶水琴社“齐鲁琴歌”非遗传承进校园专题讲座，在莱芜高新区汶阳小学报告厅举行

（市社科联　供稿）

到济南新旧动能转换起步区开展实地调研。10月12日，组织召开“济南新旧动能转换起步区高质量发展对话会”，邀请省内外知名专家与起步区负责人开展多角度、多层次研讨交流。参与《文化济南建设发展规划纲要》《济南市分类推进人才评价机制改革实施方案》编制，发挥社会科学在推动省会高质量发展中的作用。组织全市社科工作者深入开展重大课题研究，5项课题获省人文社科课题立项，8项研究成果获省社科优秀成果奖。

（韩建玲）

【社科普及活动】 落实《山东省社会科学普及条例》，推进社科普及守正创新，宣传党的创新理论，普及人文社科知识，打通理论传播“最后一公里”。策划2021年山东省暨济南市第十八届社科普及周，开展线上线下社科普及宣传活动59项。推荐36部作品参加山东省社科界第八届人文艺术作品大赛，推荐《红色故事100讲》等2部作品参加山东省优秀社会科学普及读物评选。“社科有约走基层”工作创新被评为2021年度山东省社科普及工作优秀案例。济南市社科普及工作经验做法在山东省新时代文明实践社科普及志愿服务工作推进会上做典型介绍。 （韩建玲）

【社科阵地建设】 加强社科阵地规范化建设，重新修订《济南市社会科学界联合会市级社会组织管理办法》，指导2家学会换届，依章依规对3家学会进行整顿。做好基层社科组织纳新工作，新成立3家高校社科联，新增16个省级、

2021年4月23—24日，“百人百讲庆百年”党史故事讲述活动先后走进济南市历城区易安小学、济南市日昇工商旅游学校

（市社科联　供稿）

26个市级社会科学普及示范区、街道（镇）、社区（村）。7月5—9日，赴苏州大学举办社科界理论骨干培训班，全面提高基层社科工作者的综合素养和实际工作能力。发挥基层社科阵地平台优势，指导其开展各种社科活动，市民俗学会的“庆祝建党100周年非遗文化展演”、莱芜区社科联的“中华母亲节”等特色活动项目，弘扬主旋律，传播正能量，在社会上产生良好反响。

（韩建玲）

【《济南社科论坛》编辑】 牢牢把握舆论导向，做好《济南社科论坛》编辑工作。全年编辑出版《济南社科论坛》6期，刊登理论文章132篇、70余万字。 （韩建玲）

【庆祝建党100周年活动】 6月25日，与市委宣传部、市委组织部、市委党校、市委党史研究院、济南日报报业集团联合举办“百年风华与济南跨越”庆祝中国共产党成立100周年理论研讨会。8月25日，召开济南市社科界学习贯彻习近平总书记“七一”重要讲话精神专题研讨会。参与山东省“百年奋斗与山东实践”庆祝中国共产党成立100周年理论研讨会，组织撰写《百年来中国共产党领导山东社会建设历史进程与基本经验》参会。举办“永远跟党走·筑梦新征程”巡回图片展，走进社区、农村、机关、企业、学校巡回展出近20场次，参观群众万余人次。深入基层组织举办“百人百讲庆百年”“社科专家讲党史”活动18场次。在《济南社科论坛》设立“学习贯彻习近平总书记‘七一’重要讲话精神”专栏，刊发理论文章10余篇。

（韩建玲）

【山东省暨济南市第十八届社会科学普及周活动】 5月7日，山东省暨济南市第十八届社会科学普及周在莱芜职业技术学院开幕。科普周以学习贯彻习近平新时代中国特色社会主义思想为主线，以“永远跟党走、筑梦新征程”为主题，组织

开展专题讲座、展览展演、咨询服务、公益帮扶和“我为群众办实事”等社科普及活动。宣传阐释党的政策，培育践行主流价值观，传承涵育传统文化，倡导弘扬时代新风，与群众面对面进行科普宣传与服务。

（韩建玲）

【社科优秀成果奖评选】 10月22—23日，济南市第三十六次社科优秀成果奖评选工作会议召开，评选出优秀成果80项，其中一等奖10项、二等奖20项、三等奖50项。

（韩建玲）

【济南社会科学院】 2021年，济南社科院贯彻执行上级工作部署和要求，秉持“科研为市委、市政府决策服务，为济南市经济社会发展服务”理念，全面落实从严治党主体责任，强化理论阵地，完善制度建设，加强党对哲学社会科学工作的全面领导，统筹疫情防控和科研工作，围绕经济社会发展的重大现实问题开展应用对策研究，聚焦“打造五个济南，建设大强美富通现代化国际大都市”中心工作，突出课题研究，发挥智库作用。

（梁永贤）

【社科研究成果】 申报并完成一批省、市社科规划课题。完成山东省社科规划课题《国家治理现代化视阈下全面建成小康社会的文化发展研究》1项；完成2020年济南市社科规划重点课题《济南创建国际消费中心城市的基本思路和路径研究》《济南市文化旅游业发展的基本思路与对策研究》《新时代提高全社会道德素养与道德治理水平研究》《习近平新时代中国特色社会主义思想对马克思主义哲学的创新与发展研究》4项，2021年，获济南社科规划立项课题6项，获济南市第三十六次社科优秀成果奖6项，其中一等奖1项、二等奖2项、三等奖3项。策划确定并完成一批院重点课题。紧盯黄河流域生态保护和高质量发展国家战略和济南市“十四五”发展规划，围绕市委十一届十二次全会提出的“七个新跨越”和“十个新突破”，突出省会经济圈一体化发展、工业强市、乡村振兴、现代产业体系、居民消费、数字经济、养老托幼、黄河文化、文化旅游、网络文明和意识形态等重大选题，完成《济南城市国际化发展报告2021》《济南建设齐长城历史文化公园研究》《中国共产党的民生思想与实践研究》《近代名人与山东黄河研究》等26项课题，其中院重大课题1项、重点课题10项、一般课题15项。完成市政府交办课题《济南市申办2030世博会的背景和主题研究》1项。完成市委宣传部交办课题《推动优秀传统文化“双创”研究》1项。编辑出版《济南城市国际化发展报告2021》《济南文化论丛（第七辑）》《济南城市发展研究2019、2020》等科研著作，总字数120余万字。

（梁永贤）

【举办庆祝中国共产党成立100周年学术研讨会】 6月11日，济南社科院与市委宣传部、市委党史研究院（市地方史志研究院）在龙奥大厦共同举办“庆祝中国共产党成立100周年学术研讨会”。来自山东大学、省委党校、省委党史研究院、山东社会科学院等高校、科研机构的省市专家学者，围绕“中国共产党百年历程与济南发展”主题进行研讨交流，回顾建党百年光辉历程，总结建党百年历史经验，开启全面建设社会主义现代化国家新征程。

（梁永贤）

【举办学习贯彻党的十九届六中全会精神座谈会暨2021年山东省地方社科院科研联席会议】 11月19日，承办山东社会科学院主办的“学习贯彻党的十九届六中全会精神座谈会暨2021年山东省地方社科院科研联席”会议，学习中共十九届六中全会精神，交流科研工作情况。全省地方社科院及山东社科院分院、调研基地等单位的领导和专家50余人参加会议。

（梁永贤）

【承办“黄河生态文明”国际论坛】 12月17日，承办由中国社科院学部主席团和市委、市政府主办的中国社会科学论坛“黄河生态文明”国际论坛，通过云会场方式在北京和济南同时举行。来自政府职能部门、高校和社科研究机构、智库以及非盟成员国的政要和专家学者共200余人参加论坛。全国人大常委会副委员长丁仲礼，中国社会科学院院长、党组书记谢伏瞻，省委副书记、省长周乃翔，市委副书记、市长孙述涛分别在北京和济南出席开幕式并致辞。论坛聚焦“在中国式现代化新道路、人类文明新形态新征程中共同谱写黄河流域生态保护和高质量发展新篇章”主题，围绕推动黄河流域生态保护和高质量发展、促进世界大河文明交流互鉴进行研讨交流，共同探讨加强黄河生态文明建设，推动黄河流域生态保护与高质量发展的思路举措，为黄河流域高质量发展献计献策。举办“绿色现代化新道路、人类文明新形态论坛暨学习习近平总书记在深入推动黄河流域生态保护和高质量发展座谈会和在山东考察重要讲话精神”研讨会、黄河流域碳达峰碳中和国际研讨会、黄河文化与生态文明志建设论坛、黄河流域经济社会全面绿色转型与国土空间布局论坛、黄河生态文明校长论坛、美丽黄河与能源转型论坛等平行论坛。人民网、学习强国平台、《大众日报》等全国20余家媒体作宣传报道或转载。（梁永贤）

【举办黄河文化金石论坛】 12月23日，济南社科院与山东金石学会共同主办的黄河文化金石论坛在龙奥大厦召开。来自省博物馆、山东金石学会、山东考古研究院及省内高校等单位的专家学者，围绕“金石与黄河历史文化、金石与山东及济南历史文化”这一主题深入研讨交流，进一步深化对山东和济南黄河历史文化和优秀传统文化的研究。

（梁永贤）

【对外宣传】 济南社科院专家接受新闻媒体采访报道10余次，在省级以上报刊发表文章61篇，通过呈阅件、每日信息、政务信息等渠道报送信息等20余篇。（梁永贤）

【文旅消费扩容提质】 完成全国文旅消费培训暨首批国家文旅消费示范城市授牌仪式服务保障工作，济南市获首批国家文旅消费示范城市荣誉。获评第五届山东文化和旅游惠民消费季优秀组织单位；承办山东省第五届济南市文化和旅游惠民消费季启动仪式、泉城夜宴济南短视频大赛、非遗日文旅消费等活动，发放文旅惠民消费券逾2000万元，直接带动消费超过1亿元；指导历下、市中和章丘区争创省级文旅消费示范区、试点区，历下区取得山东省文旅消费示范区创建资格，市中和章丘获得山东省文旅消费试点区创建资格；泉城夜游影响力不断提升，济南古城特色文化街区和印象济南泉世界获国家夜间文旅消费集聚区称号，融创文旅城和方特东方神画获省级夜间文旅消费集聚区称号。（任诺扬）

【推进文旅项目】 乐华城项目、金港国际赛车场项目、宋风古城项目开工建设；融创文旅城、华侨城花乐荟开业运营；开心麻花山东总部基地正式落户济南，与文旅局联合出品的情景剧《七平米》如期公演，受到观众和媒体热赞。

（任诺扬）

【丰富文旅新业态】 协同有关部门举办2021王者荣耀全国大学生职业联赛总决赛，首届济南“泉”民电竞嘉年华等电子竞技活动，吸引全球上亿观众观看赛事直播。推动RW侠战队落户济南，解决全市无专业电竞战队的历史；协同举办时尚产业高峰论坛、迷笛音乐节、“济南之夜——潮流音乐节”等活动，时尚消费逐步兴起。（任诺扬）

【开展对外文化贸易】 推荐文化企业“出海”全链条服务体系作为全市自贸试验区优秀案例参加全省自贸试验区优秀案例评选，并顺利获评；牵头推动全市文化尚品海外文化贸易中心和新光影文化贸易创客基地两个项目入选文化和旅游部2021年“一带一路”文化产业和旅游产业国际合作重点项目名单。

2021年10月，在2021中国文物学会历史文化名楼保护专业委员会年会上，大明湖超然楼荣获“中国历史文化名楼”称号

（王琴　摄）

（任诺扬）

【发挥产业政策作用】 为15个符合政策的旅游企业发放奖励资金450万元，引导新增AAA景区7个、四星级饭店1个、省级工业旅游示范基地5个、省级康养旅游示范基地1个、省级中医药健康旅游示范基地1个；协同市委宣传落实《关于在新旧动能转换中做大做强文化产业的若干政策措施实施细则》，为71家符合条件的文化企业发放奖补资金2848.26万元，文化产业市场主体不断壮大。（任诺扬）

【举办"奋斗百年路·启航新征程——全国红色主题自驾游"活动】 邀请全国20余个省、区、市的自驾游协会代表参加活动并发布"全国红色主题自驾游（济南）宣言"，宣布济南市文化和旅游系统"10个一批庆祝建党100周年"系列活动，推出省会经济圈6条红色自驾游线路产品，开展红色自驾游系列产品体验等。（王小曼）

【推动省会经济圈文旅一体化】 5月19日，牵头成立"山东省会经济圈文旅推广联盟"，举办省会经济圈文旅座谈会，进一步完善省会经济圈文旅一体化工作机制。7月，联合济南文旅发展集团在济南西站东广场启用集文旅综合服务厅、文旅活动发布厅、非遗文创展销厅、青年旅社等多种文旅业态为一体的"省会经济圈文旅会客厅"。

（王小曼）

【承办全省旅游民宿集聚区创建推进活动】 10月28日，由市文化和旅游局承办的全省旅游民宿集聚区创建推进活动在九如山度假风景区举办。活动包括全省旅游民宿集聚区创建工作会议、旅游民宿发展对话会和全省旅游民宿装备展示活动三大板块，旨在推动全省旅游民宿集聚区向品牌化、连锁化、集群化发展，赋能乡村振兴打造齐鲁样板。山东省首批34个民宿集聚区创建单位共同发布推动山东省旅游民宿集聚区创建"九如山倡议"。

（魏洪强）

【济南文旅发展集团】 2021年，济南文旅发展集团始终坚持聚焦主业谋发展，全面开展市域文旅资源挖掘整合、开发建设工作，为全面建成"国际知名、国内一流的活力文旅"，推动全市乃至全省战略新兴产业发展彰显文旅力量、发挥引领作用。

集团获"济南市五四红旗团委""济南市青年志愿服务先进项目""济南市维护女职工权益先进企业""党建工作示范单位"等荣誉称号，集团实施的相关项目入选"2021全国文化遗产旅游百强案例""2021年全省文旅网络营销优秀案例""第五批省级非物质文化遗产代表性项目名录""省级非物质文化遗产代表性项目名录扩展项目名录"，推动大明湖获"2021中国十大休闲湖泊"、超然楼获"中国历史文化名楼"。

集团打造的智慧文旅平台全面上线，实现咨询、票务、线路、酒店预订、公共服务等功能的吃住行游购娱一体化线上平台；奥体中心场馆按期完成夜景亮化工作；第二届中国国际文化旅游博览会、"应博会"、2021第十七届中国（济南）国际新能源汽车展、第三十届全国图书交易会等多场大型展会在山东国际会展中心举办，山东会展集团仅用半年时间达到2020年全年举办场次数的73%、展览面积的63%，实现较大幅度增长；百合园林集团拓展市场新中标凤凰路北延绿化、历城区黄河生态风貌带环境整治提升、兴隆公园西园建设、康体公园打造等80余个设计、施工、养护管理项目；帮助章丘三涧溪村代建民宿及旅游综合配套项目，以切实行动服务乡村振兴战略；集装箱营地项目建设完成并投入使用；组建迈氏山东会议服务公司，搭建全市会议服务平台，承办中国企业论坛等重大会议；莱芜旅发·印象城项目打造成为莱芜老商业区地标性建筑，进一步完善城市文旅休闲配套设施；开发研学产品，景区红色旅游线路，文创特色产品，"雅韵兰舟"游船定制产品、"雨荷家的下午茶"等轻舟休闲产品。以"南丰戏楼"为中心建立文创产品开发基地，将传统建筑进行新式利用，打造融合创意餐饮（下午茶）、特色城市伴手礼、传统戏曲表演、儿童话剧表演、新式脱口秀、民谣乐队演出、会议活动为一体的特色文化网红打卡店铺。

《趵突泉水位持续突破30米大关》《山东济南：趵突泉地下水位创下56年以来最高水位记录》《大明湖文创雪糕亮相》等内容多次被中央电视台报道，仅天下第一泉景区中秋假期期间就连续7次登上中央电视台；联合浙江卫视超人气节目《奔跑吧》制作"泉城热恋"济南特辑，全网累计热搜破1000，主话题阅读量破401亿次，登录多个权威数据平台TOP1；开展“喜乐安康过大年”“双节‘连’欢季　潮玩文旅风”“五一游山东，‘云’端也精彩”“火车火车哪里开——清泉流淌　大明湖畔忆济南”等直播活动百余次，累计观看量达3000万次；人民网、新浪网、山东广播电视台、《济南日报》、“新黄河”新闻客户端、叮咚FM等央级、省市电视、广播、报纸、网站、客户端平台累计报道稿件近万篇，新媒体平台打造网络热搜话题百余次。

开展喜乐安康过牛年、2021敬泉盛典、第二届泉水盛宴、大明湖龙舟赛、大宋风华二安文化华服盛典、隐湖文化市集等一系列文化演艺、传统节庆活动；2021奔跑济南·山泉湖河城半程马拉松系列赛、2021赛季全国体育院校篮球联赛、“赢在泉城”足球联赛、“济南文旅杯”山东首届自行车城市联赛等体育赛事活动，推动集团场馆、品牌、赛事资源融合发展。2021年济南国际摩托车博览会暨首届泉城国际时尚文化旅游节、2021新青年音乐节、迷笛音乐节等活动，推动会、展、节、赛、演联动发展。

（李婧怡）

【文旅重点项目建设】　2月，集团与全球MICE行业领导者迈氏中国合资成立迈氏国际会展（山东）有限公司，布局黄河流域高端会议市场。承接国务院国资委举办的第四届中国企业论坛活动，接待300余位政府、中外企业界人士及专家学者。6月29日，由集团代建的中共山东早期历史纪念馆正式启用，成为献礼建党100周年工程。7月22

2021年9月6日，涌泉相报——2021敬泉盛典暨第九届济南国际泉水节启动仪式在济南天下第一泉风景区趵突泉园区举办

（王啸　摄）

日，“山东省会经济圈文旅会客厅”启用仪式在市旅游服务中心举行。项目以济南为起点，打造省会经济圈文旅会客厅矩阵，建立“四个一体化”管式文旅会客厅发展模式，成为串联省会经济圈以及济宁、菏泽9市一体化协同发展的重要渠道和平台，全面形成省会经济圈综合竞争力、区域辐射力，打造省内乃至全国具有标杆示范作用的文旅公共服务共享平台。跑马岭齐鲁雪乡和森林部落两大项目落地，两度因爆款产品成为济南“网红打卡地”。结合市场需求，利用项目优势，以“内容体验为主”，实现产品转型升级，彻底盘活南部山区文旅产业资源。仅在试运营期间，跑马岭·森林部落接待游客就达7.7万人次。做好泉水保护、增色泉水景观、打造泉水文创、做大泉水旅游、服务泉水申遗等5篇“泉水文章”，为“生态济南”建设采取系列保泉措施，持续打造品质“第一泉”。2021年是趵突泉复涌的第18年，地下水位多次突破30米大关。

（李婧怡）

【文化市场综合行政执法】　2021年，全市文化市场综合行政执法工作以庆祝建党100周年、维护文旅市场繁荣稳定为目标，统筹推进疫情防控和安全生产，做好文化市场监管工作，持续深化“扫黄打非”专项斗争，全市文化市场疫情防控得力，市场发展平稳健康有序。全市共出动执法检查人员108790人次，检查文化市场经营单位24623家次，立案调查117起，办结案件224件，罚款819250元。市文化市场综合行政执法支队被国家版权局评为2020年查处重大侵权盗版案件有功单位，被中华全国总工会授予“全国工人先锋号”称号；济南市文化市场管理和“扫黄打非”工作领导小组办公室获得全省“扫黄打非”工作先进集体称号。某旅行社涉嫌不合理低价游案和某图书有限公司销售侵权盗版图书案获评国家文化和旅游部2020—2021年全国重大案件。山东某公司擅自从事专网及定向传播视听节目服务案，山东某公司以不合理低价组织旅游活动、诱骗旅游者并通过安排购物或者另行付费旅游项目获取回扣等不正当利益案，济南某公司销售侵权盗版图书案被评为2020—2021年山东省文化市场综合执法重大案件。（宋晓囡）

【跨区域跨部门联合执法】 强化市区两级联动，开展市场监管、公安、交通等多部门联合检查，合力织密市场监管防护网，形成统一行动、协调互动、部门联动的打击态势。假期期间，省、市、区三级文化执法机构联合交通部门，开展旅游客运市场突击执法检查；与聊城文化执法支队等联合开展执法活动；结合群众线索叫停一场近百人参加的跨区域免费旅游推介会，并将案件移交组织者注册地江苏省常州市文化执法支队办理。联合公安、工信等部门查缴“黑广播”设备22套，捣毁“黑广播”涉药存储、销售、客服一条龙窝点1个，累计抓获犯罪分子12名，实现“黑广播”案件重大突破。（宋晓囡）

【构建清朗网络文化空间】 针对网络文化市场中存在内容不良、商业营销混乱、青少年权益遭受侵害等问题，加大线上巡查力度和大案要案查办力度。着力整治网络视听节目违法违规行为，组织开展“净网2021”专项行动，累计排查短视频、购物、直播等网络平台55家，直播账号3000余个，依法查处某公司以直播带货推销网络机顶盒方式非法传播境外电视节目的违法行为。集中执法力量和资源，对旅行社自办网站及微信公众号开展线上巡查，办理在线旅游案件4起，罚款1.7万元，警告2家次。（宋晓囡）

【深化“扫黄打非”】 建立“泉城护苗”特色品牌并赋予标识，组织全市各区县开展“绿书签行动”系列宣传活动30余场，发放宣传品2万余份，指导组建“护苗”志愿服务队伍20余支；推进基层“扫黄打非”思想宣传工作，指导开展“扫黄打非”进社区、进乡村、进校园等社会宣传活动100余场，全市5家单位获评全省“扫黄打非”进基层示范点。（宋晓囡）

【创新社会治理模式】 发挥志愿服务优势，推动旅游啄木鸟开展“护航行动”，在全市范围内对旅行社等文旅企业服务质量和文旅市场行风进行明察暗访，共开展各类主题志愿服务活动93场次，2名志愿者参评全国文明督导员，参与志愿者超过3100人次，组织开展的“济南旅游啄木鸟志愿服务项目”获第五届山东省文化创新奖，是表彰项目中唯一入选的社会治理志愿服务项目。（宋晓囡）

【开展多部门联合检查行动】 会同公安、市场监管等七部门开展元旦春节、“两会”、清明、五一、中秋国庆文化旅游市场联合检查，形成多部门监管合力，持续强化文化旅游市场秩序整治力度，进一步规范重要节日节点期间文化旅游市场秩序，重点加强对旅行社、星级饭店、A级旅游景区以及娱乐场所、互联网上网服务营业场所、营业性演出活动、艺术品经营单位等领域的监管，形成市县两级监管联动机制，确保全市文化旅游市场安全有序、健康发展。（蒋 波）

【推进“双随机、一公开”监管工作】 印发2021年“双随机、一公开”抽查事项清单和抽查计划，开展部门内双随机抽查工作。依托全国文化市场技术监管与服务平台、省政府部门联合“双随机、一公开”监管平台等系统，做好跨部门联合双随机抽查工作。落实山东省部门联合和济南市部门联合双随机抽查工作，牵头制定联合抽查方案，完善经营主体名录库和执法检查人员名录库，共抽查各类经营单位700余家次，涵盖歌舞剧院、互联网文化经营单位、旅行社等10余个门类，按时完成抽查任务。（蒋 波）

【组织涉劣迹艺人违法违规行为执法检查】 严厉打击涉劣迹艺人违法违规文化产品和活动执法检查，及时清理涉及劣迹艺人的文化产品，防范营业性演出中使用劣迹艺人，防止在宣传和经营活动中利用劣迹艺人进行市场炒作。（蒋 波）

【文旅市场行业监管新模式】 引导社会力量参与文旅市场监管，指导济南旅游啄木鸟、泉城导游义工等社会组织，以旅游质量监督为核心职能，兼顾文明引导、游览讲解、应急救援、文物保护等志愿服务新领域，建立“旅游普法大篷车”“泉水大碗茶”等系列品牌活动，充分发挥“行业监督员、纠纷调解员、文明引导员、城市宣传员、政企联络员”五大职能，构建“行政监管+社会监督+媒体助力+行业自励+游客自觉”市场监管新模式。

（蒋　波）

【行业安监平台数据库建设】　充分利用全市安监指挥平台，指导全行业企事业单位严格落实两个清单建设任务，开展企业认领行动，根据监管层级、行业属性，摸清行业底数，逐一明确监管对象，形成监管对象数据库，消除监管盲区，堵塞管理漏洞。同时，根据监管对象安全状况，对监管对象进行分类，实施差异化、动态化管理，提高监管效率。

（蒋　波）

【开展应急培训演练】　先后在府学文庙景区、水帘峡景区、银座颐庭大酒店、市图书馆举行文博场馆消防灭火演练、景区防汛水上救生应急演练、旅游饭店消防灭火和疏散演练、公共文化场所消防应急疏散演练活动4次，聘请市消防救援支队、蓝天救援队、市应急局、专业消防安全科技公司专家进行现场指导，及时发现问题，完善预案，提高应急处置能力。各区县文旅局、市局各处室、局属单位和重点旅游企业参训人员超过600人次。

（蒋　波）

【华东六省一市文化执法规范化建设试点城市】　作为全省唯一试点城市，夯实基层基础，协调推进相关试点工作，并督导章丘区作为试点区工作。

（蒋　波）

【互联网上网服务场所星级评定试点工作】　推进试点工作落实，明确责任人、列出时间表，确保试点工作稳步推进。按照省互联网上网服务营业场所星级评定委员会部署，成立由行业协会、重点企业负责人及相关行业专家组成的市互联网上网服务营业场所星级评定委员会，进行星级评定工作培训，学习《互联网上网服务营业场所服务等级评定实施办法》，进一步研究规范评定工作程序、方法及标准要求。

（蒋　波）

栏目编辑　谷　雪

医疗健康

综　述

【概况】 2021年，全市卫生健康事业产业加速融入新格局、迈上新征程。济南市创建为健康中国行动创新模式首批试点城市、健康中国年度标志城市、老年人证电子证照国家试点市、“三高共管　六病同防”医防融合慢性病管理省级试点市；获批国家临床重点专科建设项目2个、国家级健康促进区1个，省级区域中医医疗中心1家、省临床医学研究中心2家、全省公立医院综合改革示范单位2个；在中国城市流动人口社会融合评估中排名全国首位，婴幼儿照护服务走在全国前列，新冠疫苗接种工作做法在中央电视台《新闻联播》播发，智慧中药房和备案制中医诊所被列入全省复制推广的改革试点经验。

截至2021年年底，辖区内共有各级各类医疗卫生机构7515所，其中三级医疗机构50所，委属医院（含门诊部）19所，县区属医院21所；妇幼保健机构15所，疾病预防控制机构14所，卫生监督机构14所，采供血机构2所，专科疾病防治院（所、站）8所，社区卫生服务机构385所（其中社区卫生服务中心116所，社区卫生服务站269所），乡镇卫生院52所，村卫生室3763所。共有床位7.28万张，卫生技术人员10.84万人，执业（助理）医师4.23万人，注册护士4.93万人。全市医疗机构完成总诊疗人次7175.08万人次（含部、省属医疗机构床位、人员、诊疗人次数）。

智慧中药房运营　　（市卫生健康委　供稿）

【医疗康养产业发展】 引进医养健康项目78个（外资2个、内资66个、科研加分项目10个），外资到位资金4412万美元，内资到位资金28.50亿元。全市医养健康产业增加值达688.7亿元，列全省首位。在全省乃至全国率先出台《关于支持创新药（1类新药）临床试验研究的意见》及实施细则、《关于加强医疗机构临床营养科建设促进特殊医学用途配方食品合理使用的通知》《济南市智慧中药房建设与运行规范》等政策，扶持创新药研发、特医食品研发，支持智慧中药房平台经济发展、国家健康医疗大数据中心（北方）及产业园、济南国际医学科学中心建设。济南市阿胶产业集群入围省“十强”产业“雁阵形”集群库（第三批），福胶集团入围省“十强”产业集群领军企业储备库，宏济堂文化旅游集聚区被评为省文旅康养融合发展示范区，济南市“以科研实力推动企业品牌化发展”等5项做法被省医养健康产业专班列为典型案例予以推广。遴选出济南十大道地药材和十大特色药材。寻访中医药老商号50家，绘就泉城中医药老商号地图。建成4个中医药特色小镇。

【健康济南建设】 健康济南行动15个专项行动全部落实开展，30项主要指标中有25项实现或超过2022年既定目标，提前完成率达83.3%，济南市获评“健康中国年度标志城市”。《济南市公共场所控制吸烟条例（草案）》通过市人大常委会第一次审议。市直无烟党政机关创建实现全覆盖，全市无烟党政机关达838个，覆盖率90.3%。开展爱国卫生七个专项行动，组织城乡环境卫生集中整治活动3660场，清除死角垃圾38.3万吨，开展健康教育和科普宣传活动1339场，病媒消杀382次。国家城市（县城）实现全域创建，平阴、商河通过国家卫生县城技术评估待命名，20个国家卫生乡镇全部通过技术评估，13个国家卫生乡镇申报单位通过暗访，国家卫生乡镇和省级卫生村覆盖率分别达到35.6%、63.5%。规范严重精神障碍患者免费救治，探索实施多部门联合参与的“一揽子”救治救助模式，心理援助平台实现全市全覆盖。建成国家级健康促进区1个，省级健康促进区4个，居民健康素养率达31.01%，居全省首位。创建健康企业省级10家、市级24家；评选健康达人省级24人、市级108人。在全国率先发布空气质量健康指数。成立济南市儿童青少年近视防控中心，上线“济南市中小学校教学环境监测信息系统”。

【济南市创建为健康中国行动创新模式首批试点城市】 济南市创建为全国首批、全省唯一健康中国行动创新模式试点城市。在全国首批试点城市中率先印发《济南市宫颈癌综合防治工作方案》《济南市适龄女孩HPV疫苗免费接种项目实施方案》等4个文件，高规格承办国家试点工作启动会，率先启动七年级女孩HPV疫苗免费接种工作，率先实现目标人群接种率大于90%目标，《健康报》“学习强国”等百余家媒体进行报道，入选“山东卫生十大新闻”和“济南市我为群众办实事百佳案例”。

（杨　静）

【做好“外防输入”工作】 2021年，会同有关工作组完成境外航班接机67架次7588人。报告境外输入确诊病例8例、无症状感染者14例，均“一例一策”综合施治。会同有关工作组做好国内疫情重点地区入济返济人员摸排检测，对6类高风险人员做到“三个到位”“四个查清”。

【筑牢“群体免疫”屏障】 依托疫苗使用管理全程追溯平台，实现新冠病毒疫苗100%专业一级直配、100%安全冷链运输、100%信息追溯。截至2021年年底，累计接种新冠病毒疫苗2042.26万剂次，覆盖878.28万人，实现省内唯一接种信息“零差错”。济南市疫苗接种工作受到国务院联防联控督导组高度评价并被中央电视台《新闻联播》报道。

【做好全员核酸检测准备】 全域检测采样点7134个、配备采样人员14287名、转运车辆668辆，建立全域全员核酸检测信息系统。通过省级城市新型冠状病毒核酸检测组织实施能力验收。强化中心管站和镇村一体化管理，利用基层医疗卫生综合管理系统做好人员培训。组建市区两级督导组开展基层防控不间断督导。

【做好院感防控工作】 规范化设置管理发热门诊44个，开放发热哨点诊室143个。医疗机构配备院感专职人员532名，切实落实预检分诊、核酸检测、陪护探视等防控措施。完成医疗机构全员培训12.29万人次，开展疫情防控督查12轮次、1.36万家次。

【牵头“应检尽检”工作】 坚持重大活动备案审核制度，审核各类活动方案1332个。完成重要会议活动考试保障67次。制定《全市重点人群核酸检测工作规范》，压实部门、区县责任，2021年10月中旬以来，全市核酸总体检测率保持100%，纳入周期检测人数超过23万人，处于全省第一位。

（杨　静）

【公共卫生体系建设】 印发《关于健全完善公共卫生体系的意见》《健全完善济南市公共卫生体系实施方案》。迁建市疾病预防控制中心、济南市精神卫生中心等四大中心建设项目封顶。市、章丘区疾控中心改革试点全面推进，12家区县级疾控中心全部启动标准化建设工程。招聘疾控专业人员64人，遴选聘任首席专家13人。市疾控中心是全省首家配备集成式PCR方舱核酸检测实验室，所有区县疾控中心均建有3个以上生物安全二级实验室。扩容核酸检测能力，建成公立医院自身日检测能力1万管的城市核酸检测基地5家，截至2021年年底，全市核酸检测机构92家，日检测能力36.7万份，均居全省首位。

【深化医防融合】 印发《全市疾病预防控制中心与医疗机构医防融合试点工作方案》，市疾控中心与7家医疗机构签约，成立市公共卫生检测实验室质控中心，初步构建起人员流动、疾病监测、科研培训、检验检测资源共享和信息化大数据融通五大平台。建立健全医学救援、传染病防控等6类卫生应急队伍。市传染病医院获批省公共卫生事件应急救援中心。

（杨　静）

【巩固改革成果】 全市公立医院医疗收入同比增长18.64%，总诊疗人次同比增长33.48%，开放床位数同比增长7.40%，平均住院日同比下降0.17天，资产负债率同比下降5.88个百分点。患者就医负担减轻，次均门诊费用同比下降6.63%，出院患者次均费用同比增长5%，增速明显放缓。章丘区、济阳区获评全省公立医院综合改革示范单位。济阳区、平阴县县域医共体建设通过国家监测评定，长清区、章丘区和商河县医共体建设稳步推进。

【健全药品供应保障体系】 国家基本药物制度实施取得新成效，全市196家政府办基层医疗卫生机构和3473家村卫生室实现基本药物制度全覆盖，基本药物在基层的使用品种比例长年保持在75%以上。全市三级、二级和基层公立医疗机构基本药物配备品种数量占比分别为42.73%、49.04%和80.69%。3个项目被确定为2021年实施国家基本药物制度管理创新项目，并入选《山东省实施国家基本药物制度优秀案例》。

【综合监管】 印发《关于进一步改革完善医疗卫生行业综合监管制度的实施意见》，开展医疗美容等专项整治16项，人均办案16.85件，获评全省优秀执法案例5个。创新实施医疗机构“驻点式”监督与服务，更新行政处罚“四张清单”，宽严相济执法模式在中央电视台新闻播发。

（杨　静）

【优化资源配置】 围绕“东强西兴南美北起中优”城市发展新格局，推动优质医疗卫生资源适度扩容、均衡布局。市属6家公立医院建设提速，市中心医院（东院区）国际医疗中心等3个公立医院建设项目封顶，市五院北区康养中心、市妇幼保健院新院区启动建设。谋划建设起步区整合型专科医疗中心和华山片区公立医院。

【加强能力建设】 市三院、五院获评三级乙等综合医院。市儿童医院和市传染病医院获批省临床医学研究中心，实现省级科研平台零突破。“双十提升计划”历时3年收官，市传染病医院传染病科、市儿童医院小儿内科获评国家临床重点专科建设项目。所有区县完成胸痛、卒中、创伤、癌症等中心建设任务，胸痛救治单元数量在省会城市中名列第一。整合、组建96个医疗质量控制中心。全市医疗卫生机构全部纳入医疗废物集中处置范围。市血保中心在全国率先采用无人机急救供血。

【夯实基层网底】 建成省级示范标准村卫生室54家，新改扩建社区卫生服务机构20家，新挂牌社区医院16家。镇卫生院和社区卫生服务中心“优质服务基层行”推荐标准和基本标准分别达到22.62%和85.71%。建立居民电子健康档案823.8万份，建档率为92.47%，全人群家医签约率达49.43%。创建为“三高共管 六病同防”医防融合慢性病管理试点市。天桥区被确定为国家残疾人家庭医生签约服务重点联系点。投入3400余万元为5100名在职在岗乡医发放养老保险补助。社区医院建设、残疾人家医签约的经验在国家《卫生健康工作交流》第107、120期推广。

2021年11月19日，济南市中医药大会召开　　（市卫生健康委　供稿）

【强化信息化支撑】　年内18个信息化项目竣工并完成验收，新通过市工信局立项22项。卫生健康信息化发展指数位列直辖市、副省级城市及省会城市组第9位。基本公卫电子化绩效考核平台获评2021中国卫生信息技术和健康医疗大数据应用“英特尔”杯优秀案例。市妇幼保健院全省首家通过国家卫生信息标准化成熟度互联互通五级乙等测评。“健康济南”APP等6个项目获评“2019—2020年度全省信息化优秀案例”，3个项目入选全国5G+医疗健康应用试点项目。

（杨　静）

【强化顶层设计】　高规格召开全市中医药大会，印发《济南市中医药发展“十四五”规划》《济南市中医药产业发展规划（2021—2025年）》《中医药文化强市建设实施方案》；成立“省会经济圈1+6中医药一体化发展联盟”，覆盖7地市45家医疗机构。省、市政府与中国中医科学院广安门医院签约共同争创国家区域医疗中心和国家中医（肿瘤）医学中心。

【传承创新】　在全省率先成立智慧中药房质量控制中心，创新出台《支持智慧中药房发展若干措施》《济南市智慧中药房建设与运行规范》，建成智慧中药房6家，与1206家医疗机构互联互通，日煎煮量1.6万张处方，覆盖所有区县，累计服务患者过百万人，工作做法受到国家卫健委、中医药局肯定。出台自贸区济南片区支持备案制中医诊所发展若干措施，备案中医诊所575家。智慧中药房和备案制中医诊所被列入全省复制推广的改革试点经验。

【提升专业能力】　市中医医院获批省级区域中医医疗中心、全国第三批中医住院医师规范化培训基地。6家中医医院的9个专科入选齐鲁中医药优势专科集群，8项技术入选省中医药特色优势技术库。入选省中医药临床重点专科26个，省县域中医药龙头专科6个、省中医药特色疗法项目17项。评选“品牌国医堂（中医馆）”20个。

【人才培养】　评选市名老中医、名中医药专家、青年名中医和基层名中医80人，表扬20名中医药突出贡献人员。入选全国基层名老中医药专家传承工作室建设项目专家1名，第七批全国老中医药专家学术经验继承工作指导老师4名、继承人8名，省名中医药专家8名，省基层名中医12名。

【召开全市中医药大会】　11月19日，市委、市政府召开全市中医药大会，深入贯彻落实习近平总书记关于中医药工作重要指示要求，全面落实全国、全省中医药大会部署要求，总结济南市中医药传承创新发展工作，表彰突出贡献人员，部署“十四五”时期中医药工作，加快推进中医药事业产业高质量发展。会上为济南市中医药做出突出贡献人员颁奖，公布“济南十大道地药材”与“济南十大特色药材”名单，山东中医药大学与市城投集团签署共建协议。

（杨　静）

【概况】　2021年，全市医疗保障水平进一步提高。济南市参加基本医疗保险人数达840万人，比2020年增加19万人，增长2.31%。其中参加职工医保333万人、居民医保507万人。

全市医保统筹基金总收入179.2亿元，总支出162.6亿元。其中职工医保统筹基金收入128.6亿元，同比增长66.7%，支出108.8亿元，同比增长22.7%；居民医保基金收入50.6亿元，同比增长8.9%，支出53.8亿元，同比增长14.9%。全市医保基金收支处于合理区间，运行安全平稳。

2021年12月2日，济南市居民医保集中缴费暨“齐鲁保2021”宣传月活动启动

（市医保局　供稿）

【医保体系建设】　强化扩面征缴，年内新增职工医保参保人员19万人，居民医保财政补助标准由580元提高到640元。统筹救助政策，全年为15.6万名困难群体办理免费参保手续，为困难群众“一站式”报销住院费用4.4亿元，脱贫享受政策人员住院报销比例（政策范围内）达96.1%。指导商业保险公司开发与基本医保相衔接的商业健康保险“齐鲁保”，强化医保目录外医疗费用和罕见疾病的保障。完善重大疫情救治费用保障机制。累计为7177人次新冠肺炎确诊、疑似、留观患者报销医药费用960.7万元。强化新冠疫苗接种费用保障，向省归集疫苗接种保障费用12.48亿元。

【提升医保待遇】　职工医保方面，将参保职工经基本医保报销后的个人负担部分纳入大病保险保障范围，1年可报销40万元，将医保目录调整后新增67项国家谈判药品纳入“双通道”保障范围。将退休人员一次性补缴基数调整为原标准的60%，与灵活就业人员一致。普通门诊定点数量由1家增加到4家，报销起付线连续计算，方便群众选择签约定点医院，每年可减轻群众负担2亿元。

居民医保方面，将高血压、糖尿病全部纳入居民“两病”门诊用药保障范围，将慢性病毒性肝炎、肝硬化等纳入门诊慢特病范围，门诊保障能力进一步增强。居民大病保险人均筹资标准由81元提高到90元，省部三级医院、二级医院、社区医院住院起付线，分别由1200元、700元、400元降低至1000元、400元、200元，省部三级医院住院和门诊慢特病报销比例提高5个百分点，普通门诊报销限额提高25%，每年可减轻群众负担2.4亿元。

长期护理保险方面，启动居民长期护理保险，筹建全国首个市级长期护理事业发展促进会，规范长期护理服务项目和服务标准。全市在床失能人员1.52万人，累计为2.6万名失能群众结算长期医疗护理保险待遇5.84亿元。

【药械与医疗服务价格】　国家5批次219种集采药品在济南市及时落地，价格平均下降50%以上，心脏支架平均价格由1.3万元下降到700元。做好省39种集采药品和5类高值医用耗材集采成果落地，每年可为群众节约医药费用4.6亿元。在推行按项目、按人头、按床日付费基础上，推进按疾病诊断相关分组付费（DRG）改革转入实际付费，开展10项中医日间病房和43项日间手术支付试点，形成总额预算下的多元复合式支付体系。建立医疗服务价格动态调整机制，降低大型设备检查类项目价格，减轻群众负担，提高治疗、手术等项目价格，让医务人员劳动价值得到充分体现。

【基金监管】 在全省率先出台《医疗保障基金使用监督管理暂行办法》，建立医保基金监管工作联席会议制度，持续加大对欺诈骗保行为打击力度。以智慧化提升基金监管效能，实现事前提醒、事中预警、事后审核的全链条监管。2021年，累计检查定点医药机构4067家次，暂停医保结算33家，解除医保协议13家，拒付、追回医保基金1.37亿元。

【经办服务】 完成全市定点医药机构的信息编码贯标工作，医保信息平台上线并通过国家局验收。丰富医保电子凭证应用场景，全市累计激活人数591万人，激活率、支付笔数和支付率等指标列全省第一。首创“保医通”线上快速结算平台，群众商保理赔无需再多方跑腿递交材料，普通健康险平均赔付时间由10天压缩到1天，企业团体补充险赔付时间由2天压缩到10分钟，累计完成快速理赔12.5万余笔，赔付金额3.6亿余元。该做法被评为全国医保系统“学党史 办实事”优秀典型案例。取消济南赴外就医转诊转院和省内异地联网结算备案手续，群众在全省范围内就医报销比例不降低；在全省率先实现住院、门诊跨省联网结算和省内个人账户“一卡通行”全覆盖，异地联网结算机构数量、结算额和服务人数等多项指标位列全省第一。

（褚兴鲁）

人口与计划生育

【概况】 聚焦人口政策落实，推动计生服务转型发展，全市妇幼健康服务体系日臻完善，全面两孩政策稳妥有序实施，家庭发展支持体系渐趋健全。全年全市分娩出生67141人，出生人口性别比108.79。

【提升妇幼健康服务能力】 启动母婴安全及健康儿童行动提升计划，成立市高危孕产妇管理中心，完成市政府为民办实事——免费孕妇外周血胎儿游离DNA产前筛查年度任务，完成3289例符合条件的孕产妇免费筛查；出生缺陷综合防治工作在国家卫健委《卫生健康工作动态》上发表。34家医疗机构获评国家“爱婴医院”。市妇幼保健院新生儿科获评山东省第一批新生儿保健特色专科。承办全省百万农村适龄妇女“两癌”关爱行动启动仪式，为15.9万名适龄妇女进行“两癌”检查。

【实施三孩生育政策】 围绕新的生育政策优化目标，特别是在法律修订前的过渡期内，对人民群众关心的生育证件办理、计生家庭奖励扶助等政策进行宣讲，及时回应社会关切热点，营造良好宣传氛围。推行生育服务手册网上办理、异地通办，方便群众办事。健全区县、街道（镇）和社区（村）三级出生人口监测网络，加强部门间数据共享，实现婚育共建、生育登记信息互通。推行基本公卫人口监测项目，给予基层计生专干工作补贴，调动工作积极性。全市分娩出生上报67141人，同比减少1.36万人，减幅16.9%，其中一孩出生3.01万人，占出生总数的44.71%，二孩出生3.15万人，占出生总数的46.87%，三孩及以上出生0.56万人，占出生总数的8.42%。出生人口性别比为108.79。

【扶持计生家庭发展】 落实国家普惠政策，全年纳入财政统筹发放的各类计划生育奖励扶助人员38.44万人，投入资金近5.13亿元，其中发放农村部分计生家庭奖励扶助30.2万人、计生特殊家庭父母扶助1.4万人、城镇其他居民奖励扶助3.56万人。农村双女户提前5年享受农村奖扶政策。对年满60周岁的城镇低保独生子女父母，直接按每人每月80元的标准发放扶助金。设立应急救助基金，对突发困难的计生家庭给予一定资金救助。全面落实联系人制度、就医绿色通道、家庭医生签约三项“全覆盖”制度，畅通关爱救助与需求意愿联系渠道。进一步明确任务分工，加强督导检查，确保各项关怀措施落到实处。

【婴幼儿照护服务】 强化顶层设计，成立由市委书记、市长为组长的促进养老托育服务体系发展领导小组，健全推动“一老一小”工作领导机制。出台《关于推进全市养老托育服务发展的实施意见》《济南市普惠托育服务发展规划（2021—2025年）》。完成30所婴幼儿托

2021年10月12日，全国人口发展战略和托育体系现场经验交流会在济南召开，济南市代表在会上作交流发言 （市卫生健康委　供稿）

育机构示范点建设工作。将婴幼儿照护服务纳入职业技能提升行动，培训合格者享受财政补贴。全市建有托育机构718家，备案101家，提供3.6万个托位，每千人托位数3.91个，数量居全国前列、全省首位。投入600万元财政资金，在全市创建30所具有示范带动效应、承担一定指导功能的示范点。济南高新区获评13个省级家庭托育试点区县之一。两家托育机构获评2021年省级示范机构。实施托育服务“百、千、万”行动计划。建立济南市婴幼儿托育服务行业协会，出台行业自律公约，规范入托合同范本，推动托育服务行业规范有序发展。承办全国人口发展战略和托育体系建设现场经验交流会并作典型经验交流。全市托育服务机构呈现出独立实体式、社区嵌入式、连锁辐射式、托幼一体式、城乡联盟式、委托管理式“六类特色”发展模式。

（杨　静）

栏目编辑　谷　雪

体　育

综　述

【概况】　2022年，市体育局围绕全市中心工作任务，以建设人民满意的体育、推进体育事业高质量发展为目标，定位黄河流域体育中心城市建设，加强规划引领，深入实施全民健身国家战略，打造高水平全民健身服务体系。深化体教融合，增强竞技体育综合实力。完善政策保障，推进体育产业转型升级，推进体育产业高质量发展。新时期体育强市建设迈出坚实步伐。获省政府第十四届全运会有功集体、省政府第三十二届奥运会和第十四届全运会表现突出集体，获得省体育局、省文旅厅2021首届山东体育文化创意设计大赛优秀组织奖，被市委宣传部评为2020年度“学习强国”工作先进集体，市体育局党组被评为“学习强组”。中国济南冬季畅游泉水国际公开赛获国家体育总局2021中国体育旅游精品赛事，群众体育处获人力资源和社会保障部、体育总局“全国体育系统先进集体”表彰。山东泰山队获2021赛季中超联赛冠军和中国足协杯冠军，时隔15年再次夺得“双冠王”。

【开展全民健身活动】　以全民健身运动会为龙头，以区域品牌赛事、协会品牌赛事为引领，以职工体育、妇女体育、社区体育、青少年体育、农村体育为基础，强化全民健身活动与党建、互联网相融合，构建覆盖全人群、全年龄的全民健身活动赛事体系。举办山东省“云走齐鲁”健身走、济南市第十一届全民健身运动会、济南市第四届冬季全民健身运动会、“献礼建党百年”济南红色登山节、首届社区运动会、山东沿黄健步走等市级全民健身赛事活动140余项（次）、区县级全民健身赛事活动567项（次）。

（张一培）

群众体育

【开展体育志愿服务】　启动“体育志愿、文明实践”全民健身志愿服务，不断拓展群众健身指导服务的内容和形式，举办“体质监测大篷车”“科学健身大讲堂”“体质达人联赛”等全民健身志愿服务。开展“三八节”“学雷锋”等8次公益检测活动，体质监测大篷车走进天桥、长清等9个区县，为4545名市民提供体质监测。城乡居民达到《国民体质测定标准》合格以上的人数比例达92.4%。“防溺水”游泳安全知识公益讲座走进百余所学校，受益人数1.2万余人。累计开展志愿服务75场次，服务市民17000余人，将高质量、专业化的志愿服务送到群众身边。

【科学健身指导】　加强社会体育指导员队伍建设。通过分级培训模式扩大社会体育指导员数量，提升健身指导和服务技能。市体育局承办省一级社会体育指导员培训班1期，举办二级、三级社会体育指导员培训47期，培训各级社会体育指导员2544人。

【推进体医融合发展试点】　联合市卫健委，推荐济南市全民中医健康管理中心等24个项目进入省体医融合试点项目培育库。推进健康济南行动，在全市范围内遴选专家筹备组建健康济南行动专家咨询委员会专家库，开展体医融合知识普及。加强与高等院校合作，与山东第一医科大学、山东大学体育学院、山东财经大学签署协议，合作设立教育教学实践基地，全面开展体医融合、体教融合、人才培养、体育科研等方面交流合作，培养体医融合复合型人才。

【2021 年济南市元旦登高健身跑活动】 1月1日在千佛山风景名胜区举行。活动由市体育局、济南广播电视台、市园林绿化局主办，济南广播电视台娱乐频道承办。启动仪式上，特别聘请济南籍国家女排队员、世界冠军王梦洁，国家自行车队队员、世界冠军张淼，济南广播电视台节目主持人刘霖担任 2021 年济南市民登山活动形象大使，倡导市民积极参与全民登山运动，养成科学健身习惯。启动仪式后，登山健身爱好者们或走或跑，共同完成 5 公里活力征程，享受运动带来的欢乐与活力。

【2021 年“云走齐鲁”线上万人健步走活动】 3月24日，2021 年“云走齐鲁”线上万人健步走活动启动仪式在省体育中心举行。市、县、乡、村四级联动，机关企事业单位、社会团体、驻济高校、社区、家庭等主动参与，共组建 335 支队伍、62722 人参与，参赛规模近 2020 年的三倍，创下新高，展示济南市全民健身风采。

【2021 年第九届中国济南冬季畅游泉水国际公开赛】 3月27日，第九届中国济南冬季畅游泉水国际公开赛在济南大明湖风景区举行。比赛由省体育局、市政府主办，省游泳运动协会、市体育局、济南文旅集团承办，市全民健身中心、济南天下第一泉风景区服务中心、市游泳协会协办。省人大常委会副主任王随莲出席活动，国际冬泳联合会主席玛瑞亚发表线上视频致辞，世界冠军、济南国际冬泳赛形象大使辛鑫以视频连线方式，为冬泳比赛送上云祝福。受新冠肺炎疫情影响，该届冬泳赛从冬季延期至春天，以“线上＋线下”办赛模式减少人员流动，省外及俄罗斯、英国、芬兰、拉脱维亚等国家冬泳选手以网络在线方式参加比赛。

【第十一届全民健身运动会暨全民健身月主题活动】 4月26日，济南市第十一届全民健身运动会暨全民健身月主题活动开幕式在济南奥林匹克体育中心举行。活动以“百年奋斗开创新时代全民全运启航新征程”为主题，由市体育局、济南文旅发展集团主办，市全民健身中心、济南奥林匹克体育中心承办。开幕式上，发布“我为群众办实事”济南市体育局“全民健身月”百项赛事活动信息，健身爱好者们带来全民健身节目展演，展演分为《百年初心》《百年征程》《奋进新时代》《启航新征程》4 个篇章，向建党百年献礼，营造全民共享运动快乐的氛围。在“全民健身月”期间，市体育局结合党史学习教育，开展“我为群众办实事”主题实践活动，推出百项全民健身活动，涵盖全民健身赛事、科学健身指导、体育志愿服务及场馆公益开放等活动，坚持市县两级联动，动员各级单项体育协会参与，运用“全民健身＋互联网”“线上、线下”结合的方式，最大程度扩大群众参与面，让市民们感受到浓厚、热烈健身氛围。

【2021 年济南红色登山节】 6月16日，2021 济南红色登山节在长清大峰山启动。2021 济南红色登山节以踏寻红色足迹为出发点，以“党建引领＋全民健身”主题，倡导绿色健康的生活方式和科学健身理念，展示济南独具魅力的山体自然景观，弘扬传承红色文化。济南红色登山节整个系列活动共设五站，历时半年，涉及济南市 4 个区，分别为长清大峰山、市中郎茂山、历下茂岭山、莱芜云台山、市中英雄山。

【山东沿黄全民健步走活动】 9月11日，“见证新黄河·永远跟党走” 2021 年山东沿黄全民健步走活动在济南百里黄河风景区开幕。活动由市体育局、济南日报报业集团、济南黄河河务局、天桥区人民政府联合主办。是贯彻落实黄河流域生态保护和高质量发展重大国家战略，围绕市委、市政府加快建设现代化强省会，进一步促进山东沿黄九市区域联盟和省会经济圈协调发展而打造的系列黄河特色体育赛事活动。同时，作为第九届济南国际泉水节的系列活动之一，通过线上、线下相结合参赛方式，吸引省内千余名喜欢运动健身的人士参与其中。

【济南市首届社区运动会】 9月19日，“健康中国·健康社区”济南市首届社区运动会（省试点赛区）暨领秀城全民社区运动会在领秀城启幕。活动由省体育局指导，市体育局主办，济南日报报业集团、市中区教育和体育局承办。活动在济南市12个区（县）同步展开，采取线上与线下比赛相结合的方式，举办30场比赛，覆盖老中青各个年龄段群体，打造全社会参与、多项目覆盖、多层级联动的“全民社区运动会”，充分发挥社区体育赛事在激发拼搏精神、促进邻里交往、增强社区认同感等方面作用，引导社区居民养成自觉健身、经常健身的习惯，实现全民健康。

【济南市第三届“中国农民丰收节”趣味健身运动会】 10月21日，2021年济南市第三届“中国农民丰收节”趣味健身运动会在平阴县玫瑰镇开幕。由市体育局、平阴县政府主办，平阴县教育和体育局承办，平阴县农业农村局、玫瑰镇政府协办。该届趣味健身运动会为期两天，为参赛选手量身定制体现农民生产、生活特色趣味健身项目，来自全市15个区县的农民代表队参赛。以“体育+”“+体育”健身活动致敬“三农”，紧贴农村实际，突出乡村特色，对推动济南市全民健身运动、助力乡村振兴、加快推进农业农村现代化具有重要意义。

【济南市职工健身运动会】 12月4日，2021年济南市职工健身运动会在奥体中心开幕。由市体育局、市总工会联合举办，改变以往大规模、集中办赛模式，采取模块化设计，化整为零、灵活机动，满足职工在不同时间段完成赛事活动的个性化需求，开启疫情防控常态化下举办大中型群众性赛事活动的有益探索。赛事设置乒乓球团体赛和趣味嘉年华两个项目，吸引机关、企事业单位45支队伍550余人报名参与，充分体现广大干部职工参与健身的热情。

【济南市第四届冬季全民健身运动会】 12月30日，济南市第四届冬季全民健身运动会在南部山区开幕。比赛由市体育局主办、南山区承办。开幕式上，花样滑冰世界冠军、济南冰雪运动形象大使张丹以视频连线的方式致辞，“迎冬奥”冰雪运动进校园活动正式启动。节目展演以冰雪运动在济南的发展为主线，分为《共筑冰雪梦》《全民享冰雪》《一起向未来》3个篇章，全方位展现新时代全民爱冰雪、全民上冰雪、全民共享冰雪的冰雪运动热潮，为北京2022年冬奥会和冬残奥会加油助力。运动会以“圆梦冬奥 同享未来”为指导，设置8个雪上项目、6个冰上项目和6个线上展示项目，历时3个月，带动近350万人参与冰雪运动。运动会举办期间，市体育局同步举办冰雪项目培训、冬奥项目进校园等系列活动，在全市掀起新一轮冬季全民健身运动热潮。

（张一培）

【参加世界级、洲际和全国比赛】 在世界级及洲际赛场上，济南市运动员共获得4枚金牌、3枚铜牌。其中，东京奥运会中李越宏获得射击项目男子25米手枪速射铜牌；张敏获得赛艇项目女子八人单桨有舵手铜牌，该铜牌也是中国在赛艇项目赢得的首枚奥运奖牌。在全国赛场上，济南市运动员共获得39个冠军、28个亚军、27个季军。其中，第十四届全运会赛场上，举重运动员杨哲获得男子举重109公斤级金牌，完成个人全运会四连冠；四战全运的“老将”张敏包揽女子双人

2021年在第十四届全运会上，济南籍运动员辛鑫获女子10公里马拉松游泳比赛金牌

（市体育局　供稿）

单桨、女子八人单桨两个项目的冠军，实现连续四届全运会7枚金牌入账，成为山东赛艇全运金牌收割“第一人”；辛鑫在女子10公里马拉松游泳比赛中完成全运会这一项目的三连冠；自全运会设置橄榄球项目以来，持续为省队输送橄榄球运动员，该届全运会上，马冲、刘鲁达、张赛为山东省男子橄榄球三连冠做出贡献；济南竞技体育的新生力量“00后”小将们也取得突出成绩：首次参加全运会的韩旭，在射击项目中收获双金；游泳运动员程龙夺得男子1500米自由泳冠军。

【参加省级比赛情况】 在做好疫情防控工作前提下，组织运动员参加2021年度省锦标赛、冠军赛，完成参赛任务。2021年，济南市共组织1935名运动员参加31个大项的省锦标赛，共获得298枚金牌、162枚银牌、223枚铜牌，金牌总数位列全省第一。

【国家二级运动员授予情况】 根据国家体育总局颁布的《运动员技术等级管理办法》和《运动员技术等级标准》，2021年，共授予637名运动员“国家二级运动员”称号。

【完成东京奥运会参赛、服务、保障工作】 完成奥运会济南籍运动员宣传工作，加大宣传力度，扩大竞技体育在济南影响力、知晓度。东京奥运会上，李越宏（射击）、程龙（游泳）、王梦洁（女排）、辛鑫（游泳马拉松）等7名运动员进入决赛。其中，李越宏获得射击项目男子25米手枪速射铜牌，张敏收获赛艇项目女子八人单桨有舵手铜牌。

【完成全运会运动员备战、参赛工作】 在第十四届全运会上，有149名运动员参加28个大项比赛。济南市运动员在射击、游泳、举重、排球等项目中共获得15枚金牌、12枚银牌、13枚铜牌，总计40枚奖牌，为山东体育代表团实现全运会金牌数四连冠做出贡献，为济南市赢得荣誉。

（张一培）

2021年济南籍运动员全国及以上大赛成绩统计表

表10

项　目	姓　名	性别	比赛名称	比赛时间	比赛地点	成绩
赛艇	张　敏	女	东京奥运会赛艇最终资格赛	2021年5月	瑞士卢塞恩	第一名
羽毛球	郑　雨	女	尤伯杯	2021年10月	丹麦	第一名
羽毛球	郑　雨	女	苏迪曼杯	2021年10月	芬兰	第一名
射击	李越宏	男	东京奥运会	2021年8月	东京	第三名
赛艇	张　敏	女	东京奥运会	2021年7月	东京	第三名
举重	杨　哲	男	2021年亚洲举重锦标赛暨东京奥运资格赛	2021年4月	乌兹别克斯坦	第一名
举重	杨　哲	男	2021年亚洲举重锦标赛暨东京奥运资格赛	2021年4月	乌兹别克斯坦	第三名
射击	唐　帅	男	2021年全国射击冠军赛（飞碟项目）	2021年4月	贵州清镇	第一名
射击	孙雅姝	女	2021年全国射击锦标赛（飞碟项目）	2021年5月	山西临汾	第一名
射击	聂文琪	女	2021年全国射击锦标赛（步枪项目）	2021年5月	四川成都	第一名
射击	任逸然	男	2021年全国体校U系列“速德尔杯”线上射击锦标赛	2021年8月	济南	第一名
射击	李晓雪	女	2021年全国体校U系列“速德尔杯”线上射击锦标赛	2021年8月	济南	第一名
射击	韩　旭	男	第十四届全国运动会	2021年9月	西安长安	第一名
射击	韩　旭	男	第十四届全国运动会	2021年9月	西安长安	第一名

续表 10

项　目	姓　名	性别	比赛名称	比赛时间	比赛地点	成绩
射击	李越宏	男	第十四届全国运动会	2021 年 9 月	西安长安	第一名
射击	张梦雪	女	第十四届全国运动会	2021 年 9 月	西安长安	第一名
自行车	于晓晓　王晓月	女	2021 年全国场地自行车锦标赛	2021 年 5 月	广东广州	第一名
自行车	于晓晓　王晓月	女	第十四届全国运动会	2021 年 9 月	河南洛阳	第一名
自行车	张　淼	男	第十四届全国运动会	2021 年 9 月	河南洛阳	第一名
排球	靳长宁	男	第十四届全国运动会	2021 年 9 月	西安	第一名
沙排	解盛梅　邢佳怡	女	2021 年全国青年 U19 沙滩排球锦标赛	2021 年 7 月	启东站	第一名
摔跤	毕胜峰	男	2021 年全国国际式摔跤锦标赛暨第十四届全国运动会摔跤项目预赛	2021 年 5 月	浙江温州	第一名
柔道	韩浩然	男	2021 年全国 u16u14 组柔道锦标赛	2021 年 11 月	河南商丘	第一名
举重	杨　哲	男	第十四届全国运动会	2021 年 9 月	陕西渭南	第一名
田径	曹文龙　魏绪保	男	2021 年全国竞走锦标赛暨奥运会选拔赛	2021 年 3 月	安徽黄山	第一名
橄榄球	马　冲　刘鲁达 张　赛	男	第十四届全国运动会	2021 年 9 月	西安	第一名
橄榄球	杨飞飞	女	第十四届全国运动会	2021 年 9 月	西安	第一名
游泳	辛　鑫	女	2021 年全国马拉松游泳冠军赛	2021 年 3 月	大鹏新区 金沙湾	第一名
游泳	程　龙	男	2021 年全国游泳冠军赛暨东京奥运会选拔赛	2021 年 4 月	青岛	第一名
游泳	程　龙	男	2021 年全国游泳冠军赛暨东京奥运会选拔赛	2021 年 4 月	青岛	第一名
赛艇	张　敏	女	2021 年全国赛艇、皮划艇静水锦标赛暨东京奥运会选拔赛	2021 年 6 月	湖北鄂州	第一名
游泳	辛　鑫	女	第十四届全国运动会	2021 年 9 月	安康汉江	第一名
游泳	程　龙	男	第十四届全国运动会	2021 年 9 月	西安奥体中心	第一名
赛艇	张　敏	女	第十四届全国运动会	2021 年 9 月	陕西杨凌	第一名
赛艇	张　敏	女	第十四届全国运动会	2021 年 9 月	陕西杨凌	第一名
乒乓球	崔家祺	女	2021 年全国少儿乒乓球锦标赛（决赛）	2021 年 10 月	海南陵水	第一名
乒乓球	薛舒晴	女	2021 年全国少儿乒乓球锦标赛（决赛）	2021 年 10 月	海南陵水	第一名
游泳	卞志宇	男	第十四届全国学生运动会	2021 年 7 月	陕西西安	第一名
游泳	卞志宇	男	第十四届全国学生运动会	2021 年 7 月	陕西西安	第一名
游泳	李欣泽	女	第十四届全国学生运动会	2021 年 7 月	陕西西安	第一名
游泳	李欣泽	女	第十四届全国学生运动会	2021 年 7 月	陕西西安	第一名
游泳	李欣泽	女	第十四届全国学生运动会	2021 年 7 月	陕西西安	第一名
游泳	闫　冰	女	第十四届全国学生运动会	2021 年 7 月	陕西西安	第一名
游泳	闫　冰	女	第十四届全国学生运动会	2021 年 7 月	陕西西安	第一名

续表 10

项　目	姓　名	性别	比赛名称	比赛时间	比赛地点	成绩
赛艇	张元泽	男	第十四届全国运动会	2021 年 9 月	陕西杨凌	第一名
赛艇	刘欣彤	女	第十四届全国运动会	2021 年 9 月	陕西 . 杨凌	第一名
射击	褚紫晴	女	2021 年全国体校 U 系列“速德尔杯”线上射击锦标赛	2021 年 8 月	济南	第二名
射击	杨　帆	女	2021 年全国体校 U 系列“速德尔杯”线上射击锦标赛	2021 年 8 月	济南	第二名
射击	褚紫晴	女	2021 年全国体校 U 系列“速德尔杯”线上射击锦标赛	2021 年 8 月	济南	第二名
射击	马千珂	女	2021 年全国体校 U 系列“速德尔杯”线上射击锦标赛	2021 年 8 月	济南	第二名
自行车	张　森	男	第十四届全国运动会	2021 年 9 月	西安洛阳	第二名
自行车	于晓晓　王晓月	女	2021 年中国场地自行车联赛总决赛暨 2021 年全国青年场地自行车锦标赛	2021 年 4 月	浙江长兴	第二名
排球	刘　濛　耿　鑫	男	第十四届全国运动会	2021 年 8 月	西安	第二名
沙排	王鑫鑫	女	第十四届全国运动会	2021 年 9 月	渭南	第二名
散打	张育华	男	第十四届全国运动会	2021 年 9 月	陕西安康	第二名
拳击	伊久清	男	2021 年全国男子拳击锦标赛暨第十四届全国运动会拳击项目资格赛（第一站）	2021 年 4 月	湖北枝江	第二名
柔道	张　帅	男	2021 年全国 u16u14 组柔道锦标赛	2021 年 11 月	河南商丘	第二名
柔道	朱振航	男	2021 年全国 u16u14 组柔道锦标赛	2021 年 11 月	河南商丘	第二名
赛艇	赵景滨	男	2021 年全国赛艇皮划艇春季冠军赛暨第十四届全运会资格赛	2021 年 4 月	湖北鄂州	第二名
赛艇	张元泽	男	2021 年全国赛艇皮划艇春季冠军赛暨第十四届全运会资格赛	2021 年 4 月	湖北鄂州	第二名
赛艇	尹传元	男	2021 年全国赛艇、皮划艇静水锦标赛暨东京奥运会选拔赛	2021 年 6 月	湖北鄂州	第二名
游泳	刘宗毓	男	第十四届全国运动会	2021 年 9 月	西安奥体中心	第二名
赛艇	张元泽	男	第十四届全国运动会	2021 年 9 月	陕西杨凌	第二名
赛艇	吕明斐	女	第十四届全国运动会	2021 年 9 月	陕西杨凌	第二名
霹雳舞	芮玢琪	女	第十四届全国运动会	2021 年 9 月	江苏南京	第二名
霹雳舞	吴泽锋	男	第十四届全国运动会	2021 年 9 月	江苏南京	第二名
乒乓球	赵臣泽	男	2021 年全国少儿乒乓球锦标赛（决赛）	2021 年 10 月	海南陵水	第二名
游泳	闫　冰	女	第十四届全国学生运动会	2021 年 7 月	陕西西安	第二名
游泳	李欣泽	女	第十四届全国学生运动会	2021 年 7 月	陕西西安	第二名
游泳	李欣泽	女	第十四届全国学生运动会	2021 年 7 月	陕西西安	第二名
游泳	闫　冰	女	第十四届全国学生运动会	2021 年 7 月	陕西西安	第二名
游泳	郑玉佳　刘效菡	女	第十四届全国运动会	2021 年 9 月	西安奥体中心	第二名

续表 10

项　目	姓　名	性别	比赛名称	比赛时间	比赛地点	成绩
跳水	刘宇轩　杨栩东	男	第十四届全国运动会	2021 年 7 月	西安奥体中心	第二名
跳水	刘宇轩　张　超	男	第十四届全国运动会	2021 年 9 月	西安奥体中心	第二名
射击	李玉冰	男	2021 年全国体校 U 系列“速德尔杯”线上射击锦标赛	2021 年 8 月	济南	第三名
射击	朱佳迎	女	2021 年全国体校 U 系列“速德尔杯”线上射击锦标赛	2021 年 8 月	济南	第三名
射击	侯啸天	男	2021 年全国体校 U 系列“速德尔杯”线上射击锦标赛	2021 年 8 月	济南	第三名
射击	梁小丫	女	2021 年全国体校 U 系列“速德尔杯”线上射击锦标赛	2021 年 8 月	济南	第三名
射击	唐　帅	男	第十四届全国运动会	2021 年 9 月	西安长安	第三名
自行车	于晓晓	女	2021 年全国场地自行车锦标赛	2021 年 5 月	广东广州	第三名
自行车	于晓晓	女	第十四届全国运动会	2021 年 9 月	河南洛阳	第三名
手球	赵　元	男	第十四届全国运动会	2021 年 9 月	西安	第三名
田径	张小乐　朱坤雨 胡丽月	女	“铁人杯”2021 年全国竞走冠军赛暨全运会资格赛	2021 年 5 月	江苏省太仓市	第三名
橄榄球	孙　悦　宫文文	女	第十四届全国运动会	2021 年 9 月	西安	第三名
帆船	单梦媛	女	第十四届全国运动会	2021 年 9 月	潍坊	第三名
摔跤	毕胜峰	男	第十四届全国运动会	2021 年 9 月	延安	第三名
游泳	程　龙	男	2021 年全国游泳冠军赛暨东京奥运会选拔赛	2021 年 4 月	青岛	第三名
游泳	刘宗毓	男	2021 年全国游泳冠军赛暨东京奥运会选拔赛	2021 年 4 月	青岛	第三名
游泳	刘宗毓	男	2021 年全国游泳冠军赛暨东京奥运会选拔赛	2021 年 4 月	青岛	第三名
游泳	程　龙	男	第十四届全国运动会	2021 年 9 月	西安奥体中心	第三名
游泳	刘宗毓	男	第十四届全国运动会	2021 年 9 月	西安奥体中心	第三名
游泳	刘绍烽	男	第十四届全国运动会	2021 年 9 月	西安奥体中心	第三名
跳水	刘承瓒	男	第十四届全国运动会	2021 年 7 月	陕西西安	第三名
冲浪	马文嵩	男	第十四届全国运动会	2021 年 9 月	海南省万宁市日月湾	第三名
蹦床	周楚惟	男	第十四届全国运动会	2021 年 9 月	西北大学	第三名
乒乓球	于海洋	男	2021 年全国少儿乒乓球锦标赛（决赛）	2021 年 10 月	海南陵水	第三名
乒乓球	于海洋	男	2021 年全国少儿乒乓球锦标赛（决赛）	2021 年 10 月	海南陵水	第三名
乒乓球	金昱辰	男	2021 年全国少儿乒乓球锦标赛（决赛）	2021 年 10 月	海南陵水	第三名
跆拳道	尹元红	女	第十四届全国运动会	2021 年 9 月	陕西汉中	第三名
柔道	李桓羽	男	2021 年全国 U16U14 组柔道锦标赛	2021 年 11 月	河南商丘	第三名
柔道	杨元佳	男	2021 年全国 U16U14 组柔道锦标赛	2021 年 11 月	河南商丘	第三名

青少年体育

【举办全市第八届青少年运动会】 济南市第八届青少年运动会共设置田径、足球、篮球、游泳等24个竞赛大项、475个竞赛小项，全市12个行政辖区共派出231支运动队、6457名运动员、705名教练员。历下区代表团以197.5枚金牌名列金牌榜首，槐荫区代表团获金牌133.5枚，济阳区代表团获得81枚金牌，9个代表团获得道德风尚奖项。

【中小学生体育赛制改革试点】 根据国家体育总局和教育部联合颁布《关于深化体教融合促进青少年健康发展的意见》文件要求，探索建立校、区、市三级青少年体育赛事体系。会同教育局印发《2021年济南市中小学生足球赛事活动方案》，以足球项目为试点，市级联赛首次实行甲组、乙组赛制，在高中男子足球项目中试点分赛区升降组赛制；各区县教育和体育部门负责组织区级选拔赛。市级足球甲组联赛中，共有99支球队、2300余名学生参与209场赛事，进一步完善青少年体育赛事体系。

（张一培）

体育场馆

【出台《济南市全民健身设施补短板五年行动计划（2021—2025年）》】 为深入实施全民健身国家战略，统筹解决当前全民健身场地设施总量不足、结构不优、载体不新、质量不高、社会力量参与不足等问题，市体育局出台《济南市全民健身设施补短板五年行动计划（2021—2025年）》，计划包括指导思想、思路目标、基本原则、主要任务、保障措施五部分，提出五大行动任务，提出五年三步走发展思路，到2025年，全市人均体育场地面积达到2.8平方米，城市社区“15分钟健身圈”更加完善，每万人拥有足球场地数量达到0.9块，形成供给丰富、布局合理、功能完善的全民健身设施网络。

【全民健身设施建设】 通过“基层建场地、体育部门配器材”的办法，加强市、区、镇、村四级公共体育设施建设，实现城乡公共体育服务质量提升。2021年，全市共投入2400余万元，建设社会足球场7处、健身步道66千米、全民健身提升工程314处，配建健身器材2967件，行政村（社区）健身设施覆盖率达99%。全市6930个体育场地8万余件健身路径数据全部纳入“济南智慧体育”平台，为市民提供健身导航查询等服务。完成球类数据基础数据采集，形成“15分钟健身圈”，方便市民通过智慧体育平台，定位健身场地。

【泉城体育文化展示馆正式开馆】 6月，在市全民健身中心打造的泉城体育文化展示馆正式开馆并向市民免费开放，公开展出65件藏品、体育史料图片1014张，成为城市体育的重要宣传窗口。以泉城体育文化展示馆为体育文化平台，制作播放体育宣传片，开展体育微视频创作，讲好体育故事，传播社会正能量。

（张一培）

2021年济南市第八届青少年运动会足球比赛　　（市体育局　供稿）

2021 年 6 月 28 日，泉城体育文化展示馆在济南市全民健身中心开馆　（市体育局　供稿）

【体育产业政策保障】 与山东大学合作编制《济南市“十四五”体育产业发展规划》《济南市“十四五”体育事业发展规划》并正式发布，启动全市公共体育设施布局规划编制工作。济南黄河体育中心于 6 月开工，建设专业足球场、体育馆（冰篮运动中心）、游泳馆（全民健身中心），于 2024 年 12 月交付。搭建体育产业创新发展平台，牵头成立山东沿黄九市体育产业协作联盟，商业化运营举办沿黄九市铁人三项赛、自行车骑行、围棋赛等自主 IP 赛事。

【强化重点体育服务业发展】 建立完善的体育服务业发展工作体系机制，加强对体育服务企业的指导，一对一深入跟踪规上体育企业状况，着重加强对龙头企业的指导服务。持续做好规模以上体育服务企业培育，初步确定将中健健身集团有限公司、济南东奥健身有限公司 2 家企业纳入规模以上体育服务业。

【做好经营高危险性体育项目场所安全监管】 组织 2020 年济南市公共体育设施暨经营高危险性体育项目场所冬季专项检查、2021 年济南市公共体育设施暨经营高危险性体育项目场所夏季专项检查，范围覆盖全市滑雪、滑冰、游泳、潜水、攀岩项目的全部经营场所，下达整改意见 40 条。开展安全生产大排查大整治行动，累计派出 9 个检查小组 70 余人次检查 38 家单位，给 18 家单位下达 67 条（项）整改通知书，体育系统和体育项目经营行业安全生产工作取得明显成效。

【开展体育产业和体育场地统计】 完成 2020 年度体育产业统计调查工作，体育产业总规模 480.81 亿元，同比增长 7.39%，全市体育产业总产出和增加值均走在全省前列。完成 2020 年全市体育场地统计调查工作，全市体育场地总面积 2046 万平方米，人均体育场地面积 2.30 平方米，平均每万人拥有体育场地 24.07 个。发布《2020 年济南城乡居民体育消费调查报告》，人均体育消费达到 2861.35 元。

【推动体育产业高质量发展】 加大

2021 年 12 月 4 日，由山东沿黄九市体育产业协作联盟主办，市体育局、市体育总会承办的黄河“棋”迹 2021 山东沿黄九市围棋锦标赛在济南开赛　（市体育局　供稿）

2021 年 12 月 5 日，2021 山东沿黄九市自行车赛在济南市莱芜区雪野湖开赛

（市体育局　供稿）

对体育企业支持与帮扶力度，组织 15 家健身和体育培训企事业单位参加“2021 第二届山东省体育消费券活动”，累计核销政府惠民消费券 52.7 万元、企业惠民消费券 46.2 万元，拉动体育消费 415.8 万元。组织公共体育场馆免费或低收费开放补助资金申报工作，2021 年，有 5 家大型公共体育场馆申报资金 460 万元，6 家中小型公共体育场馆申报资金 192 万元。

【组织本地企业参展】　组织 10 余家本地企业参展 2021 中国国际体育用品博览会（上海）、第二届山东体育用品博览会。其中，上海体博会中力生体育用品有限公司的产品获得展会唯一金奖；山东体博会签约济南市 FPV 无人机产业园项目、济南众彩教育体育综合体项目、市体育局与中瑞国际运动营养食品产业基地战略合作项目 3 个重点体育产业项目。

【体育旅游精品赛事、精品路线】　举办 2021 中国济南冬季畅游泉水国际公开赛，赛事获评中国体育旅游博览会“中国体育旅游精品项目”。“济南的冬天”2022 · 春节黄金周体育旅游线路、“冬日之美，美在济南”2022 春节黄金周体育旅游线路入选山东省 2022 年冰雪主题 2022 年春节黄金周体育旅游精品线路，助力 2022 北京冬奥会、冬残奥会，促进济南冰雪运动发展，引导体育旅游消费。

【牵头成立山东沿黄九市体育产业协作联盟】　为深入贯彻落实习近平总书记关于黄河流域生态保护和高质量发展和视察山东重要讲话批示精神，紧紧抓住国家推进黄河流域生态保护和高质量发展国家战略机遇，做好体育发展的“黄河文章”，4 月，市体育局发起成立“山东沿黄九市体育产业协作联盟”。联盟举办沿黄九市自行车赛、铁人三项公开赛、围棋锦标赛、电竞挑战赛、全民健步走活动等沿黄系列赛事，在人民网、新华网、《中国体育报》、体育总局网站、《大众日报》、山东电视台等主流媒体播报。

【体育彩票销售】　2021 年，全市体彩销售工作稳定发展，克服疫情、高频 11 选 5 游戏退市等不利因素，全市共销售体育彩票 25.79 亿元，较 2020 年增长 1.37 亿元，同比增长 5.62%。市场份额再创历史新高，达 77.11%，同比增长 0.27%（实体销量份额增长 0.8%），连续 13 年实现份额超过 50%。

（张一培）

栏目编辑　谷　雪

【婚姻登记】 持续打造“泉城·爱帮”婚姻登记品牌，推广亲人见证婚礼式颁证服务，依法办理结婚登记49380对，离婚登记17506对。全省率先启用婚姻电子证照，发出全国首例“跨省办理”婚姻登记证照，被《中国社会报》头版头条报道。举办“真爱与党同庆 倡树文明新风”集体颁证、“相约美丽泉城 共筑青春梦想”青年人才联谊会等活动，开展婚姻家庭辅导服务，全市离婚人数同比下降31.3%。

【收养登记】 2021年，依法办理国内收养90例，解除收养1例。

【殡葬管理】 在全国率先启动城区散埋坟墓和传统墓葬点专项整治，清理整治散埋坟墓4.25万个，优化城乡人居环境。完成《济南市公益性公墓规划（2020—2035年）》编制工作，出台公益性公墓（骨灰堂）管理暂行办法。常态化落实基本殡仪服务全免费政策，为58327名逝者减免费用7582万元。（赵丽平）

【重点群体就业】 全年实现城镇新增就业17.8万人，全市就业形势持续稳定。开展“选择济南 共赢未来”驻济高校毕业生就业双选会等专项招聘活动，为8556名高校毕业生落实五项补贴2853.2万元。举办2021优秀大学生就业创业“泉城行”训练营，完成134名高校毕业生“三支一扶”招考培训工作，新招募人员在全省率先上岗。加大就业困难人员援助力度，就业困难人员实现就业0.72万人，失业人员再就业5.6万人，两次上调灵活就业困难人员社保补贴标准，发放补贴2.34亿元，开发农村公益性岗位800余个，发放岗位补贴505.9万元，零就业家庭继续实现动态清零。开展农民工“稳岗留工”“十送十留”“春风行动”专项服务行动和“情系农民工”系列活动，举办习近平总书记视察农民工中心八周年座谈会。

【鼓励创业带动就业】 丰富创业载

2021年4月17日，由市人力资源和社会保障局主办、济南大学承办的“选择济南 共赢未来”——2021年驻济高校毕业生就业双选会在济南大学体育场举办

（市人力资源和社会保障局 供稿）

体，全年认定34家创孵基地，在孵企业2951家，带动就业21400人；在市建立创业指导平台的基础上认定4家综合性创业指导工作室，填补省内高端创业指导空白，为3413名创业者提供SIYB(改善你的企业)咨询服务；济南市大学生创业孵化中心被评为国家级创业孵化示范基地。落实小微企业、个体工商户一次性创业补贴3.3亿元，发放创业担保贷款9.3亿元，扶持市场主体2万余家。紧贴黄河流域生态保护和高质量发展等重大战略、强省会建设各项目标任务，牵头承办“共享经济圈 共赢新未来”省会经济圈主题创业活动，携手省会经济圈7市全方位展示创业成果，实施直播带岗云端求职，打造“智汇省会经济圈”就业品牌，创业“朋友圈”不断扩大。

【做好职业培训】 创新搭建职业培训监督管理平台，建立培训补贴标准动态评估调整机制，开展失业保险资金使用情况自查内审，培训质量和资金安全做到“双保证”“双提升”。优化培训服务，大力推行线上线下培训模式。线上，济南市级A类线上平台数量达到14家，全年开展培训29.8万人次；线下，开展“职业技能提升行动进企业”专项服务活动，为1000家企业对口服务，动态掌握企业以工代训情况，增强培训实效。济南市职业培训补贴发放和新吸纳就业以工代训补贴发放位居全省第一。全年开展补贴性培训38.8万人次，以工代训54.2万人，创业培训8.6万人次，发放培训补贴9.7亿元。

【保障重点企业用工】 持续开展企业用工保障服务专项行动，配备企业用工服务专员459人，累计解决企业缺工3.5万人；组织“112”现场招聘等8项行动，举办线上线下招聘会537场，为求职者和企业精准搭台，1.7万家企业提供岗位近41.9万个，达成就业意向15.5万人次。延续实施减负稳岗扩就业政策，为4.4万家企业、80.4万名职工，返还资金1.4亿元，缓解企业用工保障压力。强化失业人员待遇保障，全年共为38万人次发放失业保险金6.5亿元，为21.4万人次发放失业补助金3亿元。

2021年10月15日，济南市电子劳动合同平台上线运行启动仪式在济南举行，标志着济南市劳动关系领域正式进入电子劳动合同时代　　（市人力资源和社会保障局　供稿）

【打造就业服务品牌】 优化营商环境，建设“智慧就业”全天候服务大厅，推进智慧就业信息化，43项业务实现全程网办，9项业务实现自助办，10项业务实现掌上办，3项补贴实现市级社银直连发放。精简优化服务流程，推进服务事项打包办、提速办，助推就业服务换挡提速，持续打造“就办好”公共就业服务品牌，有40项业务受理时限提速为“即时受理”，“参保、就业、用工备案”完成统一登记并与公共就业服务省集中系统对接，实现三口合一。

【推进东西劳务协作】 稳步推进脱贫攻坚成果同乡村振兴有效衔接，主动与甘肃临夏州、重庆武隆区、临沂市开展对接协作帮扶，多举措完成协作区域脱贫劳动力培训输出任务。先后20余次赴甘肃临夏州对接劳务协作，促成阳光大姐、蓝翔技校与临夏州有关单位的务实合作，挂牌成立临夏州阳光大姐职业技能培训学校，300余名临夏学生免费入驻蓝翔技校学习。

【规范劳动用工管理】 实施劳动关系“和谐同行”能力提升行动，评选市级劳动关系和谐企业57家、和谐园区1家，对928家劳务派遣单位开展诚信等级评价。济南市电子劳动合同平台上线运行，注册使用企业 300 家。开展企业薪酬调查，涉及企业 1600 家、职工 24.6 万人。

2021 年 10 月 20 日，济南市“情系农民工　安全健康行”活动在山东三箭和平广场建筑工地举行　（市人力资源和社会保障局　供稿）

【实施“济南无欠薪”工程】　创新推行农民工“工长制”，设立农民工“工长”170 名，向 9.5 万名农民工发送维权公益短信 170 余万条。加大劳动保障监察执法力度，立案检查 609 件，协调解决 566 件，办理欠薪线索 8800 余条。评选工程建设领域企业劳动保障诚信 A 级企业 319 家、B 级企业 45 家、C 级企业 9 家。

【劳动人事争议处理】　推广要素式办案模式，全面优化办案程序，全市仲裁机构立案 1.5 万件，结案率 99% 以上，调解成功率 77.4%，为劳动者挽回经济损失 4.1 亿元。全市实现农民工工资争议速裁庭设立全覆盖，各区（县）建立专人专班，落实“一把手”挂牌督办制度，充分发挥速裁庭制度优势，对符合立案条件的拖欠农民工工资争议案件，做到有案必立，全年受理农民工争议案件 492 起，为农民工挽回经济损失 1269 万元。

（王　帅）

【全民参保登记】　按照“兜底线、织密网、建机制”要求，构建覆盖全民、城乡统筹、权责清晰、保障适度、可持续的多层次社会保障体系。开展全民参保登记工作，重点做好农民工、被征地农民、新型业态从业人员、灵活就业人员等群体保险保障工作。开展“政策找人”专项行动，全年落实政策到人 119.2 万人，职工养老、工伤、居民养老、失业保险参保人数分别达到 472.7 万人、293.5 万人、308.4 万人、226.9 万人，社保覆盖面持续扩大。

【社保待遇调整】　为符合条件的人员调整基本养老金，沿用定额调整、挂钩调整和适当倾斜“三结合”办法，实现企业和机关事业单位挂钩调整因素和挂钩调整标准“双统一”，惠及全市 72.6 万名退休人员，于 6 月底发放到位。第十次提高居民养老保险基础养老金标准，每人每月由 147 元提高到 160 元。失业金标准实现 15 连涨，工伤待遇实现 17 连涨。阶段性降低失业、工伤保险费率，累计为 20.4 万户企业减负 10 亿元。

【社保平台建设】　推进社保服务延伸下沉，即时制卡合作银行网点达 513 家，累计发放实体卡 837 万张，签发电子社保卡 527 万张。拓展社保卡应用范围，实现乘坐公交车、持卡借阅图书、残疾人持卡游园等功能。推进社保基础数据整理工作，劳动能力鉴定职能平稳过渡移交，工伤劳动能力鉴定实现全程网办，打造“便民鉴定、智慧鉴定”工作品牌。开通“省会经圈社保个人网上服务”专区，推进省会经济圈社会保险待遇资格“静默认证平台”建设，社保服务更加便捷。12 月 18 日，中央广播电视总台《新闻联播》对济南市社会保险“静默认证”经验做法进行专题报道。

【社保基金监管】　坚持“政策、经办、信息、监督”四位一体，构建全市社保基金监管体系。开展风险排查、专项核查和全面检查，深入实施养老保险风险核查等 6 项行动，抓好社保基金管理问题专项整治，切实维护社保基金安全。

【推进“放管服”改革】 实施“快办行动”和“双全双百”工程，取消各类材料74个，130项业务提升为即办件，29项高频业务事项实现全省通办、跨省通办。12个区县（功能区）实现“分类综合柜员制”，窗口数量减少126个，窗口服务人员减少159人。人社系统营商环境持续优化，劳动力市场监管、人才流动便利度指标均获国家标杆城市荣誉。历城人社服务大厅获评国家级优质服务窗口，莱芜区石红获评全国优质服务个人，6家单位和8人获评全省优质服务窗口和优质服务个人。

【推进数字化改革】 推行“数据共享、线上核验”，72项部门数据资源实现融通共享。推进人社业务“一网通办”“掌上办”“自助办”，全年线上业务办理量达2000万笔以上，减少服务对象的跑腿次数。

（王　帅）

老龄事业

【概况】 2021年，深入开展为老年人办实事活动，不断完善老年健康服务体系，推进医养结合示范先行市建设，完成国家试点创建任务，提升老年人获得感、幸福感、安全感。

【提升老年健康服务水平】 济南市创建为老年人证电子证照国家试点市，在全国5个试点城市中率先完成任务，受到国家试点工作协调组肯定。槐荫济微路社区、天桥北关社区、历城小辛社区、平阴孔村村入选首批全国示范性老年友好社区，老年友善医疗机构建设率达64%。市中杆石桥街道、历下东关街道、文化东路街道和高新区沃尔德生物技术有限公司入选2021年国家智慧健康养老示范街道（企业），槐荫尊尚老年公寓励合医院入选国家第二批医养结合远程协同服务试点机构。

2021年，槐荫济微路社区、天桥北关社区、历城小辛社区、平阴孔村村入选首批全国示范性老年友好社区

（市卫生健康委　供稿）

【推进医养结合发展】 强化省会城市首位意识，全面推进医养结合发展，医养结合机构由47家增至59家，年内新创建省级医养结合示范街镇57个，绿苑福鼎老年公寓、东阿镇中心卫生院、中海锦年福居康养中心、蕾娜范康养中心入选2021年山东省第二批医养结合典型案例。落实老年人就医优待政策和便利老年人就医举措，改善老年人就医体验。全市二级以上综合医院老年医学科（老年病专业）设置率78.94%，超额完成年度创建任务，二级以上中医医院设置康复科、治未病科均达100%。济南市在全省医养结合工作会议上交流经验做法。

【营造孝亲敬老氛围】 与省卫健委、省委宣传部联合举办山东省暨济南市庆祝老年节和“情暖夕阳红——智慧助老”文明实践志愿服务活动启动仪式，发出“智慧助老”八项倡议。开展“智慧助老”活动，依托济南家庭电视老年大学，到社区为老年人培训讲解智能手机应用，帮助老年人跨越“数字鸿沟”，全年共开展活动70余场，服务1000余名老年人。开展为老年人办实事活动，指导区县为全市老年人办实事160余件，开展各类活动600余场，投入资金1188.146万元。

【百岁老人】 截至2021年年底，全市共有百岁老人553人。其中年龄最大的是历下区的张永贵（女，115岁），1906年11月23日生。

（杨　静）

【概况】 2021年，济南市退役军人事务局严格落实退役军人各项政策，健全完善退役军人服务保障体系，全面做好退役军人移交安置、就业创业、军休服务管理、双拥优抚、褒扬纪念等工作，维护军人军属合法权益，不断增强退役军人和其他优抚对象获得感、幸福感、荣誉感，全市退役军人工作迈上新台阶，实现新发展。济南市散葬烈士集中迁葬工作经验被退役军人事务部向全国宣传推广，12项经验做法被国家和省退役军人服务中心刊发宣传。参加“党旗飘扬在心中”知识竞赛，济南市相关指标居全省、全国副省级城市前列。莱芜战役纪念馆讲解员朱慧鹏代表山东省参加全国红色故事讲解员大赛，获退役军人系统第一、全国第三优异成绩。

【服务保障体系建设】 开展全国示范型服务中心（站）创建活动，出台全市退役军人服务中心（站）《示范创建方案》《考核验收细则》等8项措施规范。截至2021年年底，市和区县（功能区）16个退役军人服务中心、163个镇（街道）退役军人服务站，614个服务对象100人以上村（社区）退役军人服务站全部达标；8家服务站入选“全省百家红色退役军人服务站”，2家服务站被退役军人事务部“建强百家红色退役军人服务站”风采展示画册收录。

【提升服务质量】 以“人人联系退役军人，退役军人人有人联系”为目标，制定《常态化联系退役军人工作规范》《退役军人和其他优抚对象联系信息登记表》，加强督导检查，通过第三方考核抽查，全市退役军人联系率达到95.76%。4月16日，在平阴县召开全市学习新时代“枫桥经验”发挥服务保障体系作用现场推进会，学习推广常态化联系退役军人、困难帮扶、信访接待工作做法。组织业务大讲堂，培训区县（功能区）退役军人服务中心（站）负责人1600余人次。创新组建退役军人思想政治、法律援助、应急救援志愿服务“三支队伍”，市、县、乡、村四级志愿者总数达到2.4万名，全面打造退役军人志愿服务品牌，构建“双向服务”格局。

【关爱退役老兵】 为新中国成立前和抗美援朝老退役军人建立荣誉档案，拍摄照片1.2万张、视频1169部，制作荣誉画册5100余册。举办“听老兵讲述英雄故事”活动80余场，事迹展播3000余次，点击量580万次；会同济南电视台播发老战士、老英雄口述史26期。组织“把党的关爱送到老兵心中”主题慰问活动，走访慰问退役老兵。

【选树典型】 选树推荐先进典型，1个单位被表彰为全国退役军人服务保障先进单位、2人被表彰为全国退役军人服务保障先进个人、1人被表彰为全国先进军休干部；1个单位、3家企业获评省退役军人思想政治教育基地（示范点）。评选13个单位（企业）为市退役军人思想政治教育基地（示范点）；评选10名“泉城最美退役军人”、10名“优秀兵支书”，举办先进事迹“发布仪式”，展示泉城退役军人风采。走访慰问退役老兵并发放慰问金（品）。

【落实安置政策】 市委常委会专题研究退役军人安置工作，审议安置计划，强调安置纪律，推动安置落实；坚持“四公开一监督”安置模式，确保“阳光安置”全覆盖；市退役军人事务局会同组织、编制、人社、国资等部门，科学制定安置计划，提升安置质量。

【做好兜底保障】 落实企业军转干部解困政策，春节期间，走访企业军转干部，开展临时救助。贯彻落实退役士兵专项公益岗政策，出台7条规范性管理措施；创新岗位开发模式，拓宽安置渠道。

【就业创业一体化发展】 创新就业创业格局。牵头推动山东省会经济圈7城市退役军人就业创业一体化发展，退役军人共享省会经济圈城市招聘企业、岗位信息。用好山东省退役军人就业创业孵化基地——济南中心，建成全省首个退役军人就业创业专属服务大厅，推行“一站式”服务。截至2021年年底，共有53家优质军创企业入驻孵化基地；建立齐鲁军创联盟，云孵化培育150家军创企业、小微企业；建立“小唐热线”服务平台，300家企业在平台登记，为退役军人就业创业牵线搭桥。

【促进就业创业】 组织济南市退役军人创业创新大赛，102家企业（团队）参赛；遴选3个项目参加全省大赛，分别获一、二等奖、优胜奖。用好省退役军人创业扶持基金，年度发放创业贷款764笔、1.99亿元；举办“军岗日”等专场招聘50场次。评选退役军人“创业之星”10名，“就业之星”20名，选树退役军人就业创业示范基地20个。

【实施军休干部医养结合】 全市23家军休服务机构全面实施军休干部医养结合，签约协作单位144家，创新构建“五项工作机制”，搭建“五个服务平台”，为军休干部建门诊、设超市、办餐厅、修庭院，提供优先医疗、优惠家政、日间照料、文体娱乐、精神关爱服务。推进军休老旧小区改造。

【落实军休干部各项待遇】 在全市军休系统推广“网上军休所”，完善五级联网信息，核对并上报军休干部换证信息。为多名军队离退休干部（家属遗属）缴纳医保费用，为师级军休干部办理保健证，组织省直保健军休干部健康体检，组织军休干部开展荣誉疗养。

【开展军休服务活动】 军休老年大学开办13个专业、29个班级，每周1000余人次上课。开展军休干部庆祝中国共产党成立100周年系列活动，组织摄影、诗歌、军休标识等征集活动，4幅作品入选退役军人事务部优秀作品。开展“知党情、报党恩”系列公益活动，为100名为国家做出突出贡献的军休干部免费制作老照片纪念册。

【细化优抚政策】 印发《关于贯彻落实〈山东省军人军属 退役军人和其他优抚对象基本优待目录〉实施方案》《济南市抚恤定补优抚对象住房优待实施办法》《关于调整部分优抚对象等人员抚恤和生活补助标准的通知》。

【推进重点工程】 启动济南市优抚医院改造提升工程，争取国家项目债3.6亿元，规划建设“荣军楼”“康养综合楼”，配套康复中心和体检中心，打造全省规模最大、标准最高的优抚医疗康养专科医院。争取资金5000万元，开展莱芜战役纪念馆改陈布展。开展全市烈士纪念设施整修工程，共排查烈士墓等纪念设施5265处。开展关爱烈士遗属活动，7月1日前，走访慰问烈士遗属196名。完成烈士公祭、清明祭扫保障工作，全市参加祭扫活动71.4万人次，其中网上祭扫36.96万人次。

【褒扬纪念工作】 在山东省率先全面划定陵园烈士纪念设施保护范围。投资3000余万元，修缮改造济南革命烈士陵园烈士墓1663座。将西徐马等47名烈士集中迁葬济南革命烈士陵园，举行迁葬仪式，退役军人事务部、省退役军人厅印发专刊宣传推广。

【完成双拥考评迎检】 全面做好全国双拥模范城（县）创建工作，组织天桥区、历城区、莱芜区、钢城区高标准迎接年度调研考评工作，省考评组给予高度评价。

【开展双拥共建活动】 安置随军家属，发放生活补助，协调军人子女入学转学。结合春节、八一等节点，走访慰问驻济部队，登门送立功喜报；开展边防一线任务官兵专项慰问，寄送慰问书信、祝福卡片、手工制品。

【深化双拥宣传】 因地制宜、突出特色，打造双拥主题广场、路街等48处；会同济南警备区开展大学生演讲比赛、国防教育技能竞赛、军事比武等活动；选送的双拥主题标识获全国一等奖。广泛动员社会力量开展科技、教育、文化、法律、医疗进军营等活动，为驻济部队赠送书籍6500册；组织英模事迹报告团和军旅艺术团进企业、进学校、进社区、进村居开展国防教育文艺演出30场次。

【优化政务服务】 推进政务服务标准化建设、“好差评”“一次办成”等工作，优化网上办理依申请事项5个，“并联办理”跨部门“全链条一件事”3个，个人全生命周期事项6项。

（秦东亮）

栏目编辑　谷　雪

区　县

历下区

【概况】 历下区位于济南市东部，地理位置介于北纬36°35′34″～36°42′30″，东经117°0′16″～117°10′24″，东与济南市高新技术开发区相接，南北与历城区相接，西、西北与市中区和天桥区相邻。春秋战国时属齐国，因在历山（今千佛山）之下而得名。1955年9月始称历下区。

中共历下区委

书　记　江　山

副书记　杨传军　纪　亮

常　委　江　山　杨传军　纪　亮　刘海峰*　续　明*　杜宝现　李乐军　王海清　李　克　武　毅　赵冬梅　王树刚

历下区人大常委会

主　任　韩宏伟（女）

副主任　邓向东*　栾　杰（女）　郭向平（女）　郭宝龙*　荆甫荣　陈仕学

历下区人民政府

区　长　杨传军

副区长　续　明*　刘　佳（女，满族）　张　涛　赵　琳（女）　王　锐　刘兰设

政协历下区委员会

主　席　曹　辛

副主席　房玉萍（女）　刘　岩（女）　刘　军（回族）石永先　曾素燕（女）　王振东

中共历下区纪委

书　记　刘海峰*　王树刚

历下区人民法院

院　长　牟宗伟

历下区人民检察院

检察长　刘爱国

历下区人民武装部

部　长　苏圣泳

政　委　李　克

全区总面积100.89平方千米，辖14个街道办事处（舜华路街道由济南市高新技术开发区管理）、131个社区居委会。年末常住人口106.3万人。完成地区生产总值2124.1亿元。一般公共预算收入实现168.5亿元，同比增长11.2%。完成固定资产投资1960亿元，年均增长15%。实现服务业增加值1684.8亿元，年均增长7.5%，现代服务业比重超63%。实现金融业增加值438.4亿元，占全市的44.2%。完成社会消费品零售总额1141.1亿元，总量超全市四分之一，年均增长12%。

在全省率先建立商务楼宇品质评价体系，汇聚市级认定总部企业58家，占全市的28.2%，形成税收亿元楼40座、月亿楼3座，数量位居全省首位。“云招商”模式在全省推广，搭建“投促+部门”产业招商体系，累计引进注册资本过亿元项目670个，完成市外投资969亿元，落地世界500强企业项目42个。山东院士专家联合会落户历下，建立院士专家工作站29家，累

计引进院士、泰山产业领军人才等国家、省级人才218人，为历下区经济发展提供强大智力支撑。累计新增外商投资企业110家，实际使用外资22.31亿美元。2021年外贸进出口总额突破100亿元，年均增长13.5%。

民生和社会事业累计投入近300亿元，占一般公共预算支出的75.6%，民生福祉持续改善。累计新增城镇就业29.2万人，发放各类救助资金3亿元，建成安置房1万余套；145个退役军人服务中心（站）投入使用，安置公益岗2000人；新建街道综合养老服务中心和社区日间照料中心110处，实施“亲情E联”智慧养老服务项目，老有颐养、老有怡乐的服务体系日益完善，历下区获评首批全国智慧健康养老示范基地。完成基础教育设施三年规划建设任务，新建中小学、幼儿园44所，增加学位3.9万个。新建、改扩建社区卫生服务机构19个，区属医院医联体实现全覆盖；建设泉城书房5处，社区综合文化服务中心达110处，10万平方米的区文体中心正式开放；新增社区健身中心19处，体育进社区覆盖率达100%。全区国家AAAAA级旅游景区1家，AAAA级旅游景区1家，AA级旅游景区1家，全年接待国内外游客1563.09万人次，实现旅游消费总额215.77亿元。

全区共有义务教育阶段小学28所（其中单位办2所，部门办体育学校1所）、初中8所、九年一贯制学校15所（其中单位办2所，民办学校1所）、十二年一贯制学校2所（民办2所）、特殊教育学校1所、中等职业学校2所、普通高中1所。义务教育阶段在校生88974人，其中小学在校生62783人（含单位办学5150人，民办学校1859人）、初中26191人（含单位办学2606人，民办学校2136人）；普通高中在校生848人；特殊教育学校在校生76人；中等职业学校在校生3778人。有公共图书馆1所，社区分馆100家，文化馆1个，泉城书房5处和114处社区文化中心。全区医疗卫生机构684家（医院22家，基层卫生机构55家，专业公共卫生机构6家，其他卫生机构2家），共有床位1.76万张，职业、助理医师5421人，注册护士4383人。安置残疾人员就业91人。安置城镇就业4.14万人，完成全年任务的115%。城镇居民基本养老保险参保人数达3.81万人。全年发放各类救助补贴3464.7万元，惠及低保、残疾等困难群众84490人次。历下区各类养老服务机构和设施118个，各类养老床位0.2万张，新建长者食堂40处。

2021年，历下区被平安中国建设协调小组评为平安中国建设示范区、历下区被中央电化教育馆评为全国智能研修平台应用试点试验区、历下区被民政部确定为“护童成长”项目试点区。

【东西双核引领新发展】 中央商务区累计建成高端载体300万平方米，以“山泉湖河城”5座超高层为代表的62座百米高楼拔地而起；成立高规格中央商务区管委会，引入14家世界500强，500余家各类企业落户发展，汇聚全国性法人机构4家，省级金融总部46家，各类区域总部200余家，成为总部经济和“金融+”产业集聚发展的新高地。获批55.5亿元国家开发银行资金支持，破解政策、房源等制约瓶颈。

【城市品质新跨越】 历下区解放东路、明湖路等4个特色街区焕然一新，主要道路全部达到省级深度保洁示范路标准，完成环山路等69条道路改造提升，建成公共停车场22处，轨道交通2号线、3号线顺利通车。新增绿化面积183万平方米，全区绿化覆盖率达47%，建成龙洞泉等46座城市公园，完成莲花山等49处山体绿化提升。

【文明善治格局加速构建】 推进社会治理创新，健全完善“1+4+4”工作体系，获评全国社会治理百强区。完成撤村建居任务，新建社区44个，实现城市社区治理全域化，获评全省和谐社区建设示范区；在全市率先实行网格化基层治理，区城市运行指挥中心和13个街道分中心上线运行，打造“红领物业”“行走龙洞”等一批治理品牌。完成党的十九大、建党100周年等重大活动期间安保维稳任务；建成盛福消防站和24处社区应急救援站，安全生产、食品安全、森林防火、防汛救灾、消防救援等各项工作保障有力。

（李燕　刘佳）

【概况】 市中区位于济南市市区中部，地处北纬 36° 35′ 36″～36° 40′ 04″，东经 116° 54′ 29″～117° 02′ 01″之间，东与历下区相邻，西与槐荫区、长清区相邻，南与历城区相邻，北与天桥区相邻。全区总面积 281.5 平方千米，辖 17 个街道，128 个社区，77 个行政村。2021 年年末，常住人口 91.51 万人。

中共市中区委

书　记　韩永军* 刘　科

副书记　翟立波　李冬利*

常　委　韩永军* 刘　科　翟立波　李冬利*
闫培胜　王书信　程　伟*
陈国华（满族）* 王云刚　李海永
王　蒙　顾朝霞（女）

市中区人大常委会

主　任　邵登功

副主任　王盛元　赵延生　董德海
苗　萌（女）　蒋春雷

市中区人民政府

区　长　翟立波

副区长　程　伟* 李咸梁　孟庆顺
付　华（女）　殷继明
刘　松（挂职）

政协市中区委员会

主　席　王其广

副主席　陈淑平（女）　管延勇　刘　健
杨文华（女）　贾汝兴

中共市中区纪委

书　记　王　蒙

市中区监委

主　任　王　蒙

市中区人民法院

院　长　温　磊

市中区人民检察院

检察长　赵性雨

市中区人民武装部

部　长　董　凯* 王朝建

政　委　李海永

全年实现生产总值 1161.7 亿元，比上年增长 7.2%。其中，第一产业增加值 1.7 亿元，第二产业增加值 229.5 亿元，第三产业增加值 930.5 亿元。三次产业结构调整为 0.1∶19.8∶80.1。地方一般公共预算收入 108.5 亿元，增长 8.1%。地方一般公共预算支出 61.2 亿元，固定资产投资增长 6.0%。社会消费品零售总额 543.9 亿元，增长 14.5%。货物进出口额 112.9 亿元。金融业增加值 280.50 亿元，增长 6.4%，占全区 GDP 总量的 24.15%，占全市金融业增加值的 28.27%。实现金融业税收 42.5 亿元，占全区税收的 18.41%，占全市金融业税收的 23.24%。人民币贷款余额 3952.59 亿元，较年初增加 834.86 亿元，同比增长 14.17%，高于去年同期 4.33 个百分点；人民币存贷款余额 8980.14 亿元，较年初增加 1422.07 亿元，同比增长 12.11%，高于去年同期 4.98 个百分点。证券交易额增幅 34.1%，保费收入增幅 9.8%。银行业区域总部 11 家，保险业区域总部 25 家，证券期货业总部及区域总部 31 家，资产管理公司、财务公司 3 家。各类银行、保险、证券期货业营业网点及其他各类金融、类金融机构共计 488 家。全区共有上市企业 5 家，新三板挂牌企业 2 家，齐鲁股权交易中心挂牌企业 15 家。

农、林、牧、渔业增加值 1.82 亿元，比上年增长 1.9%，其中，农林牧渔服务业增加值 0.09 亿元。全区现有基本农田约 4240 公顷，农业种植主要以小麦、玉米等大田作物为主，全区粮食播种面积 0.4 万公顷。全区粮食年产量约 1.9 万吨，肉、蛋、奶总产 0.76 万吨。全区新增市级农产品加工企业、家庭农场各 1 家，新增规模以上农产品加工企业 2 家，全区规模以上农产品加工企业实现营业收入 7 亿元，同比增长 19.4%。打造全国文明村 1 个、省级文明村 21 个、市级文明村 22 个、区级文明村 50 个，市级以上文明村达到 30% 以上。新增“出彩人家”805 户。新建望岳康体公园和兴隆公园 2 座，绿化提升山体 44 公顷，全区森林绿化率达到30.5%。加大扶持全区13家市级以上农业龙头企业和6家规模以上农产品加工企业，投入各类扶持资金800余万元。全区设施农业生产面积达到104公顷，产量约1552.5吨。规范提升益农信息社58家，累计实现交易额11万元。全区农产品网上销售额突破1000万元。全区建设完成气代煤、电代煤10180户。全部工业增加值138.6亿元，比上年增长1.2%。规模以上工业增加值下降0.5%，实现主营业务收入597.6亿元，实现利润14.0亿元。全区有资质的建筑企业150家，完成建筑业总产值321.0亿元，实现增加值90.9亿元。

完成征收拆迁面积约65万平方米，全年完成供地约301公顷，其中出让土地86公顷。开工建设安置房110万平方米，对11个总计1.9万户、164万平方米的老旧小区进行综合提升，新建、改建租赁住房1232套，盘活租赁住房11996套。建设3处厨余垃圾就地处理站、17条音乐专线，新增配200套有害垃圾收集设施，制作安装垃圾桶定点设置宣传栏420个，配发塑料垃圾桶2000个，机械化清扫率达80%以上。新建5处公共卫生间、整体改造提升12处公共卫生间。完成二环南路英雄山立交桥至济微路段、英雄山路八一立交桥至英雄山立交桥段主路及两侧支路的杆线整治收尾工作，市中区112条主次干道、23个小区的线缆整治完成全覆盖。完成103省道、英雄山路亮化整治一期工程，亮化楼体20余栋楼体提升。实施七里山西路、六里山路五里山路、纬一路沿线外立面环境综合整治，粉刷乳胶漆46000平方米，粉刷真石漆3500平方米，提升文化墙4处。全面启动“三小一堆”专项治理工作，累计清理小菜地、小顶子、小棚子3万平方米、垃圾堆8000立方米。开展渣土运输“净车”行动和集中整治违法违规排放建筑垃圾行为专项行动50余次，清理装修垃圾5.1万立方米。清洁取暖补漏1.1万户，民用优质煤保供1356.5吨，全区空气质量优良以上天数256天，同比增长20天。对14个村实施农村污水治理工程。完成森林抚育267公顷，新增城市绿地面积48.4万平方米，打造环宇城北侧游园、星乐园等4处口袋公园，完成阳光东路、九曲庄路等13条特色道路特色街区。在节日和重大活动期间，在25条主要道路、重点区域栽植各色花卉并设置7组大型立体造型，共使用各类鲜花270余万株。全区新建5G基站942处，获批省级5G试点示范项目10个。新建充电桩1354个，备案公共充换电站14座。

全区有小学56所，在校生51961人；初中11所，在校生13560人；九年一贯制学校12所，在校生25006人；特殊教育学校1所，在校生103人。全年新建、改扩建学校、幼儿园27所。获评山东省特级教师（其中3人为山东省农村学校特级教师）7人，当选齐鲁最美教师1人，获评济南市特级校长3人，当选济南市最美教师1人，当选济南市教书育人楷模4人，当选济南市出彩教育工作者71人；全区14个单位获评济南市教育系统先锋单位荣誉称号。国家级众创空间1家、省级5家、市级12家，建有国家级科技孵化器1家、市级3家，在孵企业超过500家。新获批省新型研发机构1家，引进重点产业领域科技类企业35家。组织申报“公共安全电梯物联网与追溯体系示范工程建设”“新冠疫苗生产专用硅胶管路产业化开发”等市级民生项目12项。山东省中药产业创新创业共同体、山东数字融合出版共同体两个省级创新创业共同体落户市中，获批国家融合出版内容传播创新应用重点实验室，建成现代中药产业众创空间，引进高端人才30余名，培育科技型企业6家。全区有博物馆12家（国有4家，非国有8家），档案馆1个，公共图书馆1所，图书馆分馆43个，泉城书房2家，文化馆1个，全国重点文物保护单位87处，国家级文物保护单位10处，省级文物保护单位20处，市级文物保护单位14处，区级文物保护单位7处，登记保护的36处。新建提升公共文化服务设施30处，优秀传统文化传承基地25处。44座老建筑实现“云上游”，线上文化惠民消费活动惠及群众6万余人。改造提升10家图书馆分馆，配送图书7500余册；改造提升农家书屋10家，更新配送图书11850余册。安装、更新健身路径36条，建设生态健身节点4处，建成7人制足球场1处、“五人制”足球场4处、篮球场4处、健身步道2条、网球训练场2处，为10多个村居安装体育健身器材。举办群众性体育活动20余次。

城镇居民人均可支配收入66270元，增长8.3%。城镇新增就业27159人，城镇登记失业率3%以内。全年发放失业保险金及稳岗、培训等各类补贴共计

2.48 亿元，发放创业担保贷款 3258 万元，开发大学生公共服务性岗位 50 个。开展线上线下招聘活动 260 余场次，提供就业岗位 2.2 万个，向 78 家企业征集面向高校毕业生的就业岗位 1214 个，助力企业接收高校毕业生 2737 人。完成驻区 183 家企事业单位新引进的 1228 名高层次人才生活和租房补贴、42 名 TOP200 海外高校留学回国人员留学费用补贴、582 名高层次人才分类认定等审核，发放各类人才项目补贴 2740.4 万元；为 96 名符合落户条件的人才办理落户手续，完成 998 名专业技术人员初级职称考核认定、5419 名专业技术人员初级职称证书信息梳理、11 项职业资格考试的 1.3 万余名考生报名核查。为 2500 余名已落实就业单位的高校毕业生和代理人员办理档案转出手续，接收市中区户籍未就业高校毕业生档案 1900 余份。全年新增居民参保 3635 人，居民基本养老保险累计参保 10.5 万人，征缴居民保险费、机关事业单位基本养老保险费、职业年金等共计 7.87 亿元，发放养老金、丧葬补助金、工伤保险待遇等共计 7.22 亿元，收到工伤认定申请 600 余起、下达工伤认定书 580 余份。推行“互联网 + 医保”服务新模式，新增医保定点服务医药机构 67 家，新建医保工作站 16 个，支出医保基金 4.7 亿元。医疗保险参保人数 53.8 万人。其中，居民医保 23.34 万人，职工医保 30.46 万人。医疗卫生机构 636 所，共有床位 6089 张，卫生技术人员 15415 人。城市最低生活保障 1293 户、1789 人，农村最低生活保障 778 户、1223 人，人均保障标准 904 元 / 月；全区各类养老服务机构 16 家，街道综合养老服务中心 19 个，日间照料中心 79 个，农村幸福院 39 个，各类养老床位 4000 余张。在 8 家养老服务机构同时设置孔子学堂分站。完成经济困难老年人家庭适老化改造 143 户，安装配发“爱老三宝”居家安全服务设备 1302 套。发放养老金、丧葬补助金、工伤保险待遇等 7.2 亿元。通过中国志愿服务网在线注册志愿服务队伍 1100 余支，注册志愿者 17.6 万人，实名注册志愿者 15.6 万人。全区有山东和乎养老中心和肯德基天使餐厅 2 处残疾人就业基地，安置残疾人 12 人。

2021 年，市中区获评首批山东省残疾儿童少年随班就读示范区、山东省幼小衔接实验区、2020 年度山东省技术转移先进区、全省和谐社区建设示范单位、全省街道服务管理创新典型培育单位、2020 年度全省消防工作“重点工作攻坚年”活动先进县（市、区）、全省“安全生产月”活动县（市、区）优秀组织单位。

【产业韧性显著提升】 出台推进现代金融产业发展行动方案，与中泰证券等金融机构签订战略合作协议，金融产业发展思路和实施路径更加明确。齐鲁银行主板上市，中英人寿山东分公司、财信证券济南分公司、中州期货山东分公司等金融区域总部落户市中，全区实现金融业增加值 280.5 亿元，增长 6.4%。山东新金融产业园新引进海晟国际融资租赁有限公司等金融类企业 23 家，园区企业基金管理规模超过 1800 亿元，对外投资近 600 亿元。山东省智能电网和电能智慧应用两大技术创新中心正式获批，全区新增高新技术企业 133 家，产值占比稳居全市第一。引进科技企业 35 家，国家科技型中小企业入库企业达到 352 家，全社会研发经费内部支出增幅 27.5%，全区实现技术合同成交额 55.3 亿元，获批山东省技术转移先进区。济南国际创新设计产业园集聚创新设计、科技研发、文化传播类企业 442 家，创新人才 1800 余人，专利总数达到 383 个，成为江北规模最大的创新设计产业集聚区。

【全链条服务“5+N”“项目管家”为市中区按下项目建设“加速键”】 市中区行政审批服务局依托项目管家帮办中心，通过探索创新“5+N”全链条服务模式，将 108 项企业全生命周期服务事项纳入服务链条，实现项目及其主体企业链条事项“一卡通办”，累计服务重点建设项目 31 个，为企业解决实际问题 50 余个。

【全区首家品牌指导站（示范站）成立】 12 月 24 日，山东数字产业大厦品牌指导站通过济南市市场监督管理局验收，正式揭牌成立，成为市中区首家品牌指导站（示范站）。截至年末，全区有效注册商标总量达到 31110 件，同比增长 22.1%，拥有驰名商标 5 件。

（潘梅　李伟）

【概况】 槐荫区位于济南市区西部，地处北纬36° 37′～36° 45′、东经116° 47′ 40″～116° 59′，东与天桥区、市中区相接，南与市中区相邻，西与长清区相连，北与德州市齐河县隔黄河相望。1955年，将以槐树命名的街巷较多的第六区改称为槐荫区。

中共槐荫区委

书　记　李国强

副书记　朱玉明* 孙常建　周　敬（女，回族）

常　委　李国强　朱玉明* 孙常建
周　敬（女，回族）　胡民安　熊高翔
赵晨光　李　强　张新村　李国华
高太吉　刘惠恩

槐荫区人大常委会

主　任　孟宪伟

副主任　董传师　印　东（女）*
汪　浩　朱庆胜　李　刚

槐荫区人民政府

区　长　朱玉明* 孙常建

副区长　胡民安　刘惠恩* 朱　军（女）
潘兴华　陈　锐　闫明立
李　昱（挂职）

政协槐荫区委员会

主　席　徐　宾

副主席　赵宏海　马厚强　吕红艳（女）
李庆甲　米卫东（回族）　李宗孝

中共槐荫区纪委

书　记　李　强

槐荫区人民法院

院　长　刘文明

槐荫区人民检察院

检察长　郭一星（女）

槐荫区人民武装部

部　长　李军杰* 李世华

政　委　高太吉

全年全区土地总面积151.61平方千米，辖16个街道，92个村、107个社区。年末户籍人口47.4万人。全年实现生产总值701.1亿元，比上年增长5.6%。其中，第一产业增加值2.4亿元，第二产业增加值195.2亿元，第三产业增加值503.5亿元。固定资产投资同比增长12.3%。地方一般公共预算收入58.8亿元，地方一般公共预算支出46.6亿元，社会消费品零售总额587.8亿元，进出口总额36.2亿元。

农林牧渔业增加值2.5亿元，比上年增长7.9 %。全区粮食播种面积2147.4公顷，粮食总产13160吨。无公害农产品、绿色食品、有机农产品和农产品地理标志获证企业6家、共16个产品。

全部工业增加值95.8亿元，比上年增长4.9%。规模以上工业增加值增长5.4%，实现主营业务收入179.6亿元，实现利润15.4亿元。高新技术产业产值占规模以上工业总产值比重达64.9%。全区有资质的建筑企业86家，完成建筑业总产值330亿元。建筑业实现增加值99.7亿元。

国家A级旅游景区共6处，其中AAAA级旅游景区1处，AAA级旅游景区5处；全年接待国内外游客628.38万人次，实现旅游消费总额79.01亿元。

有中等职业学校1所，在校生2441人。义务教育阶段学校72所，在校生70863人，其中初中11所、九年一贯制学校13所、小学47所（含民办小学1所）、特殊教育学校1所，初中在校生17562人、小学在校生53209人、特殊教育学校在校生92人。

档案馆1个，公共图书馆18处（市图书馆1处、区图书馆及分馆共17处），文化馆18处（市文化馆1处、区文化馆及分馆共17处），全国重点文物保护单位1处，省级文物保护单位13处，市级文物保护单位11处。医疗卫生机构573所，共有床位12088张，卫生技术人员1.76万人。

城镇居民人均可支配收入59813元。年末职工基本医疗、生育保险参保人数分别达23.95万人、19.18万人，居民基本医疗保险参保人数19.8万人。城镇最低生活保障人数15084人次，月人均保障标准754.65元；农村最低生活保障人数4714人次，月人均保障标准766.88元。全区各类养老服务机构和设施133个，各类养老床位3600张。

【弘阳广场济南首店开业】 12月24日，位于槐荫区兴福寺路与腊山河东路交汇处西南侧的弘阳广场开业。该广场北邻印象济南·泉世界景区，南接“三馆”（济南市群众艺术馆、市图书馆、市美术馆）和省会大剧院，是集娱乐、餐饮、零售、亲子、购物等业态为一体的商业综合体，商业总面积约10万平方米。

2021年12月24日，弘阳广场济南首店开业　　（槐荫区委党史研究中心　供稿）

【济南首个蜡像馆开业】 8月14日，位于印象济南·泉世界景区内的“帷幕开啦”蜡像馆正式开业。该馆占地11000平方米，设有红色革命区、传统文化区、聊斋幽林区、西游武侠区、DC漫威区、万花筒、音乐长廊等16大主题展区，共有100余尊中外名人蜡像。馆内还设有鲁班DIY区、传统风筝制作区、汉服体验区等可供游客参与手工制作及场景互动的多元化互动区。

【印象济南入选首批国家级夜间文化消费集聚区】 11月，印象济南·泉世界入选第一批国家级夜间文化和旅游消费集聚区。印象济南·泉世界位于济南市槐荫区青岛路2668号，商业总规模28万平方米，含“文、住、食、娱、购、礼”六大主题业态，配套地下车位2000余个。

【裸眼3D对称式双屏亮相济南西站】 5月26日，济南首例裸眼3D对称式双屏亮相济南西站礼乐广场。裸眼3D亮化项目位于济南西站东广场南北樽综合体西侧，单体面积为320平方米，共计640平方米，连同共舞的南北各3座樽体，总面积为4000平方米左右，是济南首例裸眼3D对称式双屏项目。

【医养街道全覆盖】 12月，槐荫区道德街街道、段店北路街道、吴家堡街道、张庄路街道入选为第三批省级医养结合示范街道。至此，槐荫区实现医养结合示范街道全面覆盖。自2018年获首批省级医养结合示范先行区后，槐荫区7.3万名户籍老人信息实现大数据管理；成立区医养结合教育培训基地，培训医养服务骨干3000余人；开通长护险业务医疗机构37家，3000余人享受家护、院护、专护服务。

（彭丁山）

【概况】 天桥区位于济南市区北部，地理坐标为36°40′00″～36°45′00″、东经116°56′15″～117°03′00″，跨黄河两岸，区境四周与济南市历下区、历城区、市中区、槐荫区、济阳区及德州市齐河县相邻。因横跨胶济、津浦两铁路的立交桥——天桥而得名。

中共天桥区委

书　记　韩　伟

副书记　亓　伟　刘小兵

常　委　韩　伟　亓　伟　刘小兵　程　松
　　　　韩卫英（女）　张建明　赵　博
　　　　张永强　尹少华　周晓军　刘敬涛

天桥区人大常委会

主　任　张昭森

副主任　宋光强　李　建（回族）

　　　　陈乐敏（女）　侯庆水　毕思忠*

天桥区人民政府

区　长　亓　伟

副区长　刘敬涛　刘可鑫　李向峰（女）

　　　　蒋绪平　付　强

政协天桥区委员会

主　席　樊　瑞（回族）

副主席　马敬民　仲　涛　王洪新（女）

　　　　上官生　陈士阳　刘群群（女）

中共天桥区纪委

书　记　赵　博

天桥区监委

主　任　赵　博

天桥区人民法院

院　长　孙维民

天桥区人民检察院

检察长　封　政

天桥区人民武装部

部　长　司志刚

政　委　周晓军

2021年，全区总面积258.97平方千米，辖15个街道，148个社区，120个行政村，年末常住人口54.59万人，人口自然增长率2.76‰。

全区实现生产总值642.57亿元，同比增长8.50%。其中，第一产业增加值1.52亿元，第二产业增加值234.08亿元，第三产业增加值406.97亿元。固定资产投资同比增长25.50%，地方一般财政预算收入46.80亿元；一般财政预算支出37.90亿元，社会消费品零售总额525.77亿元，进出口总额46.40亿元。

全区农业增加值1.53亿元，同比增长7.40%。全区粮食播种面积1.24万公顷，粮食总产7万吨，同比增长0.90%；蔬菜产量0.42万吨，同比增长9.50%；畜牧业稳定发展，肉、蛋产量分别为4009吨、8175吨；猪、牛、羊存栏分别为10208头、516头和45563只。全部工业增加值54.34亿元，同比增长10.30%。规模以上工业增加值同比增长10.20%，实现营业收入153.66亿元，实现利润-3.06亿元。实现税收总额66.11亿元。高新技术产业产值占规模以上工业总产值比重达66%。全区有资质的建筑企业78家，实现建筑业总产值增加值179.98亿元。

全区各类学校在校学生97431人，同比增长6%。基础教育专任教师6886人，同比增长2.80%；普通中学专任教师1476人，同比增长4.60%；小学3140人，同比增长3%；幼儿园2248人，同比增长1.40%；特殊教育学校22人，同比增长15.80%。2021年，新建、改扩建小学3所，新增小学学位4320个；新增幼儿园3所，新增幼儿园学位1260个。越来越多的市民选择天桥教育，一年级新生随迁子女录取人数占录取总人数的24.70%。有博物馆3个，档案馆1个，公共图书馆1所，文化馆1个，全国重点文物保护单位2处，省级文物保护单位11处，市级文物保护单位7处。医疗卫生机构565所，有床位8779张，卫生技术人员11.84万人。新建公共健身场地18个。

全区净增高新技术企业100家，高新技术企业达279家，科技型中小企业评价入库388家，完成技术合同成交额54.66亿元。新增省级技术创新中心、新型研发机构2家，市级以上研发机构达65家。市级各类科技项目46个，获项目资金3570万元。

全体居民人均可支配收入55670元，同比增长8.40%。其中，城镇居民人均可支配收入58767元，同比增长8.40%；农村居民人均可支配收入21150元，同比增长10.10%。全区居民养老保险参保人数6.22万人；居民基本医疗保险参保人数21.90万人。全年享受城镇最低生活保障的城镇居民2.76万户次、3.76万人次；发放城镇最低生活保障金2922.09万元。享受农村最低生活保障的农村居民3446户次、6065人次；发放农村最低生活保障金471.03万元。对城乡低保及低保边缘对象中的大病患者按照一定比例实施医疗救助，累计支出医疗救助金444.10万元，救助1775人次。全区各类养老服务机构和设施166个，各类养老床位0.23万张。安置残疾人员就业215人。

2021年，天桥区获“全国科技创新百强区”“国家知识产权强县工程示范区”“全国科普示范区”、全国全民科学素质工作先进集体、全国文化市场行政审

2021年6月26日，天桥区举行“献礼百年华诞　开启百年工商”暨工商河纪念碑揭牌仪式
（天桥区委党史研究中心　供稿）

批示范点、山东省技术转移先进区、“全国幸福家园工程示范区”、全省医养结合示范先行区、全国智慧健康养老示范基地、“第三届山东省文化强省建设先进区”等荣誉。

【打造“城市更新样板区”】　2021年，天桥区实施拆迁改造和保留提升2大类115个项目，涉及拆迁面积838万平方米、改造面积471万平方米、惠及居民9.40万户。全年完成拆迁310万平方米，开工建设399万平方米，工商河系统性改造工程，工人新村一期、天东片区、北坦片区改造等一批典范项目高标准完成，工商河开埠文化引领区和部分老旧小区面貌品质发生根本性变化，天桥区在2021年全市“中优”考核中连续四个季度位列第一。

【庆祝建党百年系列活动】　2021年，天桥区编纂出版《红色天桥故事》，举办“党旗高扬耀百年 使命担当新发展”庆祝建党百年文艺汇演；开展“两优一先”评选表彰，为3573名老党员颁发“光荣在党50年”纪念章。《红色天桥》系列影像获“山东省优秀党员教育电视片”特别奖、最佳策划奖。6月27日上午，中共济南市委重建陈列馆被命名为“山东省党史教育基地”和中共济南乡师党史陈列馆揭牌仪式在中共济南市委重建地纪念碑广场举行。

【山东省建筑产业化总部基地项目签约】　3月5日，山东省建筑产业化总部基地项目签约仪式举行。山东省建筑产业化总部基地项目汇集济南四建集团总部、研发中心、建筑设计等优质产业板块，吸引省内外高新技术、智能建造、绿色施工等领域高端企业入驻，推动天桥区建筑产业绿色化、数字化、智能化转型，打造引领省会建筑施工技术高端化发展的标杆。

【城市更新项目签约】　1月4日，天桥区举行城市更新项目签约仪式。仪式上，对天桥区城市更新战略合作协议、丁太鲁片区黄河文化旅游项目框架协议、丁太鲁片区黄河文化旅游项目实施协议、北坦街道城市更新项目、中冶建筑研究总院合作项目、药山泰润新

2021年6月27日，中共济南市委重建陈列馆被命名为“山东省党史教育基地”和中共济南乡师党史陈列馆揭牌仪式在中共济南市委重建地纪念碑广场举行
（天桥区委党史研究中心　供稿）

技术产业园项目进行签约。

【新旧动能转换人才教育培训中心项目奠基开建】 8月4日，天桥区新旧动能转换人才教育培训中心项目举行奠基仪式。该项目地处济南新旧动能转换起步区（现状309国道以南，建邦大桥以北，二环西路北延线以东），规划建设用地面积约8.20公顷，总建筑面积约15.90万平方米。项目计划分三期实施，其中一期规划项目用地面积约3.60公顷，总建筑面积约3.80万平方米。

【天桥区城市区域品牌形象发布会】 5月17日，“天下黄河 桥通未来”天桥区城市区域品牌形象发布会在宝华中学芳华音乐厅举行。天桥区城市区域宣传口号“天下黄河·桥通未来”、天桥区城市区域双招双引推广语“黄河时代，秀在天桥”、天桥区文旅推广语“天桥记忆，不止回味”以及天桥区城市区域品牌Logo等全新城市区域品牌形象建设战略体系正式与公众见面。

（魏富丽）

【概况】 西汉景帝四年（前153年）设历城县，因处历山（千佛山）下而得名。境域位于济南市区东、南部。2021年，全区面积1301平方千米（南山555.34平方千米，高新210.36平方千米），辖14个街道，365个村（社区），年末常住人口112.84万人（不含南山、高新）。

中共历城区委

书　记　吕　涛* 张　军

副书记　曹殿军* 续　明　孟　帅

常　委　张　军　续　明　孟　帅　张庆国　任启民　李成刚　孟祥民　申世平（女）　桑逢德　郭　凯

历城区人大常委会

主　任　孙德顺

副主任　王长元* 张书才* 王连平　李云爱（女）　张宝贤　宋士奎

历城区人民政府

区　长　曹殿军* 续　明

副区长　张庆国　李金国　付修琍（女）　闫立彬　高　博　钟耀华* 杨克建（挂职）

政协历城区委员会

主　席　寇少杰

副主席　张福胜* 贺光幸　宫玉玲* 王钢城　时连勇　吕大海

历城区纪委

书　记　桑逢德

历城区人民法院

院　长　李忠林

历城区人民检察院

检察长　刘　建

历城区人民武装部

部　长　于　涛

政　委　轩福健

全年实现生产总值1165.98亿元，比上年增长9.4%。其中，第一产业增加值23.79亿元，第二产业增加值310.70亿元，第三产业增加值831.48亿元。地方一般公共预算收入124.40亿元，地方一般公共预算支出76.51亿元，社会消费品零售总额664.6亿元，增长9.6%。

农林牧渔总产值39.67亿元，实现增加值25.26亿元，比上年增长3.3%。全区粮食播种面积1.97万公顷，粮食总产10.41万吨。扶持壮大草莓、种业、观赏鱼等特色产业，“三品一标”产品达到42个，“历城草莓”列入全市十大特色农业产业，举办第十八届中国（济南）草莓文化旅游节。市级以上农业龙头企业达到42家，省级现代农业产业园、云台山田园综合体、奥克斯奶牛等优质项目开工建设。实施70个村水污染防治项目，完成59个村饮水安全提升。建设296千米“四好农村路”，推进150个村道路硬化、排水管网铺设工程，完成297户危房、2.8万户无害化厕所改造，推进42个产业扶贫项目，18个贫困村、7355名贫困人口如期脱贫，贫困村集体年均经营性收入达到9万元以上。

全区124家规模以上工业企业完成工业增加值70亿元，全部工业增加值200.47亿元，比上年增长11.8%。规模以上工业增加值增长15.8%，实现主营业务收入338.48亿元，实现利润26.34亿元，实现利税34.65亿元。高新技术产业产值占规模以上工业总产值比重达64.0%。营收年均增长16.7%。工业投资增长9.2%、技改投资增长17.7%，金融业增加值年均增长11.4%，贸易业销售额年均增长17.3%，累计使用外资10.9亿美元，进出口总额增长45%。196个重点项目全面开工、完成投资1012亿元。全区单位GDP能耗下降70%以上。东部老工业区83家企业完成搬迁改造，产业结构优化升级。三次产业比例调整为2∶26.6∶71.4，现代服务业占比达到49.1%。新增标准化厂房150万平方米，规模以上物流企业达到58家，高新技术企业达到381家，新认定瞪羚企业33家、“专精特新”企业121家，省级以上研发机构达到116家，省市级院士工作站达到13家。引进培育各类高层次人才2200余人。

全区城镇化率达88.7%，常住人口增长32%、达到113万人，总量、增幅均居全市第一。建成51个美丽乡村示范村和13个乡村振兴齐鲁样板村。累计完成112个旧村改造，征迁1626万平方米，供应土地4800公顷。空气优良率提升到63%。新建各类公园170处，新增绿地面积1200万平方米。217个老旧小区改造提升，完成郭店十村、董家十村等14个安置房项目建设，新建安置房7.6万套，4.8万居民迁新居。“拆违拆临”累计拆除1300万平方米。打造178座楼体夜间景观，新建市政道路160余条看，新增公交线路50条。封停自备井155眼，新增污水日处理能力18万吨，新建变电站13座，新增输电线路940千米。新增公用充电桩501个、公共停车位2675个，新建社区菜市场8000平方米，建成17处市级“15分钟社区便民商圈”。

城镇居民人均可支配收入55484元，农村居民人均可支配收入25428元。城乡居民人均可支配收入年均增长7%、8.5%。新建、改扩建中小学、幼儿园103所，新增学位近9万个。新增社区卫生服务中心（站）15家。新增健身设施750余处，年均开展各类群众性文体活动400余场。新增就业9.5万人，城镇登记失业率控制在3%以内。城乡基本养老保险、医疗保险参保人数分别达到22.5万人、68.6万人。城乡低保标准分别提高308元、548元。新增各类养老设施161处。为长期未办证的4469户居民办理房产证。累计承接15批次1884名入境人员隔离防控任务。建成核酸检测实验室6家，单日核酸检测能力达到2.6万份。累计检测重点人员162万人，累计接种260万剂次。

2021年，历城区获得中国县域综合实力百强榜（第八十一位）、被评为全省县域经济高质量发展先进区，获全市综合考核二等奖。

【科创历城建设】 发挥驻区高校、科研院所科创资源密集、创新成果丰富优势，加快推动校地合作，国家超算济南中心建成启用，山东高等技术研究院、济南知识产权服务业集聚区落户，获全省技术转移先进区。聚力打造“科创历城”，主动融入齐鲁科创大走廊建设，落户全国首家生态环境监测大数据超算云中心，启动山东国家应用数学中心首批18个项目，与山东大学共建国家级双创示范基地。新入库科技型企业532家，新增高新技术企业137家、省级以上研发机构4家，研发投入占地区生产总值的比重达到3%，高新技术产业占规上工业产值的比重达到64%。启动“智汇历城”人才集聚计划，累计引进培育各类高层次人才2200余人，获评全省人才工作先进区。

【品质历城建设】 聚力打造“品质历城”“文化历城”，结合“我为群众办实事”实践活动，高标准推进市民中心、养老中心、保障房等民生项目建设。历城二中迁建新校，五大学科奥赛成绩全省领先，被评为全国教育系统先进集体。启动唐冶（三甲）综合医院建设，新增社区卫生服务中心（站）15家，实现基层医疗卫生机构标准化、城乡医保工作站全覆盖，获评全省医养结合示范先行区、省级健康促进区。文体事业繁荣发展，荣获山东省残疾人文化体育建设示范区，党史教育展览馆、文史哲阅读馆投入使用，街道、村居全部建成综合文化站（服务中心），建成黄河历史文化展厅和泉城书房。春晖路等43条城乡道路建成通车，实施祝舜路、桑园路等4处积水点改造。建成区社会治理中心，搭建社会治理信息指挥平台，实现全区一屏管理、数据共享。科学划分1309个基础网格和1598个专属网格，实现服务管理“一张网”。获评全省食品安全区，“12345”热线满意度跃居全市第二。

【机构体制改革】 完成区级机构和事业单位改革，区政府工作部门压减至26个、直属事业单位压减至11个。临港经济开发区易地新建，建立“管委会+公司”管理体制，在全市率先完成省级经济开发区体制机制改革。实施城乡融合发展，完成农村土地承包经营权确权登记和集体产权制度改革，全市城区首宗农村集体经营性建设用地挂牌入市。实施国企改革，整合59家区属国有企业，成立三大国企发展平台，有效实现国有资本保值增值。推进财税体制改革，完成营改增、资源税、环境保护税等税制改革，社保费、残保金、土地出让金转由税务部门征收，完善事权与财权相统一的街道财政体制，建成覆盖所有财政资金的预算绩效管理体系。区级政务服务大厅投入使用，全省首个24小时线上帮办中心建成上线。入选全省首批“一窗受理”改革试点，808个政务服务事项实现全领域无差别一窗受理。

【历城党史教育展览馆揭牌】 6月30日，历城党史教育馆、中共山东省委党校（山东行政学院）党史主题教室举行揭牌仪式。展览馆位于唐冶街道辖区的区文博中心会展楼，室内建筑面积约5000平方米，室外广场面积约1万平方米。整个展馆以“辉煌一百年、奋进新时代”为主线，共分为三层。展览馆通过声光电和数字智能控制技术，还原史实场景，展现形式主要包括：全息投影、景观小品、造景雕塑、数字高清互动投影、裸眼3D、沉浸式演绎、图文展板、视频播放等。

（李国靖）

【概况】 长清区位于山东省西部，省会济南西南，黄河下游东岸，泰山西北麓。地理坐标为东经116°30′38″～117°4′14″，北纬36°14′37″～36°41′50″。北邻济南市槐荫区，东接济南市历城区，东北接济南市中区，东南与泰安市岱岳区相连，南与肥城市为邻，西南与平阴县接壤，西与西北濒黄河，隔河与东阿县和齐河县相望。隋开皇十四年（594年）始置长清县。2001年6月26日，经国务院批准，山东省撤销长清县设立济南市长清区。全区总面积1178.08平方千米，辖文昌、平安、崮云湖、五峰山、归德、张夏、万德、孝里8个街道，马山、双泉2个镇，社区居民委员会（含农村社区）60个，村委会585个，共18.8万户、57.1万人，人口出生率7.28‰，死亡率7.75‰，自然增长率–0.46‰，机械增长率为3.15‰。全区共有民族35个。其中，汉族56.4万人；少数民族34个，共7136人。

中共长清区委

书　记　赵居安

副书记　肖　辉　王友进

常　委　赵居安　肖　辉　王友进　李广霞（女）　曲京鹏　魏宏新　刘广东*　潘建军　梁艳玲（女）　戴雪峰　周克鹏　刘　磊

长清区人大常委会

主　任　刘延文*　李明军

副主任　李本文　时华勤（女）　卢云成　周　杰　呼　强

长清区人民政府

区　长　肖　辉

副区长　潘建军　刘永亭　周　波　丁　勇　张广大　穆洪军（挂职）

政协长清区委员会

主　席　张昭森*　周培成

副主席　马训生　张　勇　郭卫东　赵　洁（女）　张春阳　刘宝林

中共长清区纪委

书　记　刘广东*　刘　磊

长清区监委

主　任　刘广东*　刘　磊

长清区人民法院

院　长　毕惠岩（女）* 严琳琳（女）

长清区人民检察院

检察长　王　文* 景　科

长清区人民武装部

政　委　戴雪峰

部　长　李京进

全年实现生产总值371.9亿元，比上年增长（按可比价格）3.8%。其中，第一产业增加值39.1亿元，增长9.4%；第二产业增加值173.4亿元，下降0.1%；第三产业增加值159.4亿元，增长6.7%。全年人均生产总值6.09万元。固定资产投资同比增长12.8%。地方一般公共预算收入29.2亿元，比上年增长9.6%；地方一般公共预算支出57.3亿元，比上年增长6.8%。社会消费品零售总额121.7亿元，比上年增长14.3%。完成进出口总额15.3亿元，比上年增长38.6%。年末金融机构本外币存款余额540.5亿元，比上年增长11.3%；年末金融机构人民币贷款余额330亿元，比上年增长32.5%。

全年实现农林牧渔业总产值71.60亿元。粮食播种面积4.42万公顷，粮食总产26.45万吨。蔬菜播种面积7993公顷，蔬菜产量54.95万吨。肉类总产2.90万吨，蛋类4.73万吨，奶类6.95万吨，水产品总产903吨。共有注册农民专业合作社1008家、家庭农场722家、市级以上农业龙头企业60家，上榜省级乡村产业名品村12个，"三品一标"总体认证达到232个。全区拥有农业机械总动力51.27万千瓦，农作物耕种收综合机械化水平达93.98%。规模以上工业增加值下降0.3%，实现主营业务收入243.2亿元，实现利润11.96亿元，实现利税18.9亿元。全年引进市外投资75亿元，实际利用外资1.48亿元。高新技术产业产值占规模以上工业总产值比重达51.51%。全区有资质的建筑企业191家，完成建筑业总产值294.3亿元，房屋施工面积1769万平方米，房屋建筑竣工面积470万平方米，缴纳建筑业总税款6.8亿元。

全区公路通车总里程1733.25千米，其中高速公路通车里程81.52千米。完成移动通信收入2.51亿元，电信业务收入3336万元，邮政业务收入8475万元。全年规模以上服务业企业实现营业收入26.6亿元，实现利润总额1.8亿元。全区城镇化率达68.7%。全年，空气质量指标$PM_{2.5}$、PM_{10}、二氧化氮和二氧化硫平均浓度分别为40、28、30和10微克/立方米，较上年分别改善11.1%、5.1%、3.4%、0%，空气质量综合指数4.51，同比改善6.8%。优良天数229天，同比增加11天。全区共有各级文物保护单位243处，其中全国重点文物保护单位6处、省级文物保护单位16处、市级文物保护单位25处。共有A级旅游景区12处，其中灵岩寺、园博园为AAAA级旅游景区，五峰山、大峰山、莲台山、马套将军山、济南泉城茶博园、龙凤庄园、灵岩大佛山、金谷文化产业园为AAA级旅游景区，圣虎山庄、山东人文纪念公园为AA级旅游景区，全年接待游客897.3万人次，实现旅游总收入77亿元。

有普通高等学校12所，在校生20万人。中等职业学校3所，在校生1212人。普通中学22所，在校生2.21万人；小学73所，在校生2.84万人。全区高新技术企业达170家，企业科技型中小企业入库190家，省级技术创新中心1家，省级企业技术中心18家。申请发明专利427件，授权102件。有博物馆1个，档案馆1个，公共图书馆1所，文化馆1个，全国重点文物保护单位6处，省级文物保护单位16处，市级文物保护单位25处。医疗卫生机构433所，编制床位1648张，各类卫生技术在编人员1391人，全年总诊疗193万人次，住院病人2.8万人，业务总收入5.85亿元。全区在省级体育比赛中获金牌5块、银牌5块、铜牌5块。

城镇居民人均可支配收入4.70万元，农村居民人均可支配收入2.26万元。全年新增城镇就业3709人，年末城镇登记失业人员1064人，城镇登记失业率为1.35%。年末职工基本养老、职工基本医疗、失业、工伤保险参保人数分别达10.04万人、7.3万人、6万人、7.5万人。全区居民养老保险参保32.72万人，缴费人数21.75万人，收缴保费5805.32万元。医疗保险参保人数38.9万人，征缴基金3.55亿元。全区共有城乡低保对象6553户1.09万人，下发城乡低保、分类施保资金和各类补贴共7125.12万元。全区共有各类养老服务设施351处，养老床位8032张。按比例安置残疾人就业单位57家，共安置残疾人306人。

华谊兄弟济南电影小镇 （曹建民 摄）

【济广高速长清大学城互通立交建成通车】 8月18日，济广高速公路长清大学城互通立交建成通车。该项目由齐鲁高速公路股份有限公司投资建设，是长清区第五座通车使用的高速互通立交桥。该项目位于长清区大学城海棠路与济广高速公路交汇处，平交路为平安南路。互通立交采用匝道下穿主线的A型单喇叭方案，总占地面积21公顷，总投资1.5亿元。该项目建成互通立交1座，主线全长1180米，匝道全长1595米，新建3进5出匝道收费站1处；配套建设收费站办公区、养护中心、材料库。

2021年，长清区获山东省2020年度县域经济高质量发展打好防范化解重大风险攻坚战专项先进区、全省重大决策社会稳定风险评估规范化建设优秀区、2021年度山东省“两全两高”农业机械化示范区等称号。

【长清区人民医院新医院（山东中医药大学附属医院大学城医院）开门试营业】 12月29日，长清区人民医院儿科、检验科、药房等搬迁。12月30日上午8时，长清区人民医院新医院（山东中医药大学附属医院大学城医院）开门试营业，这标志着长清区内唯一一家三甲医院开始“开门纳客”。山东中医药大学附属医院大学城医院地处长清大学城核心区，位于济菏高速公路以东、大学路以南、轨道交通R1线以西，与山东中医药大学隔大学路相望，占地面积15公顷，规划建筑总面积22万平方米，2018年3月开工建设。

【华谊兄弟（济南）电影小镇开业】 6月23日，华谊兄弟（济南）电影小镇首映之夜盛大举办，历经4年雕琢的电影秘境正式登场。项目位于大学科技园核心区，东至紫薇路、南至天一路、西至海棠路、北至大学路，用地约58.5公顷，总建设规模约20万平方米，总投资约50亿元。

【长清区成功创建山东省“两全两高”农业机械化示范区】 12月13日，山东省农业农村厅发布的《关于公布2021年度“两全两高”农业机械化示范县（示范市）名单的通知》，经县级自评申报、市级初评推荐、专家审核、省厅评价认定，长清区等20个县（市、区）被评为2021年度“两全两高”（全程全面、高质高效）农业机械化示范县（市、区）。

2021年8月18日，济广高速公路长清大学城互通立交建成通车 （曹建民 摄）

长清区人民医院新医院（山东中医药大学附属医院大学城医院）　（曹建民　摄）

大学城医院医疗建筑面积18万平方米，设置床位1200张，按照三级甲等医院规划设计，投资3亿元，购置全新超高端MRI、CT、DR、超声等诊断治疗设备5000余件。

【长清大学城教育科学发展研究院成立】　8月28日，长清大学城教育科学发展研究院成立大会和揭牌仪式举办。长清大学城教育科学发展研究院由长清区人民政府联合山东师范大学等12所高校及华东师范大学软件学院发起成立的新型教育教学科研机构。共有13家企业注册和入驻，注册金额1.0039亿元。该研究院围绕"基础教育研究""促进学生创新创业就业""产学研成果孵化""人才培育引进"等四大职能成立八大中心，为加快长清大学城创新发展注入新的源头活水。

【首届济南（长清）红色文化旅游节开幕】　4月3日，首届济南（长清）红色文化旅游节"峰山精神·红色之旅"启动仪式在孝里街道金谷园举行。同时，济南市长清区党史教学基地、济南市长清区红色研学基地也正式在孝里街道金谷园揭牌。

【首届中国（济南）名优锦鲤大赛暨马山杯·锦鲤大师赛举行】　10月16—17日，首届中国（济南）名优锦鲤大赛暨首届马山杯·锦鲤大师赛在长清区马山镇慢城园区举行。邀请锦鲤界的泰斗、"中国锦鲤第一人"苏锷，休闲垂钓协会锦鲤爱好家分会高级顾问，广东省锦鲤协会荣誉会长许品章等逾50名国内锦鲤界顶级大咖作为本次大赛嘉宾和评委出席活动。

（边绍林　邢菊）

【概况】　章丘区位于山东省中部，济南市区东部，泰山东北，黄河南岸；地理坐标为北纬36°25′～37°09′，东经117°10′～117°35′。西邻济南市历城区，东连淄博市周村区、淄川区，南接泰安市岱岳区、济南市莱芜区，东北与滨州市邹平市相接，西北隔黄河与济南市济阳区相望。章丘因章丘山（女郎山）而得名。总面积1719平方千米，辖18个（街道、镇），593个村（居）。2021年年末，常住人口109.34万人，人口自然增长率–0.16‰。

中共章丘区委

书　记　马保岭

副书记　边祥为　孟学峰*

常　委　马保岭　边祥为　孟学峰*　魏志胜

李宝燕（女）　王士强　刘红军

王　勇　黄凯东　吴继鹏　徐法贤

章丘区人大常委会

主　任　王继民

副主任　程秋霞（女）　李兴贵　李忠新
　　　　柴启德　王　勇

章丘区人民政府

区　长　边祥为

副区长　王士强　滕培汤　王玉洁（女）
　　　　黄洪占　李屹东　刘　勇（挂职）

政协章丘区委员会

主　席　赵立元

副主席　韩　军　林　虎　刘乃娟（女）
　　　　牛凤学（女）　李会德
　　　　王　琳（女）

中共章丘区纪委

书　记　魏志胜

章丘区人民法院

院　长　赵悦红（女）

章丘区人民检察院

检察长　赵建新

章丘区人民武装部

部　长　吴继鹏

政　委　董庆海

全年实现生产总值1120.4亿元，比上年增长4.6%。其中，第一产业增加值94.05亿元，第二产业增加值580.81亿元，第三产业增加值445.54亿元。固定资产投资541.5亿元，地方一般公共预算收入77.0亿元，地方一般公共预算支出81.9亿元，社会消费品零售总额319.1亿元，进出口总额93.5亿元。年末金融机构本外币存款余额1106.6亿元，年末金融机构本外币贷款余额882.7亿元。

农林牧渔业增加值99.2亿元，其中农林牧渔服务业增加值5.16亿元，比上年增长5.39%。全区粮食播种面积10.75万公顷，粮食总产62.5万吨。2021年，全区有效“三品一标”认证产品新增20个、总数达到260个，其中绿色食品62个、无害农产品167个、地理标志11个。预计肉、蛋、奶总产12.5万吨，水产品总产1650吨。全区拥有农业机械总动力98.7万千瓦，主要农作物耕种收综合机械化水平达97.31%。全部工业增加值512.23亿元，比上年增长1.74%。规模以上工业增加值增长-0.6%，实现主营业务收入1384.3亿元，实现利润66.0亿元，实现利税99.1亿元。高新技术产业产值占规模以上工业总产值比重达75.3%。全区有资质的建筑企业62家，完成建筑业总产值123.1亿元，实现增加值68.94亿元。

全区公路通车里程2512.4千米，其中高速公路通车里程51.3千米。公路营业性客运量3383万人，公路货物运量3067万吨。全年电信业务总量69571万元，邮政业务收入20181万元。全年空气优良天数245天，同比增加13天。淘汰国三及以下排放标准营运柴油货车，实施建筑渣土治理、成品油市场“自流黑”、报废机动车非法回收拆解专项整治行动。启动全域环保整治试点，争取5个政策支持项目，总投资34.7亿元。国家A级旅游景区17家，有博物馆2个，公共图书馆1所，文化馆1个，全国重点文物保护单位6处，省级文物保护单位12处，市级文物保护单位47处。全年接待国内外游客967.56万人次，实现旅游总收入127.89亿元。

高官寨获评“山东富硒甜瓜第一镇”　（章丘区委党史研究中心　供稿）

有普通高等学校13所，在校生14万人。中等职业学校4所，在校生6006人。普通中学37所，在校生45167人；小学78所，在校生62644人。获得市级及以上科学技术奖1项，专利申请量6092件，授权专利

3097 件。档案馆 1 个。医疗卫生机构 35 所，共有床位 4780 张，卫生技术人员 6875 人。新建公共健身场地 30 余处。

城镇居民人均可支配收入 46329 元，农村居民人均可支配收入 26727 元。企业职工养老保险参保人数 19.13 万人、职工基本医疗参保人数 198625 人、失业参保人数 14.66 万人、工伤参保人数 19.52 万人。居民基本养老保险参保人数 54.7 万人，居民医疗保险参保人数 71.48 万人。城市最低生活保障 609 人，最低生活保障平均标准 904 元 / 人・月；农村最低生活保障 18297 人，最低生活保障平均标准 8112 元 / 人・年。全区养老服务机构 526 个（其中 1 个在建），养老服务机构床位总数为 14776 张。

2021 年 8 月 10 日，圣泉集团挂牌上交所　　（章丘区委党史研究中心　供稿）

2021 年，章丘区获评全省打好精准脱贫攻坚战先进县、山东省乡村振兴示范县、中国社会治理百佳示范县市、中国营商环境百佳示范县市、全省民营经济高质量发展先进县（市、区），入选全国市辖区旅游综合实力百强区、首批省级文旅消费试点区。

【城子崖遗址入选全国“百年百大考古发现”】　10 月 18 日，“第三届中国考古学大会”在河南省三门峡市召开，开幕式上公布“百年百大考古发现”，章丘区城子崖遗址入选。城子崖遗址位于龙山街道办事处辖区内的巨野河（武原河）东岸被称为“城子崖”的台地上，是一处龙山文化为主，兼有岳石文化和东周遗存的城址，为龙山文化的代表性遗址和发现地、命名地。城子崖遗址南北长 530 米，东西宽 430 米，面积 20 余万平方米，文化层厚 4 ～ 6 米。1961 年，国务院公布城子崖遗址为第一批全国重点文物保护单位。1991 年，城子崖考古新成果获评 1990 年度和“七五”双十大考古发现，并连续纳入“十一五”期间全国重点保护 100 处大遗址、“十二五”、“十三五”期间全国重点保护 150 处大遗址名单。

【乡村振兴开创新局面】　2021 年，章丘区发布“龙山农品”区域公用品牌，章丘大葱列入全省“区域优势特色产业”，绣惠、高官寨分获山东富硒大葱、富硒甜瓜“第一镇”。成立区乡村振兴局，“贫贫互助”农村居家养老服务项目被评为全省养老创新典型案例。深化农村“资源变资产、资金变股金、农民变股东”改革，57 个试点村实现社员分红，受益群众 4.2 万余人。被农业农村部确定为全国首家“一员三权”改革试点，圣井街道甄上村颁发全国第一本集体经济组织成员证书，并在全国农业农展馆展出。完成 532 个村民委员会、61 个社区居民委员会换届工作。

【圣泉集团挂牌上交所】　8 月 10 日，国内树脂材料龙头企业和农业产业化重点龙头企业圣泉集团正式登陆上交所，发行价为每股 24.01 元。圣泉集团也成为章丘区继山东章鼓、科兴生物、山大地纬之后第四家上市企业。圣泉集团是章丘区一家以合成树脂及复合材料、生物质化工材料及相关产品的研发、生产、销售为主营业务的高新技术企业，其酚醛树脂、呋喃树脂产销量规模位居国内第一、世界前列，而且是酚醛树脂及铸造辅助材料两个领域的国家制造业单项冠军示范企业。

【伊莱特能源装备股份有限公司创造多项纪录】　2021 年，伊莱特能源装备股份有限公司在风电法兰、重要锻件制造等领域创造出多项行业纪录，带动章丘区企

超大型整体式轴承锻件在伊莱特下线　　（章丘区委党史研究中心　供稿）

业向高端价值链迈进。3月，重150吨、直径7.6米的超大型替打环锻件从伊莱特发运，刷新国内同类部件的尺寸纪录，标志着长期以来被国外垄断的局面被彻底打破。7月，伊莱特为洛轴提供的直径11.5米的超大型整体式轴承锻件下线，并通过中国船级社CCS的认证及用户验收，刷新世界超大型整体式轴承锻件纪录，标志着中国超大型整体式轴承的制造能力达到国际先进水平。12月，伊莱特工厂在具备用地集约化、原料无害化、生产洁净化、废物资源化、能源低碳化的创绿条件下，获国家工业和信息化部颁发的“国家级绿色工厂”荣誉称号。

（杜晓媛）

【概况】　济阳区位于济南市东北部，因位于古济水之北而得名。全区总面积777.67平方千米，辖7个镇（街道），608个村（社区）。2021年末户籍人口42.31万人。

中共济阳区委

书　记　吕灿华

副书记　孙战宇* 黄晓广　张　鹏

常　委　吕灿华　孙战宇*

张　鹏　高继锋*

李　莉（女）

呼廷贵　宋　琳

张　方　李红雨

李光耀　主如学

济阳区人大常委会

主　任　孙良才

副主任　王向军

杨玉美（女，回族）

董树村　李　勇

济阳区人民政府

区　长　孙战宇* 黄晓广

副区长　高继锋* 李永军

纪东明

白宝强（回族）

牟晓丽（女）　谭海宁（挂职）

政协济阳区委员会

主　席　任道胜

副主席　张乃杰* 张学兰（女）　卢士平

魏长亭　乔红兵　于爱华（女）

中共济阳区纪委

书　记　李红雨

主　任　李红雨

济阳区人民法院

院　长　韩　刚

济阳区人民检察院

检察长　张传文

济阳区人民武装部

部　长　马　杰

政　委　主如学

全年实现生产总值223.86亿元，比上年增长2.6%。其中，第一产业增加值38.23亿元，第二产业增加值103.93亿元，第三产业增加值81.7亿元。地方一般公共预算收入26.82亿元，地方一般公共预算支出48.36亿元，社会消费品零售总额99.52亿元，进出口总额39.1亿元。年末金融机构各项存款余额368.36亿元，年末金融机构各项贷款余额294.7亿元。

农林牧渔增加值39.12亿元，其中一产增加值

38.23亿元，比上年增长9.4%。全县（区）粮食播种面积10.08万公顷，粮食总产62.26万吨（含起步区太平、崔寨、孙耿街道）。全区“三品一标”农产品总数50个，地理标志农产品3个，绿色食品30个，无公害农产品19个。肉类总产量2.11万吨，同比增长56.7%，水产品总产0.3万吨。全部工业增加值58.25亿元，比上年增长8.9%。规模以上工业增加值增长14.6%，实现主营业务收入180.83亿元，实现利润14.35亿元。高新技术产业产值占规模以上工业总产值比重达33.05%。全县（区）有资质的建筑企业48家，完成建筑业总产值114.9亿元，实现增加值45.7亿元。

全区通车公路总里程4187.94千米，其中高速路74.76千米，国道54.79千米，省道43.46千米，县道183.433千米，乡道208.331千米，村道1119.154千米，专用公路4.02千米，通户村道路2500千米；全区现有客运班车158辆，其中城乡客运班车38辆，出租车83辆，城区公交车31辆，扶贫公交6辆；纯电动汽车50辆。邮政业务总量8057万元，互联网宽带用户17.36万户。全年实现旅游总收入27.95万元，增长40.9%；接待游客233.53万人次，增长35.91%。

全区共有中小学学校38所，其中普通高中4所，初中14所，小学20所。学前幼儿园158所，中等职业学校1所，特殊教育学校1所。普通高中在校生11473人；普通初中在校生16540人；小学在校生34466人。全年新认定高新技术企业60家，总数达到121家。市级以上创新平台载体达到76家。新增新型公共研发机构1家，省级科技成果转化中试基地1家。引进知名院校、科研院所或企业在济阳区建设研发或成果转移转化机构23家。完成科技成果转移转化32项，完成技术合同交易额2.94亿元。有文化馆（站）及群众艺术馆8个、博物馆1个、档案馆1个、公共图书馆1个。各类卫生机构593个，医院、卫生院12个，卫生机构床位2141张，卫生技术员2871人。有体育场地709个，篮球场214个，足球场50个，羽毛球场42个，乒乓球场61个。

城镇居民人均可支配收入37876元，农村居民人均可支配收入21240元。年末居民基本养老保险参保人数22.3万人，基本医疗参保人数44.1万人。城镇居民最低生活保障标准每人904元/月，农村居民最低生活保障标准每人676元/月。

2021年，济阳区获全国乡村振兴（扶贫）系统先进集体、成立全国首个省会经济圈审批服务联盟，全省首创“红色政务服务大厅”“全国最具标准化管理大厅”称号。“在济阳·济时办”特色政务服务品牌被评为全国“2021政务服务十大品牌”。

【全国首个省会经济圈行政审批服务联盟成立】 3月12日，省会经济圈政务服务“全省通办”暨省会经济圈一体化和高质量发展审批服务联盟启动仪式在济阳区市民中心举行。济阳区行政审批服务局与淄博市高青县、滨州市沾化区、聊城市高唐县、泰安市宁阳县、德州市德城区、东营市垦利区等省会经济圈6个城市的审批服务管理机构正式签订《省会经济圈政务服务“全省通办”合作协议》，标志着省会经济圈城市企业登记等政务服务事项正式进入“全省通办”新模式。

【“投资济阳，共享未来”济南新机遇云推广济阳专场】 5月20日，在济南日报报业集团融媒体中心以视频直播的形式举行。活动以“投资济阳 共享未来”为主题，旨在扩大济阳区对外影响力，面向重点产业、重点园区，介绍国家黄河战略和强省会战略下济阳面临的新形势、新机遇，全方位立体化宣传推介济阳。

【2021年济南地产品展示交易会暨济阳区食品产业展销会】 6月18—20日，在济南国际会展中心举行。济阳区优势产品展示区近3800平方米，150余家企业参加推介展出，涉及食品企业、装备制造、电子通信、一镇一品、特色名优小吃等产业。

【济阳至济南西客站K925城际公交正式开通】 4月19日起，济阳区至济南西客站的K925城际公交开通运营。K925路公交车设23个站点。济阳和济南西客站上午、下午各发车两班，单程需2小时30分钟左右，全程票价10元，可采取现金投币、银联手机闪付、银联二维码支付、微信、支付宝等方式支付。

【中国济阳·“好味知济”区域品牌大会暨首届垛石番茄创意生活节开幕】 4月30日，中国济阳·“好味知济”

区域品牌大会暨首届垛石番茄创意生活节在垛石街道开幕。济阳坚持做品牌产业，注册“好味知济”区域公共品牌，并培育出垛石番茄、仁风西瓜、曲堤黄瓜等批享誉全省乃至全国的特色农产品品牌，有效带动产业提档升级和群众增收致富。

（刘　璐）

【概况】　莱芜区位于济南市东南部，地处北纬36° 02′ 46″～36° 33′ 10″，东经117° 19′ 04″～117° 58′ 05″，东靠淄博市博山区，西连泰安市岱岳区，南接济南市钢城区和泰安市所辖的新泰市，北临济南市章丘区。因地处莱芜谷而得名。2021年全区总面积1739.61平方千米，辖15个镇（街道），841个村（社区）。年末常住总人口98.13万人，人口自然增长率2.9‰。

中共莱芜区委

书　记　朱云生

副书记　秦　蕾（女）　吕宝泉

常　委　朱云生　秦　蕾（女）　吕宝泉　刘训涛　薛　亮　李秋超　亓军杰　于炳基　王　宁　丁晓红（女）　吴慎宝

莱芜区人大常委会

主　任　高永胜

副主任　董成林　李祚峰　周长珍（女）　崔　文　张学凯

莱芜区人民政府

区　长　秦　蕾（女）

副区长　李秋超　李娅丽（女）　高学常　时　波　张新建　张立军（挂职）

政协莱芜区委员会

主　席　冯美玲（女）

副主席　杨　军　张法迎　王启壮　孙晓昕（女）　张卫静（女）

中共莱芜区纪委

书　记　丁晓红（女）

莱芜区监察委员会

主　任　丁晓红（女）

莱芜区人民法院

院　长　赵景来

莱芜区人民检察院

检察长　杨雪梅（女）

莱芜区人民武装部

部　长　刘付员

政　委　吴慎宝

全年实现生产总值908.82亿元，比上年增长4.3%。其中，第一产业增加值71.41亿元，第二产业增加值352.96亿元，第三产业增加值484.45亿元。固定资产投资减少28.7%，地方一般公共预算收入50.12亿元，地方一般公共预算支出85.51亿元，社会消费品零售总额394.58亿元，进出口总额155.6亿元。年末金融机构人民币存款余额1022.27亿元，年末金融机构人民币贷款余额783.88亿元。

农林牧渔业增加值73.22亿元，比上年增长10.3%。全区粮食播种面积3.15万公顷，粮食总产19.47万吨。无公害农产品、绿色食品、有机农产品和农产品地理标志获证企业53家。肉、蛋、奶总产14.36万吨。全区拥有农业机械总动力69.158万千瓦，农作物耕种收综合机械化水平达88%以上。全区市级以上农业龙头企业76家，农产品出口额51.6亿元，占全市比重80%以上。规模以上工业总产值1059.48亿元，比上年增长14.55%。规模以上工业增加值增长6.2%，实现主营业务收入1569.43亿元，实现利润15.18亿元，实现利税37.81亿元。高新技术产业产值占规模以上工业总产值比重达20.55%。全区有资质等级建筑企业148家，完成建筑业总产值81.8亿元，实现增加值40.19亿元。

全区公路通车里程3540千米，其中县道332千米、乡道520千米、村道2688千米。全区城镇化率达60.02%，开工建设保障性住房租赁住房871套，村镇建设投资22.79亿元。生态环境持续改善，全区环境空气质量综合指数4.76，同比改善11.2%，$PM_{2.5}$浓度同比改善 17.0%，优良率为 63.8%，房干村获评全国第五批“绿水青山就是金山银山”实践创新基地。国家 A 级旅游景区 19 家，其中国家 AAAA 级景区 3 家、AAA 级景区 14 家、AA 级景区 2 家，全年接待国内外游客 996.8 万人次，实现旅游消费总额 56.7 亿元。

全区有中等职业学校 1 所，在校生 0.25 万人。普通中学 27 所，在校生 2.14 万人；小学 68 所，在校生 3.75 万人。新申报国家高新技术企业 146 家，培育市级以上“专精特新”企业 31 家，全区研发投入占比增长 5%，高新技术产业产值占比超过 18.6%。发明专利申请量 676 件，授权专利 117 件。全区万人有效发明专利拥有量 5.3 件。有博物馆 1 个，档案馆 1 个，公共图书馆 1 所，文化馆 1 个，全国重点文物保护单位 3 处，省级文物保护单位 16 处，市级文物保护单位 30 处，国家级非物质文化遗产名录 5 项、省级 24 项、市级非遗项目 150 项。医疗卫生机构 1072 所（含市属市管医疗机构），共有床位 4047 张，卫生技术人员 5755 人。新建公共健身场地 8 个。

城镇居民人均可支配收入 41628 元，农村居民人均可支配收入 21506 元。年末职工基本养老、职工基本医疗、失业、工伤、生育保险参保人数分别达 37.6 万人、24.13 万人、15.71 万人、17.2 万人、13.46 万人。居民基本养老保险参保人数 38.5 万人，居民医疗保险参保人数 66.31 万人。新增城镇就业 8923 人，城镇登记失业率控制在 2.8% 以内。城镇最低生活保障人数 31906 人次，年人均保障标准 10848 元；农村最低生活保障人数 198682 人次，年人均保障标准 8112 元。全区各类养老服务机构 8 个，幸福院 358 个，街道综合 10 个，各类养老床位 7169 张。安置残疾人员就业 1006 人。

2021 年，莱芜区获评国家知识产权强县工程试点区、2021 中国最具投资发展潜力区、国家开放型经济高质量发展区、全国节水型社会建设达标区、全国第五批“绿水青山就是金山银山”实践创新基地、全国整县（市、区）屋顶分布式光伏开发试点、省级全域旅游示范区、全省第二批“绿水青山就是金山银山”实践创新基地、全省系统集成改革试点、全省“两全两高”农业机械化示范区等称号。莱芜高新区成功入选第四批省级专家服务基地，莱芜农高区通过国家农业科技园区验收。

【强力推进实体经济】 莱芜高新区高新技术企业总数及增长率排名全省第二位，入选国家高新区企业创新积分制试点名单。雪野旅游区致力于打造“省会会客厅、济南新名片”，“梦回齐鲁”主题文化园成功落户，房干村入选全国乡村旅游重点村、获评国家级“两山”创新实践基地。莱芜农高区通过国家农业科技园区验收，正向国家级农高区加速迈进。坚持“项目至上、落地为王”，在建项目 140 个，累计完成投资 160 亿元；22 个项目入选省重点，数量创历年新高，位居各区县前列；21 个项目实现当年开工、当年投产，在全市大项目观摩评议中取得第六名。

【崛起的重工产业城】 核心项目快速推进，智能网联重卡一期实现量产，累计生产整车 9000 余辆，实现产值 27 亿元；凯傲智能叉车一期全面投产，二期德马泰克项目开工建设；重汽智能物流中心试运营，大型挖掘机等项目加快推进，高端智能制造产业高地正加速形成。12 家配套企业入驻，安道拓等 9 个项目开工，本地汽车零部件企业加速融入重工产业链，“汽车零部件 + 整车 + 物流”的全产业链条初步成型。

【“三项竞赛”增活力】 开展“违法违章建设整治”“农村房屋安全隐患排查整治”“农村人居环境整治”三大提升竞赛。发挥“六级联动”作用，全体机关干部参与，发挥群团组织力量，形成整治人居环境的强大阵势。拆除违建 105 万平方米、户外广告 13 万平方米，无违建镇街、城区道路亮灯率、垃圾分类基本实现全覆盖。

【创新驱动显实力】 新申报国家高新技术企业 146 家，306 家企业获批科技型中小企业，21 家企业被评为瞪羚企业，2 家企业获评国家级“专精特新”小巨人企业，实现零的突破，13 家企业获评市级“专精特新”企业，3 家企业承担省重大科技创新项目。营商环境持续优化，86 个事项实现“一窗受理”，50 个行业完成“一业一证”改革，281 个事项“全省通办”；创新推行项目帮办新模式，“拿地即开工”实现常态化，莱芜区获评“2021中国最具投资发展潜力区县”。

【2021中国·济南（莱芜）生姜文化节】 12月15日，2021中国·济南（莱芜）生姜文化节暨第八届国际姜产业云博览会举办。此次姜博会最大的亮点，当属“云上”交流。借助5G技术，姜博会成功进行云交易、云招商、云展示、云签约等多项活动。

（刘少波）

【概况】 钢城区位于山东省济南市东南部，北面、西面接莱芜区，东连沂源县，南邻新泰市。因境内有国有大型钢铁企业——莱芜钢铁总厂而得名。

中共钢城区委

书　记　武树华* 郅　颂

副书记　郅　颂* 程学锋　刘燕飞

常　委　武树华* 郅　颂（女）　程学锋
刘燕飞　张富林　亓　勇　毕泗柏
孙秀梅（女）　陈庆宏　范盛海
王　璞

钢城区人大常委会

主　任　王纪青

副主任　张　勇　侯尚俭　魏育江* 郭本忠
曹凤英（女）

钢城区人民政府

区　长　郅　颂*

副区长　程学锋　张富林　李秀芳（女）
史秀卫　吴加庆　高　宇　郭玉华

政协钢城区委员会

主　席　李全义

副主席　邹　峰　李智笃* 张明三　吴金学
尚翠芹（女）　潘长喜

中共钢城区纪委

书　记　陈庆宏

钢城区人民法院

院　长　陈　刚

钢城区人民检察院

检察长　张红广

钢城区人民武装部

部　长　赵清明

政　委　范盛海

全区总面积506.42平方千米，辖5个街道，235个村（社区）。2021年末常住总人口28.74万人，人口自然增长率0.09‰。

全年实现生产总值338.30亿元，比上年增长4.2%。其中，第一产业增加值12.27亿元，第二产业增加值224.37亿元，第三产业增加值101.66亿元。地方一般公共预算收入23.40亿元，地方一般公共预算支出22.93亿元。全年社会消费品零售总额100.30亿元。

农林牧渔业总产值22.61亿元，其中农业总产值11.58亿元。全区粮食总产2.42万吨，蔬菜总产量20.83万吨；油料总产量0.96万吨；水果总产量10.56万吨。全部工业增加值213.7亿元，比上年增长2.6%。规模以上工业增加值下降0.1%。全年规模以上工业营业收入1141.91亿元，增长22.3%，实现利润总额18.17亿元，增长21.2%。新增规模以上工业企业28家。全年新增资质内建筑业企业9家，资质等级以上建筑企业达到70家，实现建筑业总产值22.4亿元，增长6.2%。全年建筑业增加值11.14亿元，比上年增长14.2%，占GDP的比重3.3%。全年新增规模以上服务业企业6家。全区服务业实现增加值101.66亿元，比上年增长6.1%，占GDP比重为30.1%。规模以上服务业营业收入增长3.9%。

国家A级旅游景区2家，其中AAA级1家；普通中学12所，在校生11444人；小学28所，在校生14966人。有档案馆1个，公共图书馆1所，文化馆1个，全国重点文物保护单位2处，省级文物保护单位3处，市级文物保护单位9处。全区卫生机构床位数1939张，卫生技术人员2636人，其中，执业医师及助理医师1024人。

全年居民人均可支配收入39957元，比上年增长8.6%。其中，城镇居民人均可支配收入48501元，比上年增长8.0%；农村居民人均可支配收入22808元，比上年增长11.2%。居民人均消费支出25975元，增长 8.5%。其中，城镇居民人均消费支出 31848 元，增长 7.4%；农村居民人均消费支出 14186 元，增长 13.3%。全区养老保险参保人数达 23.7 万人，工伤保险参保人数达 6.1 万人，新增参保职工 3152 人，工伤保险扩面 1205 人。2021 年 7 月起，基础养老金标准自每人每月 147 元提高到 160 元，惠及全区 3.7 万人。

【新旧动能转换加快】 落实“工业 33 条”等政策措施，鼓励企业“零增地”扩能提质，5 个省优选和 22 个市级重点项目完成投资 164 亿元，70 个技改项目完成投资 68.5 亿元。国家级制造业单项冠军企业实现零的突破，新发展国家专精特新“小巨人”企业 3 家、高新技术企业 24 家，省级瞪羚企业、专精特新中小企业 11 家。研发经费投入占 GDP 比重全市第一，高新技术产业产值占比达到 40%。精品钢及配套产业营业收入达到 1500 亿元。

【城市品质提升】 京沪、青兰高速钢城段通车，济莱高铁建设速度领跑全线。改造老旧小区 11 万平方米，承接好莱钢“三供一业”、市政设施及其他社会职能移交，完成 2.4 万户水电暖和物业改造。完成外环路等 10 多条道路的改造提升，全面消除主城区无灯、黑灯路段，完成 17 条道路外立面整治、拆违拆临 19.3 万平方米。完善垃圾分类收集、运输体系，实现城乡生活垃圾分类设施全覆盖。成立城市社区 17 个，实现社区治理基层组织全覆盖。

【乡村振兴持续推进】 新发展专业合作社 47 家、家庭农场 29 家，流转土地 280 公顷。推进巩固脱贫攻坚成果同乡村振兴有效衔接，集体收入 10 万元以上的村达到 80%。加快美丽乡村建设，打造乡村振兴齐鲁样板村 7 个、省级美丽乡村 6 个，齐鲁样板示范区顺利验收。“出彩人家”示范户达到 1.05 万户。新建改造农村道路 163 千米，硬化通户道路 20 万平方米。完成 21 个村庄生活污水治理。

【生态环境改善】 空气质量优良天数达到 304 天，优良率 83.3%，综合指数同比改善 14.6%，优良率、改善率排名全省前列，“蓝天白云、繁星闪烁”成为常态。实施大汶河水环境综合治理、污水处理厂提质增效、污水管网综合整治等工程，饮用水水源地和出境断面水质稳定达标，创建为省级县域节水型社会。

【人民福祉稳步增进】 民生政策与省会标准等高补齐，民生支出占比达到 80%。新增城镇就业 3127 人，城镇登记失业率控制在 3.5% 以内。城乡低保、城乡特困供养保障标准分别提高 20% 以上。从严从实抓好常态化疫情防控，保持“零输入、零疑似、零确诊”。建设“幸福食堂”214 家，实现全域覆盖，获评全省养老领域优秀案例。

（高　涛）

【概况】 平阴县位于济南市西南部，地处北纬 36° 1′～36° 23′、东经 116° 12′～116° 37′，是济南、泰安、聊城 3 个市的交会地，东北至济南 67 千米，东南至泰安 72 千米，西至聊城 63 千米。因地处古东原之阴而得名。

中共平阴县委

书　记　杨旭东
副书记　王秀成　赵治文
常　委　杨旭东　王秀成　赵治文　尚海成
　　　　刘忠亮　张吉忠　乔　梁　张海军
　　　　张世军

平阴县人大常委会

主　任　宋广炎
副主任　陈士新　付　丽（女）　邢学忠
　　　　李文波　陈万昌

平阴县人民政府

县　长　王秀成
副县长　张海军　张　军　林　景*
　　　　李起文（挂职）*　李培振
　　　　丁　芳（女）　陈　剑
　　　　刘江亭（挂职）

政协平阴县委员会

主　席　赵敬成

副主席　宫建泉　李希义　陶庆福

　　　　刘广兰（女）

中共平阴县纪委

书　记　乔　梁

平阴县人民法院

院　长　刘学宽（女）

平阴县人民检察院

检察长　杜晓涛

平阴县人民武装部

部　长　赵开利

政　委　张世军

2021年，全县总面积715平方千米，辖2个街道、6个镇，308个村、29个社区。年末户籍人口37.11万人，人口自然增长率3.45‰。

全年实现生产总值269.06亿元，比上年增长7.7%。其中，第一产业增加值40.08亿元，第二产业增加值153.13亿元，第三产业增加值75.85亿元。固定资产投资增长10.0%，地方一般公共预算收入26.37亿元，地方一般公共预算支出40.76亿元，社会消费品零售总额86.03亿元，出口创汇（海关口径）87.75亿元。年末金融机构本外币存款余额298.88亿元，年末金融机构本外币贷款余额208.84亿元。

建设高标准农田1333公顷，推广水肥一体化666公顷。土地流转面积1.49万公顷，占耕地面积的51%。新增家庭农场110家，专业合作社91家。新获证“三品一标”主体6家，新认证产品14个，续展绿色产品14个。新获“谁能代表济南”十佳品牌农产品1个、十佳品牌农业企业1家、省第六批知名农产品企业产品品牌2个。创建省级现代农业产业园1个、农业产业化国家重点龙头企业1家、市级农业重点龙头企业2家、市级农业产业化联合体1家、省级乡土产业名品示范村8个。玫瑰镇入选省级农业产业强镇，获评中国绿色发展特色乡镇、中国乡村振兴创新发展优秀镇、中国美丽乡村宜居建设典范镇。实施创建12个乡村振兴齐鲁样板村，建成4个省级美丽乡村示范村，率先在全市推行乡村规划师制度。东唐村获评省级乡土产业名品村。发展村党支部领办合作社243家，典型经验在全省推广。全县拥有农业机械总动力47.43万千瓦，拖拉机6852台，配套农机具1.46万台（套）。平阴玫瑰增选为济南市花。玫瑰产业示范园区评为国家级林业产业示范园区，玫瑰风情小镇入选省精品文旅小镇。玫瑰产品博览会首次在泉城广场举办，带动玫瑰企业销售收入增长30%。省玫瑰加工产品质量检验中心成功创建。优质玫瑰基地入选山东省优质产品基地品牌价值10强，品牌价值达248亿元。5月6—9日，“花开泉涌·玫好济南”第三届玫瑰产品博览会在济南泉城广场举办。

规模以上工业增加值增长24.0 %，实现主营业务收入350.19亿元，实现利润30.49亿元。成立六大产业专班，实施企业梯次培育分类指导，新增省“瞪羚”企业2家、省制造业高端品牌培育企业8家、省“专精特新”企业11家、“四上”企业41家。平阴县孔村镇炭素产业集群获评济南市绿色环保标杆产业集聚区。玫德集团有限公司入选中国制造业民营企业500强、获评中国铸造行业单项冠军企业。济南（平阴）阿胶产业集群列为全省“十强产业”雁阵型集群。“企业上云”达到1087家。组织实施科技项目48项，国家高新技术企业净增8家，高新技术企业达到57家。质检研发共享平台建成使用，新增省市研发机构6家、农业科技特派员示范基地3家、产学研合作平台23个。玫德集团有限公司获评省技术创新示范企业。

全县有资质的建筑企业46家，完成建筑业总产值25.70亿元，实现营业收入21.82亿元。签订合同额36.81亿元，同比增长4.5%，其中本年新签合同额13.77亿元，同比下降41.3%。房屋施工面积186万平方米，同比上升0.5%；房屋竣工面积29.02万平方米，同比下降68.9%。

全县公路通车里程1037千米，其中高速公路通车里程60.8千米。营运载货汽车3627辆，总吨位为53035；营运载客汽车145辆，总客位为4780。建设5G基站265处。邮政业务总量5191万元，报刊流转额682万元。县城建成区面积23.7平方千米，城市道路长度和面积分别达到108千米和232万平方米。完善路网结构，改造新建道路12条，累计15.25千米，铺设雨污管网24.5千米。全年零星修补沥青路面破损

3100余平方米、混凝土1000余平方米；修补人行道破损2300余平方米；调整更换路沿石500余米；提升维修更换市政井盖、雨水篦子/井盖600个（套）；疏通湖溪街、文化街等雨污排水管道6000余米；新建5处污水管道180米；修补交通护栏210余米；道路指示牌、路名牌300余次。开工建设安置房3050套，完成住宅小区改造提升10个。新建停车场4处、便民公厕8个。建成郊野公园2处、新增绿化面积78.7万平方米。管道天然气供气量4215万立方米，用气人口12.35万人。集中供热面积761万平方米。全年自来水供水量1187万吨。城乡居民生活用电2.22亿千瓦时。环境空气中PM_{10}、$PM_{2.5}$、二氧化硫、二氧化氮平均浓度（标况）分别为86微克/立方米、45微克/立方米、16微克/立方米、37微克/立方米，空气质量综合指数为5.23。与上年相比，空气质量综合指数同比改善7.6%，PM_{10}、$PM_{2.5}$、二氧化硫、二氧化氮浓度分别改善8.5%、11.8%、15.8%、5.1%。空气质量优良天数229天，同比增加2天；优良率62.7%，同比提高0.7%。“林长制”改革走在全市前列，入选全国森林康养基地试点建设县。玫瑰镇获省级医养结合示范乡镇。

有普通高中在校学生8195人，中等职业学校在校学生2844人，初中在校学生9443人，小学在校学生19369人。平阴县实验高级中学，平阴县实验学校锦尚校区、翠屏校区，玫瑰西胡庄幼儿园，兴安幼儿园建成投入使用。玫朵教育发展基金会正式成立。新增发明专利授权40件。3项科技人才获批泉城“5150”引才倍增计划支持，新增省级研发平台1家，省级以上研发平台达到18家，全年登记的科技成果10项。培育泉城产业领军人才2位，引进“5150”人才4位，大学生引进增长40%，达到1405人。有博物馆1个，档案馆1个，文化馆1个。组织文化活动580余场次，放映公益电影3554场，服务观众18万人次。图书馆年接待入馆市民30万人次，年借阅量8.9万余册，年内办理借阅卡0.7万张。建有泉城书房1个，图书馆1个，分馆8个，服务点43个。高标准建成全市首家平阴县方志馆、军人荣誉馆。全国重点文物保护单位2处，省级文物保护单位13处，市级文物保护单位20处。医疗卫生机构78所，共有床位2330张，卫生技术人员2355人。平阴县人民医院内科综合楼、公共卫生服务中心建设有序推进。接纳各类健身人群19万人次，指导11个体育协会开展各级各类全民健身活动78项次；承办济南市第三届中国农民丰收节趣味运动会。初中生、小学生体质健康及格率达到92.87%。平阴县运动员在市级以上比赛中获奖牌54枚，其中，国家级金牌1枚，省级金牌3枚，市级金牌25枚。

城镇居民人均可支配收入34294元，农村居民人均可支配收入18862元。全年城镇新增就业2709人，城镇登记失业率控制在0.42%以内；开展创业培训和技能培训1.5万人。全县参加企业养老保险人数7.14万人，参加机关事业单位养老保险人数1.5万人，参加城乡居民养老保险人数22.15万人，居民基本医疗保险参保人数30.82万人。失业保险审核通过1818人，为11937名失业职工支付失业保险金。城镇最低生活保障人数158人，年人均保障标准10848元；农村最低生活保障人数4067人，年人均保障标准8112元。集中供养床位1378张，农村特困供养救助人员1511人，入住农村特困供养机构620人，失能人员集中供养率达59%，每人每年基本生活标准达到14148元。吸纳安置残疾人就业155人。新建养老服务设施91处。

2021年，平阴县被确定为2021—2023年创建周期全国文明城市提名城市、全省乡镇政府服务能力建设典型培育单位；通过全国基层中医药先进单位复审、国家卫生县城考评验收；完成国家农安县、省食安县复核，列全国放心食品百佳县第七位。是全市唯一“平安山东建设示范县”。

【平阴玫瑰增选为济南市市花】 4月20日，济南市十七届人大常委会第二十次会议表决通过《济南市人民代表大会常务委员会关于增选玫瑰为济南市市花的决定》，决定增选玫瑰为济南市市花。平阴玫瑰生产栽培历史悠久，距今已有1300多年的历史。玫瑰花种植遍布全县8个镇（街道），玫瑰加工企业40余家，产品拓展到医药、化工、食用等多个领域，研发出130多个品类，综合产值达50亿元。

【平阴县李沟山区引黄工程正式通水】 6月25日，平阴县李沟山区引黄工程通水仪式举行。李沟三级站始建于1970年，是平阴县东南部地区的重要水利灌溉

2021年5月6—9日，“花开泉涌 好济南”第三届玫瑰产品博览会举行

（平阴县委党史研究中心 供稿）

设施，也是黄河下游最大农业电力排灌工程——田山电灌工程的第三级提灌站。该工程总投资1.3亿元，2020年9月开始施工，主要对李沟三级站进行升级改造，改建泵房、管理房，更换水泵、钢管、变压器等，建设管道工程21.98千米，改建平阴分干渠节制闸1座。工程建成后，可扩大改善孔村镇、孝直镇西部山区灌溉面积17公顷，同时提引黄河水入半边井水库、李沟水库、南毛峪水库、湿口山水库，有效解决玉带河季节性缺水和流域内生态用水问题。

【平阴县实验高级中学投入使用】 9月，平阴县实验高级中学投入使用。学校东邻黄河楼，北邻玛钢湿地公园，西邻合山，占地面积16.67公顷，总投资约7.6亿元，2019年12月开工建设，至2021年9月，完成基础设施建设。66个教学班，建有教学楼、图书办公楼、综合实验楼、体育中心、艺术中心、400米运动场等。该校建设是平阴县政府为民办实事项目之一，被济南市人民政府确定为2020年市级重点项目。

【平阴县方志馆建成开馆】 7月8日，平阴县方志馆建成开馆。该馆位于县城锦东新区，与县档案馆、县城建档案馆一体规划建设，总建筑面积11951.3平方米，地上8层、地下1层，总投资6000余万元。其中，方志馆面积2000余平方米，设置公众阅览室、特藏室、查询利用室、数字化室、编研室、展厅、专业库房等功能区域。

【玫瑰镇王桥村入选全国村级议事创新实验试点单位】 12月8日，玫瑰镇王桥村被民政部确认为全国村级议事协商创新实验试点单位。王桥村有村民173户、488人，耕地面积146.67公顷，党员18人。

（葛聪聪 张晓晗）

2021年9月，平阴县实验高级中学投入使用

（平阴县委党史研究中心 供稿）

【概况】　商河县位于济南市东北部，地处北纬 37° 06′ 47″～37° 32′ 12″，东经 116° 58′ 36″～117° 26′ 18″。北靠德州市乐陵市；西与德州市临邑县毗邻；东与滨州市惠民县、阳信县接壤；南以徒骇河为界，与济阳县隔河相望。因由滳水流经而得名。

中共商河县委

书　记　翟　军

副书记　袁长奎　王　磊

常　委　翟　军　袁长奎　王　磊　张连福　闫志强　董泽勇　张才林　王　帅　王光芹（女）　王　菲（女）

商河县人大常委会

主　任　李方金

副主任　李东武　吕丙翠（女）　张明亮　赵纯豹　张林堂

商河县人民政府

县　长　袁长奎

副县长　董泽勇　崔泽花（女）　张成伟　李友忠　旦增曲央（挂职）　盛文龙（挂职）

政协商河县委员会

主　席　王玉忠

副主席　孙德祥　张立森　任道庆　康建华（女）　李和敏

中共商河县纪委

书　记　王　菲

商河县人民法院

院　长　司继月

商河县人民检察院

检察长　王枢栋

商河县人民武装部

政　委　谌　浩

部　长　赵景涛

全年全县总面积 1162.4 平方千米，辖 11 个镇、1 个办事处、516 个行政村、25 个居委会。年末户籍人口 63.95 万人，户籍人口自然增长率 1.3‰。

全年实现生产总值 208.48 亿元，比上年增长 9.2%。其中，第一产业增加值 56.12 亿元，第二产业增加值 64.21 亿元，第三产业增加值 88.15 亿元。固定资产投资比上年增长 22.4%，地方一般公共预算收入 20.04 亿元，地方一般公共预算支出 43.44 亿元，社会消费品零售总额 63.75 亿元，进出口总额 27.50 亿元。年末金融机构本外币存款余额 276.97 亿元，年末金融机构本外币贷款余额 195.41 亿元。

农林牧渔业增加值 60.00 亿元，比上年增长 9.9%，其中农林牧渔服务业增加值 3.88 亿元，比上年增长 7.0%。全县粮食播种面积 12.17 万公顷，粮食总产 79.71 万吨。年末“三品一标”农产品 372 个，农业龙头企业 67 家，家庭农场 1619 家，全县农业生产性服务组织 35 个。肉类总产量 4.7 万吨，禽蛋产量 3.8 万吨，牛奶产量 22.4 万吨。全县拥有农业机械总动力 100 万千瓦，农作物耕种收综合机械化水平达 98%。全县工业增加值 50.82 亿元，比上年增长 14.8%。规模以上工业增加值增长 26.6%，实现主营业务收入 168.86 亿元，实现利润 11.16 亿元，实现利税 14.41 亿元。高新技术产业产值占规模以上工业总产值比重达 46.3%。2021 年年底，全县有资质的建筑企业 37 家，完成建筑业总产值 14.5 亿元，实现增加值 13.42 亿元。

建成全市首座 A1 级通用机场，全县农村公路通车总里程 2576.3 千米，其中高速公路通车里程 33.08 千米。公路旅客运输量 344.35 万人次，货物运输量 1295 万吨。全县城区绿地面积 905.11 公顷，绿地率 38.03%，人均公园绿地面积 23.80 平方米。空气质量综合指数为 4.68，同比改善 13.7%。水生态环境不断改善。国家 A 级旅游景区 6 家，全年接待国内外游客 252.01 万人次，实现旅游消费总额 31.64 亿元。

全县有普通高中 5 所（含完全中学 1 所），在校生 1.04 万人；义务教育学校 57 所，在校生 6.07 万人；中等职业学校 1 所，在校生 0.27 万人；有幼儿园 197 所，在园幼儿 2.21 万人，特殊教育 1 所，在校生 0.01 万人。全县共计专任教师 6901 人。共取得重要科技成果 14 项，获省级科技进步奖 1 项，全年发明专利授权

112件，实用新型授权970件，外观设计授权81件。有博物馆1个，档案馆1个，公共图书馆1所，文化馆1个，省级文物保护单位11处，市级文物保护单位9处。拥有医疗卫生机构455处，卫生从业人员2994人，其中卫生技术人员2382人。

城镇居民人均可支配收入33201元，农村居民人均可支配收入18793元。年末城镇职工基本养老、职工基本医疗、失业、工伤、生育保险参保人数分别达7.4万人、6.1万人、4.1万人、5.7万人、3.9万人。居民基本养老保险参保人数38.4万人，医疗保险参保人数47.75万人。城镇最低生活保障人数3620人，年人均保障标准6480元；农村最低生活保障人数13981人，年人均保障标准5280元。全县有县级社会福利中心1处，镇（街道)综合养老服务中心2处，镇（街道）敬老院10处，城市社区老年人日间照料中心13处，农村幸福院366处，各类养老床位0.66万张。安置残疾人员就业365万人。

2021年，商河县被文化和旅游部授予“2021—2023年度中国民间文化艺术之乡”；被省卫健委授予“第五批省级健康促进县”；被省农业农村厅授予“山东省农业新六产示范县”；被省农业农村厅授予“省级农产品加工业示范县”。

【22家重点企业集中入驻电商产业园】 3月30日，商河县电商产业园重点企业入驻签约仪式在电商产业园内举办，入驻企业涉及服务、科技、电商等多个类目共计22家。电商产业园第一季度共注册企业80余家，预计实现税收800余万元。

【商河县颁发济南市首张《集体建设用地使用权不动产权证》】 4月2日，首宗入市的农村集体经营性建设用地位于商河县殷巷镇前芦洼村，出让面积约24.6公顷，出让年限为50年，由山东金沙河面业以总价7025万元拍得，用于项目建设。

【商河县成功举办第六届绿色骑游节】 5月15日，商河县举办“红色之旅·魅力骑行”商河县第六届骑游节，共计约400人参加。本次活动路线由贾庄镇长征精神展览馆出发，途径G340、温泉路、滨河路至商河县党史教育基地，短暂休整后再次出发，途径滨河路、商怀路至怀仁镇大礼堂，全程40余千米。

【商河县第一所大学迎来首批新生】 8月21日，山东工程职业技术大学商河校区迎来2021级首批新生。据了解，山东工程职业技术大学商河校区占地面积44公顷，分两期建设。一期已投入使用，建有2栋教学楼、3栋学生宿舍楼、1座食堂及招生与就业指导中心、学校展览馆、教职工公寓等，总建筑面积11万平方米。

【济南商河机场迎来第一架飞机】 9月14日，一架西锐SR20降落在济南商河机场。飞机从徐州新沂机场起飞，于当天下午4:32分到达济南商河机场，标志着机场即将进入试飞阶段。商河机场项目已累计完成投资3.5亿元，7.27万平方米的停机坪和800×30米的跑道已建设完成并通过专业工程竣工验收。

【第七届济南花卉园艺博览会暨第四届济南都市农产品博览会举办】 9月28日至10月7日，第七届济南花卉园艺博览会暨第四届济南都市农产品博览会举办。本届花博会农博会紧扣“温泉花乡·生态商河”这一主题，应邀参展的花卉企业112家、农产品企业92家，展品种类2000多种、数量30000多件，“好客山东·山东有礼”16市文化和旅游商品展同期举办；2021省会经济圈北部县域协同发展论坛、省会经济圈花卉产业联盟座谈会举办，“鼓乡情·故乡行”商河籍博士流动工作站组建成立，“十万网红”助力添彩；鼓子秧歌、戏曲演艺等10余种主题活动美轮美奂，孟子书院、郊野公园等30余个旅游节点交相辉映，展会期间商河接待游客20余万人次、拉动消费3000余万元。

（李增花）

栏目编辑　魏添乐

贾相波　男，汉族，中共党员，中国重汽济南商用车公司汽车维修电工兼企业主管培训师。2021年4月，获全国五一劳动奖章。

参加工作19年来，他立足岗位，扎实肯干，依靠个人突出的专业技能和丰富经验解决60余项工作中的技术难题，整理工艺改进项目上百次。2016年，以贾相波名字命名的“贾相波创新工作室”获集团公司命名表彰。他充分利用创新工作室的有利条件，带领团队完成创新成果30余项，创造经济效益1000余万元。其中，“汽车电器检测盒”项目获济南市“发明创造类”技术成果三等奖，“智能卡车雷达静态标定设备”项目获山东省职工技术创新成果一等奖。他发挥示范带动作用，组织培训班次百余次，培训学员1000余人次，培养售后服务技师30余人，为公司产品售后运营提供坚强的服务保障力量。凭借在整车装配、整车电器方面的技术特长，他多次受邀担任各级汽车装调大赛裁判，2016年，担任“宝骏杯”全国第四届乘用车汽车装调工大赛裁判长，2018年，担任济南市技能月劳动竞赛汽车装调竞赛裁判长，2020年，担任全国第四届载货汽车装调工大赛裁判，并获评全国第四届载货汽车装调工职业技能竞赛优秀裁判员。他先后获山东省富民兴鲁劳动奖章、齐鲁工匠、济南市劳模、济南工匠、济南市五一劳动奖章等荣誉。贾相波创新工作室先后获济南市工人先锋号、济南市创新型班组、齐鲁工匠创新工作室等荣誉。

江　峰　男，汉族，中共党员，济南冶金化工设备有限公司机加工车间主任。2021年4月，获全国五一劳动奖章。

多年来，作为一名普通的农民工，他结合工作实践，带领车间员工攻坚克难，解决许多工艺技术难题。他自主设计研发多台工装设备，前后为企业制造大型卷管机、多功能螺旋板卷床、坡口机、扁钢弯卷机、半自动法兰焊接旋转机、钢管缩口机等设备，缩短制作时间，节约焊接辅材，保证产品质量，消除安全隐患，为企业带来可观的经济效益，做出重大贡献。他对公司的科技发展战略起到推动和示范作用，使公司技术人员和职工对科技创新、技术改造产生浓厚的兴趣和积极性，掀起公司科技创新的热潮，他被称为“车间里的改造大师”。他连续26年被企业评为先进工作者和革新能手，从农民工到工程师的先进事迹被《工人日报》、《山东工人日报》、“学习强国”等媒体宣传报道，起到良好的模范带头作用。2020年，江峰获山东省五一劳动奖章。

张　慧　女，中共党员，中建八局第二建设有限公司党委副书记、纪委书记、工会主席。2021年4月获全国五一劳动奖章。

她注重加强政治引领，牵头建立学习习近平总书

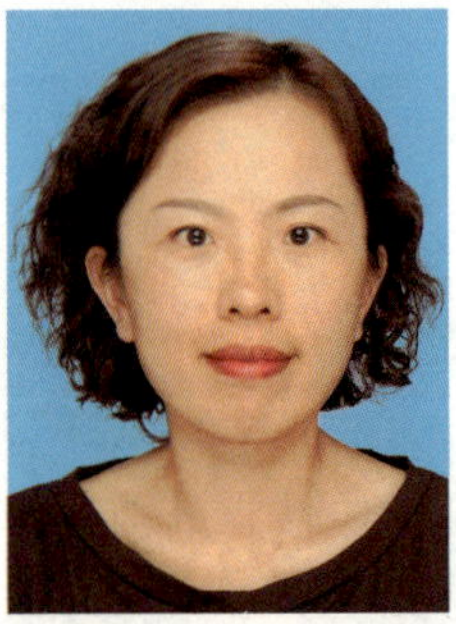

记重要讲话、重要指示批示和党中央决策部署长效机制，全面深入开展“两学一做”“不忘初心”等主题教育；坚持民主集中制，制定党委会议事规则、“三重一大”决策办法、完善党委前置清单、“三重一大”清单，确保决策科学。她提出党建与生产经营深度融入的工作理念；开展“创新三年行动”，公司获评科技部“高新技术企业”“山东省全员创新企业”，获国家科技进步奖2项；打造“高效建造、完美履约”品牌，366天建成前海国际会议中心（深圳建区40周年大会场馆），获鲁班奖33项、国优32项；聚焦防疫复工，581辆点对点班车接送工人11638名，30余个项目开展竞赛活动助力复工达产，公司获山东省抗疫先进单位等6项荣誉。她注重彰显央企担当，组织定点帮扶甘肃省甘南州洮砚镇杜家川村，建立砚台生产车间，在济南商河县投入70万元修建敬老院，建设6.8万平方米的商河产业基地；组织员工义购湖南永顺等12个贫困县73万元的农特产品；投入60万元开展“521”公益行；在四川汶川援建、青海玉树援建中，她冲在援建一线开展工作。她创立“四部工作法”党建品牌，被《半月谈》报道；创新“工友党员驿家”，建设全国首个“工地板房党校”，被济南、日照市总工会推广；通过“红色联盟”党建联建，激发基层党组织活力；提出“一二三四五”民主管理工作法，获全总认可；成立工友劳模工作室和山东省建筑业首个以劳模工作室为基础的“科创联盟”，组织开展产业工人技能大赛，推进产业工人队伍建设。在她的努力下，公司连续22年获评省级文明单位，获“中央企业思想政治工作先进单位”“全国厂务公开民主管理示范单位”等国家级荣誉20项。她个人获“上海市劳动模范”“全国优秀工会工作者”“全国优秀团干部”等数十项市级以上荣誉。

杨　峰　男，中共党员，济南市城乡交通运输局党组成员、济南市交通运输事业发展中心主任。2021年4月，获全国五一劳动奖章。

担任市政道路负责人期间，他带领团队2年打通近60条瓶颈路，畅通城区道路“微循环”。担任交通公路负责人期间，他苦干实干、只争朝夕，2年内济泰、大东环等8条高速公路建成通车，数量、里程、投资额均创历史新高；精心打造G105平阴段等4条“区县小绕城”，有力带动区域经济发展；跨黄通道建设突破历史，为新旧动能转换、黄河流域生态保护和高质量发展提供坚实交通支撑。围绕打造乡村振兴齐鲁样板，建设改造提升农村公路7000余千米，济南约一半的农村公路旧貌换新颜，建制村等级公路实现“村村通”，农村通户道路硬化100%全覆盖，近3000个村庄、8000余千米农村通户道路硬化任务全部完成，实现“户户通”。他狠抓党建与业务深度融合，锻造出“一团四队”党员拳头队伍，打造“泉城交通人笃爱夜的黑”品牌体系，激励干部职工担当作为，党委6个支部被评为济南市直机关“示范党支部”“过硬党支部”，文化品牌获评2020年全国交通运输行业“政务事业类十佳文化品牌”，单位及职工近年来获40余项市级以上荣誉。杨峰参与建设的多个项目获泰山奖、中国市政金杯奖、省人居环境范例奖等荣誉，他个人先后获全国“2018年感动交通年度人物”“山东省富民兴鲁劳动奖章”“济南市担当作为出彩型好干部”“泉城榜样”等荣誉。

齐　朋　男，汉族，中共党员，中建八局第一建设有限公司党委书记、董事长。2021年4月，获全国五一劳动奖章。

他带领公司紧跟国家创新驱动战略，以工会“同心圆”五大工程为助推器，搭建全员创新平台载体，2020年11月，公司获山东省首批“全员创新企业”称号；成立中国建筑绿色产业园（济南），打造装配式建筑部件设计、生产、制造、施工，铝合金模板生产、租售，幕墙生产、销售、安装为一体的绿色建筑施工产业链；坚持绿色发展理念，助推企业发展转型升级，推

进济南杨家河、绣江河、韩仓河综合治理，提升城市人居环境质量。抗击新冠疫情期间，公司接连在武汉、济宁、济南、深圳、郑州开展“五线”作战，总计新建、改扩建新冠肺炎专业医院建筑面积4.2万平方米。在济宁应急医院，他在现场与突击队员共同战斗，得到时任省委书记刘家义“中建八局是真正的铁军”的评价。在济南市第四人民医院医疗综合楼，他带领突击队在24小时内完成7个楼层、13个病区的临时隔离改造工作，以行动践行央企责任担当。2020年，在经济下行压力下，他带领公司实现中标额1076亿元、合同额947亿元、营业收入517亿元、利润总额18亿元，各项指标再创新高，公司综合实力连续4年位居中建集团三级单位公司第一，连续3年位列山东省建筑企业前四强（非集团类建筑企业第一名），并获中建集团综合性最高荣誉——“中建集团先进单位”。他先后获中建八局优秀共产党员、中建八局劳动模范、中建八局十杰青年、国家优质工程突出贡献奖、2019影响济南年度经济人物、山东省富民兴鲁劳动奖章、上海市劳动模范、全国住房和城乡建设系统抗击新冠肺炎疫情先进个人等荣誉。

（市总工会）

2021年济南市“全国五一劳动奖状”获得单位名录

济南城市建设集团有限公司
济南热电集团有限公司

2021年济南市“全国五一劳动奖章”获得者名录

贾相波 中国重汽集团济南商用车有限公司汽车维修电工
江　峰 济南冶金化工设备有限公司车间主任
张　慧（女） 中建八局第二建设有限公司党委副书记、纪委书记
杨　峰 济南市交通运输事业发展中心主任
齐　朋 中建八局第一建设有限公司党委书记、董事长

2021年济南市“全国工人先锋号”获得集体名录

山东鲁银新材料科技有限公司技术科
山东平安建筑工业化科技有限公司预制混凝土构件生产班组
济南市文化和旅游局济南市文化市场综合行政执法支队

2021年济南市“山东省五一劳动奖状”获得单位名录

济南萨博特种汽车有限公司
济南轨道交通集团有限公司
济南四建集团房地产开发有限责任公司
威海市商业银行股份有限公司济南分行
山东力诺特种玻璃股份有限公司
漱玉平民大药房连锁股份有限公司
山东佳怡物流有限公司
山东国辰实业集团有限公司
山东康都物业管理有限公司
济南市儿童福利院
中共济南市委宣传部（济南市文明办）

2021年济南市“山东省五一劳动奖章”获得者名录

丁惟云 中国重型汽车集团有限公司重型商用车总设计师
王秀玉 山东华凌电缆有限公司技术中心主任
王宏勇 济南连心物业有限公司党支部书记、董事长
白成学 中建安装集团有限公司一公司党委书记、执行董事
巩海波（女） 中国联合网络通信有限公司济南市分公司政企业务自主运营中心主管
吕志远 济南趵突泉酿酒有限责任公司技术中心主任
吕荣珍（女） 济南市莱芜区汶源学校校长
刘文纳（女） 中建八局第一建设有限公司党委副书记、工会主席
刘加军 济南莱芜公共交通集团有限公司党委书记、

董事长、总经理
刘庆坤 山东汇丰铸造科技股份有限公司总经理
刘振水 齐鲁银行历下分行党委书记、行长
许善军 山东温岭精锻科技有限公司车间主任
李光民 山东汇金股份有限公司技术员
李少华 中建八局第二建设有限公司党委书记、董事长
李　昊 济南高新控股集团有限公司党委书记、董事长
李春林 济南城市建设集团有限公司工程三部主管
杨　福 国网山东省电力公司济南供电公司电力调度控制中心六级职员
邱奇帅 济南公共交通集团有限公司驾驶员
张海燕（女） 济南超意兴餐饮有限公司仓储物流中心主任
陈国瑞 济南市城肥清运管理一处清除二队班长
罗殿华 济南华北升降平台制造有限公司总经理
周伯虎 山东开创集团股份有限公司创始人、董事长、首席执行官
宗　慧（女） 明泉集团股份有限公司检验员
房立帅 山东鲁润热能科技有限公司技术部科长
孟丽丽（女） 山东省冶金科学研究院有限公司化验工
胡振珊（女） 济南市历城区人民医院重症医学科主管护师
咸凤英（女） 济南市莱芜区高庄街道办事处工会主席
段志勇 山东中烟工业有限责任公司济南卷烟厂机械维修工
徐　琳 济南市美术馆（济南画院）副馆（院）长
韩　师 济南二机床集团有限公司装配钳工

2021 年济南市“山东省工人先锋号”获得集体名录

中国石油化工股份有限公司济南分公司炼油二部技术组
华能济南黄台发电有限公司运行部集控二班
山东省建设建工（集团）有限责任公司肖衡项目部
济南长运巴士公共交通有限公司 K901 城际公交车队

（市总工会）

2021 年济南市获得二三等战功、二等功、省部级（战区级、二级）以上表彰的退役军人名录

黄炳富 战时二等功
王培佐 战时二等功
张茂先 战时三等功、全军除害灭病先进个人
刘洪河 战时三等功
高　云 战时三等功

徐学锃 二等功（两次）、空军飞行人员金质荣誉奖章
路少军 二等功（两次）、空军飞行人员金质荣誉奖章
王平山 二等功（两次）、济南军区首届十大青年标兵
蒋建平 二等功（两次）
陈晓峰 二等功（两次）
尤金鹏 二等功（两次）
田宜山 二等功（两次）
顾　凤 二等功、计划生育先进工作者
苏建军 二等功、全军财务管理先进个人、审计工作先进个人
谢志勇 二等功、抗震救灾医药卫生先进个人
孔晓鸿 二等功、山东省防治非典型肺炎工作先进个人
唐志信 二等功、全国“五五”普法中期先进个人、全军预防犯罪工作先进个人
刘金所 二等功
张闽玉 二等功
王培祥 二等功
李　强 二等功
庄迎武 二等功
慕连好 二等功
王玉山 二等功
姚莹莹 二等功

赵静清　二等功
于世忠　二等功
翟　峰　二等功
李建超　二等功
郑玉桢　二等功
安立锋　二等功
张慧梅　二等功
张　涛　二等功
李玉雷　二等功
郑春桥　二等功

彭学美　优秀共产党员
邱和平　全军资源节约工作先进个人
方云金　“十一五”科技工作先进个人、全军装备技术基础工作先进个人
赵　戎　干部保健工作先进个人
李云峰　干部保健工作先进个人
张晓波　干部保健工作先进个人、“十一五”期间军队献血先进个人
吴洪河　军队离退休干部移交政府安置工作先进个人、先进老干部工作者
董治光　空军优秀管理干部、大联勤改革试点工作先进个人
徐　虹　军队职工移交安置工作先进个人
刘吉超　全国先进军转工作者
张振营　中国人民解放军院校育才奖银奖
郭　林　中国人民解放军院校育才奖银奖
李正吉　全军环境保护模范个人、全国污染源普查表现突出个人、全国绿化奖章
刘　勇　空军气象工作先进个人
时晓文　“十五”期间全军战备物资储备工作先进个人
刘焕龙　中国人民解放军院校育才奖银奖、空军库存退役报废弹药销毁处理先进个人
张建林　“十五”期间全军环保模范个人
刘　罡　营区房地产正规化管理工作先进个人、全军先进老干部工作者
王启程　中国人民解放军士官优秀人才奖一等奖、优秀教练员
惠畦国　全国第一次污染源普查先进个人

注：根据《退役军人名录和事迹载入地方志实施办法（试行）》规定，载入地市级2022年卷地方综合年鉴的退役军人范围是：本行政区域内获得勋章、荣誉称号的退役军人，荣立三等战功以上奖励的参战退役军人，荣立二等功以上奖励的退役军人，获得省部级、战区级或者二级以上表彰的退役军人。含2021年度移交地方符合条件的退役军人。

（济南市退役军人事务局）

栏目编辑　张　阳

2021年济南市国民经济和社会发展统计公报[1]

济南市统计局
国家统计局济南调查队

2021年，在市委、市政府坚强领导下，全市各级各部门坚持以习近平新时代中国特色社会主义思想为指导，全面贯彻落实党的十九大和十九届历次全会精神，深入落实习近平总书记对山东、对济南工作的重要指示要求，锚定“走在前列、全面开创”“三个走在前”总遵循、总定位、总航标，抢抓黄河流域生态保护和高质量发展重大国家战略机遇，完整、准确、全面贯彻新发展理念，主动服务和融入新发展格局，加快落实“强省会”战略，统筹疫情防控和经济社会发展，全力推进“六稳”“六保”政策落地见效，经济社会稳定健康发展，主要指标处于合理区间，呈现稳中向好、量质齐升态势，高质量发展迈出坚实步伐，实现“十四五”良好开局。

一、综合

初步核算，全年全市生产总值[2]11432.2亿元，比上年增长7.2%，两年平均增长[3]6.0%。其中，第一产业增加值408.8亿元，增长7.1%，两年平均增长4.6%；第二产业增加值3964.1亿元，增长3.6%，两年平均增长5.3%；第三产业增加值7059.4亿元，增长9.2%，两年平均增长6.4%。三次产业构成比为3.6∶34.7∶61.7。

图1　2017-2021年地区生产总值

图2　2017-2021年三次产业增加值占地区生产总值比重

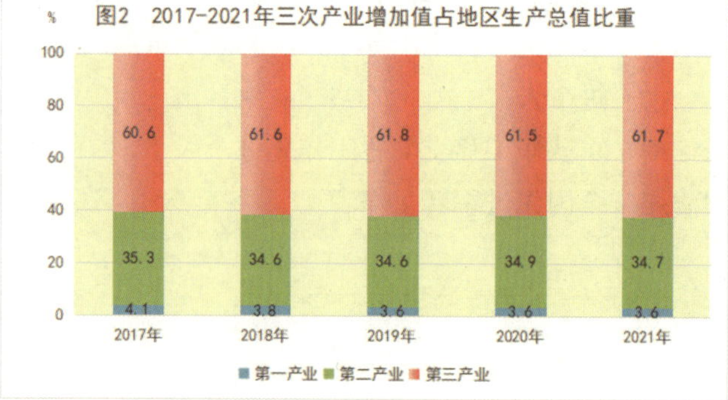

年末常住人口933.6万人，比上年末增长1.0%。其中，城镇常住人口692.8万人，占总人口比重（常住人口城镇化率）为74.2%，比上年末提高0.75个百分点。户籍人口816.6万人，增长1.2%。全年申报出生率为8.2‰，申报死亡率为5.5‰，人口自然增长率为2.8‰。

全年新增城镇就业17.8万人，比上年增长9.2%，超额完成全年14万人的目标任务。

全年居民消费价格指数（CPI）上涨1.5%，比上年缩小0.9个百分点，保供稳价成效显著。新建商品住宅销售价格同比指数整体趋势微涨后逐步回稳，环比指数涨幅基本保持稳定。

表 1　2021 年居民消费价格比上年涨跌幅度表

指　　标	比上年增长（%）
居民消费价格指数	1.5
食品烟酒	1.5
衣着	1.5
居住	1.9
生活用品及服务	-1.2
交通和通信	4.7
教育文化和娱乐	-0.3
医疗保健	0.7
其他用品和服务	-0.1

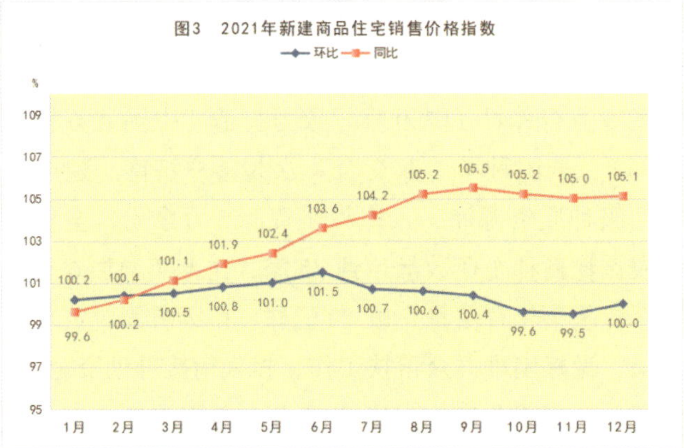

黄河重大国家战略落地见效。新旧动能转换起步区加速崛起，中科新经济科创园 38 栋建筑主体封顶，济南先进动力研究所投入运营并完成 20 兆瓦燃气轮机点火试验，填补国内技术空白。新能源乘用车及零部件产业园项目落地智能制造产业园，光大照明智慧产业园建成投产。黄河体育中心、山大二院北院区、省实验中学鹊华校区顺利推进。“万里黄河第一隧”——济南黄河济泺路隧道提前建成通车，凤凰大桥正式通车。

动能转换提档加速。“四新”经济成为增长重要引擎，“四新”经济增加值达到 4306.2 亿元，占 GDP 比重为 37.7%，比上年提高 1.6 个百分点。“四新”经济领域投资不断提速，其中，科学研究和技术服务业投资增长 2 倍以上，卫生和社会工作投资增长 1 倍以上。“智造济南”赋能工业升级，规模以上工业高技术制造业增加值增长 17.2%，高于规模以上工业 11.3 个百分点，对增长的贡献率为 49.9%。规模以上工业高端装备制造业增加值增长 13.5%，重点产品工业机器人、光缆产量分别增长 25.6%、68.7%。“济南造”首列地铁列车下线，8 英寸高功率半导体顺利通线。服务业新经济蓬勃发展，规模以上高技术服务业实现营业收入 1077.8 亿元，增长 21.8%，高于规模以上服务业 1.9 个百分点。现代服务业[4]实现增加值 4202.7 亿元，增长 8.5%，占服务业增加值比重为 59.5%。

“六稳”“六保”扎实推进。坚持在发展中保障和改善民生，22 件民生实事圆满完成，发放稳岗补贴 1.4 亿元。改造老旧小区 624 万平方米、惠及居民 6.75 万户。财政金融支撑有力，一般公共预算收入突破千亿元大关，民生支出占比达到 79.8%，获批建设全国首个科创金融改革试验区。对外开放门户作用增强，全年开行中欧班列 764 列次，增长 41.0%。新开通国际（地区）航线 4 条，济南机场国际（地区）货邮吞吐量 6.0 万吨，增长 45.4%。市场主体活力进一步提升，总量达到 145.5 万户，“四上”企业[5]数量达到 12001 家。成功举办首届国际粮食减损大会，发出了“济南倡议”，坚决守牢粮食安全底线，农业生产形势稳定。重点行业产业链供应链运行顺畅，规模以上工业企业[6]流动资产合计增长 9.3%，总资产周转比上年加快 3.7 天，产成品存货下降 11.4%，产成品存货周转比上年加快 2.7 天。

二、农业、农村

农业稳步增长。全年农林牧渔业总产值 758.4 亿元，比上年增长 8.4%。其中，农业总产值 502.0 亿元，增长 4.0%；畜牧业总产值 171.0 亿元，增长 23.4%。农林牧渔业增加值 427.9 亿元，增长 7.1%。

粮食生产喜获丰收。粮食播种面积、单产、总产实现“三增”，全年粮食播种面积 725.4 万亩，比上年增加 4.8 万亩，增长 0.7%；粮食平均单产 404.0 公斤 / 亩，增加 0.5 公斤 / 亩，增长 0.1%；粮食总产量 58.6 亿斤，增加 0.5 亿斤，增长 0.8%。

表 2　2021 年农林牧渔业总产值表

指　标	产值（亿元）	比上年增长 (%)
农林牧渔业总产值	758.4	8.4
农业	502.0	4.0
林业	34.4	16.1
畜牧业	171.0	23.4
渔业	8.2	39.0
农林牧渔服务业	42.8	7.8

“菜篮子”供保能力稳中有升。全年新建“菜篮子”保供园区 29 个，直通车达到 287 辆，完成新改扩建生猪养殖场项目 32 个。蔬菜总产量 691.8 万吨，比上年增长 2.7%；油料总产量 6.6 万吨，下降 3.2%；水果总产量 61.9 万吨，下降 2.1%。

表 3　2021 年主要农产品种植面积和产量表

指　标	单位	面积 / 产量	比上年增长（%）
粮食总播种面积	万亩	725.4	0.7
棉花种植面积	万亩	4.9	-8.0
油料种植面积	万亩	26.3	-3.2
蔬菜种植面积	万亩	146.0	-1.3
实有果园面积	万亩	57.5	-2.9
粮食总产量	万吨	293.1	0.8
棉花产量	万吨	0.4	-9.8
油料产量	万吨	6.6	-3.2
蔬菜产量	万吨	691.8	2.7
水果产量	万吨	61.9	-2.1

林业平稳发展。全年完成造林面积 0.6 万公顷，森林抚育面积 0.3 万公顷，建设生态廊道 91 公里、绿道 170 公里，绿化黄河堤防淤背区 4466 亩。创建市级绿化示范村 100 个，创建全国森林康养基地试点建设单位 3 家，省乡村林场 3 家。

畜牧业生产稳中向好。全年生猪出栏 192.0 万头，肉产量 15.4 万吨，比上年增长 20.4%；牛出栏 13.8 万头，肉产量 2.9 万吨，增长 37.1%；牛奶产量 42.1 万吨，增长 1.6%；羊出栏 126.8 万头，肉产量 1.9 万吨，增长 20.5%；禽肉产量 7.2 万吨，禽蛋产量 30.5 万吨，增长 11.0%。水产品产量 1.4 万吨，增长 5.8%。

特色农产品品牌知名度提升。省级以上农业知名品牌达到 50 个，全市农产品区域公用品牌“泉水人家”授权产品达到 230 个，新认证“三品一标”农产品 165 个。长清茶叶、章丘大葱、莱芜生姜、仁风西瓜、曲堤黄瓜、历城草莓等特色农产品不断发展向好。全年全市茶叶产量 59.0 万公斤，大葱 74.0 万吨，生姜 31.5 万吨，西瓜 29.5 万吨，黄瓜 115.6 万吨，草莓 8.3 万吨。

现代高效农业发展较快。全年现代高效农业增加值 70.7 亿元，比上年增长 18.8%，增速比上年提高 0.3 个百分点，现代高效农业增加值占农林牧渔业增加值比重为 16.5%，提高 1.6 个百分点。

全面推进乡村振兴初见成效。产业发展深度融合，新建市级田园综合体 5 个，总数达到 11 个，新认定市级以上示范性新型农业经营主体 203 家，市级以上农业龙头企业发展到 492 家，10 家企业入选国家级农业产业化重点龙头企业。家庭农场发展到 7258 个，农民专业合作社 11780 家。致力打造“中国北方种业之都”，全国种子“双交会”永久落户济南。建成省市两级种质资源库，入库种质资源 5 万余份，全市持证农作物良种企业数量达到 75 家，比上年增加 6 家，工厂化蔬菜年育苗量突破 10 亿株。持续巩固脱贫攻坚成果，做好困难群众帮扶工作，投入衔接补助资金 6.3 亿元。全面强化兜底保障，18 万余名困难群众纳入救助保障范围。

三、工业和建筑业

工业生产运行平稳。全年全部工业增加值 2746.0 亿元，比上年增长 5.7%。规模以上工业增加值增长 5.9%，分经济类型看，公有制经济下降 0.2%，非公有制经济增长 9.8%；分轻重工业看，轻工业增长 15.7%，重工业增长 3.2%。41 个大类行业中，31 个行业实现增加值同比增长，增长面为 75.6%，比上年提高 19.5 个百分点。增加值占比超过 1% 的 17 个大类行业中，13 个行业保持增长，12 个行业增速领先全市平均水平，9 个行业增速高于 10.0%。高新技术产业产值增长 7.6%，占规模以上工业产值的比重为 54.7%。

企业经营状况稳定。全年规模以上工业企业完成营业收入8335.8亿元，比上年增长10.0%；利润总额382.7亿元，下降7.6%；营业收入利润率为4.6%。41个大类行业中，营业收入超百亿的行业达到15个，合计占规模以上工业企业营业收入比重为91.5%。黑色金属冶炼和压延加工业、汽车制造业营业收入超过千亿规模。

表4　2021年规模以上工业重点行业营业收入表

行业名称	比上年增长（%）
黑色金属冶炼和压延加工业	15.1
汽车制造业	-13.3
计算机、通信和其他电子设备制造业	14.8
非金属矿物制品业	13.8
电气机械和器材制造业	6.1
通用设备制造业	15.9
石油、煤炭及其他燃料加工业	14.1
金属制品业	13.1
化学原料和化学制品制造业	21.6
医药制造业	24.3
专用设备制造业	19.0
电力、热力生产和供应业	11.2
食品制造业	20.3

工业产品供应充足。全年规模以上工业产品产销率为97.4%。所生产的296种工业产品中，有181种产品产量实现增长，增长面为61.1%。其中，增幅超过20%的产品有82种，占比为27.7%，比上年提高1.7个百分点。光纤、集成电路、液晶显示屏实现1倍以上增长，数控金属切削机床、光缆、充电桩产量实现50%以上增长。

建筑业平稳发展。全市具有总承包和专业承包资质的有工作量建筑业企业1182家，比上年增加149家。全年签订合同额11321.5亿元，增长34.9%。其中，本年新签合同额6388.5亿元，增长40.9%。实现建筑业总产值4126.0亿元，增长10.1%。其中，国有及国有控股企业产值3103.6亿元，增长9.2%。房屋施工面积19410.0万平方米，增长13.6%。

表5　2021年规模以上工业企业主要产品产量表

产品名称	单位	产量	比上年增长（%）
服务器	万台	113.7	-20.8
载货汽车	万辆	31.9	-18.9
发动机	万千瓦	4085.1	-33.8
钢材	万吨	2105.7	-12.1
水泥	万吨	1530.3	13.3
石墨及碳素制品	万吨	186.6	7.5
数控金属切削机床	台	5531	72.1
工业机器人	套	2604	25.6
鲜、冷藏肉	万吨	11.6	-22.9
乳制品	万吨	53.7	9.7
饮料酒	万千升	25.7	-1.7
合成氨（无水氨）	万吨	45.0	-25.0
聚丙烯树脂	万吨	10.5	-9.4
初级形态塑料	万吨	33.5	-19.6
中成药	吨	7299.2	20.9
锻件	万吨	118.0	4.5
粉末冶金零件	万吨	1.3	2.2
变压器	万千伏安	15298.6	12.2
气动元件	万件	939.1	-36.7
矿山专用设备	万吨	8.2	28.1
铁路货车	辆	3119.0	-8.7
太阳能热水器	万平方米	166.0	13.4

四、服务业

服务业支撑作用持续显现。全年服务业实现增加值7059.4亿元，比上年增长9.2%，占全市生产总值（GDP）比重为61.7%，对经济增长贡献率为79.1%。规模以上服务业[7]营业收入增长19.9%。新兴行业增长较快，互联网和相关服务、科技推广和应用服务业分别增长59.4%、57.2%。物流运力不断提升，重点物流企业实现营业收入807.6亿元，增长22.9%。其中，多式联运和运输代理业、装卸搬运和仓储业分别增长29.6%、29.2%。

交通运输综合承载能力提升。年末公路通车里程数18200.1公里，比上年增长0.5%。其中，高速公路里程数737.8公里，与上年持平。公路货运量2.5亿吨，增长8.8%；货运周转量577.4亿吨公里，增长11.8%[8]。年末拥有民用机动车344.7万辆，增长9.8%。其中，民用汽车302.5万辆，增长8.3%。公交线路763条，比上年增加113条，线路总长度15852.3公里，增加2647.6公里，旅客运输量5.9亿人次，增加0.6亿人次。全年累计完成航班起降11.3万架次，增长10.1%；旅客吞吐量1361.6万人次，增长9.9%；货邮吞吐量16.8万吨，增长14.7%。

邮政业、电信业健康发展。邮政行业全年业务收入（不包括邮政储蓄银行直接营业收入）99.2亿元，比上年增长16.6%；业务总量[9]89.3亿元，增长30.1%。快递服务企业业务收入77.5亿元，增长16.1%；业务量8.0亿件，增长22.0%。年末移动电话用户1216.3万户，增长5.4%。其中，5G移动电话用户463.7万户，增长1.7倍。宽带互联网接入用户463.0万户，增长10.0%。

旅游业、会展业发展向好。全年接待游客8192.7万人次，比上年增长35.0%。实现旅游总收入983.9亿元，增长40.0%。A级旅游景区86家，其中，5A级旅游景区1家，4A级旅游景区17家。省级旅游度假区2家。全年举办会展120场，增长12.1%，展览面积260万平方米，增长44.0%。

五、固定资产投资

固定资产投资总体平稳。全年固定资产投资比上年增长11.5%。其中，第一产业投资下降1.5%，第二产业投资下降4.2%，第三产业投资增长14.7%。高技术服务业投资增长35.0%，民间投资增长24.9%，基础设施投资下降5.2%。年末亿元以上固定资产投资项目1535个，比上年增加192个，完成投资增长11.6%。其中，50亿元以上项目44个，增加8个，完成投资增长15.0%。

表6　2021年三次产业投资增速及占比表

产业	比上年增长（%）	占固定资产投资比重（%）
固定资产投资	11.5	100
第一产业	-1.5	0.4
第二产业	-4.2	14.0
第三产业	14.7	85.6

房地产投资持续增长。全年房地产开发完成投资1928.0亿元，比上年增长12.9%。其中，住宅完成投资1351.4亿元，增长12.2%。房屋施工面积10156.5万平方米，下降1.9%。其中，住宅施工面积6577.4万平方米，下降1.8%。房屋竣工面积1115.7万平方米，下降12.4%。其中，住宅竣工面积787.6万平方米，下降13.8%。商品房销售面积1548.2万平方米，增长15.9%。其中，住宅销售面积1300.2万平方米，增长13.5%。商品房销售额1957.0亿元，增长24.5%。其中，住宅销售额1721.7亿元，增长22.4%。

六、国内贸易

消费品市场平稳复苏。全年社会消费品零售总额5126.1亿元，比上年增长14.7%。其中，商品零售4390.1亿元，增长13.8%；餐饮收入736.0亿元，增长20.5%。分城乡看，城镇社会消费品零售额4609.3亿

表7　2021年限额以上单位主要商品零售额表

商品类别	零售额（亿元）	比上年增长（%）
粮油、食品类	160.6	4.2
服装、鞋帽、针纺织品类	118.6	29.6
日用品类	53.3	33.1
文化办公用品类	50.0	-3.7
烟酒类	41.1	19.3
家用电器和音像器材类	130.8	39.2
通讯器材类	85.0	17.1
金银珠宝类	50.2	57.1
化妆品类	44.7	22.6
书报杂志类	92.7	9.7
中西药品类	62.6	3.5
汽车类	584.1	14.9
石油及制品类	189.6	2.6

元，增长 14.9%；乡村社会消费品零售额 516.8 亿元，增长 13.4%。限额以上单位[10]实现零售额 1809.9 亿元，增长 14.5%。

升级类商品增势较好。限额以上单位商品零售额中，化妆品类、金银珠宝类和新能源汽车分别比上年增长 22.6%、57.1% 和 147.1%；可穿戴智能设备、智能家用电器和音像器材、智能手机分别增长 18.3%、17.9% 和 34.7%。

基本生活类消费保持稳定。限额以上单位商品零售额中，粮油食品类商品全年实现零售额 160.6 亿元，比上年增长 4.2%；服装鞋帽针纺织品类商品实现零售额 118.6 亿元，增长 29.6%；日用品类商品实现零售额 53.3 亿元，增长 33.1%。

线上消费快速拓展。限额以上单位通过公共网络实现的商品零售额 271.0 亿元，比上年增长 57.9%，占限额以上单位商品零售额比重为 15.0%，比上年提高 5.9 个百分点。

七、开放型经济

进出口快速增长。全年货物进出口总额 1944.2 亿元，比上年增长 40.1%。其中，出口 1174.1 亿元，增长 55.6%；进口 770.1 亿元，增长 21.5%。对东盟进出口增长 31.3%，对欧盟（不含英国）进出口增长 9.0%，对拉丁美洲进出口增长 56.2%，对非洲进出口增长 44.7%。对“一带一路”沿线国家进出口增长 37.7%，占进出口总额的 34.1%。出口商品中，机电产品出口 661.8 亿元，增长 60.8%；钢材出口 77.4 亿元，增长 72.1%；集成电路出口 12.5 亿元，增长 47.6%。全年经济外向度 17.0%，比上年提高 3.4 个百分点。

利用外资规模提升。全年实际使用外资 26.6 亿美元，比上年增长 38.1%。其中，制造业使用外资 2.7 亿美元，增长 73.9%；第三产业使用外资 20.9 亿美元，增长 42.9%。全年实现合同外资 96.9 亿美元，增长 65.5%。新批外商投资项目 330 个，总投资过亿美元的项目 46 个，总投资过亿美元项目合同外资 61.3 亿美元。

对外合作积极拓展。全年对外承包工程新签合同额 66.1 亿美元，比上年增长 50.1%；完成营业额 41.0 亿美元，下降 4.0%。备案设立境外企业（机构）60 家，实际完成投资 17.4 亿美元，下降 8.9%。派出各类劳务人员 8608 人，下降 28.1%。

八、财政和金融

财政收支执行情况总体良好。全年一般公共预算收入 1007.6 亿元，比上年增长 11.2%。其中，税收收入 776.5 亿元，增长 11.5%，占一般公共预算收入比重为 77.1%，比上年提高 0.2 个百分点。一般公共预算支出 1292.7 亿元，增长 8.4%。其中，社会保障和就业支出 203.8 亿元，增长 19.4%；卫生健康支出 111.7 亿元，增长 21.0%；城乡社区支出 293.4 亿元，增长 9.7%。

存、贷款保持较快增长。年末金融机构本外币各项存款余额 23437.0 亿元，比上年增长 11.3%；金融机构本外币各项贷款余额 23313.2 亿元，增长 12.5%。

金融市场活跃度提升。年末上市公司数量达到 52 家，股票 54 只，全年新增上市及过会企业 10 家。完成证券交易额 5.6 万亿元，比上年增长 17.0%；期货交易额 18.5 万亿元，增长 68.7%；新增直接融资 3716.0 亿元，增长 63.7%。在中国证券投资基金业协会登记的私募基金管理机构 205 家，管理基金 585 只，管理基金规模 1065.4 亿元，增长 7.3%。

保费收入稳步回升。全年保险业实现保费收入 598.5 亿元，比上年增长 2.3%。其中，财产险公司保费收入 131.8 亿元，下降 11.5%；人身险公司保费收入 466.7 亿元，增长 7.1%。各项赔款与给付 212.5 亿元，增长 37.3%。

信贷资产质量不断提升。年末金融机构不良贷款余额 197.1 亿元，比年初减少 38.2 亿元。不良贷款率为 0.85%，比年初下降 0.3 个百分点。

九、科技、教育、文化、卫生和体育事业

创新驱动力不断增强。全年研究与试验发展（R&D）经费投入[11]265.5 亿元，比上年增长 17.7%。其中，基础研究 18.5 亿元，增长 6.4%；应用研究 41.4 亿元，增长 36.1%；试验发展 205.6 亿元，增长 15.7%。R&D 经费投入占 GDP 比重为 2.6%，比上年提高 0.2 个百分点。新认定国家级企业技术中心 1 家，总数达到 30 家，新认定省级企业技术中心 16 家，总数达到 221 家。

科技发明成果丰硕。全年万人有效发明专利拥有量38.36件，比上年增长15.6%。发明专利授权量8208件，增长40.7%。技术合同实现交易额473.5亿元，增长40.2%。获得省级科技进步一等奖16项，二等奖50项。获得省级自然科学一等奖1项，二等奖17项。全市国家知识产权示范企业、优势企业共计80家。

教育事业高质量发展。全年开工新建、改扩建中小学校（幼儿园）97所，新投入使用中小学校、幼儿园101所，普惠性幼儿园覆盖率为88.5%，义务教育阶段集团化建设率为85.2%。立项市校融合发展战略工程项目95个，签约引进高等教育项目15个。

表8　2021年教育事业基本情况表

学校类别	学校数量（所）	全日制在校生（万人）	专任教师（人）
驻济高等学校	52	69.4	41894
中等职业学校（不含技工学校）	41	6.4	4040
技工学校	31	8.5	4471
普通中学	332	40.7	35587
小学	641	61.0	38467
特殊教育学校	13	0.1	505

文化生活更加丰富。年末有国有艺术表演团体14个，文化馆（站）174个，公共博物馆13个，公共图书馆14个。市级以上文物保护单位435处，其中，国家级30处。城市可统计票房数字影院65家，观众996.5万人次，票房收入4.1亿元。广播人口混合覆盖率为100%，电视人口混合覆盖率为99.7%。建成泉城书房38处，基层综合性文化服务中心覆盖率为100%。

卫生服务水平不断提升。年末拥有卫生机构7530个，比上年增加16个，其中，医院、卫生院338个。卫生机构床位7.3万张，增长5.7%。各类卫生技术人员10.8万人，增长5.8%；执业（助理）医师4.2万人，增长5.3%。稳妥有序推进新冠病毒疫苗接种，全年累计接种2042.3万剂次，覆盖878.3万人。

全民健身稳步推进。全年新成立体育社会组织9个，培训社会体育指导员2544人。组织各类全民健身活动（赛事）536次，参与人数300万人次（含线上活动）。获省级及以上金牌341枚，银牌190枚，铜牌253枚。

十、能源、环境、城市建设[12]和安全生产

能源转型和绿色低碳发展初见成效。清洁能源消费占比逐步提高，全年规模以上工业煤炭消费2799.9万吨，比上年增长1.1%，天然气消费9.2亿立方米，增长14.7%。新能源发电占比稳步提升，发电结构深度调整，风力发电、垃圾发电、生物质发电均有显著提高，火力发电量占发电总量比重比上年下降2.7个百分点。规模以上企业风力发电21.9亿千瓦时，占发电总量比重为7.0%，增长86.2%；垃圾发电9.5亿千瓦时，占发电总量比重为3.0%，增长37.7%；生物质发电5.1亿千瓦时，占发电总量比重为1.6%，增长86.2%。

表9　2021年规模以上企业能源生产情况表

指　标	单位	生产量	比上年增长（%）
原煤	万吨	72.9	-7.5
发电量	亿千瓦时	315.1	11.7
火力发电量	亿千瓦时	290.8	8.5
风力发电量	亿千瓦时	21.9	86.2
太阳能发电量	亿千瓦时	2.4	1.2

表10　2021年规模以上工业能源消费情况表

指　标	单位	消费量	比上年增长（%）
煤炭	万吨	2799.9	1.1
天然气	亿立方米	9.2	14.7
焦炭	万吨	897.1	-12.6
汽油	万吨	0.4	-7.5
柴油	万吨	3.9	1.5

全社会用电稳步增长。全年全社会用电475.3亿千瓦时，增长9.5%。其中，居民生活用电86.5亿千瓦时，增长8.6%。分产业看，第一产业用电3.3亿千瓦时，增长2.7%；第二产业用电267.0亿千瓦时，增长7.4%；第三产业用电118.4亿千瓦时，增长15.7%。

工业用电 256.6 亿千瓦时，占全社会用电量比重为 54.0%，增长 7.1%。

表 11　2021 年全市用电情况表

指　标	累计用电（亿千瓦时）	比上年增长（%）
全社会用电	475.3	9.5
城乡居民生活用电	86.5	8.6
第一产业	3.3	2.7
第二产业	267.0	7.4
第三产业	118.4	15.7

生态环境质量进一步改善。全市空气质量综合指数为 4.7，首次降至 5 以下，市区空气质量良好以上天数达到 229 天，优良天数占比为 62.7%，成功退出全国重点城市空气质量排名后 20 名。全年城区环境空气中可吸入颗粒物（PM_{10}）年均浓度 78 微克 / 立方米，细颗粒物（$PM_{2.5}$）40 微克 / 立方米，二氧化硫 11 微克 / 立方米，二氧化氮 33 微克 / 立方米 [13]。小清河出境断面辛丰庄化学需氧量浓度 14.6 毫克 / 升，氨氮浓度 0.78 毫克 / 升，达到地表水Ⅲ类水质标准，为历史最好水平。区域环境噪声昼间平均等效声级 54.9 分贝，市区道路交通噪声昼间平均等效声级 68.7 分贝。

城市建设水平进一步提升。年末城市建成区面积 841.2 平方公里，比上年增加 1.4 平方公里。建成区绿化覆盖率为 41.7%，人均公园绿地面积 12.8 平方米。全年天然气供气量 18.0 亿立方米，增长 11.7%；液化石油气供气量 2.5 万吨，下降 34.4%。集中供热面积 3.0 亿平方米，增长 9.8%。自来水供水量 5.0 亿吨，增长 10.0%。完成市民泉水直饮工程建设 20 处，实现年供水量 3.7 万吨，累计服务用户 3.5 万户，供水人口 10 余万人。生活垃圾无害化处理率为 100%。

社会治安持续稳定。全年共破获刑事案件 17316 起，命案现案破案率保持 100%，连续 11 年实现命案全破，八类严重暴力案件破现案率达 99.6%；抓获各类逃犯 1442 名，增长 25.0%，追逃总成绩列全省第一。

安全生产形势平稳。全年共发生各类生产安全事故 264 起、死亡 161 人，分别比上年下降 30.3%、41.7%，事故起数、死亡人数“双下降”，安全生产形势总体稳定。

十一、居民生活和社会保障

居民收入稳定增长。全年居民人均可支配收入 46725 元，比上年增长 8.5%。其中，城镇居民人均可支配收入 57449 元，增长 7.7%；农村居民人均可支配收入 22580 元，增长 10.5%。居民人均消费支出 30016 元，增长 8.4%。其中，城镇居民人均消费支出 36866 元，增长 7.2%；农村居民人均消费支出 14591 元，增长 12.7%。城乡居民收入比由上年的 2.6∶1 缩小至 2.5∶1。城镇居民恩格尔系数为 [14] 23.5%，农村居民恩格尔系数为 30.5%。

表 12　2021 年居民人均可支配收入表

指　标	全市居民		城镇居民		农村居民	
	绝对量（元）	比上年增长（%）	绝对量（元）	比上年增长（%）	绝对量（元）	比上年增长（%）
可支配收入	46725	8.5	57449	7.7	22580	10.5
工资性收入	27050	8.8	33546	8.0	12423	10.9
经营净收入	4728	9.2	3146	9.4	8291	10.1
财产净收入	6887	7.7	9732	7.0	482	8.9
转移净收入	8060	8.0	11025	7.2	1383	9.8

表 13 2021 年末每百户居民家庭主要耐用消费品拥有量表 [15]

指　标	单位	城镇居民	农村居民
家用汽车	辆	62.1	40.6
电冰箱（柜）	台	100.9	96.2
洗衣机	台	98.1	91.5
热水器	台	99.5	89.3
空调	台	172.6	93.5
彩色电视机	台	104.8	104.3
照相机	台	23.5	4.1
计算机	台	80.2	41.7
移动电话	部	227.6	230.3

社会保障范围更加广泛。年末城镇职工基本养老保险参保人数472.7万人，比上年增加35.4万人；职工医疗保险参保人数336.2万人，增加22.7万人；失业保险参保人数226.9万人，增加13.3万人；工伤保险参保人数293.5万人，增加14.9万人；生育保险参保人数235.8万人，增加22.6万人。居民养老保险和医疗保险参保人数分别达到308.4万人和506.9万人。

居民生活保障稳步提升。城市居民最低生活保障标准每月904元，保障城镇居民0.9万户、1.3万人，发放保障金及各类补贴1.3亿元；农村居民最低生活保障标准每月676元（其中，市中区、槐荫区、天桥区、历城区、济南高新区为904元），保障农村居民5.9万户、8.4万人，发放保障金及各类补贴5.7亿元。城市特困人员基本生活标准每月1356元，农村特困人员基本生活标准每月1179元（其中，市中区、槐荫区、天桥区、济南高新区为1356元），城市特困保障745人，农村特困保障1.4万人，共发放特困供养救助金及补贴2.9亿元。照料护理标准按照自理、半自理和完全不能自理分三种档次，自理标准提高到231元/月，半自理标准提高到385元/月，完全不能自理标准提高到770元/月。

救助帮扶工作趋步向稳。全市共有救助管理站2处，未成年人救助保护中心1处。培训残疾人4116人次，安置残疾人员就业2102人，帮扶救助残疾人投入资金2.8亿元。

注释：

[1] 2021年统计数据为统计快报数或初步核算数，正式数据以出版的《济南统计年鉴—2022》为准。部分数据因四舍五入影响，存在总计与分项合计不等情况。

[2] 全市地区生产总值、各产业增加值绝对数按现价计算，增长速度按不变价格计算，当年数据为初步核算数。根据第四次全国经济普查结果，对国内生产总值、各产业增加值等相关指标的历史数据进行了修订。

[3] 两年平均增速是指以2019年同期数为基数，采用几何平均的方法计算的增速。

[4] 现代服务业包括：信息传输、软件和信息技术服务业，金融业，房地产业，租赁和商务服务业，科学研究和技术服务业，水利、环境和公共设施管理业，居民服务、修理和其他服务业，教育，卫生和社会工作，文化、体育和娱乐业。

[5] “四上”企业指规模以上工业、有资质的建筑业、限额以上批发和零售业、限额以上住宿和餐饮业、房地产开发经营业、规模以上服务业。

[6] 规模以上工业企业指年主营业务收入2000万元及以上的工业法人单位。

[7] 规模以上服务业包括：交通运输、仓储和邮政业，信息传输、软件和信息技术服务业，房地产业，租赁和商务服务业，科学研究和技术服务业，水利、环境和公共设施管理业，居民服务、修理和其他服务业，教育，卫生和社会工作，文化、体育和娱乐业。

[8] 2021年交通运输部采用新的公路货运统计方法，对2020年公路货运数据进行了修正，2021年增速根据2020年修正后数据得出。

[9] 邮政行业业务总量按2020年不变单价计算，同比增长按照可比口径计算。

[10] 限额以上单位是指年主营业务收入2000万元及以上的批发业单位、500万元及以上的零售业单位、200万元及以上的住宿和餐饮业单位。单位包括法人企业、产业活动单位和个体户。

[11] 研究与试验发展（R&D）经费投入相关指标错年使用2020年数据。

[12] 城市建设指标来源于住建部城市建设统计年报，为初步上报数，口径为包含两县的整个济南地区。

[13] 2021年生态环境相关数据以国家新调整的“十四五”国控站点统计。

[14] 恩格尔系数是指食品支出在消费支出中的比重。

[15] 数据来自住户收支与生活状况调查。

资料来源：本公报中企业技术中心数据来自发展改革部门；教育数据来自教育部门；科技数据来自科技部门；电信相关数据来自工业和信息化部门；户籍、社会治安、民用机动车数据来自公安部门；城乡最低生活保障、特困人员救助供养相关数据来自民政部门；财政数据来自财政部门；城镇新增就业、城镇

职工保险参保数据来自人力资源和社会保障部门；环境保护相关数据来自生态环境部门；城市建设相关数据来自住房和城乡建设部门；交通运输数据来自交通运输部门；泉水直饮工程建设数据来自城乡水务部门；水产品产量、农业数据来自农业农村部门；林业数据来自园林和林业部门；进出口、展会、新设境外企业、外派劳务人员数据来自商务部门；旅游、文化数据来自文化和旅游部门；卫生数据来自卫生健康部门；安全生产数据来自应急管理部门；知识产权数据来自市场监管部门；体育数据来自体育部门；医疗保险类数据来自医疗保障部门；金融数据来自地方金融监督管理部门；招商引资、外资数据来自投资促进部门；市场主体数据来自行政审批服务部门；物流数据来自口岸物流部门；残疾人保障数据来自残联；邮政、快递数据来自邮政管理部门；居民收入与支出数据、恩格尔系数、价格指数、粮食畜牧数据、城乡家庭主要耐用消费品拥有量来自国家统计局济南调查队；济南新旧动能转换起步区数据来自济南起步区管委会；其他数据均来自市统计局。

栏目校对　谷　雪

索引

说明：

本索引为综合性主题索引，标示正文部分32个类目的内容。索引标目按汉语拼音字母顺序，同音字按声调顺序，同音同声调者按笔画顺序排列。标目后数字为页码，字母a为左栏，b为中栏（两栏者为右栏），c为右栏。

F

G

H

J

K

L

M

N

O

P

Q

R

S